이슬람의 경전 『꾸란』

개경장

가장 자비롭고 자애로우신 하나님의 이름으로❶

모든 찬미는 우주만물의 주님이신 하나님께만 있나이다.❷

가장 자비롭고 자애로우신 분❸

심판의 날의 주재자이신 (하나님께만 찬미가 있나이다).❹

오직 당신만을 우리는 숭배하오며,

오직 당신께만 도움을 청하나이다.❺

우리를 올바른 길로 인도하여 주소서.❻

당신의 노여움을 받은 자들의 길이 아니고,

또 방황하는 자들의 길도 아닌,

당신께서 은총을 내려 주셨던

그런 자들의 길로 (인도하여 주소서).❼

『꾸란』의 제1장, 개경장

메카 하람성원의 카아바와 순례객들

카아바의 문

카아바의 열쇠 중의 하나
(터키 톱카피 박물관 소장)

순례 도중 예배하는 모습

하루 다섯 번 근행하는 예배

서울중앙성원(1976년 개원)

터키 이스탄불의 블루모스크

예루살렘의 바위의 돔
(일명 오마르모스크, 692년 세움)

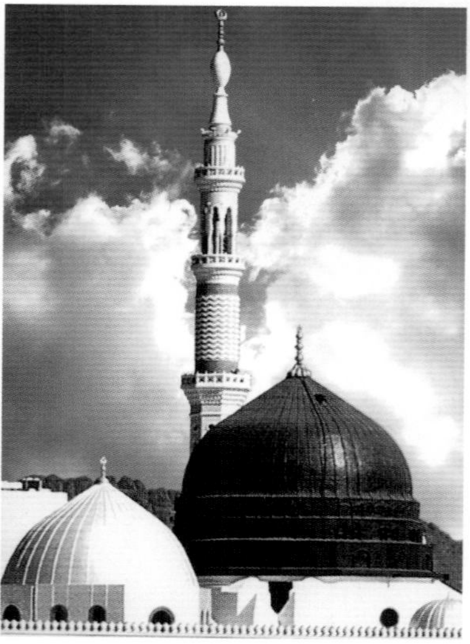

메디나의 예언자 모스크

بسم الله الرحمن الرحيم

이슬람

이슬람

교리, 사상, 역사

손주영 지음

일조각

일러두기

1. 이슬람 전문용어는 현지 발음에 맞게 표기하는 한국이슬람학회의 공식표기에 따랐다. 예를 들면, 모스렘→무슬림, 칼리프→칼리파, 수니파→순니파, 시아파→쉬아파, 아바스조→압바스조, 옴니야드→우마이야 등이다.
2. 인명은 가능한 한 원음에 가깝게 표기했다.
3. 지명인 경우에는 원음에 맞는 표기보다 우리에게 익숙한 현행 표기[문교부 고시 "외래어 표기법"]를 따랐다. 예를 들면, 마카→메카, 마디나→메디나 등이다.
4. 본문에서 아랍어 영어 전사 kh와 q의 우리말 표기는 원음에 가깝게 kh는 ㅋ(예: 칼리파, 카와리지)으로, q는 ㄲ(예: 『꾸란』, 까디)으로 구분하여 표기했다. 특히 kh가 포함된 인명, 지명은 그 고유명사의 출처가 이란인 경우에는 ㅎ(예: 호메이니, 호라산)으로 표기했고, 아랍인 경우에는 ㅋ(예: 칼리드, 움므 쿨숨)으로 표기했다.
5. 아랍어 전사음이 겹친 경우에는 아랍어에 맞게 두 음 모두를 발음했다.
6. 인명의 경우 ibn(~의 아들)은 b.로 생략하여 표기하고 한글로는 '빈'으로 적었다. 인명을 약칭할 경우 b.은 아랍의 관습대로 다시 '이븐'으로 환원하여 사용하였다(예: 압달라 빈 앗 주바이르→이븐 앗 주바이르).
7. 아랍어 태양문자(t, th, d, dh, s, ṣ, ḍ, ṭ, ẓ, r, z, sh, l, n)가 정관사(al)의 뒤에 올 경우, 정관사의 l(ㄹ) 발음은 동화되는 원칙을 따랐다(예: ar-Raḥman).

머리말

2001년, 전대미문의 9 · 11 테러사건은 온 세계인의 관심과 이목을 이슬람세계로 쏠리게 했다. 그리고 3년이 넘은 지금도 그 뒤 이어진 미국의 아프가니스탄 공격, 이라크와의 전쟁, 끝없이 계속되고 있는 무장투쟁과 유혈사태 등으로 세계 어느 곳의 신문, 방송, TV에서나 연일 이슬람세계에 대한 뉴스가 보도의 초점이 되고 있다. 팍스 아메리카나 시대의 신세계 질서 아래에서 팔레스타인, 이라크, 쿠르드, 시리아, 이란, 아프가니스탄, 우즈베키스탄 등 무슬림 공동체의 장래 문제는 아직도 불투명하기만 하다. 오늘(2005. 2. 2) 조지 W. 부시 미국대통령이 집권 2기의 청사진을 밝힌 국정연설에서도 온통 중동 · 이슬람권 문제가 핵심이다.

우리 사회에서도 최근 들어 이슬람 종교와 무슬림세계에 대한 관심이 놀랄 만큼 고조되었다. 이슬람 관련 책들이 번역 · 출판되고 이슬람을 주제로 한 크고 작은 강연회, 포럼, 심포지움, 학술 세미나가 계속 열리고 있다. 그렇지만 실상 이슬람 종교는 우리에게 아직도 너무나 생소한 종교이고, 이슬람세계 역시 낙타와 사막이 떠오르는 아주 멀고 경이로운 이방인의 사회일 뿐이다. 일부 사람들은 이슬람을 현대와 어울리지 않는 구식의 보수종교로 생각하고, 심지어는 테러행위를 용인하는 폭력적 종교로 곡해하여 말하고 있다. 이것은 우리가 지나치게 이슬람에 비판적이기만 했던 서구 언론매체를 통해 오랫동안 무슬림세계의 사건들을 접해 왔기 때문이다. 우리도 모르는 사이에 굴절된 시각으로 이슬람과 이슬람세계를 보고 말하며, 때로는 폄훼하는 잘못을 저질렀던 것이다.

지금까지 이슬람은 1400년 동안 종교적 · 정치적 공동체로서의 성장과 더불어 독특한 종교문화를 발달시켰다. 서유럽의 피레네에서 서태평양의 필리핀에 이르기까지 광대한 지역에서 다양한 민족들의 주류문화를 형성하고 있다. 무슬림들은 각 지역의 다른 전통과 문화유산을 초월하여 『꾸란』과 예언자 순나(관행)를 바탕으로 하는 이슬람의 가르침들을 그들의 삶 속에 구체화시키면서, 공통된 새 종교문화 전통을 창달했던 것이다. 따라서 이들은 중국에서 모로코까지 행동이 같고 생각과 이상이 같으며, 시장 모양이나 음식 · 의복 등 생활방식에서 거의 같다. 무슬림국가의 어느 도시를 여행해도 전체적인 분위기가 같다는 느낌을 지울 수 없는데, 물론 그것은 삶의 바탕과 양식이 이슬람이기 때문이다.

이와 같이 세계 무슬림 공동체는 이슬람의 원리들과 철학적 · 종교문화적 개념들을 공유하면서 조화, 중용, 상생의 큰 틀 안에서 형제애, 정의, 평등, 자유 같은 삶의 가치관을 소중히 할 수 있었으며, 고대 이집트 · 메소포타미아 문명과 페르시아, 그리스-로마 문명에서 인도 · 중국 문명에 이르기까지 인류 문화유산 모두를 융합하여 찬란한 이슬람 문명을 일궈냈던 것이다. 그리고 유럽이 암흑기에 빠져 있던 중세 내내 무슬림들은 철학, 수학, 문학, 화학, 광학, 천문학, 자연과학, 점성술 등 제諸과학을 사마르칸트, 바그다드, 다마스쿠스, 이스탄불, 카이로, 페즈 등 주요 도시들에서 활짝 꽃피울 수 있었던 것이다.

지금도 일부 사람들은 이슬람을 마치 사막의 유목민 종교인 것처럼 오인하여 말하고 있지만, 이슬람은 언제나 대도시의 종교였다. 많은 유럽인들이 그들의 북부 숲속에서 가죽옷을 입고 사냥감을 쫓으며 약탈과 분쟁의 칼을 서로 휘두르고 있을 때, 목욕하고 향수 뿌린 무슬림들은 비단옷을 입고 카펫 깔린 저택에서 도자기 그릇에 고급요리를 즐기면서 그리스 철학의 여러 주제들을 토론하였던 것이다. 우리는 적어도 8세기부터 18세기까지 약 1000년 동안 인류 문명사의 중심무대가 무슬림세계였다는 사실을 간과해서는 안 된다. 21세기를 살아가는 우리는 이제 과거 이슬람세계에 대한 잘못된 인식의 고정관념에서 벗어나 객관적이고도 열린 시각을 가져야 할 때이다.

이 책은 세계적 종교인 이슬람을 우리 사회에 새롭게 소개하고 이슬람 문화권에 대한 올바르고 개괄적인 지식을 제공하기 위해 꾸며졌다. 이슬람 교리, 법, 정치, 사상, 신비주의, 역사에 관한 기본적이고도 핵심이 되는 내용을 깊이 있게 고찰하여 이슬람이 단순한 신앙체계만이 아니라 인간 삶의 모든 영역을 포괄하는 종합체계이자 생활방식임을 제시하려 한다. 아마도 이 책을 통하여 독자는 '왜 무슬림들이 이슬람을 인류가 추구하는 보편적 진리와 가치관을 종합적으로 담고 있는 최후의 종교라고 주장하고 있는가' 하는 진의를 발견할 수 있을 것이다.

이 책은 서장을 포함하여 총 16개 장으로 꾸며져 있다. 서장은 이슬람이 유대교, 기독교와 같은 하나님을 믿는 유일신교임을 『꾸란』에 근거하여 밝히면서 이슬람이 어떤 종교인가를 개략적으로 소개한다. 제1장에는 간추린 1400년 이슬람 역사가 담겨져 있고 제2장은 예언자 무함마드의 출현과 그의 생애, 업적에 대한 것이다. 제3장은 이슬람의 경전 『꾸란』과 준경전격인 하디스(무함마드의 언행)가 주제이다. 이슬람 교리와 가르침의 원천이 되는 이 둘의 구성과 내용을 다루고 있다. 제4장에서는 이슬람 신앙과 실천의 다섯 가지 기둥과 여섯 가지 믿음을 소개한다. 제5장에는 순니와 쉬아 사상의 차이와 쉬아파의 분립 이유, 주요 갈래를 다룬다. 제6장은 급진주의 무슬림 정치사상에 영향을 끼친 카와리지파에 대한 연구이다. 신앙의 실천주의자들인 이들의 독특한 교리관과 반정운동사를 고찰하였다. 제7장은 이슬람법 샤리아에 관한 서술이다. 이슬람법의 형성과 발전, 4대 순니 법학파와 법체계의 특성을 담고 있다. 제8장은 이슬람의 신비주의, 수피즘 연구이다. 수피의 영적 도정, 수피주의의 발전, 대표적 수피들과 유명한 수피종단들에 대한 고찰이 주 내용이다. 제9장은 이슬람과 인권이 주제이다. 『꾸란』과 순나(관행)에 명시된 인권원리와 가치들을 분석하였다. 제10장은 이슬람 정치사상에 대한 고찰이다. 이슬람 칼리파제에 대한 중세 무슬림 학자들의 이론들을 비교 분석하여 국가권력과 종교의 관계를 이해하게 한다. 제11장은 『꾸란』에 나타난 예수관을 중심으로 한, 이슬람 전통에서 보는 기독교이다. 예수의 신성론, 성자론이 부인되고 진정한 예수의 사명이 무엇인가가 『꾸란』에 근거해 논술된다. 이슬람에서 말하는 예수의 십자가 처형사건과 기독교의 구원관, 원죄론도 다루었다.

제12장부터 제15장까지는 '현대 이슬람' 편이다. 19세기~20세기 초 사이에 유럽 열강들은 무슬림세계의 대부분 영토를 지배하게 되었고, 그 후 지도 모양에서부터 현대 민족국가의 탄생에 이르기까지 이슬람세계에서 발생하는 거의 모든 양상은 서구와의 고통스러운 상호작용이 낳은 결과이다. 이 네 개 장에서는 이슬람사회의 개혁과 부흥을 외치며 전개된 이슬람 부흥운동사에 서술의 초점을 맞추었다. 아마도 독자는 이 글에서 근 · 현대 무슬림세계의 이슬람주의 운동에 대한 총체적인 이해를 할 수 있을 것이다. 특히 이슬람 원리주의Fundamentalism의 일부 추종자들이 어떻게 급진주의Radicalism화하고 다시 또 극단주의자Extremist로 변신해갔는가를 살펴볼 수 있을 것이다. 제12장은 이슬람 근대 개혁주의 사상의 출현과 발전에 관한 연구로, 알 아프가니, 압두, 리다 등 대표적인 근대 개혁운동가들의 주요 사상과 활동을 고찰하였다. 제13장은 현대 이슬람 원리주의 운동사이다. 이집트의 하산 알 반나가 일으킨 무슬림 형제단의 원리주의 운동과 세속적 정권에 대항한 반정운동이 서술의 주안점이다. 제14장은 이슬람 원리주의가 급진주의화하는 데 결정적인 역할을 한 싸이드 꾸틉의 사상과 영향에 대한 기술이다. 그리고 제15장은 이 책의 결론 부분으로서 이슬람 부흥운동과 이슬람의 이데올로기화에 대한 종합적인 서술이다. 여기서 독자는 이슬람 부흥운동의 실체와 '왜 이슬람주의 운동은 계속되는가' 하는 사실을 거시적으로 파악할 수 있을 것이다.

이 책의 여러 장章들은 거의 같은 제하의 논문으로 이미 국내에서 발표되었고, 다음과 같은 학회지 혹은 대학부설 연구소의 논총에 게재되었다. 서장에서 이슬람의 정교일원론에 관한 글이 『한국이슬람학회 논총』 제6집(1996)에, 제1장의 초기 이슬람 역사 일부가 한국외대 중동연구소의 『중동연구』 제17권(1998)에, 제5장은 『중동연구』 제23권 제2호(2004)에, 제6장은 『한국이슬람학회 논총』 제14-1집(2004)에, 제9장은 『한국이슬람학회 논총』 제7집(1997)에, 제10장은 1998년 여름, 역사학회의 역사학 특별 심포지움에서 발표했고 역사학회 편 『역사상의 국가권력과 종교』(일조각, 2000)에 실렸으며, 제11장은 서강대학교 종교신학연구소의 『종교신학연구』 제6집(1993)에, 제12장은 『한국이슬람학회 논총』 제8집(1998)에, 제13장은 한국외대 중동연구소의 『중동연구』 제16권 제2호(1997)에, 제14장은 경희대학교 경희사학회의 『경희사학』 제23집(2001)에, 제15장은 『한국이슬람학회 논총』 제11집(2001)에 게재되었다.

이 책을 집필하고 있는 동안 필자는 이슬람 교리나 사상에 담겨 있는 원리와 규범 또는 체제를 그 자체로서 보고, 가능한 한 이슬람적 시각으로 서술하려고 노력하였다. 서술의 객관성에 항시 신경을 쓰면서 좀더 종교와 문명의 타자관에 입각한 서술이 되길 바랐기 때문이다. 또한 독자의 이해를 돕기 위하여 논문들을 손질하여 전체 서술의 일관성, 평이성, 균형성이 이루어지도록 노력하였다. 그렇지만 전세계 13억 명이 믿고 있는 종교와 그 공동체 사회에 대한 지식을 한 권의 책에 체계 있게 엮어내는 일은 여간 어려운 작업이 아니다. 막상 탈고를 하고 보니 한마디로 말해 그저 미흡하기만 하다. 다만, 우리 사회에 아직 이슬람 종교가 잘 알려져 있지 않고, 게다가 이슬람에 관한 전문 연구서는 손꼽을 정도일 뿐이므로 이 책이 필요에 부응하고, 이 분야 연구의 시작試作의 하나가 되었으면 하는 바람이다.

필자는 서울대학교 종교학과에 개설되어 있는 「이슬람교 개론」과 서강대학교 종교학과의 「이슬람교사」를 수년간 강의하였고, 한국외국어대학교에서는 교양강좌인 「이슬람 사상입문」과 대학원의 「이슬람 문화론」 교과목을 지금도 강의하고 있다. 그러므로 이 책에 담긴 여러 주제의 내용들은 지금까지 맡아온 여러 해 동안의 강의와 세미나 토론의 결과이기도 하다. 특히 아흐마드 아민, 하산, 히티, 와트, 기브, 나스르, 데니 등의 저술들은 자주 주 교재로서 활용되었는데, 따라서 이 책의 교리와 사상의 서술에 그들의 글들이 중추적 골격이 되었음을 밝혀둔다. 그리고 앞으로 이 책이 이슬람 관련 연구자나 대학, 대학원생들을 위한 전문개설서로서뿐만 아니라 학계, 언론계 등 사회 각층에서 이슬람을 알고자 하는 독자들에게 이슬람과 이슬람세계를 이해하는 교과서적인 자료로서 활용되기를 기대한다.

이슬람학 전문서적에서는 연대표기를 할 때 1425/2004와 같이 이슬람력曆 표기를 먼저하고 서력을 뒤에 병기하는 것이 통례인데, 이 책에서는 단지 서력만을 사용하였다. 이슬람력(히즈라력)으로 바꾸어보기를 원하는 독자는 정수일의 『이슬람 문명』(창작과 비평사, 2002) 377~386쪽의 이슬람력과 서력 비교표를 보기 바란다. 이 책에 등장하는 왕조 통치기와 통치자의 재위기간은 보즈워스E. Bosworth의 『이슬람 왕조들*The Islamic Dynasties*』(Edinburgh, 1980)을 인용하였음을 아울러 밝혀둔다. 또한 이슬람학 연구자가 아닌 독자를 위해서 인명, 지명, 전문용어마다 해당 원어(거의가 아랍어이지만 때로는 페르시아어, 터키어 등)에 가능한 한 전사轉寫 표기를 하였으며 필요한 경우에는 용어해설을 달아놓았다. 여기서 쓰인 전문용어들은 대부분 한국이슬람학회에서 이미 공식용어로 사용하고 있는 것들이고, 간혹 등장한 새로운 용어도 학회연구자들 간에 논의와 검증을 거친 것이므로, 이 책의 이슬람 전문용어들은 앞으로 이슬람학 분야의 공식용어로 정착될 것으로 생각된다.

끝으로 마지막 정리된 원고를 나누어 읽어준 송경근 박사, 황의갑 박사, 박재양 박사, 김정명 박사에게 고마움을 표하고, 컴퓨터 작업에 많은 시간을 할애해준 강호빈 군과 최원진 양, 그리고 책의 출간을 맡아준 일조각 여러분에게도 깊은 감사를 드린다.

2005년 2월

손주영

차례

제8장 이슬람 신비주의, 수피즘

제9장 이슬람과 인권

제10장 중세 이슬람 정치사상과 칼리파제

제11장 이슬람 전통에서 보는 기독교

— 『꾸란』 속의 예수를 중심으로

제12장 이슬람 개혁주의와 부흥운동

제13장 이집트 이슬람 원리주의 운동

제14장 싸이드 꾸틉의 급진 이슬람 원리주의

제15장 이슬람 부흥운동과 이슬람의 이데올로기화

서장 | 이슬람의 이해

1. 이슬람은 세계 인구 1/5의 종교

이슬람은 기독교, 불교와 더불어 세계의 3대 종교로 꼽히지만 유독 우리에게는 잘 알려져 있지 않다. 그래서 유대교가 유대인의 종교인 것처럼 이슬람을 마치 아랍인들의 종교인 것으로 잘못 알고 있는 사람들도 많다. 이슬람은 전세계 인구의 1/5이 넘는 13억 명의 신도를 가진 세계적 종교이다. 이슬람을 믿는 무슬림muslim들은 140여 개 국가에 흩어져 살고 있다. 그 중 아랍연맹에 속해 있는 22개국(레바논, 시리아, 이라크, 요르단, 팔레스타인 자치정부, 사우디아라비아, 쿠웨이트, 바레인, 카타르, 아랍에미리트, 오만, 예멘, 이집트, 수단, 리비아, 튀니지, 알제리, 모로코, 모리타니, 지부티, 소말리아, 코모로)을 포함하여 이슬람회의기구Organization of the Islamic Conference에 가입되어 있는 회원국가만 해도 57개국(약 8억 명 이상, 아랍연맹 22개국과 아프가니스탄, 알바니아, 아제르바이잔, 방글라데시, 베냉, 브루나이, 부르키나파소, 카메룬, 차드, 가봉, 잠비아, 기니, 기니비사우, 가이아나, 인도네시아, 이란, 카자흐스탄, 키르기스스탄, 말레이시아, 몰디브, 말리, 모잠비크, 니제르, 나이지리아, 파키스탄, 세네갈, 시에라리온, 수리남, 타지키스탄, 토고, 터키, 투르크메니스탄, 우간다, 우즈베키스탄, 코트디부아르)에 달한다. 이 국가들이 현대세계에서 이슬람 문화권, 즉 무슬림 움마ummah(공동체)를 형성하고 있다.

그 범위는 서아시아를 중심으로 하여 동쪽으로는 중앙아시아를 거쳐 중국과 동남아시아까지, 서쪽으로는 아프리카 북서부의 끝까지 이른다. 이 지역은 이슬람 역사에서 아랍어로 다르 알 이슬람dār al-Islām(이슬람 영역)이라고 불려온 지역으로 오늘날의 이슬람세계 또는 이슬람권을 말한다. 무슬림 수가 가장 많은 국가는 인도네시아이고(약 1억 8천만 명), 지역적으로는 인도반도에 가장 많이 분포하고 있다(파키스탄 약 1억 4천만 명, 인도 약

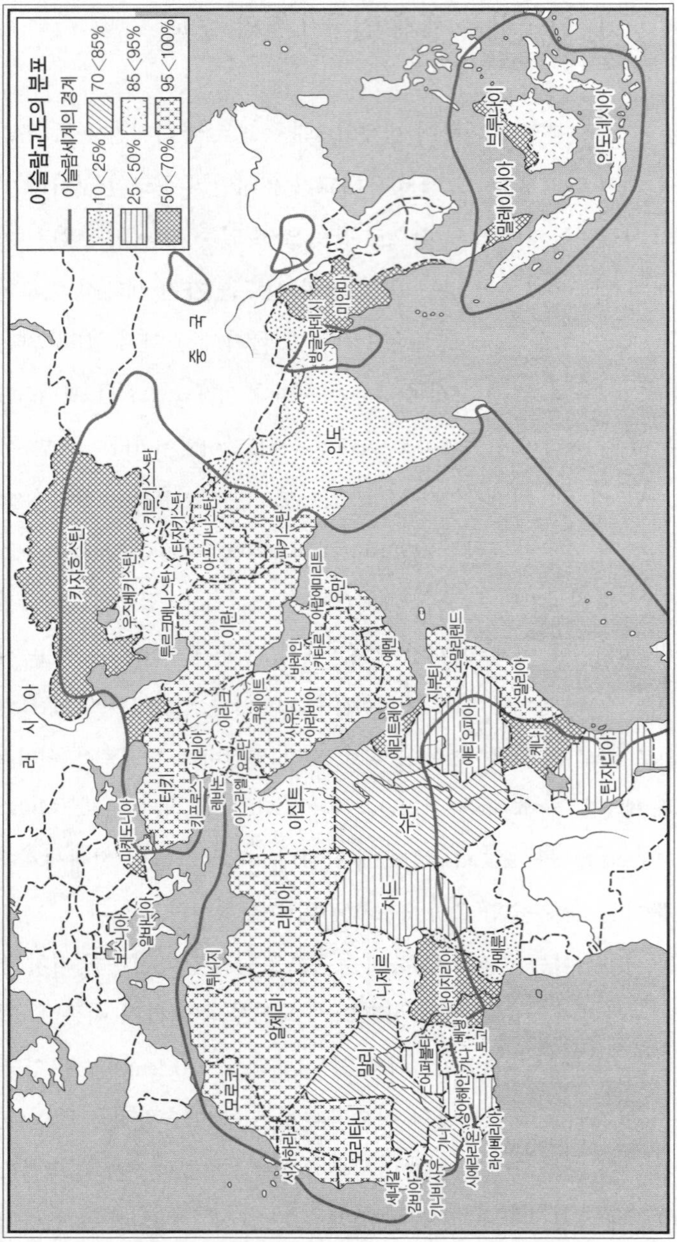

이슬람교도의 분포
이슬람세계의 경계
10<25%
25<50%
50<70%
70<85%
85<95%
95<100%
러시아
중국
카자흐스탄
우즈베키스탄
투르크메니스탄
키르기스스탄
타지키스탄
아프가니스탄
파키스탄
인도
방글라데시
미얀마
말레이시아
브루나이
인도네시아
이란
이라크
쿠웨이트
바레인
카타르
아랍에미리트
오만
예멘
사우디아라비아
시리아
요르단
레바논
이스라엘
키프로스
터키
마케도니아
알바니아
보스니아
이집트
수단
에리트레아
지부티
에티오피아
소말리랜드
소말리아
케냐
탄자니아
리비아
차드
튀니지
알제리
니제르
나이지리아
카메룬
모로코
말리
가나
시에라리온
라이베리아
기니
기니비사우
감비아
세네갈
모리타니
서사하라

오늘날의 이슬람세계

1억 명, 방글라데시 약 1억 1천만 명). 아랍인 무슬림 수는 약 3억 명이고, 터키(약 6천 3백만 명), 이란(약 6천 5백만 명), 이집트(약 5천 9백만 명), 나이지리아(약 7천만 명) 등 무슬림 인구가 5천만 명 이상 되는 국가도 상당수 있다. 우리의 이웃인 중국에도 약 4천만 명 가량의 무슬림이 있다. 유럽에서 이슬람은 두 번째로 신도 수가 많은 종교이다. 약 1천 7백만 명의 무슬림(프랑스 4백만 명, 영국 4백만 명, 독일 250만 명 등)이 있으며, 미국에도 약 8백만 명이 넘는 무슬림들이 살고 있다. 이슬람(세계 인구의 22%)은 기독교(세계 인구의 33%) 다음으로 신도 수가 많은 종교이고, 기독교를 가톨릭과 프로테스탄트로 나누어 볼 때는 무슬림 수가 세계 1위이다.

2. 하나님만을 믿는 유일신교

이슬람은 하나님을 믿는 종교다. 유대교가 모세의 5경(토라Torah)을 토대로 했고, 기독교가 예수의 복음서를 중심으로 교회를 세웠듯이 이슬람은 무함마드의 『꾸란』을 통해 하나님인 '알라'에게 귀의하는 종교이다. 이 세 종교는 같은 하나님을 믿는 일신교이다. 모두가 만물의 창조자, 부양자, 우주질서의 주관자, 지배자, 전지 전능의 절대자, 최후 심판의 날의 주인이신 유일신 하나님을 믿는다. 야훼(여호와)는 히브리어이고, 알라는 아랍어이며, 하나님은 우리말이다. 예컨대 아랍의 기독교인들은 그들의 신을 부를 때 아랍어로 '알라'라고 말한다. 그러니까 '여호와 하나님'이라는 말처럼 '알라 하나님'이라는 말은 가능하겠지만, 여러 신들 중 "알라신을 믿는다"라는 의미로 알라신을 지칭하는 것은 잘못된 것이다. 이슬람교도들은 하나님 외에는 다른 신을 절대로 인정하지 않는다. 다른 신과 하나님을 동렬에 두는 것은 죄 중에서도 용서받지 못할 가장 큰 죄라고 생각한다. 이와 같이 이슬람은 오직 '알라' 만을 믿는 유일신 교리tawḥīd의 종교로서 신성에 관해서는 어떠한 복수적 개념도 받아들이지 않는다. 따라서 기독교의 삼위일체론 같은 교리는 즉각 배격한다. 그 때문에 무슬림들은 그들이 가장 훌륭한 일신교도라는 자부심을 가지고 산다.

『꾸란』에서는 알라가 유대인들과 기독교인들이 말하는 신과 동일한 '하나님' 임을 분명히 밝히고 있다. 그러므로 이슬람교인들은 신에 대해 말할 때 그 신이 아브라함의 하나님, 모세의 하나님, 예수의 하나님, 무함마드의 하나님이라고 생각한다. 이에 관한 『꾸란』 성구는 다음과 같다.

> "우리는 우리에게 계시된 것과 너희에게 계시된 것을 믿는다. 우리의 하나님과 너희의 하나님은 한 분이시며 우리는 그분께 복종하는 자들이다."[1]

여기서 말하는 '너희' 는 성서를 가진 백성들ahl al-kitāb로 유대교인과 기독교인을 지칭한다. 그리고 이 성구 끝의 '복종하는 자' 가 원어대로 발음할 때 무슬림muslim인데, 이 단어가 바로 이슬람교인을 가리키는 아랍어이다.

서구에서 잘못 표현했던 영향으로 종종 이슬람을 마호메드(무함마드)교Mohammedanism라고 말하는 경우가 있는데, 이것은 크게 잘못된 것이다. 무슬림들은 무함마드를 신봉하지 않는다. 무함마드는 하나님의 말씀을 가브리엘 천사를 통해 이 땅에 전한 신의 사자使者로서 아담, 노아, 아브라함, 모세, 예수를 이은 예언자일 뿐이다. 『꾸란』에서는 무함마드가 철저히 인간임을 강조한다. 무슬림은 오직 하나님에게만 예배를 드리고 하나님의 뜻에 절대 복종하는 사람들이다. 그렇기 때문에 이슬람교인들을 무슬림

1 『꾸란』 29 : 46.

(복종하는 자)이라고 부르는 것이다. 세계적인 종교의 이름이 그 종교의 창시자(불교, 기독교, 조로아스터교)나 지역 또는 인종(유대교, 힌두교)을 바탕으로 지어졌지만, 이슬람Islām은 아랍어로 순종(복종)과 평화라는 뜻에서 이름이 지어졌다. 세계 만물의 창조주인 하나님에게 절대 순종함으로써 육체와 정신의 진정한 평화를 얻을 수 있다는 종교적 함의를 담고 있다. 한마디로 말해서 이슬람교는 하나님의 의지(뜻)에 무조건 복종하는 종교다. 우리 나라에서는 중국의 영향을 받아 회교回教라고 지칭하는 사례가 종종 있는데 이것도 잘못된 것이다.[2]

또 무슬림은 하나님이 이 땅에 예언자들을 보냈다고 믿는다. 인류의 조상 아담으로부터 시작되는 모든 신의 사자와 예언자들의 존재, 그들의 사명과 역할을 믿는 것이다. 『구약성서』에 나오는 예언자들인 아브라함과 모세, 다윗, 야곱, 요셉은 물론 『신약성서』에 나오는 예수와 세례자 요한까지 예언자들 모두를 믿는다. 『꾸란』에 등장하는 25명의 예언

『꾸란』에 나타난 예언자들(25명)

아담Adam
|
이드리스Idrīs
|
노아Noah
|
후드Hūd
|
쌀리흐Ṣāliḥ
|
아브라함Ibrāhim
|
이스마일Ismā'īl
|
이삭Isḥāq
|
롯Luṭ
|
야곱Ya'qūb
|
요셉Yusūf
|
슈아이브Shu'ayb
|
욥Ayyūb
|
모세Mūsā
|
아론Hārūn
|
둘 키플Dhul-Kifl
|
다윗Dāwud
|
솔로몬Sulaimān
|
엘리야Ilyās
|
엘리사al-Yasa'
|
요나Yūnus
|
자카리아Zakariyya
|
요한Yahya
|
예수 'Isā
|
무함마드Muḥammad

2 회교 또는 회회교回回教라는 명칭은 중국의 명明, 청淸 시대에 중국 사람들이 신강성의 회흘回紇족의 종교를 부른 데서 유래한다. 당唐, 송宋 시대의 중국 무슬림들은 이슬람을 청진교淸眞教라고 불렀다.

자 중 21명이 기독교 성서에 나타난 동일인이다. 인간은 하나님이 주신 특별한 속성인 자유의지로 인해 하나님께서 가르쳐주신 말씀을 그대로 따르지 못하고 원래의 가르침에서 일탈하거나 왜곡된 길을 걷게 마련이다. 이때 하나님은 새로운 예언자를 보내서 원래 하나님의 가르침이 무엇인지를 다시 일깨워 준다. 무슬림은 이러한 마지막 예언자가 무함마드라고 믿는다. 또 무슬림은 천사의 존재와 천국과 지옥을 믿으며 최후 심판의 날이 도래할 것임을 믿는다. 또한 하나님의 말씀이 토라Torah(모세 5경)[3]와 다윗의 「시편」Zabūr, 예수의 복음서Injil, 『꾸란』으로 인류에게 계시되었음을 믿는다. 『꾸란』에서는 다음과 같이 말하고 있다.

> "하나님은 마리아의 아들 예수로 하여금 토라에서 그 이전에 계시된 것을 확증하고 그들(예언자들)의 발자취를 따르도록 했으며, 또한 토라에서 그 이전에 계시된 것을 확증하면서 인도와 광명이 담겨 있는 복음서를 그에게 내려주셨나니, 이는 신을 경외하는 자들을 위한 훈계요 인도서이니라."[4]

이 성구를 통해 예수의 중요한 사명이 무엇인지 분명히 밝혀졌다. 그것은 모세에게 내려졌던 토라의 내용을 확증하고, 새로운 복음서를 이 땅에 가져와 인류에게 신의 뜻이 무엇인지를 전달하는 일이었다.

기독교인들이 그들에게 내려진 『신약성서』의 계시가 그 이전에 내려진 『구약성서』의 계시를 확증하는 것이고 동시에 완벽하게 채워주는 것으로 보고 있듯이, 무슬림은 앞서 내려진 경전들 속에 계시된 것들을 확증하고, 또 유대교와 기독교의 신앙 체계에서 후대인들이 인위적으로 첨삭했거나 왜곡한 것들을 순화시키고 올바르게 하며 때로는 그것을 보완하여 완벽한

3 모세의 5경은 「창세기」, 「출애굽기」, 「레위기」, 「민수기」, 「신명기」이다.
4 『꾸란』 5 : 46.

것으로 바로잡기 위해서 『꾸란』이 내려왔다고 믿고 있다. 따라서 그들은 예언자 무함마드가 천사 가브리엘을 통해 신으로부터 받은 계시서인 『꾸란』은 『구약성서』와 『신약성서』의 종합판이라고 생각한다. 따라서 무슬림은 이슬람이 새로운 계시, 새로운 경전을 가진 새로운 종교라고는 생각하지 않으며, 태초부터 존재해온 유일신 종교의 마지막 완성된 체계라고 생각한다. 그러므로 아담의 하나님, 노아의 하나님, 아브라함과 모세, 예수의 하나님, 무함마드의 하나님에 전혀 구별이 없다. 똑같은 하나님을 신앙의 대상으로 믿고 있는 것이다. 이를 뒷받침해주는 『꾸란』의 성구들은 무수히 많다.

"우리(하나님)는 그 이전에 성경(인질)에 계시된 것을 확증하고, 성경을 수호하는 진리가 담긴 성서(『꾸란』)를 너(무함마드)에게 내려주노니…."[5]

"하나님께서는 노아에게 명하셨던 종교를 너희의 종교로 규정하셨나니, 그것은 바로 하나님께서 너(무함마드)에게 계시해주신 것이고 또 그분께서 아브라함과 모세와 예수에게도 그 종교를 지키고 그 안에서 분열하지 말라고 명령하셨던 것이니라…."[6]

이와 같이 무슬림의 관점에서 유대교인과 기독교인은 '성서의 백성들'로, 하나님으로부터 같은 계시를 받은 형제들이다. 즉 신앙인의 한 공동체 사람들로 보고 있는 것이다. "유대교인, 기독교인과 관련하여 무슬림이 누구인가?"는 다음의 성구로 더욱 분명해진다.

"너희는 말하라. 우리는 하나님을 믿사오며, 우리에게 내려주신 것과 아브라함과 이스마일과 이삭과 야곱과 그 자손들에게 내려주신 것과, 모세와 예수가

5 『꾸란』 5 : 48.

6 『꾸란』 42 : 13.

계시받은 것과 예언자들이 그들의 주님으로부터 계시받은 것을 믿사오며, 우리는 그들 중의 누구도 차별하지 아니하며, 오직 그분에게만 복종하는 자들입니다."[7]

3. 아브라함의 신앙을 중시하는 종교

이슬람교를 설명할 때 예언자 아브라함과의 관계를 빼놓을 수 없다. 무슬림은 하나님께 무조건적으로 복종하던 아브라함의 신앙을 그대로 따르기를 원하고 아브라함과 같은 순수한 신앙인이 되기를 소망한다. 아브라함은 유대교, 기독교, 이슬람 세 종교 모두의 공동 조상이다. 무슬림은 그의 둘째 부인 하갈Hagar이 낳은 아들 이스마일을 통해 아브라함에게 이어지고 기독교인과 유대교인은 첫 번째 부인 사라Sarah의 아들 이삭을 통해 연결된다. 그렇지만 이슬람 전통에서 차지하는 아브라함의 위치는 기독교나 유대교 전통에서보다 훨씬 중시되는 아주 남다른 것이다. 왜냐하면 무슬림은 하나님의 진리가 아담과 노아 때와 마찬가지로 아브라함 때도 그 원형이 순수하게 내려졌는데, 그의 뒤를 이은 후대의 여러 세기를 거치면서 그것이 다시 일부 왜곡되고 변경되자 하나님은 모세와 예수, 무함마드와 같은 예언자들을 이 땅에 보내게 되었으며, 마지막 예언자인 무함마드의 사명은 바로 이 원형의 종교인 이슬람을 다시 아브라함 때와 같이 순수한 것으로 복원하는 것이라고 믿고 있기 때문이다.

일신교의 역사는 기원전 19세기에 아브라함Ibrahim(아랍어로는 이브라힘)이 신의 가르침을 받고 그의 아버지의 권위에 도전함으로써 새로운 전환

7 『꾸란』 2 : 136.

점을 맞게 되었다. 이 시기에 인류는 다시 우상숭배자가 되어 있었던 것이다. 『꾸란』에서 언급하고 있는 모습은 다음과 같다.

> "아브라함이 그의 아버지 아자르에게 말하기를 당신은 우상을 신으로 모시고 있습니까? 실로 저는 당신과 당신의 민족이 분명히 잘못하고 있음을 보고 있습니다."[8]

「창세기」 제12장에 따르면 아브라함의 아버지 데라Terah(아자르Azar는 아랍어 이름이다)는 그의 가족을 메소포타미아 계곡 우르Ur의 칼데아Chaldea에서, 오늘날 서구가 비옥한 초생달Fertile Crescent 지역이라고 부르는 곳 북서쪽 활 모양으로 구부러지는 지역의 하란Haran으로 데려갔고, 아버지가 죽은 뒤 아브라함은 하란에서 나와 가나안과 이집트로 옮겨갔다가 하나님이 약속하신 땅 가나안으로 되돌아온다. 이슬람 전통에 따르면 이러한 아브라함의 여정 중에 메카로 갔던 것도 포함된다. 앞에서 언급한 것처럼 아브라함은 유대인과 아랍인의 종족적 조상이고 유대교, 기독교, 이슬람 모두가 각각 아브라함에 대한 각별한 연고를 주장한다. 유대교인들은 아브라함이 하나님과 새 언약을 맺었고 그 증표로 할례를 만든 원조라고 믿고 있으며, 따라서 아브라함은 토라 이전에 한 유대인이었음을 주장한다. 기독교에서는 사도 바울이 하나님에 대한 아브라함의 무조건적인 신앙을 가장 의로운 기독교인의 모범으로 내세웠고 그래서 아브라함을 복음서 이전에 한 기독교인이라고 말하고 있으며, 무슬림들도 아들을 희생하려 했던 아브라함의 의지를 신에게 복종하는 모범적 행신行身으로 삼고 그를 『꾸란』 이전의 무슬림으로 믿고 있는 것이다. 이같이 아브라함은 지리적 · 종족적 · 정신적으로 세 종교와 연관을 맺고 있으며, 각 종교마다

8 『꾸란』 6 : 74.

아브라함이 하나님의 진정한 친구요, 신앙의 아버지로 증언하는 전통을 갖고 있는 것이다.

하나님은 아브라함과 성약을 만드셨는데, 그 내용은 그의 가족과 후손들을 크게 번성하게 하고 은혜받게 하리라는 것이었다. 아브라함의 아내 사라는 하나님께서 이 약속을 지키시리라 믿을 수 없었다. 왜냐하면 그녀는 이미 아이를 낳을 수 있는 나이를 훨씬 넘어섰기 때문이었다. 그래서 그녀는 아브라함에게 이집트인 하녀 하갈Hagar을 부인으로 맞을 것을 권했고, 둘 사이에서는 이스마일이 태어났다. 그리고 이스마일이 자라서 할례를 받은 후에 두 번째 아들이 기적적으로 사라에게서 태어난다. 이 아들이 이삭이다. 그런데 사라는 그 후 이삭을 위한 유산 상속 문제를 염두에 두고 장자이자 합법적 상속자인 이스마일에게 질투를 느끼게 되었고, 하갈과 이스마일을 집에서 쫓아내라고 아브라함에게 강요하게 된다. 수일간의 여행 끝에 타는 듯한 사막 한가운데에 버려진 하갈과 이스마일은 한 방울의 물도 남지 않게 되었다. 이스마일을 살리기 위해 하갈은 물을 찾아 싸파Ṣafā와 마르와Marwa라는 두 언덕 사이를 일곱 바퀴나 돌았으나 허사였다. 그러나 하나님은 또 다른 기적의 은총을 내려주었다. 이스마일의 발밑에서 잠잠Zamzam이라는 샘이 솟게 하셨던 것이다.[9]

이슬람 전승은 하갈과 이스마일이 버려졌던 파란Paran의 광야가 메카 근처의 사막지대였다고 말하고 있다. 아브라함은 그 뒤 하갈과 아들의 생사가 궁금하여 찾아와보니 모자는 하나님의 보호를 받으며 메카에서 잘 살고 있었다. 아브라함은 사막에 떨어진 운석隕石을 운반해 와 제단을 쌓고 이스마일과 함께 예배소를 세워 감사의 예배를 드리니 이것이 오늘날 메카의 카아바Kaaba이다. 검은 천으로 둘러쌓인 육면체 모양의 카아바는

9 아랍의 전통에서 이 이야기는 「창세기」 21장 1절부터 21절까지의 내용과도 일치한다.

무슬림세계에서 가장 신성한 곳이고 이슬람의 가장 친근한 상징 중의 하나이다. 『꾸란』에서는 이때의 광경을 이렇게 묘사하고 있다.

"아브라함과 이스마일이 그 집의 기석을 들어올리면서, 주여, 저희가 드리는 예배를 받아주소서. 실로 당신은 모든 것을 들으시고 모든 것을 아시는 분이십니다."[10]

이스마일은 이집트 여인과 결혼하여 12명의 아들을 낳았으며 137살까지 살았다고 전해진다.[11] 유대인들과 무슬림의 전통은 토라와 『꾸란』 또는 고대 전승에 근거하여 이와 같은 여러 이야기들이 일치함을 보여주고 있다. 이슬람 전통에서는 먼저 하나님과 아브라함의 약속을 매우 중시한다. 이 약속은 이삭이 태어나기 전에 맺어진 것이므로 이스마일은 '약속의 아들'이고 아브라함의 합법적 상속자임을 내세운다. 그리고 "이스마일의 자손이 큰 민족을 이루게 하리라"[12]고 말하신 이 위대한 민족이 마침내는 예언자 무함마드를 배출하는 아랍민족이라고 말한다. 또한 신께서 아브라함의 신앙을 시험하기 위해 그의 아들을 희생물로 바치라고 명령하셨을 때 주저 없이 오직 신께 복종했던 아브라함의 신앙을 다른 어떤 것보다 중요시한다. 무슬림은 하나님으로부터 번제燔祭의 희생물로 지목된 아들이 이스마일이라고 믿는다. 그는 장자였고 할례를 했으며, 약속의 합법적 아들이었기 때문이다. 이에 대한 『꾸란』 성구는 다음과 같다.

"아들이 그와 함께 일할 나이에 이르렀을 때 그(아브라함)가 말하기를, 오, 내 아들아, 실로 내가 너를 제물로 바치는 꿈을 꾸었는데 너의 생각은 어떠하냐. 그

10 『꾸란』 2 : 127.
11 「창세기」 25 : 17.
12 「창세기」 21 : 13과 18 참고.

가 말하기를, 오, 아버지, 명령받으신 대로 하시옵소서. 하나님의 뜻이라면 당신께서는 제가 인내하는 자들 중의 하나임을 아시게 될 것입니다."[13]

"그 둘은 하나님께 복종하였고 그가 아들로 하여금 이마를 땅에 대고 엎드리게 하였을 때 우리(하나님)는 그를 불러 오, 아브라함아. 너는 이제 그 꿈을 실행하였노라. 실로 우리(하나님)는 이와 같이 선을 행하는 자들에게는 보상을 내리니라."[14]

한편 『구약성서』에서는 제물로 바쳐질 뻔했던 주인공이 이삭으로 등장한다.[15] 그러나 이삭은 아브라함의 나이가 100살이었을 때 태어났고,[16] 이스마일은 그보다 14년 전인 아브라함의 나이 86살에 태어났다.[17] 그러니까 이스마일은 이삭보다 14살 위였고, 이 14년 동안 이스마일은 아브라함의 독자였다.

「창세기」 22장 2절에는 "하나님께서 말씀하시기를 네 아들, 너의 사랑하는 유일한 아들을 데리고 모리아Moriah 땅으로 가서 내가 너에게 가리켜 주는 산의 한 곳에서 그를 번제로 바쳐라"라는 내용이 있다. 번제의 대상이 독자임은 같은 장 12절에서도, "네가 네 아들 네 독자라도 내게 아끼지 아니하였으니 내가 이제 네가 정녕 하나님을 경외하는 줄 아노라"라고 언급된다. 이삭이 태어난 후에도 형 이스마일은 계속 살아 있었기 때문에 이삭을 독자라고 할 수는 없다. 또 무슬림 학자들은 모리아 땅이, 이스마일이 어린 시절을 보낸 메카에 있는 마르와 동산이라고 말하고 있다.[18]

---

13 『꾸란』 37 : 102.
14 『꾸란』 37 : 103~105.
15 「창세기」 22 : 1~18.
16 「창세기」 21 : 5.
17 「창세기」 16 : 16.
18 *The Holy Qur'an*, trans. & commentary Abdullah Yusuf Ali, Jeddah: Dar al-Qiblah

많은 무슬림들은 창세기에서 이삭의 이름이 이스마일의 이름을 대신해 쓰여진 것은 유대-기독교 전통의 구원의 역사에서 헤브루의 역할을 강조하기 위해 그렇게 언급된 것이라고 보고 있다. 『꾸란』 계시의 목적이 앞선 경전 내용이 인위적으로 왜곡되고 생략된 부분을 순화하고 원형의 것으로 완전하게 하는 데 있다고 믿는 것이 그들의 신앙인 것이다. 무슬림들은 이슬람에서 최고의 예언자들 가운데 한 분으로 존경받고 있는 이삭의 지위가 이러한 해석으로 인해 조금이라도 손상된다고 생각하지 않는다.

이와 같이 이슬람 전통에서는 아브라함과 관련된 신앙관이 매우 중요한 자리를 차지한다. 무슬림의 성도인 메카의 성립에서부터 이슬람 신앙과 실천의 다섯 기둥 가운데 하나인 순례의식을 행하는 모습에 이르기까지 이슬람은 아브라함과 이스마일의 종교적 행적과 많은 연관을 맺고 있다. 전세계의 무슬림들은 이들이 재건한 카아바를 향해 하루 다섯 차례 예배를 드리고 있다. 그리고 이슬람 전통에서 가장 큰 축제인 희생제는 바로 아브라함이 이스마일을 제물로 바치려다가 대천사 가브리엘의 중재로 양을 대신 바친 사건에서 유래한다. 무슬림들은 '하나님의 이름으로' 라고 외치며 양을 잡아 이웃끼리 서로 나누어 먹으며 5일 정도의 연휴를 보낸다. 메카로 성지순례를 간 무슬림 순례객들은 카아바를 일곱 바퀴 돌고, 가능한 그 안에 놓여 있는 아브라함의 운석인 '흑석' 에 입을 맞추거나 그것을 손으로 만져보려 한다. 그 뒤 카아바 동쪽의 '아브라함의 발자국' 이 있는 곳에서 두 번 절하고 남쪽에 위치한 성천 잠잠샘의 물을 마신다. 이 샘물은 신의 은총 때문인지 아직도 수량이 풍부하고 맑은 수질을 유지하고 있어 많은 순례객들이 이 성천의 물을 고향으로 가져가 무슬림들이 마시게 한다. 또한 하갈이 물을 찾아 헤매던 싸파Ṣafā와 마르와Marwa 두 언

---

for Islamic Literature, 1403A.H., p.1205, 각주번호 4101 참고.

덕 사이를 7번 왕복(이를 싸이sa'y라고 한다)한다.

이러한 순례의식보다 훨씬 중요한 것은 물론 아브라함의 순종하는 신앙관이다. 이슬람이 '신의 의지에 복종하는 종교'이므로 아브라함의 복종은 그만큼 돋보이는 것이다. 지나친 표현 같지만 이슬람을 '아브라함교'라고까지 말하는 사람도 있다. 게다가 아브라함은 예수, 모세 이전의 신의 사자로서 한 점 흐트러짐이 없던 순정의 일신교도였다. 물론 모세, 예수 또한 순정의 일신교도였음은 두말할 나위가 없다. 『꾸란』에는 다음과 같이 명시되어 있다.

> "아브라함은 유대교인도 기독교인도 아니었다. 그러나 그는 하니프 무슬림이었으며, 우상숭배자의 한 사람이 아니었도다."[19]

이슬람적 논리는 아브라함, 모세, 예수의 진정한 추종자들 모두가 무슬림이라는 것이다.[20] 문제는 그들의 후대에 인위적으로 첨삭된 교리관이다. 앞의 『꾸란』에서 언급된 하니프ḥanīf(성실한 일신교도)라는 단어가 중요하다. 진정한 무슬림의 궁극적인 목표는 바로 아브라함과 같은 하니프의 길을 걷는 것이다. 그리고 기독교, 유대교인들에게도 똑같이 그 길을 걸어갈 것을 권유한다. 그 길이 곧 하나님이 말씀하신 '씨라트 알 무스타낌ṣirāt al-mustaqīm(올바른 길)'의 길이고 결국 '이슬람의 길'인 것이다.

---

19 『꾸란』 3 : 67과 2 : 135~136 참고.

20 Ira G. Zepp, *An Muslim Primer: Beginner's Guide to Islam*, Christian Classics, 1992, p.8.

4. 이슬람은 신앙체계만이 아니다

오늘날 서방세계의 사람들이나 우리가 이슬람세계에서 일어나는 여러 정치적·종교적 사건들을 보면서 그 실상을 제대로 파악하지 못하고 오해와 편견의 시각을 갖게 되는 가장 큰 요인은 무엇일까? 아마도 이 질문에 대한 답 중에서 가장 우선적으로 생각해야 할 것은 우리 사회가 정교분리 사회인 데 반해 이슬람사회는 근원적으로 정교일치 사회를 지향하고 있다는 점일 것이다. 이슬람과 이슬람세계를 올바르게 이해하기 위해서는 이 주제에 관한 논의가 무엇보다 필수적이다.

무슬림들은 이슬람을 '인간이 신의 뜻대로 현세를 완벽하게 살면서 내세를 준비하게 하는 신의 가르침으로, 인간 존재의 모든 분야가 합일된 한 생활방식'이라고 정의한다. 이른바 이슬람은 단순한 신앙체계만이 아니라는 것이다. 종교뿐만 아니라 정치, 경제, 사회, 문화 등 인간 생활 전반을 포함하여 조화를 이루고 있는 전체인 것이다. 따라서 그들은 '이슬람은 종교와 세속을 모두 포괄하는 신앙과 실천의 체계'라고 말한다. 그러므로 '이슬람교'보다는 '이슬람'이라는 표현이 더 정확하고, 그들은 이슬람교인이라는 말보다 무슬림이라고 불리기를 바란다.[21]

불교와 기독교 같은 대다수 종교들이 세속의 삶보다 내세를 더 강조하고 인간 생활의 육체적인 면보다 정신적인 면을 더 중시하는 데 비해, 이슬람은 내세와 똑같이 현세의 삶을 중시하고 인간 생활과 영육靈肉 양측면을 똑같이 중시한다. 이것은 보통 '이슬람은 정교일치체제'라는 말로 대변되고 있는데, 사실상 이같이 교회와 국가, 종교와 정치를 합일체제로 보는 것은 정교분리 사회에서 살아온 우리에게는 그리 쉬운 일이 아니다. 오늘날

21 손주영·김상태 편, 『중동의 새로운 이해』, 도서출판 오름, 1999, 132쪽.

지구상의 거의 모든 나라들이 교회와 국가는 분리되어야 한다는 정교분리 원칙을 토대로 국가구성법(헌법)을 만들고, 정교분리를 정설로 받아들이고 있다. 아마도 이것은 기독교 전통에서 비롯된 서구의 정치사상이 현대 세계에 보편화된 영향 때문일 것이다. 기독교인은 처음부터 세속의 것과 내세의 것을 갈라놓은 예수의 가르침을 신봉해왔다. 그러나 무슬림은 종교를 바탕으로 하여 그들의 첫 공동체를 세웠고, 처음부터 공동체가 교회이자 국가인 개념에서 출발하였다. 세속을 통치하고 잘 사는 일과 내세를 준비하는 일을 구분하지 않았던 것이다. 따라서 이슬람세계의 무슬림은 이슬람에 정치, 경제, 사회, 종교, 군사 등 제반 영역에 관한 고유한 사상과 이념, 원리, 제도가 다 들어 있다고 믿고 있다. 이 점이 다른 종교인에 비해 무슬림이 갖고 있는 가장 독특한 특징일 것이다.

정치권력에 대한 기독교인과 무슬림의 기본정신이 만들어지는 역사적 배경을 살펴보면 정치와 종교, 교회와 국가 문제에 대한 두 종교의 차이를 비교해볼 수 있고 정치권력에 대한 두 종교인들의 근본적으로 다른 태도를 발견할 수 있다. “신께서는 특별한 시간과 장소에서 직접적이고도 결정적으로 인류 사회에 개입하셨다.” 아마도 이것은 기독교인과 마찬가지로 무슬림도 똑같이 갖고 있는 신앙의 핵심일 것이다. 그런데 기독교인은 하나님이 인류 역사에 개입하면서 자신의 모습을 직접 드러냄으로써 스스로 인간이 되셨다는 ‘신의 말씀의 육신화incarnation’를 믿고, 바로 이것이 그들 교리의 모체를 이루고 있다고 말한다. 요한은 이것을 “말씀이 육신이 되어 우리 가운데 거하시매 우리가 그 영광을 보니 아버지의 독생자의 영광이요 은혜와 진리가 충만하더라”[22]라고 표현하였다. 그렇지만 무슬림에게—유대교인도 마찬가지지만—이러한 개념은 극도로 불경한 것이다. 그

22 「요한복음서」 1 : 14.

것은 신의 절대적 유일성을 손상시키고 다신교적 우상숭배의 문을 열어 놓는 것이기 때문이다. 무슬림은 신의 말씀이 모세, 다윗, 예수, 무함마드 등 신의 사자들을 통해 전달되었다고 믿는다. 예수에 뒤이어 무함마드는 신의 마지막 예언자로 선택받았다. 분명히 그는 특별한 능력의 소유자였다. 그렇지만 무슬림들 중 누구도 그가 인간 이상의 존재라거나 신의 말씀의 주체라고는 생각하지 않는다. 그는 단지 천사 가브리엘을 통해 계시되는 신의 말씀을 인류에게 전달한 한 사람의 메신저였을 뿐이다. 이것이 바로 무슬림이 스스로를 '무함마드 신봉자'라고 부를 수 없다고 말하는 진의眞意이다.[23] 그들이 믿는 대상은 오직 알라뿐이다. 그들은 신의 의지에 무조건 복종하는 사람들이고 신의 말씀을 진리로 받아들인 사람들이다. 이슬람Islām은 아랍어 동사 aslama(복종 · 순종하다, 몸을 맡기다)를 어근으로 한다. 앞에서도 말하였듯이 이것은 신의 뜻에 복종하는 것을 의미한다. 무함마드가 중요한 이유는 바로 그가 신의 말씀을 전해준 마지막 예언자라는 사실 때문이다. 무슬림의 신조는 그들의 신앙증언문인 다음 한 문장에 함축되어 있다. "라 일라하 일라 알라(일랄라) 무함마드 라술 알라(라술룰라)[24]lā illaha ilā Allāh Muḥammad rasūl Allāh(알라 이외에는 신이 없고 무함마드는 신의 사자이다)." 이 한 문장을 언급하는 순간부터 누구나 무슬림이 되는 것이다.

기독교인들은 유대 공동체가 고통스럽게 로마제국에 합병되어가고 있던 팔레스타인 땅에서 인류 역사에 대한 직접적인 신의 개입이 이루어졌다고 보고 있다. 무슬림들은 그 후 600년이 지난 뒤 비잔틴 로마와 사산조

---

23 따라서 기독교를 Christianism, 불교를 Buddhism으로 표현하지만, 무슬림의 신앙을 Muhammadanism으로 표현하지는 않는다.

24 자음접변 때문에 '일라 알라'를 '일랄라'라고 발음하며, '라술 알라'는 '라술룰라'라고 발음한다. 이하에서는 '일랄라'와 '라술룰라'로 표기한다.

페르시아 두 제국이 자웅을 겨루며 동서방의 패자로 경쟁하고 있던 시대에, 아직도 미개하고 순수한 땅이었던 히자즈Hijaz에서 다시 한 번 결정적인 개입이 일어났다고 믿고 있다. 장소와 시간에 대한 이러한 견해 차이와, 이를 인정하느냐 인정하지 않느냐 하는 것은 타자의 종교나 예언자의 사명 같은 것을 인정하느냐 못하느냐라는, 서로의 종교에 관한 근원적인 이해관계뿐만 아니라 정치권력에 대한 두 종교의 교리관 형성에도 영향을 미치게 된다. 나자렛Nazareth 예수는 공동체의 종교가 곧 민족적 독립과 직결되어 있을 때 태어났다. 마태오Matthew는 탄생한 아기 예수가 '유대인의 왕'이라고 주장하였고 당시 로마의 앞잡이 헤롯왕이 자행한 유아대량 학살사건을 예수의 탄생과 관련시키며 예수의 탄생 그 자체가 정치적 사건이라고 주장했다. 그렇지만 유대 민족의 해방과 독립은 당시 거의 가망 없는 주제였다. 그리고 로마제국의 힘에 눌려 민족국가나 유대교의 부활을 위한 운동 같은 것은 재앙만을 불러올 주제였다. 그리고 예수 사후 40년이 지나면서 그러한 재앙이 현실이 되고 말았다. 당시 예수는 좁게는 유대주의, 넓게는 기독교의 비정치적 해석을 설명함으로써 예수의 가르침의 정수와 본질이 종교적인 것일 뿐임을 분명히 하였다. 그는 '내 왕국은 이 세상에 있는 것이 아니다'라고 선언했던 것이다. 그는 유대교 예언자들이 앞서부터 예언해왔던 민족적 지도자 메시아Messiah가 다시 도래할 것임을 예고하면서 조직화된 정치적 반란을 통해 쟁취하는 국가보다는 오히려 믿음, 소망, 사랑을 통해 개인이 성취하는, 다가오는 세상에서의 종교적 구원을 제시하였던 것이다.

또 그는 이러한 구원은 단지 유대인에게만 예정된 것이 아님을 밝혔다. 예수는 그것이 세상 만민 모두에게 열려 있다는 것을 가르친 것이다. 그래서 누가Luke는 예수를 '만민의 구세주'로 내세우고 있는 것이다. 예수 사후 사도 바울Paul도 이 점을 확고히 재천명하였다. 그 후 기독교는 로마제국 치하에서 고통받고 있는 모든 사람들에게 사후에는 더 나은 세상이 있다는 희망을 심어주었다. 한마디로 말해 그가 목표로 삼은 왕국은 현세에 있는 것이 아니었다. 그것은 "카이사르의 것은 카이사르에게, 하나님의 것은 하나님에게 바쳐라"[25]라는 가르침으로 간명하게 표현된다. 이렇게 기독교는 현세의 정치(국가)와 내세의 종교(교회)를 엄격히 구분하고 시작하였다. 그러한 연유로 기독교인은 정치와 종교를 분리하고 교회라는 개념과 국가라는 개념을 별개로 인식하며 살아온 것이다.[26] 그리고 그것은 종교와 신앙이라는 것이 개인 차원의 문제이지 국가가 관여할 필요가 없다고 주장하는 학파를 출현하게 하였던 것이다. 그 결과 오늘날까지 기독교세계는 교회와 국가를 분리하는 것을 정도正道로 삼고 있는 것이다.

그러나 이슬람은 시작부터 국가와 종교를 구별하지 않았다. 무함마드가 세운 이슬람 공동체인 움마ummah는 처음부터 국가로 불려야 할 것이었다. 그는 처음 메카에서 신의 말씀과 복음을 전달하는 신의 예언자로 등장했지만, 메디나로 이주한 후에는 공동체를 세우고 국가원수가 되었다. 이 메디나 공동체와 그 정부는 비록 단순한 형태였지만 민족, 영토, 통치권 등 국가의 구성 요소를 두루 갖추고 있었다. 무함마드는 공공예배에서는 신도를 인도하였고, 전장에서는 군대를 이끄는 군사지도자였으며, 공동체 내부에서는 여러 분쟁을 해결하는 중재자이자 재판장이었다. 그 밖에도 필요한 조약을 체결하고 규약을 제정하며 각 지역에 필요한 행정 명령을 내리는 등 무함마드는 분명 국가를 대표하는 국가원수의 지위에 있었다.[27]

---

25 「누가복음서」 20 : 25.

26 Edward Mortimer, *Faith and Power—The Politics of Islam*, New York: Random House, 1982, p.32.

27 Ḥāzim 'Abd al-Mit'āl as-Sa'īdy, *al-Islām wa al-Khilāfah fī al-Asr al-Ḥadīth*, al-

그의 뒤를 이은 칼리파khalīfah(후계자)들도 움마 통치를 위해 무함마드가 행사하던 정치, 종교의 대권과 그 권위를 그대로 계승하였다. 칼리파들은 움마를 통치하는 정신적 · 세속적 지도권이 당연히 그들에게 있다고 믿었다. 또 무슬림 역시 이 두 가지를 구별하지 않았다. 이러한 이슬람 칼리파제도는 정치와 종교의 일을 나누었던 중세 기독교사회의 교황-황제체제와는 근본적으로 다른 것이었다. 중세 초반 동 · 서양을 대표하던 이 두 경쟁적 정치제도는 모두 신의 예정에 따라 존립하고, 계시된 신의 말씀에 따라 체제의 권위를 부여받은 것이라고 주장하면서 신의 이름 아래 세계적인 권위authority와 권력power을 요구하였다.[28] 그러나 기독교 내에서는 황제와 나란히 교황이 존재하였다. 그리고 교황에게는 황제가 갖고 있지 않은 영적 권위와 기능이 있었다. 그는 지상에서 신의 대리인이었고 인간의 영혼을 지배하며 인도하는 자였다. 이에 비해 황제는 인간의 육신에 관계되는 사항들을 다루는 것이 임무였다. 세속통치가 주요 임무였던 것이다. 이 독립된 두 권위 사이에는 서로의 이해가 상충되어 장기간 충돌과 대립이 지속되었다. 이와 비교해볼 때 칼리파제도는 표면적으로—본질적인 기능과 역할 면에서는 다르지만—중세 기독교사회에서의 교황-황제체제를 하나로 묶어놓은 것과 같다고 말할 수 있다. 칼리파제도가 정교일치제도라는 점에서 더욱 그러하다. 그렇지만 한 가지 유념해야 할 것은 전통 무슬림사회에서 교황과 동일한 기능을 가진 존재는 결코 허용될 수 없다는 점이다. 전통 이슬람에서 오류절무誤謬絶無의 신성한 존재 또는 신과 인간 사이의 영적 중재자와 같은 지위와 개념은 용납되지 않기 때문이다.

Qāhira, 1984, p.74.

28 Erwin Isak Jakob Rosenthal, *Political Thought in Medieval Islam*, Cambridge: Cambridge University Press, 1969, p.23.

신의 계시에 따라서도 이슬람의 정교일치 개념은 보증받고 있다. 『꾸란』은 신에 대한 복종(종교적 복종)과 현세의 통치자에 대한 복종(정치적 복종)을 동시에 가르친 것이다.

"오, 믿는 자들아, 알라께 복종하라. 그리고 신의 사자와 너희 가운데 권위를 가진 자들에게 복종하라."[29]

여기서 '권위를 가진 자' 란 통치자를 뜻한다. 무슬림은 신께 복종하듯이 무함마드와 칼리파들에게도 복종해야 한다는 것이다. 그렇게 하는 것이 그들의 신앙이다. 통치자에 대한 복종을 의무화하는 대표적인 하디스 ḥadīth(예언자 언행)로는 "나에게 복종하는 자 누구나 신께 복종할 것이고, 내게 거역하는 자 곧 신께 거역할 것이다. 통치자에게 복종하는 자 누구나 내게 복종하는 자이고, 통치자에게 반역하는 자 곧 내게 반역하는 자이다"를 들 수 있다. 그렇지만 『꾸란』은 무슬림들이 이슬람국가의 수장首長인 칼리파에게 부단히 충언해야 하고, 부정한 통치자의 신하가 된다거나 추종을 삼가야 한다는 것도 동시에 가르쳐주고 있다.[30] 칼리파가 종교·정치의 대권을 한 손에 쥔 정교 일원적 통치권자인 것은 사실이지만, 그는 정치인이기 전에 신실한 종교인이어야 하고 무슬림 신민들의 존경과 신뢰를 받아야 한다는 의미이다.

그렇기 때문에 그들은 독실하고 종교적으로 올바른 인물만이 칼리파로서 하나님의 종복인 무슬림을 이끌고 공동체를 위해 선善한 정부를 세울 수 있다고 생각하였다. 예를 들면 압바스조 초기에 출현한 이슬람 정치사

29 『꾸란』 4 : 59.
30 Albert Hourani, *Arabic Thought in The Liberal Age, 1798~1939*, Oxford: Oxford University Press, 1963, p.6.

상가 이븐 알 무깟파아Ibn al-Muqaffa(759년 사망)와 이슬람 법학자 아부 유수프Abu Yusuf(798년 사망)는 국가 권력이 비대해질수록 칼리파의 통치 행위는 독재화할 위험이 크기 때문에 칼리파에게 요구되는 자질로는 무엇보다 독실한 신앙심과 정의임을 강조하였으며, 칼리파는 신이 맡겨 놓은 양떼들을 돌보아야 하는 양치기라고 묘사하였다.[31] 나아가 정부의 주요 기능도 『꾸란』에 명시된 대로 사람들을 신법神法에 확실히 복종하게 만드는 것이라고 믿었다. 따라서 그들에게는 『꾸란』을 정확히 해석해내는 일이 급선무였고, 또 무함마드가 말하였거나 실제로 행한 선례에 비추어 움마의 모든 일을 처리하고 판결하려 했다. 그러므로 『꾸란』과 예언자 무함마드가 남긴 순나sunnah(관행)는 종교적인 일, 정치적인 일의 구별 없이 움마 통치의 근간이 되었다. 그들은 그것이 곧 '신법'이라고 생각하였다. 그리고 실제로 『꾸란』과 예언자 순나는 이슬람법인 샤리아s̲harī 'a의 양대 법원兩大法源이 된다.

이러한 연유로 만약 통치정부가 나쁘면 그것은 통치자가 통치하는 방법을 몰라서가 아니라, 그 통치자가 더 이상 독실하지 못하거나 종교적으로 올바르지 않아 신법인 샤리아에 복종하지 않고 등한시했기 때문이라고 생각하였다. 따라서 움마에서는 정치 반란들이 항상 종교적인 이유를 내세우면 정당화되었다. 그리고 비록 정치적 변혁이 일어난다 할지라도 그 목적에 종교적 대의가 올바르게 세워져 있는 한 문제될 것이 없다고 생각하였다. 이것은 무함마드가 남긴 다음의 하디스로도 뒷받침된다. "나의 공동체는 오류에 동의하지 않을 것이다." 그렇기 때문에 공동체 내에서는 카와리지k̲hawārijī나 쉬아shī 'a 같은 분파가 생겨나 끊임없이 기존 정권에 대항하는 반정운동을 전개해도 묵인될 수 있었으며, 나아가 지방에서는 권력

31 Abu Yusuf, *Kitab al-Kharāj*, al-Qāhira, 1934, p.3.

이나 군사력이 신장되어 중앙정부에 도전하는 정치적 분열현상이 계속 일어나도 간과될 수 있었던 것이다. 그것은 1,400년이 지난 오늘날에도 마찬가지다. 현대의 이슬람 원리주의 조직들은 친서구적이고 세속화된 정권을 무너뜨리고 정교일치의 진정한 이슬람국가의 건설을 외치고 있고, 급기야는 자신들의 정치 · 종교적 가치관만이 올바른 것이라는 신념 아래 극단주의의 여러 급진 무장세력을 조직하여 나름대로의 정치적 · 종교적 투쟁을 벌이고 있는 것이다. 무슬림에게는 정치적인 일이 곧 종교적인 일이며, 항상 역사에서 칼리파의 지위를 원하는 자도, 칼리파를 탄핵하려는 자도 모두 『꾸란』과 예언자 순나를 내걸고 투쟁했던 것이다.

무슬림들이 공동체(국가)를 세우면 무엇을 해야 하는가? 이에 대해 『꾸란』은 무슬림의 기본 의무를 다음과 같이 명확히 가르쳐주고 있다.

> "무슬림들은… 예배ṣalāt를 행하고 자카트zakāt를 내며, 선al-ma'ruf을 실행하고 악al-munkar을 금하는 그런 자들이니…."[32]

땅 위에 국가를 세웠을 때 무슬림들은 먼저 예배와 자카트(종교 구빈세) 같은 종교적인 일을 시행해야 하고, 동시에 선한 일al-ma'ruf을 행하고 악한 일al-munkar을 금하게 하는 정치적인 일을 수행해야만 한다. 무슬림들은 "올바른 일(선, 정의)을 행하고 악을 금하라"는 이 명령을 이슬람국가와 무슬림 개인 모두가 절대적으로 지켜야 할 첫 번째 의무사항으로 생각하고 있다. 무슬림들은 이 의무의 실천을 이슬람이 제시해온 선과 진리에 관한 모든 가르침과 기본 원리들을 결합하고 있는 가장 결정적인 것으로 받아들이고 있는 것이다.[33] 따라서 무슬림 정치학자들은 무슬림 국가에서는

32 『꾸란』 22 : 41.

33 Ishtiaq Ahmed, *The Concept of an Islamic State: An Analysis of the Ideological*

이 의무의 실천을 최우선으로 제도화하고, 필요하다면 무력을 써서라도 그 실행을 강제해야 한다고 주장한다. 이것이 곧 이슬람정치의 근본임을 내세우고 있는 것이다. 그리고 앞의 성구를 통해 "이슬람에서는 종교와 정치를 구별하지 않는다"는 사실을 재확인하게 된다. 왜냐하면 선을 행하고 악을 금하는 일이 곧 종교의 길이고 목표이며, 또한 종교의 일을 하는 것이 곧 정치임을 깨닫게 하기 때문이다.

무슬림들이 갖고 있는 기본적인 정교일치원리에 대한 감정은 또 다른 중요한 이슬람의 가르침인 예언자 무함마드의 다음과 같은 하디스에서 읽을 수 있다.

> "너희들 중 누구든지 악행을 보는 자는 자신의 손으로 그것을 바꿔 놓아야만 하고, 만약 그렇게 할 수 없다면 혀로라도 시도해야만 하고, 만약 그렇게도 할 수 없다면 그때는 신앙의 가장 약한 표현인 마음속으로라도 그것을 행하여야만 한다."[34]

이 하디스는 오늘날까지 무슬림의 국가, 사회, 개인생활의 모든 영역에서 행동의 기본지침이 되고 있다. 불의와 악행을 보고 그냥 앉아 있는 것은 올바른 신앙인의 태도가 아니라는 것을 가르쳐주고 있는 것이다. 더욱이 이 하디스의 마지막 구절에서 보듯이 마음으로만 실천하는 행위는 가장 신앙심이 약한 자들이 가는 길이다. 정의를 위해서는 언제나 적극적 사고와 더불어 '신앙의 실천주의'를 몸소 실행하여야 한다. 이 하디스는 "옳은 일을 명하고 악한 일을 금하라"는 『꾸란』 성구의 의무적 실천과 직결되

Controversy in Parkistan, Stockholm: University of Stockholm Press, 1985, p.92.

34 Muslim b. al-Hajjaj, *Al-Jami' al-Ṣaḥīḥ*, *Sharḥ al-Imām an-Nawawi*, Vol. II, al-Qāhira, n.d., pp.22~25.

는 예언자 무함마드의 가르침인 것이다. 그리고 이러한 의무적 실천주의는 그 보편성에서 무슬림 생활의 모든 측면을 포괄하는 것이라는 인식을 확연히 보여주고 있다. 이러한 맥락에서 많은 무슬림들은 이 의무의 실천이야말로 무으미닌mu'minīn(믿는 자들)의 인격에서 필수 요소의 하나라고까지 말하고 있다. 아마도 이 하디스는 신앙의 순결성과 실천주의를 표방하면서 우마이야조 내내 급진적 행동주의자들로 반정운동을 벌였던 카와리지khawārijī 분파의 독특한 교리형성에 영향을 주었을 것이다. 그리고 20세기 이집트에서 등장한 이슬람 원리주의 그룹인 무슬림 형제단의 정치강령과 그들의 이슬람 운동뿐만 아니라, 오늘날 이슬람의 이데올로기화를 주장하는 거의 모든 이슬람주의운동에서도 그 정신을 찾아볼 수 있다.

5. 성직자제도가 없고 샤리아를 따르는 종교

이슬람에는 성직자제도가 없다. 이 점 또한 다른 종교와 확연히 구별되는 특징 중 하나이다. 이슬람은 신과 인간 사이에 영적인 어떠한 중간매체도 두지 않으며, 인간과 신의 직선적 관계를 강조한다. 그렇기 때문에 무슬림들은 예배, 선교, 교육 등 종교생활의 운영방식에서 타 종교인들과 다른 면을 보인다. 종교교육자나 선교사를 따로 두려 하지 않고 스스로가 선교사이고, 스스로가 누구보다 훌륭한 교육자임을 자처한다.

예를 들어 이맘imām은 예배를 인도하는 사람이다. 그런데 이맘이 될 자격은 사막의 베두인이거나 여행자이거나 젊은이, 무식자, 걸인 등 누구에게나 부여되어 있다. 이맘의 지위를 취득하기 위해서 특별교육과정이나 성직수임식, 안수식 같은 어떤 절차나 의식을 거치지 않아도 된다. 다시 말해 이맘은 누구나 될 수 있으며, 이슬람교에는 기독교의 성직자 계급같이 특별한 영적 자질과 권위를 갖고 종교적 의식과 의무를 수행하기 위해 평신도와 구별된 특별한 사람들 또는 사제집단이 존재하지 않는다. 이슬람을 믿는 사람은 모두 신 앞에 평등하다. 결코 근접할 수 없는 신의 본질, 신의 위엄에 절대 복종해야 하는 동등한 지위인 것이다. 이같이 이슬람은 평등주의를 내세운다. 신 앞에서 종교적 의무를 수행하는 무슬림은 누구나 똑같다. 무슬림은 '다른 사람보다 자신이 더 신에게 가까이 있다고 말할 수 있는 사람은 없다' 고 생각한다.

울라마ulamā는 이슬람 종교에 관한 지식을 쌓은 무슬림 법학자, 신학자들을 통칭하는 말이다. 이들은 성법의 수호자로서 간혹 중세 기독교사회의 성직자들과 비교되기도 하지만 사실상 울라마와 기독교 성직자의 지위는 상당히 다르다. 물론 울라마는 성직자가 아니다. 단지 종교에 관한 가르침과 올바른 인도를 할 수 있는 지식인들로서 높은 학식 때문에 무슬림 대중으로부터 존경을 받고 있는 무슬림 학자들일 뿐이다. 이들도 역시 울라마가 될 때 어떤 자격증 수여식이나 특정 종교의식을 거치는 것이 아니다. 게다가 죄를 용서한다거나 파문을 선언하는 일 같은 초인적 지위에서나 행할 수 있는 권한은 더더욱 갖고 있지 않다. 그들도 똑같은 무슬림에 지나지 않는다. 나아가—어떤 방법을 통하더라도—신과 인간 사이를 중재한다거나 둘 사이의 관계를 이들이 이어주는 역할을 할 수 있다는 것은 상상하지도 못한다. 즉 이슬람에는 주교나 신부, 목사와 같은 사제 신분이나 영적 인도자가 존재하지 않는 것이다.

인간의 영혼과 육신은 완전히 신의 소유라고 무슬림들은 생각한다. 신의 본질과 인간의 본질은 전혀 다르고 관련이 없는 것으로 양자간의 구분이 분명하다. 신은 유일한 존재자, 절대자이고 인간은 다만 신을 경외하며 신의 의지에 복종하는 피조물에 불과하다. 이렇게 이슬람은 인간과 창조주 사이의 구분을 명확히 하고, 인간과 창조주 사이의 직선적 관계를 무엇보다 강조하는 종교이다. 신과 인간 사이에는 어떤 중재자도 둘 수 없다. 중보자仲保者나 영적 중개인이란 존재를 두지 않는 것이다. 이맘과 마찬가지로 이슬람 공동체의 수장인 칼리파도 신 앞에서는 평신도와 똑같다. 이 점이 중세 기독교세계에서 황제와 교황의 지위와 이슬람 칼리파의 지위가 두드러지게 다른 점이다. 칼리파의 권력은 절대권력이 아니다. 그가 공동체 안에서 종교문제에 대한 모든 지도권을 소유한 것은 분명하지만, 그 권위나 권력이 신과의 관계에 직결되어 있다거나 신에게서 나오는 것은 아니다. 칼리파는 공동체 구성원 가운데 한 사람이고, 무슬림은 종교 수호와 세속 정치에 대한 그의 능력과 자질을 신임하고 그에게 충성서약을 함으로써 칼리파의 권력이 비로소 얻어지는 것이다. 다시 말해 칼리파제도는 절대권력의 전제적인 통치권제가 아니고 신에게서 권력을 수임하는 신정주의의 산물도 아니다. 오히려 그것은 움마 구성원들의 찬동(충성서약)에 따라 움마와의 계약으로 세워지는 것이다. 그를 탄핵하고 직위를 해제할 권한을 공동체가 갖고 있는 일종의 민주적 제도인 것이다.

이슬람이 다른 종교와 비교하여 다른 또 하나의 특징은 특별한 법체계를 갖고 있고 모든 무슬림은 이 법체계에 따라야 한다는 것이다. 무슬림의 삶은 샤리아의 지배를 받는다. 샤리아는 아랍어로 길을 뜻하는 말이다. 무슬림이면 누구나 '복종하고 좇아야 할 길'로서 '알라께 나아가는 길'이며, 그 목표는 신의 의지에 귀의하고 복종하는 것이다. 무슬림은 이 길을 잘 지키고 따라가기만 하면 누구나 신의 의지에 도달하고 복종하며 살 수 있다고 믿는다. 샤리아는 최고의 권위를 가지고 공동체 생활의 중심이 되어왔다. 이슬람이 다른 종교와 달리 '신앙과 실천의 체계'이고 현세의 삶을 중시하는 종교이기 때문에 '어떻게 살 것인가?'라는 문제와 공동체 생활 내에서의 실용적 요구가 신학보다 먼저 법학을 발전시키고 체계화시켰다.

구원에 이르는 기독교인의 길이 그리스도를 받아들이고 그를 믿는 데 있는 것이라면, 무슬림의 길은 바로 이 샤리아를 받아들이고 이에 복종하는 데 있다고 말할 수 있다. 울라마들은 이 법이 신이 만든 것이지 인간이 창제한 것이 아니라고 말한다. 왜냐하면 그 법의 원천이 바로 하나님의 말씀인 『꾸란』이기 때문이다. 그러니까 그들의 주요 임무는 법을 제정하는 것이 아니라 하나님이 정해 놓으신 규율을 확인하고 해석하며 정리하고 설명해내는 데 있다고 강조한다. 즉 그들 중 누구도 독단적으로 절대적인 해석을 주장할 수 없다는 의미이기도 하다. 결국 이것은 법학자들 간에 법 해석의 다름과 유연성을 낳았다. 따라서 상이한 법학파들이 이슬람세계의 상이한 지역에서 권위 있는 학파로서 인정받게 되었다. 이들 4대 법학파(하나피, 말리키, 샤피이, 한발리)가 수집하고 성문화한 피크Fiqh(법)의 기본 골격은 모두 같은 것이다. 다만 일부 세세한 사항에서만 해석과 실천에 이견을 보이고 있다. 순니 무슬림들은 누구나 이 4대 법학파 중 한 길을 택하여 신앙생활을 하고 있다.

샤리아는 무슬림 생활의 모든 영역에서 그들의 행위를 구속한다. 샤리아의 준수 의무는 무슬림 누구에게나 마찬가지다. 칼리파라고 예외일 수 없다. 물론 이슬람 역사에 출몰하던 무슬림 군주들이나 강력한 실제 권력을 쥔 통치자들도 모두 마찬가지였다. 이와 같은 점이 기독교 전통에서 교회법과 국가법 사이에 발생하던 갈등 관계나, 앞에서 언급한 것처럼 중세 기독교세계의 황제와 교황 간의 관계와, 무슬림 전통에서의 칼리파제도 또는 법제도가 근원적으로 다른 점이다.

한마디로 이슬람국가는 신법에 따라 통치되는 국가이다. 이것은 무슬림

세계에서의 법과 정치 이론은 곧 종교 교리에 근거한 것으로서, 신의 계시로부터 나온 것이라는 믿음을 기초로 한다. 이 점은 아무리 강조해도 지나치지 않을 것이다. 유럽인들은 이러한 사실을 간과하기 쉽다. 왜냐하면 그들의 법체계와 정치 이론이 기독교 교리에 근거하여 나온 것이 아니기 때문이다. 로마법은 기독교 발생 이전에도 엄연히 존재하였고, 기독교가 공인된 후에도 교회법과는 별개로 시행되었다.[35] 바로 이러한 것이 서방세계와 이슬람사회가 다른 점이다. 이슬람사회에서는 『꾸란』으로부터 교리와 법이 똑같이 만들어지고, 그 결과 서방세계나 우리 사회에서 말하는 종교 · 도덕상의 죄sin와 법률상의 죄crime를 구별하지 않는 것이다.

결론적으로 무슬림세계에서는 교회와 국가의 분리론이 존재하지 않는다. 즉 "정신적인 것과 세속적인 것이라는 이종二種의 검劍은 존재하지 않는다"는 것이다.[36] 따라서 '종교이자 국가'라는 이슬람의 전통적 정교 일원론은 변할 수 없는 무슬림들의 신앙이다. 이들은 정치제도와 관련된 정치원리들이 『꾸란』에 명시되어 있고 예언자도, 그의 후계자들Khulafāu al-Rashidīn(정통 칼리파들)도 이 원리들을 국가 통치에 실제로 적용하였다고 보고 있는 것이다. 세속 국가들의 기본 목표는 공익Public Interest을 실현하는 데 있다고 말한다. 이 공익의 개념은 국가를 이끄는 지도자들의 정치철학과 이상, 사회 · 경제 사상들에 따라 국가마다 다를 수 있을 것이다. 그러나 대체로 그것은 다음 두 가지 주요 특색을 갖는다. 첫째, 현세의dunyawiy, 세속의jamaniy 것이라는 점이다. 이 개념 속에는 정신적 · 종교적 요소는 들어 있지 않다. 둘째, 헌법 제정의 권한을 갖는 국민들의 중의를 집약시켜 공익을 달성한다는 점이다. 국가는 중의가 지시하는 것에 따

35 Thomas W. Arnold, *Caliphate*, London: Routledge & Kegan Paul Ltd., 1967, p.46.
36 Rosenthal, 앞의 책, p.23.

라서 공익을 결정한다. 다시 말해 여기서의 공익 결정은 정치적 힘에 따른 것이다. 반면 이슬람국가에서는 공익이 이와 같은 정치권력에 따라 결정되는 것이 아니다. 대중Masses의 견해, 시대 조류, 이념 같은 것에 따라서가 아니라 이슬람국가에서 공익과 복리maṣālīḥ는 종교를 세움으로써 성취되는 것이고, 샤리아에 복종함으로써 가능한 것이다.[37] 이슬람국가와 서방 또는 현대 세속 국가의 목적과 역할 사이에는 이 같은 분명한 차이가 존재한다. 국가의 구성 요소 중 주권에 대한 기본 개념도 다르다. 이슬람 법에 따라 주권은 신에게 속하며, 국가나 국민에게 주어지는 것이 아니다. 따라서 이슬람국가의 국가 기관은 절대 권력을 갖지 못한다. 신법에 따라 제한된 범위 내의 집행권만을 행사할 뿐이다.[38] 서방세계의 강대국들은 20세기 초부터 서구식 민주주의를 이슬람국가에 정착시키려고 애써왔다. 그러나 다당제, 의회제도, 선거제 같은 것은 이슬람의 원리에 맞지만 주권재민이라는 기본 개념은 다르다는 점을 알아야 한다. 이슬람식 민주주의를 추진해야 하며 서구제도와 사상을 평행적으로 이식하는 것은 불가능할 것이다. 이러한 점은 서구인이나 우리가 이슬람과 이슬람세계를 올바르게 이해하는 데 꼭 알고 있어야 할 사항들이다.

6. 서방세계에서 본 이슬람

무슬림 동방세계와 기독교인 서방세계는 수세기 동안 지중해를 사이에

37 Salah ad-Din Dabbus, *al-Khalifah Tawiliyatah wa 'Azluhu*, 1972, pp.64～65.

38 Farooq Ḥassan, *The Concept of State and Law in Islam*, American University Press, 1982, p.34.

두고 서로 마주 대하고 있으면서 때로는 평화스럽고 우호적인 선린관계를 유지했지만, 또 다른 오랜 시간 동안 반목과 불화, 대립과 갈등 속에 있었다. 지금도 일반적으로 무슬림이나 기독교인 모두가 그들이 서로 얼마나 많은 종교적·문화적 공통점을 갖고 있으며 얼마나 많은 지적·정신적·물질적 영향을 서로 주고받았는지 깨닫지 못하고 있다. 예를 들면 오늘날 대부분의 기독교인들은 이슬람의 예언자인 무함마드가 『구약』과 『신약』에서 모세와 예수가 전해주었던 똑같은 메시지를 인류에게 그대로 전한 매우 중요한 전달자라는 사실을 알지 못한다. 오히려 많은 서방의 기독교인들에게 무함마드는 예나 지금이나 여전히 경멸스러운 혐오의 대상으로 남아 있을 뿐이다.

최근의 여러 학문적 성과물들이 이슬람에 씌워져 있던 두터운 편견과 오해의 층을 걷어내기 전까지, 서방세계는 이슬람세계에 대해 왜곡되고 자기중심적인 시각만을 갖고 있었다. 2003년에 타계한 에드워드 사이드 Edwad Said는 그의 훌륭한 대표적 저작 『오리엔탈리즘*Orientalism*』을 통해 서구학자들이 일방적인 잣대로 평가해온 이슬람에 대한 생각을 바로잡고자 했다.

지리적 여건과 잦은 인적 교류, 물적 교역에도 불구하고 기독교인들은 일찍부터 무슬림들을 '가짜 예언자'를 신봉하는 무지한 사람들로 오해하고 있었다. 그것은 오랫동안 유대인들이 그들 나름의 선민사상에 따라 기독교인들을 '사기꾼'에 지나지 않는 예수를 신봉하고 그를 따르는 추종자들로 보았던 것과 흡사하였다. 기독교인들이 이러한 오해를 받은 후 몇 세기가 지난 뒤, 다시 그리스도 추종자들의 눈에는 무함마드의 추종자들이 그들의 신이 세워놓은 위대한 계획, 즉 '구원'이라는 명제에 어울리지도 않고, 결코 동조할 수도 없는 '신성모독자들'로 비쳐졌던 것이다.

실제로 기독교인들은 이슬람을 인간 무함마드를 숭배하는 신앙체계로 오해하여 현대에 이르기까지 이슬람과 무함마드교Mohammedanism를 동의어로 사용하였다. 20세기 초 네덜란드 치하의 인도네시아 정치고문이었던 휘르흐로녜E. Snouck Hurgronje가 쓴 『모함메다니즘*Mohammedanism*』(N.Y.: Putnam, 1916)이란 책의 제목에서 보듯이 이러한 오류는 유럽에서 보편화되어 있었다. 그 뒤 또 다른 저명한 이슬람 역사가인 기브H.R. Gibb도 같은 이름의 책을 출간했다가(1945년), 20여 년이 지난 뒤에야 잘못의 심각성을 깨닫고, 제목을 『이슬람*Islam*』(1968년)으로 바꾸었다. 독실한 무슬림들에게 모함메단Mohammedan(무함마드의 신봉자)이라고 불리는 것보다 더 큰 모욕과 잘못은 없다. 그것은 앞에서도 언급했듯이 하나님 외에 다른 어떤 것을 숭배의 대상으로 삼는, 용서받지 못할 가장 큰 죄를 범하는 것이기 때문이다.

이슬람에 대한 서방의 적의와 몰이해는 매우 이른 시기부터 나타났지만, 특히 십자군전쟁(기독교 세력이 11~12세기에 팔레스타인 땅을 침략한 사건) 중에 기독교 유럽인들의 적대감이 급상승하면서 더욱 구체화되어 발전했다고 보는 것이 정설이다. 유럽의 왕들과 가톨릭 성직자들은 무슬림들을 제거해야 하는 악마의 자식들로 묘사했고,[39] 기독교 신부들은 이슬람을 이단으로 간주했다. 무슬림은 이교도이고 무함마드는 그리스도의 역사하심에 반기를 들고 반역을 꾀한 '사기꾼'이자 '배교자'였다.[40] 십자군 원정은 실패했지만 유럽인들의 무슬림에 대한 적의는 변함없이 지속되었다. 그리고 18세기에 이르러 서구인들은 드디어 문명사회의 우열을 뒤집고 무

39 Yahiya Emerick, *The Complete Idiot's Guide to Understanding Islam*, New York: Alpha Books, 2002, p.13.

40 배교자를 뜻하는 영어 renegade는 특히 이슬람교로 개종한 기독교도를 말한다.

슬림에게 복수하기 시작하였으며 1차 세계대전 이후에는 이슬람세계의 95% 이상을 지배하게 된다.[41]

단테Alighieri Dante는 이슬람의 예언자 무함마드를 그의 『신곡*La divina commedia*』의 지옥편에서 '가장 저급하고 흉물스러운 추문과 불화의 사나이'라는 오명과 함께, 두 동강이로 몸이 찢겨진 채 영원히 나올 수 없는 끔찍한 지옥의 수렁 속으로 던져 넣었다. 기독교인 작가들은 그 후에도 무함마드에게 더 나은 평가를 주지 않았다.

17세기 말 출간된 『무함마드의 생애*Vie de Mahomet*』라는 책에서 프리도Prideaux는 무함마드를 '비신자들, 무신론자들, 이신론자들, 방탕자들의 거울이 되는 사람'으로 묘사했다. 이러한 이슬람에 대한, 또는 무함마드에 대한 적의로 가득찬 유럽인들의 태도는 중세 초기부터 계몽주의 시대까지 계속되었다. 물론 그 첫 번째 이유는 무지 때문이었다. 비종교적인 쪽으로 기울어져 있던 종교적 회의론자이자 이신론理神論, 즉 자연신교Deism의 예언자격인 프랑스의 볼테르Voltaire(1694~1778년)도 무함마드를 광신주의의 원천으로 보았다. 그러다가 아베 마라치Abbe Maracci에 이르러서야 다소 긍정적인 표현이 등장하게 된다. 그는 자신의 『꾸란』 라틴어 번역에서 "이 종교는 기독교 종교로부터 분명히 차용한 것으로 보이는, 자연의 법칙과 광명에 일치하는 자연의 진리에 대한 많은 요소들을 포함하고 있다"[42]고 말하면서 이슬람을 기독교의 한 비뚤어진 연장선상의 종교인 것처럼 마지못해 인정하였다.

18세기와 19세기에도 이슬람을 공박하는 작업은 지속되었다. 특히 이 기간 중에는 기독교 선교활동이 더욱 활발해졌는데, 기독교 선교사들은

---

41 Emerick, 앞의 책, p.13.

42 Caesar E. Farah, *Islam: Beliefs and Observances*, New York: Barron's Educational

이슬람에 대한 폄훼와 비난을 행했다. 이슬람 종교와 이슬람의 예언자를 객관적으로 고찰해보려는 문헌작업은 거의 시도되지 않았다. 1704년 앙투안 갈랑Antoine Galland이 『천일야화*Alf laylah wa laylah*』를 번역함으로써 이국적이고 흥미진진하고 색다른 이슬람세계가 소개되었을 뿐이다. 18세기 후반, 위트레흐트Utrecht대학의 한 네덜란드 신학교수는 "이슬람보다 더 많이 비방을 받은 종교는 없을 것이다"라고 술회하였다. 이즈음 가장 큰 업적은 영국학자 조지 세일George Sale이 『꾸란』의 영어 번역을 시도한 일이다.

근대에 들어서 비로소 이슬람세계를 보는 서구인들의 시각과 태도가 폭넓게 변하기 시작하였다. 기독교에 대한 비평을 모색하던 계몽주의 학자들이 점차 이슬람이 담고 있는 합리적인 교리와 사상을 발견하게 된 것이다. 뿐만 아니라 이슬람이 바로 그들의 과거 업적이던 그리스 철학 · 의학 등을 다시 유럽에 전달한, 그들보다 우월했던 문명화된 세력이라는 것을 알아보기 시작하였고, 예언자 무함마드는 통찰력 있는 사상가이자 합리적인 종교를 창시한 인물로 떠오르게 되었다.[43]

이러한 학자들의 새로운 관심과 연구는 1830년대에 이르러 본격화되었다. 이슬람에 대한 기독교의 편견과 오류를 체계적으로 밝혀내고, 아랍어, 페르시아어 등 이슬람권 언어로 된 자료와 문헌을 이용한 연구가 시작되었다. 독일의 동양학자들이 중심이 되어 고정관념과 잘못된 패러다임에서 벗어나 객관적이고 명백한 증거를 이용해 이슬람 연구를 하게 된 것이다. 아마도 우호적 관점에서 이슬람을 고찰하려는 움직임을 보여주는 한 예는

Series, 2000, p.4와 C. Snouck Hurgronje, *Mohammedanism*, New York: G. P. Putnam's Sons, 1916, pp.20~21에서 인용.

43 프랜시스 로빈슨 외 지음, 손주영 외 옮김, 『사진과 그림으로 보는 케임브리지 이슬람사』, 시공사, 2002, 15쪽.

바일Weil 교수의 다음 증언에서 발견할 수 있다.

"그(무함마드)가 신앙의 광명이 아직 비쳐지지 않았던 사람들에게 구약과 신약의 가장 아름다운 가르침들을 가져온 당사자인 한, 비록 무함마드의 추종자들Mohammedans이 아닐지라도 그는 누구에게나 신의 사자 중 한 사람으로 간주해야 할 것이다."[44]

20세기에 들어서면서, 헝가리 사람으로 부다페스트대학의 신학교수였던 이그나츠 골드치어Ignaz Goldziher, 네덜란드 학자이자 행정가였던 스노우크 휘르호로녜, 영국계 미국인 학자 맥도널드Duncan Black MacDonald 등은 이슬람 연구의 새 지평을 열었다. 특히 골드치어는 이슬람학을 서구에서 처음으로 학문다운 수준으로 끌어올린 인물로 평가받고 있다. 이들은 깊이 탐구한 이슬람학 연구서들을 내놓아 이슬람 전문학자의 시대를 열었다. 뒤를 이어 이슬람 신학과 신비주의 영역의 권위자로 인정받게 되는 프랑스인 루이 마티뇽Louis Matignon, 역사학자인 영국의 해밀턴 기브Hamilton Gibb, 미국인 마샬 호지슨Marshall Hodgson 등이 뛰어난 통찰력으로 이슬람 신학과 역사학 분야에 족적을 남겼다. 또 저명한 동양학자들로 드 페르세르발de Percerval, 라멘스Lammens, 카에타니Caetani, 무이르Muir, 놀데케Noldeke 등도 꼽을 수 있는데, 모두가 예언자 무함마드와 이슬람에 대한 선구자적인 작업들을 행하였다. 그들의 저서들은 곧 후대에 권위 있는 고전적 문헌이 되었으며, 이들의 학문적 성취와 결과들을 통해 의도적으로 꾸며지고 감정적으로 적의와 편견을 쌓았던 이슬람에 대한 유럽인들의 잘못된 시각의 원인들을 파악하고 교정할 수 있었다.

44 Farah, 앞의 책, p.5와 G. Weil, *Mohammed der Prophet, sein Leben und seine Lehre* (예언자 무함마드, 그의 생애와 가르침들), Stuttgart, 1843에서 인용.

사실 오리엔탈리스트Orientalist(이슬람 연구에 헌신해온 서구의 동양학자들)로 불리게 된 이들은 자신들이 이슬람과 이슬람세계를 깊이 있게 연구하였다고 자부하였고, 실제로 그들이 여러 영역에서 남긴 나름대로의 큰 공적들을 부인할 수 없을 것이다. 그러나 이러한 동양학자들의 자만을 단번에 무너뜨린 책이 1978년 에드워드 사이드가 쓴 『오리엔탈리즘』이다. 예리하고 심오한 통찰력을 가진 그에게는 오리엔탈리스트들의 객관성이 문제였다. 그는 서구학자들이 그들의 잣대와 경험으로만 이슬람을 분석하여 무슬림의 실제와는 거리가 먼 이슬람 사상을 만들어냈고, 또한 그들이 얼마만큼 이슬람의 진실을 왜곡했는지 비난받아 마땅하다고 말하였다. 결국 그들은 이슬람사회에 대한 서구의 우월성을 설명하려 했으며, 계속 자신들의 지배를 정당화하려는 인식의 창출에 이바지했을 뿐이라는 것이다.

사실상 중세 유럽은 아랍을 비롯한 이슬람 문명권으로부터 지적 · 정신적 영향을 받았다. 서구의 동양학자들은 가장 집중적으로 영향을 받은 시기가 11세기부터 13세기까지였던 것으로 말하고 있다. 이때 이슬람 경전을 번역하기 위한 연구소들이 시칠리아, 바르셀로나, 톨레도, 세비야 등지에 세워졌고, 이를 통해 신학 · 철학 · 의학뿐만 아니라 헬레니즘 문명의 소중한 유산들과 수학 · 철학 · 천문학 · 광학 · 점성술 · 화학 · 자연과학 · 신비주의 등 무슬림들의 다양한 성취와 업적들이 서구세계로 유입되었다. 이 모든 분야의 것들이 잠자던 중세 유럽을 깨웠고 기독교 사상에도 많은 영향을 끼쳤음은 두말할 나위가 없다. 이슬람사회의 물질문명 또한 서구에 커다란 영향을 미쳤다. 직물, 카펫, 금속공예, 유리제조, 세밀화법, 제본술 등이 중세와 근세 초기 유럽세계의 시장과 생활상을 바꾸어 놓았고, 비단과 종이를 서구에 전한 것도 무슬림들이다. 설탕, 면화, 감귤류 재배법도 마찬가지다.[45]

여러 각도에서 이슬람을 조명하고 이슬람에 대한 객관적 고찰과 깊이 있는 학술 연구의 경향은 유럽을 거쳐 오늘날에는 미국에서 주도하고 있는 추세이다. 그렇지만 사실상 통신의 비약적 발전으로 인해 세계인은 하나로 묶여 있고, 인터넷으로 인해 모든 것은 개방되고 교류할 수 있게 되었다. 따라서 이제는 시공을 초월하여 지구촌 구석구석의 문화적 가치와 정신적 유산에 대한 지식을 공유할 수 있다. 누구든지 원하기만 하면 카이로, 이스탄불, 탕헤르, 바그다드, 다마스쿠스, 사마르칸트 등 매혹적인 이슬람의 도시들을 마음대로 넘나들며 학문적 · 문화적 · 종교적 관심들을 만족스럽게 풀어갈 수 있다.

7. 오해받고 있는 이슬람세계

아직까지도 이슬람은 우리 사회에서 낯설게만 느껴지는 종교이다. 사막과 낙타를 연상하게 되고 베두인 또는 히잡을 쓴 여성이 떠오르는 먼 미지의 세계일 뿐이다. 지난 2001년 뉴욕에서 가공할 9 · 11 테러사건이 발생한 뒤로 우리뿐만 아니라 세계 전역에서 이슬람에 대한 관심이 한층 더 고조되었고, 그만큼 이슬람세계와 종교, 문화에 관해 제대로 알고자 하는 논의와 질문들이 많아졌다. 그 중에서도 무슬림들은 과연 호전적인가? 이슬람 원리주의자는 모두 테러리스트들인가? 이슬람세계는 일부다처제만을 고수하는 사회인가? 이슬람세계는 남녀불평등 사회인가? 등이 아마도 가장 빈번하게 등장하는 질문인 것 같다.

서양 사람들은 무슬림들이 '한 손에는 『꾸란』, 한 손에는 칼' 을 들고 이

45 프랜시스 로빈슨 외 지음, 앞의 책, pp.25～26.

슬람 종교를 전파했다고 선전해왔다. 오랫동안 이슬람이 호전적인 종교인 양 묘사하면서 이슬람의 폭력성을 부각시켜온 것이다. 앞에서도 보았듯이 이슬람을 다룬 내용들은 대부분 악의적인 편견으로 가득찬 것이었다. 그런데 무슬림들이 아직 유감스럽게 생각하고 있는 것은 최근의 많은 서양세계 지식인들조차도 '호전적 이슬람', '이슬람 원리주의', '테러리즘'과 같은 말을 분별없이 자기중심적으로 쓰면서 이슬람이 위협적이고 도전적이라고 말하고 있다는 것이다. 뿐만 아니라 이러한 호전성이야말로 이슬람세계에서 일어나는 분쟁과 폭력사태의 근원적 요인이라고 말한다. 그러나 사실 '한 손에는 『꾸란』, 한 손에는 칼' 이란 말은 역사적으로 전혀 근거가 없는 말이다. 1,400년의 이슬람 역사에서 이슬람 공동체는 안팎으로 화해와 용서, 절충과 합의를 통한 평화로운 공존을 추구해왔기 때문이다. 십자군원정에서처럼 서방과의 충돌과 대립에서 침략행위자는 거의 서양이었다. 그럼에도 불구하고 서양인들 사이에서는 이슬람이 비신도에 대적하는 전쟁을 의무화하고, 단지 비신도라는 이유 하나만으로도 적을 살해하라고 명령하는 무자비한 폭력의 종교로 회자되고 있다는 것이다.

1187년 십자군을 물리치고 예루살렘을 다시 탈환한 살라딘(아랍 이름은 Salaḥ ad-Dīn al-Ayyūbī, 1138~1193년)의 예에서 볼 수 있듯이, 이슬람은 관용의 종교이고 인권과 생명의 존엄성을 최상의 가치관으로 교리에 담고 있는 평화의 종교이다. 이슬람의 의미는 평화이며, 하나님의 99개 이름 중 하나도 평화as-Salām이다. 무슬림들의 일상의 인사말도 평화를 나타낸다. "앗 쌀람 알라이쿰as-Salām 'alaykum(평화가 당신에게 있기를)." 평화는 이슬람의 본질이요, 의미적 상징이요, 목적이다. 88년 전 십자군이 예루살렘을 점령했을 때 무슬림과 유대교인에게 저질렀던 대량 학살과 포악스러운 약탈행위와는 반대로, 살라딘은 투항하는 모든 사람에게 생명과 자비를 베풀고 용서와 화합의 선정을 베풀었다. 이러한 그의 기사도적 관용정신은 서양에서도 널리 알려져 사자왕 리차드에 버금가는 정의와 평화의 영웅으로 높이 평가받고 있다.

무슬림들이 얼마만큼 인간의 생명뿐만 아니라 초목까지도 존귀하게 다루고자 했는지는 무함마드의 후계자인 아부 바크르의 다음과 같은 말에서도 엿볼 수 있을 것이다. 그는 632년 제1대 칼리파로 등극하자마자 예언자 무함마드가 계획했던 시리아 원정을 시행하였는데, 이때 젊은 사령관 오사마 빈 자이드Usāma b. Zayd에게 군사지휘권을 맡기면서 어린이 · 노약자 · 부녀자를 살상하지 말 것, 수목을 해하거나 불사르지 말 것, 과실을 자르지 말 것, 소나 낙타 등 짐승을 도살하지 말 것, 인명과 재산을 보호할 것, 신앙에 충실할 것 등 전장에서 지켜야 할 규율을 군인들에게 훈시했다.[46] 제2대 칼리파 오마르도 똑같은 선례를 남겼다. 634년 이슬람군이 예루살렘에 들어갔을 때 오마르는 모든 종교 공동체에 종교의 자유를 보장했다. 그들의 생명과 재산은 안전하게 보호되고 예배장소도 그들로부터 결코 빼앗지 않는다고 선언하였으며 그대로 실행했다. 이슬람의 영역dār al-Islām에 있는 모든 시민들의 생명과 재산은 그 사람이 무슬림이든 아니든 고귀한 것으로 보호받는다는 것이 이슬람 정신이요 관행인 것이다. 이슬람은 살인자에 대한 처벌과 전시에서의 전투상황, 정당한 자기방어 행위와 같은 합법적인 경우를 제외하고는 어떠한 경우라도 인간 생명에 대한 위해행위는 금지하고 있다. 『꾸란』은 다음과 같이 명령하고 있다.

"…너희는 진리로써가 아니면 하나님께서 성스럽게 하신 생명을 살해하지 말라."[47]

---

46 Ibn al-Athīr, *al-Kamel fī at-Tārikh*, Vol. II, al-Qāhira, 1274, 1290, 1303A.H., pp.138~139.

기독교가 전쟁과 적극적 포교활동을 통해 유럽과 미국으로 퍼져간 것과 마찬가지로 이슬람의 전파도 정복사업과 선교를 통해 이루어졌다. 그러나 특히 사하라사막 이남의 아프리카 전역과 중국의 중앙부로부터 캄보디아, 베트남, 타이, 말레이시아, 인도네시아, 필리핀, 인도 등 아시아 지역에서 단기간에 수많은 사람들이 이슬람을 받아들인 것은 무슬림 상인들과 무슬림 수피sufī(이슬람 신비주의자)들의 개인적 노력 때문이었다. 또한 이슬람이 표방하고 있는 형제애, 평등, 자유 같은 가치관과 교리의 단순함, 중용주의, 관용성 같은 좋은 점들 때문이었다.

만약 이슬람이 칼로 교세를 넓혔다면 오늘날처럼 세계적인 종교로 성장하고 자리매김하지 못했을 것이다. 오히려 관용적으로 신앙의 자유를 보장해주었기 때문에 여러 지역에서 많은 개종자들을 얻을 수 있었다. 이슬람은 평화와 정의의 종교이다. 기본적으로 종교는 결코 강요해서 성취될 수 없는 것이다. 『꾸란』에서도 "종교에는 강요가 없다"[48]는 것을 분명히 가르쳐주고 있다. 신앙의 자유는 이슬람의 원리이자 기본정신이다. 설사 일시적으로 강요나 강제에 굴복한다고 해도 그것은 오래 지속되지 못할 것이다. 따라서 서구인들이 이슬람의 원리주의 운동의 확산에 민감한 반응을 보이고 도전과 위협, 문명의 충돌을 말하는 것은 지나친 자의식이고 방어의식 때문이라는 것이 현대 이슬람 학자들의 일반적인 견해이다.

두 번째 질문인 "이슬람 원리주의자는 모두 테러리스트들인가"를 간단히 살펴보자. 사실상 오늘날 서양세계에서 알 카에다와 같은 과격급진 무장세력과 온건한 이슬람 원리주의자들을 구별하지 않고 마치 무슬림은 모두 이슬람 원리주의자이고 원리주의자는 모두 급진 무장조직의 일원인 것

---

47 『꾸란』 6 : 151.

48 『꾸란』 2 : 256.

처럼 혼동했기 때문에 생겨난 이슬람세계에 대한 가장 대표적인 오해가 바로 이것이다. 20세기 초 독립을 쟁취한 신생 아랍 이슬람국가에서는 '근대화가 곧 서구화'라는 개혁적인 사고를 지닌 근대주의자들이 생겨났다. 이들은 서구의 제도, 문물, 사상을 받아들여 이를 이용해 교육, 행정, 사회전반에 걸친 개혁을 주도하고 국가의 발전을 도모하려 했다. 과학과 선진기술 등 서구문명의 장점을 수렴하여 낙후된 무슬림사회의 변화와 발전을 추구해갔던 것이다. 그러나 지나친 이들의 근대화 개혁주의는 서구와 손을 잡고 정권을 이어가기를 원하는 서구편향주의자, 세속적 민족주의자, 실용주의자들을 낳았다.

한편, 무슬림사회 일각에서는 서구식의 지나친 세속화에 반대하는 무리들이 생겨났다. 이들은 무슬림을 각성시켜 순수 이슬람 원리에 충실한 근본주의적 개혁운동을 펼치고자 했다. 이들은 자본주의, 민족주의, 사회주의, 공산주의 같은 서구이념들을 배격했다. 또한 무슬림사회에 만연한 외래적인 요소들을 버리고 원래 이슬람의 이상과 근본으로 되돌아가자며 이슬람국가 재건을 외쳤다. 이들이 바로 이슬람 원리주의자(근본주의자)들이다. 한마디로 이들은 이슬람 법으로 통치되는 이슬람국가를 목표로 삼고 이슬람 부흥운동을 전개해가는 이슬람주의자들이다.

그러나 문제는 이러한 원리주의 조직 내부에서 일부 급진 무장세력이 자라났다는 사실이다. 이들은 서구적 실용주의나 세속주의를 용납하지 않는다. 서구이념들을 무조건 거부하고 서구적 사고와 삶의 방식에 등을 돌린다. 이들은 매우 소수지만 비밀리에 조직원을 훈련시키고 점조직으로 운영되며 각종 테러행위를 벌이고 있다. 이들의 1차 목표는 세속화한 정부를 전복시키는 것이고, 2차 목표는 이러한 타락한 정부를 지원하는 서양세력에 도전하는 것이다. 서양에서는 이들과 원래의 이슬람 원리주의자들

대한민국
중국
남중국해
브루나이 1984
인도네시아 1949
말레이시아 1963 (말레이시아연방, 1957)
방글라데시 1971 (동파키스탄, 1947)
벵골만
인도
인도양
몰디브공화국
아라비아만
카자흐스탄 1991
키르기즈스탄 1991
타지키스탄 1991
우즈베키스탄 1991
투르크메니스탄 1991
아프가니스탄
파키스탄 1947
이란 1958
오만
아랍 에미리트 1971
카타르 1971
쿠웨이트 1961
남예멘 1967
예멘
사우디 아라비아
이라크 1932
아제르바이잔 1991
터키
시리아 1946
레바논 1941
이스라엘
요르단 1946
지중해
이집트 1922
수단 1956
에리트레아 1993
지부티 1977
에티오피아
소말리아 1960
코모도제도 1975
탄자니아 1961
리비아 1951
차드 1960
튀니지
니제르 1960
나이지리아 1960
베냉
알제리 1962
말리 1960
부르키나파소 1960
모로코 1955
모리타니 1960
서사하라 1975
세네갈 1960
감비아 1965
기니비사우 1974
기니 1958
시에라리온 1961
상아해안 (1960)
대서양

이슬람국가의 독립

을 구분하지 않고 모두 원리주의자로 부름으로써 이슬람 원리주의에 대한 오해를 불러일으켰다.

무슬림 급진 무장세력은 타락한 세속정부나 서방세력을 타도하기 위해서는 폭력이 허용되고 또 필요하다고 믿는다. 이집트의 대통령 사다트는 이들의 손에 피살당하였고, 무바라크를 비롯한 여러 세속정권의 지도자들이 아직도 타도의 대상으로 남아 있다. 1990년 이후 이들이 자행해온 무모한 테러행위는 서양세계뿐만 아니라 무슬림사회에서조차 엄청난 비난을 받고 있다. 이러한 과격 무장세력들은 이슬람세계 전체에서 극소수에 불과하다. 일반 무슬림들도 이들의 무모한 테러행위에는 동조하지 않는다. 온건 원리주의 무슬림들은 누구든지 남의 인권을 침해하거나 폭력을 저지르는 자는 특정이념의 신봉자일 수는 있어도 진정한 무슬림일 수는 없다고 말한다.

일부다처제와 무슬림 여성의 낮은 지위 또한 이슬람세계에 대해 갖는 편견과 오해의 주제이다. 여성을 남성의 소유물로 간주하던 미개 사회제도인 일부다처제가 아직 일부 이슬람국가에 남아 있기 때문에 무슬림사회가 봉건적이고 남녀불평등사회라는 인식이 팽배해 있는 것이다. 그러나 일부 무슬림들은 과거 무슬림사회의 일부4처제야말로 진정 여성을 위한 제도였다고 주장한다. 그리고 많은 현대의 무슬림 법학자들도 이 제도가 차선으로 열려 있는 것이지, 무슬림사회의 보편적 제도는 일부일처제라는 데 동의하고 있다. 이 제도는 서기 624년 우후드uḥud라는 전투에서 무슬림 군대가 참패한 뒤 생겨났다. 전쟁에서 많은 남자들이 죽자 무슬림 공동체에는 갑자기 수많은 과부와 고아가 발생했다. 이들을 구제하고 보호할 수 있는 해결책이 바로 한 남자가 4명까지 아내를 맞아들일 수 있는 일부4처제였던 것이다. 이슬람의 일부다처제가 비난을 받는 이유는 시대적 상황에 따라 출현한 이 제도가 현대사회에서도 그대로 존속되고 있는 점 때문이다. 또 비록 나라마다 다르지만 이슬람국가에서는 아직도 이 제도가 법에 따라 관행으로 허용되고 있기 때문이다.

이집트의 근대 이슬람개혁운동의 선구자인 무함마드 압두Muḥammad 'Abduh(1847~1905년)는 이 제도에 관련된 『꾸란』의 구절을 재해석하고 현대 무슬림사회에서 더 이상 일부다처제는 존속할 이유가 없다고 주장하였다.

> "만약 너희가 고아들을 바르게 기르지 못할까 두렵다면 그때는 너희에게 도움이 될 것 같은 그러한 둘, 셋 또는 네 명의 여인과 결혼하라. 그런데 만약 공평하게 대하지 못할 것 같으면 한 여인만 취하라."[49]

이와 같이 한 명 이상과 결혼을 한다면 부인 각자에게 공평한 대우와 동등한 정의를 보장해주어야 한다. 그런데 그는 "네가 아무리 열심히 노력해도 결코 공평하게 대할 수는 없을 것이다"[50]라는 다른 구절을 들어 공평한 대우를 할 수 없음을 밝히고, 『꾸란』의 근본 취지는 어디까지나 일부일처제라고 말하였다. 이후 튀니지, 터키를 비롯한 이슬람국가들에서는 일부다처제를 법으로 금하고 일부일처제를 채택하고 있다.

무슬림들은 다른 무엇보다 이슬람이 평등의 종교임을 강조한다. 인종, 피부색, 언어, 사회적 지위, 빈부의 차이 등으로 차별받지 않는 사회가 진정한 무슬림 공동체라고 자인한다. 그러나 서방 언론에서는 매우 자주 이슬람세계가 대표적인 남녀차별사회인 것처럼 표현하고 있다. 남녀가 평등하고 상부상조의 관계임을 『꾸란』에서는 "남녀 신도들은 서로가 보호자이

---

49 『꾸란』 4 : 3.
50 『꾸란』 4 : 129.

니라",[51] "여성은 남성의 옷이고, 남성은 여성의 옷"[52]이라고 간명하게 가르쳐주고 있다. 『꾸란』은 종교적인 임무와 수행에서도 남녀평등을 규정하고 있다. 혼인과 이혼, 여성의 재산권, 상속권도 매우 구체적으로 명확히 규정하여 여성의 권리를 보장하며 남녀의 동등한 지위를 증명해주고 있다. 그러나 이슬람은 기능과 일에서 남성과 여성의 유별을 강조한다. 예컨대, 남성은 경제적 부양의 의무가 있고 여성은 자녀교육과 가정의 보호라는 의무가 있다. 남녀의 권리는 동등하나 각기 역할과 일의 영역은 다르다는 것이다. 이슬람에서 남녀의 지위가 동등함은 『꾸란』에서도 명백히 증명된다.

> "그들의 주님께서 그들에게 답하시기를 실로 나는 남자든 여자든 너희들이 행하는 어떤 일도 헛되지 않도록 할 것이로다. 너희는 서로 동등하니라."[53]

오히려 이슬람은 여성에 관해 기독교사회에서 알려진 몇 가지 그릇된 관념을 교정하고 있다. 그 대표적인 예가 이브의 아담 유혹설이다. 이슬람 전통은 이브가 하나님께 불경하고 아담을 유혹해서 신의神意를 배반하게 하였고 결국 추방당하게 되었다는 설을 부정한다. 『꾸란』은 분명히 둘이 함께 사탄으로부터 유혹을 받아 죄를 범했으며, 그 뒤 하나님은 회개한 이들을 용서하셨다.[54] 이슬람 전통에서는 여성이 사악함의 원천이라거나 원죄인이라거나, 특히 남성은 여성의 머리라는 생각같은 것은 존재하지 않는다. 『꾸란』은 아담과 아브라함의 아내들, 모세와 예수의 어머니들과 같은 여성들에게 최상의 존경을 표하고 이들의 지위를 높였다. 특히 마리아

51 『꾸란』 9 : 71.
52 『꾸란』 2 : 187.
53 『꾸란』 3 : 195.
54 『꾸란』 2 : 36~37, 20 : 120~122.

와 사라에게는 천사가 방문하여 하나님의 뜻을 전할 만큼 이들은 하나님과 교통하는 높은 지위였다.

이슬람사회에서 여성의 위치는 오늘날 몇몇 이슬람국가들에서 나라를 이끌어가고 있는 정치일선의 여성들을 통해서도 쉽게 확인할 수 있다. 방글라데시의 여성 수상 베굼 칼레다 지아, 파키스탄의 베나지르 부토 그리고 지난 2001년 7월 대통령에 당선된 인도네시아 최초의 여성 대통령 메가와티 수카르노 푸트리 등이 그 대표적인 경우에 속한다.

이슬람과 이슬람세계를 올바르게 이해하기 위해서는 이 서장에서 강조하고 있듯이 먼저 이슬람이 단순한 신앙체계만이 아니라 종교와 세속 모두를 포괄하는 신앙과 실천의 체계라는 사실을 새롭게 인식할 필요가 있다. 삶과 종교가 일치하는 독특한 가치관의 세계이기 때문에 무슬림들이 정치, 경제뿐만 아니라 전쟁, 협상 등 모든 생활영역에서 항상 이슬람의 깃발을 앞세우고 있는 것처럼 보인다. 정교분리의 세속적 가치관 속에서 살아온 서구인들이나 우리가 이슬람을 제대로 이해하지 못하는 가장 큰 이유가 여기에 있는 것이다. 더욱이 우리는 이슬람권과 오랫동안 첨예하게 대립해온 서양이나 미국의 언론을 통해 이슬람세계를 접하고 굴절된 서구의 프리즘으로 그들의 사회를 잘못 들여다보는 사례가 많았다. 오해와 편견에서 벗어나기 위해 이제 우리는 나름대로의 객관적 시각을 갖고 이슬람사회의 제도, 관습, 종교, 문화를 볼 수 있어야 한다. 그들이 처한 특수한 환경과 역사적 배경을 이해하고 그 안에서 그들을 볼 수 있는 문화상대주의라는 시각을 가져야 할 것이다.

제1장 | 간추린 이슬람 역사 1400년

1. 예언자 무함마드 시대(610~632년)

(1) 이슬람 이전의 아라비아반도

아라비아반도는 홍해와 인도양 그리고 페르시아만에 둘러싸인, 아시아 대륙 남서부에 위치하고 있는 300만km^2의 거대한 땅덩어리이다. 이는 세계에서 가장 큰 반도로서 그 넓이가 인도대륙보다 크다.[1] 그러나 반도의 대부분은 사막이고 드문드문 있는 오아시스에서나 물과 종려나무를 발견할 수 있는 사막지대이다. 여름에 인도양 계절풍의 영향으로 강수가 있는 예멘 산간 지방과 겨울에 강수가 있는 알 아흐다르 산맥 지방을 제외하면 연 강수량은 100mm 정도에 불과하다. 지형은 모래언덕과 산악지대로서 산에는 나무 한 그루 풀 한 포기 없고, 거친 암석에 뜨거운 햇살이 내리쬐는 오후가 되면 마치 용광로에서 갓 나온 쇠와 같이 검붉게 보이고 모래에 뒤덮인 산은 백설로 뒤덮인 산처럼 하얗다. 산은 벌거벗겨진 돌덩어리이며 그 색깔은 다양하다.

아라비아반도에는 두 부류의 사람이 살고 있었다. 목초지를 찾아 움직이는 유목민 베두인과 오아시스에서 농사를 짓고 사는 농경민이다. 그러나 이들은 사막이라는 환경 때문에 완전한 유목민도 농경민도 아니었다. 이미 서기전 10세기 이전부터 가축으로 사용한 낙타를 이용하여 이들은 반 유목, 반 정착 생활을 하면서 상업에 종사하거나 약탈을 자행하며 생계를 유지했다. 이러한 생활이 관습화된 이유는 사막 지역이므로 생산력이 낮고 이 때문에 일어나는 만성적인 식량 부족 현상 때문이었다. 이러한 척박한 환경 속에서 개인 단위로 살아간다는 것은 불가능하였다. 그들의 생

1 Ḥasan Ibrāhīm Ḥasan, *Islam—A Religious, Political, Social and Economic Study*, Baghdad: The Times Printing & Publishing, 1967, p.16.

활 단위는 부족이나 씨족이었고, 부족은 자기 씨족을 대표하거나 소가문 연합을 대표하는 장로들의 모임에 따라 움직였다. 장로들의 모임은 쉐이크sheikh라고 불리는 부족장을 지도자로 뽑았는데, 그 기준은 용기와 덕망, 포용력이었다. 극소수의 경우 부족장은 세습되었으나, 대부분은 장로들의 선거를 통해 결정되었다. 장로들은 그들의 부족한 생계 수입을 메우기 위해서 다른 부족을 습격한다든지 시리아와 인도양을 오가는 대상隊商을 보호하는 일 등, 중요 사안과 대외 활동을 결정하였다. 각 부족원은 자기 부족 집단에 대하여 권리와 의무를 갖고, 부족의 보호 안에서 생활했다. 부족은 자기 부족 구성원의 손익을 부족 전체의 손익으로 간주했다. 부족의 축제와 제사는 카힌kāhin이라는 사제 계급이 관장했고, 부족 구성원들 간의 분쟁은 중재인인 하킴ḥākim이 맡았다. 다른 부족과 전투 시에는 젊은 군사 지휘자 까이드qāid가 담당했다. 나이 든 원로인 쉐이크가 전쟁을 맡기에는 적합하지 않았기 때문이다.

아라비아반도의 거주민은 아랍인이다. 이들은 북아랍인과 남아랍인으로 나누어지는데, 언어, 생활 양식에서 커다란 차이를 보였다. 남아랍인은 농경이 가능한 예멘에 주로 거주했으며, 일찍이 기원전 7세기부터 중앙집권적 국가를 이루고 살았다. 예멘은 고대에 아라비아반도에서 가장 많은 사람이 모여 살며 영화를 누리던 곳이다. 산악지대이기는 하나 계절풍의 영향으로 비교적 강우량이 풍부하였다. 주민을 먹여 살릴 만한 곡물이 산출되었고, 이 지역에서 재배되는 방향芳香식물 덕분에 예멘의 향료는 최고 급품으로 여겨졌다. 반면에 북아랍인은 반도 중부와 북부에 살았는데 대부분이 유목민이었고, 부족제도하의 생활이 고작이었다. 그러나 오늘날 아랍인의 근원을 이루는 사람들은 북아랍인이다. 그리고 오늘날 아랍인이라고 하면 아라비아반도의 거주민뿐만 아니라 서남아시아 주민 대다수와 북아프리카 거주민 전부를 지칭하는 것으로 확대되어 사용된다.

이슬람 발생 이전의 시대를 아랍인들은 자힐리야jāhiliya[2] 시대라고 부른다. 이때의 아랍인들은 대부분 각자의 부족신을 가지고 있었다. 또한 부족 내 각 가정의 경우에는 부족신 외에 자기 가정에서 가장 좋아하는 신을 따로 섬기는 경우가 많았다. 이러한 신들은 종교적 신앙의 대상일 뿐만 아니라 일상생활의 정신적 기둥이었다. 아랍인들은 이러한 부족신, 가정신 위의 신인 알라Allāh라는 최고신의 개념을 갖고 있으며, 이 최고신의 세 딸인 알 웃자al-'Uzzā, 알 라트al-Lāt, 알 마나트al-Manāt라고 하는 세 여신과 후발Hubal이라는 남신도 섬겼다. 그들은 또 메카의 카아바라는 곳에 커다란 흑석을 모셔놓고 섬겼는데, 그 주변에 360여 개의 우상이 있어서 수많은 사람들이 순례를 오고 있었다. 최고의 신에 대한 믿음과 두려움은 존재하였으나, 그들의 종교적 관습은 대체로 이러한 군소 신을 중심으로 이루어져 있었다. 우상숭배가 많았고, 애니미즘적인 요소가 강하여 동굴, 나무, 샘, 돌 등에 산 제물을 바쳤다. 그 당시 아랍의 다신교는 극도로 타락하고 너무나 미신적이어서 인간의 정신적 지주가 되기에는 부족한 점이 많았다. 이러한 현실 속에서 아랍인들은 전통적인 다신론에 대하여 점차 회의를 품게 되고, 이어서 유일신 교도들의 영향을 받은 선각자들이 여러 곳에서 나타나 우상숭배의 어리석음을 경고하고 일신론적 종교관을 설파하기 시작했다.

이슬람 이전부터 아라비아반도에는 아랍 고유의 신앙 이외에 외래신앙인 유대교와 기독교가 들어와 있었다. 이슬람이 출현하기 직전에 아라비아반도 주위에는 두 강대국인 비잔틴 로마와 페르시아 사산조朝가 있었으

2 자힐리야 시대는 이슬람이란 광명이 비치지 않은 무지의 시대라는 뜻이다. 이슬람이 계시된 이후의 시대는 이슬람시대이다.

며, 이 두 나라의 위성국으로서 아랍인으로 구성된 소규모 국가가 아라비아반도 쪽으로 자리잡고 있었다. 하나는 갓산Ghassān국으로 기독교 단성론Monophysites을 추종했으며, 다른 하나는 라흠Lakhm국으로 기독교 경교파Nestorius를 따랐다. 특히 라흠국의 수도인 히라Ḥīra는 경교파 선교사들이 아라비아반도를 상대로 선교활동을 하던 근거지였다. 예멘의 기독교는 아비시니아 왕국에서 최초로 전래된 것으로 알려져 있는데, 남부 이라크와 예멘 사이에는 아라비아반도를 대각선으로 연결하는 교통로가 있고 그 교통로 상에 나즈란Najrān이 위치한다. 나즈란이 예멘에 있던 기독교 세력의 중심지가 된 것은 히라의 기독교 경교파 선교사의 활동에 의한 것 같다. 예언자 무함마드의 부인 카디자Khadījah의 사촌 와라까 빈 나우팔Waraqah b. Nawfal을 비롯하여 꾸라이쉬Quraish 부족 중에서도 기독교에 귀의한 자가 여럿 있었는데, 이러한 기독교 경교파의 영향이 『꾸란』의 여러 구절에도 분명히 나타난다. 한편 유대교 세력도 예멘에서 강했는데, 그 이유는 히자즈 지방에 유대교도들의 취락지가 있었기 때문이었다. 그 중 가장 유명한 곳이 나중에 메디나라고 불리게 된 야스립Yathrib이었다.[3]

(2) 이슬람 공동체의 형성

6세기 후반에 들어와서 비잔틴제국과 페르시아 사산조 간의 오랜 전쟁으로 말미암아 아프리카와 아시아를 왕래하던 대상들은 다른 지역보다 아라비아반도를 더욱 안전한 통행로로 선호하게 되었다. 이러한 환경에서 아라비아반도 내의 몇몇 도시들은 무역중계지로 성장하게 되었다. 그 중에서 가장 대표적인 도시는 메카였다. 570년, 이 도시의 지배 부족이며, 아브라함의 아들 이스마일의 자손이라고 주장하는 꾸라이쉬족에서 무함마

3 김용선, 『아랍문화사』, 한국외국어대학교 출판부, 1986, 13쪽.

드가 출생한다. 그는 꾸라이쉬족의 하쉼Hāshim가家에서 유복자로 출생하였으며, 여섯 살 때 어머니가 사망하여 어려서 고아가 되었다. 그래서 그의 삼촌 아부 딸립Abū Ṭālib이 그를 양육했다. 성인이 되어서 부유한 과부 카디자에게 고용되어 사막을 횡단하며 교역을 맡아하던 대상隊商(caravan)의 일을 하다가 그녀와 결혼하여 경제적 안정을 얻게 되었으며, 중년에 이르도록 평범한 상인으로서의 생활을 계속했다. 그 둘 사이에서 4명의 딸과 2명의 아들이 태어났으나, 아들은 모두 어린 나이에 사망했다.[4]

생활의 여유를 얻게 된 무함마드는 610년, 메카 근교의 히라Ḥirā' 동굴에서 자주 묵상과 사색을 하는 시간을 보냈는데, 그러던 중 어느 날 역사에 남는 위대한 종교적 체험을 하게 된다. 이 체험은 그 자신의 생애뿐만 아니라 궁극적으로 전세계 인류의 삶의 많은 부분을 변화시키는 것이었다. 그는 이 종교 체험을 통하여 '알라 이외에는 신이 없다'는 유일신 신앙을 갖게 되고, 신으로부터의 메시지를 이 땅에 전하는 '신의 사자使者'가 되었다. 처음에는 메카에서 경제적으로 어려운 하층민들과 중소상인 계층만 그의 가르침을 추종했다. 그의 지지자는 극소수였기 때문에 대 상인을 중심으로 한 지도층은 그의 선교활동에 무관심했다. 그러나 점차 무함마드의 추종자 수가 증가하여 메카 지배층의 이해관계를 위협하기 시작하자 그들에 대하여 박해를 가하기 시작했다. 심해지는 탄압에 견디지 못한 일부 추종자가 615년경에는 기독교 국가인 아비시니아Abyssinia로 피신하기도 했다. 그리고 무함마드 자신도 하쉼가家의 족장이며 자신의 보호자였던 삼촌 아부 딸립과 그의 정신적 안식처였던 아내 카디자가 메카 포교 10년째 되는 해에 모두 사망하자, 정신적으로 심한 고립감을 느끼게 되었다.

4 두 아들은 까심Qāsim과 압달라 'Abdallāh이고, 네 딸은 자이납Zaynab, 루까이야Ruqayyah, 파띠마Fāṭimah, 움므 쿨숨Umm Kulthum이다.

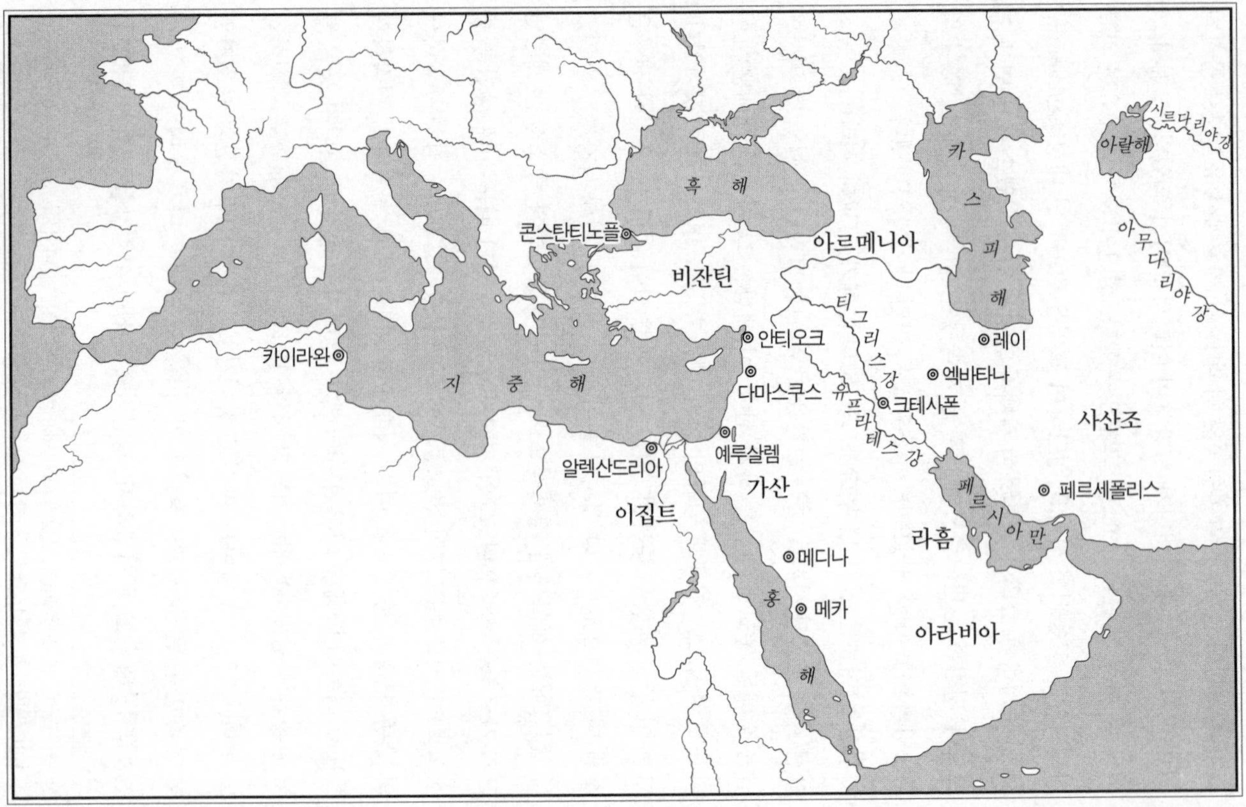

무함마드 시대의 아라비아와 그 주변국들

이러한 좌절의 시기에 메디나에서 구원의 손길이 온다. 메디나 주민들이 그를 그들의 중재자로 선택한 것이다. 당시 메디나는 씨족간의 장기간 불화와 유혈 투쟁으로 주민들이 평화를 원했다. 이를 위해서는 그들을 중재해줄 공정한 인물이 필요했는데, 그들은 그 적임자로 무함마드를 선택한 것이다. 이러한 메디나 주민의 요구에 응해 수백 명의 추종자들을 먼저 메디나로 보내고, 그도 622년에 그곳으로 이주한다. 이 해는 후에 이슬람력의 원년이 된다.[5]

무함마드는 혼란에 빠져 있던 메디나 주민을 이슬람의 기치 아래 통합시키고 그와 함께 메디나로 이주한 추종자들을 합쳐 최초의 움마ummah(이슬람공동체)를 만들었다. 메카에서 온 사람들은 이주자라는 의미에서 무하지룬muhājirūn이라고 불렀으며, 망명처를 제공한 메디나 원주민들은 돕는 자라는 의미에서 안사르anṣār라고 불렀다. 그리고 이들 모두는 이 종교공동체에 헌신하는 진정한 신앙인 즉 무슬림muslim이 되었다. 무함마드는 이 공동체를 세우고 아라비아반도에서 전형적인 부족의 전통적 요직인 부족장, 중재자, 전시 지도자의 기능 모두를 자신이 가졌다.[6] 즉 그는 예언자이자 신의 사자로서, 예배인도자로서, 중재자로서, 군사령관으로서, 재판장으로서, 행정수반으로서, 제정일치의 권한을 한손에 쥐고서 기존 아랍사회의 여느 부족장들과는 차원이 다른, 강력한 종교적 · 정치적 지도자로서 등장하게 되었다.

메디나에 이슬람 공동체를 수립한 무함마드는 메카를 상대로 전쟁을 시작한다. 물론 처음에는 이것이 메카와의 힘 겨루기 측면도 있었지만 그들

5 Ira M. Lapidus, *A History of Islamic Societies*, Cambridge: Cambridge University Press, 1989, pp.26~27.
6 Philip Hitti, *History of the Arabs*, Hong Kong: Macmillan, 1984, p.139.

의 생계와도 연계되어 있었다. 무하지룬들은 메카를 떠날 때 거의 모든 것을 포기하고 메디나로 이주하였기 때문에 메디나에서의 생활 초기에는 안사르들에게 의존하여 지내고 있는 형편이었다.[7] 이러한 상황을 타개하고 무하지룬이 당한 피해를 보상받기 위해서 그들은 메카상인들의 행렬을 습격하고 약탈하였다. 그 당시 아라비아반도에서 약탈은 생계수단이자 복수방법이었다. 이것은 결국 메카와 메디나 간의 대결이 되었으며 바드르전투(624년)를 시작으로 양측간에 세 번의 전투가 있었다. 이러한 전투의 결과 메디나는 정치적 헤게모니를 쥐게 되었다. 이렇게 해서 그는 메디나의 무슬림군을 이끌고 630년 메카를 평화적으로 점령한다. 632년 그가 사망할 즈음에 아라비아반도는 이슬람 깃발 아래에 통일이 되었다. 무함마드는 신의 말씀을 전하는 예언자로서 이슬람의 경전인 『꾸란』을 세상에 가져왔을 뿐만 아니라 정치적 지도자로서 종교를 바탕으로 하는 이슬람 공동체를 실질적인 정치세력으로 아라비아반도에 형성시켜 놓았다.

2. 정통 칼리파 시대(632~661년)

(1) 칼리파체제의 출현

예언자 무함마드가 사망하자 갓 출범한 이슬람 공동체는 커다란 충격을 받아 흔들렸다. 아라비아반도 내의 대부분 아랍인들은 이 사실을 받아들이기 어려웠다. 무함마드는 자신이 인격체임을 여러 차례 강조했지만 아랍인들은 그를 범인과는 다른 존재로 생각하였다. 그런데 그가 범인처럼

7 Arthur Goldschmidt, Jr., *A Concise History of the Middle East*, 4th ed., Boulder, Colo.: Westview Press, 1983, pp.32~33.

죽자 일부 부족은 그의 가르침에 회의를 느꼈고, 일부 부족은 배교하려는 의도를 나타내기 시작했다. 이슬람 공동체의 지도자들은 이러한 공동체의 혼란과 위기 속에서 신속하게 그들의 새 지도자를 뽑아야 할 필요성을 느끼게 되었다. 무함마드는 아랍 유목민의 전통대로 그의 후계자를 정하지 않고 세상을 떠났으며, 이러한 정치적 진공 상태가 되자 몇몇 부족과 씨족들은 정권을 잡기 위한 경쟁에 뛰어들게 되었다. 메디나의 알 아우스al-Aūs족과 알 카즈라즈al-khajraz족은 서로 대권을 상대편에 빼앗길까 우려하였고 메카에서 무함마드를 따라 메디나로 이주해온 무하지룬들도 이 일을 좌시하지 않으려 했다. 예언자 무함마드의 부인 아이샤 Ā'ishah가 무함마드의 죽음을 발표했을 때 안사르의 지도자들이 먼저 움직였다. 이들은 그들 중에서 무함마드의 후계자를 선출하고자 사이다bani Sā'ida족의 사끼파saqīfa(강당, 홀)에 모였다.[8] 여러 안사르들의 의견이 대체로 사아드 빈 우바다Sa'd b. 'Ubāda를 후계자로 선출하자는 쪽으로 모아졌는데, 이때 아부 바크르Abu Bakr와 오마르 빈 알 까땁 'Umar b. al-Khaṭāb을 선두로 한 무하지룬들이 회의장에 들이닥쳤다. 이들은 아랍인들이 꾸라이쉬 부족 외에는 절대로 복종하지 않을 것이라는 점을 내세우며 꾸라이쉬 중에서 칼리파를 선출해야 한다고 안사르들을 설득하였다. 회의장의 분위기는 변하고 결국 아부 바크르(632~634년 재위)는 안사르가 지지한 사아드 빈 우바다를 젖히고 칼리파위位에 선임되었다.[9] 선임된 후 그의 정식 칭호는 칼리파 라술 알라khalīfah rasūl Allāh(알라의 사자의 후계자 또는 대리인)였다. 이것이 칼리파 체제의 시작이다.

---

8 손주영, 『이슬람 칼리파제사』, 민음사, 1997, 75쪽.

9 Ḥasan Ibrāhīm Ḥasan, *Tārikh al-Islām al-Siyāsī wa'l-Dinī Wa'l-Thaqāfī wa'l-Ijtima'ī*, Vol.I, al-Qāhira: Maktabah al-Nahdah al-Misriyah, 1979, p.207.

칼리파라는 용어는 원래 후계자 또는 대리인이라는 두 가지 뜻을 가지고 있다. 그러나 아부 바크르는 사망한 예언자를 계승했기 때문에 이 경우는 후계자로 보는 것이 타당하다. 아부 바크르가 칼리파로 선임될 무렵에 메디나의 원주민이었던 알 아우스족과 알 카즈라즈족은 옛날의 경쟁심이 여전히 남아 서로 시기했다. 또 아랍 유목민들이 메카의 꾸라이쉬 부족의 일원이 아닌 어떤 사람의 권위도 결코 인정하지 않을 것이라는 객관적 고려 때문에 무하지룬의 입장이 안사르보다 유리하였다. 이에 더해 아부 바크르는 예언자의 충실한 교우였고 또 그의 장인이었다. 그는 예언자가 병석에 누웠을 때 집단예배를 이끈 유일한 인물이었고 그러한 의미에서는 예언자의 대리인이었다. 무함마드는 후계자에 대해 어떠한 언급도 없었으며, 생존한 아들도 없었다. 따라서 세습제가 아닌 아랍 전통의 부족장 선출방식을 이슬람 공동체에 적용하였을 때 그는 가장 적절한 자격을 구비한 인물이었다.

칼리파 체제의 초기에는 칼리파의 기능이 종교적이라기보다는 정치적이었다. 그러나 후기에 들어와서 칼리파가 정치적 권력을 상실하자 종교적 역할만이 그의 손에 남게 되었다. 그렇지만 초기의 칼리파들은 민중 위에 군림하는 황제나 왕의 개념을 가진 통치자라기보다는 오히려 동등한 구성원 가운데 제1인자에 지나지 않는 정교일치제의 수장首長이었다. 그만큼 그들의 통치는 민주적이고 정의로웠으며 평등을 중시하고 종교적이었다. 아부 바크르와 그의 뒤를 이은 후계자들은 주로 정치와 군사 문제에 열중하여 공동체의 엄청난 발전을 도모하였고, 이슬람 공동체의 다른 지도급 인사들과도 긴밀히 협조했다. 특히 아부 바크르는 예언자의 사후에 일어난 여러 아랍부족의 반란을 진압해야만 했다.

무함마드가 사망했을 때 아라비아반도는 이미 이슬람의 깃발 아래 통일되어 있었다. 그러나 그 실상을 살펴보면 반도의 전 부족이 이슬람 종교를 받아들인 것은 아니었다. 그들 중 상당수는 성서의 백성(기독교도나 유대교도)들로서 딤미Dhimmi[10]가 되어 거의 아라비아반도 전역에 퍼져 있었고, 또 다른 이들은 무함마드의 군세軍勢에 굴복하여 이슬람의 우위를 인정하는 조약을 체결했지만 실제로는 다음과 같은 문제점을 안고 있었다.[11]

① 이 조약을 체결한 부족은 '칼브Kalb'나 '다이이Dā'i' 등 당시 유목 부족들 중 대부족이지만, 실제로는 그 부족을 구성하는 한두 씨족이 체결한 것이 일반적이었다. 이들 대부족이 부족 전체로서 무함마드와 조약을 체결한 것은 아니었다.

② 예멘이나 하드라마우트의 소군주 등 반도 변경지방의 지배자가 무함마드와 조약을 체결하였는데, 이 조약은 단지 그 소군주와 체결한 것에 지나지 않으며 그 지방의 일반 민중은 전혀 관여하지 않았다.

③ 아랍 유목부족측에서는 이 조약이 어디까지나 무함마드와 그들 사이의 개인적 관계에서 체결된 것으로 보고 있었기 때문에 무함마드가 죽음으로써 이 조약은 자동적으로 소멸하는 것으로 간주하였다.

④ 무함마드는 이들에게 이슬람으로의 개종을 요구했으나 대개 아랍 유목 부족민들은 이 조약을 정치적인 성격의 것으로 간주하고, 무함마드가 설교하는 종교에 대해서가 아니라 그의 타고난 정치적·군사적 힘에 복종한 것이다. 히자즈 지방의 일부 유목민을 제외하고는 마음 속으로부터 개종한 자들은 거의 없었다.

---

10 이슬람의 정복지에 사는 기독교, 유대교, 조로아스터교 등의 교인들이 이슬람으로 개종하기를 거부하고 인두세(지즈야jizyah)를 냄으로써 신변의 안전을 보장받는 사람을 말한다. 인두세를 내는 대신 병역이 면제된다.

11 김용선, 앞의 책, 25~26쪽.

이상과 같은 요인들이 무함마드 사후 곧 배교 전쟁을 불러오게 된다. 여러 부족이 배교의 조짐을 보이고 배교 행위를 일삼자 신생 이슬람 공동체는 크게 흔들릴 수밖에 없었다. 게다가 기독교와 유대교의 영향을 받았으면서도 이슬람과 비슷한 일신교를 제창하는 소위 사이비 예언자들이 무함마드 생존시부터 활동하면서 이슬람 공동체와 유사한 종교 공동체를 만들려고 노력하고 있었다. 이러한 인물들로는 중앙 아라비아의 나지드 고원 동남쪽 야마마 지방에서 세력을 떨치던 무사일리마 알 카답Musaylima al-Khaḍāb이 가장 두드러졌으며, 이외에도 알 아수와드 알 안시al-Asuwad al-Ansī, 뚤라이하 빈 카와일리드Ṭulayha b. Khawaylid, 사자흐 알 타미미야Sajāḥ al-Tamīmiya 등을 들 수 있다.[12] 이와 같은 사이비 예언자들의 활동이 활발해지면서 무함마드와 조약을 맺은 여러 부족이나 집단들이 어느 쪽이 옳은지 또는 어느 쪽에 가담하는 것이 자신에게 유리한지 판단이 서지 않자 형세를 관망하고 있었다. 여기서 아부 바크르가 취할 수 있는 길은 오직 무력으로 이들을 철저히 다스려 무슬림들의 우위를 지키는 일이었다. 아부 바크르는 633년 초, 칼리드 빈 알 왈리드Khālid b. al-Walīd를 사령관으로 한 토벌군을 조직하여 무사일리마 군대를 크게 무찔렀고 그외 예언자를 참칭하며 반란을 주도한 배교자 전부를 진압하였다. 이로써 아부 바크르는 움마를 이탈하려는 여러 세력을 재규합하고 내란의 뿌리를 뽑아버릴 수 있었다. 무함마드 시대가 이슬람 국가 건설의 초석을 놓은 기초단계라면 아부 바크르 시대는 그 기초를 굳게 다진 강화단계였다. 아라비아는 다시 이슬람 깃발 아래 통일되었고 무슬림 공동체가 아랍 · 이슬람제국으로 변신할 발판이 마련되었다.

---

12 Al-Ṭabarī(Abū Ja'far Muḥammad b. Jarīr, 923년 사망), *Tārikh ar-Rasūl wa al-Mulūk*, Vol. II, ed. M. A. F. Ibrāhīm, Cairo, 1960~1969, pp.230~232.

(2) 칼리파 오마르의 제1차 정복사업

오마르 'Umar b. al-Khaṭāb는 선임자인 아부 바크르가 생존시에 원로 무슬림들과 상의한 끝에 자신의 후계자로 지명하여 메디나의 무슬림들로부터 충성의 서약을 받아두었으므로 아무런 잡음 없이 2대 칼리파로 즉위했다. 오마르는 아랍 이슬람제국의 실질적 건설자로 불린다. 그의 치세 10년(634~644년 재위) 동안 페르시아의 거의 전 지역과 팔레스타인, 시리아, 이집트 등 비잔틴 로마의 동방 영토를 정복(636~640년)해 이슬람국가의 영토가 되게 하였고 새로운 행정체계와 재정제도 등을 확립하였다. 이렇게 아랍 · 이슬람제국의 영토가 급격히 확장될 수 있었던 이유는 아랍 전사의 기마술을 바탕으로 한 우수한 전투력 때문이라고 말할 수도 있겠지만, 그 외에도 아랍 전사들이 이슬람 전파를 위한 죽음은 곧 천국으로 가는 지름길이라는 종교적 열정에서 비롯된 지하드jihād(성전)정신으로 무장하였고, 정복된 지역의 일반 백성과 지배계급 간의 정치적 · 종교적 갈등이 존재했던 것이 큰 요인이었다. 정복된 지역의 백성들은 아랍 · 이슬람군을 자신들의 해방자로 받아들였다.

오마르의 정복 사업(아랍의 1차 정복)과 이슬람의 팽창은 크게 세 갈래로 추진되었다.

1) 이라크-페르시아 정복

이미 칼리파 아부 바크르 때에 시작되었던 이라크 지역으로의 원정은 알라의 검이라고 불리던 칼리드 빈 알 왈리드가 주도하여 페르시아군을 무찌르고 유프라테스 강가의 히라Hīra와 알 안바르al-Anbār를 633년 점령한 바 있었다. 칼리파 오마르는 즉위 3년째인 637년, 페르시아 정복의 대역사를 이루는 중요한 전쟁을 치른다. 오마르가 파견한 사아드 빈 아비 와까스Sa'd b. Abi Waqās는 이라크의 관문이던 알 까디시야al-Qādisiya에서 루스탐Rustam 휘하의 페르시아 군과 싸워 대승을 거두었다.[13] 그 후 무슬림 군은 페르시아 군에 연전연승하여 수도인 크테시폰Ctesiphon을 두 달 동안 포위 공격한 끝에 점령하였고 640년 안 나하완드an-Nahāwand에서의 결정적인 승리를 끝으로 페르시아 사산조를 멸망시키게 된다. 마지막 왕인 야즈다기르드Yazdagird 3세는 그 후 도망다니는 군주가 되었다가 멀리 후라산Khrāsan에서 살해당한다. 찬란한 문명의 대제국이 아랍의 한 속주로 전락하고 페르시아는 모두 아랍의 소유가 되었다.

2) 시리아-팔레스타인 정복

무슬림들의 시리아 지역 정복의 꿈을 실현한 대 결전은 요르단 강 지류인 야르무크Yarmūk 강변에서 벌어진 야르무크 대전이다. 636년 8월, 비잔틴 로마군을 이끈 총사령관은 헤라클리우스 황제의 동생인 티오도로스Tiodoros였고 무슬림 군은 무적의 용장 칼리드 휘하에 있었다. 비잔틴 군은 수적으로 두 배가 넘었지만 아랍 무슬림군의 대승으로 끝이 났다. 이 전투는 칼리드의 군사적 천재성과 아랍군의 용맹성을 증명해준다. 이 전투로 시리아 전 지역이 637년에 병합되고 예루살렘이 다음해에 함락되었다. 칼리파 오마르는 즉위한 지 4년 만에 비옥한 초생달 지역 전역을 석권하고 거대한 이슬람제국 건설의 기초를 닦아 놓은 것이다.

3) 이집트 정복

이집트 정복의 영웅은 아므르 빈 알 아스Amr b. al-Ās였다. 아므르는 주저하던 칼리파 오마르를 줄기차게 설득하여 640년 1월, 비잔틴의 카이로 요새를 공략하기 시작한다. 난공불락이라던 이 요새가 일곱 달의 항전 끝에 함락당하고 알렉산드리아마저 같은 해 11월 점령당함으로써 이집트 정복 전쟁도 끝나고 이집트 역시 이슬람 움마의 한 속주가 되었다. 콥틱

13 Aḥmad b. Yahya b. Jabr al-Balādhri, *Futuḥ al-Buldān*, al-Qāhira, 1318A.H., p.260.

Coptic인들은 비잔틴의 압제를 벗어나게 해준 아랍 무슬림군을 오히려 환영하였다고 한다. 간명한 교리와 단순한 체제 때문에 이집트인들은 이슬람을 쉽게 받아들일 수 있었다.[14] 이집트 정복은 북아프리카를 이슬람화하는 씨알이 되었다.

오마르는 정복전쟁에 참가한 이슬람 전사들을 위해 정복지에 새로운 아랍 병영 도시인 암사르amṣār를 건설하였다. 이 도시들은 주변 지역의 군사와 행정을 통괄하는 중심 도시로 성장한다. 이라크에 건설한 쿠파, 바스라와 이집트에 세운 푸스타트 등이 그러한 도시이다.[15] 또 거대해진 국가 예산의 균형과 조세, 수입, 연금, 급여 지급 등 국가 업무를 다루기 위한 디완dīwān이 설립되었다. 국고를 담당하는 디완의 설립은 후일 이슬람 국가의 재무, 행정을 관장하는 여러 관청제도의 효시가 된다.

칼리파 오마르는 644년, 아부 루울루아라는 페르시아 노예의 독 묻은 칼로 6차례나 찔렸는데 3일간을 버티면서 그의 후계자를 뽑을 6인 위원회의 구성인물을 지명해놓은 뒤 사망하였다. 슈라shūrā(협의)위원회라 불리며 선거권과 피선거권을 동시에 가진 이 6인 위원회는 결국 가장 연장자인 우마이야가家 출신의 오스만 빈 아판 'Uthmān b. 'Afān을 3대 칼리파로 선출하였다. 오스만 통치 시대의 이슬람 움마는 메카-메디나를 중심으로 주로 아랍민을 다스리던 종래의 이슬람 움마가 아니었다. 오마르 때의 정복 이후 아랍반도뿐만 아니라 이라크, 시리아, 이집트, 북아프리카, 페르시아와 지중해의 여러 섬까지 통치하게 된 세계적 국가가 되어 있었다. 이와 같은 통치 권역의 광역화로 인해 복속하는 신민들의 수가 엄청나게 증가하게

---

14 Alī Ibrāhīm Ḥasan, *Miṣr fi al-Uṣūr al-Wusṭā*, al-Qāhira, 1951, pp.25~33.

15 Albert Hourani, *A History of the Arab Peoples*, Cambridge, Massachusetts: The Belknap Press, 1991, p.24.

되었고, 새로운 무슬림 세대가 등장하는 결과를 낳았다. 이들은 여러 면에서 메디나에서 움마를 세운 무슬림 첫 세대와 달랐다. 새로 이슬람을 받아들이게 된 이들 신생 무슬림들은 무슬림 첫 세대와 같은 종교적 열정이 없었다. 개인적 욕구가 바탕이 되어 종족, 민족, 분파마다 집단 연대 감정인 아싸비아aṣabiyya가 되살아나고 새로운 정치적 요구들을 만들어내었다.[16] 또한 아부 바크르와 오마르 시대의 무슬림들은 소박하고 검소한 생활을 하였으나 오스만 시대에 이르러서는 정복지에서 들어오는 엄청난 부와 재화들로 인해 국가 재정이 넘치고 생활이 풍요로워졌다. 이러한 여러 요인들이 작용하여 그의 12년간에 걸친 통치기간 중에 무슬림들의 관심은 외부세계에 대한 정복보다 점차 내부의 권력구조로 방향전환을 일으킨다. 즉 지방정부와 메디나 중앙정부의 이해관계와 중앙정부 내의 세력다툼 등에 눈을 돌린 것이다. 이 다툼 속에서 칼리파는 중앙정부의 목적을 관철시키기 위하여 자신이 믿을 수 있는 일가 친척을 총독으로 임명하였다. 이 때문에 오스만은 족벌정치를 한다는 비난을 받게 되었다. 또 오스만은 메카에서 무함마드의 포교활동을 박해한 우마이야 가문 출신이었으므로 그의 편파적인 인사행정은 반대파로부터 반발을 사게 되었다. 결국 656년 6월 불만을 가진 암사르의 전사들이 칼리파 오스만의 집안에 난입하여 그를 살해하게 되었다. 그 뒤를 이어 예언자의 사촌동생이며 사위인 알리가 칼리파위位에 선임되었으나, 그는 죽은 오스만을 지지하던 세력의 도전에 직면하게 된다.

(3) 십핀전투와 정통 칼리파 시대의 종식

칼리파 오스만의 죽음은 무슬림 움마 내에서 정변과 분열이 일어나는

16 손주영, 앞의 책, 98쪽.

출발점이 되었다. 최초의 무슬림 분파가 출현하는 격변기가 이어지게 된 것이다. 암사르의 전사들이 오스만을 살해했지만, 정작 그들을 선동하고 조종한 배후인물들은 무슬림의 상류계급이었다. 당시 메디나의 대표적 원로들 중에는 딸라하 빈 우바이달라Ṭalaḥa b. Ubaydallāh와 앗 주바이르 빈 알 아왐az-Zubayr b. al-'Awām 등 고명한 예언자의 교우들이 있었는데, 그들 중 이 두 원로는 칼리파 알리가 살해자 무리를 알고 있음에도 불구하고 체포하지 않는다고 보고, 예언자의 아내로서 신도의 어머니로 존경받던 아이샤와 연합하여 알리를 문책하기 위해 군사를 일으켰다. 또 우마이야가 출신이며 오스만의 6촌 동생인 시리아 총독 무아위야Mu'āwiyah b. Abī Sufīyān도 오스만의 복수를 부르짖으며 칼리파 알리의 권위에 정면으로 도전하기 시작했다. 알리는 우선 자기의 주위에서 자신을 위협하는 딸라하와 앗 주바이르와 교전하여 656년 6월, 이들을 격파했다. 딸라하와 앗 주바이르는 전장에서 전사했고 포로가 된 아이샤는 메디나로 이송되었다. 이 전투는 낙타전투로 불린다. 그 후 아이샤는 메디나에서 하디스ḥadīth(예언자의 언행)를 모으는 일에 전념하면서 여생을 보냈다. 알리는 낙타전투에서 승리하여 자신의 세력권이 안정되자마자 시리아에서 우마이야가를 중심으로 시리아 결맹군을 형성한 무아위야를 토벌하기 위하여 657년 9월, 유프라테스 강 상류 십핀Siffin으로 군대를 이끌고 갔다. 그의 군대는 무하지룬, 안사르 그리고 쿠파의 주민들로 구성되었다. 반면 주로 샴(오늘날 시리아, 레바논, 팔레스타인, 요르단) 지역의 용병으로 구성된 무아위야의 군대는 약 8만 명에 이르러 수적으로는 알리의 군대보다 우세했다. 이들은 알리의 군대가 십핀에 도착하기 이틀 전에 이미 이곳에 도착하여 알리군을 기다리고 있었다. 알리는 무아위야 측에 통합을 촉구하였고 다음해 1월까지 대치 상태에서 대화를 계속했으나 결국 대화는 무산되고 전투가 시작되었다.[17] 전투 초기에는 무아위야군이 승리하는 듯했으나 전세는 알리의 정규군 쪽으로 기울어져 무아위야 군대는 패색이 짙어갔다. 이에 무아위야는 그의 편에 서 있던 이집트 정복의 영웅 아므르 빈 알 아스가 제안한 계략에 따라 그의 군인들의 창 끝에 『꾸란』을 달고 협상을 요구했다. 즉 무력이 아닌 신의 의사와 결정에 따르자고 요구한 것이다. "『꾸란』의 심판에 따르자"고 외치며 중재를 요청한 이 책략은 성공하여 알리의 진영은 이 협상을 받아들이자는 측과 받아들여서는 안 된다고 반대하는 측으로 나누어져 심한 분열상태에 빠지게 되었다. 이러한 내부분열에 직면한 알리는 부득이 협상을 받아들일 수밖에 없었다. 그러나 이것은 무아위야 측의 책략이었기 때문에 협상이 제대로 진행될 리 없었으며, 결국 장기화되고 말았다. 일개 반란자와 협상함으로써 알리는 군사적으로도 손해를 보았지만 정치적으로도 칼리파로서의 그의 지위가 반란자와 대등해지는 결과를 낳았다. 이에 반발한 협상 반대파들은 알리의 진영을 박차고 나갔다. 이슬람 역사에서는 이들을 '나간 자들'이라는 뜻으로 카와리지Khawārijī라고 부르게 되었다. 주전론자들이었던 이들은 무슬림사회의 주류에서 갈려나간 이슬람 최초의 종파를 형성하게 된다.

1년 반에 걸친 양측 중재인의 판결은 책략을 쓰는 무아위야측에 유리하고 알리로서는 받아들일 수 없는 내용이었다. 결국 이슬람세계는 양분되고 칼리파 알리의 지위는 하락하고 말았다. 이라크로 돌아온 알리는 카와리지들을 설득하거나, 무력으로 진압하여 거의 그들을 전멸시키는가 싶었다. 그러나 소수의 카와리지들은 더욱 과격한 신앙의 실천주의자로 변해갔고, 움마를 분열시킨 장본인인 알리와 무아위야를 불신자로 선언한 후

17 Abū Ḥassan 'Alī al-Mas'ūdī, *Murūj al-Dhahab wa Ma'ādin al-Jawahiri*, Vol. II, al-Qāhira, 1023, 1303 & 1346A.H., pp.15~17.

이 두 사람을 죽일 자객을 파견하였다. 무아위야는 살아났으나 알리는 쿠파 사원에서 새벽 예배를 보고 나오다가 661년 1월, 자객에게 살해되고 말았다. 알리가 죽자 결국 힘의 균형은 무아위야에게로 기울었고, 결국 그는 분열된 이슬람세계를 재통일하여 아랍제국의 새 칼리파가 되었다.

알리의 죽음과 함께 선출방식의 칼리파제制는 종식되고 무아위야에 의한 세습제가 도입된다. 이것이 곧 정통 칼리파제의 종식이자 우마이야 세습왕조의 시작이다. 이슬람 역사에서는 선출로써 칼리파위位에 오른 아부 바크르, 오마르, 오스만, 알리를 알 쿨라파 알 라쉬둔al-Khulafā' ar-rāshidūn(정통 칼리파)이라고 부른다. 이 네 칼리파는 순니 무슬림의 눈에는 이슬람의 얼을 그대로 시행한 인물들로 여겨진다. 즉 무함마드가 움마통치를 위해 수행한 역할과 기능을 그대로 계승한 자들로, 종교를 수호하고 동시에 움마통치의 모든 세속적 일을 올바르게 관장하였던 모범적인 칼리파들이라는 것이다. 아랍의 관습에는 부족장이 그의 직계자손을 후계자로 정하는 경우가 없었다. 그러나 이러한 아랍의 부족적 관습과 초기 이슬람의 전통은 우마이야조의 창건자인 무아위야의 눈에는 칼리파의 사망시마다 제국의 안전을 위협하는 부정적인 것으로 비쳤다. 너무나 커져버린 제국에서는 선거를 통한 칼리파 선출은 적합하지 않고 또 아랍인들의 상습적 분열과 내란을 조장할 뿐이었다. 결국 그는 근 20년의 통치 후, 무슬림 원로들과 상의하는 형식을 갖춘 다음 자기의 아들을 후계자로 지명하였다. 그렇지만 무아위야 정부는 무력과 군의 힘으로 정권을 탈취했다는 인식 때문에 많은 무슬림들로부터 지지를 받지 못했고, 정치력이 뛰어났음에도 불구하고 무아위야는 종교지도자로서의 권위를 갖지 못했다.

3. 아랍제국, 우마이야조(661~750년)

(1) 무아위야의 우마이야조 건국

무아위야(661~680년 재위)는 뛰어난 지략과 정치술로 무용과 인격에서 칼리파 오마르에 필적한다. 많은 사람들이 칼리파의 자격으로 볼 때 어느 누구보다 뛰어나다고 인정하던 칼리파 알리와의 권력투쟁에서 끝내 승리하고, 알리의 죽음 이후 칼리파 자리에 오를 수 있었다. 그의 지략과 상대방의 마음을 꿰뚫어보는 능력은 범인으로서는 도저히 따라갈 수 없는 경지였다. 따라서 그의 부하들은 그를 위해서라면 어떤 명령이라도 기꺼이 따르려 하였고, 그가 25년간 총독으로, 19년간 칼리파로 지배했던 샴 지역의 주민들은 그의 뛰어난 통치술 때문에 그 후에도 우마이야조가 끝나는 날까지 우마이야가에 충성을 바쳤다.[18]

알리가 죽자 무아위야가 칼리파 자리에 곧바로 오를 수 있었던 것은 아니다. 칼리파 알리의 근거지였던 이라크가 몇 달 동안이나 그를 적대했으며, 알리의 장남인 하산Ḥasan을 합법적 칼리파위 계승자로 지지하였다. 보수적 이슬람의 근거지가 되어 가던 히자즈 지역도 무아위야가 이룩한 정치적 성공에 대해 냉담함을 보였다.[19] 그러나 무아위야는 자신이 지니게 된 압도적인 무력과 정치적 수완으로 반대자들을 굴복시켜 갔다. 결국 자신의 무력함을 느낀 하산은 무아위야의 칼리파 등극을 인정했다. 그는 메디나에서 무아위야가 지급하는 연금으로 8년을 살다가 669년 사망한다.

무아위야가 칼리파위에 오르자 그는 메디나 정부 같은 신정적 공화체제로는 더 이상 확대된 제국을 이끌어갈 수 없음을 깨닫고, 아랍 부족의 세습

---

18 Ḥasan Ibrāhim Ḥasan, 앞의 책, pp.203~212.

19 손주영, 앞의 책, 127~128쪽.

적인 신분제에 바탕을 두면서 사산조나 비잔틴제국이 취하고 있는 왕정제를 국가의 통치체제로 채택한다. 그는 앞에서 언급한 것과 같이 칼리파위의 계승방법을 장자 상속 또는 가문 중 가장 유력한 인물로 이어지게 하는 세습제로 바꾸었다. 정부의 주요 기관으로는 슈라와 우푸드가 있었다. 슈라는 부족장 협의체다. 이것은 칼리파나 지방총독이 소집하며, 자문과 권력 집행의 두 가지 기능을 맡았다. 우푸드는 각 부족의 협의체와 관련되어 있었다. 이 기관은 각 부족이 중앙 협의체나 지방 총독의 협의체에 보내는 대표자로 구성되었으며, 충성심을 바탕으로 각 부족의 자발적인 동의를 이끌어내었다. 그는 이 두 기관을 통하여 자신의 통치를 정당화하였다. 그는 부족 연합체 같은 군조직을 비잔틴 방식에 따라 새 군사 편제로 바꾸었다. 이것은 이슬람제국이 계속 확장할 수 있는 바탕이 되었다. 그 결과 이슬람제국의 영토는 동쪽으로는 헤라트, 카불 및 부하라에 이르고, 서쪽으로는 북아프리카의 대서양 연안까지 도달했다. 무아위야는 비잔틴제국과의 끊임없는 전쟁을 통하여 이슬람의 용사, 성전의 지도자로 자처하며, 교묘하게 무슬림들이 그에게 충성을 바치도록 유도했다.[20] 무아위야의 명령에 따라 668년에 시작된 콘스탄티노플의 정복전쟁은 비록 실패로 끝나기는 했지만 이슬람제국의 막강한 군사력과 아랍 무슬림들의 재단결을 확인하는 계기를 만들어냈다.

(2) 카르발라 참극과 쉬아파의 기원

680년, 무아위야의 아들 야지드가 칼리파위에 오르자 이러한 세습적 즉위는 선출로써 칼리파를 뽑는 과거의 이슬람적 전통에 어긋나는 것이었다. 따라서 제국 내의 많은 중요 원로들이 그의 칼리파 즉위를 인정하지

20 김정위, 『중동사』, 대한교과서주식회사, 1995, 87쪽.

않고 칼리파위位의 권위에 도전하기 시작했다. 이 중에서 야지드에게 가장 위험한 인물은 칼리파 알리의 차남 후세인Ḥusayn이었다. 후세인은 형 하산과는 달리 지도력을 갖춘 능력 있는 인물이었다. 그는 야지드의 칼리파위 계승은 정통성이 없다고 간주하고 그 자신이 칼리파위에 도전할 꿈을 가졌다. 이때 이라크의 쿠파에서는 그를 칼리파로 추대하려는 움직임이 일어나고, 쿠파의 알리 가문 지지자들은 은밀히 메디나에서 메카로 옮겨가 있던 후세인에게 서신을 보냈다. 이에 후세인은 그의 사촌인 무슬림 빈 아낄Muslim b. Aqil b. Abi Ṭālib을 쿠파에 파견하여 이 지역의 알리가家 지지세력의 상태를 파악했다. 무슬림은 지지세력이 확고함을 확인했고, 이를 후세인에게 통보했다. 그러나 이러한 통보가 후세인에게 전달된 직후에 상황은 급변했다. 이와 같은 반우마이야가家의 활동을 우마이야가의 충복들이 야지드에게 알렸으며, 그는 즉각 이러한 상황에 미온적 태도로 방관하던 쿠파 총독을 해임하고 악명 높은 우마이야가의 하수인이며 바스라 총독인 우바이둘라 빈 지야드Ubaidullāh b. Ziyād를 쿠파 총독으로 겸임 발령하였던 것이다. 그에게는 쿠파의 반란음모 세력을 철저히 소탕하라는 지시가 떨어졌다. 그는 무슬림 빈 아낄을 재빨리 잡아 처형하였고 또 그의 동조자와 알리 가문의 지지자들의 중진들도 차례차례로 검거하였다. 그 결과 반란의 싹은 계획이 완전히 세워지기도 전에 제거되었다. 이렇게 상황이 돌변한 것을 모른 후세인은 그의 가솔과 함께 메카를 떠나 쿠파로 향했다. 주변에서는 좀더 때를 기다릴 것을 그에게 권유했으나 그는 듣지 않았다. 그의 일행은 기껏해야 200명 정도였으며, 성인 남자는 80명에 불과하였다. 그는 쿠파로 향해가던 도중에 시인인 파라즈다끄(728년 사망)를 만나 쿠파의 상황을 물었는데, 이때 그 시인은 "사람들의 마음은 그대와 함께 있으나 그들의 칼은 우마이야가 사람들과 함께 있다"고 답변하였다고 한다.[21] 쿠파 주민들은 그대를 지지하나 우마이야가의 위협 때문에 어쩔 수 없이 칼리파 편에서 그대에게 대항하여 칼을 들 것이라는 말이다. 후세인은 680년 10월, 쿠파에서 가까운 카르발라Karbala에서 우바이둘라의 군대와 마주친다. 사태가 절망적이라는 사실을 깨달은 그는 자신을 칼리파 야지드에게 보내거나 히자즈로 돌아갈 수 있게 해달라고 요청하나 이 요구는 거절되고, 그와 그의 가솔들은 여인과 어린이를 제외한 전원이 비참한 최후를 맞이한다. 후세인을 죽인 자들은 예언자의 외손자이자 칼리파위의 가장 정당한 후보자를 죽였다는 오명 때문에 그들에게 돌아올 복수의 후환이 두려워 일시에 그를 공격하여 그의 신체를 두 동강내고 말았다. 그들은 후세인의 목을 잘라 다마스쿠스의 야지드에게 보냈다.

이와 같은 후세인의 비참한 최후가 알려지자 이라크 지방은 알리 가문에 대한 동정과 우마이야가에 대한 증오로 들끓게 된다. 쿠파의 주민들은 후세인이 그들을 믿고 오다가 참변을 당하게 된 것을 후회하며, 그를 애도하고 추앙하면서 참회자들at-tawābīn이 된다.[22] 카르발라의 학살은 알리가의 지지자들을 하나로 단결시키게 하는 결과를 만들어냈다. 또한 알리가家 지지자들에 대한 우마이야가家의 계속적인 탄압과 검거 때문에 그들은 적개심에 불타서 더욱 반우마이야 성향을 갖게 되었다. 결국 이들은 후세인의 죽음을 순교로 받아들이면서 하나의 정파에서 종파로 발전하게 된다. 이들을 '쉬아 알리Shī'a Alī(알리의 추종자)' 또는 '쉬아'라고 부르게 되었다. 결국 카르발라 참극은 이슬람사에서 순니와 쉬아라는 무슬림 종파의 양대 산맥을 가르는 분기점이 되었다. 그 후 후세인이 순교한 카르발라

21 Abū Ḥassan 'Alī al-Mas'ūdī, *Murūj al-Dhahab wa Ma'ādin al-Jawahiri*, Vol.2, al-Qāhira, 1346A.H., p.65.

22 R. A. Nicholson, *A Literary History of the Arabs*, Cambridge: Cambridge University Press, 1985, p.198.

는 쉬아들에게 가장 중요한 장소로 여겨졌고, 반정 무슬림들의 정신적 고향이 되어갔다. 카르발라는 쉬아들에게는 메카 · 메디나보다 더 중요한 순례지가 된 것이다.

이와 같이 쉬아파의 출현은 넓게는 칼리파 알리와 그의 아들들인 하산, 후세인 등이 우마이야 가문banu Umayyah과의 정치적 분쟁과 갈등 속에서 벌어진 일련의 사건들과 그 과정의 결과이고, 좁게는 카르발라 참극의 결과로 조성된 분위기 속에서 생겨났다고 보는 것이 정설이다. 그러나 일부 사람들은 쉬아의 기원을 카르발라 사건보다 훨씬 이전인 칼리파 오스만 시대의 압달라 빈 사바 'Abdallāh b. Sabā' 의 활동에 두고 있다. 그것은 그가 주장한 알 위싸야al-wiṣāyah(상속자론)와 알 라즈아al-raj'ah(재림론) 사상 때문이다. 그는 이슬람으로 개종한 예멘 출신의 유대인이었다. 그는 스스로 깨친 독자적인 칼리파제관과 예언자관을 전파하기 위해 무슬림 대도시를 돌아다니며 비밀조직을 결성하였는데, 그것은 당시의 칼리파 오스만 정권에 대항하기 위한 것이었다.[23] 알 위싸야관은 모든 예언자 나비nabī는 유언상속자인 와씨waṣī를 갖는다는 것이다. 그리고 신의 사자인 무함마드의 상속자 와씨가 바로 알리 빈 아비 딸립이라는 것이다. 이 주장의 진의는 알리 이전에 칼리파였던 자들은 아무런 권리도 없이 그 지위를 차지한 칼리파위의 찬탈자들이라는 것이다. 그의 주장에 따르면 오스만은 정당한 칼리파가 아니었다. 칼리파위는 무함마드에서 그의 와씨인 알리에게로 넘겼어야 했다는 것이다.

이븐 사바가 알리의 생존시에 이미 쉬아 알리가 된 것은 사실이지만, 그러나 그를 쉬아의 원류로 보는 것은 잘못이다. 아마도 그것은 일부 서구의 동양학 학자들의 시각 때문일 것이다. 그들은 이븐 사바가 오늘날 쉬아 사

23 Aḥmad Amīn, *Fajr al-Islam*, al-Qāhira, 1978, p.269.

상의 중요한 골격의 제공자라는 관점에서 이븐 사바와 그의 추종자들을 쉬아의 한 동아리로 보고 있다. 그러나 이들을 특색 있는 한 분파로 분류해야지 정통 쉬아의 일부로 간주하는 것은 옳지 않은 것 같다. 왜냐하면 알리를 신격화하거나 알리의 재림론을 신봉하는 신앙은 타종교에서 차용한 것이지 쉬아 본연의 신앙과는 다르기 때문이다. 쉬아는 나름대로 정통 이슬람을 표방한다. 비록 순니와 칼리파제에 대한 정치관은 다를지라도 알라를 절대 유일신으로 믿는 신앙관에는 한치의 차이도 없다. 신은 견줄자 없는 유일한 절대자이다. 무함마드는 신의 사자이고 인격人格일 뿐이지 신격神格은 그뿐만이 아니라 어느 누구에게도 결코 허용될 수 없다. 알리도 신의 빛을 받은 이맘일 뿐이다. 알리를 신의 체현으로 보는 것은 인정될 수 없다. 따라서 이븐 사바를 쉬아의 원류로 보거나 쉬아 사상의 기원으로 말하는 것은 타당치 않다.[24]

(3) 압둘 말리크의 치세와 칼리파 왈리드의 제2차 정복사업

683년 야지드의 갑작스런 죽음으로 칼리파위는 18세의 어린 아들 무아위야 2세에게 넘어갔다. 무아위야 2세는 어리고 나약한 병자였다. 그는 칼리파위에 오른 지 얼마 안 되어 칼리파 직을 이 지위에 가장 적합한 후계자를 선택하여 그에게 넘기려고 하였다. 그러나 이것도 뜻대로 되지 않고 즉위한 지 6개월 만에 그는 궁내의 내실에서 사망하고 만다. 그가 사망하자 우마이야가家는 칼리파 선정 문제를 놓고 위기에 처했다. 칼리파위는 공백이 되었고, 그에 따라 무슬림사회에는 제2차 내란(1차 내란은 656년 칼리파 오스만의 죽음이 있던 때)이 일어나 혼란 속에 휩싸이게 되었다. 이때는

24 Muḥammad Ḍiyā ad-Dīn ar-Ra'iys, *an-Naẓariyāt as-Siyāsiya al-Islāmiya*, al-Qāhira: Dār al-Turāth, 1979, pp.34～44.

이미 알리와 낙타전투를 벌였던 앗 주바이르의 아들 압달라가 히자즈 무슬림들의 추대를 받아 히자즈에서 칼리파 선언을 한 때였고, 그의 세력은 이라크에까지 뻗어 있었다. 우마이야 제국의 중심부인 시리아 내에서도 남 아랍족인 칼브Kalb족과 북 아랍족인 까이스Qays족 간에 분쟁이 일어나기 시작했고, 마침내 북 아랍족인 까이스족은 우마이야가에 등을 돌리고 마르즈 라히뜨Marj Rāhiṭ에서 압달라 빈 앗 주바이르와 회합하고 그에게 충성의 서약을 하기에 이른다. 칼브족은 많은 논란 끝에 알 자비야 회의(683년)에서 마르완 빈 알 하캄 빈 알 아스Marwān b. al-Ḥakam b. al-Ās를 칼리파로 추대한다. 칼리파위에 오른 마르완은 쓰러져가던 우마이야조를 다시 살려 놓는 큰 업적을 남긴다. 그는 684년, 마르즈 라히뜨에서 그에게 저항하던 까이스족 군을 쳐부수고 샴 지역의 평온을 되찾는다. 그리고 그의 아들 압둘 아지즈와 함께 이집트로 진격하여, 그들로 하여금 우마이야조 칼리파의 권위를 인정하게 만든 후 그의 아들을 이집트 총독으로 앉혔다. 그리고 그는 알 자비야 회의에서 칼리파 계승자로 정해진 야지드의 아들 칼리드 대신에 자신의 아들 압둘 말리크를 후계자로 임명하고 나서 685년에 사망한다.

칼리파위에 오른 압둘 말리크 'Abd al-Malik(685~705년 재위)는 즉위 초기에 아랍족 사이의 분쟁을 해결하여 국내 질서를 회복하고, 북쪽의 비잔틴 황제와 국경 분쟁을 조정하여 비잔틴과의 국경지역을 안정시키는 등 국내외 안정을 도모하는 일에 주력했다. 그는 우마이야조의 제2의 창건자로 불린다. 붕괴 직전에까지 이른 내란의 위기를 극복하고 번영의 문을 활짝 열어 놓았기 때문이다. 그는 쿠파의 참회자들의 무리를 이끌고 봉기한 술레이만 빈 사르드Sulaymān b. Sard 휘하의 쉬아군을 685년 진압하였고, 거의 9년간 히자즈를 지배하며 칼리파로 자처한 압달라 빈 앗 주바이르의 난을 마침내 692년 평정했을 뿐만 아니라, 카와리지의 주류파인 알 아자리까al-Azāriqa파를 소탕하고 이븐 알 아쉬아슈Ibn al-Ashi'ash의 난마저 토벌하여 제국 전역을 평정하는 데 성공했다. 그는 새로운 행정체계를 확립하기 위해 중앙집권화를 꾀하였다. 행정개혁을 추진하면서 세금의 징수와 지출에 대한 감시를 강화하였고, 『꾸란』이 새겨진 아랍 동전을 처음으로 주조하는 등 그때까지 그대로 존속하던 비잔틴과 사산조 방식의 행정체제를 아랍식 체제로 바꾸었다. 압둘 말리크가 즉위할 당시 혼란했던 나라는 그가 사망할 때에는 부강하고 전성기를 맞은 제국이 되어 있었다.

압둘 말리크의 아들이자 후계자인 알 왈리드 빈 압둘 말리크al-Walīd b. 'Abd al-Malik는 중앙아시아에서 북아프리카 서쪽 끝의 모로코에 이르기까지 오늘날의 이슬람세계를 이루는 광대한 대제국의 터전을 일궈낸 위대한 칼리파였다. 그의 통치기간(703~715년 재위) 동안 우마이야조는 최고의 번영을 구가했다. 이 기간 중에 제국은 3개 방향으로 뻗어 나갔다.

1) 이라크 동북쪽

중앙아시아 쪽으로 이슬람을 팽창시킨 주인공은 꾸타이바 빈 무슬림Qutayba b. Muslim이었다. 그는 후라산의 통치자가 된 후 메르브Merb와 발크Balkh를 정복하고 다시 사마르칸트Samarqand를 점령하여 이 도시를 중앙아시아의 이슬람 중심지로 만들었다. 현재의 아프가니스탄 지역과 더 나아가 부하라Bukhara와 사마르칸트까지 점령하여 옥수스강의 건너편 땅까지 아랍제국의 영토를 넓힌 것이다. 이로써 중앙아시아 전 지역이 아랍 통치권에 들어왔고 동시에 지역민들이 이슬람을 받아들이기 시작하여 스텝 지역의 터키인들이 이슬람화되었다. 대체로 705년에서 712년 사이에 이루어진 대장정의 역사였다.[25]

25 손주영, 앞의 책, 158~159쪽.

2) 이라크 동남쪽

인도 쪽으로의 원정은 무함마드 빈 알 까심Muḥammad b. al-Qāsim이 맡았다. 그는 인도의 신드주를 점령하여 오늘날 파키스탄의 모태를 마련한다. 710년에서 712년 사이에 발루치스탄Baluchestan, 하이데라바드Hayderabad 등을 점령하고는 북쪽으로 나아가 펀잡Punjāb의 물탄Multan에 이를 때까지 정복 사업을 성공리에 펼쳐간다. 그 후 이슬람은 인더스강 지역과 인도대륙으로 전파되었다.

3) 마그립과 스페인 쪽

무슬림 군은 서로는 북아프리카의 서쪽 끝 마그립에서 유럽으로 들어가 이베리아반도의 대부분을 점령했다. 이 지역 정복의 영웅은 무사 빈 누사이르Musa b. Nusayr와 그의 부하였던 따리끄 빈 지야드Ṭāriq b. Jiyād였다. 708년, 이프리끼야 총독으로 부임한 무사 빈 누사이르는 북아프리카의 이슬람화 역사의 새로운 장을 열었다. 그는 호전적이고 미신과 토속 신앙을 믿고 있던 거친 베르베르 원주민들을 무력으로 무릎꿇게 하고 그들 스스로 이슬람을 받아들이도록 다방면으로 노력했다.[26] 710년, 그는 드디어 마그립 전역을 정복하는 데 성공하고 북아프리카가 아랍화 · 이슬람화되는 기틀을 마련한다. 스페인 정복의 영웅은 베르베르 무슬림인 따리끄였다. 711년 그는 이프리끼야와 안달루스 사이의 좁은 해협 지브랄터Gibraltar〔이 지명은 그 후 지발 따리끄Jibal Ṭāriq(따리끄의 산)에서 음역된 것임〕를 건넜고, 그 뒤 무사는 아랍, 베르베르 혼합군을 거느리고 2년이 채 지나지 않은 사이에 스페인의 거의 전역을 점령하였다. 그 후 800년간 무슬림들은 스페인을 지배한다. 이와 같이 스페인 정복을 완료함으로써 아랍, 이슬람제국의 영토는 동서로 크게 넓어졌다.

---

26 Ḥasan Ibrāhīm Ḥasan, 앞의 책, p.239.

칼리파 오마르 때의 정복사업이 종교의 전파를 목적으로 하는 '이슬람의 팽창'을 위한 것이었던 데 비해, 알 왈리드 때의 2차 대정복은 영토와 부의 획득을 위한 성격이 강했으므로 '아랍제국 영토의 확장'을 위한 것으로 말하기도 한다. 그러나 정복지들이 처음에는 정치적으로만 아랍제국(우마이야조)에 합병되었으나 후일 점차 종교적으로 이슬람화하여 스페인을 제외하고는 오늘날까지 이 지역 모두가 무슬림들이 사는 이슬람의 땅이 되었다. 이 시기까지 무슬림들의 무력팽창은 스페인에서 인도의 신드주州까지 옥수스 강 건너에서 모로코에 이르기까지 광대한 지역에서 이루어졌다. 이때는 칼리파가 다스리는 다르 알 이슬람dār al-Islām(이슬람 영토)이 극대화한 때였다. 그 후 아프리카 내륙으로, 그리고 인도대륙을 건너 말레이시아, 인도네시아, 필리핀에 이르는 이슬람 전파의 주역은 이슬람 신비주의 종단의 수피들과 무슬림 상인들이었다. 통일신라시대에 우리나라에 온 처용이 동방 무역로를 따라 표류해온 아랍상인이라면 중동 무슬림이 이미 이 시기에 극동까지 활동을 한 것으로 추정해볼 수 있다.

(4) 정복지의 아랍화와 이슬람화

아랍 무슬림군이 승리하여 이슬람을 전파한 광활한 영토들에서는 '아랍화'와 '이슬람화'라는 과정이 서서히 진행되었다. 이라크에서, 대시리아에서, 이집트에서 그리고 마그립 지역 북아프리카에서 아랍어는 빠른 속도로 번져가기 시작했다. 단지 북이라크의 쿠르드족과 알제리와 모로코에 있던 베르베르인들만이 아랍어를 받아들이지 않고 그들의 고유언어를 지켰다. 시리아, 팔레스타인, 이집트에서 그리스어는 아랍어가 공식 공용어가 될 때까지 한동안 행정어로 남아 있었지만, 비옥한 초승달 지역 일부에서 쓰여지던 아람어는 급속히 아랍어로 대체되었다. 아람어는 이제 다마스쿠스의 북쪽과 북이라크의 한두 마을 외에는 존속하지 않는다. 유사하게 고대 이집트어의 하나인 콥틱어도 아랍의 침입 이래 점진적으로 소멸되고 대규모로 아랍화가 이루어지면서 완전히 아랍어로 동화되었다. 콥틱어는 콥틱교회 종교언어로서만 남아 있다. 이러한 아랍화가 곧 오늘날의 아랍권이 형성되는 계기였다.

이슬람화는 아랍화와는 다른 양상을 띠었다. 그것은 기존 기독교인과 유대인 공동체 때문이다. 오늘날 북아프리카와 중동지역에서 그들은 이슬람에서 '성서의 백성들'로 존중받고 합법적으로 신앙을 고수하고 살아갈 수 있었다. 그렇지만 이슬람 전파는 아랍어의 확장보다 훨씬 더 넓은 지역으로 광역화되었다. 그것은 빠르게 사마르칸트까지 전파되었고, 또 인도 국경을 넘어섰다. 거대한 인구를 가진 인도대륙, 중국, 동남아가 이슬람을 받아들였다. 이 지역들에서 아랍어는 단지 종교언어로 제한되었다. 페르시아 언어와 문화는 둘 다 아랍인의 정복과 이슬람화에도 불구하고 살아남았다. 비록 페르시아의 파르시Farsi어가 아랍어 문자를 채택했지만 언어와 문자는 그대로 보존되었다. 오늘날 세계 무슬림의 약 1/5만이 아랍어를 말하고 있다.

터키인들은 아랍인에게 정복당하지 않았다. 그렇지만 10세기경부터 대규모로 이슬람에 귀의하였다. 그들은 종교·과학·문화 용어에서 아랍어의 영향을 크게 받았다. 터키어도 아랍어 문자를 쓰고 있었다. 12세기, 페르시아어가 서아시아의 문학언어가 되었을 때 터키어는 두 번째 언어상의 침범을 당했다. 터키작가들이 페르시아어를 사용하였고 아랍어의 문법적 구성을 아랍어 단어들과 마찬가지로 채용해서 터키어의 복합어를 만들어내는 데 응용하였다. 아랍어, 페르시아어, 터키어는 중동지역 주민들이 쓰고 말하는 언어가 되었다. 현대 민족주의자들의 편의적인 분류는 바로 그

언어를 말하는 사람이 아랍인이고 이란인이며 터키인이라는 것이다.[27]

두 소수민족만이 동화를 거부하고 민족적 정체성을 고수하였다. 아르메니아인과 쿠르드인이다. 아르메니아인들은 기원전 6세기부터 민족적 존속을 유지해왔는데, 지금의 동터키와 구소련 트랜스코카서스Transcaucasia 지역 일부에 살면서 아르메니아 사도교회Apostolic Church인들로서 그들의 공동체가 가장 오래된 기독교 국가였다고 주장한다. 그들은 15세기에 이슬람제국에 정복당하기 전까지 수세기 동안 독립왕국을 지켜왔다. 지금도 비록 중동 및 그 위쪽 지역에 뿔뿔이 흩어져 살고 있을지라도 그들은 그들만의 언어 · 종교 · 문화에 오직 충성을 바치며 남아 있다. 쿠르드인들은 고대역사에서 자주 아르메니아인들과 겹치는 산악민족이다. 그들 언어는 페르시아어와 같이 인도-유럽어족으로 분류된다. 그들은 한 번도 독립된 국가를 가져본 적이 없다. 그러면서도 그들은 덜 흩어져 있으며, 오늘날 북서 이란으로부터 북동 이라크와 시리아를 통해 터키에 이르는 아크형 영토에 살고 있다.

엄격하고 공정하며, 간소하면서 금욕적이고 꾸밈이 없는 이슬람은 오랫동안 페르시아와 비잔틴제국 치하에서 고율의 세금과 학정으로 고통받던 지역주민들에게 편안함과 친근감을 주었고, 따라서 손쉽게 그들을 개종시키거나 그들로부터 환영을 받았다.

그러한 맥락에서 오늘날의 아랍 및 중동의 무슬림들은 초기 이슬람 시대의 조상들이 가졌던 원래의 이슬람으로 돌아간다면 지금도 그들의 영광된 역사를 재현할 수 있을 것이라는 신념 속에 살고 있다. 초기 이슬람 시대에는 불과 몇십만 명을 넘지 않는 순수한 아랍혈통의 전사들이 군대의 귀족계급을 형성하고 있었다. 이슬람을 새로 받아들인 정복지의 비아랍인

27 Peter Mansfield, *A History of the Middle East*, London: Penguin Books, 1991, p.16.

들, 즉 페르시아인, 이집트인, 혼합된 종족인 레반트인, 북아프리카의 베르베르인 모두를 마왈리mawālī(비아랍 무슬림들)라 불렀다. 처음에 이들은 일정한 조세를 내야 하는 피보호민, 예속평민의 지위였다. 따라서 역사가들은 정통 칼리파 시대와 우마이야조까지를 아랍인이 통치한 아랍제국시대라고 부른다.[28] 아랍이 이異민족을 지배하며 이슬람 움마를 통치해간 아랍인 주도의 이슬람 역사시대라는 말이다. 그러나 이슬람과 아라비아(지역)의 관계, 이슬람과 아랍(민족)의 관계가 불가분의 관계이기는 하지만 이슬람에서 인종적 · 종족적 · 지역적 구분을 두는 것은 이슬람의 원리, 『꾸란』의 정신에 엄격히 반대되는 일이었다. 그런데 중동 및 이슬람지역 곳곳에서는 곧 마왈리 여인들과의 결혼이 매우 흔해졌기 때문에 혼혈과 동화가 급속히 진행되었다. 그리고 이 과정에서 '순수 아랍인'들은 점차로 귀족의식을 버리게 되었고, '아랍'이라는 단어는 아라비아반도의 베두인 유목민을 가리키는 인종적 의미의 아랍에서 이제는 문화와 언어를 아랍어로 갖고 있는 모든 사람을 지칭하는 문화적 개념의 아랍으로 그 의미가 바뀌게 되었다. 그리고 그것이 현대적 의미의 아랍이다.

(5) 무슬림 주류의 태도와 무르지아파의 등장

칼리파 오스만의 죽음과 칼리파 알리의 즉위에 즈음하여 무슬림 각자는 자기의 태도를 결정해야 했다. 오스만의 살해에 대한 복수에 동조하든지 또는 알리의 정권에 지지를 보내든지 혹은 중립을 지키든지에 따라 무아위야파와 알리파, 그리고 중립파로 갈라지게 되었다. 이때 대다수의 무슬림들은 어느 파에도 가담하지 않고 방관적인 중립파의 태도를 취했다. 그렇기 때문에 이들의 입장을 중립 또는 주류라고 부를 수 있게 되었다. 이

28 같은 책, p.17.

들은 아직 구심점이 없는 중간적 태도를 취한 것이고, 카와리지의 발생 이후에도 카와리지파나 쉬아파를 이단시해보기보다는 그들이 이슬람의 전통과 관행에 새로운 변혁을 시도했기 때문에 그러한 뜻에서 그들의 행동에 비드아bid'a(혁신)라는 용어를 쓰게 되었다. 그러므로 이 용어가 가진 내면의 의미는 소위 참된 믿음과 관행은 예언자와 그 직계 교우들이 가졌던 믿음과 관행이라는 것인데, 여기서 벗어난 것은 모두 변혁적인 것이며 이것은 곧 이단적인 비드아라는 것이다. 이들은 지류를 이루어 떠나간 종파 사람들에 대해서 다양한 평을 하면서 그들 자신의 입장과 교리는 한결같은 전통과 관행의 것으로서, 그것은 무함마드와 그의 교우들의 믿음과 동일한 것으로 생각했다.[29] 이러한 중립주의적 입장의 대변자로 거론되는 대표적 인물로는 칼리파 오마르의 아들인 압둘라 빈 오마르 'Abdullāh b. 'Umar를 들 수 있다. 그는 오스만이 사망한 후 알리와 무아위야의 투쟁에서 중립적 입장을 취했고, 무아위야가 자기의 아들 야지드를 칼리파위의 법적 상속인으로 지명하고 충성의 맹세를 요구하였을 때에도 이를 거부하였다. 왜냐하면 그는 이것 역시 혁신 또는 변혁적 행동인 비드아로 보았기 때문이다. 그러면서도 그는 무아위야가 사망한 이후, 후세인이나 이븐 앗주바이르와는 달리 야지드에게 충성을 맹세하였다. 시대적 주류의 형상을 신의 뜻에 의한 정명定命으로 받아들인 것이다. 그는 대부분의 생애를 메디나에서 조용히 보냈으며, 이 때문에 그의 중립적 입장은 정치에 대한 불개입으로 이해되었다. 그리고 이러한 그의 입장은 이슬람 역사에서 대다수 무슬림들이 좇는 일반적 경향이 되었다.[30]

29 W. Montgomery Watt, *Islamic Philosophy*, Edinburgh: Edinburgh University Press, 1992, p.19.
30 같은 책, p.73.

중도나 중립적 입장을 취했던 이들 무슬림 주류가 어떤 조직된 형태를 취했던 것은 아니었다. 그러나 여러 정황으로 보아 이들은 알라의 말씀인 『꾸란』과 무함마드의 순나sunnah(관행)에 근거한 이슬람국가의 존립을 생각했던 거대한 여론집단이었던 것이 분명하다. 그러나 우마이야조의 대부분 시기에 순나의 개념은 아직 확연하게 정립되어 있지 않은 상태였고, 단지 대도시의 학자군(울라마 'ulamā')이 인정한 관행 정도로 이해되고 있었다. 그만큼 우마이야조는 비종교적이고 세속적인 입장을 취했다. 『꾸란』과 순나의 현실적 의미와 관련하여 카와리지파는 행동의 근거를 『꾸란』에서만 찾음으로써 이들 무슬림 주류와 전혀 다른 입장을 취했고, 반면에 초기 쉬아파의 일부 극단론자들은 『꾸란』의 내용보다는 카리스마적인 인물을 이맘Imām으로 내세워 그를 모든 관행의 근원으로 삼으려 했다. 카와리지와 일부 초기 쉬아파의 이러한 상반된 논리에 반해, 공동체의 여론과 주류의 정서는 칼리파제국의 이슬람적 성격을 유지하는 데 관심을 더 기울일 수밖에 없었다. 이를 위해 이들은 『꾸란』과 종래의 관행에 근거한 정의와 공정의 원칙을 기본논리로 삼았다. 그러나 아직 완벽하고 완전한 형태는 아니었다. 중도파 사이에서도 많은 견해차이가 나타났다. 그러면서도 이들의 공통된 입장은 국가와 이슬람의 원리원칙에 대한 애착이라 할 수 있었다. 바로 이와 같은 애착이 공동체의 유지와 발전을 위한 충성과 열정을 이끌어내고 있었다.[31]

이 중립파에서 한 걸음 더 나아가 입장을 더 온건하게 표시한 파가 무르지아파다. 그들은 믿음이 움마의 구성원이 되는 데 가장 중요한 것으로 보았다. 이것은 자신이 신자가 되었다는 점을 다른 신자 앞에 보이고 또 그

---

31 W. Montgomery Watt, *The Formative Period of Islamic Thought*, Edinburgh: Edinburgh University Press, 1993, p.75.

들로부터 인정받으면 곧 동등한 신앙 공동체의 일원이 된다는 것이다. 그들은 누가 무슬림이고 또 누가 진정한 무슬림이냐 하는 문제는, 즉 인간과 신의 관계에 있어서 가장 중요한 관점은 한마디로 신자가 신앙 공동체에 속해 있느냐 아니냐라는 데 달려 있는 것이라고 보았다. 이것은 곧 이슬람적인 생활양식과 믿음을 실천에 옮기면서 살아가면 된다는 말이었다. 신자가 큰 죄를 범하였다고 신자가 아니라고 단죄하는 것은 잘못된 것이며, 그러한 단죄의 결정행위는 오로지 신의 고유한 권한으로 보았다. 따라서 이들은 인간의 행동이 옳고 그름을 판단하는 행위를 삼갔다. 다시 말해 인간의 죄와 무죄를 인간이 심판해서는 안 되고, 그 판결은 오직 신의 심판에 맡겨야 하며, 이것은 곧 "최후 심판의 날까지 연기하자"는 것이다. 무르지아라는 말의 어원인 동명사 이르자으irja'(연기, 미룸)는 여러 의미로 풀이되지만, 대표적인 의미가 중죄인에 대한 심판을 부활의 날까지 연기한다는 것이다. 따라서 중죄인에 대한 심판의 연기는 자연히 "중죄인은 아직 신자이다"라는 견해로 이어졌는데, 이것은 "중죄인은 신자의 대열에서 벗어난다"고 주장하던 카와리지파의 과격행동주의 논리와 정반대의 입장이었다. 카와리지들은 십핀전투에서 중재제의를 받아들인 칼리파 알리를 중죄인으로 단죄하고 배신자로 보았으며, 탄핵의 대상으로 삼아 결국 살해하였다. 일반적으로 무르지아파의 주요 관심사는 무슬림 공동체의 단일성을 유지하는 것이었다. 결과적으로 그들은 정치적 의사 표시를 삼가게 되었는데, 이러한 무르지아파의 사고와 행위는 우마위야조 지배자들의 취향과 맞아떨어져 그들의 지배 원리에 이용되었다. 대체로 무르지아파는 카와리지파의 '극단적 반대자'로 여겨졌다. 이는 비록 우마위야 지배자들이 죄—정치적·종교적 어떤 죄든—를 범했다 할지라도 무르지아들은, 과격행동주의자들이었던 카와리지들과는 달리, 일시적으로 그들의 죄에 대한 심판을 부활의 날까지 연기해야 하므로 현세의 지배자들을 인정했기 때문이다. 이들은 근본적으로 행동 'amal을 믿음imān 다음의 위치에 두고 믿음이 굳건히 있는 한 믿음은 죄과에 의해 손상당하지 않는다고 보았다.[32] 또한 이들은 쉬아파의 견해에도 반대했다. 결코 알리를 오스만보다 우위로 인정하지 않았으며, 알리와 오스만에 대한 심판을 연기하고 이들의 신앙과 불신을 입증하려 하지 않았다. 한마디로 무르지아파의 입장은 "우리는 오스만과 알리의 문제에 대한 결정과 판결을 신에게 맡긴다"는 것이고 "우리는 죄를 지었다고 누구나 불신자mukaffir로 선언하지 않으며, 어느 누구도 이만imān(믿음)으로부터 배제하지 않는다"라는 것이다. 결국 이들의 입장은 "무함마드 공동체의 죄인들 'āṣūn은 모두 불신자가 아니라 여전히 신자mu'minūn이다"라는 것이다.

무르지아파도 우마이야조가 무력으로 권력을 장악한 것을 옳게 보지 않았다. 그러나 그들은 우마이야조에 대해 지니고 있던 반감을 정치적 행위로 표출하지 않았다. 그 대신 그들은 종교적 연구, 즉 법과 순나Sunnah(관행, 특히 예언자와 그의 직계 후계자들의 관행) 연구에 매진했다. 메디나 학자를 중심으로 한 그들은 실용적이며 현실주의적인 온건한 태도로 점차 극단적인 다른 종파를 온건화시키고 동화시켜 순니파를 생성했다. 압바시야조에 들어서서 그들의 중도적이던 신앙의 실천력이 보완된 후 이것이 순니의 입장이 된 것이다.

무르지아파 사이에도 신앙과 비신앙, 유일신성tawḥīd 개념, 『꾸란』의 본질과 해설, 종말론, 죽음을 면할 수 없는 큰 죄와 큰 죄인의 용서, 용서받을 수 있는 죄, 예언자의 완전 무결성, 신의 본질과 속성, 운명예정설 및 신앙심의 증감여부 등에 대한 견해가 통일되어 있지는 않았다. 이에 대해 그들

32 같은 책, p.120.

은 첫째, 신자는 자신의 이성적 판단에 따라서 행동해야 한다는 견해, 둘째, 개인의 이성적 판단에 따라서 행동을 결정하는 것은 잘못된 것이므로 올바른 지도자의 결정에 따라야 한다는 견해, 셋째, 이 문제에 대해 태도를 보류하는 파 등 세 갈래로 갈라졌다. 이 세 입장은 점차 이론적으로 정교하게 다듬어져, 첫째, 믿음과 자유의지에 관한 단정 연기의 입장, 둘째, 믿음과 강제에 관한 단정 연기의 입장, 셋째, 행위보다 믿음에 우선을 주지만 운명예정설이나 인간의 자유의지에 관해서는 아무런 구속도 받지 않는 입장 등의 세 분파로 나누어졌다.[33] 두 번째 파는 운명예정설을 추종했기 때문에 자바리야Jabariyah로 알려졌다. 그들은 인간이 신의 강제jabr에 순종해야 한다고 생각했다.[34] 자유의지를 강조한 세 번째 파는 690년경에 까다리야Qadariyah파라는 이름으로 무르지아파에서 분리해 나왔다. 이들은 신에 의해 인간의 운명이 정해져 있다는 정명定命; qadar이라는 뜻의 범위를 축소시켰기 때문에 이러한 이름을 가지게 되었다. 이들의 견해에 따르면 인간은 자기행동의 창조자이며 또 그의 의지는 구속받지 않고 자유라는 것이다.[35]

칼리파 히샴Hishām(724~743년 재위)의 사망 후 우마이야조는 내부 분열을 일으켜 1년 동안 칼리파가 4번이나 바뀌면서 급속히 쇠퇴하였다. 부족간의 분쟁은 더욱 격심해졌고 쉬아파와 카와리지파의 반정부 운동은 다시 활발해져 갔다. 심지어 시리아 내에서도 중앙정부의 권위가 도전받는 지경에 이르렀다. 마지막 칼리파인 마르완 2세Marwān b. Muḥammad(744~

---

33 Gibb and Kramers, *Shorter Encyclopedia of Islam*, Leiden: E. J. Brill, 1974.

34 C. A. Qadir, *Philosophy and Science in the Islamic World*, London & New York: Routledge, 1990, p.44.

35 Ann K. S. Lambton, *State and Government in Medieval Islam*, Oxford: Oxford University Press, 1981, p.34.

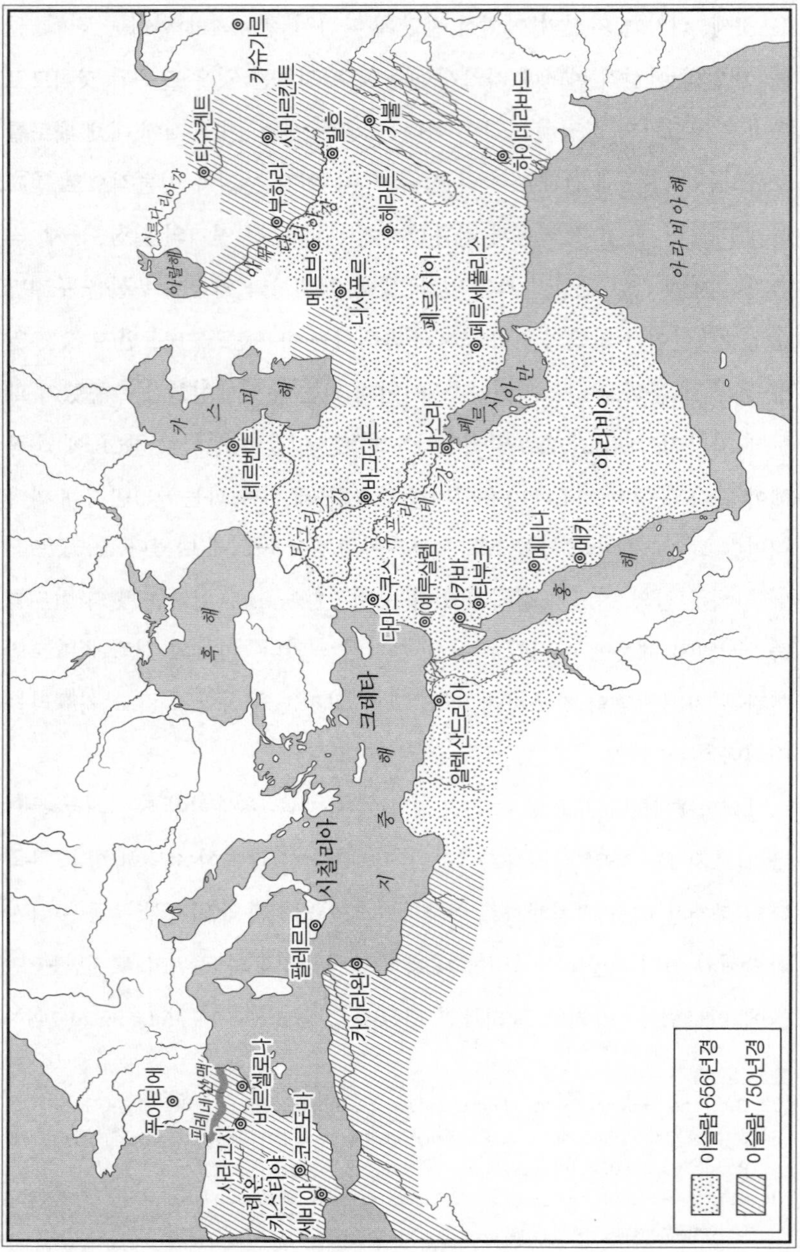

이슬람의 팽창(750년경)

749년 재위)는 총명하고 유능한 통치자였으나, 너무 늦게 권좌에 올랐기 때문에 우마이야조를 구할 수 없었다. 우마이야가의 종말은 자칭 하쉬미야 Hāshimiyya(예언자 무함마드 가계를 지지하는 파)당에서 시작되었다. 하쉬미야당의 지도자이며, 압바스 가문 출신인 이브라힘Ibrāhīm은 745년 자신의 마왈리 가운데 한 사람인 아부 무슬림Abū Muslim을 자기의 대리인으로 삼아 후라산에 보냈다. 그는 그곳에서 747년 반란을 일으켰고 반란 세력은 분쟁 중이던 우마이야 지지 아랍 부족들을 제압하고 이 지역을 석권하게 되었다. 이들은 서쪽으로 진격을 시작했고 잡Zab강에서 우마이야조의 마지막 저항을 쳐부수고 우마이야가를 멸망시켰다(750년). 그리고 압바스가의 아불 압바스가 앗 사파as-Safāh라는 이름으로 압바스조의 초대 칼리파가 되었다.

4. 이슬람제국, 압바스조(750~1256년)

압바스조를 이슬람제국이라고 부르는 것은 이 왕조에서부터 종래 아랍의 특권적인 지위가 상실되고 인종과 민족을 초월한 이슬람제국으로 발전하였기 때문이다. 정복민으로서의 아랍민족 우월주의는 퇴색하고 지배층에 페르시아인을 비롯한 비아랍계 무슬림들이 대거 참여하게 되면서 자연히 무슬림 평등 원칙이 확립되었다. 또 다마스쿠스에서 바그다드로 제국의 수도를 옮김으로써 정치 · 군사 · 문화 · 경제의 무게 중심이 동쪽으로 이동되었다. 지중해 쪽에 모아지던 관심이 동방으로 돌려졌다. 페르시아의 왕정제, 관료제 및 행정제도에 영향을 받게 되고 관심도 증가되었다. 새로 건설된 거대한 도시 바그다드는 번창하는 세계 동서무역과 문화의 중심지가 되었다. 많은 사람들이 활발히 상업활동에 종사하기 시작해 8세기 이후 무슬림 상인들은 바닷길의 주인공이 되었다. 아랍의 배들이 수마트라, 인도, 중국으로 항해하였고 아프리카의 동쪽해안을 따라 마다가스카르로 나아갔다.

압바스조는 제5대 칼리파 하룬 알 라쉬드Hārūn ar-Rashīd(798~809년 재위)와 그의 아들인 제7대 칼리파 알 마아문al-Ma'mūn(813~817년 재위)시대에 절정기를 맞았다. 하룬 알 라쉬드는 『아라비안 나이트』의 주인공이다. 이 시기는 중앙집권적 관료체제가 재정비되고 육로 비단길에 이어 활발히 해상 비단길이 개척되었으며, 학문장려와 문예증진에도 힘써 그야말로 이슬람 문화의 황금시대였다. 특히 칼리파 알 마아문 때에는 많은 그리스 · 로마 고전들이 아랍어로 번역되었다. 이 즈음에 페르시아인 이븐 쿠르다지바Ibm Khurdadhibah(886년 사망)는 자신의 지리안내서 『제諸도로와 제왕국지』(845년)에서 중국의 맞은 편에 신라국이 있음을 기록해 놓아 이미 이 시기에 우리나라와 아랍 · 이슬람세계 간에 교류가 있었다는 사실을 보여준다. 철학 · 의학 · 문학뿐만 아니라 자연과학 분야에서도 눈부시게 발달했다. 후일 이를 다시 유럽에 전해줌으로써 유럽의 르네상스가 있게 했고, 근대 자연과학 발전에 결정적으로 이바지했다. 수학에서는 아라비아 숫자와 영의 개념 확립, 대수학과 삼각법의 발달, 역학과 천문학, 연금술과 화학 등이 특히 발달하였고, 오늘날 우리가 쓰고 있는 알코올Alcohol, 알칼리Alkali, 화학Chemistry, 대수Algebra, 역법Almanac, 연금술Alchemy, 설탕Sugar, 목화Cotton 등 수많은 아랍어 차용어들에서도 그 영향을 쉽게 찾아볼 수 있다.

권력국가론을 처음으로 전개한 중세의 뛰어난 무슬림 역사철학가 이븐 칼둔Ibn Khaldūn(1332~1406년)은 자신의 저서 『무깟디마(역사서설)』에서

"왕조는 개인과 마찬가지로 자연의 수명을 가지고 있다" 고 말하면서 어느 국가든지 정복, 왕조 창건, 전성기 도달, 쇠퇴, 몰락이라는 과정을 거친다고 분석하였다.[36] 그의 말처럼 압바스조는 번영의 최고점에서 급속히 쇠퇴의 길로 빠져들어 갔다.

역사가들은 압바스조 칼리파제의 역사를 크게 번성기와 쇠락기의 둘로 나누고 전기 압바스조, 후기 압바스조로 부르고 있다. 후기는 중앙정부가 터키 노예용병들에 의해 좌지우지되다가(842년부터) 급기야는 부와이흐(945년 침입)와 셀주크(1055년 침입) 같은 이민족의 침입으로 바그다드가 점령되어 칼리파는 통치권을 빼앗긴 채 명목상의 허수아비 칼리파제를 유지했던 시기이다. 이때에는 지방에서 우후죽순처럼 아랍, 페르시아, 투르크인 지방군주들이 창궐하여 독립적인 여러 군소 왕국을 세우고 난립하였다. 이들은 아미르amīr 또는 술탄sultān의 칭호를 사용하면서 대개는 압바스조에 복속하고 압바스 칼리파제의 종주권을 인정하였으나, 그들 중 일부는 공존관계에서 벗어나 강력한 독립왕정을 세우고는 칼리파에게 도전하기도 하였다.

바그다드에서 볼 때 북아프리카, 스페인, 시리아 등 서부 쪽 이슬람세계에서 발흥한 대표적인 독립왕조로는 스페인의 후 우마이야조(756~1036년), 모로코의 이드리스조(788~974년), 튀니지의 아글라브조(800~909년), 북시리아의 함단조(905~1004년), 이집트의 뚤룬조(868~905년), 이크쉬드조(935~969년), 파띠미조(909~1171년), 아이유브조(1169~1252년), 맘루크국(1250~1517년)이 있고, 동부페르시아와 중앙아시아 쪽인 동부 이슬람세계에서의 독립왕조로는 타히르조(821~873년), 싸파리조(867~903년), 사만조(819~1005년), 까라칸조(922~1211년), 가즈나조(977~1186년), 부

36 Ibn Khaldūn, *Muqadimah*, al-Qāhira: Kitab as-Sha'b, n.d., pp.149, 152.

와이흐조(945~1055년), 셀주크조(1038~1194년), 콰레즘샤조(1077~1231년) 등을 들 수 있다.

쇠락의 씨앗은 칼리파 알 무으타씸al-Mu'taṣim(833~842년 재위) 때 어릴 때부터 군인으로 훈련받은 맘루크mamlūk(군노軍奴, 아랍어로 소유된 자의 뜻)라 부르던 터키 노예 용병들을 궁성의 경호원으로 고용하면서 심어졌다. 이들은 오늘날 투르키스탄 쪽의 용맹을 날리던 용병들로 모두가 투르크족은 아니고 쿠르드족과 다른 중앙아시아인들을 포함하고 있었다. 이들은 지연적 · 혈연적 연계가 없었으므로 오직 칼리파에게 맹목적인 충성을 바칠 수 있었다. 칼리파는 중앙정부에서의 고조된 아랍인과 페르시아인 간 의 갈등관계를 드러내 놓지 않고 파괴시킬 친위대로 이들을 기용하는 한편, 제국의 안전을 도모하는 효과적인 군인으로 훈련 · 육성시키고자 했다. 그러나 맘루크들은 그들이 갖게 된 힘을 자각하게 되자 스스로 지배권을 장악한 정치 괴물로 변해갔다. 861년, 그들은 혼탁해진 정국을 바로잡으려 했던 칼리파 알 무타와킬al-Mutawakkil(847~861년 재위)을 오히려 살해했다. 그 후 945년까지 압바스 칼리파의 옥좌는 맘루크들의 마음대로 세워지고 폐위되곤 한다.[37] 두 세기가 넘게 북유럽과 중국을 제외한 거의 전세계를 호령해온 위대한 아랍 · 이슬람제국은 이렇게 쇠락하고 있었다.

바그다드의 중앙집권체제에서 떨어져나간 독립 왕조 중에서도 가장 강력한 국가를 세운 것은 파띠미조이다. 이 왕조의 이름은 예언자의 딸이자 칼리파 알리의 부인이었던 파띠마로부터 따왔다. 과격한 쉬아 이스마일파였던 이들은 북아프리카로 진출하기 이전에는 시리아에서 압바스조 칼리파의 타도를 외치며 반정운동을 벌였는데, 북아프리카로 와서는 아글라브

37 Yaḥya Armajani, *Middle East: Past and Present*, Englewood Cliffs, New Jersey: Prentice-Hall, Inc., 1970, p.89.

조와 이드리스조를 차례로 멸망시키고 969년에는 구 카이로인 푸스따뜨 Fusṭāṭ를 점령하고 이집트의 이크쉬드조마저 병합하여 북아프리카 전역을 세력권 안에 넣었다. 파띠미조는 수도를 신 카이로, 알 까히라al-Qāhira(승리의 도시라는 뜻, 오늘날에도 아랍인들은 카이로를 이렇게 부름)에 정하고 팔레스타인과 시리아로 세력을 확장하여 드디어 히자즈의 성도인 메카, 메디나의 보호자로 나섰으며, 전성기인 칼리파 알 무스탄씨르al-Mustanṣir (1034~1194년 재위) 때에는 북아프리카 전역에서 시칠리아, 이집트, 시리아, 서부 아라비아에 이르는 광활한 지역을 통치하게 된다. 오늘날의 중동은 사실상 이때 두 조각으로 갈라져 한동안 서부 쪽은 파띠미조 치하에, 동북쪽은 바그다드의 압바스조 치하에 남아 있었다.[38]

파띠미조가 세력의 판도를 넓혀가고 있을 때 바그다드의 압바스 칼리파들은 80년이 넘는 터키 맘루크들의 괴뢰 칼리파 신세에 뒤이어서 또 다른 더 큰 불행 속에 놓이게 되었다. 북페르시아에서 발흥하여 점차 세력을 남부로 확장하던 페르시아의 부와이흐Buwayh들이 945년, 바그다드를 점령하고는 그 후 110년 동안 바그다드를 지배한 것이다. 부와이흐들은 쉬아들이었다. 이들은 이 기간 동안 그들의 마음대로 칼리파를 권좌에 앉히기도 하고 폐위시키기도 했다. 이같이 칼리파의 정치적 권력은 무너질 대로 무너졌지만 칼리파위가 지닌 전통적 존엄성은 그래도 아직 살아 있는 때였다. 전통적인 칼리파제 이론에 따르면 무슬림세계의 수장은 당연히 칼리파이고 그가 곧 명예의 근원지였다. 그러므로 부와이흐 아미르amīr(군주, 통치자)들은 칼리파가 내려주는 술탄sulṭān 칭호와 영예의 의복, 왕관, 깃발 등을 수여받고 겉모양일지라도 칼리파에게 복종하고 칼리파가 갖는

38 C. E. Bosworth, *The Islamic Dynasties*, Edinburgh: Edinburgh University Press, 1967, p.47.

이슬람세계에서의 정신적 상징성을 유지시켜야만 했다. 칼리파가 전 무슬림세계의 최고 우두머리라는 신앙은 변함없이 이어지고 있었던 것이다. 오히려 칼리파로부터 받는 권력의 서임장이나 영예로운 지위와 칭호는 그의 통치를 합법화할 수 있는 보증서가 되었다.

5. 셀주크, 몽골, 맘루크의 등장

(1) 셀주크 터키

11세기 전반부에 이르자, 중동의 이슬람세계는 새로운 지배세력을 만나게 되었다. 이때는 압바스조, 파띠미조, 비잔틴제국 모두가 쇠퇴해져 있는 때였다. 중동무대에 새로운 신흥 세력이 등장한 것이다. 중앙아시아의 투르크인, 오구즈Oghuz 터키족에 속한 셀주크 터키가 그들이다. 이들은 1043년 이스파한을 함락함으로써 이란고원에 들어와 페르시아를 장악하고는 곧 이어 1055년, 바그다드에 입성하여 부와이흐로부터 지배권을 넘겨받는다. 셀주크군주, 뚜그릴Ṭughril(1038~1072년 재위)은 압바스 칼리파 알 까임al-Qa'im(1037~1075 재위)으로부터 '동서방의 술탄', '최고의 아미르'라는 칭호를 받는다.[39] 이때부터 술탄이라는 칭호는 세속통치의 절대권력자에게 붙이는 칭호가 되었다. 압바스 칼리파들은 다시 새로운 보호자들 아래 허수아비 칼리파로 남게 되었다. 셀주크조는 알프 아르슬란Alp Arslan(1063~1072년 재위)과 그의 아들 말리크 샤Malik-Shāh(1072~1092년 재위) 때에 전성기를 맞는다. 이들과 뛰어난 재상 니잠 알 물크Nizām al-Mulk의 노력으로 정치적 · 군사적인 면뿐만 아니라 문화적으로도 절정에

39 Ibn al-Athīr, *al-Kāmel fī at-Tārīkh*, Vol.IX, al-Qāhira, 1305A.H., pp.264~265.

올랐던 것이다. 1071년 이들은 시리아와 팔레스타인을 장악하고는 파띠미조를 이집트 본래 영토 쪽으로 돌아가게 했다. 11세기 말, 셀주크조는 페르시아, 메소포타미아, 시리아, 팔레스타인을 포함하는 대제국을 건설하였다. 중동 이슬람세계는 전기 압바스 칼리파조 이래 처음으로 다시 재통일되었다. 셀주크는 순니파였으므로 바그다드에도 순니 신앙이 회복되었다. 뿐만 아니라 특히 셀주크군의 투르코만 전사들은 서쪽으로 눈을 돌려 비잔틴제국의 부유한 땅을 탐내었다. 1071년, 셀주크 술탄 알프 아르슬란은 반호수 북방에서 벌어진 전투에서 비잔틴 군을 참패시키고 황제 로마누스 디오게네스를 포로로 잡았다. 이 전투에서의 승리는 이슬람 역사뿐만 아니라 세계역사에도 큰 영향을 끼쳤다. 투르크가 소아시아에 정착하여 새 주인이 되는 순간이고, 이 지역이 영원히 기독교 세계의 손에서 떠나는 기점이었다. 아나톨리아 전역이 이슬람화하는 기틀이 마련된 것이다. 12세기 말까지 이들의 후계자들은 코니아Konya를 수도로 하는 강력한 터키군주국을 건설한다. 다양한 형태로 14세기 초까지 지속된 이들 셀주크 통치하에서 중부와 동부 아나톨리아는 터키영토가 되어갔다. 동쪽으로부터 대규모 터키 이주민이 유입되면서 터키적 이슬람 문명이 그리스적 기독교 문명을 대체하였고, 이들은 셀주크 룸Seljuq Rum(1077~1307 존속, 룸은 아랍어로 로마)으로 알려졌다. 한편 동부의 셀주크조(1038~1194년)는 1157년 술탄 산자르Mu'izz ad-Dīn Sanjar(1097~1157년 재위)의 사망 이후 세력이 약화되어 여러 소국가들로 분할되었다.

(2) 십자군전쟁과 영웅 살라딘

4세기 동안 비잔티움은 동쪽으로부터의 이슬람세력의 공격을 잘 막아냈다. 그러나 비잔틴제국은 이제 더 이상 버틸 힘이 없었다. 알렉시우스

콤메누스Alexius Commenus(1081~1118년 재위) 황제는 교황 우르반 2세 Urban II에게 이교도 침입자를 막아줄 원군을 요청하였다. 1095년 11월 27일, 교황은 동방의 기독교 형제를 구조하기 위한 신병모집에 나섰다. 성지로 가는 서구의 성지순례 루트를 안전하게 다시 복구시키겠다는 대의를 내걸고 이슬람 땅으로 진출할 전사들을 불러모으기 시작한 것이다.

서유럽 기독교도들이 시작한 중동침입, 이른바 첫 번째 십자군원정은 성공적이었다. 예루살렘이 1099년 점령되어 무슬림과 유대교도 주민들이 무참하게 대학살당하였다. 예루살렘에 라틴왕국이, 그리고 안티옥, 에데사, 트리폴리에 세 개의 십자군 공국들이 세워졌다. 이때 바그다드의 압바스 칼리파나 셀주크 술탄은 그들의 관심 밖에 있는 시리아와 팔레스타인 땅에서의 이 같은 불행에 냉담하였다. 당시 셀주크는 1092년 술탄 말리크샤의 죽음 이후, 아들간에 내전이 일어나고 급속히 정치적 분열현상을 보이며 혼란의 소용돌이에 휩싸였다. 이집트의 파띠미조도 붕괴 직전이어서 이슬람을 위해 예루살렘을 되찾겠다는 어떤 노력도 기울일 수 없었다. 이 지역은 그저 방치되었다. 시리아의 지방 아미르들이 세운 터키정권들만이 상호 적대상태에 있으면서 각기 상대방에 대항하기 위해 십자군과 손을 잡거나 또는 십자군과 싸우기 위해 제휴하곤 하였다.

이슬람세계에 온 서구인들은 문명의 큰 격차를 실감하고는 경이로워 했고 반대로 무슬림들은 십자군의 야만적 행동과 원시적 수준인 의료지식에 깜짝 놀랐다. 서유럽은 십자군전쟁을 통해 비잔틴 문화와 선진이슬람문화를 접하면서 큰 자극을 받게 되었다.[40] 무슬림세계의 눈에 비친 십자군 원정은 대수롭지 않은 사건이었고 심각한 위협으로 생각하지 않았다. 십자군 국가들은 그저 묵인되어 계속 존속했을 뿐이다. 그러면서도 이웃과의

40 Mansfield, 앞의 책, p.21.

불화와 충돌은 불가피했다. 결국 나누어져 있던 무슬림 지방정권들이 단결하여 지하드jihād(성전)를 선언하였다. 모술지역의 아타벡인 이마드 앗딘 잔기 ʿImād ad-Dīn Zangī(1127~1146년 재위)가 등장하여 알렙포를 손에 넣고 해안도시 에데사마저 1144년 탈환하면서 전세는 바뀌어갔다. 그리고 이슬람 역사에 또 다른 영웅이 탄생하는 순간이 왔다. 1187년, 잔기의 휘하에 있던 쿠르드족 출신 살라딘Saladin은 예루살렘을 회복하였다. 그리고는 88년 전, 십자군들이 저질렀던 포악스런 약탈행위와는 정반대로 투항하는 모든 사람들에게 생명과 자비를 베풀고 용서와 화합의 선정을 베풀었다. 마침내 십자군전쟁은 끝이 났다. 살라딘의 기사도적 관용정신은 서구에서도 높이 평가되었고—단테의 신곡에도 등장하듯이—무슬림세계에서 그는 전설적인 인물이 되었다.

살라딘(아랍어로는 Ṣalāh ad-Dīn, 1969~1193년 재위)은 파띠미조를 멸하고 이집트에 아이유브왕조(1169~1252년)를 세웠다. 이 왕조의 영토는 이집트, 팔레스타인, 시리아, 모술에 이르고 북부메소포타미아도 포함했다. 살라딘은 이집트에 순니 신앙을 회복시켰다. 그리고 바그다드에 있는 압바스조 칼리파의 종주권을 공식적으로 인정하였다.[41] 이때까지만 해도 바그다드의 압바스 칼리파는 비록 권세는 없지만 상징적인 이슬람세계의 수장권자였다. 그러나 아이유브 왕조는 후계자들간의 분쟁으로 얼마가지 못하고 13세기 중반부터 쇠잔해지더니 맘루크국에 의해 멸망했다. 맘루크들은 13세기 말, 세력의 판도를 시리아로 넓혀 살라딘처럼 다시 시리아와 이집트를 그들의 영토로 만들었다. 그리하여 맘루크국(1250~1517년)이 이슬람 역사에 새롭게 등장한다.

41 Bosworth, 앞의 책, p.61.

(3) 몽골과 맘루크의 대결, 아인 잘루트전투

13세기 초, 중동·이슬람권은 세계의 정복자 칭기스칸Chingiz Khan(1206~1227년 재위)을 만나게 된다. 이전의 유목 터키족들과 마찬가지로 몽골은 중앙아시아로 뻗어 나와 부와 풍요의 땅인 비옥한 초승달 지역으로 물밀듯 진군해 왔다. 1219년 시르강을 건넌 몽골의 대군주 칭기즈칸은 1220년 부하라와 사마르칸트를 손에 넣은 다음, 아무르강을 건너 메르브를 점령하고 동부페르시아를 정복했다. 1240년에는 그의 후계자들이 서부페르시아를 장악하고 북부 메소포타미아를 공략하였으며, 1243년에는 아나톨리아의 셀주크 룸을 제압하였다. 1258년의 이슬람세계는 진정한 몽골의 정복자를 맞았다. 그는 칭기즈칸의 손자 훌라구Hūlāgū(1256~1265년 재위)이다. 마침내 그는 1258년 2월, 불과 수주간의 포위 끝에 바그다드를 점령하고는 압바스조 최후 칼리파인 알 무스타으씸al-Musta'ṣim(1242~1258년 재위)을 처형하였다. 5세기 동안 지속되어온 순니 이슬람세계의 통합과 단일성의 상징이던 압바스 칼리파조(750~1258년)는 종말을 고하였다.[42] 몽골의 군대는 거침이 없었다. 이라크에서 시리아로, 시리아에서 팔레스타인으로 일사천리로 진군하였다. 다음 목적지는 당연히 이집트였다. 세계의 정복자들은 모두 같은 길(이라크, 시리아, 팔레스타인, 이집트를 잇는 비옥한 초승달 지역의 정복)을 걸었다. 몽골의 이집트 공격은 막아낼 수 없는 필연의 과정처럼 보였다. 이집트 맘루크국은 어찌 보면 이슬람세계의 마지막 보루였다. 그런데 이 맘루크국의 바이바르스Baybars(1260~1277년 재위)가 승승장구하던 몽골의 기세에 제동을 걸었다. 1260년 9월, 팔레스타인의 아인잘루트 'Ayn Jālūt전투에서 몽골 선봉군에게 패배를 안겨준 것이다. 이

---

42 Thomas W. Arnold, *The Caliphate*, London: Routledge & Kegan Paul, Ltd., 1967, p.82.

것은 완전히 압도당하고 있던 중동 · 무슬림세계의 심장부 땅을 구해낸 것이고, 패배를 모르던 몽골군의 서진을 막아낸 의미 있는 전투였다. 이 전투는 세계전사의 결정적 전투 중의 하나가 되었다. 그 후 맘루크의 세력은 크게 신장되었다. 몽골의 위협은 기독교 십자군의 침입과는 결코 비교할 수 없는 강대한 것이었다. 중동 · 무슬림들이 다행스럽게 여기는 두 가지는 몽골의 지배가 생명력이 비교적 짧았다는 것과, 동 · 서방의 기독교인들은 몽골이 기독교를 받아들이기를 간절히 바랐지만 오히려 킵차크 칸국의 몽골 칸 베르케Berke(1257~1267년 재위), 일 칸국의 가잔칸Maḥmūd Ghazan(1295~1304년 재위) 등 여러 몽골 군주들이 무슬림이 되었다는 점이다.

이집트와 시리아에서 맘루크 통치하의 3세기 동안은 그런대로 진보된 문명의 보존기였다. 바그다드 압바스조의 멸망과 무슬림 스페인 지역이 다시 기독교인들에게 돌아감으로써 이슬람의 가르침, 학문, 예술 등 여러 분야에서 위대한 성취를 이룩하는 중심센터가 이제는 카이로, 다마스쿠스, 알렙포가 되었다. 세련되고 절묘한 건축물과 정교한 세공품들이 불행과 고난 속의 여러 세기 동안 이 도시들에서 살아남았다. 이 도시들은 번창하고 부가 넘쳤다. 동방에서 동방으로, 또는 동 · 서방을 오가는 무역품이 쇄도하였으며 삶의 활기가 넘쳐흘렀다. 그러나 그 당시에 정치의 신장이나 제도의 발전은 거의 이루어지지 않았다. 몽골지배가 점차 이 지역에서 쇠퇴했으므로 외부위협이 없었는데도 맘루크들의 세력 확장은 잦은 내부의 권력싸움으로 기대할 수 없었다. 무슬림사회는 그런대로 안정되었지만 통치자들 사회는 그렇지 못했다.[43] 맘루크들은 처음 권력을 잡은 때부터 왕조의 세습을 금했다. 통치권 문제에 있어서 그들은 잔혹한 폭력에 의

43 Mansfield, 앞의 책, p.23.

존했고, 엄격한 군사 전통에만 의존했다. 맘루크 술탄은 거의 예외 없이 또 다른 강력한 라이벌에 의해 제거되곤 하였다. 또한 수하장군들 사이에서도 권력투쟁이 잦았다. 예를 들면 시리아의 총독권을 위해 서로서로 싸웠다. 그렇지만 맘루크국의 실질 창건자인 바이바르스는 바그다드의 비극적 최후의 순간에 살아남은 압바스가계家系의 한 왕자를 이집트로 데려와 카이로에서 칼리파로 추대함으로써 압바스 칼리파제가 이어지게 하는 업적을 남겼다. 역사는 이것을 카이로 압바스 칼리파제(1261~1517년 존속)라고 부르는데, 비록 명목상의 괴뢰 칼리파들이었지만 이렇게하여 이슬람 칼리파제制는 끊어지지 않고 지속되었다. 이집트 맘루크 술탄의 통치하에서 256년간 압바스가의 직계후손인 18명의 칼리파들이 제22대 칼리파인 알 무타왁킬al-Mutawakkil III(첫 재위 1508~1516년, 제2차 재위 1517년)까지 카이로 압바스 칼리파제를 이었던 것이다.[44] 이집트 맘루크국은 소아시아에서 일어난 또 다른 신흥세력인 오스만 터키에 의해 멸망당했다.

6. 오스만 터키제국 시대

(1) 오스만제국의 발흥

소아시아에는 13세기 말, 몽골군을 피해 도주한 터키 유목 이주민들이 난입하고, 변경지역에서는 전쟁이 잦아졌다. 그리고 많은 터키전사들이 '이교도의 땅dār al-harb'을 빼앗아 '무슬림의 땅dār al-Islam'으로 만드는 것을 목표로 비잔틴에 대항해 새로운 정복전쟁의 물결을 일으키고 있었

44 더 상세한 것은 손주영, 앞의 책, 제6장 「카이로 압바스 칼리파제(1261~1517)」, 219~244쪽 참조.

다. 이들을 가지ghāzī(성전사)라고 불렀는데, 비잔틴제국의 서부 아나톨리아 거의 모든 주들을 차지하고 소공국을 이루고 있었다. 명목상 몽골 칸에게 공물을 바치던 종속국의 위치들이었지만, 차차 이들은 독립하게 되었다. 이들 중 한 사람이 오스만Osman이라는 이름을 가진 위대한 새 왕조의 창건자였다. 그는 그 후 4세기 동안 중동 이슬람세계의 거의 전부를 지배하는 대제국의 창시자가 된다.

초기 오스만(서양에서는 오토만Ottoman이라고 부름)인들은 성전사 중에서도 지혜와 용기, 정치수완과 능력에서 돋보였다. 많은 면에서 이들은 이슬람 초기의 정통 칼리파들을 닮으려 했다. 그들은 새로 점령한 땅의 대다수 기독교 거주민을 기사도적이고 관용적인 태도로 대하고, 열정적이며 단순한 교리와 신앙으로 교화시키려 했다. 그 결과 기독교도 중 상당수가 이슬람으로 개종하기에 이른다. 또 개종하지 않은 사람일지라도 오스만 통치의 확고한 정의, 공정함 같은 것에 매료당하고 오스만인들을 적극 환영하였다. 무정부적이고 무질서 속의 쇠약한 비잔틴제국 통치자들의 폭정에 비하여 무슬림 오스만인들의 통치는 해방 그 자체를 의미했다.

14세기 후반, 오스만의 손자이자 위대한 오스만 터키조의 술탄인 무라드 1세Murād I (1360~1389년 재위)는 발칸의 기독교국가로 깊숙이 진군하여 젊은 제국의 영토를 크게 넓혀갔다. 1385년 소피아를, 다음해에는 니시를, 그 다음해에는 살로니카를 함락시켰다. 그는 비 무슬림들을 완전한 시민권자로 받아들였을 뿐만 아니라 고위 관직에 오르는 것도 허용하는 포용과 관용의 정책을 시행했다. 그 결과 다언어 · 다인종 · 다종족의 오스만 터키조는 매우 광범위한 지역에서 날로 커져가기 시작했는데, 사실 이것은 여러 면에서 과거의 로마제국 팽창사를 상당히 닮아 있었다.[45]

45 Mansfield, 앞의 책, p.24.

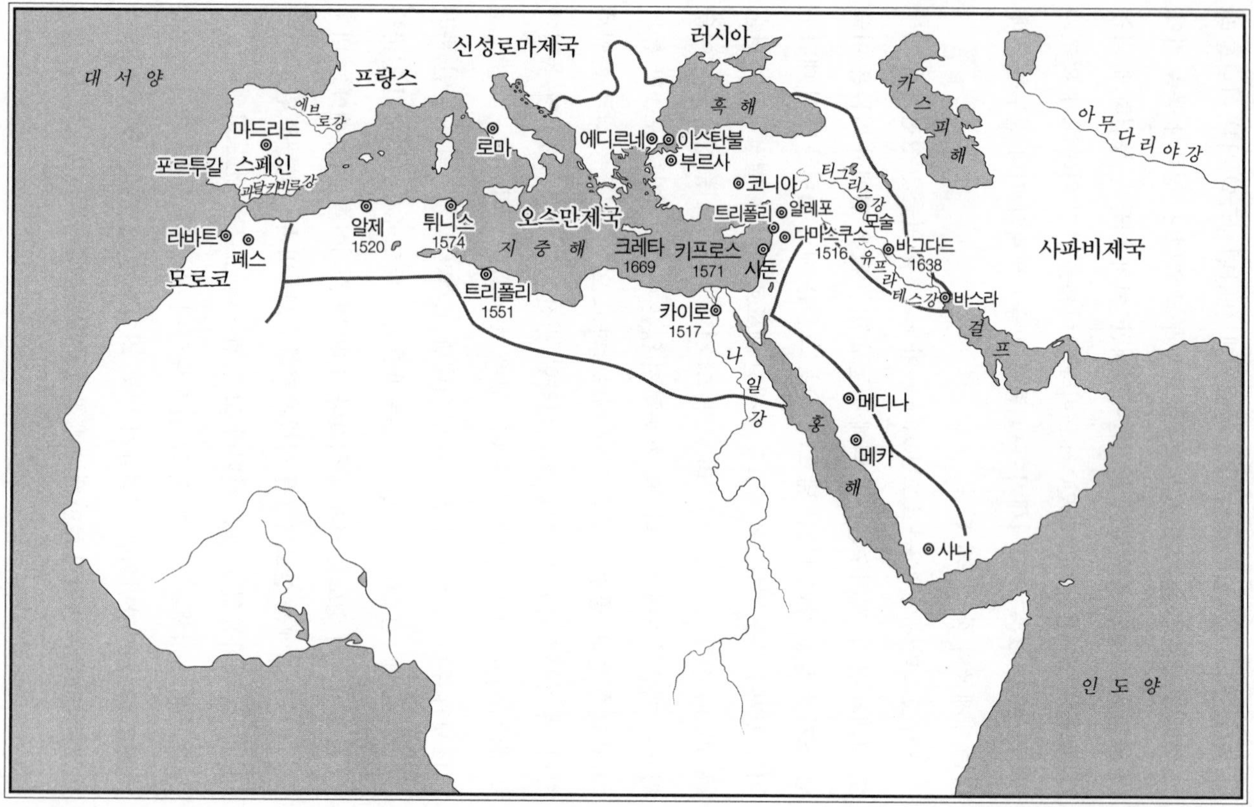
대 서 양
프랑스
신성로마제국
러시아
흑 해
카 스 피 해
아 무 다 리 야 강
에브로강
마드리드
포르투갈
스페인
과달키비르강
로마
에디르네
이스탄불
부르사
코니아
티그리스강
모술
알레포
트리폴리
다마스쿠스
1516
바그다드
1638
유프라테스강
바스라
걸 프
사파비제국
라바트
페스
모로코
알제
1520
튀니스
1574
오스만제국
지 중 해
크레타
1669
키프로스
1571
사돈
트리폴리
1551
카이로
1517
나 일 강
메디나
홍 해
메카
사나
인 도 양
오스만제국(17세기 말)

무라드는 발칸을 정복하였다. 그의 아들 바예지드 1세Bāyazīd I(1389~1402년 재위)는 소아시아 전역을 얻는 데 일생을 바쳤고, 콘스탄티노플을 함락시키는 데 전력투구하였다. 그러나 마지막 순간에 그는 실패하고 만다. 뜻하지 않는 새로운 정복자가 동방에서 출현했기 때문이다. 마치 두 세기 전 바람처럼 휘몰아쳤던 몽골 칸들의 화신처럼 티무르Timūr(1370~1405년 재위)가 단숨에 중동을 휩쓸며 나타났다. 이 공포의 영웅 티무르는 중동·이슬람 지역에 세워져 있던 몽골의 차카타이 칸국, 일 칸국을 차례로 병합하고 아나톨리아로 공격해 왔다. 티무르는 무적이었다. 결국 앙카라 전투(1402년)에서 바예지드 군대는 대패하고 그는 포로가 되었다. 아직 유년기에 있던 오스만조로서는 큰 타격이 아닐 수 없었다. 티무르는 바예지드가 병합했던 성전사들의 소공국들을 복구시켜 다시 복속시켰다. 그러나 그는 말머리를 돌려 중국을 점령하려고 새 원정길에 올랐다가 죽고 말았다. 티무르는 위대한 정복자였지만, 위대한 제국의 건설자는 못 되었다. 그가 죽은 후 그의 제국은 급속히 쇠약해지며 분할되었다.

오스만인들은 다시 살아났다. 그리고 한 세대가 지나지 않아 오스만제국에는 진정한 영도자가 탄생하게 된다. 오스만조 최고의 영웅 술탄 메흐메드 2세Mehmet II(첫재위 1444~1446년, 2차 재위 1451~1481년)가 술탄위에 오른 것이다. 그의 이름 앞에는 '정복왕'이라는 타이틀이 붙는다. 그는 1453년 5월 29일 마침내 콘스탄티노플을 점령한다. 비잔틴제국의 마지막 잔재들이 말끔히 청소되었고, 콘스탄티노플은 이스탄불로 개명되어 근세까지 500년 가까이 오스만제국의 수도가 되었다. 그 뒤 유럽인들은 오스만 터키의 팽창에 위협을 느끼게 되었다. 콘스탄티노플이 점령되자 발칸의 터키인들은 그 후 2세기 동안 유럽인들에게는 감당할 수 없는 위협적인 존재가 되었다.[46] 강력한 이 신흥세력은 맞설 수 없는 골칫거리였다. 터키는 이같이 위협적 존재로서 오랫동안 서구인들에게 각인되었다. 아마도 이것이 오늘날까지 터키인, 아랍인, 중동인, 무슬림을 연상하면 유럽인들이 늘 이상할 정도로 편견과 오해, 적대감을 갖게 된 요인으로 작용해 온 것 같다. 1529년과 1683년 두 차례, 오스만군은 비엔나 점령의 문을 두드렸다. 1521년 벨그라드가 함락되었고 다음해에는 로데스섬이 점령되었으며 1526년에는 헝가리군을 대파하고 비엔나로 향했다. 무기와 군사력에서—특히 화기력에서—오스만군은 월등했으며 게다가 신속히 전력을 보강할 수 있는 가공할 해군력을 보유하고 있었다. 역사에서 가설은 의미가 없는 것이지만 만약 이때 터키인의 비엔나 침공이 성공했다면 유럽이 이슬람화되는 결과가 되었을 것이다. 그것은 이때보다 8세기 전인 서기 718년 스페인을 점령했던 아랍군이 피레네를 넘어 프랑스로 침입해 들어갔을 때도 마찬가지로 적용된다. 732년 샤를 마르텔Charles Martel이 이끈 프랑크군은 북진하던 아랍·무슬림군을 투르와 프와티에 중간지점에서 막아냈는데, 이 전투 역시 서구 기독교인들로서는 유럽의 이슬람화를 막은 매우 중요한 일전이었다.

오스만제국은 건국 초기 두 세기 동안 넘쳐나는 에너지를 유럽 원정에 쏟았다. 그렇지만 정복자 메흐메드의 손자 셀림 1세Selīm I (1512~1520년 재위)는 그의 야심을 아시아로 돌렸다. 그는 이슬람 역사에 새 장을 여는 또 한 사람의 정복자였다. 한편 이때, 페르시아에는 샤 이스마일 1세Ismāīl I (1501~1524년 재위)의 영도 아래 사파비조(1501~1786년)가 세워져 팽창일로에 있었다. 백성들 대다수가 쉬아파였으므로 이스마일은 쉬아 교리를 사파비조의 공식종교로 선언했다. 이스마일은 아제르바이잔, 서남부 이란을 정복하고 1508년에는 이라크를 점령했으며, 디야르바크르Diyārbakr, 동

46 같은 책, p.24.

북부 이란마저 평정하여 명실공히 옛 페르시아제국의 꿈을 실현하였다. 이제 중동·이슬람세계로 눈을 돌린 오스만제국의 셀림과 사파비조朝의 이스마일의 충돌은 피할 수 없게 되었다. 중동·이슬람세계의 향후 패자를 가르는 대회전이 1514년, 타브리즈 근처의 찰디란Chaldirān 계곡에서 치러졌다. 승리는 셀림 쪽이었다. 셀림은 디야르바크르를 병합하고 샤 이스마일의 페르시아 세력을 제압해놓을 수 있었다.[47]

순니 오스만제국과 쉬아 사파비조 사이에는 그 후 두 세기가 넘는 긴 대립의 수렁 속에서 간헐적인 교전상태가 잇달았다. 군사적으로는 오스만인이 대체로 우위에 있었지만 페르시아의 문화적 영향은 오스만 터키제국 안에 깊이 뿌리를 내리고 자라났다. 비록 오스만인이 17세기에는 메소포타미아 전역을 지배하는 통치권의 주인이 되었지만, 아랍어를 말하는 이 지역 주민 대다수는 쉬아들로서 그대로 남아 있었다. 샤 이스마일은 근대 페르시아, 즉 이란의 건설자로 간주된다. 오스만인과는 달리, 사파비인들은 정복사업에 별 관심을 기울이지 않았다. 중동 및 이슬람의 역사에서 차지하려고 또 빼앗기지 않으려고 항상 다투던 메소포타미아 지역과는 달리 페르시아 제국의 땅은 오늘날까지 거의 같은 형태로 남아 있다. 대체로 일찍 그어진 경계선 안에서 민족적·종교적 부흥이 일어나곤 했을 뿐이다.

샤 이스마일의 후계자 중에서 가장 걸출한 인물은 샤 압바스 1세 ʿAbbās I (1587~1629년 재위)였다. 그는 뛰어난 군사지도자이자 행정가였으며 문예의 후견인이고 보호자였다. 열광적인 쉬아 무슬림이었지만 그는 기독교인들에게도 매우 관용적이었다. 오스만제국에 빼앗겼던 타브리즈와 이라크 영토를 재탈환하고 수도를 이스파한으로 옮긴 후 사파비조는 전성기를

47 Maḥmud Ṣālih Mansī, *Ḥarakat al-Yaqza al-Arabiyya fī as-Sharq al-Asiyawiy*, al-Qāhira: Dār fikr al-Arabiy, 1987, p.25.

구가했다. 그의 사후 사파비왕조는 무능력한 후계자들 치하에서 점점 쇠퇴하였다. 그러나 주변 이웃나라로부터의 여러 차례 침략이 있긴 했지만, 오스만제국과 같이 현대에 이르러서도 손발이 잘리고 국토가 분할되는 운명을 맞지는 않았다. 페르시아의 사파비조는 카자르조(1780~1924년)와 팔레비조(1925~1979년)를 거쳐 오늘날의 이란으로 이어진다.

오스만 터키의 셀림 1세 역시 중동 이슬람세계를 정복한 과거 역사의 주인공들처럼 똑같은 정복의 길을 걸었다. 찰디란에서 페르시아를 격퇴시킨 후 곧 시리아로 향했다. 그리고 팔레스타인을 지나 이집트로 나아갔다. 신월옥토는 차례로 그의 수중에 떨어졌다. 맘루크들은 용감한 전사들이었지만 이젠 나약해질 대로 나약해져 사기가 충천하고 잘 훈련된 오스만 군대의 적수가 못 되었다. 1516년 8월, 알렙포 근처의 마르즈 다비끄Marj Dabiq 전투에서 노령의 맘루크 술탄 깐수 알 가우리Qānṣūh al-G̲h̲awri(1501~1516년 재위)는 전사하고 맘루크 군대는 전멸당하였다. 다마스쿠스에 입성한 셀림은 다음해(1517년) 맘루크들의 이집트-시리아 통치역사의 막을 내린다.[48] 카이로의 마지막 압바스 칼리파 알 무타와킬은 이스탄불로 이송되었다. 그리고 칼리파의 모든 권리가 오스만 술탄에게로 이양된다. 공식적 양도의 상징으로 예언자 무함마드의 성의(망토)와 칼리파 오마르의 검 등(이러한 유물들은 현재 이스탄불의 톱카피 사라이Topkapi Saray 박물관에 보존되어 있다) 성스런 유품들이 오스만 술탄에게로 건네졌다. 그 뒤 이슬람 칼리파제는 오스만 가계에서 이었다. 셀림은 승전 후 이집트에 머무는 동안 메카 통치자인 아랍 세리프s̲h̲erif가 파견한 사절단을 접견하였다. 세리프의 아들이 이끌고온 이 사절단은 메카의 카아바의 열쇠들을 그에게 바쳤다. 그리고 셀림은 '두 성도의 봉사자(카딤 알 하라마이니 앗 샤리파이니K̲h̲ādim al-

48 Ibn Iyas, *Tārīk̲h̲ Miṣr*, Vol.Ⅲ, al-Qāhira, n.d., p.98.

haramayni as-sharifayni)' 라는 타이틀을 얻게 된다.[49] 메카, 메디나 두 성지의 보호자가 된 것이다. 이 타이틀은 이슬람세계에서 특별한 의미를 가진다. 이슬람신앙의 다섯 기둥 중의 하나인 순례의무를 보장해 주는 성지보호자의 위치는 '신앙의 수호자' 라는 상징적 의미를 갖기 때문이다. 오스만제국은 이집트를 정복한 후 메카, 메디나는 물론, 카이로, 다마스쿠스, 예루살렘, 바그다드 등 이슬람역사의 모태가 되는 모든 대도시를 장악하였다. 그 뒤 모로코 국경에 이르기까지 멀리 북부아프리카 무슬림 모두가 오스만제국의 종주권을 받아들였고, 예멘도 1537년 오스만제국이 파견하는 파샤의 관할 내에 있는 총독관구가 되었다.

아랍어를 말하는 소위 아랍권 중에서 극서에 위치한 모로코와 남동 아라비아의 오만, 중앙 아라비아반도의 베두인들만이 오스만의 지배 밖에 남았을 뿐이다. 비록 오스만 술탄이 '이슬람의 칼리파' 라는 칭호를 공식 사용한 것은 1774년 러시아와 체결한 쿠추크 카이나르자 조약Treaty of Kuchuk kainarja 때인 것으로 알려져 있지만, 오스만제국이 이집트의 맘루크국을 정복한 이래 최근 20세기까지, 이슬람 순니 세계를 대표하는 종주국의 자리를 지켜왔다는 것은 부정할 수 없는 사실이다.[50]

(2) 오스만제국의 쇠퇴와 칼리파제의 폐지

오스만제국은 찬란한 이슬람문명의 상속자였다. 이 위대한 문명을 잇고 또 거듭 창조해내었다. 그 최고 절정기는 셀림 1세의 아들 술레이만 2세 Sulaymān II(1520~1566년 재위, 그에게는 '위대한 술탄' 이라는 칭호가 붙는다)

---

49 Amin Sa'id, *ad-Dawla al-Arabiyya al-Mutahida*, Vol. I , *Tārikh al-Istimar al-Ingliziy fī Bilād al-Arab*, al-Qāhira, 1936, p.11.

50 Arnold, 앞의 책, pp.166~167.

때였다. 술레이만은 1526년 헝가리군에 대승한 후 헝가리를 병합했으며 또한 북아프리카를 제국 영토에 편입시켰다. 그러나 1529년 비엔나를 취하려던 비엔나 첫 공략은 실패했다. 그는 군사원정의 위대한 정복자라기보다는 치세와 여러 업적에 빛나는 최고의 성군이었다. 탁월한 행정가로 엄격하고 정의로웠으며 자비롭고 인도적인 술탄이었다. 그는 학문과 예술을 진흥시킨 문예 창달의 보호자이기도 하였다. 다른 위대한 문명들처럼 오스만인이 이룬 문화도 다양한 외부 문화들을 흡수하고 융합하면서 이룩되었다. 초기 술탄들은 비잔틴의 영향을 많이 받았고 셀림 1세와 술레이만 2세 때는 페르시아와 이집트로부터 영향을 받았다. 술레이만 통치기에는 서페르시아의 타브리즈에서 명공과 장인들을 뽑아왔고, 당시 최고의 건축가인 아나톨리아 출신 시난Sinan(1588년 죽음)은 이스탄불을 아름답게 꾸몄다. 이스탄불은 진정으로 동양과 서양의 문명이 합류되는 세계 최고의 도시였다.

번영의 절정에서 오스만제국도 쇠퇴의 조짐을 보이기 시작했다. 역사가들은 술레이만 2세가 사망한 16세기 후반부터 제국이 쇠퇴기에 접어들었다고 말하고 있다. 이때는 제국이 창건된 지 2세기가 지난 때로 오스만제국사(1299～1924년)의 절반이 채 지나지 않은 때였다. 그 후 뛰어난 재상들(메흐메드 쾨프릴뤼와 그의 아들 아흐메드 쾨프릴뤼)이 제국을 개혁하고 부흥시키려고 했지만 제국은 쇠퇴의 길을 계속 내려갔을 뿐이다. 국면을 전환시킬 수 있는 결정적 기회는 1683년, 비엔나에 대한 두 번째 공략이었다. 그러나 두 달 후, 오스만 군대는 남쪽으로 퇴각하기 시작했고 성공하지 못하였다. 그 뒤 무적이라던 오스만군軍 이미지는 점점 유럽에서 깨어지기 시작한다.

대제국이 '유럽의 병자'로 쇠락한 요인을 간단히 진단해내기란 매우 어려운 일이지만, 우선 지적할 수 있는 것은 변화하는 시대적 요구와 상황에 적절히 대응하지 못했다는 점이다. 아마도 가장 분명한 그러한 예가 예니체리Yenicheris 제도일 것이다. 이 제도는 14세기에 무라드 1세가 젊은 기독교인 노예나 포로들을 개종시켜 신병으로 모집하고 독특한 훈련을 시킨 뒤 근위병으로 쓰기 시작한 것이 기원이 되었다. 튼튼한 골격과 빼어난 지성의 소년들을 선발하여 최고도의 훈련을 시켜 예니체리 군단을 만든 것이다. 이들은 오랫동안 오스만 군대의 핵심을 이었다. 이들은 결혼이 금지되었으므로 독신으로 살면서 오직 술탄에게 헌신하는 충성스러운 삶이 이들 생애의 목표였다. 이들에게는 군대가 가정이고 동료가 가족이었다. 오스만제국이 팽창해갈 때 예니체리는 정복지에서 일어나는 각종 폭동과 반란을 무자비하게 진압하는 주력부대였다. 뿐만 아니라 오스만제국 전체의 체제 안전을 도모하고 유지하는 중심 세력이었다. 그러나 엄격하던 이 제도에도 16세기 말부터 틈이 생기기 시작하고 내부에 부패와 타락현상이 나타났다. 예니체리 군대는 막강한 권력을 휘두르면서 특권집단으로 커갔다. 권력의 정점에 있을 때 그들은 자신들만의 강한 집단연대 속에서 어떤 변화도 격렬히 반대하는 폐쇄적 입장을 견지하게 되었다. 군사조직, 체제, 훈련기술, 장비 등 여러 면에서 외적에 비해 우세했던 제국이 쇠미해졌음에도 예니체리는 군을 근대화시키고 개혁하려는 모든 시도들을 거부하였다. 그들은 자신들이 가지고 있는 특권이 줄어들고 박탈당하는 것을 원치 않았고, 그러한 기운이 돌자 폭동을 일으켰다. 그 뒤 오스만 군대의 힘은 쇠약해져 그 동안 일취월장해 온 서방의 군세를 따라잡기에는 이미 늦어 버렸다. 그리고 제국은 점차 전반적으로 붕괴되기 시작했다.

예니체리 같은 또 다른 완고한 제도는 술탄 제도 자체에도 있었다. 그것은 권력위양 같은 것은 상상할 수도 없는 전제제 그 자체였다. 술탄들은 자신의 안위를 위해 '제위帝位 형제살해fratricide'의 전통을 이어갔다. 잠재적 라이벌인 형제와 조카에 대한 교살명령 때문에 술탄궁은 불신과 의혹이 들끓는 가마솥이 되었고, 어떤 때는 가장 능력 없는 아들이 계승자가 되기도 했다.

오스만제국은 군사적 가치관과 사상이 지배하는 거대한 군사조직이었었다. 그것은 제국팽창의 원동력이기도 했지만, 그러한 군국주의는 산업과 상업을 지나치게 경시하는 우를 범하기도 했다. 그 결과 제국이 전성기에 있던 때, 경제적으로는 이미 새로운 무역로를 찾고 산업화의 길을 걷고 있던 유럽 기독교 국가들에게 추월당하고 있었다. 그리고 머지않아 월등하던 군사적·정치적 면에서도 영향을 받게 된다. 제국의 경제력 쇠퇴요인 중 1497년 포르투갈인들이 희망봉을 돌아 인도와 극동 쪽으로 새로운 동서 교역루트를 열였다는 사실은 빼놓을 수 없는 중요한 사실이다. 그때까지 이집트와 홍해를 통해 유럽과 아시아로 이어지던 예전의 교역로가 자연히 타격을 받게 된 것이다. 물론 가장 큰 영향을 받은 곳은 이집트였다. 시리아 상인들은 알렉산드레타(오늘날의 이스칸다룬)로부터 알렙포를 거쳐 바그다드, 바스라로 나가는 육상루트에 전념하였다. 그 덕에 동양에서 동양으로 가는 중개무역은 그런대로 살아남았다. 그렇지만 과거 오스만제국이 비무슬림들을 보호해주기 위해 무역활동의 여러 면에서 법적·재정적인 이권과 특혜를 주었던 바로 그 당사자들(서구인들)에게로 이젠 주도권이 넘어가고 장악되었다. 중동 이슬람세계 무슬림들의 경제는 두드러지게 퇴보한 반면, 유럽은 산업적·상업적·재정적 전성기에 들어선 것이다.

오스만제국에는 세습되는 귀족이나 계급은 존재하지 않았다. 그렇지만 지배층은 형성될 수밖에 없었는데, 군 장교, 민간원로인, 종교인(무프티 또는 울라마)들이 바로 그들로서 이들이 술탄의 권위를 대신하였다. 그들 아래에는 라야raya(아랍어로는 라이야ra'iyah. 평민, 백성, 보호민의 뜻)가 있었는데, 이들은 농촌의 농부와 도시의 장인그룹을 포함하는 일반대중을 말한다. 처음에는 라야가 무슬림 통치자 아래의 백성 모두에게 적용되는 말이었는데, 뒤에 와서 이 단어는 비무슬림에게 한정되어 사용되었다. 다시 말해 무슬림에게는 부과되지 않는 인두세를 내는 비무슬림 백성에게만 붙여지게 된 것이다. 이들은 거의가 오스만제국의 유럽 쪽 정복지 백성들로, 국가의 주요 세입원이었다. 이들은 밀레트millet(자치공동체)로 편제되고 그들의 족장이나 주교의 통치를 받았다.[51]

오스만제국의 중동 및 아프리카지역 아랍인들은 2등 계급 시민으로 대우받지는 않았다. 그러나 시리아, 팔레스타인, 이라크 등 중요 지역에는 오스만 지배층이 총독이나 중요 행정관료로 파견되어 그들 위에 군림하면서 특권을 누렸다. 이집트에서는 오스만 통치가 직접 행해진 3세기 동안 100명이 넘는 터키인 파샤들이 파견되어 술탄의 대리인 노릇을 하였다. 이들 관료들은 지역언어인 아랍어를 말하지 않고 터키어를 사용했으며, 자주 다른 지역으로 자리를 옮기면서 통치를 하였지만 그 땅의 터키 식민화는 이루어지지 않았다. 동시에 오스만제국의 백성이던 비터키 무슬림을 터키화시키려는 시도도 또한 없었다. 단지 아랍인 공동체에서 극히 소수만이 제1언어로 터키어를 택하여 배워 말하고 오스만 지배계층에 합류하였다. 그러나 모든 아랍인들은 예전과 똑같은 생활을 하였다. 단지 몇몇 터키 단어들만 아랍어화하였는데, 그것도 군사 용어이거나 음식에 관련된 단어뿐이었다.

오스만군의 두 번째 비엔나 공격 실패는 앞에서도 언급했듯이 1683년의

51 Mansfield, 앞의 책, p.29.

일로, 이 시점은 한마디로 오스만제국이 유럽 무대에서 퇴각하기 시작하는 분기점이었다. 설상가상으로 17세기 말, 오스만제국은 강력한 새 라이벌 러시아를 만난다. 피터 대제는 위대한 유럽-아시아인 러시아를 만드는 데 심혈을 기울였는데, 오스만제국은 눈엣가시 같은 존재였다. 그 후 두 세기 동안 간헐적으로 러시아-터키 전쟁이 있었다.

비록 오스만제국이 유럽으로부터 서서히 철수해가고 쇠락하였으나 그래도 오스만 군대는 쉽게 꺾을 수 없는 막강한 군사력을 유지하였다. 그러다가 18세기말에 술탄 무스타파 3세는 러시아의 캐서린Catherine 대제와 맺은 쿠추크 카이나르자조약Treaty of Kuchuk Kainarja으로 그의 기독교 백성들 일부에 대한 지배권과 크리미아의 무슬림 타타르인들에 대한 종주권을 포기해야만 했다. 오스만제국은 지금껏 당해보지 못한 굴욕감을 느껴야 했다. 그렇지만 이때에도 술탄은 그가 이슬람의 칼리파임을 세계만방에 선언하였고 그 후 1차 세계대전을 맞을 때까지 오스만 터키는 이슬람세계의 종주국으로서 계속 건재함을 과시할 수 있었다.

그러나 오스만 터키가 1차 세계대전에서 영국 · 프랑스연합군에 패하자 오스만제국은 유럽의 기독교 승전국들 앞에서 이슬람세계의 종주국임을 상징해왔던 이슬람 칼리파제국制國으로서의 자리를 포기해야만 했다. 무쓰따파 캐말 아타투르크Muṣṭafa Kemāl Atatūrk가 이끈 터키 민족주의 개혁파는 세속주의적 신생 터키 공화국을 세운 후, 1924년 오스만 칼리파제를 공식 폐지했다. 오스만 칼리파제는 1517년 이집트 맘루크국을 정복한 술탄 셀림 1세가 카이로 압바스 칼리파제를 이양받아 4세기가 넘는 동안 오스만 터키에서 존속되어온 순니 세계의 영예로운 통치제도였다. 이 제도의 시간적 종식을 의미한 이 칼리파제 폐지 사건은 이슬람 현대사에서 가장 중대한 사건으로 간주된다.[52] 무슬림 개혁론자들과 전통주의자들 사이에서는 격렬한 논쟁이 일어났고, 그들사이에 이슬람 칼리파제 부활을 위한 운동이 간헐적으로 일어났으나 번번히 수포로 돌아갔다. 그리고 그때부터 오늘날까지 무슬림들은 칼리파 없는 칼리파 공위空位시대에 살고 있는 것이다.

7세기 이슬람의 발흥에서부터 18세기에 이르기까지 이슬람세계는 세계 문명의 발전과 창달의 역사를 이끌어왔다. 오랜 세월 동안 풍요로운 삶과 문화의 중심지는 다마스쿠스, 바그다드, 코르도바, 이스탄불, 이스파한, 부하라, 사마르칸트, 델리와 같은 무슬림 도시들이었다. 하지만 19세기에 접어들면서부터 이슬람사회체제는 자본주의와 산업혁명, 계몽주의를 바탕으로 한 서구의 근대 물질문명에 압도당했다. 역사가들은 나폴레옹 1세가 이집트를 침입한 사건(1798년)을 바야흐로 세계 역사의 주도권이 서구로 넘어간 기점을 상징하는 사건으로 말하고 있다.[53] 실제로 이때부터 서구의 군대와 자본이 무슬림 땅에 넘쳐났으며, 그 후 19~20세기가 지나는 두 세기 내내 이슬람사회는 거의가 서구의 정치적 · 군사적 · 경제적 · 문화적 침입을 받고 그들의 지배 또는 영향하에 놓이게 되었다.

52 손주영, 앞의 책, 513~553쪽의 「오스만 칼리파제의 폐기」 참조.

53 프랜시스 로빈슨 외 지음, 손주영 외 옮김, 『사진과 그림으로 보는 케임브리지 이슬람사』, 시공사, 2002, 13쪽.

제2장 | 예언자 무함마드

고대 아라비아의 유목민들은 순수한 혈통을 자랑하면서 용맹과 관용이라는 베두인 정신 속에서 살았다. 자만에 찬 부족전통과 연대의식을 갖고 있으면서도 사막이라는 자연환경 탓인지 대체로 그들은 삶에 대해 숙명적이었다. 각기 다른 고유의 부족신을 섬겼지만 어떤 초월적 절대자의 존재에 대한 믿음은 갖지 못했으며 내세에 대한 개념이나 기대 같은 것도 없었다. 『꾸란』은 이러한 당시 베두인들의 지배적인 사고를 다음과 같이 설명해주고 있다. "그들은 말하였다. 살아 있는 것은 오직 현세뿐이고, 죽고 사는 것은 이 세상에서의 일일 뿐이다. 우리를 멸망케 하는 것은 오직 시간일 뿐…."[1] 그들에게 육체의 부활 같은 것은 고대 그리스인들과 마찬가지로 단지 어리석은 생각이었다. 그런 만큼 현세에서의 삶과 시간을 즐기려 했고 술과 노래, 시詩가 늘 그들의 생활 속에 함께 했으며, 용기, 자만, 관용, 남자다움 같은 것이 높은 질의 삶을 사는 덕목이자 가치였다. 이것이 자힐리야jāhiliya(이슬람의 광명이 비치기 이전의 무지의 시대) 시대의 보편적인 아랍인들의 생활 모습이었다.

1. 새로운 예언자의 출현

서기 610년, 사려 깊고 내향적인 성격과 섬세한 감정을 지닌 한 중년의 남자에게 신의 계시가 내려지면서, 한 위대한 예언자가 아라비아에서 출현하였다. 압달라Abdallāh의 아들 무함마드Muḥammad(570~632년)는 메카에 있는 히라Hira산의 한 동굴에 자주 찾아가 명상과 사색에 잠기곤 하였는데 어느 날 밤—라마단Ramadān 달의 이 밤을 무슬림들은 '운명지어진

1 『꾸란』 45 : 24.

권능의 밤' 이라고 부른다[2]—놀라운 일이 일어났다. 새벽의 여명처럼 훤히 밝아오는 먼 지평선상에 신비한 인간의 형상이 나타나 그에게 다가오며 말하였다. "오, 무함마드여, 그대는 신의 사자이니라." 놀란 무함마드는 두려움과 차가운 냉기에 싸여 온몸을 가누지 못할 정도로 떨면서 집으로 달려왔다. 그는 부인 카디자Khadīja에게 자꾸 후들후들 떨리는 자신의 몸을 무엇인가로 덮어 달라고 청하였다. "나를 덮어주시오, 감싸주시오." 그는 오한과 두려움이 가실 때까지 두터운 외투에 덮인 채로 있었다.[3] 이것이 그와 대천사 가브리엘Gabriel이 첫 조우를 한 장면이다.

부인의 위로로 평정을 되찾은 그가 그 후 다시 동굴을 찾아가자 가브리엘 천사가 다시 그의 앞에 나타나, 글씨가 쓰여져 있고 아름다운 무늬가 있는 듯한 능라의 덮개 같은 것으로 심하게 그를 누르면서 명령하듯이 말하였다. "이끄라Iqra(읽어라)." 무함마드는 이것이 신의 사자使者로서의 위대한 영적 사명이 그에게 내려지고 있는 역사적 순간임을 알 수 없었다. 그가 "저는 읽을 줄을 모릅니다"라고 답하자 가브리엘 천사는 더욱 세차게 그 덮개로 그를 누르면서 말하였다. "이끄라!" 참기 어려운 억눌림에서 벗어나기 위해 "무엇을 읽으라는 말입니까?"라고 간신히 그가 외쳤을 때, 가브리엘을 통하여 신의 첫 계시가 내려왔다. "읽어라, 만물을 창조하신 너의 하나님 이름으로, 그는 한 방울 응혈로써 인간을 창조하셨도다. 읽어라, 너의 주님은 가장 관대한 분이시며 펜으로 가르쳐 주시는 분. 인간이 알지

2 일부 무슬림들은 이 날을 이슬람력 아홉 번째 달인 라마단월 26일 또는 27일로 말하지만 정확하지 않다. 그러나 모든 무슬림들이 이 날을 축복받는 날로 경축하고 예배하며 기린다. 『꾸란』 97장 1절은 이 밤이 얼마나 중요한 날인가를 밝혀주고 있다. "진실로, 우리는 그것을 권능의 밤에 내려 보냈도다." 그 밤의 예배는 천 개월의 예배보다 더 가치 있는 것으로 묘사된다.

3 『꾸란』 제73장은 '외투로 감싸인 자의 장' 이고 제74장은 '외투에 덮인 자' 의 장이다. 제74장은 "외투를 덮어 쓰는 자여, 일어나 경고하라." (『꾸란』 74 : 1～2)라고 시작한다.

못하는 것을 가르쳐주셨도다."[4] 하나님의 말씀 『꾸란』은 이렇게 인류에게 내려지기 시작했다. '꾸란al-Qurān'이란 아랍어 단어는 '읽는 것', '암송하는 것'을 뜻한다. 무함마드가 두려움에 떨면서 자신도 모르게 무릎을 꿇고 하나님의 권능을 체험한 이날 이후, 23년 동안 '신의 말씀'은 무함마드의 입을 통해 암송되어 이 땅에 내려졌다. 가브리엘을 통해 전해지는 이 '말씀'은 와히wahy(영감)에 의해 무함마드에게 내려지고, 그는 암송의 형식으로 이를 쏟아놓아 이 땅에 전달된 것이다.

무함마드는 마흔 살이 되던 해에 이같이 신의 예언자가 되었다. '이끄라'라는 첫 계시와 함께 '신의 말씀의 전달자'로서의 새로운 사명이 그에게 내려졌으며, 그는 위대하신 신의 예증을 직접 체험하면서 이 땅에 신의 뜻을 전하고 신의 명령들을 실천하는 신의 사자rasūl Allāh가 된 것이다.[5] 이것은 아라비아에 예언자의 시대가 도래한 것을 의미했다. 하나님이 인류 역사에 직접 개입하시는 신의 역사시대가 아라비아 땅에서 다시 열린 것이다. 그것은 팔레스타인에서 신의 사자 예수를 통해 '신의 말씀'이 내려진 신의 역사시대 이래 약 6세기 만의 일이었다.

무함마드는 570년 4월 22일, 꾸라이쉬 부족의 하쉼Banū Hā<u>sh</u>im 가문에서 태어났다. 그가 태어난 메카는 종교 도시이자 한창 번창해가는 상업 도시였다. '카아바' 신전과 '잠잠'이라는 영천이 있어 베두인 아랍인들 사이에서는 영지로 알려진 순례지였고, 인도양과 지중해 사이의 중계무역을 거의 독점하고 있던 상업 중심지였다. 카아바 신전에는 신성한 검은 돌이 있었으며, 아랍 부족민들이 숭배하는 여러 우상들이 모셔져 있었다. 아랍 유목 부족들은 바위나 나무 등 우상을 숭배하는 사상을 발전시켜왔는데,

4 『꾸란』 96 : 1~5.
5 『꾸란』 53 : 4, 10, 17~18.

카아바는 그러한 그들의 우상들을 모셔놓은 곳이었다. 또한 비잔틴 로마와 페르시아 사산조 양대국 간의 오랜 싸움과 적대관계로 인해 동서를 잇고 있던 '페르시아만-시리아' 교통로가 퇴색하고 '예멘-아라비아 서부-시리아'로 연결되는 동서 교역의 새로운 히자즈Hijaz 통로가 열렸는데, 메카는 이 통상 교역로의 중간역이었다. 당시 아랍 부족 중 가장 강력한 꾸라이쉬족이 메카의 상권을 잡고 있었고, 메카 상인들은 이 새로운 교역로의 개발에 눈부신 활약을 하였다. 이들은 고대 아랍의 관습과 전통을 잘 유지하면서 부와 권력을 쌓아갔다. 게다가 이들은 성스러운 카아바 신전을 관리하고 있었으므로 주변 부족들로부터 성지 관리인으로서의 권위와 도덕적 우월성도 인정받고 있었다. 무함마드의 부친 압달라는 시리아 쪽으로 나가던 카라반Caravan(대상)의 상인이었는데 그가 태어나기 바로 직전에 죽었다. 어머니 아미나Amina bint wahb도 그가 여섯 살 되던 해에 세상을 떠나, 고아가 된 그는 할아버지 압둘 무딸립Abdul-Muṭṭālib에 맡겨졌다. 그러나 불과 2년 뒤, 할아버지마저 돌아가시게 되자 그는 하쉼가家의 새 가장이 된 숙부 아부 딸립Abū Ṭālib에 의해 양육되고 그의 보호하에 자라게 된다. 아부 딸립은 무함마드가 신의 예언자가 된 후, 우상숭배자들이었던 메카의 기존 지배계층으로부터 박해를 받게 되었을 때 그를 지켜주던 하쉼 가문의 진정한 가장이자 보호자였다.

여러 위대한 예언자들이 대개 찬란한 후광을 배경으로 하여 등장하였던 것과는 대조적으로, 무함마드는 이렇게 유복자로 태어나 불우한 소년 시절을 보냈고 평범한 젊은이로 성장하였다. 어려서는 양치기였으며 커서는 죽은 아버지처럼 시리아를 왕래하는 무역 일에 종사하는 상인이 되었다. 그의 이름 무함마드Muḥammad(찬양받는 이)는 일찍이 아무에게도 붙여진 적이 없는 생소한 이름이었던 것으로 전해진다. 그리고 성장한 후에는 남

무함마드의 가계도

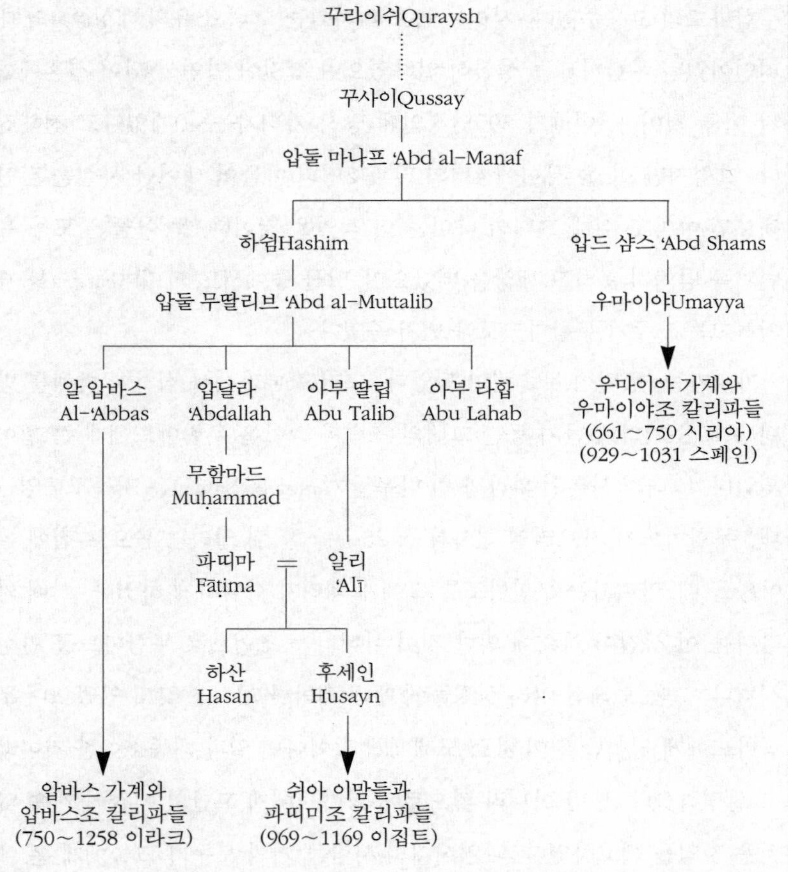

달리 근면하고 정직하여서 메카 사람들로부터 아민Amīn(성실한 사람)이라는 별칭의 이름으로 불려졌다고 한다. 아랍 사가들은 그가 보통 키에 구부러진 코, 커다란 눈, 두터운 입술, 굵고 약간 곱슬인 머리카락을 지녔으며, 언제나 조용하고 매사를 진지하게 생각하며 간명하게 요점을 말할 줄 아는 능력 있는 젊은이로 묘사하고 있다. 그는 부유하고 고결한 성품의 미망인 카디자Khadījah와 25세에 결혼하여 새로운 인생을 살게 된다. 그녀는 무함마드의 고용주였다. 시리아 쪽으로 나가는 그녀 소유의 대상隊商의 대리인이었던 무함마드는 성실히 일하였으며 그것이 인연이 되어 결혼에까지 이른 것이다. 이때가 595년경인데 당시 카디자는 40세였다고 전해진다. 그렇지만 이 둘 사이에 4명의 딸과 2명의 아들이 태어난 사실을 감안해보면 아마도 실제 그녀의 나이는 더 적었을 것이다. 두 아들은 모두 유년기를 넘기지 못하고 세상을 떠났으며, 딸들 중에서도 파띠마Fāṭima를 제외하고는 모두가 무함마드보다 먼저 죽었다.

카디자는 첫 번째 무슬림이 되었다. 그리고 메카에서 심하게 박해를 받던 포교 초기의 수난기 동안 그녀의 조력과 위안은 무함마드에게 큰 힘이 되었다. 그녀의 사촌인 와라까 빈 나우팔Waraqa b. Nawfal은 기독교도였는데,[6] 무함마드가 가브리엘 천사와 첫 조우를 한 뒤 떨리는 몸으로 집에 돌아왔을 때, 카디자는 무함마드를 그에게 데려가 상담하게 하였다. 이때 와라까는 이 사건이 악령에 의한 것이 아니라는 조언으로 무함마드를 안심시켰다. 그는 오래된 여러 성경들에 대해 해박한 지식을 갖고 있었으며 무함마드에게 일어난 일이 바로 모세에게 일어나던 일과 대동소이한 것이라고 설명하였다. 뿐만 아니라 앞으로 무함마드에게 고난의 시간이 계속 닥쳐올 것임을 예고하였다. 과거시대의 사람들 거의 모두가 그들에게 온 예언자를 냉대하고 거부하였다는 사실을 잘 알고 있었기 때문이었다. 그러나 그는 이 일이 있은 지 얼마 지나지 않아 세상을 떠나 무함마드를 가까이서 돕지는 못하였다.

아랍인 무함마드가 받은 계시는 과거에 유대인 예언자들이 받았던 계시

6 일부 아랍의 사가들은 그가 기독교인이 아니라 아브라함과 같은 하니프(순정의 일신교도)였다고 주장한다.

와 맥을 같이하는 것이었다. 그것은 신의 말씀이자 신의 명령이었다. 그것은 하늘로부터 '내려진 것(탄질tanzil)'[7]으로, 원형은 천상에 영원히 존재하는 것이었다. 신은 과거에도 그의 의지가 무엇인지를 인류에게 전할 수동적인 전달자를 선택하였고 그를 통해 메시지를 보내곤 하였다. 이제 무함마드가 앞선 예언자들의 경우처럼 신의 말씀을 수령하여 전달하는 '신의 사자'로서의 선택을 받은 것이다.[8]

> "우리가 노아나 그 뒤의 예언자들에게 계시를 주었던 것처럼, 우리는 그대에게 계시를 주노라. 우리는 또한 아브라함, 이스마일, 이삭, 야곱 종족들(야곱으로부터 내려오는 가장들), 예수, 욥, 요나, 아론, 그리고 솔로몬에게 계시를 주었고, 우리는 다윗에게 시편(자브르zabur)을 주었노라."[9]

『꾸란』의 초기 계시들은 모든 형태의 우상숭배 행위를 즉각 중단하고 절대자 알라께 복종하라는 것과, 세상이 끝나는 종말의 날에 인간에게 내려질 신의 심판에 대한 내용을 집중적으로 다루는 것들이었다. 최후 심판의 날에 죽은 자는 무덤에서 일어나 산 자와 죽은 자 모두가 신 앞에 나란히 설 것이며, 천국에서 영원한 행복을 누리며 살거나 지옥에 떨어져 영원한 불의 형벌을 받게 되는 심판을 받을 것이다. 남자든 여자든 부자든 가난한 자든 자신이 행한 만큼 보상과 처벌을 받는다는 것이었다. 신은 이 심판의 날의 주재자이시다. 신은 공평하시고 전지전능하시다. 그러므로 신은 예배와 찬양을 받아 마땅하다. 그는 가장 자비롭고 가장 자애로우신 분이며, 우주만물의 창조주이시고 보양자이시다. 인간은 그에게만 경배를

---

7 『꾸란』의 별칭 중 하나이다. 제3장의 '신의 말씀, 『꾸란』' 참조.

8 Philip Hitti, *Islam, a Way of Life*, Minneapolis: University of Minnesota Press, 1970, p.8.

9 『꾸란』 4 : 163.

드려야 하고, 그의 명령에 복종해야만 한다.[10] 이 가르침을 따르는 자는 천국에 갈 것이며 이를 무시하는 자에게는 무서운 지옥의 형벌이 내려질 것이다.

『꾸란』 계시의 내용 중에서 이보다 훨씬 더 강조되고 가장 핵심적인 것은 '신은 유일하시다. 영원하시고 낳지도 낳아지지도 않으시며 누구와도 견줄 수 없는 지고지선의 유일자이시다' 라는 것이다. 무슬림들 사이에서 가장 많이 독송되는 『꾸란』 제112장(이클라쓰 장)은 다음과 같다. "말하라, 하나님 그분은 한 분이시다. 하나님은 영원하신 분. 낳지도 낳아지지도 않는 분. 그분께 견줄 것은 하나도 없도다."[11] 『꾸란』에서 가장 용서받을 수 없는 죄는 쉬르크shirk를 두는 것이다. 쉬르크란 신과 어깨를 나란히하여 '비견되는 자'를 말한다. 결코 이런 대상을 두어서는 안 된다. 어떤 것이든 대등하게 절대자 하나님께 연관시키는 것은 그 자체가 쉬르크를 두는 것이다. 그런 사람은 우상숭배자이고 다신교도이다. 이들을 통칭 무슈리쿤 mushrikun(쉬르크를 둔 자)이라고 부른다. 고대 아랍인들은 모두가 이 범주의 사람들이었는데, 이 땅의 다른 사람들과 마찬가지로 그들은 언제든지 무슬림muslim(신께 복종하는 자)으로서 하나님께 귀의할 기회를 부여받게 되었다. 『꾸란』은 유대인들과 기독교인들을 '성서의 백성'들이라 말하고 있다. 똑같은 하나님을 믿고 그들 또한 하나님으로부터 확실한 '성서'를 받았다. 그러나 여러 세대가 지나면서 추종자들이 계시의 원래 내용을 변질·왜곡·첨삭했으며, 그들 공동체도 여러 분파로 갈라졌다는 것이다. 그리고 그들 중 일부는 무함마드가 전한 계시를 받아들였으므로 그들은 보상을 받게 될 것이라고 말한다. 유대교도와 기독교인들은 점차 아브라

10 이것은 『꾸란』의 제1장 '개경장'의 중심 내용임.

11 『꾸란』 112 : 1~4.

함이 믿었던 원래의 순수한 유일신 신앙으로 회복되고, 신의 말씀으로 완성된 완전한 종교인 '이슬람'을 믿는 무슬림이 될 것을 요구받게 될 것이다. 또 그들은 무슬림에 반대하지 않는 한 정당하게 대우받을 것이며, 어느 경우에도 결코 그들에게 개종을 강요해서는 안 된다고 말한다.[12] 『꾸란』은 이런 내용을 주로 담고 있다.

2. 신의 사자, 무함마드의 생애

무함마드의 초기 설교는 초기계시의 내용에 따라 언젠가 다가올 심판의 날에 대한 것이 많았고, 믿기를 거부하고 악행을 계속 저지르는 자들에 대해 경고하는 것이 대부분이었다. 그래서 『꾸란』에서 처음에 그는 '경고자'라는 호칭으로 등장한다.[13] 그러나 이러한 그의 경고들은 당시 메카사회에서 무시되거나 무관심하게 받아들여졌다. 종교적 선지자로 자처하며 나서는 자는 과거에도 종종 있어왔고, 내세나 육체의 부활 같은 주제는 매우 생소한 것이었다. 특히 신의 자비를 약속하고 지옥 불에 떨어질 것이라는 주장은 납득하기 어려운 이야기였다.[14] 무함마드를 따르는 초창기 추종자의 수는 극히 적었다. 맨 처음에는 부인 카디자와 사촌동생 알리Alī, 친구 아부 바크르Abū Bakr, 해방노예 자이드Zayd 등 그와 가까운 소수에 불과하였다. 그러나 계시가 내리기 시작하여 3년이 지날 때 신은 무함마드

12 완성된 종교 이슬람에 대해서는 『꾸란』 5 : 4, 종교를 강요하지 말라는 내용은 『꾸란』 2 : 256 참조.

13 『꾸란』 48 : 8.

14 Caesar E. Farah, *Islam: Beliefs and Observances*, New York: Barron's Educational Series, 2000, p.41.

에게 더 적극적인 공중포교를 명령하였고, 그가 대중 앞에 나서 복음을 전하고 메카의 오랜 종교적 전통 속의 신의 개념들을 무가치한 것으로 공격하기 시작하자 상황은 차차 긴박하게 바뀌어갔다. 사실상 그가 설교 속에서 외친 알라Allāh는 메카의 지식인들에게는 새로운 존재가 아니었다. 당시 카아바 신전에는 아랍의 여러 부족들이 제각기 숭배하는 여러 우상들이 안치되어 있었는데, 알라는 이러한 우상과 여러 신들 중 최상인 '최고신' 이라는 막연한 개념의 존재로 알려져 있었다. 그런데 무함마드가 행하는 설교의 문제는 알라만을 숭배해야 한다는 독점성에 있었다. 그의 새 교리를 받아들이려면 다른 모든 신들을 자연히 버려야만 하고, 그것은 조상대대로 이어져 오던 기존의 전통적 종교관을 버리라는 것이었다. 이 새로운 가르침에서의 최대 문제는 그들의 조상들 모두를 지옥 불에 던져지게 하는 것이었다. 게다가 그의 주장은 한결같이 아랍사회의 기존 가치관에 반하는 것이었다. 다신교적 우상숭배를 부정할 뿐 아니라 고리대금, 도박, 음주, 난혼 등 전통적으로 내려오는 아랍의 고대관습 모두를 금해야 한다는 것이었다. 이것은 기존의 종교관, 기존의 사회가치관에 근원적인 개혁을 요구하는 극히 도전적인 내용이었다. 메카 대상인 지배층의 강한 반발에 부딪칠 수밖에 없는 내용들이었다.

그러나 무함마드가 이들로부터 소외당하고 박해를 받을 수밖에 없었던 것은 이러한 종교적 · 사회적인 이유뿐만 아니라 정치적 · 경제적인 이유가 더 컸다. 새로운 예언자의 출현이란 늘상 있어 왔던 일로 대수롭지 않게 받아들여질 수도 있었다. 그러나 무함마드가 설교하는 새로운 사회정의와 윤리관은 메카의 기존질서를 파괴하는 것이었으며, 그것은 한마디로 신의 섭리에 순종하고 정의로운 복지사회를 이룩하자는 것으로서 젊은 신세대의 마음을 사로잡는 내용의 것이었다. 무함마드에게 모여드는 동조자

수가 점차 늘어나 약 30여 명에 이르게 되자, 이제는 이 종교운동의 정치적인 영향을 고려하지 않을 수 없게 되었다. 이들이 정치조직화하고 무함마드가 메카의 새로운 지도자로 부상할 조짐이 보였기 때문이다. 꾸라이쉬 지배계층은 이 종교운동의 정치세력화를 사전에 봉쇄해야 할 필요를 느끼게 되었다. 이 새로운 자칭 예언자가 그들의 눈에는 한 잠재적인 정치적 인물로 비추어졌던 것이다.[15]

경제적 이유를 보면, 무함마드가 주장하는 일신교 체제 아래에서는 전통적으로 지속되어 오던 아랍 부족들의 메카 순례 행사가 없어져야 할 터인데, 이것은 메카에 해마다 이익을 가져오는 막대한 순례 수입금이 사라진다는 것을 의미하였다. 순례는 메카의 꾸라이쉬족에게는 교역 다음으로 중요한 수입원이었다. 뿐만 아니라 이보다 더 본질적인 것은 부의 소유와 가치관에 관한 견해 차이가 생겨났다는 점이다. 무함마드의 교설에 따르면, 메카 대상인 계급 사람들이 소유하고 있는 재물들은 모두가 신의 것이며, 그들은 단지 그것의 신탁자에 지나지 않는다는 것이었다. 게다가 그는 재화의 축적이나 비도덕적 상행위에 대해서도 매우 비판적이었다. 부자가 재물을 쌓아놓고 인색하게 사는 것은 결국 큰 재앙을 불러올 가장 위험한 행위라고 경고했다. 특히 고아나 가난한 자가 갖고 누려야 할 권리에 대한 주장이나 부의 분배 같은 그의 새로운 교설[16]은 메카의 하층민과 신세대 젊은이들에게 호소력이 있었다. 아마도 이것이야말로 그들이 무함마드를 지지하고 추종하게 된 첫 번째 이유였을 것이다.[17]

이러한 요인들 때문에 메카인들은 무함마드와 그의 추종자들을 심하게

---

15 Hitti, 앞의 책, p.12.

16 『꾸란』 70 : 18, 24~25.

17 Farah, 앞의 책, p.42.

박해하기 시작하였다. 처음에는 '그가 영마에 씌인 미친자'[18]라거나 '정령에 사로잡힌 시인' 또는 '거짓말 하는 주술가'[19]라고 말하면서 그의 언행을 일축해왔는데 이제 상황이 바뀐 것이다. 그들은 먼저 하심가의 가장 아부 딸립에게 무함마드를 설득하여 스스로 종교운동을 포기하게 하거나 저지해줄 것을 요청하였다. 또 무함마드를 공개적으로 지지하는 사람에게는 상업적 봉쇄조치를 취하고 경제적 보복을 하기로 결정하였다. 특히 하층 계급의 무함마드 추종자들에게는 가혹한 박해가 가해졌다. 그들은 몰매를 맞거나 감금되고 음식과 물을 빼앗겼으며, 심지어는 한낮의 뜨거운 햇볕에 알몸을 드러내놓고 살을 태우는 고문을 받기도 하였다. 무슬림이 된 빌랄Bilāl이라는 흑인 노예는 무거운 바위덩이를 가슴에 매달고 작열하는 태양 아래에 서 있어야 했다. 잔혹한 그의 주인은 "네가 무함마드를 거부하고 알 라트al-Lāt와 알 웃자al-Uzzā를 섬길 것이냐? 그렇지 않다면 너는 죽을 때까지 여기서 꼼짝 못할 것이다." 빌랄은 참지 못할 고통 속에서도 "오직 한 분, 오직 한 분!" 이란 말만 되풀이하였다.[20] 신의 유일성을 반복하여 외친 것이다. 무함마드의 가장 가까운 친구인 아부 바르크는 빌랄의 주인의 이러한 무자비한 행동을 질책하고, 이교도인 그의 흑인 노예와 빌랄을 교환하였다. 그러고 나서 빌랄을 해방시켰다. 빌랄은 그 후 무함마드 곁에서 예배시간을 알리는 무앗진mu'adhdhin(아잔을 부르는 사람)이 되었다. 또한 마크즘Makhzum족의 족장 아부 자흘Abū Jahl은 무슬림에 대한 경제전쟁을 선포하였다. 하쉼 가문에는 경제 · 사회적인 제재가 가해져 결국 격리되고 불거래 대상이 되어 고통스런 고립의 3년을 보내야 했다.[21] 그의 삼촌

---

18 『꾸란』 81 : 22.

19 『꾸란』 38 : 3.

20 Ibn Ishāq Muḥammad, *Sīrat Rasul Allāh (Life of Muḥammad)*, trans. Alfred Guillaume, London: Oxford University Press, 1967, pp.143~144.

아부 딸립은 조카의 생명과 안전을 걱정하여 무함마드에게 그의 선교운동을 그만둘 것을 종용하였으나 조카의 대답은 신념에 찬 것이었다. "나는 신의 뜻에 따라 성공하거나 또는 내가 죽을 때까지 이 사명을 버리지 않을 것입니다. 비록 그들(꾸라이쉬)이 내 오른손에 태양을, 왼손에 달을 올려놓는다 할지라도!!"[22] 아부 딸립은 개인적으로는 이슬람을 끝까지 받아들이지 않았지만 가문의 명예를 걸고 무함마드의 안전을 지켜주었다. 동태복수법Lex-talionis 관행이 지배적이었던 당시 아랍사회에서 가장의 보호 속에 있는 것만큼 생명의 안전을 도모할 수 있는 길은 없었다.

무슬림들에 대한 메카 지배층의 박해는 날로 심해져 615년에 이르러서는 무함마드의 추종자 82명이 아비시니아Abyssinia(에티오피아)로 이주를 해야 했다. 그것은 피난길이었다. 이때에도 메카의 꾸라이쉬들은 이들을 아비시니아로부터 강제 송환시키기 위해 통치자였던 네구스Negus에게 메카의 대표자를 파견하여 그들의 송환을 공식 요청하였는데, 기독교인이었던 이 통치자는 무슬림들의 결의와 신앙심을 보고는 정중히 이를 거절하였다고 한다. 포교 10년째가 되는 619년은 무함마드에게 가장 어려운 해였다. 역경 속에서도 항상 마음의 기둥이 되어주던 숙부 아부 딸립이 세상을 떠났고, 훌륭한 내조자였던 부인 카디자도 죽어 그는 실의와 절망 속에 놓이게 된다. 게다가 아부 딸립의 형제이자 상인으로 성공한 무함마드의 또 다른 숙부 아부 라합Abū-Lahab이 하심가의 새로운 가장이 되자 그는 무함마드에 대한 보호권을 포기하였다.[23] 이제 무함마드는 전보다 훨씬 더 신변의 안전을 보장받기 어렵게 되었다. 계속 새로운 신자들이 생겨나고

---

21 Sydney Nettleton Fisher, *The Middle East, a History*, New York: Knopf, 1967, p.34.

22 Abd al-Malik Ibn Hishām, *Sīrat Rasūl Allāh (The Life of Muḥammad)*, trans. Alfred Guillaume, London: Oxford University Press, 1956, p.119.

23 같은 책, p.36.

있었음에도 불구하고 예언자로서 무함마드의 활동과 위치는 더 위축되었다. 한 가지 경사스러운 일은 꾸라이쉬 부족 내에서 가장 명망이 높던 오마르 빈 알 카땁'Umar b. al-Khaṭāb이 입교한 일이다. 메카사회에서 그를 무시할 수 있는 사람은 아무도 없었다. 그는 무함마드의 오른팔이 되었으며 무함마드 사후에는 아부 바크르의 뒤를 이어 무슬림 공동체의 제2대 칼리파가 된다.

무함마드는 메카를 떠나 종교적 기반을 닦고 쌓을 새로운 도시를 찾아야 했다. 여러 생각 끝에 그는 새 선교지로서 메카로부터 동방 60km 고지에 있는 비옥한 오아시스 지역 따이프Ṭāif를 택하였다. 이 도시는 오늘날까지도 부유한 메카인들이 즐겨 찾는 여름 휴양지로서, 당시에는 여신 알 라트를 섬기고 있었다. 그러나 전도하러 간 무함마드는 냉담한 반응에 돌 세례만을 받고 도시입구에서 쫓겨나고 말았다. 이와 같이 메카 포교 10년간은 참담한 실패만을 거듭했으며, 박해와 수난의 시기였다. 그러나 포교 11년째에 접어든 620년, 어둠과 좌절 속에 빠져 있던 그 앞에 서광이 비쳤다. 메카 북방 400km 떨어진 야스립Yathrib에서 여섯 명의 순례객이 메카에 왔다가 무함마드의 설교를 들은 후 깊은 종교적 감명을 받은 것이다. 그들 중 다섯 명이 다음해(621년) 순례 때 야스립의 또 다른 유력 인사 7명과 함께 메카로 다시 와, 무함마드를 예언자로 받아들이는 알 아까바al-Aqaba 서약을 맺는다. 그리고 이어서 622년 6월 순례 때에는 75명(남 73, 여 2)의 야스립 사람들이 알 아까바 계곡에서 이슬람을 받아들이고, 알라와 그의 사자使者 무함마드를 위해 싸울 것을 맹세한다. 두 번째 알 아까바 서약이 행해진 것이다. 같은 해 무함마드는 신神으로부터 이주에 대한 계시를 받고 무슬림 모두가 야스립으로 옮겨가는 이주hijrah를 단행한다. 일족을 버리고 떠난다는 것은 당시 아라비아 사회에서는 자살행위와 다름없는 짓이었다. 메카의 꾸라이쉬들은 무함마드의 추종자들이 친족과 고향을 버린 것에 대해 크게 분노했고, 그들의 신들에게 "일족과의 인연을 끊고 불명예스럽게 행동한 이들에게 재앙이 내려지기를" 기도했다.[24] 그러나 약 200여 명의 무슬림들은 메카에서 나와 무사히 야스립에 도착하였다. 622년 7월 16일의 일이었다. 이슬람 역사에서는 이 이주의 해를 매우 중시하고 있다. 이슬람 공동체가 만들어져 이슬람국가가 태동하는 시점인 동시에 이슬람력(히즈라력)의 원년이 되는 해이기 때문이다.[25]

무함마드의 생애는 신의 사자로서 산 '예언자 시기(610~632년)' 와 그 이전에 평범한 메카 시민으로 산 '범인의 시기(570~610년)' 로 크게 구분할 수 있다. 그런데 예언자 시기는 히즈라를 기점으로 다시 '메카포교 수난의 시기(610~622년)' 와 '메디나 움마ummah(공동체) 창건의 시기(622~632년)' 로 나누어진다. 앞의 시기는 고난으로 얼룩진 박해의 수난기지만, 뒤의 시기는 신의 사자로서 소명을 다하는 영광된 이슬람의 완성기이다. 무함마드는 가장 늦게 메카를 떠나왔다. 그 날은 꾸라이쉬들이 잠든 그를 공격하여 살해할 계획이 세워져 있는 날이었다. 이를 사전에 알아 챈 무함마드는 침소에 사촌 동생 알리를 대신 남겨두고는 친구 아부 바크르와 사지를 빠져 나올 수 있었다. 그 후 야스립으로 가는 도중의 한 동굴에서 그와 아부 바크르는 3일 동안 숨어 지냈는데, 그를 추격해온 꾸라이쉬 수색대가 동굴 안까지 들어왔지만 잔뜩 쳐져 있는 거미줄을 보고는 그냥 되돌아간다. 후대 무슬림들은 이 사건을 신의 섭리에 의한 기적적인 일로 말하고 있다. 어떻든 무함마드는 9월 24일, 메카의 추적자들을 피해 무사히 야

24 Ibn Hishām, 앞의 책, p.342.

25 제2대 칼리파 오마르 빈 알카땁은 7년 뒤인 639년, 이 날(622. 7. 16)을 이슬람력이 시작되는 역사적인 날로 선포하였다.

스립에 도착한다. 야스립은 이때부터 메디나Medina(원래는 메디나 안 나비 Medina an-Nabī, 예언자의 도시라는 뜻)로 개명되어 불리게 된다.

실상 메디나 사람들이 무함마드를 초청하고 받아들인 것은 6세기 초부터 거의 1세기간 계속되어온 내부분쟁 때문이었다. 메디나에는 나디르 Nadir, 쿠라이자Kurayzah, 카이누카Kaynuka라는 세 유대족을 포함하여 알 아우스, 알 카즈라즈 등 11개 아랍 씨족들이 살고 있었는데, 모두가 오아시스 농업에 의존하며 생계를 이어오고 있었다. 그런데 일정 토지에서 산출되는 식량의 수급 문제를 둘러싼 씨족간의 심한 생존경쟁과 반목 때문에 이를 해결해줄 불편공정不偏公正한 조정자를 찾고 있었다. 사막의 베두인뿐만 아니라 정착 농경민에게도 전통적으로 유용되어오던 동태복수법(탈리오 법칙) 때문에, 오아시스 농경지라는 제한된 공간 내에 사는 이들에게 묵은 분쟁에 대한 확실한 조정자가 없다는 것은 사회질서 유지에 치명적이었다. 따라서 능력 있는 조정자를 찾는 일은 오랜 필연적인 숙제였다. 이런 시점에서 야스립의 아랍인 순례객들이 메카로 갔다가 무함마드의 설교를 듣게 된 것이다. 그들은 무함마드가 그들의 중재자로서 적임이 아닐까 생각했다. 더욱이 이들은 동거하고 있던 유대인들로부터 메시아 도래의 신앙관을 들어 알고 있었고, 유일신 사상에도 익숙해져 있었으며, 신의 계시와 영감을 받는 종교 지도자에 대한 이해 역시 어느 정도 형성되어 있었다.[26]

히즈라는 이슬람교사教史의 새로운 장章을 열게 하였다. 무함마드는 메카에서부터 그를 따라 이주해온 무슬림들인 무하지룬muhājirūn(이주자들)

---

26 W. Montgomery Watt, "Muḥammad," in *The Cambridge History of Islam*, ed. P. M. Holt, Ann. S. Lamton, Bernard Lewis, Cambridge: Cambridge University Press, 1970, pp.39~40.

과, 메디나에서 그를 지지하며 받아들인 메디나의 원주민들인 안사르anṣār(지원자들)를 형제애로 묶어 신앙을 기반으로 하는 공동체인 움마ummah를 건설한다. 메디나 헌장을 만들어 채택하고 후일 이슬람 대제국으로 번성해갈 이슬람교국敎國의 기초를 닦아놓은 것이다.[27] 메디나인들로서도 움마 건설은 획기적인 일이 아닐 수 없었다. 1세기 가까운 혼란기를 청산하고 처음으로 그들 스스로 화합된 정치 연합체를 갖게 된 것이다. 그리고 이것은 그 뒤 다시 이어지는 1세기에 걸친 대정복의 역사에 그들 스스로가 주역이 되어 참여하고, 영광스러운 이슬람 역사의 미래를 여는 기초가 된다.

메디나에서 움마 건설에 성공한 무함마드는 메카의 꾸라이쉬들과 세 차례 중요한 전쟁을 치른다. 메디나는 시리아에서 메카로 이어지는 교역 대상로 상에 위치해 있었으므로 충돌은 불가피하였다. 사실상 무함마드에게는 메카 꾸라이쉬와의 불화와 반목은 어떤 형태로든 청산되어야만 할 선결 과제였다. 그들이 히자즈 일대에 세력을 뻗치고 있는 한, 무함마드의 선교활동은 한정될 수밖에 없었고 무슬림들은 모두가 불안한 운명에 처해 있어야 했다. 무함마드에게 메카는 반드시 선교하고 정복해야만 할 땅이었다. 지난날 그가 받은 박해가 종교적 이유에서라기보다는 오히려 정치·경제적인 이유에 바탕한 것이었기 때문에 꾸라이쉬를 굴복시키는 방법은 정치·경제적 힘이라고 그는 생각하였다.

첫 교전은 624년 4월(라마단 달)에 치러진 바드르전투였다. 이 전투에서 불과 300명 남짓한 무슬림군軍은 천 명에 가까운 메카군軍을 격파한다. 메카군은 70명이 전사하고 또 다른 70명이 포로로 잡혔는 데 비해 무슬림군은 단지 14명을 잃었을 뿐이었다. 승리의 요인은 무엇보다 신이 그들과 함께 하고 있다는 믿음이었다. 무하지룬과 안사르는 한층 더 연대와 결속의

27 상세한 것은 Ibn Hishām, 앞의 책, pp.231~234 참조.

중요성을 깨닫고 많은 전리품을 가지고 메디나로 돌아왔다. 이 전투의 승리로 무함마드의 지위는 크게 격상되었다. 전투에 참가한 무슬림들에게나 메디나에 남아 있던 사람들에게나 기적적인 이 승리는 곧바로 신앙이 되어 그들의 가슴 속에 남게 되었다.[28] 메카군軍을 이끌었던 지휘관은 지난날 무슬림 박해의 총사령관이었던 아부 자흘이었다. 그는 전사하였다. 승리의 소식이 전해지자 주변의 유목민들이 무슬림 대열에 참여할 뜻을 보내왔다. 무함마드의 종교적 권위와 정치적 입지는 월등히 높아져 명실 공히 움마의 최고 지도자가 되었다. 메디나의 전 아랍인은 공동 운명체 속에 굳게 결속되었다.

바드르전투는 메디나의 이슬람 공동체와 메카의 꾸라이쉬족 사이에 계속 치러야 할 전투들의 시작에 불과했다. 만 1년 만인 625년 3월, 메카 쪽에서는 복수의 결전을 준비하였다. 전투는 메디나 북방 약 4~5km 지점인 우후드uhud에서 벌어졌다. 우마이야가家의 가장이었던 아부 소피얀Abū Sufyan이 이끈 메카군 3천 명과 무슬림군 7백 명이 대결하였던 이 전투에서 무함마드는 75명의 무슬림을 희생시키는 큰 패배를 맛보았다.

그 후 2년 뒤, 메카의 꾸라이쉬들은 사막의 유목민과 메디나에서 쫓겨난 유대인들과 결탁하여 600기의 기병을 포함한 약 1만 명 규모의 대 연합군을 다시 조직하였다. 그리고는 627년 3월, 최후 결전을 다짐하며 메디나 원정에 나선다. 무장 기병대를 앞세운 메카측 대군은 메디나를 포위 공격하면서 쉽게 대승을 거둘 것 같았다. 그러나 전황은 시간이 지나면서 달라져 갔다. 페르시아 출신인 살만Sālman이라는 병사의 제안을 받아들여 메디나 외곽에 방어용 참호를 파서 대비했던 전략이 주효하여 메카군 기병

28 바드르전투에 대한 『꾸란』 구절은 『꾸란』 3 : 13, 기적적 승리에 대한 신앙은 『꾸란』 8 : 65 참조. 또한 Watt, 앞의 글, pp.44~49 참조.

대의 선제공격이 무산되고 전투가 장기화한 것이다. 무함마드군은 1개월 가까이 버티면서 메카 연합군의 산발적인 공격을 저지시킬 수 있었다. 오히려 메카 연합군 내에서는 병참 및 보급 문제로 끝내 분란이 일어나 퇴각을 해야만 했다. 이 전투는 참호를 파 방어에 승리하였기 때문에 칸다끄 Khandaq(참호)전투라 불리고 있다.[29] 이러한 방어전술은 일찍이 사막의 아라비아 전투역사에서는 찾아볼 수 없는 것이었다. 이 전투 이후 무함마드의 권위는 더욱 급속히 신장되었다.

그는 꾸라이쉬뿐만 아니라 대다수 아랍인들이 그의 종교를 받아들이고 알라의 예배자가 되리라는 확신을 갖게 되었다. 그는 스스로 '신의 말씀'의 전달자요, 이 땅에 보내진 '신의 예언자'로서 인류에게, 특히 전 아랍인들에게 신이 누구인지를 가르쳐주어야 한다는 소명의식을 한층 굳건히 갖게 되었다. 이즈음에 그는 메카인들의 적대감을 없애기 위해 최선의 노력을 경주하였다. 그들을 어떻게 해서든지 설득시켜 이슬람을 받아들이도록 해야했다. 그는 주변의 여러 유목민들과 차례로 동맹을 맺거나 우호조약을 체결하여 힘을 배양해갔다. 그리고 628년, 메카와 알 후다이비야al-Hudaybiya 조약을 맺어 정전이 이루어진다. 이제는 등 뒤에 적을 두고 있다는 두려움 없이 세력을 넓히고 이슬람 포교에 힘을 쏟을 수 있게 되었다. 뒤이은 2년 동안, 남부 팔레스타인 쪽과 북부의 정착민들과 베두인 부족에 대한 12차례 이상의 원정이 이루어졌다. 사해 남단 끝에 위치한 무으타Mu'tah까지 원정대가 파견되었다. 이 원정은 잠시 소강상태에 있던 시리아 쪽으로의 무역 통상로에 대한 지배권을 확고히 확보하려는 의도에서 치러진 것으로 알려져 있다.[30] 이 원정 기간 동안, 이슬람 역사 초기에 가장

29 칸다끄전투에 관한 『꾸란』 구절은 『꾸란』 33 : 9~27 참조.

30 Hitti, 앞의 책, p.21.

두드러진 무공을 세우는 두 인물인 칼리드 빈 알 왈리드Khālid b. al-Walīd 와 아므르 빈 알 아스Amr b. al-'Ās가 무슬림이 되었다. 이제 이슬람 공동체는 아라비아반도에서 가장 강력한 세력이 되었다. 메카의 꾸라이쉬족의 권세를 크게 앞지르게 되었던 것이다. 신앙은 공동체의 결속력이자 힘의 원동력이었으며 공동체는 국가 그 자체였다. 이때까지 이슬람은 메디나 지역의 종교였으나 이제는 한 지역의 차원을 넘어서게 되었다. 그리고 이제 이슬람은 종교만이 아니라 정치 그 자체로 인식되었다.

630년 1월, 무함마드는 무슬림군 1만 명을 거느리고 대망의 메카 원정에 나선다. 메카의 꾸라이쉬들은 이제 그의 적수가 못되었다. 그의 군대는 네 그룹으로 나뉘어 메카에 입성하였는데, 무슬림군은 단지 2명만이 전사했고 메카군은 28명이 죽었다. 오랫동안 꿈꾸어 오던 메카 입성이 거의 무혈로 이루어진 것이다. 꾸라이쉬족의 장長이었던 아부 소피얀을 비롯한 메카인들은 20년간 대적하고 박해하였던 이슬람을 스스로 받아들여야 하는 운명을 맞았다. 카아바 신전의 여러 우상들이 모두 폐기되고 카아바는 이슬람의 성전이 되었다. 아브라함의 유일신 신앙을 되찾게 된 것이다. 360여 개에 달하던 우상들을 버리면서 무함마드는 "알라 아크바르Allāh Akbar(신은 위대하시다), 진리가 왔도다, 거짓은 사라져라!" 라고 크게 외쳤다고 한다.

메카는 이슬람의 성지가 되어 새로운 역사적 소명을 받고 재생의 새 길을 걷게 되었다. 메카의 이슬람화는 곧 전 아라비아반도의 이슬람화를 의미하였다. 아랍부족 중 가장 강성했던 꾸라이쉬들이 무슬림화한 것은 또한 아라비아반도의 거의 모든 아랍부족 집단들이 이슬람화하는 과정을 낳게 하였다. 히즈라 9년(631년)에는 자르바Jarba, 아드루흐Adhruh, 마끄나Maqna의 유대인들과 아끄바흐Aqbah의 기독교인들과도 평화조약을 맺었다. 아라비아의 여러 다른 지역도 병합하거나 조약을 맺었다. 각 대표단들이 신의 주권에 충성을 표하기 위해 여기저기서 모여들었다. 아랍 부족들은 특별한 신앙심이나 종교적 확신이 없이도 합병되었고 무슬림 공동체는 이들로부터 단순한 '신앙고백'이나 혹은 인두세를 받는 것으로 만족했다. 지금까지 어떤 인물에 의해서도 통솔되거나 어느 누구에게도 복종하지 않던 아랍인들이 무함마드에 의해 지배당하게 되었다. 그의 고귀한 사명과 신앙, 높은 도덕성을 따르게 된 것이다. 움마는 이제 단순한 메디나 공동체가 아니었다. 전 아라비아를 지배하는 이슬람 공동체가 되었다. 아라비아 반도에 역사상 처음으로 이슬람에 의한 통일 아랍 국가가 일어나는 그런 시점을 맞은 것이다.

히즈라 10년째인 632년, 22년간 계속되던 신의 계시가 끝났다. 이 해, 무함마드는 대 순례단을 인솔하고 메카 순례를 행하였다. 이것을 이슬람 역사는 무함마드의 고별 순례여행이라 부른다. 수많은 사람들이 그와 함께 순례를 했으며, 카아바 주위를 7번 돌고, 신성한 흑석에 입을 맞추었다. 그리고 이것은 그 후 순례자들의 정례의식으로 자리잡게 된다. 이 순례에서 돌아와 3개월 후 그는 병으로 누워, 6월 8일, '신의 길'을 위해 살아온 위대한 한 예언자로서의 생을 마친다. 그날은 기록적으로 무더운 날씨였다. 카디자 이후 가장 사랑했던 부인으로 알려져 있는 아이샤의 무릎을 베고 이 마지막 신의 사자는 조용히 눈을 감았다.[31]

---

31 Ira G. Zepp, *An Muslim Primer: Beginner's Guide to Islam*, Christian Classics, 1992, p.35.

3. 무함마드의 지위와 업적

서구인들은 무함마드가 인류에게 끼친 종교적 영향이나 역사적 역할을 폄하하거나 제대로 이해하지 못하는 경향이 있다. 특히 기독교인들은 신의 예언자, 신의 사자로서 그에게 맡겨진 사명과 활동을 인정하지 않으려 한다. 그것은 유대인들이 예수를 인정하지 않았던 것과 엇비슷하다. 중세 기독교인들은 무함마드를 거짓예언자로 말하고 경멸의 대상이 되는 인물로 그려내었다. 유대인들이 예수를 사기꾼으로 대하였듯이 그들의 눈에 비친 무함마드도 역시 한 사기꾼에 지나지 않았던 것이다. 단테의 신곡 지옥 편에서 무함마드는 몸이 두 동강이 나 지옥에 떨어져 영원히 저주받는 영혼들의 우두머리로 묘사되었다. 서방의 우화가들은 옥스퍼드Oxford 영어사전에 기록되어 있는 무함마드의 여러 이름들 중 하나인 마우메트Maumet를 우상idol, 꼭두각시puppet, 인형doll의 의미로 자주 사용하였고, 세익스피어도 그의 『로미오와 줄리엣』에서 이 단어를 사용하였다. 같은 이름들 중의 하나가 머훈드Mahound인데, 아직까지도 이 말은 서구에서는 사탄이나 악령을 표현하거나 가장 경멸스런 인물에게 붙여지는 이름으로 널리 사용되고 있다. 히티는 이 말이 영어권에서 우상숭배대상에게 자주 붙여서 사용되는데, 서구인들이 인류역사상 가장 위대한 우상파괴주의자였으며 유일신 신봉자들의 챔피언 같은 무함마드를 그렇게 표현한 것은 아이러니컬하다고 말하였다.[32] 20세기 말, 영국의 인도출신 작가 살만 루시디Salman Rushdie가 그의 소설 『사탄의 시』에서 동명의 인물을 등장시켜 무함마드를 크게 모독하였다 하여 이란 이슬람혁명의 주인공 아야톨라 호메이니Ayatollah Khomeini(1902~1989년)로부터 사형선고를 받은 것은 유

32 Hitti, 앞의 책, p.23.

명한 일화다.

서구인들이 무함마드의 종교적 역할을 이해하기 어려운 것은 첫째, 예언자 혹은 선지자 같은 종교적 인물이 갖추어야 할 고귀한 위상에 대한 고정관념 때문이다. 그들은 무함마드가 무학이고 평범한 인물이었는데, 어떻게 위대한 예언자, 신의 사자로서의 역할을 할 수 있겠는가? 하는 의구심 가진다. 그러나 무슬림들은 바로 그 점이 신의 능력이라고 말한다. 둘째, 서구인들은 무함마드의 정치적 활동과 업적을 이유로 그를 진정한 종교지도자로 간주하지 않으려 한다. 그것은 정치와 종교, 국가와 교회를 분리하는 기독교의 가르침과 전통 때문이다. 정교일치사상을 표방하는 이슬람과는 근본적으로 다른 개념이다. 셋째, 중세 서구인들이 갖고 있던 무함마드에 대한 편견과 왜곡된 기술 때문이다. 위에서 보았듯이 중세 이후 서구 기독교세계에서는 무함마드를 저주받은 가장 사악한 인물로 묘사해 왔다. 아마도 그것은 십자군전쟁을 비롯하여 오랫동안 이슬람세계와 서구가 적대해온 역사적인 갈등관계 때문일 것이다. 서방세계는 적어도 8세기에서 18세기까지 문화적 · 경제적으로 이슬람세계보다 열등한 위치에 있었고, 그러한 열등의식과 종교적 이유 때문인지 사실상 중세 내내 무함마드를 왜곡시키는 정치적 · 문화적 선전을 일삼아 왔다. 그 결과 무함마드의 지위와 위상에 대한 편견과 오해의 층이 겹겹이 쌓이게 된 것이다.[33]

무함마드는 세상에 온 예언자들 중에서도 가장 현실적 삶을 산 인물이다. 그의 생애 중의 활동과 업적은 역사기록들 속에 생생히 보존되어 있다. 그에 대한 전기 중 가장 오래된 것은 이븐 이스하끄Ibn Iṣhāq(768년 사망)가 쓴 『무함마드 전』인데 원본은 전해오지 않고 그 원본에 손질을 한 이븐 히샴Ibn Hishām(833년 사망)의 수정판이 전해지고 있다. 전기류로 손꼽

33 Watt, 앞의 글, pp.31~36.

히는 저술로는 와끼디Waqidi(822년 사망)의 『전쟁의 서*Kitāb al-Maghāzī*』가 있다.[34] 그의 언행을 모은 권위 있는 『하디스집』으로는 부카리Bukhari(870년 사망)의 것과 무슬림Muslim(874년 사망)의 것이 가장 유명하다. 『꾸란』 및 이러한 기록들에 의거하여 그가 가졌던 종교적 · 정치적 · 사회적인 지위와 그가 남긴 역사적 업적을 살펴보면 다음과 같다.

무슬림들은 예언자로서 무함마드가 출현한 이유를 『꾸란』에 전거하여 믿고 있다. 『꾸란』에 의하면 아담 이래 인류는 원래 한 움마를 이루고 살았는데, 서로 다투고 대립하면서 여러 다른 공동체로 분열되었다. 신은 인간들 사이의 분쟁을 해결해주고 올바른 길로 그들을 인도해주기 위해 각 공동체에 신의 사자와 예언자를 보낸다. 이들은 신의 말씀과 계시를 이 땅에 전하고 실천하는 진리의 수행자들이었다. 어느 공동체는 처음부터 신의 가르침과 경고를 무시하고 신이 보낸 사자를 거부하였으며, 그 때문에 그들은 벌을 받아 지상에서 멸망하였다. 그리고 어느 공동체는 신의 사자를 따르고 신에게 귀의하는 바른 집단이 되었다. 그러나 후자의 공동체에서도 얼마 지나지 않아 다시 분쟁이 일고, 진리는 순수성을 잃거나 은폐되고 개조된다. 때로는 신의 은혜를 독점하여 받았다고 생각하는 사상을 낳거나, 또는 인간에 지나지 않는 신의 사자를 신격화하여 믿는 신앙을 갖게 되었다. 신이 인간에게 부여해준 속성인 자유의지와 사유의 능력 때문이다. 이러한 오류들을 올바르게 하고 새로운 경고들을 전하기 위해 새로운 예언자가 파견되는데, 마지막으로 파견된 예언자가 무함마드였다. 그는 아직 경전을 알지 못하던 메카지역에 파견되었다. 물론 그가 전한 계시와 경고들은 메카와 그 주변 사람들에게 국한된 것은 아니었다. 그것은 보편적 진리였다. 다시 말해 그가 가져온 경전 『꾸란』은 이전의 경전들인 모세의

34 R. A. 니콜슨, 사희만 옮김, 『아랍문학사』, 민음사, 1995, 219쪽.

오경과 다윗의 시편, 예수의 복음서를 확증해주고 보완해주는 것이었다. 그래서 그는 『꾸란』이 '순정의 경전' 임을 거듭 강조하였다. 『꾸란』에서 이슬람은 유대교도도 기독교도도 아니었던 이브라힘(아브라함)의 신앙에 기초하고 그 종교전통을 이어받은 종교임을 표방하고 있다.

> "성서의 백성들이여 너희들은 어찌하여 아브라함에 대해 논쟁을 하는가. 구약이며 신약이 아브라함 이후에 계시되었다는 것을 너희가 알지 못하느냐.… 아브라함은 유대인도 아니고 기독교인도 아니었다. 그는 하니프 무슬림이었다.… 하나님은 신앙인들의 보호자이시니라."[35]

이브라힘은 순수한 일신교도인 하니프Hanīf였다. 신께 절대 복종하였고 신의 뜻에 모든 것을 신탁하던 모범적인 신앙인이었다. 이슬람은 그런 신앙 위에 세워진 종교이다. 이슬람이란 말의 뜻은 '신의 명령에 복종하고 신의 의지에 귀의하는 것' 이다.

『꾸란』에서 언급된 무함마드의 지위는 예언자nabī이자 신의 사자rasūl Allāh이다. 예언자는 '신이 그에게 말씀하였던 자' 를 의미하는 데 비해 신의 사자는 "신의 선택을 받아 신의 말씀을 전하는 책임을 맡고 보내어져 이 땅에서 그것을 직접 실행한 자" 이다. 모든 라술은 예언자이지만 예언자 중에서 라술은 극소수이다. 서구에서는 무함마드를 통칭 '예언자Prophet' 로 일컫고 있지만 무슬림세계에서 쓰이고 있는 그의 일반적 호칭은 '신의 사자' 이다. 메카 계시 초기에 계시의 전달자, 경고자로 등장하였다가 곧 예언자로 불려졌다. 그리고 "오! 예언자여, 실로 우리는 증인으로서, 복음의 전달자로서, 또 경고자로서 그대를 보냈도다. 또한 하나님의 허가에 따라 하나님께로 인도하는 선교자로서, 밝은 빛을 내는 등불로서 그대를 보

35 『꾸란』 3 : 65, 67~68.

냈도다"[36]라는 계시를 통해 신의 사자로서의 소명이 주어졌다. 신의 말씀을 이 땅에 전하고, 내세뿐만 아니라 현세의 일에 관련된 신으로부터의 명령사항을 이 땅에서 실행에 옮긴 신의 사자인 것이다.

『꾸란』에서 언급된 예언자의 수는 25~28명인데, 그 중 가장 돋보이는 예언자는 아담, 노아, 아브라함, 모세, 예수, 무함마드이다. 그리고 이들은 모두가 동등한 지위이며 대다수가 구약의 인물들이다. 아브라함은 그들 중에서도 무함마드가 가장 존경한 예언자로 등장한다. 『꾸란』의 한 장(제14장)이 아브라함에 관한 것일 뿐만 아니라 다른 25개 장에서도 무려 75번이나 나타난다.[37] 『신약성서』의 인물 중에서는 자카리야, 요한, 예수, 마리아 등 단지 4명만이 명시되어 있다. 무함마드 역시 아브라함, 모세, 예수 등과 똑같은 동렬의 위치에 있다. 다만 다른 것은 그가 '최후의 예언자'라는 점이다. 무함마드를 통한 계시에서 신은 앞선 경전들을 순화, 보완, 종합하여 종교를 완전하게 하였다는 점을 이슬람은 강조한다. 무함마드는 예수의 뒤를 이어 이 땅에 보내어진 신의 사자이자 최후의 예언자인 것이다. 그리고 종교는 그를 매개로 하여 인류에게 전한 '이슬람'으로 완성된 것이다. 따라서 새로운 계시, 더 이상의 예언자는 필요하지 않게 되었다. 그러므로 무함마드는 '예언자들의 봉인Khatam'으로서 예언자 체인의 마지막이라고 무슬림들은 믿고 있다. 이것은 '알라Allāh는 유일한 존재'라는 유일신 신앙에 다음가는 그들의 믿음이다. 이슬람 신앙의 다섯 기둥은 신앙증언Shahāda, 예배, 구빈종교세Zakāt, 단식, 순례인데, 그 중에서도 첫 번째인 신앙증언은 "알라 이외에 신은 없다. 무함마드는 신의 사자이다"라고 말하는 것이다. 이 증언을 하면 곧바로 무슬림이 된다.

---

36 『꾸란』 33 : 45~46.

37 Hitti, 앞의 책, p.11.

한편 움마에서의 그의 지위는 메디나 헌장의 다음과 같은 표현에 잘 나타나 있다. "공동체 내의 분쟁은 알라에게, 그리고 알라의 사자에게 맡겨진다." "무하지룬을 한 단위로, 안사르(메디나의 8개 씨족)를 한 단위로 하여 몸값을 부담한다." 움마 형성 초기 무함마드의 정치적 지위는 무하지룬의 장Sayyid에 지나지 않았다. 그렇지만 중시해야 할 것은 그가 분쟁의 조정자·중재자였다는 사실이다. 그는 공동체 구성원들 간의 갈등과 이견을 부드럽게 조정할 수 있는 능력의 소유자였다. 무슬림들은 그의 판단에 따랐고 움마 내의 여러 문제들이 해결되었다. 그는 또한 뛰어난 통찰력의 소유자였고 조직력을 가진 인물이었다. 신의 사자인 동시에 중재자였던 그는 점차 움마의 정치적 실권을 쥐게 된다. 또한 바드르전투를 비롯한 여러 군사원정에서 그는 군 지휘권도 장악하였다. 군사적 승리와 이러한 군 지도자qā'id로서의 지위는 그의 정치적 권위를 한층 증대시켰다. 따라서 생애 말기, 메디나 움마에서의 그의 위치는 움마 형성 초기 때의 정치적 지위가 아니었다. 다시 말해 그의 종교적 지위는 변함이 없었지만, 이제 그는 국가 형태를 갖춘 이슬람 움마의 입법, 사법, 행정, 군사 등 모든 측면에서 실제 권력을 행사하는 움마의 통수권자가 되었던 것이다.

무함마드의 가장 두드러진 정치적 업적은 종교와 국가라는 개념을 가진 이슬람 공동체인 움마를 건설한 일이다. 이 공동체는 정교합일政敎合一의 이슬람 정부 체제를 갖추고 있었다. 『꾸란』의 가르침에 따라 통치가 이루어지고, 어려운 국사결정은 슈라shura(협의)를 통해 이루어졌다. 예언자는 '신의 대리인'이자 합법적인 최고의 통치자였다. 그는 국가의 수장으로서 세속적 권위와 신성한 종교적 권위를 구별하지 않고 함께 행사하였다. 이슬람을 통치원리와 기반으로 하는 이러한 체제하에서는 구성원들이 부족 연대의식이나 종족에 대한 충성심, 즉 집단감정aṣabiyya을 초월해야 했다.

아랍이라는 종족감정과 연고관계의 유대보다는 신앙을 기반으로 하는 유대와 결속의 관계가 조장되고 형성되어 갔다. 그들은 샤리아Sharī'a(이슬람법)에 의해 통치되는 종교국가의 일원이 된 것이다. 이 국가는 종교공동체 국가로서, 교회는 예배장소이자 군사훈련장이고 또한 공공재판소로 사용되었다. 국가의 결속력은 지하드jihād(성전) 정신에 의해 가일층 강화되어 갔다. 그 결과 이슬람 움마는 무함마드 생전에 이미 전 아라비아 반도를 지배하게 된다. 그리고 그의 사후 불과 20년 후에 페르시아의 사산조를 무너뜨렸고, 비잔틴 로마 제국에 속해 있던 시리아, 이집트 지역을 병합하였다. 또한 그의 사후 100년째 되는 때에는 펀잡에서 피레네에 이르는, 사마르깐드에서 모로코에 이르는 이슬람 대제국을 이룩하게 된다.

그가 이룩한 사회적 업적 또한 놀랄 만한 것이다. 그는 이슬람 이전 시대 Jāhiliya(자힐리야 시대), 즉 고대 아랍 유목민 사회에 만연되어 있던 악습과 부도덕한 전통을 깬 사회개혁운동가였다. 미신과 우상숭배 사상에 종지부를 찍고, 신생여아의 생매장, 음주, 난혼, 도박 등 구 시대의 패덕하고 방종한 생활 악습들을 종식시켰다. 그리고 사회윤리, 도덕에 대한 새로운 가치관을 갖게 하였다. 특히 그의 시대까지 상호 안전보장을 위해 사회 규율로 지켜지던 동태복수법의 피의 복수를 금하게 하고 보상금 또는 속전으로 그것이 대체될 수 있도록 노력하였다. 그는 개인 재산과 생명의 신성함·존엄성을 강조하였다. 여인의 상속권, 결혼권 등 가족과 사회에서의 여권 존중과 지위보장을 주장하였다. 더 중시할 것은 그가 『꾸란』에 근거하여 만민평등사상을 주창했다는 점이다. 그가 타계하던 632년, 소위 '고별의 순례'에서 그는 인류평화선언이라 할 만한 유명한 마지막 설교를 하였는데, 여기서 그는 사유재산의 신성함, 유산상속문제, 이자의 금지, 살인 복수의 금지, 부부간 권리, 노예 처우와 해방문제 등 인간 상호간에 필요한 평화지침을 제창하였다. 뿐만 아니라 인간 모두는 인종, 민족, 국가, 피부색, 계급, 신분, 언어에 관계없이 신 앞에 평등하다는 인간평등선언을 하였다. 그는 인간의 우열은 선행을 실천하고 신을 경외하는 정도 이외의 어떤 경우에서도 가늠될 수 없다는 진리를 가르쳤다. 또 겸손이 교만보다 우위에 있다는 것과 관대함, 덕, 인내가 무엇인지도 보여주었다. 그는 박애정신과 인도주의의 실천가이기도 했다. 20년간 박해하고 자신의 생명까지 위협하던 적대자들을 받아들였고 신의 용서를 빌어주었다. 그가 주창한 형제애와 평등사상은 아마도 이슬람이 세계화하고 보편적 종교로 퍼져가는데 가장 중요한 밑거름이 되었을 것이다.

그는 내세뿐만 아니라 현세에도 인간이 행복하게 사는 길을 가르쳐준 성인이었다. 인간이 만물의 영장이고 알라께서 창조한 모든 피조물은 인간에게 유용히 쓰이고 봉사하기 위해 창조된 것임을 가르쳐, 인간이 곧 지상에서의 신의 대리인임을 깨닫게 해주었다. 그는 또한 어느 정도의 금욕과 자아수련이야말로 인간이 현세를 사는 정도임을 설교하였다. 부의 가치관에 대해서도 새로운 정의를 내렸다. 만물은 알라께 속하고 인간은 단지 신의 재물에 대한 관리인에 지나지 않는다는 것이다. 그가 가졌던 인품은 인자, 중용, 독신, 용맹, 인내 등으로 표현되는데, 이것은 인류가 인생살이의 귀감으로 본받아야만 할 것들이다. 그가 알라의 사자로서, 그리고 가족과 교우들 속의 한 구성원으로서, 사회·종교개혁자, 정치가, 행정가, 군인으로서 걸어온 인생은 모든 무슬림들이 알아야 할 바른 인생의 표본이 아닐 수 없다. 그러므로 무슬림들은 그의 언행이 담긴 『하디스집』을 『꾸란』 다음가는 교리서로 채택하고 있다. 하디스의 내용들은 곧 무슬림 신앙과 실천의 원리인 것이다.

그러나 무함마드는 자신이 신의 소명을 받은 예언자 이상의 존재가 아님을 스스로 거듭 강조하였다. 『꾸란』도 "무함마드는 사자rasul 이상의 그 무엇도 아니니…"[38]라고 이를 명백히하였다. 이것은 무함마드의 인성을 강조한 것이다. 그렇기 때문에 무슬림들은 기독교인들이 스스로를 크리스찬Christian이라고 부르고 있는 것과는 달리, 스스로를 무함마단Muhammandan이라고 부르는 것에 반대한다. 그는 예언자였지만 동시에 그 역시 신의 뜻에 복종하는 한 인간이었을 뿐이다. 무슬림은 글자 그대로 '신에게 복종하는 자'이며, 이슬람은 '무함마드의 종교'가 아니라 '신의 뜻에 복종하는 종교'이다. '이슬람'은 아브라함이 겪은 복종의 시험에서처럼 '절대 복종하다'라는 뜻인 아랍어 동사 '아슬라마aslama'에서 비롯된 것이다.[39]

그는 메카 정복 이후 절대군주가 될 수 있었다. 그렇지만 그는 평범한 통치자에 머물렀다. 정교일치체제에 근거하여 신권정치를 펴는 교황과 같은 통치자가 될 수도 있었다. 그러나 그는 예언자, 신의 사자라는 지위를 빌려 영적권위나 초인간적 힘을 과시하며 인간 위에 군림하는 어떤 초월적 존재나 절대자가 결코 되지 않았다. 교황의 무오류성 같은 신성의 어느 것도 취하지 않았다. 그는 왕관을 쓰지 않았으며 옥좌 대신 마루바닥에 앉아 통치했고, 스스로 옷과 신발을 수선했으며, 대추야자와 보리빵을 즐겨먹는 소박하고 겸손한 한 인간으로 남아 있었을 뿐이었다.

---

38 무함마드가 인간일 뿐임을 강조하는 『꾸란』 구절은 『꾸란』 3 : 144, 18 : 110, 48 : 29 참조.

39 Farah, 앞의 책, p.103.

제3장 | 『꾸란』과 하디스

1. 신의 말씀, 『꾸란』

『꾸란』은 어원상 '읽는 것'을 의미하지만, 신학적으로 말하면 구체화된 '신의 말씀'이다. 보통 알 키탑al-Kitāb이라고 말하거나 '성서'라는 의미를 담아 알 키탑 알 무깟다스al-Kitāb al-Muqaddas라고도 부른다.[1] 가장 널리 불리는 명칭은 알 꾸란 알 카림al-Qurān al-Karīm(고귀한 꾸란)이다. 다른 별칭으로는 알 무스하프al-Muṣḥaf(성서)가 있다. 묶어서 제본된 책을 보통 아랍어로 무스하프muṣḥaf라고 부르는데, 여기에 정관사al가 붙어 알 무스하프가 되면 경전을 의미한다. 『꾸란』 안에서 언급된 이름으로는 알 푸르간al-Furqān(거짓과 진실 사이의 판단기준), 알 푸다al-Fudā(인도서), 알 탄질 al-Tanzīl(계시되어 내려온 책) 등이 있다. 현대 무슬림들은 알 꾸란 알 무깟다스al-Qurān al-Muqaddas(성꾸란)란 이름을 자주 쓰는데, 이것은 성서the Holy Quran라는 영어식 표현에서 비롯된 것이다. 또 많은 사람들이 움므 알 키탑Umm al-Kitāb이라는 말로 『꾸란』을 표현하길 좋아한다. 모든 『성서』와 책들의 어머니라는 뜻이다. 이것은 세상 모든 지식의 원천이라는 의미이기도 하다.[2] 『꾸란』은 '영원한 것'으로, 무슬림들은 천상에 있는 원형의 정확한 복사본이라고 믿고 있다. "실로 그것은 우리에게 있는, 지고하고 지혜로 가득찬 성서의 모전母典에 있는 것이니라."[3] "보라, 이것은 영광스러운 꾸란으로 잘 보호된 서판에 있는 것이니라."[4] 그것이 대천사 가브리엘을 통해 예언자 무함마드에게 전해져 이 땅에 내려왔다. 기독교에서

1 이 말은 『성경*the Bible*』의 영어번역의 영향을 받은 것으로 특히 인도지역에서 그렇게 잘 부른다.

2 Seyyed Hossein Nasr, *Ideals and Realities of Islam*, London: George Allen & Unwin, Ltd., 1972, p.50.

3 『꾸란』 43 : 4.

4 『꾸란』 85 : 21~22.

는 신의 말씀이 "육신화되었음"[5]을 믿는데, 무슬림들은 신의 말씀이 "『꾸란』이 되어 내려왔다" 고 믿는다. 그래서 무슬림들은 '신의 말씀' 인 『꾸란』을 일생 동안 부단히 읽고 암송하면서 신에 대한 믿음과 복종을 표현한다.

또한 기독교의 성경이 여러 시대, 여러 장소에서, 여러 사람들이 여러 언어로 오랜 기간(대략 850년 동안) 쓴 것의 결집인 데 비해 『꾸란』은 한 장소에서 한 인물에게 비교적 짧은 기간(23년) 동안 계시되어 완성되었다.[6] 또한 기독교의 『성경』이 기록자에게 내려진 기독교의 영감에 의해 쓰인 것이라면 『꾸란』은 가브리엘을 통해 무함마드에게 내려지는 것을 그대로 받아 적은 것으로, 계시의 매체는 성령rūḥ al-qūdūsi이지만[7] 말씀의 주체는 알라Allāh(하나님)이시다. 따라서 『꾸란』은 대개 "알라께서 말씀하시기를" 이라는 말로 시작되거나 신神 자신이 말씀의 주체가 되어 "(무함마드여) 말하라" 라고 명령하거나 "우리는…" 이라는 주어로 등장한다.[8]

(1) 『꾸란』의 최초 결집

제3대 칼리파 오스만은 그의 재위기간 동안에 『꾸란』의 정본正本을 보급시켜 『꾸란』이 원형그대로 오늘날까지 현존하게 하는 큰 공적을 남겼다. 원래 『꾸란』은 구전과 글(문자) 두 가지 방법으로 보존되어 왔다. 구전으로 암송되어 전해오던 방식은 무함마드가 대천사 가브리엘로부터 계시를 전달받을 때부터 이어져온 『꾸란』 전승의 기본적 형태로서, 오늘날까지 수많은 무슬림들이 이 길을 지켜오고 있다. 『꾸란』 암송자는 하피즈Hafiz라

5 「요한」 1 : 14.

6 Ira G. Zepp, *An Muslim Primer: Beginner's Guide to Islam*, Christian Classics, 1992, p.63.

7 『꾸란』 16 : 102, 여기서 성령은 천사 가브리엘이다.

8 알라께서는 『꾸란』에서 스스로를 우리라는 복수로 표현하였음.

고 불리며 다른 무슬림들로부터 각별한 존경을 받는다. 문자로 쓰인 것은 계시받은 『꾸란』 구절을 무함마드가 동료들(싸하바Ṣaḥābah라고 부름) 앞에서 낭송하였을 때 그들 중 일부가 양피지, 가죽조각, 얇고 평평하며 흰 돌판, 대추야자 잎이나 가지, 낙타의 어깨뼈 등 기록할 수 있는 것에 이를 받아 적은 것들이다. 계시는 메카에서의 13년, 메디나에서의 10년 등 무함마드가 예언자로서 보낸 23년간 계속되었다. 그런데 무함마드 사후, 초대 칼리파 아부 바크르에게 통치 대권이 넘어가고 그의 재위기간 동안 그가 배교자의 무리들과 벌인 야마마전투(633년)에서 약 70명에 이르는 하피즈들이 죽자, 남달리 신앙심이 깊었던 오마르 빈 알 카땁은 지체 없이 기록되어 있는 『꾸란』 구절들을 모아둘 것을 칼리파에게 진언하였다.[9] 이에 칼리파는 예언자의 서기 중 한 사람이던 자이드 빈 사비트Zayd b. Thābit에게 명령을 내려 기록된 것들과 하피즈의 머릿속에 외워져 있는 것들을 모아 최초로 『꾸란』을 집성하게 하였다. 이같이 결집된 『꾸란』은 아부 바크르가 보관했고, 그의 사후에는 제2대 정통 칼리파가 된 오마르가 보관했으며, 오마르가 죽은 후에는 그의 딸이자 무함마드의 부인인 하프사Ḥafsah가 보관하였다.

그런데 제3대 칼리파 오스만 시대에 이르자 이슬람 움마가 크게 넓어지고 새로운 정복지에서 개종자들이 점차 늘어감에 따라 『꾸란』을 잘못 암송하거나 읽는 사례가 속출하게 되었다. 뿐만 아니라 『꾸란』 독송법이 지역마다 달라지고 『꾸란』의 이본異本마저 출현하게 되었다. 후다이파 빈 알 야만Ḥudhayfa b. al-Yaman은 시리아에서 읽혀지는 『꾸란』이 이라크에서 읽혀지는 『꾸란』과 다른 것을 발견하고는, 무슬림의 경전이 유대교나 기

9 R. A. Nicholson, *A Literary History of the Arabs*, Cambridge: Cambridge University Press, 1985, p.216.

독교의 성서와 같이 신도들 사이에 계시내용의 진위를 가지고 논쟁을 불러일으키는 원인을 제공해서는 안 된다고 칼리파에게 상소하였다. 이에 651년, 칼리파 오스만은 압둘라 빈 자이드 'Abdullāh b. Zayd와 사이트 빈 알 아스Sayt b. al-Ās에게 다른 세 명의 꾸라이쉬 원로들의 보조를 받아, 하프사가 보관하고 있던 『꾸란』 원본의 정확한 필사본을 만들게 하고는 다른 『꾸란』 이본들을 소각하라는 명령을 내렸다.[10] 그리하여 압달라 빈 마스우드 'Abd Allāh b. Mas'ūd를 비롯한 일부 독경사들이 소지하고 있던 『꾸란』판들은 모두 불살라졌다.[11] 그리고 이렇게 완성된 『꾸란』 정본을 쿠파와 바스라, 다마스쿠스, 이집트의 카이로 등으로 『꾸란』을 완벽하게 암송하고 있는 하피즈와 함께 보내어 무슬림 움마에 보존하게 하였고 또 올바른 암송이 유지되어 내려오게 하였다. 그 이후 『꾸란』은 오늘날까지 한 자의 첨삭도 없이 보존되어왔다. 그래서 오늘날 어느 『꾸란』이든지 겉장을 넘기면 '오스만 본'이라는 것이 밝혀져 있다. 이같이 『꾸란』이 오늘날과 같은 모양의 것이 된 것은 무함마드 사후 불과 20년 만의 일이었다. 이때는 무함마드가 남긴 언행들이 생생히 간직되고 있던 때였으며 『꾸란』이 무함마드에게 내려지는 것을 직접 목격한 싸하바들의 시대였다. 무함마드가 전한 메시지가 왜곡되었다고 주장할 어떤 근거도 만들어질 수 없는 때였던 것이다.[12]

---

10 Aḥmad Amīn, *Fajr al-Islam*, 12th ed., al-Qāhira, 1978, p.195.

11 Alī Ibrāhīm Ḥasan, *al-Tārīkh al-Islāmi al-'Āmmī, al-Jāhiliyya, ad-Dawla al-Arabiyya, ad-Dawla al-'Abbasiyya*, al-Qāhira: Maktaba an-Nahaḍa al-Miṣriya, n.d., p.252.

12 John B. Christopher, *The Islamic Tradition*, New York: Harper & Row, 1972, p.28.

(2) 『꾸란』의 구성과 내용

『꾸란』은 모두 114장 6,200여 절로 구성되어 있다. 계시의 연대순이 아니라 첫 장al-Fātiha(개경장)만을 제외하면 장단의 길이에 따라 배열되어 가장 긴 장(제2장은 286절이고 제3장은 200절임)부터 점점 짧은 장의 순(제103장부터는 단지 3~6절임)으로 되어 있다. 개경장은 『꾸란』의 모경母經으로 짧은 기도문으로 되어 있는데, 이는 마치 기독교에서의 주기도문과 같은 위치와 비중을 차지한다.

『꾸란』이 계시된 순서로 되어 있지 않으므로 현대 학자들은 『꾸란』의 내용, 계시 문체의 유사성과 변화 등을 기준으로 삼아 『꾸란』의 계시연대를 가늠해보는 시도를 하였다. 그 결과 수라Sūrah(장)들은 크게 메카 계시와 메디나 계시의 두 시기로 나누어졌고, 메카 계시들은 다시 초, 중, 말기의 세 시기로 세분된다.[13] 초기의 것은 주로 인간과 신의 관계, 임박한 최후심판의 날 등을 다룬 내용들로서 간결하고 시처럼 운율적이며 비유적 표현을 많이 쓰고 있다. 그것들은 종종 맹세하는 서약으로 시작되곤 한다. 예컨대 제95장al-Tīn(틴)에서는 "무화과와 올리브, 시나이산, 그리고 안전한 도시에 두고 맹세컨대"[14]로 시작한다. 메카 중기의 것을 읽어보면 조용하고 차분한 어조를 띠는 수라들로 이루어져 있다.

교리상의 여러 주제들뿐만 아니라 자연과 역사에서 얻어진 여러 가지 교훈이 되는 신의 말씀과 진리들도 담겨 있다. 그리고 이 진리의 참뜻을 설명하고 밝혀주는 교의적 예시들이 주류를 이루고 있다. 신은 자주 알 라흐만ar-Raḥmān(가장 자비로우신 분)으로 언급되고 많은 『꾸란』 구절들이 신

---

13 가장 널리 알려진 것은 독일의 동양학자 Theodor Noldeke(1836~1930년)가 작성한 것이다. 그는 『꾸란』 계시의 연대를 계시문체의 변화에 근거하여 나누었다.

14 『꾸란』 95 : 1~3.

께서 무함마드에게 "이끄라iqrā(읽어라)"라고 말하는 명령어로 시작된다. 무함마드 이전의 많은 예언자들이 역사 속에서 신의 의지와 뜻을 가르치고 증명하려고 보내졌다는 사실도 종종 언급되어 있다. 메카 말기의 것은 중기의 것과 거의 유사한 많은 점들을 공유하고 있다. 그러나 알 라흐만이라는 신의 이름은 찾아볼 수 없고, 예언자에 대한 언급도 강조하는 내용이 다르다.

한편 메디나 계시는 메카 계시와 큰 차이가 있다. 그것은 무함마드가 메디나 공동체를 세우고 움마의 수장首長이 된 환경의 변화 때문일 것이다. 계시는 법적이고 사회적인 문제를 많이 다루고 산문체이며 대체로 길다. 그 내용은 공동체 생활의 규칙과 규범에 관한 것들로서 이를 실생활에 잘 적용시키려 하고 있다. 또한 경고, 심판, 처벌, 보상, 그리고 자연현상 속에 나타난 '신의 의지'와 '신의 역사하심' 등 『꾸란』 이전의 경전들에도 들어 있는 오래된 주제들이 빈번하게 언급되고 있다.

연대순의 배열이 아니라 메카와 메디나 수라들이 혼합된 형태로 구성되어 있는 것에 대해 무슬림들은 『꾸란』이 신의 말씀이므로 초역사적인 불변의 진리이고, 따라서 그 가르침과 내용상 종교의 본질적 측면을 중시해야지 계시된 순서로 나열하여 역사성을 부여하거나 그런 면을 강조해 살펴보는 것은 무의미하다고 말한다. 『꾸란』이 단순한 역사환경의 반영물이 아니라는 주장이다. 무슬림에게 있어서 신의 의지는 인간이 이해할 수 있거나 말로 표현할 수 있는 범주를 넘어선 미지의 세계에 있는 측정할 수 없는 영역의 것이다. 『꾸란』 연구자들은 계시된 구체적 내용과 연관된 특수한 환경과 이유 또는 그 원인을 '계시상황의 요인들asbāb nuzūl al-Qur'ān'이라고 부른다. 그리고 이 상황들에 대해 굳이 원인을 찾고자 하는 것은 무의미하다고 말한다. 그러나 실제로는 여러 역사적 사건들이 『꾸란』에 직접 언급되어 있다. 바드르전투의 예를 들어보자. "신은 너희가 아주 절망적인 때 바드르에서 너희가 승리하도록 확실히 구원해 주셨다."[15] 그렇지만 이 계시가 바드르전투(히즈라 2년) 뒤에 내려진 것은 사실이지만 그것이 직후인지 몇 년 후인지는 정확히 알 수 없다.

또 다른 예는 예언자의 젊은 부인 아이샤 'Ā'isha에 얽힌 경우의 것이다. 그녀가 함께 있던 일행들 중에서 실수로 낙오되어 사막에 혼자 남겨지는 사고가 발생하였는데, 그녀를 시중들던 사람들은 그녀가 낙타 위 가마의 베일 안에 있다고 생각하였다. 그러나 실제로 그녀는 사막 땅에서 잃어버린 목걸이를 찾고 있었다. 다행히 일행들보다 뒤에 처져 있던 한 젊은이가 그녀를 발견하고는 자신의 낙타에 그녀를 태워 메디나로 무사히 귀환했다. 그런데 그 뒤 이상한 소문이 나돌기 시작하였다. 당시 사회에서도 스캔들을 만들기 좋아하는 사람들에게는 서로 관련이 없는 젊은 남녀가 오랜 시간 함께 있었다는 사실만으로도 간통 또는 간음 혐의를 받는 얘깃거리를 만들기 쉬웠기 때문이었다. 하지만 얼마 후 무함마드는 그와 같은 혐의는 사실무근이라는, 다시 말해 아이샤의 정숙을 입증해주는 계시를 받게 된다. 이렇게 내려진 다음의 성구는 그 뒤, 간음죄의 성립에 관계된 법적인 중요 계시가 되었다. "정숙한 여자를 간음혐의로 몰아붙이고 4명의 증인을 데려오지 못하는 자들은 80대의 채찍질로 벌하고 그러한 사람들의 증언은 결코 받아들여서는 안 되며…."[16] 이 경우에도 『꾸란』이 언급하고 있는 것은 그 역사적 사건이 아니라(즉 계시가 내려진 사건의 경우가 아니라), 『꾸란』 원문의 외부적 · 법적인 가르침에 의미가 있다는 것이다.

『꾸란』의 각 장에는 이름이 붙어 있다. 제2장은 〈암소의 장〉이고 제3장

15 『꾸란』 3 : 123.
16 『꾸란』 24 : 4.

은 〈이므란가家의 장〉, 제4장은 〈여신의 장〉이다. 그러나 이 이름이 꼭 계시 내용과 일치하거나 그 일부인 것은 아니다. 그 중 몇몇은 내용과 아예 관련이 없다. 예컨대 가장 긴 장인 〈암소의 장〉이 그러한 경우이다. 〈마리아의 장〉, 〈모세의 장〉과 같이 그 장의 주제를 전체적으로 알아볼 수 있는 특정 단어로 이름을 붙인 경우가 있고, 제24장 〈시인들의 장〉과 제16장 〈꿀벌의 장〉처럼 그 단어가 그 장에서만 발견되는 경우도 있다. 제12장 〈요셉의 장〉을 빼놓고는 일관된 줄거리가 없다. 따라서 읽기에 산만하고 체계적이 아닌 듯한 느낌을 버릴 수 없다. 무슬림들은 서구에서 보편화되어 있는 것처럼 수라(장)에 번호를 붙여 부르지 않는다. 수라의 구절을 나눈 절의 번호는 후에 편의를 위해 넣은 것이다. 그러므로 오늘날의 『꾸란』을 보면 『꾸란』 발행자가 절의 번호를 붙였기 때문에 간혹 한두 절의 번호가 일치하지 않는 경우가 있다. 무슬림들은 일반적으로 번호나 숫자로 『꾸란』의 장이나 구절을 기억하지 않고 그 구절을 암송해 읊음으로써 찾는 구절을 기억해낸다. 『꾸란』을 암송하면서 잘못 읽었거나 잊었을 경우에도 절의 번호를 이용하지 않고, 그 절의 서두를 다시 언급하면서 절을 찾아간다. 이러한 관습은 결국 무슬림들이 『꾸란』 전체를 외우고 있어야 한다는 전제하에서의 말인데, 실제로 어느 사회에서든지 무슬림은 어린 시절부터 반복하여 『꾸란』의 암송을 부단히 연습하고 『꾸란』 전체의 암송을 시도한다. 『꾸란』을 상당 부분 암기하는 것은 어느 무슬림에게나 당연하고 필수적인 일이다.

(3) 『꾸란』의 독송

『꾸란』 암송자ḥāfiẓ al-Qur'ān는 문자 그대로 『꾸란』의 보존자이다. 『꾸란』을 암기하여 생생히 이를 보존하고 전수하는 사람들인 것이다. 이들은 무슬림사회에서 특별히 '현자'로서 존경받으며, 나이에 상관없이 쉐이크 shaykh라는 라깝raqab(호칭)이 붙는다. 하피즈는 암기한 『꾸란』 원문을 그대로 기억하기 위해 부단히 노력해야 한다. 하피즈는 그가 속해 있는 공동체나 사회에서 독경사(까리qāri' 라고 부름)로서 활약한다. 일반 무슬림들도 예배 동안에는 어느 정도의 『꾸란』 구절의 암송이 필요하지만, 특별한 행사와 의전이라면 독경사를 초청해 온다. 장례식, 결혼식, 국경일, 개학식, 공식 이 · 취임식, 각종 사회모임, 라마단 기간의 밤, 기타 경사스러운 날에 독경사들은 『꾸란』을 독송하는 중요한 역할을 맡는다. 국가의 위급한 상황에서도 마찬가지이다. 예컨대 1973년의 라마단 전쟁(혹은 10월 6일 전쟁) 때 유명한 독경사의 『꾸란』 독송이 카이로 라디오와 TV 방송을 타고 줄곧 이어졌다. 훗날의 한 보고서에 의하면 『꾸란』이 방송에서 흘러나올 때 사람들은 안정과 승리의 확신에 차 있음을 느꼈지만, 암송이 그쳤을 때에는 긴장과 불안감을 떨쳐버릴 수 없었다고 한다. 『꾸란』은 무슬림에게 평온함을 느끼게 해주고 용기와 힘을 준다. 예언자의 말에 의하면 『꾸란』이 암송될 때 "하나님의 평화가 우리를 지켜준다"고 한다.

『꾸란』의 암송이나 독경은 무슬림들에게 언제나 특별한 의미가 있다. 성구들의 암송 자체가 바로 신의 말씀 안으로 들어가는 것이고 신의 의지에 가까이 간다는 의식 때문에 독실한 신자들은 앉으나 서나 『꾸란』을 외우려 한다. 이것은 그들이 『꾸란』을 가능한 한 완벽히 암송하려고 하는 이유이기도 하다. 우리 사회에서 많은 사람들이 직장에서 집으로, 집에서 학교로 가면서 카세트나 시디 플레이어CD player로 음악을 듣듯이 무슬림들은 『꾸란』을 듣는다. 『꾸란』의 독송과 경청은 무슬림들에게 큰 위안이 된다. 암송과 독송 중에 신의 현현이 이루어지고 신께 가까이 다가가는 느낌을 갖는다.

무슬림들은 영혼이 깨끗할 때에만 『꾸란』을 손으로 다루려 하고 암송을 할 때도 마찬가지이다. 불결한 장소나 적절하지 못한 환경에서는 『꾸란』 암송을 하지 않는다. 무슬림들은 『꾸란』을 암송하기 이전과 이후에 의례적인 경구를 외운다. 『꾸란』의 어느 구절을 암송하든 그는 먼저 “아우주 빌라히 민 앗 샤이딴 알 라짐a‘ūdhu b’illāhi min as-Shayṭān ar-rajīm(저는 저주받은 사탄으로부터 하나님께 은신처를 구하나이다.)” 이라고 말하는 이스티아다isti‘ādha를 함으로써 자신이 하나님께 귀의하였음을 표한다. 그러고 나서 “비스밀 라히 알 라흐마니 알 라힘bismi Allāhi ar-raḥmāni ar-raḥīm(자비롭고 자애로우신 알라의 이름으로)” 이라는 말을 꼭 외워야 한다. 이는 바스말라basmala라고 하는데, 제9장을 제외한 『꾸란』의 모든 장章이 이 말로 시작한다. 바스말라는 『꾸란』의 독경 때뿐만 아니라 무슬림의 일상생활 전반에서 무슨 행동이든지 시작을 할 때 먼저 말하는 구절로, 그 행동이 ‘신의 이름으로 시작하고 신의 뜻대로 진행되고, 또 이루어지기를 간구하는’ 표현이다. 그래서 식사를 시작할 때, 수업, 연설, 글쓰기, 심지어는 부부관계를 시작할 때에도 이 말로 시작한다. 한편 암송이 끝나면 그 종결은 “싸다까 알라후 알 아짐ṣadaqa Allāhu al-aẓīm(전능하신 알라께서 진실되게 말씀하셨다.)” 이라고 말한다. 암송 전후에 이러한 의례적인 문구를 뇌이는 것은 일종의 언어 울타리를 쳐 악마의 유혹이나 접근을 막고 불경스러운 해악으로부터 안전하게 되기 위해서이다.

『꾸란』의 암송 또는 독경을 위해서 『꾸란』 전체의 수라와 절을 나누는 일정한 규칙이 생겨났다. 첫째 것은 라마단 성월聖月의 날자 수에 맞추어 전체를 30등분한 것이다. 한 부분씩 매일 암송하면 한 달에 전체 『꾸란』을 암송하게끔 한 것이다. 이렇게 30등분된 한 부분을 주즈juz’(복수는 ajzā’)라고 부른다. 이것을 다시 두 부분으로 나누어 놓은 것을 히즈브ḥizb(복수는

aḥzab)라고 한다. 전체 『꾸란』을 60등분한 셈이다. 이를 또다시 쪼개어 4등분되게 한 것(히즈브의 1/4에 해당)을 루브으rub'(복수는 arbā')라고 말하고, 2등분되게 한 것(히즈브의 1/2에 해당)은 니쓰프nisf, 3/4등분한 것(히즈브의 3/4에 해당)은 쌀라싸 아르바이thalātha' arbā'i라고 부른다. 『꾸란』을 펼치면 각 장의 해당 쪽 위와 옆 가장자리에 주즈, 히즈브, 루브으, 니쓰프, 쌀라싸 아르바이 표시가 되어 있음을 볼 수 있다. 좀더 상세히 설명하자면 제1주즈는 『꾸란』 제1장 1절부터 제2장 141절까지인데, 둘로 나누어져 처음부터 제2장 74절까지가 히즈브 ①이고 나머지 141절까지가 히즈브 ②이다. 그런데 히즈브 ①의 부분을 개경장부터 읽기 시작하여 제2장 25절까지 읽으면 히즈브 ①의 루브으(1/4)를 읽었음을 뜻하는 표시가 나오고, 옆 가장자리에 '히즈브 ①의 루브으'라고 적힌 표시가 있다. 26절부터 다시 읽기 시작하여 43절에 이르면 옆 가장자리에 '히즈브 ①의 니쓰프'라는 표시가 있고, 59절까지 읽으면 '히즈브 ①의 쌀라싸 아르바이'라는 표시가 있다. 그리고 다시 히즈브 ①의 나머지 1/4을 읽은 74절에 이르면, 옆 가장자리에 이제는 히즈브 ②가 시작된다는 표시가 있다. 그리고 75절부터 91절까지 읽기를 마치면 '히즈브 ②의 루브으'라는 표시를 다시 보게 된다. 또 다른 방법은 『꾸란』 전체를 일주일 만에 암송할 수 있도록 7등분한 것이다. 이 경우 1/7에 해당하는 부분을 만질manjil이라 부르며 『꾸란』 전체를 7일에 완독하게 되는 것이다.

무슬림들이 암송을 위한 모임을 가지면 어느 한 개 장을 암송할 것인지, 『꾸란』 전체를 암송할 것인지를 정하고 이맘 혹은 쉐이크의 주도 아래 경건하게 진행한다. 『꾸란』 전체가 암송될 때에는 암송자들뿐만 아니라 청중들 모두가 그것이 성스러운 힘의 작용임을 공감한다. 암송의 종결을 카티마khatima라고 한다. 이것은 『꾸란』의 마지막 장 마지막 절을 암송함으로써 이루어지는 것이 아니라 그 뒤를 이어서 『꾸란』 첫 장인 개경장과 『꾸란』의 두 번째 장인 〈암소의 장〉의 처음 다섯 줄을 암송함으로써 이루어진다. 그러므로 『꾸란』 독경에서 하나의 카티마 끝은 실제로는 다른 카티마를 하기 위한 독경의 시작인 셈이다.

암송의 예법은 매우 정중하면서 진지하다. 아랍어를 모르는 대다수의 무슬림들로서는 어떤 내용이 암송되는지 의미상 통역이 필요하기도 하겠지만, 어릴 때부터 자주 들어왔기 때문에 대강의 뜻을 파악하고 읽거나 듣는 경우가 많다. 어쨌든 『꾸란』의 독송은 언제나 감동적이고 의미심장하다. 듣고 있는 무슬림들은 경외감에 자주 눈물을 흘리고 깊은 종교적 성찰을 하게 된다. 운율, 리듬과 함께 낭랑히 읊어지는 독송 중에 신비로운 감명을 받고 힘이 솟으며, 이런 느낌과 현상은 무함마드 때부터 전통적으로 무슬림사회에 줄곧 이어져오고 있다.

『꾸란』의 독경과 암송을 위해서는 많은 아랍어 지식과 훈련이 필요하다. 훈련이 잘 된 무슬림 어린이는 아주 어린 나이에 암송을 시작한다. 어려운 운율과 리듬을 귀로 익히는 것이다. 아랍어로 독경기법을 일므 알 타즈위드 'ilm al-tajwīd(독송학)라고 부른다. 독경과 암송의 형태는 여러 가지가 있는데, 고저의 차이 없이 고정된 리듬으로 평이하고 느리고 단조로운 암송을 하는 타르틸tartīl에서부터 높낮이가 다채롭고 감정적이며 리듬이 가미된 음악적인 낭송인 타즈위드tajwīd까지 있다. 그렇지만 세속적인 노래나 음악과 같은 독송이 되어서는 안 된다. 재능 있는 독경사들은 무슬림세계 곳곳에서 독특한 자신만의 독송법으로 유명세를 타며 후계자를 길러내고 있다. 그들의 독송 카세트 테이프나 시디는 이슬람 사회 어느 곳에서나 널리 애용되고 있다. 이집트를 비롯한 아랍의 여러 나라에는 『꾸란』 독송을 직업삼아 하는 유명한 독송가들이 많이 있다. 인도네시아와 말레이시아 무슬림들도 뛰어난 『꾸란』 낭송의 실력을 보여주고 있다.

무슬림들은 아랍어로 계시된 『꾸란』이 다른 언어로 번역되는 것을 엄격히 금지해왔다. 진리의 말씀을 올바르게 믿기 위해서는 아랍어 원문의 『꾸란』을 그대로 암송하고 이해하여야 한다는 것이다. 신의 말씀을 인위적으로 해석함으로써 오류가 나타나는 것을 막고자 했기 때문이다. 그러나 근세에 이르러 터키를 비롯한 비아랍 국가들에서 『꾸란』 번역본이 나왔고 선교를 위해 다른 언어로의 번역이 허용되는데, 그래도 그것은 어디까지나 '의미상의 번역' 일 뿐이다.[17]

『꾸란』 내용의 핵심은 신앙과 실천의 여섯 가지 믿음과 다섯 가지 기둥에 대한 가르침인데, 6신信은 신의 유일성, 천사들, 예언자들, 경전들, 최후심판의 날, 정명에 대한 믿음이고, 5주柱는 신앙증언, 예배, 단식, 희사, 순례를 종교적 의무로 실천하는 것이다. 이 핵심교의가 다양한 문체로 『꾸란』 전체에서 계속 반복되면서 인간의 영과 육의 세계와 생활 전반을 구속하고 있고, 또 이것들은 『꾸란』의 여러 곳에 직선적이고 명료하게 계시되어 있다. 뿐만 아니라 인간 생활에서의 올바른 행위규범들과 공동체 생활에 필요한 법적 지침들이 명시되어 있다. 예컨대 결혼, 상속, 고리대금, 전쟁포로, 전리품 분배 등에 이르기까지 인간 삶의 모든 면을 포괄하는 생활양식을 내용으로 담고 있는 것이다.

(4) 『꾸란』의 주해

『꾸란』의 언어, 문법, 표현의 특색 등 『꾸란』 원문을 검색하고 해설하는 행위인 타프씨르tafsīr(『꾸란』 주석학) 연구는 무함마드 때부터 이루어졌다.

17 따라서 아랍어 『꾸란』 이외의 다른 언어의 번역 『꾸란』에는 '의미상의 번역' 이라는 문구가 겉장에 명시되어 있다.

무함마드는 그의 교우들ṣaḥābah에게 계시의 여러 단락들을 설명하였고, 그의 동료들 역시 이에 대한 해석을 나름대로 덧붙였다. 초기 무슬림들 중 일부는 『꾸란』 해석에 관심을 기울여 그 연구 영역을 넓히기 위해 기독교와 유대교에 대한 지식을 쌓기도 하였다. 수세기에 걸쳐 이러한 『꾸란』 주석학의 주된 흐름이 이어져왔는데 이를 '전통적 주석'이라 부른다. 이슬람 초기 시대부터 『꾸란』 구절의 언어상 · 문법상 · 해석상의 주해들이 구전으로 전승되어 내려왔다. 특히 이슬람 초기 2~3세기 동안 이러한 주해들은 수적으로 크게 늘었고 정교해졌다. 그리하여 신학파와 법학파들이 생겨나고 각 파들 간에 논쟁이 일어나기도 하였다.

이러한 전통적 주석의 분야에서 최초로 가장 큰 업적을 쌓은 석학은 아부 자으파르 무함마드 빈 자리르 알 따바리Abū ja'far Muḥammad b. Jarīr al-Ṭabarī(924년 사망)이다. 그는 총 30권에 달하는 『꾸란』 주석서 『타프씨르 마으수르*tafsīr ma'thur*』를 내놓았다. 알 따바리는 『꾸란』 학자이자 법학자였고 역사가였다. 철저한 연구와 노력으로 『꾸란』에 관련된 수많은 학술정보를 수집하여 이 책에 담았다. 예언자 사후 2세기 반이 넘는 동안의 『꾸란』 주석들을 정리하고 당시까지 소실되었던 많은 양의 전통적 주석들을 찾아내 재구성해낸 것이다. 이 『타프씨르』는 『꾸란』 주석학의 지침서가 되었다. 그리고 후대의 학자들이 더욱 세밀한 주석을 달게 하는 기초이자 토대가 되었다. 그 대표적인 예가 알 자마크샤리al-Zamakhsharī(1144년 사망)의 『꾸란』 주해서 『캇샤프*Kashshaf*』이다. 그렇지만 이성주의적 신학파인 무으타질라mu'tazila파(이성을 존중한 사변신학파)의 한 사람이었던 그는 이성에 의거한 주석방법을 따랐다. 정통 순니들은 이러한 방식이 무으타질라파의 지지를 받고 그들이 채택한 것이기 때문에 반대하는 입장이었는데, 중세 이슬람세계가 낳은 가장 위대한 신학자인 아부 하미드 알 가잘리Abū Hāmid al-Ghazālī(1111년 사망)도 이러한 이성적 주석의 방법에 따라 그의 『타프씨르』를 펴냈다. 교의학教義學에서 견줄 만한 인물이 없을 정도로 탁월한 논리와 지성으로 중세 무슬림들의 존경을 받은 알 가잘리는 '이슬람의 증인Ḥujjat al-Islām'이라는 존칭으로 불렸다.[18] 한편 뛰어난 문법학자였던 알 자마크샤리의 언어적 천재성은 그의 『타프씨르』에 담긴 언어와 문체, 수사에 대한 해석만으로도 타의 추종을 불허하였다. 그렇기 때문에 후대의 『꾸란』 주석가들은 꼭 그의 『타프씨르』를 공부하지 않으면 안 되었다. 1세기가 더 지나서 알 바이다위al-Baydāwī(1286년 사망)는 알 자마크샤리의 『타프씨르』를 언어상의 기술들은 그대로 보존한 채 지나친 이성적 주석들을 삭제하면서 재구성했는데, 그 결과 비교적 짧고 간명한 그의 『타프씨르』가 탄생하였다. 이 『타프씨르』는 순니 이슬람세계에서 오늘날 비공식 경전과 같은 표준본으로서의 위치를 점하고 있다. 철저하게 정형적인 순니의 입장에서 보편적이고도 정확하게 『꾸란』을 해석하였으므로 오늘날까지 가장 널리 익히는 타프씨르가 된 것이다.

2. 무함마드의 언행, 하디스

(1) 순나와 하디스

"신은 오직 하나님 한 분뿐이다"라는 유일신 사상은 유대교와 기독교, 이슬람의 공통교리이다. 하지만 유대교와 기독교와 달리 이슬람교는 "무함마드는 신의 사자이다"라는 신앙고백을 또 다른 중요한 교의로 삼고 있

18 그의 생애와 학문적 업적에 관한 간략한 기술은 R. A. 니콜슨, 사희만 역, 『아랍문학사』, 민음사, 1995, 459~462쪽 참조.

다. 완전한 무슬림이 되기 위해서는 무함마드가 신의 예언자요 사자라는 사실을 증언해야만 한다. 예수가 없는 기독교를 상상할 수 없듯이 무함마드가 없는 이슬람교는 상상할 수 없다.

예언자로서의 생을 시작한 이후 무함마드의 언행은 무슬림 공동체 내에서 특별한 권위를 가졌다. 특히 그는 신의 계시를 이 땅에 전하면서 간혹 모호한 계시의 내용을 해설해주는 『꾸란』 주석자로서의 역할도 하였는데, 무함마드가 명성과 권위, 신도로부터의 신망을 얻은 것은 다른 무엇보다 바로 이러한 『꾸란』 해석과 더불어 하나님의 가르침이 무엇인지를 공동체 구성원들에게 해설해주었기 때문이다.

『꾸란』이 인간의 개인적 삶이나 공동체의 제반 문제에 대한 세부사항까지 언급해주고 있지 않기 때문에 무함마드 사후, 그의 동료들과 후대 선각자들은 계시된 가르침의 근본정신과 진의를 알고자 무함마드가 남긴 언행, 즉 무함마드의 순나(전승, 관행)에 집착하게 되었다. 원래 아랍인들은 이슬람이 출현하기 이전부터 선대의 관행들과 전통, 대대로 이어져 내려오는 지혜를 대단히 귀하게 여겼다. 그래서 신도들은 조상과 원로들이 취한 삶의 방식과 전승을 그대로 따르려 했던 베두인들처럼 그들의 경애하는 예언자가 보여준 모범적인 행신을 그대로 모방하고자 했다.[19] 『꾸란』 역시 이러한 그들의 행위가 옳은 것임을 뒷받침해주고 있다.

> "실로 너희에게는 하나님의 사자가 훌륭한 모범이었으니, 이는 하나님과 최후심판의 날을 경외하고 끊임없이 하나님을 염신하는 자들을 위해서니라."[20]

예를 들면 『꾸란』은 정기적인 예배를 해야 한다고 명시하고 있지만 하

---

19 안네마리 쉼멜, 김영경 역, 『이슬람의 이해』, 분도출판사, 1999, 77쪽.
20 『꾸란』 33 : 21.

루에 몇 번을 해야 하고 또 매번 몇 차례나 엎드려 절해야 하는지에 관해 자세히 언급하고 있지 않다. 이러한 것을 말이나 행동으로 명확히해주는 것이 곧 예언자 순나이다. 예언자는 신도들의 예배를 인도하면서 "내 예를 본받아서 너희는 정기예배를 근행하라"라고 말하였다. 또한 『꾸란』은 자카트zakat(종교구빈세)의 의무를 말하고 있지만 자세히 얼마를 내야 하는지 정하고 있지 않다. 이것이 순나와 예언자 하디스의 역할이다. 『꾸란』의 구절들은 약 6천 개 정도 되는데, 그 중 법적인 규제의 내용을 담고 있는 것은 약 2백 개 정도이다. 예언자의 하디스 중 법적인 규제의 내용을 담고 있는 것은 약 4천 개 정도이다.

세월이 지나면서 무슬림들을 무함마드의 생애에 대해 기억해낼 수 있는 것이라면 가능한 모든 것을 모으려 하였다. 순나는 아랍인으로서 일반적으로 따라야 할 선조들의 표준적 관행인데, 무함마드가 남긴 말과 언행이야말로 가장 올바르고 신의 뜻에 가까운 순나라는 인식이 자리잡게 되었던 것이다. 순나, 그 중에서도 예언자 순나는 누구든 꼭 따라야 할 의무적인 행동양식이라는 인식이 무슬림사회에 널리 보편화된 것이다.

메디나 순나 및 싸하바 순나와 구별하기 위하여 예언자 순나는 하디스 ḥadīth라고 말한다. 이 말은 "새롭게 일어나는, 발생하는"이라는 의미의 것으로, 예언자가 "어떤 것에 대해 이야기한 것", 예언자를 중심으로 "무슨 일이든 일어난 것"에 대한 기록이다. 그것은 "예언자의 말과 모든 행위들"을 의미하는 것으로, 무슬림들에게는 인간행위와 생활규범에 모범이 되는 것을 말한다. 이러한 하디스는 무함마드와 그의 동료 교우들에 관련되어 다음세대에서 다음세대로 다양한 문화적·종교적 배경을 가진 다양한 사람들에 의해 기억되고 전승되었다. 그리고 결국에는 하디스 연구자들이 이것들을 수집하여 체계적으로 정리하기에 이르렀다.

그러나 모든 구전자료들이 그러하듯이 시간이 지나면서 신빙성 없는 것들이 상당히 생겨났다. 일부 정파政派와 종파宗派에서는 자파의 이익에 부합하는 하디스를 만들어낼 수도 있었다. 실제로 많은 무슬림 신학자와 법학자들은 일부 하디스가 위조된 것이라는 사실을 인정하였다.[21] 따라서 하디스의 내용과 어구들을 면밀히 조사하고 평가하는 방법, 의심스럽고 허구적인 것들을 가려내는 방법, 체계적으로 정리하는 방법 등을 연구하여 발전시켰다. 그리고 이러한 과정이 완성되어 수집된 하디스집을 무슬림들이 종교적·사회적·문화적·법적으로 그들 생활양식의 근간으로 삼게 되기까지에는 200년이라는 세월이 걸렸다.

『꾸란』이 이슬람 교리와 실천의 가장 권위적인 제1의 원천임은 두말할 나위가 없다. 하디스는 일반적으로 모호한 『꾸란』 내용을 확인하고 확증하며 명백히 설명해주는 보조수단이 되어 이슬람 교리와 실천의 두 번째 원천이 되었다. 그리고 또 이슬람법의 두 번째 법원法源이 되었다. 무함마드는 명백히 신의 메시지와 가르침을 가장 잘 해석할 수 있는 사람이었으므로, 그의 말과 행동으로 간주된 것들은 무슬림 모두가 모방하고 따라야 할 모범적이고 가치 있는 것으로 받아들여진 것이다.

기독교에서는 역사의 예수와 신앙의 예수를 구별해볼 수 있다. 전자는 갈릴리 길을 걷고 죄인이 되어 예루살렘에서 생을 마감한 인간 예수이고, 후자는 모든 인간의 삶을 주관하는 주主로서 그를 사랑하고 믿는 자 모두에게 영감을 주고 중재하며 부활한 구세주 그리스도이다. 이슬람의 예언자관, 특히 무함마드의 인성론은 예수의 경우에 비해 이해의 각도가 전혀 다른 것이지만, 어떻든 무함마드도 순나를 통해 계속 신도들에게 영감을

21 Thomas W. Arnold, *The Caliphate*, London: Routledge & Kegan Paul, Ltd., 1967, p.13.

주고 그들의 신앙심을 고취시키고 있다. 그런 관점에서 볼 때 무함마드도 역사의 무함마드와 예언자로서 믿음의 무함마드가 존재한다고 말할 수 있을 것이다. 어느 무슬림 종파에서는 무함마드가 오류절무하며, 심지어는 아담 창조 이전에 이미 존재하였으며, 모든 창조물보다 뛰어나고, 완전한 지혜을 지닌 완벽한 인간이라고 말한다. 대부분의 무슬림들은 모든 예언자들 중에서 그가 가장 순결한 예언자라고 주장한다. 그렇지만 앞장에서 보았듯이 그는 어디까지나 인격人格이다. 정통주의 이슬람에서 그의 위치는 결코 인간 이상의 존재가 아니다.

하디스가 경전『꾸란』을 해석하고 보완하는 기능을 가졌고 이슬람 교리와 실천의 제2원천인 것은 분명하지만, 그렇다고 경전은 아니다. 불교의 불경과 기독교의 성경과 달리『하디스집』은 무함마드의 언행록이기 때문에 경전이라는 생각은 잘못된 것이다.『꾸란』의 내용을 확증하고 보완하는 것은 그 원뜻의 이해를 돕는 차원에서 해석의 기능을 말하는 것이지 경전 내용을 대등한 수준에서 확증하거나 보완한다는 것이 아니다. 이 세상의 어느 것도 하나님의 말씀과 결코 동격同格에 놓일 수 없다는 것이 무슬림들의 신앙이다. 계시의 가르침에 한 발자국이라도 더 올바르게 접근하기 위한 수단으로 하디스의 길을 좇는 것이다. 여기에서도 이슬람이 얼마만큼 유일신론tawḥīd을 중심사상으로 하고 있는가를 엿볼 수 있다.

(2) 하디스의 형태

하디스의 한 전형적인 예를 들어보자.

알 부카리al-Bukhāri가 기록하기를, 압달라 빈 알 아스와드 'Abdallāh b. al-Aswad가 내게 말하였고, 알 파들 빈 알 아타이 'Al-Fadl b. al- 'Atā'i가 우리에게 말해주었으며, 이스마일 빈 우마이야 'Isma'il b. Umayya가 우리에게 말해준 것인데, 야히야 빈 압달라 빈 싸이피Yaḥiya b. 'Abdallāh b. Ṣayfī가 이븐 압바스Ibn 'Abdās의 해방노예인 아부 마으바드Abū Ma'bad에게서 들은 것을 근거로 하여 전해진 것이다. 아부 마으바드는 이븐 압바스가 (다음과 같이) 말하는 것을 들었다. "예언자(그에게 축복과 평화가 내리소서)께서 무아즈Mu'adh를 예멘에 보낼 때, 그에게 말씀하시기를 '너는 성서의 사람들(기독교인과 유대교인)의 일부를 만날 것이다. 그러면 그들을 상대로 네가 해야 할 첫 번째 일은 그들이 유일신 신앙을 고백하도록 요구하는 것이다. 그들이 그것을 받아들였을 때 하나님께서는 하루 다섯 번 의식예배를 명하셨다는 것을 그들에게 알려주어라. 그들이 의식예배를 드리게 되면 그들에게 하나님께서는 그들의 소유에 대해서, 부자로부터 취하여 가난한 자에게 주어지는, 자카트Zakāt(구빈종교세)를 의무로 부과하셨다는 것을 알려주어라. 이 모든 것을 그들이 받아들였을 때, 그 다음에야 그들로부터 세금을 취하라. 그러나 그들의 귀중한 소유물들은 그들에게 남겨두어라' 하셨다."[22]

하디스는 두 개의 중요한 부분으로 구성되어 있다. 하나는 이스나드Isnād인 하디스를 전달한 사람들의 연결고리 부분이다. 다른 하나는 마트match으로, 하디스의 몸말이 되는 부분이다. 위의 예에서 마튼은 무함마드가 무아즈를 예멘총독으로 보내면서 당부하는 예언자의 말씀이다. 무슬림들은 다른 것보다 우선 이스나드를 정밀히 조사한 것을 토대로 하여 하디스학을 발전시켰다. 하디스 몸말의 전거가 되는 연결고리는 하디스의 신빙성을 가늠해볼 수 있는 기초적인 척도였다. 물론 이스나드가 없는 하디스는 아무리 그 내용이 보편적이고 훌륭한 것일지라도 인정받지 못한다. 하디

22 Al-Bukhāri, *Kitāb al-Jāmi' al-Sahīh*, ed. Krehl & Juynboll, Leyden, 1868~1908, p.445.

스를 그럴 듯하게 조작하는 일이 얼마든지 가능하였기 때문이다. 따라서 대대로 이어온 전승자의 기억력, 명성, 지위, 진실을 말하는 신앙심, 지성 등이 그 하디스의 진위와 권위를 평가하는 중요 요소이고, 그 이스나드의 확실성을 가늠하는 지표로 간주했다. 또한 다른 전기적 · 역사적인 정보도 참고했다. 이스나드의 인물 개개인과 그들간의 직접적인 접촉사실 여부, 여행, 습관, 시기 같은 것도 심사했다. 예컨대 의심없이 믿을 만한 저명한 인물일지라도 연결고리를 살펴볼 때, 같은 시기에 같은 장소에 살지 않아서 그 마튼을 다음 사람에게 전수해줄 수 없다고 평가되는 경우 그 신빙성은 떨어졌다. 이스나드가 긴 것은 짧은 것만큼 신빙성이 덜하고 특히 몸말쪽 첫 번째 또는 두 번째 연결고리에 있는 전달자가 누구냐 하는 것은 심사에 매우 중요한 고려사항이었다.

대표적인 하디스 결집자인 알 부카리는 흩어져 있는 하디스를 찾아 광범위한 여러 지역을 여행했다. 그리고 그는 약 60만 개의 하디스를 모았다고 한다. 그러나 그것들은 상당수가 겹치는 것들이고, 또 내용이 부실하거나 의심이 가는 것들이 많았다. 결국 그는 이스나드에 대한 작업을 통해 9,082개의 하디스만을 추려내었다. 그리고 다시 마튼이 중복되는 것들을 제외시켜 단지 2,602개만을 골라냈던 것이다.[23]

(3) 싸히흐와 다이프 하디스

처음 하디스의 전승자들은 무함마드의 동료 교우들이었다. 『꾸란』과 마찬가지로 구전과 문자의 두 방식으로 전수되었다. 물론 문자의 경우가 더 신빙성 있는 것으로 선호되었다. 하디스를 다량으로 수집한 대표적인 싸

23 Ḥasan Ibrāhīm Ḥasan, *Tārikh al-Islām al-Siyāsī wa'l-Dinī Wa'l-Thaqāfī wa'l-Ijtima'i*, Vol.Ⅲ, al-Qāhira: Maktabah al-Nahdah al-Misriyah, p.344.

하바들로는 아부 후라이라Abū Hurayra, 이븐 오마르Ibn ʻUmar, 아나스 빈 말리크Anas b. Mālik, 이븐 마스우드Ibn Masʻūd, 아므르 빈 알 아스 ʻAmr b. al- ʻĀs 그리고 칼리파 오마르 ʻUmar와 알리 ʻAlī를 들 수 있고, 그리고 특별히 예언자의 사랑하는 부인 아이샤 ʻĀ'isha가 있다. 이들 중 몇 명은 2,000개가 넘는 하디스를 전수했다고 한다. 아부 후라이라는 무려 5,374개의 하디스를 전수한 것으로 알려져 있지만 많은 것들이 서로 다른 이스나드를 가진 것이었고, 실제로 분리된 마튼을 가진 것은 단지 1,236개였다.[24]

하디스의 신빙성을 검증하는 절차는 다음과 같다. 먼저 전승자의 도덕적 인격과 내용의 문학적 사실성·정밀성을 심사하여 흠잡을 데 없이 탁월하고 신빙성 있는 전승자들의 것을 디까thiqa(확실한 것)로 분류하고, 이것은 하디스학자들 모두가 받아들인다. 다음으로는 문학적 기술은 완전하지 못하지만 도덕성이 뛰어난 전승자들의 것을 싸두끄ṣadūq(신뢰할 만한 것)로 분류하여, 디까 수준의 전승자들이 부인하는 것이 아니면 받아들였다. 다음의 것은 내용의 의미가 약한 것인 다이프daʻif, 위조된 것, 알려지지 않은 것, 거짓인 것 등 낮은 수준의 것으로 분류되어 엄밀한 심사를 받아야 했다.

이러한 하디스의 신빙성에 대한 엄정한 심사를 거쳐 최종의 따바까트 ṭabaqāt(등급), 즉 하디스 등급이 결정된다. 하디스는 이렇게 매겨진 등급이 중요하다. 결과적으로, 전승자의 고리가 모든 조건을 만족시키고 내용이 정직한 흠없는 것으로부터 싸히흐ṣaḥīḥ(건전한 것), 하산ḥasan(양호한 것), 다이프daʻif(약한 것), 마트루크matrūk(포기한 것), 마우드mawdu(폐기한 것)으로 나누어지는데, 일반적으로 싸히흐, 하산, 다이프의 세 등급으로 크게 나

---

24 Muḥammad Muṣṭafa Azami, *Studies in Ḥadīth Methodology and Literature*, Indianapolis: American Trust Publications, 1977, p.26.

누는 것이 통례이다.

하디스의 날조는 범법행위로서 중형으로 다스렸다. 하디스에 대한 고의적인 조작도 마찬가지였다. 위조자가 어떤 사람이든지 발각된 경우에는 이슬람법의 최고형인 십자가형에 처했다.[25]

(4) 하디스 수집가들

실질적이고 정확하게 분류한 최초의 하디스 모음집은 우마이야조 시대에 메디나에서 활동했던 말리크 빈 아나스Mālik b. Anas가 만들었다. 그는 말리키 법학파의 창시자였다. 말리크는 무함마드의 측근 동료의 후예였기 때문에 무함마드 시대부터의 권위있는 자료들을 수집하기에 유리했다. 예언자의 전승과 초기 무슬림사회의 법 판결, 싸하바들의 이야기를 담고 있는 무왓따Muwaṭṭa(잘 다져진 길)가 그의 위대한 저서이다. 이것은 최초의 하디스 모음집으로, 하디스 모음집 중에서 가장 존중받고 아직까지도 학문과 법의 정수로 남아 있다. 이맘 말리크는 독실한 신앙심과 심원한 지적 능력을 신으로부터 선물받은 뛰어난 학자였다. 압바스조의 최고 전성기의 칼리파 하룬 알 라쉬드가 예언자 무덤에 경의를 표하기 위해 메디나에 왔을 때, 그는 이맘 말리크에게 자신의 두 아들을 가르치기 위해 자신의 거처로 매일 올 것을 요청하였다. 이때 말리크는 "오 칼리파여, 학문은 본질이 존엄합니다. 어느 누구에게 가르치기 위해 가는 대신에 오히려 학문을 배우러 와야 할 것입니다"라고 답하였다고 한다. 칼리파는 그의 거만한 대답에 깜짝 놀랐다. 그러나 칼리파에 대한 모독 또는 불경죄로 그를 감옥에 보내지 않고 오히려 그에게 사과하고 아들들을 그의 문하로 보냈다고 한

25 Frederick M. Denny, *An Introduction of Islam,* New York: Macmillan Publishing Company, 1985, p.180.

다. 이맘 말리크는 795년 85세를 일기로 타계하였다.

이맘 말리크 이후 세대에서 하디스 연구와 수집의 또 다른 대가는 바그다드의 전승학자 아흐마드 빈 한발Aḥmad b. Hanbal이다. 그는 오랫동안 감옥생활을 한 완고한 정통주의 무슬림으로, 당시 압바스조의 공식적인 교리를 만들어낸 무으타질라파의 합리적 이성주의 신학에 정면으로 대결하여 태형을 받기도 했다. 그는 다른 법학파에서 발전시켜온 수많은 하디스들을 거의 다 암기하였다고 한다. 그는 『무스나드*Musnad*』라는 하디스집을 펴냈는데, 그런 책이름이 붙여진 것은 하디스집의 편성이 무함마드 동료들의 이스나드에 의해 배열·정리되었기 때문이었다. 이것은 다른 하디스집들이 대체로 주제에 따라 편성되는 것과 다른 독특한 방법인데, 주제에 따른 정리가 아니었으므로 전문가들도 이용하기가 쉽지 않다. 그는 평소에 700명의 전승자들로부터 엄청난 양의 하디스를 모았다고 전해진다. 『무스나드』에는 약 4만 개의 하디스가 수록되어 있다. 그는 855년 75세로 타계했는데, 백 만명이 넘는 조문객들이 그의 장례식에 참석했다고 전해진다.

아흐마드 빈 한발보다 나이가 적은 동시대의 두 인물이 하디스학에 큰 공헌을 하여 유명해졌다. 중앙아시아 부카라 출신의 무함마드 이스마일 알 부카리Muḥammad Ismāʿīl al-Bukhārī(870년 사망)와 페르시아 니샤프르Nishapur 출신의 무슬림 빈 알 핫자즈Muslim b. al-Hajjāj(875년 사망)이다. 이들은 미지의 진본 전승을 찾아 광범위한 지역을 여행했으며, 여러 지역의 다양한 정보제공자들의 진술에 따라 그 전승들의 신빙성을 검토했다. 둘 다 각기 온전한 하디스를 수집하기 위해 온갖 노력을 다하였고, 그 결과 마침내 '건전한', '권위 있는' 이라는 수사가 붙은 싸히흐(건전한 것) 하디스집을 편찬하기에 이른다. 알 부카리와 무슬림의 하디스집은 양대 싸히흐 진본眞本으로, 모든 하디스 수집물 중 최고의 것으로 인정받고 있다.

알 부카리는 이븐 한발 밑에서 하디스학을 공부하였는데 이미 그때부터 하디스 수집과 분류방법 연구에 남달리 탁월한 재능을 보였다고 한다. 그가 16년간 가난과 싸우며 여행하여 편찬한 그의 싸히흐 하디스집 『알 자미이 알 싸히흐*al-Jāmi' as-Ṣaḥīḥ*』[26]는 청결, 예배, 예언자적 영감 등 각 주제에 따라 총 79장으로 구성되어 있다. 그리고 이러한 그의 편집방법은 후대 하디스 학자들에게 모범이 되었다.[27] 무슬림은 알 부카리의 제자였다. 그 역시 히자즈, 시리아, 이집트, 이라크를 여행하였고 때로는 한곳에 오래 머물거나, 이라크 같은 곳은 여러 차례 다녀오곤 하였다. 또 알 부카리의 방식대로 중복되는 것은 빼고 주제에 따라 장을 편성했다.

이들의 업적에 힘입어 하디스학은 성숙기의 절정에 다다르게 되었다. 그것을 배우는 학생들도 예언자 사후 2세기에 어떻게 그토록 지각적이고 완전하며 비판적이며 역사적 문맥이 통하는 연구들이 이루어졌는가 의아해했을 정도였다. 이들은 하디스 연구와 『꾸란』 경전의 연구뿐만 아니라 이스나드에 나오는 인물들의 삶과 생활관습을 연구하고 검토하는 일므 울 리잘 'ilm ur-rijāl(인물전기학) 같은 학문분야를 부가적으로 발전시켰다.

알 부카리와 무슬림의 양대 싸히흐 진본 외에도 순니세계에는 4개의 정통 하디스집이 있다. 이것들은 알 티르미지al-Tirmidhī(892년 사망)의 『자미이Jāmi'i(모음집)』, 아부 다우드 알 시지스타니Abū Dāwūd al-Sijistāni(817~888년)의 『수난Sunan(순나의 복수형)』, 알 나사이al-Nasā'ī(830~915년)의 『수난』, 이븐 마자Ibn Māja(824~866년)의 『수난』이다. 이것들에는 '6대 성

---

26 책명을 Kitāb al-Jāmi' as-Ṣaḥīḥ으로 하여 첫 번째 영어본 편집이 L. Krehl과 T. W. Juynboll(Leyden, 1868)에 의해 이루어졌다.

27 Ḥasan, 앞의 책, p.344.

훈집al-kutub al-sitta' 또는 '6권의 싸히흐'라는 명칭이 붙어 있다. 이것들 모두가 정식 법전으로서의 특권을 가진 정통 하디스집으로 인정받아 현존하고 있다.[28]

그 외에도 많은 하디스 모음집이 있다. 쉬아들은 그들 자신만의 학문적 전통을 가졌고, 비록 얼마간의 하디스들은 그 출처가 순니 하디스와 중복될지라도 일반적으로 순니 하디스집을 거부하며 자체의 하디스들을 모았다. 그들은 5개의 하디스집을 권위 있는 것으로 받아들이는데, 일반적으로 알리와 그의 추종자들이 전승한 하디스만을 수용했다. 그 대표적인 것으로 『나흐즈 알 발라가Nahj al-Balāgha(발라가의 길)』를 들 수 있다. 이것은 예언자와 그의 동료들의 언행들을 담은 하디스와 순나들 모음에 더해서, 무함마드의 사위이자 쉬아의 초대 이맘인 알리의 언행들을 담고 있는 하디스집이다.

알 부카리와 무슬림에게 많이 의존하고 있으면서도 또 다른 여러 자료들을 선별하여 만든, 지금까지 무슬림사회에서 널리 애용되고 있는 하디스집이 있다. 『미슈카트 알 마사비흐*Mishkāt al-Maṣābiḥ*(등불[정신적인 빛]의 벽감)』로 알려진 이 하디스집은 이슬람력曆 5~6세기에 살았던 후세인 알 바가위Ḥusayn al-Baghawī(약 1120년경 사망)가 결집한 것이다.[29] 이것은 알 바가위가 원래 만든 『순나의 등불*Maṣābiḥ al-sunna*』을 개작한 것이다. 이 책이 인기를 끌고 있는 것은 광범위한 자료들을 효율적으로 모아서 믿음, 지식, 예배, 자카트, 금식, 순례, 장례, 결혼, 노예해방, 지하드, 사냥, 음식, 의복, 일반적 행동양식, 놀이 등등 여러 주제를 26가지로 분류하여 정리했

---

28 Nicholson, 앞의 책, p.457.

29 이 하디스집은 James Robson에 의해 4권의 책으로 번역되어, 영어권 학생들이 권위 있는 이슬람 전승에 쉽게 접근할 수 있게 되었다. 알 부카리와 무슬림의 하디스집도 물론 번역되어 있다.

기 때문이다. 각 주제는 다시 상세한 부분으로 나누어지는데, 예컨대 일반적 행동양식은 인사법, 악수와 포옹, 재채기, 하품, 약속, 자랑, 자존심, 분노, 웃는 법 등을 포함하고 있다. 이러한 전승들은 독자들로 하여금 이슬람에 관심을 갖게 하고 무슬림들이 지켜야 할 훌륭한 행실의 교법이 무엇인지를 알게 해준다. 학문적인 것이 아니라 실천을 중시하여 꾸며진 하디스집이므로 이스나드(전승자 연결고리)는 생략하였고 보통 하디스를 옮긴 첫 번째 전승자와 무슬림Muslim의 하디스집 혹은 알 티르미지al-Tirmijji의 하디스집과 같이 그 하디스를 인용한 출처만을 밝혀놓았다.

하디스 중에서도 일반적인 하디스와는 구별되는 특별한 하디스가 있다. 이것은 '하디스 꾸드시ḥadīth Qudsī(신성한 하디스)'라고 불린다. 그 이유는 무함마드 자신의 말로 된 하디스가 아니라 신으로부터의 영감에 의한 것이기 때문이다. 전문가들에 따르면 하나님의 계시가 무함마드 자신의 말로 표현된 것이라고 한다. 하디스 꾸드시가 이슬람법 체계나 법원으로서 중요한 위치를 차지하고 있는 것은 아니지만 무슬림들의 신앙심을 고취시키는 데에는 매우 두드러진 역할을 한다. 대개 예배, 선善, 헌신적 신앙 같은 주제에 관련된 것이 많다. 예를 들면 다음과 같다.

하나님께서 말씀하시기를 "나는 나에 대한 나의 종의 기대를 충족시킨다. 그가 나를 기억할 때 나는 그와 함께 있다. 만약 그가 마음속에서 나를 기억한다면 나도 마음속에서 그를 기억한다. 만약 그가 공공연히 나를 기억한다면 그보다 더 대중 앞에서 나는 그를 기억할 것이다. 그리고 만약 그가 한 뼘 길이로 나에게 다가온다면 나는 한 팔 길이로 그에게 가까이 갈 것이다. 만약 그가 한 팔의 길이로 나에게 다가온다면 나는 두 팔의 길이로 그에게 가까이 갈 것이다. 만약 그가 나에게 걸어온다면 나는 그에게 뛰어가리라."[30]

앞에서도 언급했지만 역사상 가장 이상적인 모범인물로 추앙받던 무함마드는 수세기가 지나면서 점점 그를 흠모하는 마음들이 고양되어, 일부 무슬림들은 그가 평범한 삶을 살다가 죽은 인간 예언자가 아니라 인간 이상의 초월적이고 영적 이미지를 갖는 성인으로 받들었다. 이것은 전해오던 그의 신비적인 출생, 기적적인 사건들, 모범적이기만 하던 성격, 행동 등에 얽힌 여러 이야기들이 더욱 채색되어 부풀어진 듯하다. 특히 『꾸란』에 나타난 기적적인 밤의 여행[31]과 기독교 수도자인 바히라Bahira가 만든 이야기는 무함마드의 성인화에 한몫을 하였다. 시리아로 가는 대상隊商의 일원으로 여행길에 올랐던 젊은 무함마드의 어깨사이의 신성한 표시를 본 이 수도사는 무함마드가 즉시 집으로 돌아가지 않는다면 불길한 일이 생길 것이라고 경고하였다. 그것은 성경을 통해 오랫동안 기다려온 새로운 예언자의 표시였고, 만약 유대인의 눈에 띄게 되면 화를 당할 것이라는 게 그의 충고였다. 뜨거운 태양빛이 내려쪼일 때 무함마드의 머리 위에는 구름이 좇아다니며 그늘을 제공하면서 그를 보호하였고, 이것을 목격한 그 수도사는 무함마드가 범상한 인물이 아니라는 것을 알았다고 한다.

어떻든 그를 성인화하고, 신의 로고스logos로 말하며 조금이라도 그를 신성시하려는 무리들에게 무함마드는 적어도 완전한 인간 혹은 신에 가장 가까운 인간 존재였다. 이러한 경향은 신비주의 수피들에게서 더욱 쉽게 발견된다. 그들에게 무함마드는 예언자 중에서도 최우선하는 모델이고 신의 마지막 징표였다. 예언자 활동을 위한 역사적 순환의 최후의 완성자로 비춰졌던 것이다. 따라서 그만큼 그의 언행은 그들에게는 신앙이 된 것이다.

30 William A. Graham, *Divine Word and Prophetic Word in Early Islam*, The Hague and Paris: Mouton, 1977, p.127.

31 『꾸란』 53 : 11~12, 17 : 1.

한 유명한 하디스는 무함마드의 신성성을 다음과 같이 묘사하고 있다.

"나는 민min(아랍어 알파벳 m) 없는 아흐마드Aḥmad(여기서 m이 빠지면 Aḥad인데, 이것은 하나라는 뜻이고 곧 하나님의 이름이다)이고, 아인 'ayn(아랍어 알파벳 'a) 없는 아랍 'Arab(여기서 'A가 빠지면 rab인데, 이것은 하나님〔主〕이라는 말이다)이다. 그런고로 나를 본 사람은 곧 진리al-ḥaqq(하나님을 의미함)를 본 것이다."[32]

기독교인들의 크리스마스와 비교할 수는 없지만, 무함마드의 생일 mawlid an-nabī이 되면 많은 무슬림들이 노래하고 찬양의 시를 암송하며 그의 영광을 축복한다. 무슬림은 누구나가 그의 덕을 칭송하고 그의 가르침에 늘 감사한다. 그에 대한 존경심은 다음과 같은 『꾸란』 성구에서 한층 더 고취되고 있다.

"실로 하나님과 그의 천사들은 예언자에게 축복을 보낸다. 오, 믿는 자들아 너희도 그에게 축복을 보내고 평화로 그에게 인사하라."[33]

이에 따라 무슬림들은 예언자의 이름 '무함마드'를 언급할 때마다 그의 이름 뒤에 쌀라 알라후 알라이히 와 쌀람Ṣalla Allāhu 'alayhi wa sallām(하나님께서 그에게 축복을 내려주시고 평화를 내려주소서)이라는 말을 덧붙인다.[34]

『꾸란』이 계시의 내용과 함께 부단한 반복암송을 통해 교리적으로 무슬림들을 하나로 통합해준다면 순나는 제례의식 같은 것을 바로잡는 일에서부터 시작하여 매일매일의 행동양식에 이르기까지 무슬림 삶의 무수한 세

32 Nasr, 앞의 책, p.89.
33 『꾸란』 33 : 56.
34 영어로는 이것을 PBUH라는 약어로 표시하는데 Peace be upon him(평화가 그에게 내리소서)이라는 뜻이다.

부사항에서 일치된 방식을 갖게끔 한다. 비록 언어, 지역, 음식, 의상, 관습, 민족적 정체성이 다를지라도 예언자 순나를 지키고 모방함으로써 무슬림들은 기본행동에서 통일된 모습을 갖추고 있다. 그들은 1,400년 동안 예언자가 일어난 것처럼 아침에 일어나 예배하고, 예언자가 먹었던 것을 먹고, 예언자가 우두(예배 보기 전에 몸을 씻는 세정행위)하였듯이 몸을 씻고, 심지어는 손톱을 깎는 것도 그의 식으로 하려 한다. 무슬림 지역 어디에서나 그들은 수염을 기르는 것이 순나라고 말한다. 인종적으로는 중국인이지만 중국 무슬림들은 용모 다듬기, 행동방식, 생활태도 등 많은 면이 머나먼 지중해 해변의 무슬림과 닮아 있다. 이것은 오랫동안 무함마드라는 같은 모델을 모방했기 때문이다. 지금도 그들은 어느 때, 어느 장소에서나 예언자의 영혼을 느끼고 언행을 배우려 한다. 모로코와 페르시아 시장에서의 분위기와 느낌이 비슷한 것은 공통적인 삶의 모델로 순나를 따르기 때문이다. 두 지역이 다른 언어를 가지고 다른 옷을 입고 있어도 같은 종교적 · 영적 공통성이 존재하기 때문인 것이다. 그리고 이 공통성은 『꾸란』을 통해, 그리고 순나와 하디스를 통해 만들어지는 것이다.[35]

35 Nasr, 앞의 책, pp.82~83.

제4장 | 신앙과 실천의 6신信과 5주柱

"라 일라하 일랄라, 무함마드 라술룰라Lā ilāha illā Allāh, Muḥammad rasūl Allāh(알라 외에 신은 없고, 무함마드는 알라의 사자이다)." 이슬람의 근본 교리는 유일신 '하나님'을 믿고 '무함마드가 신의 사자'임을 믿는 것이다. 샤하다shahāda라고 불리는 이 신앙 증언은 무슬림들이 하루에도 여러 차례 항상 뇌어야만 하는 신앙 고백문으로 이슬람 신경의 골수이다.[1] 두 구절로 된 이 신앙 증언을 뇌이면서 무슬림들은 스스로 믿는 자임을 확신한다. 무슬림들에게는 신앙인으로서 지켜야 하는 신앙과 실천의 의무들이 부여되어 있다. 무슬림 학자들은 종교의 근본 요소를 다루면서 믿음īmān과 의무적인 실천 'ibāda 행위를 구분해놓았던 것이다. 신의 계시와 가르침이 학자들에 의해 조직화되기까지는 약 200년이란 시간이 걸렸다. 그것은 예수 사후 기독교에서의 신조가 니케아 공의회에서 공식화될 때까지 300년이 걸린 것과 비슷하다.

1. 신앙과 실천의 여섯 믿음

무슬림 신앙의 대요는 『꾸란』 4 : 136에 나타나 있는 다음의 것이라고 말할 수 있다.

"오, 믿는 자들아! 알라와 그의 사자, 그리고 알라께서 그의 사자를 통해 내려주신 경전과 그 이전에 내려주셨던 성서들을 믿으라. 그리고 누구든지 알라와 그의 천사들과 그의 경전들과 그의 사자들과 최후의 날을 믿지 아니하는 자는 정녕 멀리 길을 잃고 방황하리라."

1 R. A. 'Azzām, *The Eternal Message of Muḥammad*, trans. Caesar E. Farah, Cambridge, 1993, p.35.

이 『꾸란』의 내용에서와 같이 이슬람에서 믿음의 교의는 알라를 믿고 또 무함마드를 비롯한 예언자들과 『꾸란』 및 경전들과 천사들과 최후의 날과 정명定命을 믿는 여섯 가지이다.

(1) 신의 유일성

이것은 신의 절대적 단일성에 대한 믿음이다. 이를 타우히드tawḥīd라 부른다. 신의 유일성을 침해하고 이에 도전하는 어떤 행위도 용납하지 않는다. 오직 헌신하며 신의 유일성을 믿는다. 무슬림들이 스스로를 지칭하는 다른 이름으로 무와히둔muwaḥḥidūn(유일신 교도)이 있다. 알라께 어깨를 나란히 하여 견줄 자인 쉬르크shirk를 두지 않고 오로지 알라의 독존만을 믿는 사람이라는 뜻이다. 이에 반해 쉬르크를 두거나 그 대상을 섬기고 숭배하는 자는 무슈리쿤mushrikūn(우상숭배자, 다신교도)이라고 부른다. 이는 결코 용서받을 수 없는 대죄大罪이다. "실로 알라께서는 그분과 비견하여 놓는 것을 절대로 용서하지 않으신다.… 딴 것을 알라와 비견되는 위치에 놓는 자는 누구든지 큰 죄를 범하는 것이다."[2]

무슬림들은 그들만이 유일한 유일신교도라는 큰 자부심을 갖고 있다. 신성에 관한 한 어떤 복수적 개념도 허용되지 않는다. 그것은 이슬람 기본 교의에 무조건 어긋나는 것으로 간주된다. 따라서 다신론자들에 대한 단죄의 경고가 『꾸란』 전체에서 거듭 되풀이된다. 기독교인들과 유대교인들은 성서聖書의 백성들이다. 그들이 무슬림들과 같이 유일신 '하나님'을 믿는 자들인 것은 사실이나, 그러면서도 만약 그들이 계속 다신론적 사고를 가진다면 죄값을 받지 않을 수 없다. 『꾸란』은 성서의 백성들 중에서도 끝내 진리를 깨닫지 못하고 다신론자로 남는 자들은 진실로 하나님을 믿지

2 『꾸란』 4 : 48, 같은 내용의 것은 『꾸란』 4 : 116.

않는 자들이라고 밝히고 우상숭배자들과 똑같이 취급되어 결국 지옥의 불 속으로 떨어져 그곳에서 머물게 될 것이라고 말하고 있다.

"하나님은 어떤 분이신가?" 라는 알라의 본질과 속성도 강조한다. 알라는 홀로 존재하는 분이시고, 모든 간구를 들어주시는 분이시며, 왕이시고, 모든 완전한 속성들이 다만 그분께 속하며, 그분께서는 보이지 않는 것과 보이는 것 모든 것을 아시는 분이시며, 가장 위대하시고 가장 높으신 분이시다. 가장 자비로우신 분, 가장 은혜로우신 분, 주권자이시고 가장 강하신 분이시며, 구원과 계시를 주는 분이시고, 최후의 날 심판의 주재자이시다.[3]

한마디로 신은 절대자요 초월자로서 우리가 생각하고 말하는 모든 것 이상의 존재자이시다. "그는 영원하시며 낳지도 낳아지지도 않으신다."[4] 인간은 항시 그분을 경외하고 그분을 찬양하며 그분의 유일하심을 믿어야 한다. 기독교의 삼위일체 교리 같은 것을 결코 용납하지 않는다. 알라께서는 영원한 존재자이시다. 그분만이 유일한 실재자이시다. 알라와 더불어 다른 신을 숭배해서는 안 된다. 심판자는 오직 그분뿐이시며 인간들 모두는 그분께로 돌아간다.[5]

알라께서는 우주 만물의 창조주이시고 삶과 죽음의 주관자이시다. 만물의 보양자이시며, 그분께서 '있으라' 하면 모든 것이 있게 된다. 그분은 모든 존재의 기초이시며 가장 현명하신 분, 가장 공정하신 분, 가장 자비로우신 분, 어디에나 존재하시는 분, 전지전능하신 분, 죽음과 삶과 부활 같은 모든 것을 결정하시는 분이시다. 예언자 무함마드는 이러한 속성을 이름으로 가지신 분이 바로 '알라'라고 설명하면서, "하느님은 가장 아름다운

3 『꾸란』 112 : 1, 59 : 23~24, 16 : 3.
4 『꾸란』 112 : 2~3.
5 『꾸란』 28 : 88.

99가지의 이름들을 가지고 계시다"라고 말하였다.[6] 신의 유일성과 그분의 존재를 가르쳐주는 대표적 성구는 다음의 것이다.

"알라 외에 신은 없고, 그는 살아계신 분 영원한 분이시다.… 하늘에 있는 것 땅에 있는 것 모든 것이 그분께 속하도다.… 그분은 모든 것을 알고 계시며… 참으로 그분은 지고하시고 가장 위대하신 분이시다."[7]

(2) 예언자들

이것은 예언자들과 신의 사자使者들에 대한 믿음이다. 특히 무함마드는 신의 사자들 중 마지막 사자임을 믿는다. 신은 인류 공동체에 자신의 존재와 진리를 가르쳐주고 최후심판의 날을 경고해주기 위해 사자ar-rasūl와 예언자an-nabī를 보내셨다. 인류 공동체의 일부는 이들을 받아들여 순종하였으나 일부 다른 공동체는 이들을 거부하고 박해하여 신으로부터 저주와 벌을 받았다. 그리고 때로는 멸망당하였다. 인류 공동체는 항상 신의 의지와 가르침을 원형대로 보존하지 못하고 인간의 자유의지로 그것을 왜곡시키고 때로는 변경하였다. 신은 이러한 잘못을 경고하고 이를 바르게 잡아주기 위해 다시 예언자와 신의 사자를 파견하신다. 무함마드가 신의 사자로 파견된 것도 앞선 공동체에서의 이러한 왜곡된 부분을 명확히 정정하고 보완하기 위해서였다.

샤하다shahāda(신앙증언)에 나타나 있듯이 신의 사자에 대한 믿음은 신이 한 분뿐이라는 유일신 사상과 더불어 이슬람의 기본적 교리의 중심축이다. 이슬람에서는 무함마드가 바로 이러한 신의 사자들과 예언자들 계

6 Muḥammad Hamidullāh, *Introduction to Islam*, New Enlarged Edition, Paris, 1969, p.46.

7 『꾸란』 2 : 255.

보의 마지막 봉인封印인 최후의 사자, 최후의 예언자임을 강조한다.

예언자들 중 대략 313명만이 신의 사자rasūl Allāh로 불리는데, 그 중에서도 특히 아담, 노아, 아브라함, 모세, 예수, 무함마드는 신으로부터 특별한 사명과 임무를 부여받았던 가장 두드러진 예언자이자 신의 사자로 간주된다. 모세, 예수와 같이 그들 중 일부는 신으로부터 특별한 권능을 부여받아 인간 세상에서 수많은 기적을 베풀기도 하였다. 그들의 행적은 신으로부터 내려진 신의 징표들이었다. 그러나 중시해야 할 것은 비록 그들에게 어떤 초인간적인 요소가 보였다 할지라도 그것은 어디까지나 신의 권능에 의한 것이고, 그들은 신의 피조물이고 인간들이라는 것이다.

『꾸란』에서는 이 점을 각별히 강조한다. 무함마드는 신의 경고와 복음의 메시지를 인류에게 전달하는 중요한 임무를 띠고 태어나 신앙과 실천의 모범이 되는 사람으로 살다가 죽은 한 사람의 인간이었다. 예수와 모세의 경우도 똑같다. 무함마드는 어떤 기적도 행할 수 없었고 계시된 것 이상의 어떤 지식도 갖지 못하였다. 그는 평범하게 인간적 삶을 살았으며, 인간적 실수에 대한 용서를 신께 간구하며 예배와 신에 대한 경외 속에서 일생을 보냈다.

무슬림들은 예언자의 하디스에 근거하여 예언자의 수가 무려 124,000명에 이른다고 말하고 있다. 『꾸란』은 아담에서 무함마드에 이르기까지 25명의 예언자를 열거하고 있다. 그 예언자들은 다음과 같다. 아담Adam, 이드리스Idrīs(에녹Enoch), 누흐Nūh(노아Noah), 이브라힘Ibrāhīm(아브라함 Abraham), 이스마일Ismā'īl(이스마엘Ismael), 이스하끄Isḥāq(이삭Issac), 야으꿉Ya'qūb(야곱Jacob), 다우드Dāwud(다윗David), 술레이만Sulaimān(솔로몬 Solomon), 아이유브Ayyūb(욥Job), 유수프Yūsuf(요셉Joseph), 무사Mūsā(모세 Moses), 하룬Hārūn(아론Aron), 일리야스Ilyās(엘리아Elias), 알 야사al-Yasa'

(엘리사Elisha), 유누스Yūnus(요나Yonah), 루뜨Lūṭ(롯Lot), 후드Hūd, 슈아이브 Shu'ayb, 쌀리흐Ṣāliḥ, 둘 키플Dhu' l-Kifl(에제키엘Ezekiel), 자카리야 Zakariya(재커라이어Zachariah), 야흐야Yahya(요한John), 이사'Isā(예수Jesus), 무함마드Muḥammad. 이들 중 대부분이 구약과 신약 성경에서 언급되는 동명의 인물들이다. 비록 유대교와 기독교에서 예언자로 여겨지지 않지만 이들의 이름이 성경에 나온 경우도 있고, 후드나 쌀리흐는 성경에 등장하지 않는 오랜 아라비아의 예언자들이다. 에제키엘, 엘리야, 엘리사, 자카리야, 요나, 요한을 제외하고는 성경에서 예언자로 인식되는 다른 예언자는 나타나지 않는다.

(3) 경전들

이것은 신이 계시한 성서들에 대한 믿음이다. 예언자들은 와히wahy(영감)에 의해 계시받는다. 모든 경전들은 전적으로 신의 말씀들이다. 신께서는 예언자들을 통해 여러 시대에 걸쳐 104권에 이르는 성스러운 경전들을 보냈는데, 그 중 비교적 짧은 100권의 경전들이 아담 · 셋 · 에녹 · 아브라함 등에게 내려졌으나 지금은 사라지고 말았다. 그러나 네 권의 중요 경전들인 모세의 오경(토라Torah), 다윗의 시편(자브르Zabur), 예수의 복음서(인질Injil), 무함마드의 『꾸란*Qurān*』이 현존하고 있다. 이 모든 것은 원래 천상에 있는 원형과 똑같은 것들이고 동일한 내용의 메시지를 담고 있다.

그런데 다시 여러 시대가 바뀌면서 이슬람 이전의 백성들(유대교도, 기독교인들)은 그들의 주장을 정당화시키기 위해 근원적인 메시지를 변모시켰다. 『꾸란』이 내려진 것은 그 때문이었다. 무슬림들은 『꾸란』이야말로 앞의 경전들을 보완하고 확증시켜준, 가장 순수하고 완전한 신의 말씀이라고 믿는다. 『꾸란』은 한 자의 첨삭도 없이 오늘날까지 보존되어 왔다. 다시 말해, 신께서는 인간들을 아브라함이 가졌던 진실된 믿음(이를 하니프 Ḥanīf라 불렀음)으로 되돌리기 위해 무함마드를 통해 『꾸란』을 보내셨다는 것이다. 『꾸란』은 근원적 형태의 것으로 앞의 것들을 정화시켜주고 불확실한 것들을 명확하게 해주는 최후의 완벽한 진리의 성서라는 것이다.

(4) 천사들

이것은 천사들의 존재와 그들이 신의 조력자요, 신의 사자임에 대한 믿음이다. 천사들 모두가 신의 선한 창조물들인데, 그 중 하나만 악이 되었다. 신께서는 아담을 창조하신 후, 아담에게 절할 것을 천사들에게 명령하셨다. 신께서는 인간을 만물의 영장으로 택하신 것이다. 창조물 중 인간을 최고의 자리에 올려놓으신 셈이다. 천사들 모두가 순종하였으나 이블리스 Iblīs만이 절하지 않아서 그는 사탄Shaitan이 되어 쫓겨났다.[8] 그 후 그는 인간을 타락으로 이끌고 신께 거역하게 만드는 악령들의 우두머리가 되었다. 이들은 추악하며, 불로 만들어졌고, 정체를 드러내지 않으며, 간혹 인간의 모습으로 나타나기도 한다.

인간은 흙으로 만들어졌지만 이에 비해 천사들은 빛으로 창조되었고 성性을 갖지 않는다. 또 이들은 세속적 욕망이 없으며 분성憤性이 없어 화내지 않는다. 오로지 하나님께서 명령한 대로 명령받은 모든 일을 수행한다. 천사의 수는 많은데, 오직 신만이 그 수를 아신다. 『꾸란』에는 가브리엘 Gabriel(Jibril), 미카엘Michael(Mikail), 하루트Harut, 마루트Marut 등의 천사들이 등장한다. 이들은 신의 권좌를 받들고 있으며, 천상의 메시지를 전달하거나 인간의 행위들을 기록하고, 인간이 죽을 때 영혼을 접수하며, 최후 심판의 날에는 인간들에게 유리하거나 불리한 증언을 하며, 천국과 지옥

---

8 『꾸란』 7 : 11~18.

을 지킨다. 그 중에서도 특히 가브리엘은 돋보이는 존재이다. 『꾸란』을 무함마드에게 전하고 예수의 탄생을 동정녀 마리아에게 고하였다. 그런 만큼 이슬람 전통에서 가브리엘은 모든 천사들의 위에 위치하는 대천사이다. 계시의 천사는 가브리엘이고, 비의 천사는 미카엘이며, 최후심판의 날을 알리는 천사는 이스라펠Israfil이고, 아즈레일Azrail은 죽음의 천사이다. 모든 인간의 선행과 악행을 키라물Kiramul과 카티빈Katibeen이라는 두 천사가 감시하고 행위들을 기록한다. 몬카르Monkar와 나키르Nakir는 무덤의 천사이며, 천국의 일은 라드완Radwan이, 지옥의 일은 말리크Malik가 맡고 있다. 가브리엘 천사의 모습을 두고 예언자 무함마드는 그가 자신 앞에 항상 같은 모습으로 나타나지 않았다고 술회하였다. 무함마드는 가브리엘이 때로는 하늘에 떠다니는 모습으로 보이기도 하고, 때로는 사람의 형상으로 나타났으며, 때로는 날개를 달고 있는 것처럼 보이는 등 항상 다른 모습이었다고 전하고 있다.[9]

천사 외에 세속에서의 존재로 진jinn(단수형은 jinni)이 있다. 진 또한 불로 만들어진 피조물인데, 인간의 눈으로는 파악할 수 없는 존재이다. 천사보다 아래 등급에 있고 거의 모든 면에서 사람과 대동소이하다. 즉 한정된 수명과 성性을 가지며, 인간처럼 선하기도 하고 악하기도 하다. 이들 중 일부는 이슬람을 받아들여 무슬림 진jinn이 된다. 이들은 지혜와 웅변으로 시인을 도와 돋보이게 만들기도 하고, 특별한 재능으로 평범한 인간을 유명하게 만들며, 낯선 길에서 갑자기 인간에게 놀라움과 두려움을 불러일으키게도 한다. 이 진이 사람 몸속에 들어오면 제 정신을 잃은 마즈눈majnūn(진이 들어온 사람)이 되는데, 이것은 본래의 사고력과 행동력을 잃은 미친 사람을 일컫는 아랍말이다. 악하고 반역적인 진은 인간의 이성을 혼란하

9 Muḥammad Hamidullāh, 앞의 책, p.49.

게 하고 현혹시키며, 인간에게 마법을 가르치기도 하며, 악한 일을 시키기도 한다.

(5) 최후의 심판

이것은 최후의 날과 부활에 대한 믿음이다. 이에 대한 계시는 세상의 종말과 영원한 내세관을 매우 상세히 담고 있다. 중동의 다른 종교, 즉 조로아스터교 · 유대교 · 기독교에 나타나는 최후심판에 관한 언급과 본질적인 면에서는 비슷하지만 묘사가 훨씬 더 명확하다. 후일, 신학자들이 더욱 정교하게 다듬은 『꾸란』의 종말론은 독특하면서도 탁월하다. 이는 특히 중세 이후 서양의 기독교 세계의 종말론적 사고—예컨대 단테의 『신곡』에서 보듯이—에 큰 영향을 끼친다.

최후심판의 날은 『꾸란』의 여러 장에 언급되어 있지만, 그 중 특히 75장은 거의 대부분 부활에 대한 내용이다. 여기에서는 이 날을 종교의 날yaum ad-dīn, 최후의 날yaum al-ākhir, 부활의 날yaum al-qiyāma, 운명의 날, 그 날, 구별의 날 등 여러 표현으로 말하고 있다. 어쨌든 이 날의 도래는 '의심할 여지가 없고 피할 수 없는' 운명이다. 이 날은 오직 신만이 아시는 날로, 천둥소리와 큰 외침, 나팔소리가 울려퍼지면서 갑작스럽게 오는 것으로 묘사되어 있다. 자연계는 뒤집히고 천지개벽이 일어나 우주의 질서는 완전히 뒤바뀐다. 『꾸란』 81장(은폐의 장)은 다음과 같이 말하고 있다.

"태양이 감춰져 사라질 때, 별들이 떨어져 빛을 잃을 때, 산들이 움직여 없어질 때, 산월이 된 낙타들이 벼락을 받을 때, 날뛰는 짐승들이 떼지어 모일 때, 바다가 부글부글 끓어오를 때, 영혼들이 (선악으로) 나뉘어 짝지을 때, 생매장당한 여아가 무슨 죄로 죽게 되었는가를 질문받을 때, (선과 악의) 기록부들이 펼쳐질 때, 하늘이 벗겨질 때, 지옥이 불타기 시작할 때, 천국이 가까이 올 때, 영혼들은 그가 행한 바를 알게 되리라."[10]

낙타는 베두인들의 가장 소중한 재산이자 삶의 동반자이다. 아랍인들이 산달이 다 된 낙타를 버리는 일은 있을 수 없다. 여아의 생매장에 관한 대목도 눈에 띈다. 또 산이 움직인다는 사실도 놀라운 일이다. 고대 아라비아인들의 우주관에서 산이란 신들이 박아놓은 하늘의 버팀목이었다. 어쨌든 모든 자연현상과 인간세계의 사회제도와 질서 및 작용들이 그 날 모두 끝난다.

그런 다음 무릇 인간들 모두는 그가 이미 오래 전에 죽었든 아직 살아 있든 간에—즉 죽은 자와 산 자 모두가—심판자 알라 앞에 서게 될 것이다. 사실, 이 계시는 인간의 육체적 부활을 믿지 않았던 이슬람 이전의 아랍인들에게는 생소하고 받아들이기 어려운 것이었다. 아마도 『꾸란』의 가르침 중에서 가장 충격적인 계시는 바로 이 최후심판에 대한 부분일 것이다. 이 계시는 새로운 무슬림들에게 종교적인 두려움과 더불어 천국에 대한 기대를 갖게 함으로써 그들을 진정한 신앙의 길로 인도하는 뛰어난 성과를 거두게 하였다. 알라의 계획은 아주 생소하였다. 인간은 저마다 각자의 기록이 담긴 책을 오른손 또는 왼손에 받게 되는데, 오른손은 선과 순결함을, 왼손은 악과 더러움을 상징한다. 이때 천사들은 그 사람이 행한 행위에 대해 증언할 것이고, 그의 죄과는 저울에 달아져 오른손에 책이 놓여지는 자는 축복받은 자이지만, 왼손에 책이 놓여지는 자는 저주받은 자이다. 물론 그 결과는 영원한 천국과 영원한 지옥이다. 이 최후의 날, 알라의 허가 없이는 어느 누구도 신과 인간을 중재할 수 없다.

『꾸란』에는 천국과 지옥에 대한 수많은 기록들이 있다. 천국은 행복과

10 『꾸란』 81 : 1∼14.

기쁨이 넘치는 휴식처이고 지옥은 무서운 불의 형벌이 있는 곳이다. 지옥을 자한남jahannam이라 부르는데, 이것은 헤브라이의 기헤너gehenna(히놈의 골짜기)에 어원을 두는 것 같다. 일반적으로 널리 알려져 있는 지옥의 이름은 안 나르an-nār(불지옥)이다. 그곳에서는 고통으로부터의 어떠한 유예도 있을 수 없다. 활활 타는 사나운 불의 형벌이 있는 곳이다. 펄펄 끓는 물을 마셔야 하고 쓴 열매를 먹어야 하는 고통을 맛보아야 한다.

신을 경외하며 믿음 속에 산 자, 신의 축복을 받은 자, 선하고 관대하며 자애롭고 순종하며 산 자, 신의 길을 위해 고통받고 박해당했던 자들은 평화의 저택이 있는 영원한 천국으로 들어가는 부름을 받는다. 천국은 아름다운 낙원이다. 물이 흐르는 아늑한 정원에서 부드러운 안락의자에 앉아 천상의 과일과 기분을 좋게 하는 천국의 술을 먹고 마신다. 천국에 대한 설명은 자세하고 생동감이 넘치며, 간혹 읽는 이로 하여금 행복감을 느끼게 한다. 메카 초기 계시 중에는 부푼 가슴을 지닌 아름다운 천국의 처녀에 대한 언급이 있다.[11] 후루아인Huru'ain이라고 하는 크고 까만 눈을 가진 이런 미녀의 시중을 받으면서 결코 경험해 보지 못한 행복감 속에서 영생한다. 또한 동시에 남편과 아내, 아이들도 함께한다.[12] 천국에 대한 내용이나 설명들은 통일되어 있거나 특별히 체계적이지 않지만 매우 생생하며 명확하다. 무엇보다도 행복과 기쁨에 대해 상징적이고 교훈적인 이러한 설명들은 무슬림들에게 지대한 영향을 미쳤고, 그들이 오늘날까지 내세관을 갖게 하는 주 요인이 되었다.

"첫 번째 무리는 오른쪽에 있게 되는 자들이니라. 오른쪽에 있게 되는 자들은 얼마나 운이 좋은 자들이뇨?… 그들은 알라 곁으로 가까이 가게 될 것이며 축복

11 『꾸란』 78 : 33.
12 『꾸란』 44 : 54~55, 56 : 22.

의 낙원에 있게 될 것이니라.… 금과 보석으로 수놓인 침대에 앉아 서로 마주보고 기대어 있게 되느니라. 영원히 사는 소년들이 그들의 주위를 돌며, 술잔과 물병과 샘에서 바로 뜬 잔을 마시고 있느니라. 그들은 이 잔을 받아 마셔도 머리가 아프거나 취하는 일이 없느니라. 과일은 좋아하는 것을 고를 수가 있으며, 새의 고기도 원하는 것을 택할 수 있느니라. 그리고 크고 사랑스러운 눈을 가진 정숙한 여인들이 그들 곁에 있느니라. 그녀들은 잘 간직된 진주와도 같으니, 이는 그들이 행한 것에 대한 보상이니라."[13]

"왼쪽에 있는 자들은 얼마나 불행한 자들이뇨? 그들은 타는 듯한 바람과 끓는 듯한 물 속에 있게 될 것이며, 검은 연기의 그늘 아래 있게 될 것이니, 서늘함도 즐거움도 전혀 없느니라."[14]

천국이 영원하리라는 것은 의심할 여지가 없다. 한번 그곳에 들어가면 추방되는 일이 없다는 사실을 『꾸란』이 밝혀주고 있기 때문이다. "그곳에서는 피로가 그들을 엄습하지 아니하고 또 그들은 그곳으로부터 추방되지 않는도다."[15] 어떤 사람은 바로 천국으로 들어가지만 또 다른 사람들은 천국에 들어가기 이전에 길거나 짧은 기간을 지옥에서 고통으로 보낸다. 그렇다면 지옥은 과연 믿지 않는 자들에게 영원한 곳인가? 무슬림 신학자들은 이 질문에 의견이 분분하다. 대다수의 사람들은 『꾸란』에 의거하여[16] 신께서는 신에 대한 불신앙만을 제외한 모든 죄를 용서해주시고, 불신에 대한 응징만이 영원할 것이라고 주장한다. 그렇지만 또 다른 사람들은 신에 대한 불신도 결국에는 신의 자비로 끝날 것이라고 주장한다. 이들 또한 『꾸란』의 성구들[17]에 의거하여 이와 같은 해석을 하고 있다. 신의 끝없는

13 『꾸란』 56 : 9～25.
14 『꾸란』 56 : 41～45.
15 『꾸란』 15 : 48.
16 『꾸란』 4 : 48, 116.

자비가 존재하는 한 이러한 논쟁은 더 이상 할 필요가 없다고 말한다.[18]

(6) 정명론定命論

이것은 신이 내려준 운명과 신의 예정에 대한 믿음이다. 아랍어로는 알 까다 와 알 까다르al-qaḍā wa al-qadar라고 한다. 예정에 관한 『꾸란』의 대표적인 성구는 다음의 것이다. "신이 인도하는 자마다 그는 올바르게 인도받을 것이며, 신이 잘못 인도하는 자마다 그들은 길을 잃게 되리라."[19]

정명론은 이슬람 교리학 연구에서 가장 빈번히 토론되는 중요 주제 중 하나이다. 이 사상이 『꾸란』에 기초하는 것은 틀림없으나, 이 주제에 관한 언급이 과연 신의 예정을 말하는 것인지, 인간의 자유의지를 옹호하는 것인지는 명확히 구별되거나 판명되지 않는다. 따라서 무슬림들간의 오랜 논의와 담론에서 인간의 자유의지 옹호자들과 정명론의 옹호자들의 주장과 견해가 서로 교화되어, 두 견해 모두의 의미가 포괄적으로 포함되고 함축되어 정통 순니 교리로 정착되어 있다. 다시 말해 정명론자들은 신께서 영원 속에서 일어나는 모든 일을 섭리하시고 결정하시며 사사로운 모든 것까지 기록해 놓으셨다는 것을 명쾌히 옹호하지 못했던 것이다. 그 대신 양자의 견해가 서로 교화된다.

『꾸란』 메시지에 담긴 신의 예정의 내용은 틀림없이 신의 불가사의한 최고 섭리를 드러내고 있겠지만, 인간의 논리로 그것을 파악하기란 불가능하다. 신은 피조물이 상상하고 이해하는 존재 이상이며, 신의 행동은 인간의 인식 범주가 아닌 것이다. 『꾸란』에는 거룩하고 엄숙하며 측량할 수

---

17 『꾸란』 11 : 107, 39 : 35 등.
18 Muḥammad Hamidullāh, 앞의 책, pp.53~54.
19 『꾸란』 7 : 178.

없는 신의 명령들이 밝혀져 있기도 하지만, 동시에 알 수 없는 영적인 경지의 계시와 종교적 법률이 기술되어 있다. 이 점이 인간 논리 수준에서 자유의지론과 결합된다 해도 결론은 결국 신의 예정을 옹호하는 쪽으로 흘러가고 정명론을 낳는 결론에 다다르는 것이다.

예언자 무함마드의 하디스 중에서 정명론을 뒷받침해주는 대표적인 것이 압달라 빈 아므르 'Abdallāh b. 'Amr가 예언자의 말을 기록한 다음 하디스이다. "신은 하늘과 땅을 창조하기 5만 년 전에 모든 피조물들의 운명을 기록하셨다."[20]

쉬아들은 그들의 제6대 이맘인 자으파르 앗 사디끄Ja'far as-Sadīq(756년 사망)로부터 유래하는 다음과 같은 말을 전하고 있다. 당대 최고의 석학이었던 이 이맘은 '알 까다와 알 까다르'에 대한 질문을 받고는 그것은 논의가 금지된 토론 불가의 주제라고 답하였다고 한다.

> "그것은 깊은 바다이다. 그것에 감히 들어가려 하지 말라.… 그것은 모호하고 희미한 길이다. 그것을 따라 걷지 말라.… 그것은 알라의 비밀 중의 하나이다. 그것에 대해 이야기하지 말라.… 그것에 대한 지식을 구하는 자마다 알라의 명령에 반대되는 행위를 할까 두렵다. 지고하신 그의 위엄을 논쟁하게 될 것이며, 그의 베일에 가려진 비밀을 시험하게 될 것이다. 그는 분명히 알라의 분노를 사게 되고 그가 갈 곳은 결국은 자한남jahannam(지옥)이다."[21]

이상에서 살펴본 여섯 가지 믿음이 이슬람 정통교리의 중심이고 이것을 '올바른 믿음' 즉 이만imān(신앙)이라고 한다. 그리고 이런 신앙을 가진 자

20 Al-Baghawi, *Mishkāt al-Masābīh*, trans. James Robson, Lahore, Pakistan: sh. Muḥammad Ashraf, 1965~1966, vol.I, p.23.

21 Arthar Jeffery, *Islam: Muhammad and his religion*, New York: Liberal Arts Press, 1958, p.154.

를 무으민mu'min(신자)이라고 부른다. 『꾸란』에서 믿음은 복종보다 더 우위라고 말하고 있다. 그러나 『꾸란』에서도 언급되었듯이 믿음 없는 복종은 있을 수 있어도 복종 없는 믿음은 있을 수 없다. 신앙에는 복종이 꼭 필요한데 어찌 보면 이것도 인간 능력의 것이라기보다는 신의 선물인 것 같다. 믿음이라는 것도 사실은 복종처럼 요구되는 것임에는 틀림없지만 그럼에도 불구하고 그것 역시 신의 선물이자 인간 노력의 결과적 행동임을 동시에 강조해야 할 것 같다. 믿음은 신에 대한 예배와 의식, 신에 대한 봉사를 통해서 완성되고 증명된다. 즉 엄격한 규칙과 절차에 따른 예배의식이나 종교적인 의무의 수행을 통해서 완벽해진다는 것이다.

이같이 이슬람은 '신앙과 실천'의 종교이다. 그러므로 정통 교리orthodoxy와 정통 행동방식orthoproxy을 같은 '하나의 양식'으로 파악할 때 비로소 올바르게 이슬람을 이해하는 것이라고 할 수 있다. 일부 기독교 신학자들은 이슬람이 실천을 중시하고 신께 대한 헌신과 복종을 강조하는 종교이기 때문에 이슬람은—영적인 면과 실천적인 면에서—기독교보다는 유대교에 더 가까운 종교라고 말하는 경향이 있다. 기독교는 교리의 명료성, 신조와 원리, 신학에 대한 이해를 끊임없이 강조하지만, 이슬람과 유대교는 종교를 생활의 한 방편으로 보고 신의 주권主權 아래에서의 삶의 예배화를 더 강조하고 있다고 보고 있기 때문이다. 이것은 어느 면에서는 매우 타당한 분석일 수도 있다. 왜냐하면 이슬람과 유대교에서는 '하라, 하지 말라' 하고 신께서 정해놓은 지침을 따라야만 하고 정해진 예배를 드려야 하는 것이 무엇보다 중시되고 있기 때문이다. 아마도 이러한 유사점이 바로 무함마드가 처음에 메디나의 유대인들을 동료로서 당연히 생각했던 이유였을 것이다.[22] 그러나 두 종교는 화합할 수 없었는데, 그 이유는 두 종

22 Frederick Mathewson Denny, *An Introduction of Islam,* New York: Macmillan

교간의 기본적 · 구조적 · 기능적 연관성의 부족 탓이 아니라, 단지 무함마드를 신의 예언자로 인정하느냐 않느냐 하는 데 있었다. 유대교로서는 기독교의 예수도 마찬가지였다. 그들로서는 예수를 그들이 기다리고 있던 메시아로 인정할 수 없었다. 이와 마찬가지로 기독교에서는 무함마드를 인정하지 않았던 것이다. 기독교인들로서는 무함마드가 바로 그들이 기다리고 있던 메시아라고 받아들일 수 없었던 것이다. 유대교와 기독교가 예수의 인정 문제로 갈라졌듯이 기독교와 이슬람도 무함마드의 인정 문제로 갈라서게 된 것이다.

2. 신앙과 실천의 다섯 기둥

알라의 뜻에 귀의하고 복종해야 하는 무슬림들에게는 현세 생활에서 꼭 지켜야 할 여러 가지 실천사항이 부과되어 있다. 그 중에서도 신앙과 실천의 다섯 기둥이라고 불리는 다음의 다섯 가지는 반드시 실행해야만 하는 의무적인 것이고, 이슬람을 다른 종교들과 확연히 구별시켜주는 특징적인 것이다.

(1) 샤하다shahāda(신앙증언)

"라 일라하 일랄라, 무함마드 라술룰라(알라 이외에 신은 없고, 무함마드는 알라의 사자이다)"라고 신앙고백을 한다. 샤하다는 자신의 신앙심을 나타내는 가장 기초적인 표현으로 무슬림들은 예배와 기도 때는 물론이거니와 평상시에도 항상 이 말을 되뇌인다. 하루의 예배근행만을 위해서도 적어

Publishing Company, 1985, p.98.

도 열네 번 이상 반복한다. 처음 이슬람을 받아들이는 사람은 샤하다를 언급함으로써 비로소 무슬림이 된다.

이 신앙고백문은 하디스에 근거한다. 두 구절로 되어 있기 때문에 샤하다텐shahādatain(신앙의 두 증언)이라고도 불린다. 이같이 두 구절이 합쳐진 형태로 『꾸란』에 나타난 것은 없다. 그러나 둘로 나뉘어서는 헤아릴 수 없을 정도로 많이 언급되고 있다. 전체에서 그 정신이 흐르고 있다. 그 내용은 한마디로 이슬람의 유일신관과 무함마드가 신의 마지막 예언자임을 정의한 것이다. 다시 말해 이것은 이슬람 교의를 총체적으로 표현한 신경信經의 대표적 성구이다. 이슬람이 출현할 당시의 메카인들에게는 그들의 오랜 우상숭배 관행이나 다신론적 전통을 거부하고 무함마드가 유일신 알라의 사자이자 예언자라고 증언하는 것은 매우 어렵고 위험한 일이었다.[23] 그렇지만 이슬람을 받아들이는 입교선서가 바로 이 말을 언급하는 것이었으므로 초기 무슬림 때부터 샤하다는 무슬림 공동체의 상징적 · 대표적 신경으로 인식되어 왔다.

한편 『꾸란』은 무함마드가 신의 사자일 뿐 그 이상의 존재가 아님을 명시하고 있다. 이것은 무함마드의 인격人格을 강조하는 것인데, 기독교에서의 예수와는 대조적으로 유일신 알라의 신격神格과 무함마드의 인격을 간명하게 구별해놓은 것이다. 따라서 『꾸란』에서는 마리아의 아들 예수도 인격이며 모세, 무함마드와 똑같이 동격의 예언자이자 신의 사자일 뿐이다. 단지 무함마드는 신의 마지막 사자, 마지막 예언자라는 것이다.

---

23 John B. Christopher, *The Islamic Tradition*, London, New York: Harper & Low Publishers, 1972, p.39.

(2) **예배**(쌀라트ṣalāt)

무슬림들은 하루 다섯 번씩 예배를 드려야 한다. 예배는 종교적 실천행위 중에서도 가장 우선하는 의무이다. "예배는 종교의 기둥이다"라고 무함마드는 말하였다. 예배 근행의 의무는 『꾸란』에 근거하지만, 예배시간은 하디스에 정해져 있다. 파즈르 예배ṣalāt al-fajr(일출예배), 주흐르 예배ṣalāt al-dhuhr(정오예배), 아스르 예배ṣalāt al-'aṣr(오후예배), 마그립 예배ṣalāt al-maghrib(일몰예배), 이샤 예배ṣalāt al-'ishā' (밤예배)가 그것이다.

파즈르 예배는 새벽 동이 틀 때 드려야 하지만 대개 새벽 잠에서 깨자마자 근행하고, 주흐르 예배는 정오에, 아스르 예배는 정오와 해질 때의 중간시간(보통 오후 3시경)에, 마그립 예배는 해가 지자마자 드린다. 마지막으로 드리는 이샤 예배는 대개 하루일과를 마치고 잠자리에 들기 전에 드린다. 예배시간이 되면 하던 일을 잠시 멈추고 가능한 한 정해진 시간에 예배를 드린다. 만약 바쁜 일과 때문에 주흐르와 아스르 예배를 드리지 못했다면 마그립 예배 때 한꺼번에 드린다. 예언자 무함마드도 칸다끄Khandaq 전투 때 잠자리에 들기 전에 주흐르, 아스르, 이사 예배를 한꺼번에 드렸다는 기록이 있다.[24] 비이슬람사회로 여행 중이거나 병으로 인해 예배 근행이 어려운 때에는 지키지 않아도 되며, 또 특별한 경우에는 약식 예배로 대체할 수도 있다. 여성의 경우는 생리 때나 분만 시에 예배 의무가 면제된다.

예배를 시작하기 전에 다음과 같은 7가지 사항이 충족되어야 한다. 즉 ① 예배시간에 드릴 것, ② 깨끗한 물로 손발과 얼굴을 씻을 것, ③ 가능한 깨끗한 옷을 입을 것, ④ 예배장소가 정결할 것, ⑤ 바지와 셔츠 등 몸을 덮는 의복을 입을 것(여인의 경우 머리를 스카프로 덮음), ⑥ 메카를 향해 예배를 드릴 것, ⑦ 예배를 드리겠다는 의도(이를 니야niyya'라고 함)를 가질

24 Muḥammad Hamidullāh, 앞의 책, p.61.

것 등이다.[25]

예배시간은 리듬이 들어간 음성으로 알린다. 이를 아잔adhān이라 하고 큰 목소리로 아잔을 부르는 사람을 무앗진mu'adhdhin이라 부르는데, 크고 청아한 목소리의 주인공이면 누구나 무앗진이 될 수 있다. 무앗진은 모스크의 첨탑(미나렛minaret)을 통해 널리 울려 퍼지도록 아잔을 부른다. 무함마드 시절, 최초의 무앗진은 아비시니아Abyssinia(에티오피아) 출신 빌랄Bilāl이었다. 아잔의 창구唱句는 다음 같은 순서이다.

① 알라후 아크바르Allāhu akbar(알라께서는 위대하시도다) 4차례
② 아슈하두 안 라 일라하 일랄라ashhadu an lā ilāha illā Allāh(알라 이외에 신이 없음을 증언하노라) 2차례
③ 아슈하두 안나 무함마단 라술룰라ashhadu anna Muḥammadan rasūl Allāh(무함마드는 신의 사자임을 증언하노라) 2차례
④ 하이야 알라 앗 쌀라ḥayya 'alā aṣ-ṣalāt(예배를 위해 서둘러라) 2차례
⑤ 하이야 알라 알 팔라ḥayya 'alā al-falāh(성공(행복)을 위해 서둘러라) 2차례
⑥ (새벽 예배 때만 부름) 앗 쌀라 카이룬 민 안 나움aṣ-ṣalāt khayrun min an-naum(예배가 잠보다 낫도다) 2차례. 그러나 쉬아들은 이 구절을 포함하지 않는다. 대신에 그들은 하이야 알라 카이르 알 아말hayya 'alā khayr al-'amal(서둘러 선행을 행하라)을 매일 다섯 번의 예배 때마다 2차례씩 부른다.
⑦ 알라후 아크바르Allāhu akbar(알라께서는 위대하시도다) 2차례

---

25 Yahiya Emerick, *The Complete Idiot's Guide to Understanding Islam*, New York: Alpha Books, 2002, pp.127~128.

⑧ 라 일라하 일랄라lā ilāha illā Allāh(알라 이외에 신은 없도다) 순니들은 1 차례, 쉬아들은 2차례

무슬림들이 육성으로 예배시간을 알리는 것은 종鐘이나 북 또는 기타 도구를 사용하는 다른 종교에 비해 독특하다. 무함마드 시대인 7세기 때 기독교에서는 나무 딱딱이를 사용했고, 유대교에서는 쇼파르shofar라고 불리던 수사슴 뿔나팔을 사용했다. 『꾸란』 낭송과 마찬가지로 아잔 역시 리듬이 들어가 매우 음악적이다.

예배는 마스지드masjid(성원聖院)에서 드리는 것이 권장되지만, 깨끗하고 산만하지 않은 곳이면 어느 장소에서든 가능하다. 집이나 직장에서, 일터에서, 야외에서 심지어는 비행기 안에서까지 어느 공간이든 상관하지 않는다. 이슬람 성원인 마스지드라는 말은 '엎드리는 장소'라는 의미의 아랍어이다. 그러므로 예배당은 꼭 건물 내부일 필요가 없다. 메디나 공동체 초기, 예언자의 예배소는 그의 집 앞 넓은 마당이었다. 마스지드 안에는 아무런 장식을 하지 않는다. 엎드려 절하는 예배행위 때문에 의자 같은 것은 있을 수 없고, 카펫만 깔려 있다. 예배자들은 밖에서 신을 벗고 안으로 들어가야 한다. 들판이나 옥외에서 예배를 드릴 때에는 개인 예배용 깔개를 사용한다. 만약 예배용 카펫이 없으면 신문지를 깔거나, 그것도 없으면 깨끗한 바닥을 골라 예배장소를 택한다.

마스지드를 영어로는 모스크mosque라고 부르는데, 이 영어단어는 모기 mosquito를 뜻하는 스페인 말에서 유래한 것으로 알려져 있다. 15세기에 무슬림들이 지배하던 스페인 땅에 기독교인들의 침략전쟁이 본격화되면서 널리 사용되기 시작했는데, 당시 페르디난드Ferdinand 왕과 이사벨라 Isabella 여왕의 군대가 마치 무슬림 예배당을 모기를 때려 죽이듯이 뭉개

버렸다고 자랑한 데서 비롯되었다고 한다. 모스크라는 말은 오늘날 널리 퍼져 있지만, 실상 무슬림들 사이에서는 그다지 사용되지 않는다.[26] 예배는 혼자 근행할 수도 있지만, 여럿이 함께 하는 것이 더 낫다. 혼자 할 경우에는 예배자는 스스로 아잔을 부르고 끼블라를 향해 선다. 둘 이상의 무슬림이 예배할 경우에는 반드시 그들 중 한 사람이 한발 앞에 나서서 예배를 이끌게 된다. 그를 이맘imām(예배 인도자)이라고 부른다. 이맘을 정하는 것은 예배의 정확성과 절차상의 순서를 지키기 위해서이다. 도덕적이고 신실한 신앙인이면 누구라도 이맘이 될 수 있다. 이 지위는 성직자와 같은 지위가 아니다. 이슬람 교단에는 성직자 제도가 없다. 대체로 연장자나 존경받는 인사가 이맘이 되고, 모든 무슬림은 어린 시절부터 예배절차를 배워 언제 어느 곳에서든지 예배 인도자가 될 준비가 되어 있다.

집단예배에서는 남자만이 이맘이 될 수 있다. 여성 예배자들의 예배소는 남성 예배자들의 뒤편에 따로 마련되고 그 사이에는 공간을 두거나 막을 내려 분리한다. 예배의 목적은 알라께 바라는 바를 청원하고 지복을 빌기 위해서가 아니다. 그분께 찬미를 드리고 그분이 유일하심과 전지전능하심을 항시 깨닫고 그분께 경배드리기 위해서이다. 예배자는 양발을 어깨 너비 가량 벌리고 서서 오늘날 사우디아라비아의 메카를 향해 예배를 드릴 채비를 한다. 이 예배방향을 끼블라qibla라고 부른다.

예배는 니야niyya' (예배자가 조용히 자신에게 예배의도를 밝히는 것)로 시작된다. 먼저 양손을 편 채 양 엄지손가락 끝이 거의 양 귓볼 아래쪽 뒤에 닿을 정도로 올린 채 낮은 목소리로 타크비르takbīr〔알라후 아크바르Allāhu akbar(알라께서는 위대하시다)라고 외침〕를 한다. 이것은 거룩한 예배의식에 들어감을 나타내는 것이다. 그리고 나서는 양손을 내려 가슴 아래쪽의 배

26 Emerick, 앞의 책, p.14 .

위해 포갠 채로 『꾸란』의 개경장al-Fātiḥah을 조용히 낭송한다. 이어서 『꾸란』의 짧은 장이나 혹은 중요 장의 몇 구절을 연이어 외운다.[27] 그 다음에는 다시 타크비르를 말하면서 무릎은 펴고 허리만을 구부리는데, 이때 두 손은 양 무릎 가까이에 대고 허리를 90°로 완전히 구부려 반절을 드리는 자세를 취한다. 다음에는 몸을 일으키면서 '모든 찬양과 영광이 우리의 주님이신 당신께 있나이다'라고 말하며 바로 선다. 그 다음에는 무릎을 완전히 꿇고 바닥에 엎드려 온절을 드린다. 이때 양손 바닥과 이마가 바닥에 닿아야 한다. 이것이 예배의 절정이다. 그러고 나서 타크비르를 하면서 머리와 상체만 세워 양발 뒤꿈치를 꼿꼿이 세워 앉는 자세가 된다. 곧 이어서 두 번째로 머리가 바닥에 닿도록 절을 한다. 그러고 나서 일어나서 처음의 서 있는 자세로 돌아온다. 이같이 한 번의 반절과 머리를 바닥에 조아리는 두 번의 온절을 한 다음 첫 자세로 되돌아오는 예배행위를 라크아rak'a라고 말한다.

하루 다섯 차례 예배마다 정해진 라크아의 수가 다른데, 새벽예배에서는 2번, 정오와 오후 중간 예배에서는 4번, 일몰예배에서는 3번, 밤예배에서는 4번을 드린다. 특별히 금요일 정오의 집단예배 라크아 수는 2번이다. 예배가 끝나는 순간 거의 모든 무슬림들은 조용히 짧은 기도인 두아du'ā를 드리고는 우·좌의 옆사람들에게 차례로 앗 살람 알라이쿰 와 라흐마툴라히as-salām alaykūm wa raḥmatullāḥi(평화와 신의 은총이 당신에게 있기를)이라고 인사를 하면서 예배를 마친다.

금요일 정오에 마스지드에 나와 합동으로 드리는 금요 집단예배는 매우

---

27 개경장 다음에 가장 애용되어 암송하는 구절들은 예컨대 112장, 114장, 2장 255절, 24장 35절, 59장 22~24절 같은 것들이다. Ira G. Zepp, *An Muslim Primer: Beginner's Guide to Islam*, Christian Classics, 1992, p.119.

중요하다. 최근의 학설에 의하면 무함마드가 금요일을 공공 예배일로 정한 것은 의도적으로 유대교나 기독교의 예배일과 다르게 한 것이 아니라 금요일마다 메디나에 장이 서는 장날이었기 때문이고, 한낮의 더위에도 불구하고 정오예배를 택한 것은 대체로 농부와 상인들이 장보기를 마치고 집으로 돌아갈 준비를 하는 시간이었기 때문이라는 것이다.[28] 무함마드는 하디스를 통해 이 예배의 중요성을 가르쳤다. 그러므로 무슬림들은 누구나 금요예배에는 꼭 참석한다. 예배자들은 어깨를 나란히 하며 줄을 맞추어 서고 이맘은 그 앞에 나가 회중을 이끈다. 금요예배의 특징은 쿠뜨바 khuṭba가 있다는 것이다. 이것은 설교를 말한다. 설교자인 카띱khaṭib은 계단이 있는 민바르minbār(설교단)에 올라서서 설교를 한다. 설교 내용은 대개 『꾸란』의 가르침이나 종교적 선행에 관한 것들이고 길게 하지 않는다. 예언자의 하디스 중에는 "…예배는 길게 설교는 짧게 하라"는 것도 있다. 금요예배 때의 설교는 사회적 · 종교적 목적을 동시에 갖고 있다. 신도들의 신앙적 측면의 것뿐만 아니라 현실적인 사회 · 정치적 상황도 다루기 때문이다.[29] 합동예배 혹은 집단예배는—심지어 금요예배일지라도—강제적인 것이 아니다. 더욱이 여인들은 금요예배 참석이 의무적인 것이 아니어서 대체로 집에서 본다. 예배에 걸리는 시간은 불과 5~10분이다. 그러므로 무슬림들이 매일 예배만 보느라고 경제발전을 이룩하기는 어렵겠다고 말하는 것은 무지의 소산이고 지나친 속단이 아닐 수 없다. 또 예배를 드리기 전에는 정신과 육체를 깨끗이하기 위해 간단히 손발을 씻는 세정행위를 해야만 하는데, 이를 우두wuḍū 라고 한다. 이것은 『꾸란』에 명시

28 Christopher, 앞의 책, p.42.

29 오늘날에도 마스지드의 역할은 예배와 기도소로서뿐만 아니라 국내외 중요 정치 · 사회 · 외교 · 국방에 관한 정보를 제공해주고 주지시키는 장소가 되고 때로는 일부 성원들이 반정부적 선동을 하는 진원지가 되기도 한다.

되어 있는 "오, 믿는 자들아. 너희가 예배하기 위해 일어섰을 때 얼굴을 닦고 너희의 손을 팔꿈치까지 씻고 머리를 쓰다듬고 두 발을 발목까지 씻어라"[30]라는 성구에 기인한다. 무함마드는 "천국으로 가는 열쇠는 예배이고 예배의 열쇠는 세정이다"라고 가르쳤다.[31]

또 다른 하디스에서는 우두 없이 드린 예배는 예배가 아니라고 말하고 있다. 우두의 순서는 다음과 같다.

① 손을 3번 씻는다.
② 물을 입에 넣어 입안을 3번 헹군다.
③ 물을 콧속에 넣고 3번 씻는다.
④ 얼굴을 3번 씻는다(귓속도 닦는다).
⑤ 팔꿈치까지 3번 씻는다.
⑥ 물을 축여 머리를 3번 훔쳐낸다.
⑦ 귀와 목을 씻는다.
⑧ 발목까지 닦는다.

손, 입, 코, 얼굴, 팔, 머리, 귀 그리고 발을 씻는 것은 단지 몸을 씻는 것이 아니라, 그것은 과거에 대한 회개이고 미래에 대한 결의를 다지는 행위이다. 회개는 과거의 죄를 씻어주고, 신의 구원을 간청하는 결의는 다가올 삶을 위해 매우 중요하다.[32] 이와 같은 우두 이외에도 구슬ghusl(큰 세정, 목욕)과 타얌뭄ṭayammum(마른 세정)이 있다. 앞의 것은 몸이 정결하지 않

30 『꾸란』 5 : 6.
31 M. Muhammad Alī, *A Manual of Hadith*, Lahore, Pakistan: Ahmadiyya Anjuman, 1951, pp.41~42.
32 Muḥammad Hamidullāh, 앞의 책, p.59.

을 때 전신목욕을 하는 것을 말하며, 언제 구슬을 해야 하는가는 따로 규정하고 있다. 뒤의 것은 물이 없는 경우 고운 모래나 깨끗한 먼지, 돌로 대신 세정하는 것을 말한다. 이것은 『꾸란』에 적혀 있다. 깨끗한 먼지에 의존할 것을 『꾸란』이 가르쳐주고 있는 것이다. 세정에 쓰일 바람직한 물은 흐르고 있는 깨끗한 물이다. 고인 물은 쓰지 않는다. 그러므로 수돗물을 쓸 때에는 대개 수도꼭지를 틀어놓고 흘러나오는 깨끗한 물을 사용한다.

(3) **자카트**zakat(구빈종교세, 희사)

무슬림이면 누구나 연간 수입의 1/40을 의무적으로 내야 하는데, 이를 자카트라고 한다.[33] 『꾸란』은 재산의 일부를 소유자가 자발적으로 남에게 관대히 나누어줄 때 비로소 그 개인 소유재산이 정당화된다고 말하고 있다. 이에 관련된 『꾸란』의 원문은 다음과 같다.

"하나님께 예배하고, 다른 어떤 것에도 그를 비견하지 말라. 그리고 부모에게 효도하고, 가까운 친척에게, 고아에게, 가난한 이에게, 친족 이웃에게, 주변 이웃에게, 주변 친구에게, 여행자에게, 네게 속한 종복들에게 자선을 베풀라. 실로 하나님은 교만하고 자만한 자를 사랑하지 않으신다."[34]

재산의 소유는 절대적인 것이 아니라 단지 하나님의 뜻과 목적에 쓰여지도록 하나님으로부터 잠시 위탁받은 것이다. 따라서 사유재산은 원칙적으로 인정되지만 지나친 재물축적은 바람직하지 못한 악덕행위로 간주된다.[35] 어느 사회에나 부자와 가난한 자가 있게 마련이지만 모든 재화는 개인이 영원히 소유하는 것이 아니라 하나님의 것이므로 서로 나누고 서로

---

33 자카트의 의무에 관련된 『꾸란』 구절은 2 : 43, 110, 177, 277.

34 『꾸란』 4 : 36.

35 이에 관련된 『꾸란』 구절은 4 : 37~38.

도와야 한다는 것이 이슬람의 가르침이다.[36] 자카트를 의무적으로 내야 하는 사람은 다음 모두에 해당하는 자이다. '무슬림, 자유인, 성인, 올바른 이성의 소유자, 재산의 소유자.' 이와는 달리 유대교도나 기독교인, 이교도인 경우 또는 노예, 미성년자, 정신이상자, 가난한 자는 자카트의 의무가 없다.

예배와 자카트는 우선해야 하는 기본적 종교행위로 간주된다. 예배를 드림으로써 신과 인간의 수직관계를 명확히하고 경건한 신앙심을 배양하는 것처럼 자카트는 무슬림 상호간 즉 인간과 인간 간의 수평관계와 그 중요성을 새삼 깨닫게 한다. 자카트는 법적 · 의무적 행위이기도 하지만 개인 내면의 신실성을 나타내 보이는 외적 표현이기도 하다. 자카트는 종종 희사로 번역되기도 하는데, 이때에는 싸다까ṣadaqa(자유의사의 자선금, 헌금)라고 불리는 자발적 헌금이나 자선행위와 구별되어야 한다.[37] 싸다까는 언제 어느 곳에서나 헌금하는 자의적인 자선금과 의연금 모두를 뜻하고 사랑과 긍휼, 우애와 협력의 행위이다. 자카트는 이와 매우 다르다. 무슬림이면 누구나가 일년마다 한 번씩 내야 하는 의무적이고 법적인 종교세 같은 것이다.

자카트와 싸다까는 이슬람의 또 다른 독특하고 현저한 특징이다. 이를 실행함으로써 사회적인 책임을 강조할 뿐만 아니라 곧 자기 스스로 정화의 의미를 갖는다.[38] 『꾸란』은 이것이 구원의 수단이 될 뿐만 아니라 후에 몇 배의 보상을 신께서 약속하셨다는 것을 가르쳐주고 있다.[39] 자발적 헌금인 싸다까는 무슬림에게만 제한되지 않은 자유의지의 적선행위이다. 그

---

36 Emerick, 앞의 책, p.140.
37 『꾸란』 58 : 13～14.
38 Muḥammad Hamidullāh, 앞의 책, p.68.
39 『꾸란』 2 : 39～40.

리고 이슬람법의 계율을 어긴 자가 잘못을 속죄하는 수단으로 종종 사용되기도 한다. 사용처는 친족, 고아, 가난한 자, 여행자 등을 위해 쓰는 것으로 『꾸란』에 명시되어 있다. 한편 자카트는 원래 청결, 순수라는 뜻을 지니고 있는데, 그것은 자카트를 내지 않은 재산이 불법적인 것이고 깨끗하지 못하다는 것을 가르치고 있는 것이다.

자카트의 의무수행은 무슬림들 간에 공동체 의식을 고취시키는데, 이것은 곧 공동체의 단결과 번영의 상징이자 동력이기도 하다. 왜냐하면 이 의무의 수행은 개개인의 자기 정화라는 종교적인 의미뿐만 아니라 사회적인 책임의 의미도 갖기 때문이다. 이것은 현금으로 낼 수도 있지만 가축, 옥수수 같은 곡물, 과일, 기타의 다른 생산물로 대체해 낼 수도 있다. 성년(16세 이상)이 된 무슬림이 내는 자카트는 1년 소득nisab의 1/40, 즉 2.5%이다. 자카트 수혜 대상도 『꾸란』에 언급되어 있다. 고아와 가난한 자, 자선을 구하는 자, 노예나 죄수들, 자카트의 모금에 헌신하는 자, 채무자, 여행자, 신의 길 위에 있는 자들이다. 여기서 '신의 길 위에 있는 자sabīlil Allāh'란 이슬람을 위해 일하는 자 모두를 포함한다. 지하드의 수행자, 이슬람 선교, 이슬람 교육과 문화사업의 종사자 등이다. 『꾸란』은 예배를 드리고 자카트를 내며, 자선과 선행을 베푸는 자에게는 큰 보상이 있을 것임을 거듭 강조한다.[40]

전통적으로 무슬림 국가들에서는 정부가 자카트를 거두어 적법한 절차를 거쳐 대개 가난한 자의 생계보조금으로 우선하여 지급했으므로, 자카트는 오랫동안 통칭 '구빈세'로 알려졌다. 중세의 이슬람국가들에서는 세무 관리들이 자카트를 징수하여 중앙으로 모은 후 모스크의 건축, 종교행사의 정부지원금, 공동체의 각종 종교 활동비 등 필요에 따라 충당하였다.

40 『꾸란』 73 : 20.

그러나 오늘날에는 자카트의 의무가 개인 양심의 문제가 되었고 서구를 본 딴 조세제도가 도입되면서 자카트는 종교 헌금의 역할을 맡고 있다. 일부 이슬람국가에서는 아직도 의무로 규정하고 있는 곳도 있지만, 대개 자유의사로 헌납하는 원칙을 따르고 있다. 따라서 무슬림들은 모스크, 종교학교, 병원, 자선구호기관 또는 와끄프waqf(이슬람 재무성)에 납부하고, 그 같은 종교기관에서 필요한 곳이나 사람에게 재분배된다. 물론 이슬람국가 내에 살고 있는 유대인과 기독교인 같은 이교도들에게는 자카트의 의무가 없고, 노예, 미성년자, 정신이상자, 가난한 자도 제외된다.

자카트 이름을 가진 또 다른 특별한 희사행위가 있는데, 자카트 알 피뜨르Zakāt al-fiṭr가 그것이다. 이것은 라마단 단식이 종료되는 때 시작되는 이 파제절罷祭節을 위한 하루의 음식값으로 내는 희사금을 말한다. 능력이 있는 무슬림은 누구나가 이 희사금을 기꺼이 내야만 한다. 이 희사금은 전액 가난한 사람들에게 나누어진다. 남편 혹은 가장은 그의 부인(들)과 자신, 자식들뿐만 아니라 또 다른 가족이 있다면 그들의 수를 따져 적절한 금액을 희사하게 된다. 보통 이 희사금은 라마단 월月이 끝날 즈음에 내는데, 라마단 월 중에 일찍 내도 무방하다.

(4) **단식**(싸움ṣaum)

이슬람 신앙과 실천의 네 번째 기둥은 라마단Ramadān(이슬람력 9월) 월에 한 달간 지키는 금식의 의무이다. 해뜰 때부터 해질 때까지 먹거나 마셔서는 안 된다. 어떤 것이든지 씹거나 삼켜서는 안 되고, 약의 복용이나 흡연도 허용되지 않는다. 단 한 모금의 물도 안 된다. 부부관계도 할 수 없다. 그러나 무의식 상태에서 먹거나 마신 경우는 용서된다. 이를 닦거나 입을 헹구는 행위, 몸을 씻거나 침을 삼키는 것은 가능하다. 크림이나 향수를 바를 수 있고 배우자나 아이들에게 하는 가벼운 입맞춤도 허용된다. 그러나 깊은 키스는 물론 허용되지 않는다. 고의로 혹은 의식적으로 금식을 깬 경우에는 정해진 벌칙을 나중에 받아야 한다. 예컨대 성행위를 한 경우 60일의 금식 또는 최소한 60명에게 식사대접을 해야 한다. 이를 카파라kaffāra(보상 회개)라고 부른다. 금식의 의무는 임산부, 생리중인 여인, 해산모, 노약자, 어린이, 병자, 정신이상자에게는 적용되지 않는다. 여행자들도 큰 어려움이 없을 때는 금식을 지키지만 대개 후일로 미루어 금식을 깬 날수만큼 따로 근행한다.

라마단 달의 금식은 영적 훈련이다. 금식은 신의 명령에 복종하고 의지하는 신앙심을 고양시키고, 나 아닌 다른 사람들, 특히 가난하고 배고픈 사람들과 본질적인 동일성을 깨닫게 한다. 이 훈련을 통해 종교적 경외감을 새롭게 하고, 타인에 대한 배려, 형제애 같은 것이 돈독해진다. 자선, 사랑, 정직, 헌신, 관용, 봉사 등의 정신을 함양하고, 그만큼 사회적 관심을 깊게 하는 시간을 갖는다. 단식은 "너희들 이전의 사람들에게 명하여졌던 대로…"[41] 무슬림들에게도 똑같이 내려진 것임을 『꾸란』은 분명히 밝히고 있다. 예수는 40일 밤낮을 단식하였고,[42] 모세도 "언약의 석판을 받으려고 산에 올라가 40주야를 산에 거하며 떡도 먹지 않고 물도 마시지 않았다."[43] 30일 동안 길고 힘든 단식을 하는 목적은 육체와 정신의 통제력을 기르기 위함이다. 배고픔의 고통과 의미가 무엇인지를 배우고 가난한 사람들에 대한 동정을 느낀다. 우리의 삶이 얼마만큼 먹고 마시는 것에 의지해 있는가를 이해한다. 동물적인 충동과 욕구를 통제하는 것을 배우고, 명상과 예

41 『꾸란』 2 : 183~184.
42 「마태」 4 : 2.
43 「신명기」 9 : 9.

배, 줄기차고 진지한 기도를 통해 의식과 사고를 깨끗하게 한다. 화를 억제하고, 자비와 용서, 자선과 선행을 베풀 줄 아는 습관을 훈련한다. 다른 어떠한 종교 내에도 이렇게 인성의 개발과 자기 지배를 실현시키는 육체적 · 정신적 훈련 프로그램 같은 것은 없다.[44] 그러나 이슬람에서의 단식은 고대 유대인들이나 기독교 전통에서의 단식과 여러 면에서 다르다. 라마단은 기독교에서의 사순절 같은 것이 아니다. 이 기간은 자기 성찰의 신중한 신앙생활의 시간이고 삶에 대한 진지한 반성의 시간이지만 슬프거나 우울한 시간이 결코 아니다. 오히려 라마단의 밤은 즐거운 교제의 밤이다. 매일 밤 친구들, 일가 친족들이 서로 방문하고 모여 노래하며 음식을 나누어 먹고 서로 대접한다. 아이들은 마치 우리의 정월 대보름날 같이 등을 들고 가가호호 방문하여 선물을 받는다. 독실한 신자들은 많은 시간을 할애하여 가능한 한 모스크에서 예배와 기도로 일과를 보내려 한다. 모스크에서는 며칠 동안 철야예배를 드리고 영적 축복을 기도하며 신앙심을 기른다. 이를 이으티카프i'tikaf라고 한다. 특히 라마단 월 마지막 열흘은 특별한 의미가 있다. 이 기간중에 『꾸란』이 첫 번째로 계시되어 내려온 소위 '권능의 밤'이 있기 때문이다. 정확히 어느 날인지(일부 사람들은 27일이라고 한다) 모르나 홀수날이고, 무슬림들은 이 날이 다른 일천 번의 달보다 좋은 날로 믿고 있다. 이때는 천사와 영들이 신의 명령에 따라 지상에 내려온다. 새벽동이 틀 때까지 머물며 신도들에게 평안과 행복을 기원해주고 평화의 인사를 나눈다.[45] 아무도 그 날이 언제인지는 모르지만 모두가 축복을 기원하며 예배에 열중한다.

어쨌든 라마단 월은 무슬림들에게는 거룩한 성월聖月이다. 『꾸란』 계시

44 Emerick, 앞의 책, p.149.
45 『꾸란』 97 : 3~5 참조.

가 처음 내려진 달이고, 운명적인 바드르전투(634년, 무함마드가 첫 승전을 한 전투)가 있던 달이기도 하다. 또한 『꾸란』에 유일하게 언급된 달 이름이기도 하다.[46] 라마단 월이 끝나는 날부터 이드 알 피뜨르 ʻId al-fiṭr(파제절)라는 축제가 시작된다.

(5) **순례**(핫즈Ḥajj)

무슬림 태음력은 열두 달로 무하르람Muḥarram, 싸파르Ṣafar, 라비우 알 아우왈Rabīʻu al-Awwal, 라비우 알 아키르Rabīʻu al-Ākhir, 주마다 알 울라 Jumāda al-Ulā, 주마다 알 우크라Jumāda al-Ukhrā, 라잡Rajab, 샤으반Shaʻbān, 라마단Ramadān, 샤우왈Shawwāl, 두 알 까으다Dhū al-Qaʻda, 두 알 힛자Dhū al-Ḥijja이다. 『꾸란』에 언급되어 있듯이,[47] 이 중 무하르람, 라잡, 두 알 까으다, 두 알 힛자의 네 달은 성스러운 달로 간주되고 싸움이나 전투행위는 금지된다. 특히 그 중 이슬람력 12번째 달인 두 알 힛자 월은 고대 아랍의 전통사회 때부터 신성한 달로 여겨져 메카Mecca로 순례를 하는 달이었다.

『꾸란』은 건강과 재정형편이 허락되는 무슬림은 적어도 평생에 한 차례 순례를 해야 한다고 명시하고 있다. 순례자는 순례지인 메카에 가까워지면 자신의 몸과 마음을 정화시키기 위해 조심스럽게 순례준비를 해야 한다. 순례기간 내내 머리를 자르는 것이 금지되므로 남자는 먼저 머리를 짧게 깎아야 하고, 평상복 대신에 순례복으로 갈아입어야 한다. 이 순례복은 동일한데, 이것은 신 앞에 모든 사람이 평등하다는 것을 나타낸다. 상·하의 대신 재봉하지 않은 두 개의 흰색 천을 몸에 두르는 것이다. 여자들도 순례복으로 갈아입는데, 남자처럼 동일한 순례복을 입는 것은 아니다. 보

---

46 『꾸란』 2 : 185.
47 『꾸란』 9 : 36~37.

통 헐겁고 간편하며 온몸을 가려주는 각국의 전통의상을 입으면 된다. 이와 같이 옷을 갈아입는 것을 이흐람iḥrām(정화 상태)이라 부르며, 이는 곧 순례의 시작을 의미한다. 순례는 이슬람 공동체의 신앙과 통일을 상징하는 성스러운 의식이다. 일부 무슬림들은 남성의 순례의상이 이슬람의 통일성과 평등주의를 나타내고, 여성의 순례의상이 이슬람의 다양성과 창조성을 상징한다고 말하고 있다.

순례기간 동안 성스러운 종교의식을 위해 순례자들에게는 여러 행위가 금지된다. 앞에서 말한 머리 자르기뿐만 아니라 손톱 · 발톱 깎기, 향수 바르기, 보석으로 치장하기, 사냥이나 식물의 뿌리를 뽑는 등 생명체를 죽이는 일, 싸움, 논쟁, 험담, 이성에 대한 성적인 대화 같은 행위가 금지된다. 성관계도 물론 금한다. 여성은 머리를 덮어야 한다. 메카에 도착한 순례자들은 무함마드가 632년 마지막 순례 때 행했던 것과 똑같은 순례행동을 반복한다. 순례자는 계속하여 탈비야talbīya를 되뇌인다. 그것은 "신이여, 내가 여기 있나이다. 내가 여기 있나이다labbayk allahumma labayk…. 찬양과 축복, 권세가 모두 당신의 것입니다"라는 말을 되뇌이는 것이다.

순례의 중요 의식 중에는 카아바ka'ba를 시계 반대방향으로 7번 도는 따와프ṭawāf 행위가 있다. 순례자들은 순례행렬 속에서 가까이 갈 수만 있다면 가까이 다가가 카아바에 안치된 성스러운 흑석에 입맞추거나 손으로 만져보려 한다. 실제로는 수많은 순례자들로 붐비므로 단지 손만 그쪽으로 뻗어 탈비야를 암송하며 그 행위를 대신한다. 또 다른 중요 의식에는 싸파Ṣafa와 마르와Marwa 두 언덕 사이를 빠르게 걷는 싸이sa'y가 있다. 이는 아브라함의 아내 하갈이 목마른 어린 아들 이스마일(이스마엘)을 살리기 위해 물을 찾아 헤매던 걸음을 그대로 재현하며 그것을 기념하는 의식이다.

또 순례의 달 9일째 되는 날에는 아라파트'Arafāt 언덕 평원에서 정오부터 일몰 때까지 서서 명상하고 기도하며 신께 예배와 찬양을 드린다. 메카 동쪽 약 48Km에 있는 아라파트는 아랍의 전통에서는 아담과 이브가 에덴 동산에서 쫓겨난 뒤 다시 재결합을 한 곳이다. 이것을 우끄프wuqūf(서 있는 집회의식)라고 부르는데, 이 시간이야말로 순례의식 중 개인의 신앙심을 고양시키기 위한 가장 의미 있는 시간이 아닐 수 없다. 귀중한 영적인 체험을 하는 시간이다. 신실한 무슬림 군중들이 눈에 보이는 먼 곳까지 굽이치는 계곡을 하얗게 덮고 있고, 어느 순간인가 문득문득 신이 가까이서 용서와 자비를 내려주시는 것을 순례자는 스스로 느낄 것이다. 다시 한번 신의 은총에 감사함을 느끼고 기도하며, 또 여기서 순례자 모두는 그들이 하나임을 확인하고 무슬림의 형제애를 느낀다.[48]

다음 날(10일째)은 전세계 무슬림들이 예배하고 경축하는 대축제인 이드 알 아드하 'Īd al-adḥā(봉헌의 축제, 희생제)의 날이다. 이 날은 아브라함이 아들을 바치라는 신앙의 시험을 당한 후 어린 양을 대신 바쳐 제사한 그날이다.[49] 무슬림들은 라마단이 끝나는 날에 시작하는 파제절을 소축제라고 부르고, 이 희생제를 대축제Big Bairām라고 부른다. 이슬람세계의 가장 큰 명절이다. 누구든 경제적 여유가 있는 사람이면, 양을 잡아 예배드리고 이웃과 고기를 나누어 먹는다. 순례의식은 거의가 『꾸란』에 명시되어 있다. 다만 흑석에 입맞추는 행위나 미나mina 근처에 있는 사탄satan(악마)을 상징하는 3개의 바위에 돌을 던지는 행위 등 몇 가지는 『꾸란』에 명시된 것이 아니라 무함마드가 마지막 순례여행 때 했던 예를 그대로 본 따 순례의

48 Ahmad Kamal, *The Sacred Journey*, Allen & Unwin, 1964, p.69.

49 창세기에는 이 사건이 팔레스타인에서 발생했고 아브라함의 아들은 이삭으로 기록되어 있다. 이슬람 전통에서는 그 장소가 아라파트 산과 메카의 중간지점인 미나계곡이다. 그리고 아들은 이스마일로 등장한다. 『꾸란』 37 : 192～107, 2 : 124.

식에 포함시킨 것이다. 그 후에는 이흐람ihrām 상태에서 벗어나 일상의 생활로 돌아갈 준비를 한다. 대부분의 무슬림들은 카아바에서 작별의 따와프를 하고, 이것으로 모든 순례의식이 끝난다. 그 뒤 의무사항은 아니지만 많은 무슬림들이 메디나를 방문한다. 예언자 무함마드의 무덤과 모스크, 역사적인 유적지를 둘러본다.[50]

순례는 무슬림들로 하여금 영적인 체험과 형제 무슬림에 대한 일체감을 고양시켜주는 중요한 종교의식 중 하나이다. 순례를 마치고 고향에 돌아간 무슬림에게는 그의 이름 앞에 핫지ḥajji(순례자)라는 라깝laqab(칭호)이 붙고, 다른 무슬림들로부터 존경의 대상이 된다. 한편 순례의 달에 이같이 집단으로 치러지는 정기순례가 아니라 개인의 편의에 따라 개별적으로 메카를 방문하여 치르는 순례를 우므라'umra라고 부른다.[51]

하갈과 아들 이스마일이 목말라 죽어가고 있을 때 천사 가브리엘을 통해 내려준 우물을 잠잠zamzam이라고 부른다. 이 성천은 흑석이 있는 카아바의 정남향 귀퉁이 맞은 편에 있다. 순례자들은 흑석에 입을 맞추고 나서 이 우물의 성스러운 물을 마신다. 건강과 치료를 위해 병에 성수를 담아 가기도 한다. 흑석은 이슬람 이전부터 숭배의 대상이었다. 지질학자들은 이 돌의 기원이 운석이라고 말하고 있는데, 무슬림들은 아브라함이 아들 이스마일과 함께 성소를 재건할 때 하늘로부터 떨어진 것이라고 믿고 있다. 흑석이나 잠잠 성천은 『꾸란』에 나와 있지는 않다. 그러나 이전의 고대 아랍 전승과 제례들이 이슬람화한 후 전승으로 받아들여지면서 고대 아랍의 전통과 유산이 이슬람 안에 자리를 잡은 것 같다.

순례는 오늘날에도 이슬람 공동체에 대단한 결속력을 제공해준다. 흑인

---

50 이를 특별히 지야라Ziyāra라고 부른다.

51 『꾸란』 2 : 196.

이든 백인이든, 부자든 가난한 자든, 상류층이든 하층민이든, 아랍인, 터키인, 이란인, 인도인, 아시아인, 아프리카인 누구든 간에 같은 신자로서 알라께 예배하고 순례하면서 종교적 형제애를 느끼고 공동체 의식을 새롭게 한다.

비록 소수지만 일부 무슬림들은 신앙과 실천의 여섯 번째 기둥으로 지하드jihād를 추가하기도 한다. 지하드는 그 의미를 두 가지로 생각해보아야 한다. 광의로서의 지하드는 개인적 신앙 투쟁이나 선교, 종교 교육 및 교회 같은 종교기관의 설립 등 이슬람 전파와 팽창을 위해 헌신적으로 노력하는 것을 의미한다. 이것은 개인적인 영적 투쟁을 의미하는 포괄적인 지하드 개념으로 '큰 지하드'라고 부른다. 협의로서의 지하드는 꼭 필요한 경우 이슬람의 적들에 대항하여 치르는 방어적 무장투쟁이다. "하나님과 최후심판의 날을 믿지 않고, 하나님과 그의 사자가 금기한 것을 지키지 않고, 성서의 백성 중에서도 진리의 종교를 따르지 않는 자들과는 그들이 지즈야jizyah(인두세)를 지불할 때까지 싸우라."[52] 이것은 이교도와의 전쟁을 말한다. 오늘날 보통 성전으로 번역되어 사용되는 지하드로, 무슬림들은 이를 '작은 지하드'라고 부른다. 그러나 이것은 방어의 수단으로만 가능하다는 전제가 있다. "너희에게 도전하는 자들과 하나님의 길에서 싸우라. 그러나 먼저 공격하지 말라. 실로 하나님께서는 공격하는 자들을 사랑하지 않으신다."[53] 『꾸란』은 다음과 같이 명령하고 있다. "종교에 강요란 있을 수 없다."[54]

52 『꾸란』 9 : 29.
53 『꾸란』 2 : 190.
54 『꾸란』 2 : 256.

제5장 | 순니와 쉬아

1. 순니와 쉬아의 분립

종교는 무릇 다양한 심리적 · 정신적 가르침의 종합이라고 말할 수 있다. 그러므로 각 종교마다 자체 교리에 대한 다양한 해석이 가능하게 마련이다. '신의 섭리' 또는 '진리'에 대한 해석상의 차이가 있을 때 특정교리가 우세하다면 하나로 통합될 수도 있지만, 때로는 새로운 종파를 탄생시키고 독특한 종교문화를 창출하기도 한다. 기독교 전통에는 신 · 구교의 구별말고도 가톨릭이나 그리스정교와 같은 큰 규모의 정교회에서부터 콥틱Coptic이나 마론파Maronite 같은 비교적 작은 규모의 동부교회에 이르기까지 여러 교파가 존재하고, 불교전통에는 대승불교와 소승불교의 두 파뿐만 아니라 티벳 불교와 같은 해석도 있으며, 거대한 바다처럼 자체 내에 수많은 정신적 가르침의 여러 다른 형태를 포함하고 있는 힌두교 역시 시바Shiva파와 비슈누Vishnu파의 두 해석으로 크게 나누어진다.

이같이 이슬람에서도 두 갈래 다른 인식의 길이 생겨났는데, 순니Sunnī와 쉬아Shī'a가 바로 그것이다. 이 둘은 똑같이 정통적 해석 방법으로 주장되고 있다. 그러나 물론 서로 나름대로의 정통성을 내세우면서도 이슬람이 하나라는 일체감에는 추호도 이견이 없다. 간혹 서구사회에서 이 둘을 정통이슬람과 이단으로 갈라서 보는 경우가 있는데 이것은 터무니 없이 잘못된 것이다. 정통이냐 이단이냐 하는 것은 분리개념 자체가 기독교적인 것이지 이슬람 내에서는 어느 누구도 함부로 이단이나 비정통교라는 단정을 내릴 수 없기 때문이다.[1] 순니와 쉬아 모두의 중심교의는 샤하다Shahādah(신앙증언)로 표현되는 "라 일라하 일랄라Lā ilāha īlla Allāh, 무함마드 라술룰라Muḥammad rasūl Allāh(알라 이외에 신은 없고, 무함마드는 신의 사자

1 Bernard Lewis, *Islam & The West*, Oxford: Oxford University Press, 1993, p.155.

이다)" 이고 그 안의 한 신앙인 것이다.

그러니까 순니와 쉬아를 민족적 · 종족적 의미를 담아 이해하거나 분리해보려는 시도는 옳지 않다. 어느 특정민족을 순니 혹은 쉬아로 분류해 보아서는 안 된다는 말이다. 오늘날 대체로 아랍인과 터키인이 순니이고 이란인은 쉬아이지만, 이러한 민족적 구분은 현재적 상황일 뿐이지 영속적인 것이 아니다. 이것은 이슬람 역사에서 분명히 확인된다. 호라산 지역이 순니들의 본거지였던 10~11세기 동안 남부 시리아와 북부 아프리카는 쉬아파 지역으로 파띠미조의 융성기였는데 지금은 뒤바뀌었고, 또 중세 순니세계 최고의 지성으로 손꼽히는 알 가잘리al-Ghazāli와 파크르 알 딘 알 라지Fakr al-Dīn al-Rāzi가 페르시아인이었고, 정통 순니 신학이론인 알 아쉬아리al-Ash'ari 신학체계가 바로 이들 페르시아인들 손으로 다듬어지고 발전하였다는 것은 잘 알려진 사실이다. 페르시아인들이 쉬아 사상의 발생초기부터 쉬아파에 동정적이었다는 것은 숨길 수 없는 사실이다. 특히 몽골의 침입으로 순니 칼리파제의 수도였던 바그다드가 함락되고 이슬람 대제국 압바스 왕조(749~1258년)가 무너지자 페르시아 지역에는 쉬아파의 활동이 보편화되었다. 그 뒤 사파비조(1501~1732년)가 등장하여 쉬아주의를 국교로 선포함으로써 오늘날까지 이란에는 쉬아파가 지배세력으로 자리잡게 되었던 것이다.

하지만 역사적으로 서구의 대 이슬람세계 교류와 그 관계사는 순니세계와 이루어진 것이었다. 또 이슬람학 연구와 이슬람종교에 관련된 논의와 이해도 순니 교리를 대상으로 한 것이었다. 오늘날 전세계 무슬림 인구(약 13억 명)의 90%가 순니 무슬림이고 나머지 10%는 쉬아 무슬림이다. 쉬아파는 주로 이란과 이라크에 집중 분포되어 있다.

쉬아가 출현하게 된 발단은 무함마드 사후, 누가 공동체의 지도자로서 예언자 무함마드의 뒤를 계승하느냐 하는 소위 교권문제에서 비롯되었다. 후일 쉬아파를 이루는 사람들은 예언자의 가족 중에서 계승자가 나와야 하고 그들이 다른 누구보다도 칼리파위位에 더 자격이 있다고 생각하였다. 당시 예언자 가문ahl al-bait에서 적격 계승자로는 예언자의 막내 숙부인 알 압바스al-'Abbās와 사촌동생인 알리'Alī가 있었다. 그러나 여러 면에서 알 압바스는 알리의 경쟁자가 되지 못하였다. 알리는 출중한 용기와 영민한 지혜, 뛰어난 판단력의 소유자였으며, 초기 이슬람 전파의 모든 전쟁에 참가하면서 무함마드를 도왔고, 무함마드의 부인 카디자와 더불어 가장 최초로 무슬림이 된 인물이었다. 게다가 그는 예언자의 사랑하는 딸 파띠마와 결혼하여 무함마드의 사위이기도 했다. 이에 비해 알 압바스는 뒤늦게 이슬람을 받아들였고, 이슬람 초기 역사에서 크게 내세울 만한 공적이 별로 없는 평범한 인물이었다.[2]

칼리파 선출에 대해 언급한 구절이 『꾸란』의 어디에도 없고, 무함마드 역시 후계자에 대한 언급을 남기지 않았기 때문에 신명神命은 이해하기 나름이었다. 따라서 메카에서 무함마드를 따라 메디나로 이주해온 알 무하지룬al- Muhājirun(이주자들)과 메디나에서 무함마드를 도와 이슬람 공동체인 움마ummah를 세우는 데 공헌한 조력자그룹인 알 안사르al-Ansār(메디나 원주민들)는 각기 자기 편에서 칼리파가 나와야 한다고 주장했으며, 각기 그들 스스로가 칼리파위의 자격이 더 있다고 생각했다.[3] 반면에 예언자 가문의 알리 추종자들은 전혀 생각이 달랐다. 그들은 알리에게 자격이 있다고 생각했다. 그들이 알리를 칼리파로 추대해야만 한다는 착상은 간단

2 Aḥmad Amīn, *Fajr al-Islam, Beirut*(10th ed.), 1969 & al-Qāhira(12th ed.), 1978, p.266.

3 손주영, 『이슬람 칼리파제사』, 민음사, 1997, 75~78쪽 참조.

한 것이었다. 만약 예언자께서 재물을 유산으로 남겼다면 그것을 상속받을 자격이 예언자의 친족에게 있는 것처럼, 칼리파위도 하나의 정신적 유산으로 보고 당연히 예언자 가문에서 승계되어야 한다고 보았던 것이다. 그러나 메디나 공동체의 사람들은 무함마드의 친구 아부 바크르를 칼리파로 추대하였다. 이 공동체 사람들은 선거로 대표자를 뽑는 고대 아랍 또는 메디나의 관행(전통)을 따르고 존중하였기 때문에 아흘 알 순나 와 알 자마아ahl al-Sunnah wa al-Jāmā'ah(전통과 공동체의 사람들)라고 불리게 된다. 반면에 알리를 추종하던 무리들은 후일 쉬아 알리Shī'a Alī(알리의 추종자들)가 되었다. 공동체의 사람들(순니들)과 달리 아부 바크르의 칼리파 선출과 지위를 인정하지 않게 된 것이다.

쉬아가 순니 공동체로부터 분리되어 나가 형성된 한 분파로 볼 때, 아마도 그 동기와 요인은 알리와 그의 정적인 무아위야 간의 정치적 갈등관계에서 찾아볼 수 있을 것이다. 십핀전투 후 무슬림 공동체는 시리아와 이라크를 중심으로 정치적 정서가 갈라져 있었다. 또한 칼리파 알리가 카와리지에게 살해되자 무아위야가 통치대권을 차지하고 칼리파위에 올라 우마위야조를 여는 데 성공했지만, 알리의 추종세력들은 칼리파직을 불운의 칼리파(알리) 가문으로 복귀시켜야 옳다고 주장하기 시작했기 때문이다. 알리 가문은 곧 예언자 가문이었으므로 알리 자손들을 칼리파로 옹립하기 위한 이러한 주장들은 그 후 사라지지 않고 오히려 다듬어져 쉬아사상의 정치적 교리를 만드는 단초가 되었다. 이러한 쉬아 나름대로의 정통주의, 즉 무슬림 공동체의 지도자는 알리와 그의 자손들만이 정당하다는 정치적 교리는 처음 아랍 쉬아주의가 일어났을 때 그것이 전적으로 정치적인 것임을 증명해준다. 그리고 이러한 아랍 쉬아주의의 모습은 오늘날에도 얼마 전까지 쉬아 이맘을 모셨던 예멘의 자이드파 쉬아 무슬림들이나, 통치자는 알리 가문의 후손이지만 국가의 종교 교의는 순니주의를 택하고 있는 모로코에서 찾아볼 수 있다.

많은 이슬람학자들은 실질적인 쉬아파의 출현은 카르발라 참극에서 비롯된다고 말한다. 제1장의 간추린 이슬람 역사에서 보았듯이 우마이야조를 세운 무아위야는 긴 통치기간(660~680년)이 끝나갈 무렵 자신의 아들 야지드를 후계자로 책봉하고는 수도 다마스쿠스를 비롯하여 중요 도시인 이라크 · 메카 · 메디나의 시민들로부터 충성서약을 반강제로 받아냈다. 680년 막상 그가 죽고 야지드가 칼리파위에 오르자 이 같은 세습즉위는, 공동체에서 선출로써 칼리파를 뽑아온 과거의 관행에 어긋나는 것이라는 이유로 원로들의 반대에 부딪치게 되었다.

그 중에서도 알리의 차남 후세인은 대표적인 반대인물이었다. 때마침 쿠파의 알리 가문 추종자들이 그를 지지하고 쿠파로 그를 초청하는 서한을 보내오자, 그는 가솔들을 이끌고 쿠파로 갔다. 이 사실을 알게 된 칼리파 야지드는 우마이야가에 충성을 다하고 있던 바스라 총독 우바이둘라 빈 지야드를 쿠파총독으로 겸임 발령하고는 쿠파에서의 반정음모를 철저히 소탕할 것을 명령하였다. 쿠파로 향하던 후세인은 카르발라에서 우바이둘라의 군대와 마주쳤고, 여기서 후세인과 그의 가솔들은 여인과 어린이를 제외한 전원이 비참한 최후를 맞게 된다. 680년 무하르람월 10일의 일이었다.

몸이 두 동강이 난 후세인의 비참한 죽음이 알려지자 이라크 전역은 알리 가문에 대한 동정과 우마이야가에 대한 증오로 가득 차게 되었다. 후세인과 동맹하기로 약속했던 쿠 파 주민들은 후세인을 애도하면서 참회자들(앗 타와빈at-tawwābin)이 되었다. 무참히 죽음을 당한 예언자의 외손자를 추모하면서 그를 초청하여 화근을 만든 것을 후회하였다. 카르발라 참극으로 쉬아 알리들은 전열을 하나로 결집시켜 후세인의 복수를 맹세하였다. 게다가 그들에 대한 조사와 박해가 계속되자 이라크 쉬아들은 지하로 숨어 들어가 적개심의 불을 당겼다. 그리고 언제부터인가 형성된 새 교리관에서, 후세인은 신의 뜻에 따라 카르발라에서 비극적 최후를 마쳐야 할 운명의 순교자로 받아들여졌다. 그것은 거룩한 순교였다. 그리고 카르발라는 쉬아들에게 메카 · 메디나보다 더 중요한 순례지가 되었다.

이 비극적인 소식이 이슬람세계 곳곳으로 퍼지자 놀라움과 동정 때문에 쉬아주의에 동조하는 풍조가 생겨났 다. 이라크인들은 물론이거니와 아랍의 지배에서 독립을 원하던 많은 페르시아인들이 쉬아주의의 열광적인 지지자가 되었다. 쉬아들은 오늘날까지 이 비극적인 순교의 날을 수난의 날로 여겨 추모와 애도의 기념행진을 하면서 그 날의 고통을 되새기고 있다. 열성적인 신도들이 무리지어 "야 하산! 야 후세인!" 이라는 애통한 외침을 반복하면서 신음하고 울고 스스로를 매질하고 자해하면서 기념행진을 한다. 그리고 후세인의 고통을 대단히 사실적으로 묘사하고 재현하는 애도의 연극을 한다. 카르발라의 비극이 1,400년 전에 일어난 것이 아니라 마치 어제 일어났던 일처럼 생생히 느끼게 한다.[4]

그런데 일부 쉬아들은 630년 예언자가 마지막 순례를 하고 돌아오는 길에 가디르 알 훔Ghadir al-Khumm에서 알리를 자신의 후계자로 수많은 수행자들 앞에서 지명했다는 사실을 근거로 내세우며 무함마드가 생전에 알리를 칼리파로 지명naṣṣ했다고 주장한다.[5] 또, 그러한 내용이 감추어진 『꾸란』 성구ayah가 있으며,[6] 알리 스스로도 그러한 사실을 언급했다고 주장하

4 John B. Christopher, *The Islamic Tradition*, New York: Harper & Row, 1972, p.75.

5 Noozan Momen, *An Introduction to Shia Islam*, New Haven & London: Yale university. Press, 1985, pp.14~19.

6 『꾸란』 11 : 73, 33 : 33, 24 : 35, 57 : 26의 내용을 쉬아 나름대로 해석하였다.

고 있다. 그러나 이런 주장은 옳지 않은 것 같다. 왜냐하면 만약 그런 언급이나 문구가 있었다면 알 안사르와 알 무하지룬들이 초대 칼리파로 아부 바크르를 뽑던 사끼파 회의에서 알리에게 충성서약bay'ah을 했을 것이기 때문이다.[7] 이슬람 역사에서 분명히 밝혀져 있듯이 알리는 조금 늦기는 하였지만 아부 바크르에게 충성서약을 하였고, 후일 오마르와 오스만에게도 충성서약을 하였다. 알리의 언급으로 확실하게 전해지는 것은 "꾸라이쉬가 나무라면 나와 나의 가족은 그 나무의 열매이다"라는 말인데, 쉬아들에 따르면 이 말의 진의가 열매는 나무에 있는 것 중 '가장 나은 것'으로 알리 스스로 자신의 위치를 열매에 비유해 표현하면서 자신이 어느 누구보다도 더 칼리파위에 자격이 있다는 것을 밝힌 것이라고 믿고 있다.

실제로 일단의 싸하바ṣahābah(무함마드의 동시대 동료들)들은 알리를 아부 바크르와 오마르를 뺀 공동체의 다른 어떤 사람보다 우월한 인물로 여겼다. 그 대표적인 사람으로 암마르 빈 야시르 'Ammar b. Yaṣīr, 아부 다르르Abu Dharr, 살만 알 파리시Salmān al-Fārisī, 자비르 빈 압달라Zābir b. 'Abd Allāh, 알 압바스Al-Abās와 그의 두 아들, 아비 이븐 카으브Abī Ibn Ka'b와 후자이파Ḥudhayfah를 꼽을 수 있다. 이들이 알리를 칼리파로 추대하고자 했던 열망은 그 후 발전을 거듭하여 훗날 쉬아 알리들은 "이맘직(칼리파직)은 움마(공동체)의 판단에 따라 선거로 이맘을 선출하는 공공복리 차원의 것이 아니다. 이맘직은 이슬람의 한 근본요소이자 기둥이다. 신의 사자(무함마드)는 이맘직 문제를 결코 소홀히하지 않았으며 움마에 그 책임을 위임해 놓지도 않았다. 오히려 그는 움마를 위해 이맘을 지명하였다. 그(무함마드)는 전혀 과오를 범하지 않는 분이시다. 알리야말로 신의 사자께서 지명한 바로 그분이다"라고 말하기에 이르렀다. 그러나 이러한 주장은

7 Aḥmad Amīn, 앞의 책, p.266.

쉬아들만의 일방적인 것이었다. 순니들과 샤리아 전승자들에게는 받아들일 수 없는 생소한 것이었으며, 단지 쉬아교리로 정착되었을 뿐이다.

2. 순니와 쉬아 사상의 차이

이러한 쉬아들의 독특한 사상은 알 와씨야al-waṣiya(상속론) 관으로부터 시작되었다. 쉬아들은 신의 사자 무함마드가 알리를 그의 후계자로 삼겠다는 유언을 남겼으며, 그래서 알리는 신의 사자의 유언 상속자, 즉 알 와씨al-wāṣi라는 것이다. 알리는 움마에서 선거를 통해 추대된 이맘이 아니라 신의 사자가 지명naṣṣ해 놓은 유언상속을 통한 이맘이며, 알리는 이맘직을 다시 다음 후계자에게로 상속되게 하였다는 것이다. 쉬아에서의 이맘들은 이런 방식으로 선임자의 유언상속에 따라 계승된다.

칼리파(이맘)의 역할에 대해서도 쉬아들은 순니들과 다른 견해를 보였다. 순니들은 무함마드가 최후의 예언자였으므로 예언자로서의 역할은 그로써 끝났으며, 그의 계승자인 칼리파는 단지 새롭게 건설된 공동체의 통치자로서 무함마드가 가졌던 세속적 통치의 정·교 양 대권을 승계받은 것이라고 말한다. 그러나 쉬아들은 이맘을 예언자가 가졌던 비전秘傳의 지식과 종교학의 해석자로서의 기능을 상속받은 계승자, 즉 알 와씨로 보았다. 즉 쉬아들은 하나님의 말씀과 신법을 가져온 예언자의 역할과 기능을 '누부와nubuwwah'라고 말하고, 그 신법의 내면에 숨겨져 있는 비교적秘教的 의미를 사람들에게 해석·설명하는 기능을 '윌라야wilāyah'라고 부르면서, 예언자 기능의 주기dā'irat al-nubuwwah는 예언자의 봉인이었던 무함마드의 죽음으로 끝이 났지만, 이와 동시에 윌라야의 주기da'irat al-wilāyah가 시작되었다고 보고 있다. 오늘날 일반적으로 아랍어와 페르시아어 모두에서 윌라야는 성자의 지위 또는 성직을 의미하고, 성자는 왈리 알라walī allāh(신의 친구) 혹은 줄여서 왈리walī라고 부르고 있는데, 쉬아들의 전문 용어로서 윌라야는 성자적 지위와 생활뿐만 아니라 계시의 내면적 영역을 해석하는 '비교적秘教的 해석의 기능'을 뜻하는 것이다.[8] 순니와 쉬아의 분립 이유가 처음에는 단지 정치적인 것이었는데, 어떻든 이 같은 견해 차이는 차차 둘간의 교리상의 차이를 만들어가게 되는 단초가 된다. 순니들은 칼리파의 위상을 공동체를 이끄는 샤리아의 보호자, 정·교 양 대권을 한 손에 쥔 공동체의 우두머리로 생각하고 있는 반면, 쉬아들은 이맘의 위상을 샤리아의 해석권을 갖고 계시에 대한 비법秘法적 해석과 또 예언자의 비전秘傳의 가르침의 유산들을 전수받은 정신적 기능의 계승자로 보고 있는 것이다.

알리가 알 와씨라는 사상이 쉬아들 사이에 널리 퍼져 보편화된 믿음으로 자리잡게 되자 이것은 또 다른 두 가지 새로운 주장을 낳았다. 첫째는 알리와 그의 뒤를 이은 후계이맘들 모두가 과오 없는 '무오류의 이맘'들이라는 것이고, 다른 하나는 알리의 지위가 다른 어떤 싸하바들보다(특히 아부 바크르, 오마르, 오스만보다) 더 우월하다는 주장이다. 한마디로 말해 이것은 알리가 '우월한 이맘'이라는 주장이다. 쉬아들 중 일부는 여기에 그치지 않고 알리를 무함마드와 같은 예언자 반열로 높이 받들고 있다. 이들은 무함마드가 스스로 죽음을 예감하고는 아부 바크르와 오마르를 시리아 쪽으로 나가는 오사마 빈 자이드Usāma b. Zaid의 원정군에 참가시켜 메디나를 잠시 떠나게 하려 했다고 말한다. 그렇게 되면 별 어려움 없이 알리

8 Seyyed Hossein Nasr, *Ideals and Realities of Islam*, London: George Allen & Unwin, Ltd., 1966, p.161.

에게 신명神命이 내려지고 메디나 사람들은 평온 속에 알리에게 충성서약을 했을 것이며, 아부 바크르와 오마르는 자연히 칼리파직에서 멀어졌을 것이라고 말하고 있다.[9] 그러나 칼리파제制의 운명은 그렇게 펼쳐지지 않았다. 오사마 원정대가 출발하기 전에 무함마드는 죽었고, 칼리파직은 공동체의 선출을 통해 아부 바크르에게 계승되었다.

쉬아들 중 일부 급진주의자들은 이러한 알리의 운명에 만족하지 않았다. 알리는 예언자 다음의 가장 훌륭한 인물로 간주되고 예언자와 같은 '무오류의 이맘'으로 칭송되었다. 알리에 대한 충정은 여기서 그치지 않았다. 그가 완전무결한 인격人格의 소유자일 뿐만 아니라 한 발 더 나아가 그를 신성시하기에 이른다. 그들은 다음과 같이 말하였다. "알리에게는 신성神性이 존재한다. 그는 보이지 않는 것도 다 알고 있다. 한번은 그가 아주 먼 전쟁터의 소식을 전해주었는데, 나중에 보니 전부 맞는 것들이었다." 그들은 카이바르khaybar전투(629년)에 대해서도 "내가 그곳을 정복한 것은 육체적인 힘이 아니라 신성한 힘으로 정복하였다"고 알리 스스로 말했다고 전하고 있다. 후대의 추종자들은 심지어 다음과 같이 말하기도 하였다. "알리가 나타날 때마다 하늘에서는 천둥이 치고 번개가 번쩍거렸다." 그리고 그를 신성시한 쉬아의 일부 급진주의자들은 마침내 그를 신격화한 그들 나름대로의 독자적인 교리를 갖게 된다. 그는 구름 속에 살고 있으며, 천둥은 그의 음성이요 번개는 그의 채찍이라고 말하고 있다.[10]

알리의 신격화를 꾀한 가장 최초의 인물은 예멘 출신 유대인인 압둘라 빈 사바 알 야후디 'Abdullāh b. Sabā' al-Yahūdī로 알려져 있다. 그는 스스로

9 Aḥmad Amīn, 앞의 책, p.268.
10 Abd al-Rahman ibn Khaldūn, *Muqadimah*, al-Qāhira: al-Maktabah at-Tijāriyah al-Kubrā, n.d., p.198.

깨우친 독특한 사상과 가르침을 전파하면서 여러 무슬림 도시를 돌아다녔고 가는 곳마다 비밀조직을 결성하였다. 그의 가르침의 핵심은 알 위싸야al-Wisāyah(상속자론)와 알 라즈아al-raj'ah(재림론)관이었다. 알 위싸야 관은 앞에서 보았듯이 모든 예언자 나비nabī는 유언상속자인 와씨를 갖는다는 것이고, 무함마드의 와씨가 바로 알리라는 것이다. 따라서 무함마드를 대리하는 지위인 칼리파직은 당연히 알리의 것이며, 알리에 앞서 칼리파직에 오른 자들은 아무런 권리도 없이 그 지위를 차지한 소위 칼리파위位의 찬탈자들이라는 것이다. 그가 이 주장을 처음 폈을 때는 제3대 정통칼리파 오스만이 통치하고 있을 때였다. 구체적으로 그의 주장은 알리가 진정한 칼리파이고 오스만은 알리로부터 부당하게 칼리파위를 빼앗아 간 찬탈자라는 것이었다. 그는 바스라, 쿠파, 시리아, 이집트로 돌아다니면서 이 같은 반정 선동을 하고 불평불만자들과 접촉하여 그들이 오스만 정권에 반기를 들 것을 부추겼다. 특히 시리아에서 그는 오스만이 시행하고 있던 느슨한 재무정책에 반대하던 예언자의 유명한 동료들 중 한 사람인 아부 다르르 알 기파리Abū Dharr al-Ghifari를 만나 그를 지지하고 그에게 영향을 미쳐 사회주의 사상을 부르짖게 만들었다.[11]

원래의 알 라즈아론論은 신의 사자 무함마드가 재림한다는 것이었다. 그는 "예수의 재림은 믿으면서 무함마드의 재림을 믿지 않는다니 그것은 놀라운 일이 아닌가?" 라고 말하면서 신의 사자의 재림raj'a ar-rasūl사상을 유포하고 다녔다. 압둘라 빈 사바는 이것을 "실로 네게 『꾸란』을 부과하신 분은 너를 돌아갈 곳으로 틀림없이 돌아가게 할 것이니…" 와 같은 성구로

11 아부 다르르의 재무정치론은 손주영, 『이슬람 칼리파제사』, 102쪽 참조. 더 자세한 것은 Muḥammad al-Hamed, *Naẓrat fi al-kitāb*, Damascus: Ishtirakiya al-Islam, 1963, p.11. 또한 Fathi 'Uthman, *at-Tārikh al-Islāmi wa al-Madhhab al-Maddi fi at-Tafsir*, Kuwait, 1969, pp.222~228 참조.

입증하였다. 『꾸란』 주석가들은 일반적으로 이 성구가 신께서 무함마드에게 언젠가 메카로 돌아가는 것을 약속하신 신의 계시이지, 어떤 경우에도 세상의 삶으로 돌아오는 것을 뜻하지 않는다는 견해에 동의하고 있다. 그러나 그는 이것을 '신의 사자의 재림'으로 해석하였다. 그러다가 언제 어떤 이유에서인지 밝혀지지는 않았지만 최초에 주장했던 '신의 사자의 재림'이 '알리의 재림raj'a 'Alī'으로 바뀌었고, 알리의 영생과 재림을 주장하는 신앙을 갖게 되었다.[12] 그는 알리가 살해되었다는 부음을 접하고는 "그의 머리를 우리에게 천 번 가져오고 아무리 많은 증거를 내보인다 해도 우리는 그의 죽음을 믿지 않을 것이다. 그는 세상이 불의로 가득 차 있듯이 앞으로 땅에 정의가 가득 찰 때까지 결코 죽지 않을 것이다"[13]라고 말했다고 전해지는데, 이 말 속에서 알리의 영생과 재림을 확신하는 그의 신앙을 엿볼 수 있다.

아흐마드 아민은 이러한 알리에 관련한 재림사상은 유대교인이었던 그가 유대교 전통에서 가져온 것이라고 주장하고 있다. 유대인들은 선지자 엘리야Elias가 승천하여 종교와 법을 가지고 돌아올 것이라고 믿고 있다. 이 같은 재림사상은 나사렛인들 역시 기원 1세기 이래 예수를 대상으로 하여 믿어오고 있다. 같은 맥락의 알리의 재림사상이 쉬아들에게서는 '숨은 이맘론ikhtifā'-i al-Āimmah' 교리로 발전하였다가, 다시 숨은 이맘이 재림하여 이 땅에 정의를 넘치게 할 것이라는 '기다리는 구세주 사상fikrah al-mahdi al-muntadhar'을 낳았다는 것이다.[14]

실제로 알 위싸야론은 훗날 쉬아 이마미야파에서 이맘위位의 상속자론

12 Aḥmad Amīn, 앞의 책, p.270.

13 Ibn Hazam az-Zahirī, *Al-Fisal fī al-Milal wa al-Ahwa an-Niḥal*, vol.5, al-Qāhira, 1969, p.20.

14 Aḥmad Amīn, 앞의 책, p.270.

으로 공식화되었다. 그들에 따르면 예언자가 알리에게 상속한 이맘위 계승권이 그 후 12번째 이맘까지 차례로 이어지면서 알 위싸야al-wisāya(상속)가 이루어졌다는 것이다. 또한 알 라즈아(재림)론도 공식화된 교리로 자리잡았다. 그러나 쉬아파의 여러 파들은 재림할 이맘이 누군지에 관해 견해를 달리한다. 어떤 파는 자으파르 앗 싸디끄라고 말하고,[15] 어떤 파는 무함마드 빈 압달라 빈 핫산 빈 후세인 빈 알리 빈 아비 딸립이라고 말한다. 또 다른 파는 후세인의 이복형제인 무함마드 빈 알 하나피야Muḥammad b. al-Ḥanafiyyah가 재림할 이맘이라 말하며 그의 재림을 기다리고 있다. 그 중에서도 이러한 재림사상은 알리가 파띠마가 아닌 또 다른 부인으로부터 얻은 아들인 바로 이 무함마드 빈 알 하나피야(684년 사망)를 중심으로 구체화되었다고 일부 학자들은 말하고 있다.[16] 이븐 알 하나피야의 추종자였던 무크타르Mukhtar al-Thaqati(687년 사망)는 카르발라 참극이 있은 후, 쿠파를 중심으로 동조세력을 규합하여 우마이야조에 반란을 일으켜 일시 성공을 거두었는데, 이때 그는 이븐 알 하나피야야말로 진정한 마흐디(구세주)로서 그가 죽은 것이 아니라 깊은 산속 어디엔가 살아 있으며, 이 땅을 정의로 채우기 위해 마흐디로서 꼭 돌아올 것이라고 주장했다. 어떻든 이들은 모두가 그들이 기다리는 마흐디al-mahdi al-muntaẓar가 죽지 않고 살아 있다고 믿는다.

쉬아파의 주류라고 할 수 있는 이마미야파에서도 그들의 제12대 이맘이 갑자기 사라지자 이와 같은 사상이 새로운 형태로 그들의 신앙 속에 정착

15 나우씨야nāwūsīya파는 나우스nāwūs의 주장을 좇는 무리들로, 제6대 이맘 싸디끄가 재림할 이맘이고 마흐디(구세주)라고 믿는다. Muḥammad b. 'Abd al-Karīm as-Shaharastānī, *Muslim Sects and Division: The Section Muslim Sects in Kitāb al-Milal wa'l-Niḥal*, trans. A. K. Kazi & J. G. Flynm, London: Kegan Paul, 1984, p.142.

16 안네마리 쉼멜, 김영경 역, 『이슬람의 이해』, 분도출판사, 1999, 135쪽.

하여 발전하였다. 그들의 핵심교리는 사라진 제12대 이맘인 알 마흐디 알 문타자르al-mahdi al-muntaẓar〔기다리는 마흐디(구세주)〕가 언젠가 돌아와 이 세상을 정의로 가득 차게 할 것이라는 것이다.[17]

우마이야조 때의 유명한 시인인 앗 싸이드 알 후마이리as-Sayyad al-Humayrī(723~789년) 역시 무함마드 빈 알 하나피야의 재림을 믿는 쉬아 중 한 사람이었다. 또 일부 학자들은 알 후마이리보다 조금 앞선 시인 쿠사이르Kuthayyir(723년 사망)가 이븐 알 하나피야의 재림과 구세주 사상을 전파했다고 말하고 있다. 어떻든 이 두 사람은 무함마드 빈 알 하나피야가 죽지 않고 라드와Raḍwā산에 은둔해 있다고 전하였다. 그는 죽지 않고 메디나를 떠나 7일 동안 샘물과 꿀을 먹고 사자와 호랑이의 보호를 받으면서 여행한 끝에 라드와산에 도착했으며, 그가 재림하면 불의로 가득 차 있던 이 세상을 그가 정의로 가득 채울 것이라는 것이다.[18] 쉬아들은 활동 초기에 그들의 왕국을 지구상에 건설하는 데 실패하여 고통과 박해 속에서 도피처를 찾아 방랑과 피신의 생활을 해야 했다. 아마도 이러한 환경이 그들에게 재림 이맘 즉 구세주al-mahdi(올바르게 인도된 자의 뜻)에 대한 희망을 갖게 하고 그런 사상과 교리를 갖게 만든 것 같다.

우마이야조 통치에 대한 페르시아 마왈리mawālī(비아랍 무슬림)들의 불만이 고조되면서 그 동안 쉬아운동의 주역이었던 아랍인들의 활동이 점차 퇴색하고 페르시아인들에게로 주도권이 이전되는 현상이 일어났다. 쉬아파의 사회 · 정치적 활동의 동기와 범위가 바뀌는 새로운 전기를 맞게 된 것이다. 적어도 685년경까지의 초기 쉬아운동은 전적으로 아랍인들에 의

17 더 상세한 것은 Aḥmad Amīn, 앞의 책, pp.100~111 참조.

18 W. M. Watt, "Muḥammad," in *The Cambridge History of Islam*, ed. P. M. Holt, Ann. S. Lamton, Bernard Lewis, Cambridge: Cambridge University Press, 1970, p.48.

해 진행된 아랍 쉬아주의적인 것이었다. 그러나 이즈음 무크타르가 마왈리와 노예들을 동원하여 우마이야조 정권에 대항하여 반란을 일으키면서 대거 비아랍인들이 이 운동에 유입되기 시작했다. 그리고 그가 무함마드 빈 알 하나피야를 마흐디로 추대하면서 새로운 알 하나피야 추종의 쉬아파가 생겨나게 되었다. 무크타르는 이라크의 참회자 무리들을 앞세워 봉기하면서 그의 정강은 '『꾸란』과 예언자 순나를 준수하고, 예언자 가문을 위한 복수와 약자에 대한 보호, 그리고 악행을 범한 자들에 대한 지하드를 수행하는 것' 임을 천명하였다. 그리고 685년 쿠파를 장악하자 우선 카르발라에서 예언자 가문의 사람들을 살해한 책임이 있는 자들을 처형하였다. 그가 내세운 '약자에 대한 보호' 정책은 마왈리들을 겨냥한 것이었고, 실제로 마왈리로부터 상당한 호응을 얻게 되었다. 그렇지만 무크타르는 아랍인과 마왈리 간의 이해대립으로 곤경을 겪어야 했다. 마왈리들은 그가 아랍인의 입장만을 대변한다고 비난하였고, 아랍인들은 전리품의 분배를 마왈리에게도 해야 한다는 데에 반대했다. 무크타르의 봉기는 687년 초 이븐 앗 주바이르에 패하고 그가 처형당함으로써 짧게 끝났다. 하지만 그가 마지막 단계에서 마왈리들에게 더 의지했고, 특히 그의 사상과 운동은 주로 마왈리들에 의해 이어졌으며, 그의 봉기는 마왈리들에게 그들 스스로가 가진 정치력을 처음 깨닫게 하는 전기가 되었다는 것에 후대의 많은 학자들이 동의하고 있다.[19] 그의 추종자들은 무크타르파al-Mukhtariya로 불리기보다는 일반적으로 카이사니아al-Khaysaniya파로 통용되고 있다. 왜냐하면 그의 경호대장이던 카이산(원래 이름은 Abū 'Amra임)이 무크타르를 지원하던 마왈리들의 중심 인물이었고 그의 주장을 이어갔기 때문이다. 카이사니아파는 오랫동안 가장 중요한 초기 쉬아그룹이었으며, 무함

19 같은 책, p.45.

마드 빈 알 하나피야의 마흐디 사상을 전파하였다.[20]

어찌 보면 초기 이슬람역사에서 쉬아주의는 사회 · 정치적인 여러 불평불만 세력들의 안식처이자 보호막이었다. 바꿔 말하면 이러한 세력들을 담보로 하여 쉬아주의는 발전해 갔다고도 말할 수 있을 것이다. 이라크 내부에서의 쉬아운동은 남부 아랍인들을 비롯한 여러 지도세력이 이끌었 는데, 결국 압바스조에 이르러서는 슈우비야Sh'ūbīya로 알려진 극단적인 페르시아 문학적 · 민족주의적 운동이 출현하는 데 기여하게 된다. 이같이 쉬아운동의 주도권이 아랍인들의 수중에서 비아랍계 쉬아 무슬림들에게로 넘어가면서 쉬아운동은 본래의 정치적 동기보다는 쉬아주의 자체의 신학적 공리公理 같은 독특한 교리를 갖는 하나의 종파宗派운동으로 발전해 가게 된다.

한편 알리의 신격화에 대한 논의는 쉬아 정통주의에서 결국 부정되었다. 사실상 알리는 예언자 무함마드의 가장 신뢰받던 참모이자 진정한 후계자 중 한 명이었다. 예언자는 "나는 지혜의 도시이고 알리는 그 도시의 문門이다"라고 말하였을 정도이다. 쉬아들에게 알리는 진정한 '성자'이며 왈리 알라wali Allāh(하나님의 친구)의 전형적 인물이다. 특히 이븐 사바의 눈에 비친 알리는 범상한 인간 이상이었다. 인간이라기보다는 신적인 존재였다.[21] 그는 알리에게 "당신이 그분이시다"라고 말하였으며, 알리는 이 말에 대노하여 그를 트세시폰Tsesiphon으로 추방했다고 전해진다.[22] 알리의 아들 중 뛰어난 인품을 가졌던 무함마드 빈 알 하나피야 역시, 예수에 대한 기독교인들의 주장과 일치하는 말을 전파하면서 자신을 끌어들였던

---

20 같은 책, p.55.

21 Noozan Momen, 앞의 책, p.46.

22 Muḥammad b. Abd al-Karīm Shaharastānī, 앞의 책, p.150.

무크타르 빈 아비 우바이드에게 화를 내고 공공연하게 무크타르를 비방하고 그 사실을 부정하였다고 전해진다.[23] 이렇게 알리를 신격화한 이븐 사바의 주장이나 신인神人동형적인 독특한 교리는 앞에서 본 아흐마드 아민의 견해처럼 알리의 재림을 신봉하는 사상과 함께 다른 종교에서 차용한 것이지 쉬아들의 보편적 신앙 또는 교리와는 매우 다른 것이다. 그것은 극단적이고 광적인 소수 쉬아인들의 주장일 뿐이었다. 따라서 후대에 와서는 압둘라 빈 사바와 그의 추종자들을 앗 사바이야as-Saba'iya파 또는 알 굴라트al-Ghulāt(극단론파)파라고 부르게 되었다. 그리고 그 후 과격 급진주의 그룹의 쉬아들은 통칭 '굴라트'라는 이름으로 불리게 된다. 앞에서 보았듯이 쉬아들은 나름대로의 정통 이슬람을 표방한다. 순니들과 칼리파제에 관한 정치관은 비록 다를지라도 알라를 절대유일신으로 믿는 신앙 관에는 두 파 간에 한 치의 차이도 발견할 수 없다. 신은 절대자이시고 견줄 자 없는 유일의 존재자이시다. 무함마드는 신의 사자이고 인격人格일 뿐이지 어느 누구도 그의 신성神性을 말하지 않는다. 신격神格은 어느 누구에게도 결단코 허용이 안 된다. 알리 역시 인격이고, 단지 신의 빛을 받은 이맘일 뿐이다. 알리를 신의 체현으로 본다는 것은 결코 인정할 수 없다. 알리 스스로도 자신의 추종자들 중 일부가 자신을 신의 화신으로 말하는 것에 대노하며 이를 금지시켰다고 한다.

그러나 쉬아들에게 있어서 이맘의 지위와 존재는 순니들이 평가하는 것과는 사뭇 다르다. 순니들은 칼리파 또는 이맘이 종교를 수호하는 무함마드의 대리인이라고 말한다. 칼리파는 신의 계시와 명령에 따라 종교를 보호하고 세속적인 일들에 대한 판결권·행정권·전쟁수행권 같은 통치권을 행사하는 정·교 일치적 우두머리이다. 칼리파에게는 법을 제정할 입

23 Ibn Khaldūn, *Muqadimah*, al-Qāhira: Kitab as-Sha'b, n.d., p.198.

법권이 부여되어 있지 않고 신의 계율에 주석을 달거나 『꾸란』 원문에 없는 사항들에 대해 독자적인 법적 판단을 하는 이즈티하드를 행할 권리가 주어져 있지 않다. 그것은 어디까지나 법 전문가인 울라마의 권한에 속하는 일이다. 그러나 쉬아들에게 있어서 이맘의 지위는 여러 다른 의미를 갖는다. 우선 그는 가장 위대하고 훌륭한 스승이다. 그리고 그의 몸에는 신성한 빛이 내려져 알리와 그의 후계 이맘들은 모두가 보통 인간이 아니라 '신성한 존재'이다. 제1대 이맘인 알리는 무함마드로부터 '비전의 지식'을 물려받았으며 그것을 다시 자신의 상속인에게 전수하였다. 그는 평범한 사람이 아니라 신으로부터 선택받은 특출한 사람이다. 그에게는 '신의 빛', 즉 무함마드로부터의 '예언자의 빛'이 내려져 그는 결코 잘못을 저지르지 않는 오류절무誤謬絶無의 사람이다. 지식이란 '하나님의 의지와 뜻을 아는 것'인데 두 종류가 있다. 현상의 가시세계에 대한 지식과 보이지 않는 불가시세계에 대한 지식이다. 무함마드는 이 두 종류의 지식을 상속자 알리에게 전수하고 가르친 것이다. 『꾸란』 속에 담긴 외연의 의미뿐만 아니라 내적인 의미도 가르친 것이다. 그는 알리에게 신비한 우주의 비밀과 더불어 불가시세계의 비밀들을 알게 하였던 것이다. 모든 이맘은 이러한 불가해한 비밀들을 이해할 수 있도록 후계 이맘에게 비전의 지식을 전수하며, 이맘으로 존재하는 동안 각 이맘들은 일반 신도들에게 그들이 이해할 수 있는 한, 불가해한 비밀들의 일부를 가르쳐준다는 것이다. 그러므로 이맘은 진정한 스승인 셈이다. 이렇게 쉬아파는 알리의 뒤를 이은 이맘들이 무오류의 초인간적 존재로서 현세 문제뿐만 아니라 샤리아상의 제반 문제에 절대적 해석권과 판결권을 갖는다는 독자적인 교리관을 세우고 이를 발전시켜 나갔던 것이다.

우마이야조에 대항하는 수차례의 정치적 무장봉기에서 연속적으로 실패한 쉬아들은 심한 박해와 좌절 속에서 운동 초기부터 지하로 숨어들어 갔다. 그리고 오랜 지하활동으로 말미암아 그들은 온갖 이단적 사상에 쉽게 물들었으며, 다른 한편 매우 현실적이면서도 형이상학적인 독특한 그들만의 특징적 원리들을 만들어냈다. 첫째로는 타끼야taqiya론인데, 이것은 현실적인 그들의 안위를 위한 것으로 자신의 쉬아신앙을 감추는 행위이다. 신변의 안전을 위해서 쉬아인 것을 숨기고 순니인 체 위장하여 살아가는 것을 허용하는 원리이다. 생존에 필요하다면 불법적인 권력에 복종할 뿐만 아니라 동의하는 척하고 그들의 실제 믿음을 감추는 극도의 정적주의를 원리로 가진 것이다.[24] 둘째로는 비교주의秘敎主義이다. 이것은 『꾸란』 원문에 대한 이원적 혹은 다원적 해석을 용인하는 원리이다. 경전의 외면적 의미와 병행하여 거기에는 또 다른 내면적 차원의 숨겨진 의미가 존재한다는 것이다. 생명에 대한 긴박한 위험 아래에 있다면 진정한 자신의 신앙을 위장해도 된다는 앞의 타끼야 원리가 뒤의 비교주의 원리를 낳게 하는 데 무관하지 않을 것 같다. 히자즈 지역의 아랍 무슬림들이 비옥한 초승달 지역과 페르시아 땅을 정복하자, 정복지에서는 새로운 개종자들이 무리지어 이 신흥종교로 몰려들기 시작하였다. 그렇지만 이들 개종자들 중 많은 사람들이 이슬람이라는 새 종교의 겉모양만 좇았을 뿐 실제로는 오랫동안 존속해온 고유의 고대 동양적 사상, 관습, 관행, 그노시스(영지)적인 신비적 관념들에 여전히 젖어 있었다. 이슬람이라는 외형의 틀 안에서 기독교적 · 마니교적 · 불교적 사상과 관행이 한동안 병존하였던 것이다. 이것은 자연히 비밀스런 분파들이 형성되는 분위기를 만들었다. 쉬아주의가 정치적으로 숙청당한 자들의 여러 목적에 부합하였듯이 이러한 종교적 비교주의는 그것의 신봉자들로 하여금 쉬아주의 은막 아래에서

24 Lewis, 앞의 책, p.157.

그들의 고대사상들을 이슬람 안으로 끌어들이게 하는 작업을 시작하게 하였다. 이슬람이라는 큰 틀 안에 그러한 사상들의 공간이 확보되고, 고대 그노시스적 교리로부터 비교주의 원리까지 계속 도입되기에 이른 것이다.

이러한 비교주의는 수피들의 『꾸란』 해석방법에 큰 영향을 미쳤다. 『꾸란』의 내면적 의미들을 나름대로 주장하고 완전히 독단적인 해석을 하게 했던 것이다. 그러나 비교주의에 관한 한 어떤 다른 종파나 단체도 쉬아파만큼 독단적이지는 않았다. 심지어 일부 쉬아 극단파의 해석으로는 『꾸란』의 거의 모든 말씀 중에 '신성한 알리의 가문과 그 후대 이맘들'에 대한 언급이 들어 있다고까지 주장한다. 상징적인 것, 상징화된 것, 비유적인 것들을 가지고 해석상 그럴 듯한 이유를 붙였던 것이다.

이러한 비교주의적 해석의 권능과 지혜를 지닌 사람이 이맘이다. 쉬아 이맘은 『꾸란』에 대한 해석, 교리에 대한 법적 견해, 기타 모든 문제들에서 결코 죄 짓지 않는 절대 무오류한 인물이다. 이 관점이 순니세계와 다른 점이다. 순니들은 진정한 종교적 권위를 공동체의 이즈마아(합의)에 둔다. 칼리파의 선출도 이즈마아 원리에 의거해 이루어진다. 중세 순니 정치사상에서 칼리파직은 단지 실제상의 필요 때문에 존립하는 것이었다. 칼리파에게는 『꾸란』 해석권 혹은 법 결정권을 주지 않는다. 그러나 쉬아들에게 이맘에 대한 믿음과 복종은 알라(하나님)와 그의 사자(예언자 무함마드)에 대한 믿음과 복종 다음으로 중요한 세 번째 의무사항이다. 순니세계의 이슬람교의를 이즈마아의 종교 교의라고 말한다면 쉬아들의 이슬람교의는 이맘의 권위에 의거한 교권 중심의 교의라고 말할 수 있다. 순니들처럼 공동체의 이즈마아의 중요성을 인정하지 않으며, 쉬아들에게 있어 모든 권위의 원천은 이맘이다. 이맘직은 세습적 권위로 얻어지는 것이고, 교리 역시 신성한 이맘의 가르침과 인도로 결정되는 것이다. 세습 이맘의 이러한 권위주의 개념과 형이상학적 지위는 한층 면밀히 다듬고 정의해야 할 필요가 있었다. 그리고 그것은 신플라톤주의의 소위 신지학의 유출론The Theory of Emanation이라는 메커니즘을 통해, 그리고 고대 조로아스터교리상의 빛의 개념을 도입하면서 이루어졌다. 알라로부터 최초의 빛이 발산되어, 창조된 만물의 정점이자 궁극적인 인간인 이맘이 낳아진다는 것이다. 쉬아의 주류파인 열두 이맘파는 이맘을 이 최초의 빛의 현현顯現으로 간주하고 이맘의 속성을 신의 특질 중 하나로 보고 있다. 그러나 극단적인 일부 급진 쉬아파는 여기서 한 걸음 더 나아가 이맘을 신의 화신化身으로 보고 신의 본체를 지니고 있는 자로 믿은 것이다. 예컨대 알리 일라히 'Ali Ilahi 같은 소수 극단파는 이맘이 문자 그대로 신이며, 신께서는 지상에서 이맘 이외의 다른 지위는 취하지 않으신다고 믿는다. 물론 이러한 극단적 쉬아파는 쉬아들 중에서도 극히 적은 수의 소수파이다. 쉬아 주류파에서조차도 이들을 극단주의자들al-Ghulāt이라고 부른다.

최초의 빛 이론으로 이러한 이맘의 형이상학적 지위가 언제 만들어지고 구체화되었는가는 아직 명확히 밝혀지지 않았지만, 대개 히즈라 3세기경인 9세기 초로 추정하고 있다. 수피학파 중 사흘 알 투스타리Sahl al-Tustari파는 이 쉬아이론을 그대로 채택하여 이 이론에서의 알리를 무함마드로 대체하였다. 수피주의에서는 때때로 이렇게 일부 특징적인 쉬아 교리와 관점들을 받아들이고, 그것을 다시 정통주의 배경 위에서 그들의 교의로 이식 또는 접목한 예들이 발견된다. 알리의 신비성을 차용하고, 때로는 그것을 완화시키고 적절히 가감하여 정통 순니이론에 입각한 나름대로의 수피관을 만들어내고 수피이론을 모색했던 것이다. 후일 수피주의가 대단한 파장을 일으키며 확산되자 쉬아주의는 오히려 타격을 받기도 했다. 사실상 쉬아의 이맘 숭배사상은 신에게 직접 교통하고 다가가려는 수피사상의 본질과는 상반되는 것이었다. 아마도 이러한 것들은 쉬아-수피의 관련성과 수피주의에 대한 쉬아파의 적의를 잘 설명해주는 단면일지도 모른다.

쉬아파가 순니파와 다른 점은 이즈티하드관ijtihād觀에서도 찾아볼 수 있다. 법 문제에 관련하여 쉬아들은 무으타질라파에서 채택하고 있는 합리적이고 이성적인 방법론을 수용한다. 즉 쉬아 주류파는 순니의 정명관보다 무으타질라파의 인간의 자유의지론을 좇는다. 그들은 이즈티하드의 문을 계속 열어놓고 있었던 반면, 순니세계에서는 인간 이성의 판단과 그것의 과도한 활용이 오히려 순수한 진리에서 멀어질 가능성을 우려하여 적어도 이론상으로는 이즈티하드의 문을 10세기(히즈라 4세기) 이후 계속 닫아놓고 있었다. 그러나 쉬아들은 그들의 세대에서 직면했던 새로운 상황에 적법한 이즈티하드를 항시 수행해 왔다. 이것은 새로운 환경을 위해 법을 바꾸는 것이 아니라, 이미 발생한 새로운 상황을 받아들이기 위해 법의 영역을 확장한다는 의미였다. 그리고 이로 말미암아 무즈타히드mujtahid(이즈티하드를 행하는 사람)를 따르는 것이 쉬아 무슬림들의 의무가 되었다.

그러므로 실제 법 적용의 세세한 문제에 있어서 쉬아주의는 순니와 차이를 보이고 있다. 그 중 가장 두드러진 예가 일시적 결혼인 무트아mut'ah이다. 쉬아파는 특정기간, 예컨대 몇 달 간 혹은 며칠 간일지라도, 계약으로 맺는 일시적 결혼을 허용하고 있다. 신과 인간 사이에 중재자를 두는 문제에도 차이가 난다. 이슬람 정통주의에서는 신의 절대성 · 지고성 · 유일성만을 강조하고, 인간과 신 사이에는 어떤 관점에서도 중재자를 두지 않는다. 하지만 쉬아주의 전통에서는 일상 종교생활에서뿐만 아니라 중심교리에서 이맘을 중보자中保者처럼 모시고 섬긴다. 예언자와 똑같이 이맘들이 그 기능을 수행한다고 믿는다. 순니 무슬림들은 예언자의 기능과 칼리파의 기능을 엄격히 분리하고, 예언자권 혹은 예언자로서의 기능은 오로지 예언자들에게만 귀속되며, 그것은 어디까지나 최후의 예언자 무함마드로 끝났다고 본다. 칼리파의 기능은 단지 이 세상의 정·교 문제에 관한 통치대권을 행사하는 것이라고 말한다. 그러나 쉬아들은 예언자와 이맘의 기능을 동일시한다. 그들은 지구상의 신의 대리인인 인간이 신의 의지와 신의 뜻에 올바로 접근해가기 위해서는 중재자로서 예언자와 이맘을 필요로 한다고 말한다. 게다가 여기에 덧붙여 주목해야 할 점은 이 중재자의 역할과 기능이 단지 성직자만의 역할과 기능이 아니라는 것이다. 모든 무슬림은 그가 순니든지 쉬아든지 자신을 넓은 의미에서 한 명의 성직자로 생각한다. 이슬람을 설교하고, 이슬람을 교육하고, 이슬람을 전파하는 성스러운 의무의 실행자와 책임자로 자임하고 있는 것이다.

정치권력에 대한 울라마의 태도와 그들의 정치적 역할 면에서도 차이가 난다. 순니 울라마는 칼리파 사상과 제도를 만들고 역사를 통해 칼리파의 편에 서서 기존 정치권력을 옹호하고 지원하는 경향을 보여왔다. 반면 쉬아 울라마는 이맘제制와 이맘의 이상적 통치관의 실현을 꿈꾸며 항시 기존의 정치권력과 제도를 불인정하고 정치권력들을 멀리해 왔다.

순니와 쉬아의 또 다른 점은 알리를 제외한 정통 칼리파들을 보는 관점이다. 쉬아에 속하는 거의 모든 분파의 사람들(자이디파 제외)은 초대부터 제3대에 이르는 정통 칼리파들의 통치권과 관행 일체를 거부한다. 그들은 알리에게로 승계되어야 할 칼리파위位의 찬탈자들일 뿐이다. 순니세계에서 가장 존경받고 있는 아부 바크르, 오마르, 오스만을 배척하는 것이다. 순니세계에서는 무함마드라는 이름과 더불어 가장 많이 작명되고 있는 이들의 이름들이 쉬아세계에서는 거의 찾아볼 수 없다. 바라카barakah(은총)를 희구希求하는 데에도 쉬아들은 기본적으로 예언자의 가문—좁게는 알리의 가계—에 호소하고 그것을 그들에게서 느끼지만, 일부 순니들은 예언자의 가문뿐만 아니라 싸하바ṣahabah(예언자의 동료)들—특히 아부 바크르, 오마르, 오스만—에게서도 그것을 느낀다. 순니들의 정체성을 말해주는 아흘 알 순나ahl al-sunnah(순나의 사람들)라는 용어의 순나sunnah(관행)는 예언자의 언행인 하디스와 싸하바들의 관행을 함께 의미하는 것이고, 따라서 순니는 예언자와 초기 이슬람 시대 싸하바의 관행을 그대로 좇는 사람을 지칭하는 말이다. 단 독실한 순니 무슬림들은 예언자의 가문 후예들 특히 알리에 대해서도 남다른 존경을 표하고 있다.

쉬아사상은 여러 면에서 순니 무슬림들에게 영향을 끼쳤다. 예언자 가문 즉 알리와 파띠마 그리고 그 후손들에게 바치는 쉬아 무슬림들의 숭배는 많은 순니 무슬림들로 하여금 역시 예언자 가문에 무조건의 존경과 찬양의식을 갖도록 했다. 이러한 태도는 시간이 경과하면서 더욱 증폭되었다. 특히 동부 아랍 지역의 순니 무슬림들이 알리와 파띠마의 후손인 싸이드sayyid(알리 가계 혈통의 후손들에게 붙이는 경칭)에게 보내는 엄청난 노예근성적 존경심은 그러한 영향의 대표적인 증거이다.[25] 순니세계에서 논의되고 있는 마흐디(구세주) 사상의 기원 역시 쉬아 교리에서 비롯된 것임은 두말할 나위가 없다. 또 쉬아사상이 수피주의를 통해 순니 무슬림들에게 끼친 영향 중 두드러진 예로는 앞에서 언급한 『꾸란』에 대한 비교주의 해석방법을 들 수 있다. 사실 이 부분은 이슬람 정통 신학 형성에 심대한 영향을 끼쳤다고 해도 과언이 아닐 것이다.

그러나 한 가지 유의해야 할 점은 사실상 종교적 관행의 실행 면에서 쉬아와 순니는 거의 동일하다는 것이다. 샤리아의 실천사항을 지켜야 하는 매일매일의 종교생활은 두 파가 동일하다. 여성의 유산상속 비율, 일시적

25 프랜시스 로빈슨 외 지음, 손주영 외 옮김, 『사진과 그림으로 보는 케임브리지 이슬람사』, 시공사, 2002,, 127쪽.

결혼과 같은 몇몇 예외를 제외하고는 샤리아가 지배하는 생활은 무슬림 모두에게 공통적이고 일반적인 것이다. 예배, 세정, 단식, 순례 등 의무적인 근행들에서 쉬아들이 지켜야 할 사항들은 순니 4대 법학파들 사이에서 발견되는 차이보다 더 크다고 말할 것이 없다. 실제로 순니들의 일상생활을 들여다보면 그들 역시 성인들의 묘를 방문하여 바라카를 기구冀求하며, 특히 신앙심의 고취를 위해 압둘 까디르 알 질라니Abd al-Qādir al-Jilani와 아불 하산 알 샤딜리Abūl Ḥasan al-Shādhili 같은 수피 거장들의 저서를 기본서로 꼭 읽어야 한다고 강조하는 모습들은, 쉬아들의 일상생활과 순니들의 일상생활에 다른 점이 별로 없다는 사실을 새삼 깨닫게 한다.

다시 말하지만 쉬아파와 순니파는 나름대로 서로 정통파임을 내세우고 있다. 비록 그들 간에 일부 교리상의 차이점이 발견되기는 하지만 그것은 어디까지나 이슬람이라는 큰 틀 안의 것이다. 결코 그들 스스로 이슬람의 근본적 원리 어느 것도 손상시키지 않는다. "알라 이외에 다른 신은 존재하지 않는다"라는 유일신관의 진리를 주장하는 데 조금도 차이가 없고 "무함마드는 신의 최후 사자이다"라는 믿음에도 다름이 없다. 단지 그 진리를 추구하는 길에서 방법상의 미미한 차이를 보였을 뿐이다. 사실은 그 차이도 이라크나 레바논, 파키스탄 같은 나라들에서만 느낄 뿐이다. 물론 그것은 이 나라들에서는 순니와 쉬아가 공존하고 있기 때문이다. 그렇지만 다른 아랍나라들, 특히 아프리카 지역이나 동남아시아 지역의 어느 무슬림사회에서도 그런 차이는 느껴지지 않는다. 그저 모든 무슬림이 똑같은 무슬림 형제일 뿐이다.[26] 따라서 쉬아 이슬람이라는 말은 적합하지 않다. 쉬아 무슬림이 존재할 뿐이다. 순니와 쉬아는 『꾸란』이라는 계시에 뿌리를 둔 두 갈래의 큰 가지인 셈이다.

---

26 Lewis, 앞의 책, p.156.

3. 쉬아파의 주요 갈래

쉬아들은 누구를 이맘으로 모시느냐에 따라 크게 세 갈래로 나누어졌다. 본류는 열두 이맘파 또는 이마미야al-imamiyah파라고 불리는데, 쉬아들 중에서 중간적 입장을 취하고 주류를 이루고 있다. 중요한 교리들이 이맘과 관련하여 정립되었고 열두 명의 이맘을 모시고 있기 때문에 그 같은 이름이 붙었다. 이들의 제5대 이맘 무함마드 바끼르는 정치활동을 멀리하고 지하에서 오로지 종교와 학문 연구에만 몰두하면서 쉬아파의 법적 체계와 이론의 틀을 만드는 데 헌신하였다. 이들은 무함마드가 알리를 이맘(칼리파)으로 지명했으므로 아부 바크르, 오마르, 오스만을 칼리파직을 빼앗은 부당한 칼리파들로 본다. 특히 아부 바크르와 오마르에게는 죄가 없다는 것을 공언하면서도 그들의 칼리파직에 대해서는 비난한다. 이들은 이맘을 좇는 것을 신앙의 일부로 만들었다. 그런데 이들의 12번째 이맘인 무함마드 알 문타자르Muḥammad al-Muntaẓar(873~)는 어린 나이에 이맘위에 올랐으나 어느 날 갑자기 사라졌다. 신비 속에 사라진 그는 그 후 보이지 않는 존재, 즉 가이바ghaiba 상태가 되어 '은폐 이맘' 혹은 '숨겨진 이맘'이 되었다. 그리고 오늘날까지 그는 '기다리는 이맘al-Muntaẓar'이 되어 있다. 열두 이맘(이마미야)파 쉬아들은 아직도 그의 재림을 기다리고 있다. 그가 다시 재림하여 이 땅에 평화를 가득 차게 할 것이라고 믿고 있는 것이다. 이것이 그들 교리의 핵심이다. 즉 보이지 않는 세계에서 가이바 이맘이 시공을 지배하고 있고, 이러한 숨겨진 이맘에 대한 믿음을 바탕으로 신앙생활을 하고 있는 것이다. 그가 부재중인 동안 종교 울라마(무즈타히드)들이 이맘의 신학적 입장을 해석하며 이들이 이 세상에 대한 대리통치를 행하고 있는 것이다. 예를 들면 아야톨라Ayatollah(신의 신성한 말씀)가 대리

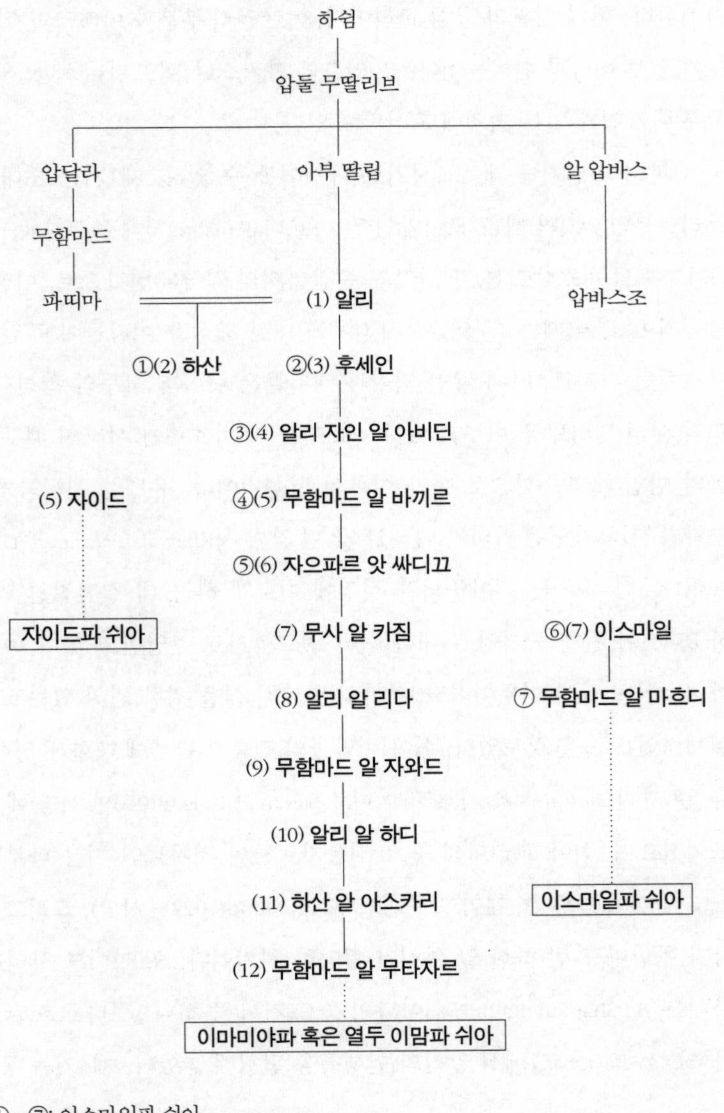

쉬아의 계보와 갈래

①~⑦: 이스마일파 쉬아
(1)~(12): 이마미야파 혹은 열두 이맘파 쉬아

통치를 수행하고 있는 것이다.[27] 이들은 숫자상으로 쉬아파의 절대 다수를 차지한다. 현재 이란의 공식 교리이며, 이란인 대부분과 이라크인 절반 정도가 열두 이맘파 쉬아들이다. 또 인도와 파키스탄, 아프가니스탄, 레바논, 동부 아프리카 일부 지역에도 상당수 있다.

이 파의 발전기는 대략 4시기로 나누어볼 수 있다. 제1기는 초대 이맘 알리로부터 940년 제12대 이맘인 알 마흐디al-mahdi(구세주, 무함마드 알 문타자르를 알 마흐디로 봄)가 사라진 순간까지의 약 300년간으로, 이맘들의 활동기이다. 이때는 『꾸란』과 샤리아에 대한 해석을 이맘들이 직접 하고 가르치던 시기로, 이때 쌓인 지식과 경험들은 쉬아파 모두의 정신적 · 종교적 삶의 밑바탕을 이루고 있다. 제2기는 알 마흐디가 사라진 때부터 몽골의 침입(1256년)까지로 쉬아 이론의 형성기이다. 유명한 천문학자이자 수학자, 철학자였던 카와자 나씨르 앗 딘 알 투시Khawajah Naṣir ad-Dīn al-Tūsi(1274년 사망)는 쉬아주의가 절정에 이르게 하는 데 결정적인 역할을 하였다. 이 천재는 가장 위대한 쉬아 종교학자로 추앙받고 있다. 이때에 하디스의 수집이 이루어졌고, 쉬아의 종교적 삶을 위한 권위 있는 교리가 실제적인 모습을 갖추었다. 쉬아 이맘들의 전통과 관행에 대한 유명한 『우술 알 카피*Usul al-Kafi*』가 쿨라이니Muḥammad Kulaini(940년 사망)에 의해 쓰여졌으며, 쉬아 교리학의 주요 전통자료들의 저자들인 이븐 바부야Ibn Babuyah(991년 사망), 쉐이크 무피드Shaikh Mufid(1022년 사망), 그리고 천재 학자 무함마드 빈 하산 알 투시가 활약한 시기이다. 또 싸이드 샤리프 알 라디Sayyid Sharif al-Radī는 쉬아파의 중요 저서 중 하나인 『나흐즈 알 발라가*Nahj al-Balaghah*』에서 알리의 언행록을 편집해 놓았다. 제3기는 몽골의

27 Caesar E. Farah, *Islam: Beliefs and Observances*, New York: Barron's Educational Series, 2000, p.174.

침입 때부터 사파비조의 성립 때까지로 쉬아파 교세의 팽창기이다. 이 시기는 이슬람세계 곳곳에 지방왕조가 출몰하며 정치 · 사회적으로 혼란기였지만, 나시프 알 딘 학파가 종교학과 철학 분야에서 괄목할 만한 성과를 거두고 알라마 알 힐리Allamah al-Hilli(1325년 사망)와 꾸틉 앗 딘 알 쉬라지 Qutb ad-Din al-Shirazi 같은 훌륭한 학자들이 배출된 때이다. 특히 안달루시아 출신의 수피 대가인 이븐 아라비Ibn 'Arabī(1165~1240년)의 수피주의가 이 시기에 쉬아 교리에 접목되어 쉬아 신비주의에 막대한 영향을 끼치기도 하였다. 이븐 아라비의 형이상학은 싸이드 하이다르 아물리Sayyid Haidar Amuli, 이븐 아비 줌후르Ibn Abi Jumhur, 이븐 투르카Ibn Turkah 같은 사람들에 의해 쉬아주의에 통합되었다. 제4기는 사파비조의 부흥부터 오늘날까지이다. 쉬아 법과 종교이론이 재생되고 확립되었으며, 무함마드 바끼르 마즐리시Muḥammad Bāqir Majlisi는 『비하르 알 안와르*Bihar al-Anwar*』라는 종교 대백과사전을 편찬했다. 쉬아 교리의 형이상학적 노선은 유명한 주석가들인 미르 다마드Mīr Dāmād, 바하 앗 딘 알 아밀리Baha' ad-Dīn al-Amili와, 레바논에서 페르시아어로 활약한 레바논 출신의 자발 아밀 Jabal 'Amil, 그리고 몰라 사드라Mulla Sadra로 알려져 있는 사드르 앗 딘 쉬라즈Sadr ad-Dīn Shirazi 등이 그 맥을 이었다. 특히 사드르 앗 딘은 이븐 아라비, 수흐라와르디, 이븐 시나, 나시르 앗 딘 등의 쉬아 교재에 있는 가르침을 총망라하여, 이슬람의 새로운 지적 영역을 창시한 쉬아 최고의 철학자이자 탁월한 견지론자hakim로 존경받고 있다. 이러한 사파비조의 유명 학자들의 수많은 제자들과 추종자들은 후대까지 잘 이어졌으며, 후대 사람들 또한 그들의 생생한 종교적 · 지적 가르침을 오늘날까지 잘 보존해 오고 있다.[28]

28 Seyyed Hossein Nasr, 앞의 책, pp.155~157.

두 번째 분파는 자이디야Zayydiyah파이다. 이들은 제5대 이맘 무함마드 알 바끼르의 동생인 자이드를 좇는 쉬아들이다. 자이드는 형처럼 지하에서 종교교리의 연구에만 열중하는 데에 만족하지 않았다. 그는 형과 여러 면에서 달랐다. 진정한 이슬람은 정치와 종교를 동시에 실현하는 것이라는 이념의 소유자였다. 할아버지인 후세인이 그 이념을 위해 거룩한 순교를 하였으며, 고조부인 알리도 정 · 교 양 대권의 장악을 위해 낙타전투(656년), 십핀전투(657년)를 치렀음을 상기하였다. 그는 이맘직이 실질적이고 현실적인 것이어야 하고 지하에 숨어 활동하는 소극적인 것이 아니라 적극적으로 나서서 권력을 쟁취하는 것이라고 생각하였다. 자이드는 추종자들을 이끌고 정치투쟁을 벌여 740년, 드디어 우마이야조의 칼리파 히샴 Hishām b. Abd al-Malik에 대항하여 반란을 일으켰다. 그러나 그의 반정투쟁은 실패하고 히즈라 121년(738년)에 처형을 당하였다. 뒤를 이어 그의 아들 야히야Yahiyā도 반기를 들었으나(히즈라 125년, 742년) 뜻을 이루지 못하고 죽고 말았다. 비록 봉기에는 실패하였지만 자이드파는 약 100년 이상 쿠파 근교에 영향을 끼쳤으며, 그 후 한때 카스피해 연안의 따바리스탄과 다일람에서 번성하였고 오늘날에는 예멘에 남아 있다.

이들은 우마이야 정권에 반기를 들었던 적극적인 투쟁정신으로 시작했으나 점차 교리적으로 가장 순니에 가까운 온건파 쉬아로 자라났다. 아마도 그것은 자이디야파의 시조인 이맘 자이드가 무으타질라파의 우두머리인 와씰 빈 아따이Waṣīl b. 'Aṭai' 의 제자라는 사실에 기인하는 것 같다.[29] 그는 와씰로부터 이성을 중시하는 많은 가르침과 영향을 받았다. 그런 연유로 그는 우월한 이맘이 존재함과 동시에 평범한 이맘도 존재할 수 있다고 보고, 다음과 같이 말하였다. "알리는 아부 바크르와 오마르보다 우월

29 Aḥmad Amīn, 앞의 책, p.272.

하였다. 그렇지만 아부 바크르와 오마르의 이맘직도 정당한 것이다." 이와 같이 자이디야파는 알리와 그에 앞선 정통 칼리파 3명을 우월한 이맘과 평범한 이맘으로 구분하여 먼저 알리의 이맘직 승계의 정당성을 확연히해 놓고, 나머지 정통 칼리파의 이맘직 승계도 인정하는 온건주의적 길을 걸은 것이다. 이에 대해 이들은 아부 바크르와 오마르를 비롯한 유사한 많은 싸하바들이 처음부터 알리를 지지하지 않은 것은 분명한 과오이지만 그렇다고 죄가 되는 것은 아니라고 말하고 있다.[30] 그러나 알리 이후의 모든 우마이야 칼리파들은 비합법적이라고 단정하였다. 그들은 비합법적인 칼리파에 대항해 싸우는 것은 신자의 도리라고 주장한다.

한편, 그들은 이맘의 무오류성, 즉 이쓰마 'iṣmah(무오류) 이론도 인정하지 않는다. 이들은 숨은 이맘 사상을 거부했으며, 쉬아가 불리한 자신의 위치를 방어하기 위해 허락되는 일시 결혼이나 쉬아신앙을 위장하는 타끼야도 인정하지 않았다. 이 파의 이맘인 야히 야 빈 후세인Yahiyā b. Ḥusain은 897년 예멘에 쉬아 신정국가를 세워, 공화정이 세워지는 1962년까지 천 년 넘게 존속하였다.[31] 오늘날에도 예멘 사람들 중에는 많은 수가 자이디야파 쉬아들이다. 이들의 수는 약 6~8백만 명으로 추산되며, 예멘 지역 외에는 이란과 터키에서 적은 수가 발견된다.

세 번째 분파인 이스마일파는 제6대 이맘 자으파르 앗 싸디끄Ja'far as-Sadīq(765년 메디나에서 사망)의 장남 이스마일Ismāīl(760년 사망)을 좇는 파이다. 이스마일은 이맘위 계승자였으나 부친인 자으파르보다 먼저 죽고

30 Watt, 앞의 책, p.54.

31 예멘의 자이디 이맘들의 첫 왕조는 라씨Rassi(9세기 중엽~1281년)조이고 뒤이어 까심Qasim(1592~1962년)조가 자이디파 교리를 국교로 통치했다. 상세한 이맘계보와 간략한 역사는 C. E. Bosworth, *The Islamic Dynasties*, Edinburgh: Edinburgh University Press, 1967, pp.71~73 참조.

말았다. 그래서 이맘위 승계가 차남이었던 무사 알 카짐Musa al-Kazim(799년 사망)에게로 이어졌는데, 쉬아들 중 일부는 이맘위 계승지명이 이스마일에게로 이미 내려졌기 때문에 그것을 취소하는 것은 불가능하다고 믿었다. 그에게 내려진 신성한 '예언자의 빛'은 다른 사람에게로 변경될 수 없다고 본 것이다. 따라서 장자 상속 계승의 원칙에 따라 이스마일의 아들인 무함마드Muḥammad에게로 이맘위 승계가 이루어져야만 한다고 주장하면서 본류에서 갈라져 나왔다. 그런데 이들은 이 무함마드가 '사라짐'으로써 그 뒤 이맘위位 계승이 끊어졌기 때문에 언젠가 까임Qāim(다시 일어선 자)이 되어 그가 다시 돌아올 것이라 믿고 있다. 마흐디로서 돌아올 그의 재림을 기다리고 있는 것이다. 이들은 이슬람 역사에서 오랫동안 독특한 그들만의 교리관을 내세우며 혁명적이고 과격한 쉬아파로 변모해 갔다. 그들 교리의 가장 중요한 특징은 『꾸란』의 가르침이 외면에 드러나 있는 현교적 의미ẓāhir(자히르)의 것과 내면에 감추어져 있는 비교적秘敎的 의미bāṭīn(바띤)의 것으로 구성되어 있다는 것이다. 이들은 자히르 측면의 것보다도 바띤 측면의 것을 더 중시하고, 비유적 · 상징적 · 비교적 해석을 시도하여, 이를 통해 문자와 수치의 신비한 의미를 파악하려고 한다. 그렇기 때문에 이들은 알 바띠니야al-Bāṭiniyyah파라고도 불린다. 이들은 신플라톤 학파의 가르침을 받아들여 그들의 교리에 특이하게 적용시켰고, 그노시스(영지)주의와 같은 외부에서 유입된 사상을 흡수하여 새로운 철학적 체계를 세웠다. 그들의 교리 중에는 매우 신비적인 것들이 많은데, 그 중에는 숫자 7을 중시하는 것도 있다.[32] 예컨대 7명의 예언자, 즉 아담-노아-아브라함-모세-예수-무함마드-이맘을 내세운다. 이들은 이슬람 역사에서 오랫동안 여러 역할을 하였다. 그 중에서도 가장 중요한 것은 파띠미조

32 Farah, 앞의 책, p.176.

(909~1171년)의 건설이다. 이스마일의 아들 무함마드가 까임으로 돌아와 세상을 정의로 다스릴 것이라고 기다린 지 약 100년이 지나서 이스마일파는 이슬람 역사에 큰 획을 그으며 등장한다. 이 파의 후세들이 909년, 튀니지에서 파띠미조를 세우는 데 성공하고, 969년에는 이집트를 정복한 후, 북아프리카 전역과 시리아까지 세력의 판도를 넓혀 한때 서부 이슬람세계의 패자로 동부 이슬람세계의 압바스 제국과 경쟁하는 사이가 되었다.

이스마일파의 역사는 크게 네 단계로 나누어 볼 수 있다. 제1기는 이 파의 시작인 이스마일과 그의 아들인 무함마드 시대에서 파띠미조의 창건자 우바이둘라 알 마흐디Ubaid Allāh al-Mahdi까지로, 그들의 독특한 종교 교의를 세우고 이를 전파하던 다으와da'wa(선교활동) 시기이다. 이 기간에는 특히 예멘과 북아프리카 지역에서 다이da'i(선교사)들의 활동이 현저했다. 제2기는 파띠미조부터 제8대 칼리파인 알 무스탄씨르al-Mutanṣir bil'lāhi 통치기까지이다. 이때는 이스마일파가 서구 이슬람세계의 강력한 국가를 세우는 데 성공하고 이스마일주의를 국가교리이자 통치이념으로 굳건히했던 시기이다. 969년에 이들은 이집트를 정복하고 새로운 수도 알 까히라 al-Qāhira(승리를 뜻함)를 건설했다. 카이로는 세계 경제와 학문운동의 중심이 되었다. 아직까지 세계 최고最古대학으로 건재해 있는 알 아즈하르al-Azhar 대학도 이때 세워졌다. 파띠미조는 11세기 초에 북아프리카와 팔레스타인, 시리아까지를 통치하는 절정기를 맞는다. 이 시기에 아부 하팀 알 라지Abū Ḥatim al-Rāzī, 까디 누으만Qādi Nu'man, 아부 야으꿉Abū Ya'qub al-Sijistāni, 하미드 앗 딘 알 키르마니Ḥamīd ad-Dīn al-Kirmāni 같은 인물들과 특히 페르시아의 시인이자 철학자인 나씨리 쿠스라우Nāṣir-i Khusraw 같은 뛰어난 인물들이 이스마일파의 주요 교리를 만드는 작업을 진행하였다.[33] 제3기는 알 무스탄씨르 이후 몽골 침입까지의 시기인데, 이때 이스마일주의는 알 무스탄씨르의 두 아들 간의 갈등으로 크게 두 갈래로 나누어진다. 그리고 마지막 제4기는 13세기 이후 오늘날까지로, 다시 여러 갈래로 나누어지고 그 중 상당수는 사라졌으며, 잔존 동아리들은 인도, 시리아, 레바논 등지에 흩어져 살고 있다.

이스마일파 중에서 독특한 교리를 가진 과격파로는 9세기 후반인 890년 함단 까르마뜨Ḥamdān Qarmaṭ의 주도로 남부 이라크에서 반란을 일으켰고 사회·종교운동을 벌이면서 예멘과 바레인 등지에 11세기까지 남아 있던 까르마뜨Qarmaṭ파와, 이란과 시리아를 정치무대로 등장한 니자리Nizārī파가 유명하다. 함단 까르마뜨는 쿠파 근교에 본거지를 정하고 페르시아 및 아랍의 장인匠人들, 농민들 사회에 파고들어 추종자들로부터 헌금을 거둬들였는데, 공산주의 조직같이 공동체를 이끌어갔다. 이들은 관용과 평등을 내세웠지만, 전쟁, 파괴, 전복, 테러 등 증오와 공포감을 자아내게 하는 잔혹한 폭력행위를 일삼았으므로 기존 정권의 탄압과 박해 속에서 점차 힘을 잃어갔다. 그러나 이들은 930년, 카아바 성전의 흑석을 탈취하는 데 성공하였다. 이 성스러운 돌이 제자리에 다시 오기까지에는 무려 22년의 세월이 걸렸다. 처음에는 쿠파에서 선교를 시작하였으나, 곧 아라비아사막 내부의 아흐사로 근거지를 이동하였고, 동아라비아와 바레인을 차지하기도 했으며, 후에는 펀잡의 남서부 물탄을 중심으로 소공국을 세우기도 하였다. 오늘날에도 그들의 일부는 남부 예멘의 고지대에 잔존한다.[34]

후자인 니자리파의 역사는 파띠미조 후반부로 거슬러 올라간다. 앞에서 언급했듯이 제8대 파띠미조 칼리파 알 무스탄씨르(1036~1094년 재위)의

33 Seyyed Hossein Nasr, 앞의 책, p.159.

34 L. Massiqnon, "Karmatians," *Encyclopedia of Islam*, Vol. II, Leyden and London, 1927, pp.767~772 참조.

사망 후 이스마일파는 두 아들 간의 후계자 계승문제로 심각한 내분의 위기를 맞게 된다. 이집트에서는 알 무스타알리al-Musta'li를 칼리파로 내세웠으나 동부 이스마일 쉬아인 시리아와 이란에서는 니자르Nizār를 지지한 것이다. 그 결과 두 파로 갈라지게 되었다. 알 무스타알리파는 니자리파보다 온건파로 이집트에 본거지를 두었지만, 1171년 파띠미조가 멸망하자 예멘으로 옮겨가 명맥을 유지하다가 16세기에 접어들어서 인도로 이주했다. 현재, 봄베이의 보흐라Bohra 이스마일파 추종자들이 바로 그들이다.

한편, 니자리파는 테헤란 서쪽 산악지대의 천연요새인 알라무트Alamūt에 근거지를 두고 매우 활동적이고 급진적인 과격파로 커갔다. 이들의 활동은 십자군원정 때 절정에 달했다. 그들은 정치적 목적을 달성하기 위한 수단으로 암살과 테러 등 폭력행위를 일삼았으므로 일명 암살단파로 불렸다.[35] 그들에게 있어서 암살행위는 하나의 종교의례였다. 암살자는 항시 단검을 무기로 사용했으며, 거의 붙잡히는 순간에도 도망가려고 시도하지 않았다. 그들의 손에 희생된 첫 암살대상자는 셀주크조의 술탄 말리크 샤Malik Shāh(1072~1092년 재위) 때 재상으로 유명한 니잠 알 물크Niẓām al-Mulk(1091년 사망)였다. 압바스조의 한 칼리파와 십자군이 세운 예루살렘 공국의 왕도 이들의 희생자가 되었다.[36] 시리아와 이란의 과격 급진주의 이스마일파로 등장한 이들은 심지어 비이스마일파 사람들과는 사회적 교류까지 엄격히 금지시킨 폐쇄적인 조직으로 운영되었고, 13세기에 이르러 몽골과 맘루크조에 의해 소탕되었다.[37] 그 뒤 오만, 잔지바르와 북부 시리

35 영어의 암살assassin이란 단어는 십자군에 의해 붙여졌다. 이 단어는 이들을 일컫는 하쉬쉬인hashishiyn(대마초인 하쉬쉬의 복용자)이란 말에서 유래되었다.

36 Christopher, 앞의 책, p.79.

37 알라무트는 1256년 몽골 군에 의해 점령되고 시리아에 있던 암살단파 본거지는 1272년 이집트의 맘루크조 술탄 바이바르스Baybars의 손에 의해 무너졌다.

아와 이란에 흩어져 살았는데, 그 후 다시 이 분파는 아가 칸Agha Khan의 영도 아래 1840년 이란에서 인도로 이주하여 추종자가 수백만 명에 이르는 이스마일파 쉬아 공동체를 이루었다. 한때 무스타알리파와 니자리파는 둘 다 이스마일파의 주류를 이루고 있었는데, 전자는 봄베이의 무함마드 부르한 앗 딘Muḥammad Burhan ad-Dīn을 따라, 후자는 아가 칸Agha Khan을 따라 멀리 인도로 본거지를 옮겨 오늘날까지 인도와 파키스탄에 잔존하여 살고 있다.

이들 이스마일파 이외에도 10세기와 11세기 중에 누싸이리Nuṣayri파와 드루즈Druz파가 생겨나 주로 레바논 지역에서 활동을 해왔다. 드루즈파는 파띠미조의 제6대 칼리파 알 하킴al-Ḥākim(996~1021년 재위)을 신격화하고 그의 재림을 기다리는 교리를 발전시키면서 종래의 이스마일파 교리를 훨씬 극단적인 형태로 변형시켰다. 칼리파 알 하킴은 기이한 행동과 통치로 유명했다. 낮보다 밤을 좋아했고, 여자들의 외출을 엄하게 금지시켰으며, 전에 없던 새로운 법을 만들어 엄격히 이를 시행하였다. 그의 신하 중에는 다라지Darazī라는 인물이 있었는데, 그는 알 하킴을 '신의 얼굴의 화신'이라고 선전하기 시작한 인물이다. 그렇지만 이러한 이단적 주장과 행위는 비록 알 하킴이 칼리파일지라도 순니세계에서는 결코 용납할 수 없는 일이었다. 게다가 그가 만들어 놓은 기이한 법제도 때문에 고통을 받고 있던 이집트인들은 마침내 터키 출신 군인들과 함께 봉기하여 그의 통치는 종말을 고하게 되었다. 다라지와 그를 따르던 무리들은 카이로를 탈출하여 팔레스타인과 시리아로 가서 자리를 잡았는데, 이들이 오늘날의 드루즈파 교도들이다. 이들은 1021년 2월 13일 평소와 같이 나귀를 타고 나가 카이로 근교의 한 언덕에서 홀연히사라져 버린 알 하킴의 재림을 기다리고 있다. 이들의 숫자는 소수(약 30만 명)이지만 아직도 남부 시리아의

자발 하우란과 레바논, 북부 이스라엘에서 활동을 계속하고 있다.[38]

14세기 말경에 또 다른 과격 쉬아 소수파가 아스타라바드Astarabad의 파들 알라Fadl Allah(1398년 사망)의 영도하에 생겨났다. 이들은 알파벳과 연관된 그들의 독특한 가르침에 중심교리를 두었기 때문에 후루피Ḥurūfī파라고 불렸는데, 이들은 글자들의 숫자적 가치와 다양한 결합, 조합, 조화 위에 여러 신비롭고 비교주의적인 교리를 세웠다. 파들 알라는 우주 속의 삼라만상을 숫자와 문자의 표현으로 간주했다. 누싸이리파와 드루즈파와는 확연히 구별되던 이 파를 일부 사람들은 이스마일 쉬아파가 아니라 이마미야 쉬아파의 한 갈래로 간주하기도 했다. 왜냐하면 이들은 예언자 무함마드를 이은 이맘위位 계보에서 11명의 이맘들을 인정하고 있기 때문이다. 그리고 이 이맘위 계보는 신의 화신으로 간주되는 파들 알라 자신에 의해 끊어져 마침내 막을 내렸다고 주장했다. 후루피파의 사상은 대체로 극단주의 쉬아파의 영향 아래에 있던 터키의 수피 종단 벡타쉬Bektashi들이 채택했다. 하지만 이들은 모두가 극단적 급진주의자들인 굴라트로서 쉬아파들에게서조차도 비난을 받는 소수파들이다.

누싸이리파 역시 처음에는 이마미야 쉬아파의 한 갈래로 간주되기도 했지만, 바띤 교리(『꾸란』의 내적 의미를 중시하는 사상)를 채택한 이스마일 쉬아파의 극단론자들 중 하나이다. 이 파의 명칭은 이마미야 쉬아파의 제11대 이맘인 알 하산 알 아스카리al-Ḥasan al-Askari의 부하였던 이 파의 창시자 이븐 누싸이르Ibn Nuṣayr의 이름에서 비롯되었다. 하지만 누싸이리파 쉬아들은 스스로를 알라위al-'Alawiyun들이라고 불렀다. 왜냐하면 이들 교리의 중심이 알리를 신격화하고 그를 신의 육체의 현현al-ḥulūl으로 믿기 때문이다. 이븐 누싸이르는 이맘 알 아스카리가 죽고 그의 아들인 무함마

38 Farah, 앞의 책, pp.179~181.

드가 어린 나이로 이맘직을 승계하였을 때 그의 대리인이자 후견인인 밥 al-bāb이 되었는데, 후일 그는 스스로 자신이 신의 예언자라고 주장하면서 무함마드의 이맘직을 부정하고 나섰다. 아랍어로 문門을 뜻하는 밥이라는 용어는 이마미야 쉬아들에게는 '정신적 스승'을 가리키는 말로 사용되었으나, 누싸이리파 같은 극단주의 쉬아들에게는 신 존재存在의 자기 표현을 나타내기 위한 용어로 사용되었다. 누싸이리파는 히즈라 3세기 말경, 이븐 누싸이르의 후계자인 후세인 빈 함단 알 카시비Ḥusayn b. Hamdān al-Khasibi(957 또는 968년)가 이 파의 교리를 종합하고 체계화함으로써 시리아의 알렙포와 바그다드를 중심으로 교세를 확장할 수 있었다. 누싸이리파는 알리에게 신의 체현이 이루어졌다고 믿고 있는데, 이것은 소위 성육신成肉身론을 통해 알리와 예수의 유사성을 주장하는 것과 다를 바 없다. 아마도 이러한 교리의 발전은 기독교 교리, 앗 사바이야파의 교리, 고대 철학사상 등 여러 사상들과의 접촉으로 제설諸說 혼합주의 형태를 취하며 이루어진 것이 아닌가 추측된다. 이 파는 술을 금기시하지 않는다. 또한 예배 및 종교 의례에서도 우두(세정)의 의무, 예배 방향(끼블라) 지키기, 금요일 집단예배의 근행 등을 의무사항으로 규정하고 있지 않을 뿐만 아니라 순례를 하지 않아도 되고, 단식도 독특한 방식으로 수행을 하게 하는 등 순니 무슬림들로서는 상상하기 어려운 이탈된 길을 걷는다. 정통 무슬림에게 가장 중요한 신앙과 실천의 의무사항들조차 지키지 않고 이단적인 종교의식을 갖고 행하고 있는 것이다. 이들은 현재 약 50만 명 정도가 남아 있는데, 그 대다수는 시리아의 북서부 지중해변의 라타키야Latakiya에 살고 있고 나머지는 이라크 유프라테스강 유역, 쿠르디스탄, 시리아 중앙부에 흩어져 있고, 터키 남부지역으로도 흘러들어가 거주하고 있다.

쉬아 이스마일파의 철학적 사상과 수피이론의 접목은 사드르 앗 딘 쉬라지Sadr ad-Dīn al-Shirazi가 신지학 체계의 형태를 취한 다음, 이마미야파 쉬아 교리에도 영향을 끼치면서 두각을 나타냈다. 그 뒤 18세기 말에서 19세기 초, 쉐이크 아흐마드 알 아흐사이Aḥmad al-Ahsa'i(1826년 사망)의 영도 아래 쉐이키shaykhi학파가 일어나게 된다. 반교권주의를 부르짖은 쉐이키파는 쉬아 전통주의의 변형을 주장하였다. 그리고 이스마일파의 극단주의자들처럼 신의 직접적인 표현이자 신의 실체로 간주되는 이맘들에 대한 숭배가 중요한 교리로 강조되었다. 그들은 신의 계시의 문인 밥Bāb의 도래가 긴박하게 다가왔음을 가르쳤다.

19세기 이란에서는 이 학파에 뿌리를 둔 새로운 종교운동이 일어났다. 이 학파의 문하생이던 쉬라즈Shiraz의 알리 무함마드Alī Muḥammad(1821~1850년)가 1844년 자신이 곧 하나님께 이르게 하는 문인 '밥'이며, 소위 보편적 지성의 '거울'이라고 선언하였다. 이슬람력에 의하면 1844년은 열두 번째 이맘 알 문타자르가 873년 사마르라에서 홀연히 사라진 지 천 년이 되는 해이므로, 알리 무함마드가 스스로를 밥이며 마흐디라고 선언하자 많은 사람들이 그를 추종하게 되었다. 밥의 가르침에는 많은 신비주의적 요소들이 포함되어 있는데, 예를 들면 '불가시세계'에 대한 믿음과 '19라는 숫자'의 신성함에 대한 믿음 같은 것들이다. 따라서 밥의 달력은 1년을 19달로 나누고 매달은 19일로 짜여져 있다.[39] 이렇게 바비교운동은 일어났다. 그는 많은 개종자들을 얻었으나 이란의 쉬아 성직자들에 의해 신랄히 반박을 당하고 혹독한 탄압을 받다가 끝내는 1850년, 타브리즈에서 처형을 당하고 말았다. 그의 독실한 추종자들도 상당수 살해되었다. 밥은 여성들을 엄격한 베일로부터 해방시키려 했으므로 바비교는 새로운 자유를 추구하던 여성들로부터 대단한 매력을 끌었다.[40] 서른 살의 젊은 나이로

39 Christopher, 앞의 책, p.83.

그가 죽은 후, 제자인 수브히 아잘Subh-i-Azal과 바하 알라Baha' Allāh라는 두 이복형제가 추종자들을 이끌었으나 얼마 지나지 않아 곧 지도권을 놓고 분열이 생겼다. 수브히 아잘의 추종자들은 그 후 아잘리라고 불렸으며, 스승의 가르침을 그대로 유지·보존하고 있지만 지금 그 숫자는 매우 적은 편이다. 한편, 바하 알라는 종래의 쉬아주의 틀 안에 있기를 거부하고 자신의 운동을 한층 더 혁신적인 방향으로 이끌어갔다. 인간의 윤리적인 자세를 강조하고, 평화주의와 종교의 보편주의를 표방하면서 이슬람 제도권 밖의 독립된 종교가 된 바하이Baha'i주의를 선언하고 나선 것이다. 새로운 바하이파가 생겨나면서 그의 추종자들은 바하이로 불렸다. 기독교와 유대교의 관계와 마찬가지로, 기독교와 이슬람의 관계를 동일시하고 이슬람법보다는 인류애, 인류평등사상, 보편적 관용정신을 가르친다. 이들은 그들이 믿고 있는 신앙만이 범우주적인 것으로, 아담, 아브라함, 조로아스터, 예수, 무함마드 등 옛 예언자들의 가르침은 물론 부처와 공자의 가르침도 포괄하고 있다고 말한다. 바하이들은 밥의 달력을 그대로 사용하면서 매달(19일)마다 집단예배를 드리고, 라마단 달의 단식처럼 한 달(19일) 간의 단식을 근행하며, 하루에 3회 세정을 하고 예배를 드린다. 무슬림의 의식과 비슷하면서도 이를 한결 단순화하고 간결화시킨 것이다.[41] 20세기 초 바하이교는 미국에서 상당수의 추종세력을 얻고 활동을 활발히 전개하였으나 지금은 현저하게 내리막길을 걷는 추세이다. 우리나라에도 적은 수이지만 바하이교 추종자들이 있다.

16세기부터 페르시아에 사파비Safavi조의 통치가 시작된 이래, 이마미야파 쉬아주의가 국가 공인교리로 세워졌다. 그리고 18세기 전반부에 위대

40 안네마리 쉼멜, 앞의 책, 145쪽.
41 같은 책, 84쪽.

한 정복자 나디르 샤Nādir Shah(1747년 사망)는 순니와 쉬아 무슬림 간의 화해를 모색하는 노력을 기울었다. 여기서 공식적인 절충이 이루어져 자으파리Ja'fari라고 불리는 새로운 쉬아학파가 생겨났다. 자으파르 앗 싸디끄는 쉬아의 6번째 이맘으로, 순니 무슬림들에게도 존경받는 가장 위대한 신학자 중의 한 사람이다. 순니와 쉬아 양쪽에서 그의 종교적 가르침과 권위는 높이 받들어지고, 따라서 그는 많은 무슬림들로부터 칭송받고 있다. 이 학파는 순니 4대 법학파와 나란히 정통 순니들로부터 다섯 번째 학파로 인정받고자 했다. 그러나 이러한 노력은 나디르 샤가 죽은 후 수포로 돌아가고 말았다. 하지만 그 후 여러 곳에서—특히 중앙아시아 지역에서—산발적인 공인 노력을 기울였고, 다소의 성과가 있었다. 이 지역을 장악했던 근세 서구의 정치적 · 종교적 영향 아래에서 이 학파에 대한 긍정적인 인식과 재조명이 조장되고 일부 무슬림들의 지지를 계속 얻었던 것이다.

4. 예언자의 빛과 열두 이맘

쉬아들은 윌라야의 기능을 수행하는 이맘이 곧 종교법의 보존자요 지탱자라고 말한다. 윌라야의 주기는 인간이 이 세상에 살고 있는 한, 인류의 종말이 오는 심판의 그날까지 계속된다고 믿는다. 각 주기의 시대마다 이맘은 종교를 한 시대에서 다음 시대로 계승시키고 유지 · 지탱하게 해야 한다. 예언자는 세상을 떠났지만 이맘은 항상 존재한다. 이 세상에 이맘이 없었던 적은 없다. 그가 실재하지 않는다면 그것은 단지 그가 잠재해 있거나 혹은 알려지지 않았을 뿐이다. 앞에서 보았듯이 이맘의 존재는 쉬아사상의 중심이다. 최초의 이맘 알리는 실제로 왈리 알라walīy allāh로 불렸다. 이맘은 종교 공동체를 다스리는 우두머리(수장)이며, 예배 때에는 신도들의 예배를 주관한다. 또한 이맘은 신도信徒 공동체의 최고 정신적 인도자에게 붙이는 칭호이다. 따라서 순니세계에서도 칼리파를 별칭하여 이맘으로 불렀으며, 유명한 종교학자가 출현하면 그에게 이맘 칭호를 붙여 이맘 알 가잘리Imām al-Ghazalī, 이맘 앗 샤피이Imām as-Shāfi'i라고 불렀다. 쉬아들에게 이맘의 진정한 의미는 공동체의 수장이자 예언자의 내면적 가르침bātin의 상속자이며, '무함마드의 빛an-nūr al-Muḥammadī'을 자신 안에 받은 사람이다. 무함마드의 빛은 예언자적 지식의 원천이 되며, '무함마드의 진리al-ḥaqīqat al-Muḥammadiyah'이기도 하다. 이 빛의 지속적 순환이 이맘 내에서 이루어지고 이 빛의 존재로 이맘이 태어나는 것이며, 이 빛에 의해 이맘은 계시의 진의를 밝혀주는 해석자가 되는 것이다. 쉬아들은 이맘의 의무를 다음의 세 가지로 요약한다.

첫째, 예언자를 대리하여 무슬림 공동체를 다스린다.

둘째, 종교법과 종교적 지식을 사람들에게 해설하고, 특히 그 내면적 의미를 해석한다.

셋째, 인간의 정신적 · 종교적 생활을 인도한다.

이러한 의무의 수행은 이맘에게 내려진 '신성한 빛의 존재' 때문에 완벽하게 이루어진다. 쉬아 교의에서 이 신성한 빛의 이론은 아무리 강조해도 지나치지 않다. 앞에서도 보았듯이 이 빛의 존재 때문에 이맘은 무결성, 즉 이쓰마'iṣmah(무오류의 성질)를 갖는 것이다. 그런데 중시해야 할 것은 이맘이 갖는 이 속성은 원래 이 빛의 원천인 예언자 무함마드가 갖고 있던 '이쓰마'와 같은 것이라는 점이다. 예언자가 순수했던 만큼 이맘도 순수하고, 알리가 순수했던 만큼 이맘도 순수하다는 것이다. 그들은 또 예언자의 딸 파띠마Fātimah도 똑같이 순수하다고 주장한다. 따라서 이마미야파 쉬아들은 예언자, 파띠마, 그리고 12명의 이맘을 묶어서 '14명의 순수한 분(마으쑴ma'ṣum)들'이라고 부른다.[42]

열두 이맘파교의에서 또 한 가지 더 중시해야 할 점은 이 '마으쑴'에 대한 이해이다. '예언자의 빛'은 이맘의 여러 자식들 중에서 오직 한 명에게만 내려진다. 따라서 쉬아 이맘들 사이에서의 관계는 혈연적 · 육체적인 면이 아니라 한 이맘에서 차기 이맘에게로 내려지는 이 빛에 기초한 정신적 유대관계가 매우 중요하다. 이 빛이 내려짐으로써 마으쑴ma'ṣūm(순수, 이스마의 상태)이 되어 신법의 해석자와 보존자로서의 권위를 갖게 된다는 것이다.

앞에서도 언급하였지만 이맘은 신과 인간 사이의 중재자이다. 다른 무엇보다 이 점이 순니와 크게 다른 점이다. 진정한 구원을 얻게 해주고 인간들을 신께 올바르게 인도해주는 중보자들인 것이다. 이러한 관점에서 볼 때 쉬아 교리에서는 예언자의 속성과 기능을 이맘들에게 부여하고 있는 셈인데, 물론 이것도 '예언자의 빛' 이론에 기초한 것이다. 신과 인간의 직선적 관계를 강조하고, 어떤 경우에도 인간에게는 '신성'의 부여를 거부하는 순니사상과는 크게 대조되는 면이 아닐 수 없다. 이러한 점은 가톨릭 교황의 지위와도 비교된다. 교황은 인간이면서 신성한 존재가 되고, 무오류하며, 신법의 해석자이자 중재자 위치에 있기 때문이다.

쉬아세계에서 이맘들의 무덤은—실제로는 그들의 일부 자손들의 묘까지도 포함하여—후대 추종자들의 순례지 또는 방문 명소가 되고, 종교생활의 중심지가 되었다. 쉬아들은 나자프Najaf에 있는 알리의 무덤과 카르발라에 있는 후세인의 무덤, 카지마인Kazimain에 있는 제7대와 제9대 이맘의 무덤, 사마르라Samarra에 있는 제12대 이맘 알 문타자르의 무덤, 메쉐드

42 Seyyed Hossein Nasr, 앞의 책, p.163.

Meshed에 있는 이맘 알 리다al-Riḍā의 무덤, 꿈Qum에 있는 그의 누이동생 하즈라트 마으수마Ḥaẓrat Ma'ṣūmah의 무덤, 다마스쿠스에 있는 이맘 후세인의 여동생 싸이다 자이나브Sayyidah Zainab의 무덤, 그리고 그의 딸인 싸이다 루끼야Sayyidah Ruqīyah의 무덤 등을 비롯하여 여러 도시에 산재해 있는 많은 묘소를 순례한다.

쉬아들은 그들의 일상생활 중에 이러한 성소들에 대한 방문뿐만 아니라 순니세계에 있는 다른 여러 위대한 성인들의 묘소와 성자들의 무덤도 똑같이 방문하는 관행을 갖고 있다. 예를 들면 페즈Fez에 있는 무라이 이드리스Mūlay Idrīs의 무덤, 다마스쿠스의 이븐 아라비Shaikh Muḥya ad-Dīn b. 'Arabī의 무덤, 코니아Konya에 있는 루미Mawlānā Jalāl ad-Dīn Rūmī의 무덤, 라호르에 있는 후즈위리Hujwīrī의 무덤, 아즈메르Ajmer에 있는 취쉬티 Mu'īn ad-Dīn Chishtī의 무덤, 그리고 바그다드에 있는 압둘 까디르 알 질라니Shaikh 'Abd al-Qādir al-Jilīnī의 무덤 등 그 수는 헤아릴 수 없을 만큼 많다. 쉬아 무슬림세계에서는 수피 성자들을 그들 이맘들의 정신적 후계자라고 간주한다. 특히 그런 의미에서 수피 성자들의 무덤에 대한 방문이 잦은데, 그것은 순니세계에서도 흔히 쉬아 이맘들 또는 그 자손들의 무덤을 위대한 무슬림 성인들의 무덤으로 간주하기 때문이다.[43]

쉬아의 열두 이맘을 소개하면 다음과 같다.

1) 초대 이맘: 알리 빈 아비 탈립 'Alī b. Abī Tālib

예언자 무함마드의 사촌동생이자 사위. 쉬아파의 원조. 쉬아들에 따르면 그는 예언자에 의해 가디르알 훔Ghadir al-Khumm에서 와씨이자 계승자로 지명 · 선출되었다.

43 같은 책, p.163.

2) 제2대 이맘: 하산Ḥasan

알리의 큰아들. 알리 사후 짧은 기간 이라크에서 칼리파로 즉위했으나 무위로 그침. 무아위야에 의해 공직에서 은퇴하여 메디나에서 죽음.

3) 제3대 이맘: 후세인Ḥusain

알리의 차남. 하산의 동생. 우마이야조 제2대 칼리파 야지드Yazīd에게 반기를 들었다가 카르발라에서 그의 가족 거의 전부가 살해됨. 무하르람(61 A.H)달 10일 비극적으로 그가 죽은 그날은 오늘날까지 쉬아 무슬림 모두가 애도하는 순교의 날로 기념되고 있음.

4) 제4대 이맘: 자인 알 아비딘Zain al-'Ābidin

이맘 후세인의 자식 중 유일한 생존한 자로 알 삿자드as-ṣajjād라고도 불렸다. 그의 모친은 사산조 마지막 왕인 야즈다기르드Yazdagird의 딸이었다. 그는 특히 예배자들을 위한 『싸히파 삿자디야Ṣahīfah Sajjādīyah』로 유명한데, 이것은 알리의 『나흐즈 알 발라가Nahj al-Balāghah』 이후 아랍어 종교문학에서 가장 감동적인 내용을 담고 있는 뛰어난 이맘의 문학작품으로 평가받는다. 일명 '무함마드 가문의 성가'로 불린다.

5) 제5대 이맘: 무함마드 알 바끼르Muḥammad al-Bāqir

제4대 이맘의 아들로 부친과 같이 메디나에 거주했다. 이때에는 우마이야조가 내란으로 혼란기에 있었으므로 쉬아들은 그들의 종교적 가르침을 추구하는 데 비교적 자유스러웠다. 그 때문에 많은 하디스 학자들이 이맘 알 바끼르로부터 생생한 예언자 전승들을 전수받기 위해 메디나로 여행을 했다.

6) 제6대 이맘: 자으파르 앗 싸디끄Ja'far as-Ṣādiq

이맘 무함마드 알 바끼르의 아들이다. 쉬아법이 그의 이름을 따서 이름 지어질 만큼 쉬아학문 전파에 큰 공헌을 하였다. 그와 제5대 이맘에 관하여 기록된 전승들이 수없이 많다. 히샴 이븐 하캄Hishām b. Ḥakam과 연금술사 자비르 이븐 하얀Jabīr b. Hayyan 같은 유명한 인물들을 포함하여 수많은 사람들이 그의 종교강의를 듣기 위해 떼지어 몰려왔다. 4대 순니법학파의 창시자 중 한 사람인 아부 하니파Abū Ḥanīfah도 다른 순니 법학자들과 마찬가지로 그에게로 와서 연구하였다. 이맘 자으파르 다음 대에서 이스마일파가 열두 이맘파에서 갈라져 나오게 된다. 제6대 이맘의 계승자 문제는 당시 압바스 칼리파 알 만쑤르al-Manṣur가 쉬아운동의 종식을 바라면서 누구든지 6대 이맘의 후계자로 선출되는 자는 죽음에 처해지리라는 결정을 공표함으로써 큰 어려움에 직면하였다.

7) 제7대 이맘: 무사 알 카짐Mūsā al-Kāẓim

이맘 자으파르의 차남이다. 이때는 쉬아파에 대한 압바스 칼리파의 박해가 재개되어 극도의 난관에 봉착했던 시기이다. 그는 제5대 압바스 칼리파 하룬 알 라쉬드Hārūn al-Rashīd가 그를 투옥시키고 바그다드로 데려갈 때까지, 대부분의 생을 메디나에서 숨어 살았다. 그리고 바그다드에서 죽음을 맞았다. 그 후로 이맘들은 거의 모두가 칼리파의 근처에서 살아야 했고 메디나는 이맘들의 영원한 거처로만 남게 되었다.

8) 제8대 이맘: 알리 알 리다Alī ar-Riḍā

이맘 무사 알 카짐의 아들인 그는 쉬아파에 우호적이던 제7대 압바스 칼리파 알 마아문al-Ma'mun에 의해 한때 칼리파위의 계승자로 지명되기도 했지만, 쉬아주의의 급속한 성장과 더불어 후라산 지역에서 이맘 알 리다의 인기가 높아져가자 칼리파의 마음이 바뀌고 마침내 제거당하여 메쉐드 혹은 투스Tus에 묻혔다. 이맘 알 리다는 알 마아문의 학술모임에 자주 참석했고 또 종교 신학자들과 벌였던 그의 논쟁들은 많은 쉬아 자료에 기록되어 있다. 그는 또한 여러 수피종단들의 기원이 되는 인물로 추앙받는다.

9) 제9대 이맘: 무함마드 알 타끼Muḥammad al-Taqī

이맘 알 리다의 아들이다. 알 타끼를 바그다드에 살게 하기 위해서 칼리파 알 마아문은 자신의 딸을 그에게 시집보냈다. 이맘 알 타끼는 칼리파 마아문이 살아 있는 동안 메디나에서 그의 생을 보내다가 칼리파가 죽은 뒤에야 바그다드로 돌아와 여기에서 눈을 감았다.

10) 제10대 이맘: 알리 안 나끼Alī an-Naqī

제9대 이맘의 아들이다. 그는 알 무타왁킬al-Mutawakkil이 칼리파가 되어 한때 압바스조의 수도였던 사마르라Samarra로 그를 오게 할 때까지 메디나에 거주했다. 칼리파 알 무타왁킬은 아주 강력한 강한 반쉬아정책을 폈기 때문에 가혹하게 이맘을 대하였고, 이맘은 칼리파가 죽을 때까지 매우 큰 시련 속에 살았다. 끝내 그는 메디나로 돌아오지 못하였다. 오늘날 그와 그의 아들의 무덤은 사마르라의 방문명소가 되어 있다.

11) 제11대 이맘: 하산 알 아스카리Ḥasan al-'Askarī

이맘 알 나끼의 아들인 그는 사마르라에서 극도로 비밀스럽게 살았다. 그의 아들이 마흐디Mahdi(구세주)가 될 것이라고 쉬아들이 믿고 있다는 것이 널리 알려져 있었기 때문에 압바스 칼리파 요원들의 감시를 줄곧 받았다. 그는 비잔틴 황제인 나르기스 카툰Nargis Khatun의 딸과 결혼하였다. 그녀는 이슬람을 받아들였으며 이맘의 가족으로 들어가기 위해 자신을 노예로 팔았다. 그리고 이 결혼으로 제12대 이맘이 태어난다.

12) 제12대 이맘: 무함마드 알 마흐디Muḥammad al-Mahdī

그에게는 그가 최후의 쉬아 이맘이라는 의미의 '사히브 알 자만Sahib al-Zaman' 이라는 칭호가 붙어 있다. 그는 부친이 죽자 873년에서 940년까지 네 명의 대리인들(이를 나이브nā'ib라 불렀음)을 두고 은둔하여 살았으며, 가끔 나타나 대리인을 통해 쉬아공동체를 이끌었다. 그래서 이 기간을 소 은

폐기al-ghaibat al-ṣughra라고 부른다. 그 다음에 오늘날까지 지속되고 있는 대 은폐기al-ghaibat al-kubra가 시작된다. 쉬아들에 따르면 이 기간 동안 마흐디는 살아 있지만 우리 눈에 보여지지 않는다. 그는 우주의 보이지 않는 통치자이다. 시간의 종말 이전에 그는 평등과 정의를 갖고 세상에 다시 나타나, 전쟁과 불의로 찢겨진 이 땅에 평화가 가득 차게 할 것이다. 마흐디는 정신적 길을 묻는 신앙심 깊은 모든 사람들을 인도해줄 영생의 구원자이다.

열두 이맘파의 정치관에서 완벽한 통치는 재림할 마흐디로 그들이 믿고 있는 '기다리는 이맘'의 통치를 말한다. 그분은 지금도 미가시계의 통치자로서 단지 그 자신을 인간세계에 드러내지 않을 뿐이다. 그의 은폐기간 중 현세의 통치와 정부의 형태는 불완전한 상태로 이어질 수밖에 없다. 인간의 불완전성은 정치제도와 조직에도 그대로 반영되기 때문이다. 쉬아들은—특히 이란의 쉬아들은—사파비조 이래로 군주제를 그런대로 불완전성이 가장 적은 통치형태의 하나로 생각해 왔다. 한편, 인도의 쉬아들 중 근세의 아미르 알리Amīr Alī와 타이이브지Tayyibji 같은 지도자들은 비록 쉬아주의가 전통적으로 칼리파제를 받아들이고 있지 않지만, 순수하게 정치적 수준에서 무슬림 전체 공동체의 합법적 · 상징적 정치권력으로서 순니 칼리파제를 지지해야만 한다고 말하였다.[44]

마흐디가 사라진 이후, 세속정권에 대한 쉬아들의 불신과 적의로 말미암아 열두 이맘파 쉬아주의는 점차 정치에 무관심해져 갔다. 아마도 이 점이 이스마일파와 열두 이맘파가 두드러지게 구별되는 특징일 것이다. 열두 이맘파는 정치운동을 하기보다는 주어진 정치상황 아래에서 방관자로

44 같은 책, p.166.

만족하며 생활하였다. 열두 이맘파가 이룩한 가장 대표적인 정치적 승리의 예가 사파비조인데, 사파비운동은 순수하게 쉬아주의 운동으로 시작한 것이 아니라는 사실이 중요하다. 사파비들은 원래 수피종단의 추종자들이었다. 그들은 뛰어난 조직력을 갖고 강한 정치력을 행사할 만큼 세력을 신장하여 전 페르시아를 장악하는 데 성공하였다. 그 후 사파비들은 쉬아주의를 국가의 종교로 내세웠지만 실제로 그들의 운동 자체는 수피교단에서 출발한 것이었다.

정치에 대한 무관심 때문에 오랫동안 그들의 활동은 종교와 학문에 집중되었다. 수세기 동안 정치로부터 자유로웠던 그들은 종교, 예술, 학문에 매진할 수 있었다. 무슬림사회의 우수한 교육제도와 전통적 학문의 많은 갈래들이 쉬아들에 의해 세워져 이어져오고 있다. 열두이맘파 쉬아들은 통치활동 영역에서보다 무슬림 공동체 생활의 지적 활동 영역에서 더 큰 공헌을 한 것이다.

이와는 대조적으로 이스마일파는 초창기부터 정치적 삶에 관심을 쏟았고 혁명세력으로 성장했다. 종교적 세계관에서는 열두 이맘파와 공감하고 비슷한 점들이 대부분일지라도 정치관에서만큼은 출발부터 열두 이맘파의 견해에 반대하는 입장이었다. 이스마일주의는 모든 사물의 양면성을 내적인 것(바틴)과 외적인 것(자히르)으로 구별해본다. 나비nabī(예언자)와 왈리walī(신의 친구, 이맘)를 구별하여 전자는 신법(샤리아)을 대표하고 후자는 그 법의 내면의 것(바틴)을 해석해낸다고 말한다. 열두 이맘 쉬아주의는 내적인 것과 외적인 것의 평형을 유지하고 양자간의 균형을 강조하고 있는 데 비해, 이스마일주의는 외적인 것보다는 내적인 것을 강조하고 왈리의 지위도 열두 이맘 쉬아주의보다 월등히 높여보는 경향이 있다.

한편, 앞에서 언급하였듯이 쉬아주의는 한때 당대의 정치권력에 적대하거나 증오심을 키워온 소위 제도권 밖의 사람들의 피난처이기도 하였다. 우마이야 정권에 반감을 가진 이라크 참회자 무리들이 그러했고, 아랍우월주의에 반대한 많은 페르시아인들이 그러했다. 또한 유대사상, 조로아스터교, 힌두사상과 같은 조상들의 종교교리를 이슬람세계에 심어보려 했던 지식인 개종자들, 그리고 기존정권에 도전하여 새로운 국가를 세우려 반란을 일으켰던 혁명세력들이 피난했던 안전지대였다. 이들 중 많은 사람들이 그들의 세속적 욕망을 감추기 위한 보호막으로 신의 사자의 가족들에 대한 사랑을 내세우고 이용하였던 것이다. 이들 사상은 재림론으로 쉬아주의에 등장했다. 이맘의 존재를 신성을 겸비한 중보자로 보는 것은 매우 기독교적이 아닐 수 없다. 쉬아주의 속에서 자라난 윤회사상과 신의 성육설, 중보자의 개념 같은 것은 정통 순니사상에 정면으로 위배되는 것이다. 그리고 일부 페르시아인들은 그들이 쉬아라는 사실을 감추고 우마이야조와 때로는 압바스조에 대항해 싸웠는데, 그들의 마음속에는 아랍주의와 아랍인 통치에 대한 적대감과 동시에 독립을 갈구하는 강한 의지가 가득 차 있었을 가능성을 배제할 수 없을 것이다.[45]

일부 학자들은 쉬아교리 중 많은 것들이 페르시아에 기원을 두고 있다고 말하고 있다. 대부분 유목민 출신이었던 아랍인들은 통치문제에 자유분방하고 열린 시각의 소유자들이었지만, 페르시아인들은 항상 그들의 왕과 제후, 그리고 전해 내려오는 전통과 유산에 복종하였다. 그들은 세속적인 것이든 정신적인 것이든 소유권은 당연히 가문에서 상속되는 것으로 생각하였고, 통치권과 칼리파의 지위 같은 것이 선택되고 선출된다는 개념 자체를 매우 생소한 것으로 여겼다. 그들에게는 무함마드가 자식을 남기지 못하였으니 가장 가까운 혈육인 그의 사촌동생 알리가 뒤를 잇는 것

45 Aḥmad Amīn, 앞의 책, p.277.

은 자연스러운 현상이었다. 그러므로 그들은 무함마드가 알리에게 유언 상속권을 주었다는 사실을 당연한 일로 받아들였다. 더욱이 그들은 왕(군주)을 신과 다름없는 존재로 간주해 온 전통 속에서 살아왔다. 따라서 그들은 페르시아적 관습과 전통의 눈으로 알리와 그의 자손들을 보려 하였고, 그런 인식에 기초하여 쉬아사상의 형성과 발전에 일조했던 것이다. 특히 그들은 다음과 같은 전승을 매우 소중히 여겼다. "이맘에게 복종하는 것이 첫째 의무이고, 이맘에게 복종하는 것은 신에게 복종하는 것과 같다."[46] 이와 같이 쉬아교리의 많은 것들은 페르시아인들이 쉽게 납득할 수 있는 내용들이었고, 실제로 그들의 손에 의해 정교히 다듬어져 갔던 것이다.

46 같은 책, p.277.

제6장 | 신앙의 실천주의자들, 카와리지

오늘날까지 1,400년 이슬람 역사에서 쉬아 못지않게 무슬림 정치사상에 중대한 영향을 끼친 무슬림 분파가 카와리지Khawārijī이다. 이 파는 무함마드가 죽은 지 25년이 지난 제4대 정통 칼리파 알리 시대(656~661년 재위)에 출현하였는데, 공식적인 분파 형성 시기로는 쉬아보다도 빠르며, 이슬람 움마에서 발생한 최초의 분파이다.

카와리지와 쉬아는 이슬람 공동체의 기존 정권에 반기를 든 무슬림 반정집단을 대표한다. 이들은 기존 칼리파제의 성격과 권한에 대한 독자적 교의를 세우고 정치적 · 군사적 행동을 끊임없이 전개하며 반정운동을 주도하였다. 중세 순니 무슬림들이 이슬람 칼리파제al-Khalīfah al-Islāmiyyah에 대한 이론을 명문화시킬 수 있었던 것도 사실은 이들과 같은 반대파들의 주장이 선행되었기 때문이었다.

이와 같은 모든 반정 무슬림 중에서도 카와리지들이 가장 급진적이었다. 이들은 누가 진정한 무슬림이고 누가 이단자인지를 나름대로의 독특한 교의로 정의를 내리고는 움마에서 비신자을 가려내어 단죄하려 했다. 칼리파 제도와 선을 행하고 악을 금해야 하는 신자들의 의무에 대한 주장을 신앙의 일부로 내세워 이를 행동으로 실천하려 했던 것이다. 이 장에서는 이러한 카와리지의 중요 정강 및 교리상의 특성을 고찰하고 그들의 주요 활동기였던 우마이야조(661~750년) 때의 반정운동사를 살펴본다.

1. 카와리지의 출현

카와리지의 기원은 유명한 십핀전투(657년)로 거슬러 올라간다. 제3대 정통 칼리파 오스만(644~656년 재위)이 살해되자, 그의 뒤를 승계한 알리에게 바이아bay'ah(충성의 맹서)하기를 거부하는 무리가 생겨났다. 이들은 무슬림 칼리파 살해라는 무슬림사회 최초의 비극적인 사건의 배후에 누가 연루되어 있는가를 조속히 규명하고 살해자들에 대한 복수qisas, 즉 오스만의 피 값을 요구하였다. 그러고 나서 시리아 지역에서 우마이야가家를 중심으로 무아위야가 결맹군을 조직하여 무장봉기를 했다. 이들은 유프라테스강 상류 십핀에서 알리의 토벌군과 격돌하게 되었는데, 전황이 토벌군에게 유리하게 전개되자, 무아위야는 병사들의 창끝에 『꾸란』을 높이 달고 "『꾸란』의 심판에 따르자"고 외치게 하여 알리 측에 협상을 제기한다. 승전을 목전에 두었으면서도 알리는 무슬림 형제간의 유혈분쟁을 종식시키고자 이 중재 제의를 받아들인다.[1] 그러나 이에 불만을 품은 주전론자들이 타밈 부족Banū Tamīm을 중심으로 형성된다. 이들은 이 중재 제의가 무아위야와 그의 추종자들의 기만전술에 불과하며, "오직 알라만이 진정한 심판자요 중재자일 뿐, 인간은 정명定命에 의거하여 싸워야만 한다"고 주장하면서 알리군軍 본대를 이탈하여 나왔다. 이 이탈자의 무리들을 '카와리지'라고 부른다. 이들은 그러한 중재회담에 들어가는 것은 큰 잘못임을 주장하였다. 인간의 중재에 따르는 것은 신의 명령을 인간의 판단으로 대체하는 행위이므로 신 앞에 죄罪가 된다고 여겼다.[2]

십핀전투는 이슬람사에서 중요한 두 가지 결과를 초래하였다. 첫째는 최초의 무슬림 분파가 출현하게 된 점이고, 다른 하나는 이 전투가 정통 칼리파 시대(632~661년)의 종말과 우마이야조 건국의 씨앗이 되었다는 사실이다. 알리측 협상대표인 아부 무사 알 아슈아리Abū Musā al-'Ashuarī는

1 Ḥasan Ibrāhīm Ḥasan, *Islamic History and Culture*(from 632 to 1968), Cairo, n.d., p.180.

2 Ann K. S. Lambton, *State and Government in Medieval Islam*, Oxford: Oxford University Press, 1981, p.22.

무아위야측 대표로 나온 아므르 빈 알 아스Amr b. al-'Ās의 적수가 못되었다. 장기화된 협상은 점차 알리측에 불리하게 진행되더니 뚜렷한 결말을 보지 못하고 모든 문제를 움마의 슈라shūra(협의)에 회부하기로 결정하였다. 그 결과 칼리파 알리는 전쟁에서 이기고도 외교에서 진 형세가 되어 점차 반도 내에서의 정치적 힘을 잃어가게 된다. 반면 시리아 총독이었던 무아위야는 다마스쿠스를 중심으로 세력을 크게 신장한다. 십핀전투를 계기로 그는 이슬람교국의 대권을 이어받을 새 기틀을 마련하게 되었던 것이다.[3]

카와리지들은 칼리파 알리가 모든 무슬림들의 신뢰를 저버리고 무아위야측의 기만적인 중재 요청을 수락함으로써 무슬림 공동체에 의해 선출된 칼리파로서의 신성한 직무를 유기하였다고 알리를 탄핵하였다.[4] 이들은 반도叛徒의 무리와는 협상할 이유가 없으며, 오히려 신의 뜻에 불복하는 자들과는 부단히 싸워야만 한다고 주장하였다. 또 인간의 심판이나 중재는 쌍방 어느 한쪽에 진실이 있다는 것을 가려내야만 하는데, 쌍방 모두 자기편에 진리가 있다고 주장하기 때문에 어떤 결정에 도달한다 해도 항시 일말의 의심은 지울 수 없는 것이라고 말하면서, 〈심판은 오직 알라에게만 속한다La ḥukm illā lillāhi〉는 슬로건을 내세웠다. 즉 신만이 명백한 재판자이고 유일한 중재자임을 천명한 것이다. 그리고 인간의 중재를 받아들인 알리는 대죄大罪를 범한 것이고, 따라서 그는 참회해야만 한다고 그의 회개를 촉구하였다. 그들은 만약에 알리가 중죄를 범하였다는 사실을 인정한다면 마음을 돌려 알리 진영에 복귀할 의사가 있음을 시사하였다.

그러나 알리는 이를 거부하였다.[5] 그들이 복귀하면 위축된 그의 세력이

3 Ahmad Amīn, *Fajr al-Islam*, al-Qāhira, 1978, p.256.

4 Fazlur Raḥmān, *Islam*, 2nd ed., Chicago: University of Chicago Press, 1966, p.170.

크게 증강할 것은 자명하였지만, 이에 응하는 것은 실제로 불후의 대죄大罪kabīrah를 지었다고 자인하는 꼴이 되고 그렇게 되면 카와리지의 주장대로 그는 비신자al-kāfir로 남게 될 것이라는 사실을 잘 알고 있었기 때문이었다. 알리는 중재에 동의한 자신의 처사가 비록 자신에게는 불리한 결과와 정황을 야기시켰지만, 그것은 공동체 내의 어려운 일을 협의Shūra를 통해 처리하고, 나아가 무슬림 형제들 간의 불화와 알력을 평화로운 대화의 방법으로 해결하겠다는 의지에서 비롯된 것이었다. 그것이 오로지 움마의 공공이익을 위해 취한 결정이라는 신념을 그는 잃지 않고 있었다.[6] 게다가 낙타전투(656년) 때부터 무슬림 형제들 간에 벌어진 장기간 전투로 지칠 대로 지쳐 있던 알리군軍 내의 대다수 중의도 무아위야의 협상제의에 찬성하는 쪽이었다. 또한 『꾸란』에 근거하여 분쟁을 해결하자는 제의였기 때문에 『꾸란』의 지고성과 완벽성을 절대적으로 믿어 온 그로서는 마땅히 거부할 명분을 찾지 못하고 주저 끝에 이 제의를 받아들였던 것이다.

십핀전투 후, 알리와 그의 추종자들은 분열되고 흩어져서 쿠파kūfa로 돌아온 반면, 무아위야와 그의 지지자들은 연합전선을 유지하면서 시리아로 회군하였다. 알리는 남은 여생을 카와리지 소탕에 보내야 했다. 그는 658년 페르시아 국경 근처의 나흐라완Nahrawān에서 카와리지 주력군을 거의 전멸시키는 대승을 거두었지만, 이 승리가 반도 내에서의 그의 정치적 입지를 향상시키지 못하였다. 그리고 카와리지를 근절시키지도 못하였다. 오히려 카와리지들에게는 이 패배가 알리에 대한 그들의 증오심을 키우고, 비록 소수밖에 남지 않았지만 그들의 카와리지 신앙을 가일층 배가시

5 Muḥammad Muṣṭafā an-Najār, *Futuḥāt al-Islām(Fī Ifrīqīyah wa al-'Andalus)*, al-Qāhira, 1972, p.21.

6 Ḥasan Ibrāhīm Ḥasan, 앞의 책, p.181.

키는 계기가 되었을 뿐이다. 카와리지 내에서는 알리를 살해할 음모까지 계획되었는가 하면, 알리군 내에서는 『꾸란』 독경사들과 또 다른 일부 군인들이 탈영하여 귀향하는 자가 속출하고 있었다. 알리는 이제 얼마 남지 않은 병력으로 강성해져 가는 무아위야 군대와 대치해야 하는 형세가 되었다.

카와리지들은 주로 아라비아반도와 이라크 국경 출신의 유목민들이었다. 특히 바누 타밈Banū Tamīm 같은 일부 아랍 부족과 바스라 및 쿠파에 정착한 까디시야전투Qādisiyya(637년) 때의 전사들이 대부분이었다.[7] 이들은 쿠파 근교의 촌락인 하루라이Harūrā'i를 최초의 근거지로 삼았는데, 이 때문에 처음에는 이들을 하루리야Harūriyyah라고 불렀다.[8] 또한 그들은 '라 후쿰 일라 릴라히(심판은 오직 알라에게만 속한다)' 라는 말을 하며 다녔고, 그들의 주된 주장이 인간의 중재를 배격하고 알라의 후쿰ḥukm(심판)을 따르는 것이기 때문에 이들은 무하키마muḥakima(신의 심판을 좇는 사람들)라고도 일컬어졌다.[9] 이 두 명칭이 카와리지 출현 당시 가장 많이 불린 그들의 호칭이다.

일반적으로 순니 무슬림들은 이들이 알리의 본대本隊에서 이탈하여 나갔기 때문에 이들을 '떠나간 자들' 이라는 뜻의 '카와리지' 로 부르고 있다. 아랍어 동사 카라자kharaja(나가다)에 어근을 둔 '카와리지Khawārijī(나간 자들)' 가 그들의 통칭인 것이다. 그러나 그들 스스로는 무하지룬Muhājirūn(이주자들)에 관한 아래의 『꾸란』 성구에 근거하여 '떠나간 자들' 이라는 뜻의 '카와리지' 로 부르고 있다. 무하지룬은 신의 계시에 따라 메카를 떠나 622

7 E. Browne, *Literary History of Persia*, Cambridge: Cambridge University Press, 1930, p.106.

8 Ḥasan Ibrāhīm Ḥasan, 앞의 책, p.181.

9 Ahmad Amīn, 앞의 책, p.257.

년, 예언자와 함께 메디나로 이주하였다. "그의 집을 떠나man yakhruju min baytihi 알라와 그의 사자에게로 이주한 자들에게는 죽음이 그에게 닥칠 때 알라의 보상이 내려질 것을…."[10] 카와리지의 또 다른 이름으로는 '그 스스로의 생을 알라께 팔고 알라께서 기꺼이 그들의 영혼을 사 온 사람들' 이라는 뜻의 '슈라트shurāt(shārin, 구매자의 복수형)' 가 있다. 카와리지들은 그들이 '하나님을 기쁘게 하기 위해 자기 자신을 판 사람들' 임을 강조하면서 스스로 천국을 약속받은 자임을 나타내려 하였다. 한마디로 그들이야말로 현세의 삶을 팔아 내세에 천국으로 들어가길 원하는 자들이라는 말이다.[11] 이 명칭은 『꾸란』의 다음 성구에 의거한다. "알라께서는 믿는 자들로부터 그들 자신과 재산을 사 오셨다. 천국이 그들에게 주어질 것이기 때문이다."[12]

카와리지는 그들의 정강 및 교리상 이론에 동조하였던 대표적인 인물로 싸하바Ṣaḥābah(예언자의 동료) 중에서 이븐 압바스Ibn 'Abbās와, 아나스 빈 말리크Anas b. Mālik의 가신이었던 아크라마'Akramah를 꼽고 있다. 또한 무으타질라가 출현할 무렵의 최고 석학 하산 알 바쓰리Ḥasan al-Baṣrī도 카와리지 교의를 직접 받아들이지는 않았지만 "알리가 중재에 동의한 것은 분명히 잘못이었다" 고 말한 것 때문에 카와리지들은 그가 그들과 같은 견해를 가진 인물이라고 선전하고 있다.[13]

10 『꾸란』 4 : 10.

11 R. A. Nicholson, *Literary History of the Arabs*, Cambridge: Cambridge University Press, 1930, p.209.

12 『꾸란』 9 : 11.

13 Aḥmad Amīn, 앞의 책, p.261.

2. 카와리지의 주요 교의

(1) 칼리파제制에 관한 정치관

카와리지의 초기 활동과 주장은 정치적인 것이라 해야 할 만큼 이슬람 칼리파제의 원리와 시행에 관련된 것들이었다. 그들이 알리 진영에서 떨어져 나온 직접적인 동기도 정치적인 이유에서였다. 칼리파 알리 때는 물론 무아위야의 통치시기(661~680년) 때에도 쿠파와 바스라에서 끊임없는 정치적 운동과 군사적 소요를 일으켰다. 토머스 아널드Thomas Arnold는 이들의 칼리파제관制觀은 쉬아의 이맘제론制論과 정반대되는 것으로 이슬람 정치이론의 극좌極左를 대표한다고 말하였다.[14] 그 주요 관점은 다음과 같이 요약될 수 있다.

첫째, 아부 바크르와 오마르의 칼리파제를 합법적인 정당한 칼리파제로 인정한다. 그러나 오스만 칼리파제의 전반부는 올바르지만, 후반부는 정실인사 등 부정을 행한 오류로 보고 있다. 그렇기 때문에 오스만의 죽음은 각 지방의 전사들로부터 탄핵과 책임추궁을 받은 것이라 말하고 있다. 알리의 칼리파제 역시 그가 중재에 동의할 때까지의 칼리파제는 정당한 것이나 그 이후의 칼리파제는 부정의 것으로 탄핵한다. 그들은 낙타전투(656년)에서 칼리파 알리에게 반기를 들었던 딸라하Ṭalaḥa, 앗 주바이르az-Zubayr와 신도의 어머니 아이샤ʿĀis͟hah도 죄인으로 판결하고 십핀전투 후의 중재회담 대표였던 아부 무사 알 아슈아리와 아므르 빈 알 아스도 비신자로 단죄하였다. 더욱이 무아위야를 비롯한 우마이야조 역대 칼리파들을 일고一考의 가치도 없이 모두가 대통大統의 정통성을 결여한 부당한 칼리파들로 간주했다. 요컨대, 카와리지는 누구의 칼리파제가 정당하고 올바

14 T. W. Arnold, *The Caliphate*, London, 1967, p.187.

른 것이냐에 대한 기준을 얼마만큼 정의로운 통치가 그들 교의에 맞게 행해졌느냐 하는 데 두었던 것이다.

둘째, 이들 칼리파제관制觀은 칼리파와 이맘이 되는 자격을 어떤 특정 가문이나 부족에 한정시키는 것이 아니라, 무오류한 인격을 가진 신자는 비록 그가 흑인 노예이거나 비아랍인이라 할지라도, 칼리파위位, 이맘위位의 유자격자라고 본다. 다시 말해 칼리파직이 "꾸라이쉬 부족의 혈통에만 국한되어야 한다"는 순니 정통파의 견해를 정면으로 거부하고, "이맘직은 예언자 무함마드의 혈통을 이어받은 알리의 후손들에게만 제한되어야 한다"는 쉬아파의 주장도 근본적으로 부정하는 견해를 내세운 것이다.[15] 칼리파가 될 권리가 무슬림이면—꾸라이쉬 출신이든 아니든 관계없이—누구에게나 있다는 평등주의 원칙을 주창한 것이다. 평등에 관한 이러한 교의는 당시 이슬람제국 내에서 열세에 있던 페르시아인들이나 다른 비아랍인 개종자들에게 상당한 설득력을 갖는 것이었다.

셋째, 카와리지는 칼리파를 반드시 선거로 선출해야 함을 강조하였다. 그들은 칼리파제의 상속을 절대로 인정하지 않았으므로 그들의 통치자들은 여러 다른 부족 출신들이 선출되었다. 일단 선출된 칼리파는 그들 신도의 수장이 되어 공동체의 제반 문제를 관장하였다. 신도들에게는 그에 대한 복종이 의무화되고 그의 통치가 정의로운 한, 그의 통수권은 양도되거나 포기되지 않았다. 그러나 만약 그가 부정하거나 무슬림 공익에 위배되는 행위를 했을 때에는 지체 없이 폐위되거나 심지어는 죽음에 처해질 수도 있었다.[16] 카와리지는 그들 중에서 압둘라 빈 와합 알 라씨비 'Abd allāh

---

15 Fazlur Raḥmān, 앞의 책, pp.170~171.

16 Abū Ḥassan 'Alī al-Mas'ūdī, *Murūj al-Dhahab wa Ma'ādin al-Jawahiri*, Vol.II, al-Qāhira, 1885, pp.110~111.

b. Wahab al-Rāsibī를 처음으로 선출하여 그를 아미르 알 무으미닌Amīr al-Mu'minīn이라 불렀다. 그는 꾸라이쉬 출신이 아니었다. 알 아즈드al-Azd의 한 촌락인 라씨브Rāsib에서 출생한 평범한 무슬림이었다.

넷째, 이들은 "오직 알라만이 판결하고 심판한다"는 원리를 내세우며 알리의 중재 수락에 반대하였는데, 의외에도 이 표현으로부터 '통치권을 갖는 정부가 존재하지 않을 수도 있다'는 무정부론이 도출된다. 일반적으로 무슬림들은 유일의 심판자가 알라Allāh인 것과 같이 절대 통치권자는 역시 신이므로 현세 통치란 그의 위임사항에 지나지 않는다고 보고 있다. 그런데 이 위임통치가 종교상의 의무규정faraiḍ이냐 아니냐 하는 견해 차이로 인해 카와리지는 그때까지의 대다수 정통 무슬림들sunnī과 갈라서게 된다. 이들은 "칼리파나 이맘의 존재는 종교적 의무사항이 아니다"라고 선언하여 칼리파제 당위론을 반박하고 나선 것이다. 『꾸란』의 계시와 명령에 완벽히 따를 수만 있다면 어느 때 어느 곳에서라도 무슬림 공동체는 그들 종교에 부과된 제諸의무를 이행할 수 있고, 비록 칼리파나 이맘이 존재하지 않는다 해도 합법적인 종교 공동사회를 이룰 수 있다고 본 것이다. 즉 칼리파나 이맘을 세우고 갖는 것이 공동체에 편리하고 필요한 것이라면, 인격을 갖춘 무슬림을 칼리파나 이맘으로 선출해야겠지만, 만약 무슬림 공동체가 "선을 행하고 악을 금하는" 공동선善의 사회를 이룩할 수 있다면 칼리파나 이맘의 선거는 필요하지 않다는 주장이다.[17]

그외 칼리파가 구비해야 할 일반적인 자질은 본질적으로 순니 무슬림들의 이론과 동일하였다. 그렇지만 이들은 순니파와 일부 쉬아파(특히 자이드파)에서 주장하는 '차선의 칼리파제론(열등한 칼리파일지라도 통치 대권의 계승을 인정함)'은 받아들이지 않는다. 칼리파는 꼭 선거로써 선출되어야 하

17 Arnold, 앞의 책, p.188.

고 두 사람 이상의 정의로운 무슬림이 충성의 맹세인 바이아를 하면 그 칼리파제는 유효한 것이 되었다. 칼리파는 공동체의 재판관이자 정신적 영도자였으며 전쟁시에는 총사령관이었다. '선을 명하고 악을 금하게 하는 일' 과 카와리지 교의를 받아들이지 않는 자들에 대한 지하드jihād(성전) 수행이 그의 중요 임무였다. 그는 『꾸란』과 예언자의 순나sunna(관행)에 따라 통치한다. 그는 독단으로 교의를 수정할 수 없으며 단지 그것을 적용할 뿐이었다. 그러나 그의 통치에는 절대복종이 요구되었다.[18]

이와 같은 이들의 정치관은 한마디로 아랍주의 대신에 이슬람주의를 채택한 것이고 평등과 정의를 기본 정강으로 삼는 것이라고 할 수 있다. 그리고 앞에서 언급한 바와 같이 실제로 이것은 비아랍 무슬림들이 카와리지 운동에 가담하는 직접적인 이유가 되었다. 그렇지만 다른 한편 비아랍 무슬림들이 그들 노선에 가담한 이후에 이와 같은 정치관이 설정된 것이 아닌가 싶기도 하다. 그런데 아흐마드 아민Aḥmad Amīn과 같은 현대 무슬림 사학자는 비아랍 무슬림들이 카와리지에 가담한 수가 매우 적은 것으로 평가하고 있다. 그는 아랍 베두인이 카와리지의 주요 세력을 형성하고 있었기 때문에 그들 사이에는 알 아싸비야al-aṣabiyyah(부족주의적 집단의식)가 지나치게 팽배되어 있었으며, 마왈리를 미워하고 경시했으며, 외형상으로는 아랍주의를 초월한 것 같지만 실제로는 잠재된 아랍 우월의식이 그들 사이에 강하였을 따름이라고 분석하였다. 또한 일부 마왈리들이 카와리지 편에 가담한 것은 오로지 꾸라이쉬 출신이나 아랍인이 아니어도 칼리파가 될 수 있다는 민주적 견해와 평등주의 때문인데, 이런 의식은 페르시아 지역에서 일어난 슈우비야Shuwubiyyah(페르시아인들의 민족자존의식) 운동에 영향을 미쳤으며, 또한 이 운동과 상호작용을 많이 하였다고 그

18 Lambton, 앞의 책, p.23.

는 말하였다.[19]

그러나 카와리지의 가장 큰 분파였던 알 아자리까들은 페르시아 지역 깊숙한 곳까지 장악하고, 대우마이야 투쟁을 장기간 전개하였는데, 이때 페르시아인을 비롯한 비아랍인들이 그들 운동에 대거 참여했을 가능성을 배제할 수 없고, 또한 북아프리카에 진출한 알 이바디야의 경우에도 실제로 많은 베르베르인들이 이들 노선에 동조하였으므로 카와리지가 내세운 민주주의적 원리와 평등주의는 이슬람으로 개종한 비아랍인들로부터 크게 환영받았다고 보아야만 할 것 같다. 하싼 이브라힘 하싼Ḥassan Ibrāhim Ḥassan은 카와리지가 출현할 당시의 이슬람 사회를 첫째, 보수적이고 경건한 대다수 정통파 무슬림 순니sunnī, 둘째, 알리 가계에 이맘권이 있다고 주장하는 쉬아 알리shi'a 'Alī(알리를 좇는 무리들), 셋째, 카와리지, 넷째, 마왈리mawālī(비아랍 무슬림)의 4계층민으로 구분하였다. 그 중 마왈리계층과 기존 권력에 불만을 품고 있던 반정부 세력들은 카와리지 운동을 직·간접적으로 강력히 지지했다고 말하였다.[20]

(2) 엄격한 신앙의 실천주의

이와 같이 초기 카와리지의 행동과 견해를 특징짓는 경향은 순수히 정치적인 것이었다. 이 정치적 견해가 우마이야조 전성기를 맞는 제5대 칼리파 압둘 말리크 때부터 독특한 종교적 교의와 혼합되기 시작한다. 카와리지 운동이 가장 고조된 시기는 우마이야조 제2대 칼리파 야지드 사후부터 압둘 말리크의 등극 때까지인데, 이때의 우마이야조 칼리파제는 그 기

19 Aḥmad Amīn, 앞의 책, p.262.
20 Ḥasan Ibrāhīm Ḥasan, *Islam—A Religious, Political, Social and Economic Study*, The Times Printing & Publishing, 1967, p.162.

초가 뿌리째 흔들리고 있던 때였다. 짧은 기간에 두 칼리파가 대를 이었지만, 메카 지역에서 칼리파로 자칭하고 나선 압달라 빈 앗 주바이르 'Abdallāh b. az-Zubayyr의 세력을 꺾지 못하고 있었고, 이라크 지역에서도 카르발라 사건 이후 반우마이야조 감정이 팽배해 있었다. 중앙 정권이 분열되고 약화되어 어지러웠기 때문에 이 기간에 카와리지의 정치운동과 군사행동도 그만큼 활발히 전개될 수 있었던 것이다. 그러나 압둘 말리크가 칼리파위에 오르고 핫자즈 빈 유세프al-Ḥajjāz b. Yūsuf가 압달라 빈 주바이르군軍을 토벌하자 내란으로 위기에 처했던 국면이 평정을 되찾게 되었다. 이때 이후 카와리지 운동도 급격히 군사적 세력을 잃게 되고 정치운동도 퇴조하는 경향을 보인다. 그러나 민주적이지만 과격하였던 그들의 급진적인 정치관을 그들 특유의 종교 교의로 발전시켜 나간다. 정치적 급진주의 못지않은 종교적 광신주의가 생겨난 것이다. 그 특징을 대별하여 보면 다음과 같다.

첫째, 이들은 『꾸란』이 무슬림 공동체의 의무사항으로 부과한 "선을 행하고 악을 금한다"는 가르침의 실행을 직선적으로 요구한다. 불의를 저지른 통치자에게는 칼을 들어 대적해야만 한다는 급진주의 신앙관을 갖는다. 그때까지의 무슬림 공동체의 대다수 사람들은 오스만 때 겪은 정치적 내분의 첫 시련 이래 정치적인 면에서는 다분히 온건적인 입장을 취해 왔다. 특히 알리의 등극과 함께 발생한 낙타전투(656년), 십핀전투(657년) 등 연속적인 정치 내란으로 말미암아 더욱 중도적이고 온건한 쪽으로 기울어지게 되었다. 게다가 카와리지의 급진사상에 부딪치게 되자, 이들 온건세력은 법적인 차원에서보다는 도덕적인 차원에서, 무력보다는 교육을 통해서 선을 권장하고 악을 금지할 필요성을 실감하게 되었다. 카와리지의 학살행위에 충격을 받은 순니 지도자들은 온건적 관행과 관용의 정신으로 점점 더 정적주의와 순응주의에 빠져들게 되었다.[21] 이러한 과정은 특히 울라마 'ulamā' 계층의 출현으로 더욱 가속화되어, 9세기 이후의 대다수 무슬림들은 "비록 통치자가 부정하여도 법이 없는 것보다는 낫기 때문에 그에게 복종해야 한다"는 울라마들의 가르침을 받아들여 결국 "전제군주에게조차 복종해야 한다"는 순응주의를 따르게 된다. 이들이 곧 전통주의 순니들이다. 그리고 울라마들이 현실과 타협한 이러한 편의주의적 정치 지혜는 사실상 이슬람 공동체의 유지와 존속에 상당한 공헌을 한 것으로 평가받고 있다. 왜냐하면 이러한 원리 아래 울라마들은 실추된 칼리파의 권위를 보존하고 정치적 혼란기에도 안정을 보장하는 기능을 떠맡았기 때문이다. 그러나 카와리지의 길은 이와는 정반대의 것이었다. "선을 행하고 악을 금하라"는 원리는 언제 어떤 상황에서든지, 꼭 실천해야만 하는 절대 의무였다. 현실에 안주하고 편승하는 자는 탈법자와 배교자로 간주되었다. 그들에게 있어서 정의의 실천은 곧 종교적 의무였다. 자신의 생의 어떤 대가를 치러서라도 절대 그 실천에 헌신해야 하므로 무력 동원이 불가피한 급진주의자로서의 길을 걷게 되었던 것이다.[22]

둘째, 이들은 신앙이라는 것이 단지 하나님을 믿는 믿음 하나로 정당화되는 것이 아니라, 신앙의 근간이 되는 예배, 단식, 진리, 정의 등을 실제로 실행에 옮기는 것임을 강조하였다.[23] 이 네 가지의 실행을 믿음과 동일한 신앙의 일부로 간주하였던 것이다. 따라서 그들은 "실천은 신앙의 본질적인 일부분이다"라는 실천 중심의 신앙관을 확립하였는데, 이는 곧 그들 교의의 핵심이 되었다. 이에 따라 "알라 외에 신은 없고 무함마드는 알라의

21 Raḥmān, 앞의 책, p.169.
22 Muḥammad Musṭafā an-Najār, 앞의 책, p.27.
23 Ḥasan Ibrāhīm Ḥasan, *Islamic History and Culture*, p.183.

사자使者이다"라고 신앙고백Shahādah을 한 자가 그 후 종교의 명령 사항에 벗어나는 행동을 하거나 그 명령에 따라 행동하지 않는 것은 바로 비신자가 되는 것이라는 전제 아래 "큰 죄를 범한 사람은—일부 카와리지의 경우에는 비록 그 죄가 경미한 것일지라도—곧 비신자로 간주되는 대원칙"을 세워놓은 것이다. 따라서 과오를 범한 부정한 칼리파들에 대해서는 즉각 반기를 들었고 종교의식과 신앙생활에도 과도할 정도로 순결성을 강조하여 우두uḍū (예배 직전에 얼굴, 손, 발을 씻는 세정행위), 예배, 단식 등을 철저히 근행하여야만 하는 엄격한 신앙의 실천주의를 신봉하게 되었다.

셋째, 이러한 엄격한 신앙의 실천주의는 곧 광신적인 양상을 띠고 발전하게 된다. 그들의 주장을 받아들이지 않는 자는 타락한 무슬림으로 낙인찍고 급기야는 이단자나 배교자背敎者로 몰아세우게 되었다. 그들만이 천국을 보장받은 '낙원의 사람들'이고 순정한 무슬림으로 자처하게 되면서 그들 교의를 좇지 않는 모든 무슬림들을 비신자로 규정하는 배타주의의 길을 걷게 된 것이다.[24] 비신자로 간주된 비카와리지 무슬림에게는 다른 이교도들을 대하는 것보다도 더 심한 적대적 입장을 취하였다. 그 한 예로서 무으타질라Mu'tajilah파의 우두머리였던 와씰 빈 아따이Wāṣil b. 'Aṭāi가 카와리지들에 잡혔던 기록을 볼 수 있다. 당시 그는 마치 자신이 무신론자인 것처럼 행세하였다. 와씰이 취한 이러한 행동은 그가 그들과는 다른 종교적 견해를 가진 무슬림이라는 사실이 밝혀질 경우 무신론자보다 훨씬 더 위험할 것이라는 사실을 잘 알고 있었기 때문이었다.[25]

넷째, "큰 죄를 지은 자는 더 이상 무슬림으로 남아 있을 수 없다"는 대

---

24 A. R. Hamilton Gibb, *Islam—A Historical Survey*, Oxford University, 1984, p.82.

25 Abū al-Fatāh Muḥammad b. 'Abd al-Kalīm as-Shahrastānī, *al-Milal wa al-Nahal*, London, 1847, Vol. II, p.106.

원칙 아래 중죄인은 비신자가 되고, 필요한 경우에는 죽여 마땅하다는 극단의 논리로 비약하게 되었다. 만약 그들을 살려둘 경우, 다른 무고한 사람들까지 오염될 것이라는 생각 때문이었다. 그 중에서도 정치를 잘못함은 가장 큰 죄였다. 통치자 한 사람이 죄를 지음으로써 만백성이 고통 속에서 괴로움을 당해야 하기 때문이다. 이에 따라 그들 이외의 다른 공동체 집단의 부당한 통치자나 지도자들에게 반란과 암살을 자행하여 정치적 변혁을 도모하고자 하였는데, 이것이 카와리지의 독자적인 지하드관으로 발전하게 된다. 이들은 이 지하드를 그들 신앙의 여섯 번째 기둥으로 삼았다.[26] 이 지하드 정신으로 인해 칼리파위의 부적격자로 간주된 대죄인大罪人 알리는 661년 압둘 라흐만 빈 물잠 'Abd ar-Raḥmān b. Muljam이라는 한 과격 카와리지 암살자의 손에 희생된다. 앞에서 보았듯이 이들에게 있어서 알리의 집권 후반부 통치는 부정한 것이었다. 또한 우마이야조 칼리파들도 이들에게는 부당한 중죄인이었을 뿐이다. 따라서 우마이야조 칼리파제는 제국이 멸망할 때까지 끊임없는 그들 지하드의 대상이 되었다. 그들에게 있어서 칼리파의 합법성은 칼리파 자신이 지닌 도덕적 · 종교적 공정성 'adl에 달려 있었다. 만약 그가 정의롭지 못하고 신법神法을 어기면 그의 합법성은 자동적으로 소멸되며, 그의 칼리파제는 제거되어야 마땅한 것이 되었다.

이상에서 살펴본 바와 같이 그들 행동에서 나타난 두드러진 특성 중에는 비관용성, 배타성, 과격한 폭력의 방법을 통해서라도 정치적 변혁을 추구하겠다는 급진적 행동주의 등이 돋보이는데, 그 중에서도 정치와 신앙

---

26 이슬람 신앙의 근간이 되는 다섯 기둥은 샤하다Shahadah(신앙증언), 예배, 자카트Zakāt(종교세), 단식, 순례임. J. B. Christopher, *The Islamic Tradition*, New York: Haper & Row, 1972, p.72.

에서의 비관용적 태도는 다른 모든 특성을 낳는 중요한 요소로 작용하였던 것 같다.[27] 한 카와리지 시인은 초기 카와리지운동의 지도자인 아부 빌랄 미르다스Abu bilāl Mirdās(681년 사망)의 죽음을 애도하는 한 편의 시에서 "그 지도자의 죽음은 나의 삶을 비관용적으로 만들었고, 나로 하여금 반란을 따르게 하였노라"고 읊었는데, 이 시구는 점차 늘어가는 카와리지 순교자들에 대한 존경심을 잘 보여주고 있고, 복수심으로 인해 비관용적 신앙관을 갖고 급진적 행동주의자로서의 길을 걷기 시작하는 한 카와리지의 생을 엿볼 수 있게 한다. 또한 소외된 소수집단에서만 자랄 수 있는 특이한 결속력의 일면을 느끼게 해준다.[28]

3. 카와리지 분파와 반정운동

카와리지는 주요 세력이 아랍 베두인이었기 때문에 통일된 한 집단을 유지하지 못하였다. 각기 서로 다른 기치 아래 20여 개의 분파로 나뉘었다. 만약 그들이 통일전선을 구축했다면, 우마이야조의 종말은 더 빨리 닥쳐왔을 것이다.[29] 이러한 심한 분파현상 때문에 카와리지의 공통된 교의—비록 앞에서 살펴보기는 하였지만—가 독자적 칼리파제관과 엄격한 실천이 신앙의 일부라는 두 가지 큰 관점 외에는 지적하기 어렵다. 사실상 이 두 주장도 그들간에 완벽하게 일치하는 것이 아니었다. 예를 들면 '이맘은 움마를 위해 있어야 할 당위적 존재인가?' 하는 주제만 해도 각 파간에 이

27 Raḥmān, 앞의 책, p.167.
28 같은 책, p.168.
29 Aḥmad Amīn, 앞의 책, p.259.

견이 분분했기 때문이다. 일반적으로 가장 유명한 카와리지 분파로는 알 아자리까al-'Azāriqah, 안 나즈다트an-Nazdāt, 앗 쑤프리야aṣ-Ṣufriyyah, 알 이바디야al-'Ibāḍiyyah 등 네 파가 있다.

1) 알 아자리까

이 파는 당시의 탁월한 이슬람 법학자인 나휘이 빈 알 아즈라끄Nāfi'i b. al-'Azraq를 따르는 무리로서 그 명칭이 지도자의 이름으로부터 비롯되었다. 그들은 카와리지 역사에서 수와 힘에 있어서 가장 중요한 위치를 차지한다. 나휘이 빈 알 아즈라끄는 히즈라력 64년 압달라 빈 앗 주바이르 'Abdallāh b. az-Zubayr시대에 바스라에서 알 아흐와즈al- 'Ahwāz로 가 활약했는데, 예멘과 오만 지방으로부터 온 카와리지들이 그에게 아미르 알 무으미닌이라는 칭호를 부여하였다. 그의 세력은 점차 강성해져 분파를 형성한 초기에 이미 3만 명에 이르렀는데, 이들은 알 아흐와즈를 다르 히즈라dār ḥijrah(신도들의 이주지역)로 부르고 그 외 다른 무슬림 지역을 다르 쿠프르dār kufr(비신도 지역)로 불렀다.[30]

이들은 알리와 무아위야를 비롯한 그들 외의 모든 무슬림을 비신자로 간주한 대표적인 과격집단이다.[31] 이들은 그들 외의 어떤 무슬림과도 예배보는 것을 허용하지 않았고, 다른 무슬림들이 잡는 육류의 음식도 먹지 않았으며 그들과의 결혼이나 상속도 금하였다. 위기에 처하여도 타끼야 taqiyyah(자신의 신앙을 숨기고 순니인 척 하는 행위)는 허용되지 않았으며, 급기야는 비신자의 어린이나 부녀자들에 대한 살해행위까지도 용납되었다. 이들은 '알라께서는 알 까이딘al-qā'idīn(앉아서 방관하는 자들)보다는 알 무

30 Muḥammad Muṣṭafā an-Najār, 앞의 책, p.28.

31 이들 분파에 대한 상세한 것은 Abū Mansūr 'Abd al-Qādir Baghdādi, *al-Farq Bayn al-Firaq*, al-Qāhira, 1910, pp.63~68. 또 as-Shahrastānī, 앞의 책, pp.163~165 참조.

자히딘al-mujāhidīn(투쟁하며 싸우는 자들)에게 더 큰 보상을 내려주신다'는 『꾸란』의 가르침을 내세우며 항시 과격투쟁을 벌였다.[32]

이들의 대 우마이야조 투쟁의 명분은 '정의의 실현'이었다. 이들에 의하면 제3대 정통 칼리파 오스만의 후반 칼리파제는 '부정한 것'이었으므로, 대죄를 범한 오스만이 살해된 것은 악이 제거된 당연한 사건이었을 뿐이다. 그럼에도 불구하고 무아위야가 그의 피 값을 요구한 것은 명백한 오류라고 지적하였다. 그렇기 때문에 무아위야뿐만 아니라 그의 뒤를 승계한 우마이야조 칼리파들 모두가 부정의 중죄인으로 취급되었다.[33]

알 아자리까는 파르스Fārs와 키르만Kirmān 두 지역을 점령하였고, 당시 강성하던 이븐 앗 주바이르에게 계속 승리를 거두면서 한동안 바스라 지역의 안전을 위협하였다. 알 마흘라브 빈 아비 쑤프라al-Mahlab b. 'Abi Sufrah가 바스라에서 대군을 이끌고 와 이들과 교전하였다. 여기서 나휘이빈 알 아즈라끄는 전사하였으나, 유명한 시인이며 맹장인 까따리 빈 알 후자아Qaṭari b. al-Fujā'ah가 그를 승계하였다. 이븐 주바이르가 득세하였던 혼란기가 지나고 우마이야조 정권이 이슬람세계의 대권을 쥐자 알 마흘라브는 재차 바스라와 쿠파에서 대군을 모집하여 파르스의 알 아자리까 원정에 나선다. 696년 까다리 빈 알 후자아는 따바리스탄Ṭabaristān에서 전사하였다. 그의 죽음은 알 아자리까가 크게 쇠잔하기 시작하는 기점이 되었다. 그 후 이들은 여러 곳으로 흩어져 재기하지 못하였고 우마이야조에는 평화가 찾아들 기운이 보이게 된다.

---

32 Aḥmad Amīn, 앞의 책, p.260.

33 W. M. Watt, *Islamic Political Thought*, Edinburgh: Edinburgh University Press, 1968, pp.55~56.

2) 안 나즈다트

알 아자리까 출현과 거의 같은 때에 나즈다 빈 아미르Najdah b. ‘Āmir(692년 사망)를 지도자로 삼고 아라비아반도의 중앙부 알 야마마al-Yamāmah에서 일어난 안 나즈다트는 알 아자리까에 비해 여러 면에서 온건적이었다. 알 아자리까가 자파의 견해를 따르지 않는 모든 무슬림을 카피르kāfir(비신자)로 간주한 데 비해, 이들은 무나피꾼munāfiqūn(위선자)으로 간주하였다. 이들은 무슬림들 중에서 그들에게 동조하는 무슬림들의 살해행위를 비합법적인 것으로 단정하였다. 또한 이들은 생명에 위협을 느낀 상황에 직면하였을 경우에 자신의 신앙을 감추어도 무방한 타끼야taqiyyah 원칙을 허용하였다.

나즈다는 그의 군대를 이끌고 알 야마마를 나와, 히즈라 67년 바흐레인을 점령하였다. 압달라 빈 앗 주바이르의 형제인 무스압 빈 앗 주바이르 Mus‘ab b. az-Zubayr가 이들을 토벌하기 위해 히즈라 69년 바스라에서 군대를 파견했으나 오히려 패하였고, 안 나즈다트의 영향력은 오만 ‘Uman과 하드라마우트Hadramaut 전 지역에 퍼져 인도양과 아랍만에 인접한 아랍반도 쪽의 지역민 모두가 안 나즈다트에 복속하게 되었다. 이 지역은 이때 이븐 앗 주바이르와 우마이야조 통치에서 모두 벗어나 있었다. 이곳 지역민들은 나즈다를 아미르 알 무으미닌이라 불렀다.[34]

그 밖에 주목해야 될 이 분파의 특징으로는 『꾸란』의 가르침에 따라 공익이 보장되는 사회가 이루어지고, 무슬림 상호간에 공정히 지켜진다면, 이맘의 존재는 필요하지 않다고 주장한 점이다. 또 큰 죄를 지은 자라도 자기 뜻을 고집하지 않으면 카피르로 보지 않고, 간음, 절도, 음주를 한 자도 회개하면 용서받을 수 있지만, 작은 죄를 지은 자라도 회개하지 않으면

34 Muḥammad Muṣṭafā an-Najār, 앞의 책, pp.29~30.

곧 카피르가 된다는 점 등이다.[35]

3) 앗 쑤프리야

지야드 빈 알 아쓰파르Ziyād b. al-'Aṣfar를 추종하는 무리이다. 이들도 카와리지의 독특한 교리를 대표하던 알 아자리까와는 매우 다른 길을 걸었다. 한때 아르와 빈 아디야 'Arwah b. 'Adiyyah와 그의 동생 무르다스 빈 아디야Murdās b. 'Adiyyah가 바스라에서 차례로 우마이야조의 이븐 지야드 Ibn Ziyād에게 반기를 들었으나 곧 평정되었고, 잔존세력은 앗 쉬바니as-Shibāni족 출신인 샤비브 빈 야지드Shabib b. Yazid의 영도하에 쿠파에 들어가 도약의 기회를 기다렸으나 핫자즈 빈 유세프al-Ḥajāz b. Yūsuf에게 오히려 전멸의 위기를 맞게 된다. 이들은 여인들도 전투에 투입하였다. 샤비브는 히즈라 77년 전장에서 쫓기다가 익사하였고, 남은 병력 대부분이 알 아자리까의 본거지인 알 아흐와즈로 피신하였거나 다른 여러 지방으로 흩어졌다.

이들 분파의 두드러진 특징으로는 여성의 이맘직제를 가능한 것으로 보고 실행한 점을 들 수 있다. 실제로 이들은 샤비브가 익사한 후 그의 모친 가잘라 움무 샤비브Ghazālah 'Umm Shabib에게 충성서약을 했다. 또 알 아자리가 『꾸란』 하나만을 이슬람법 샤리아의 유일한 법원으로 삼고, 『꾸란』의 모호한 부분을 끼야스qiyās(유추)하거나 예언자 하디스에 의존하기를 거부하였던 데 비해, 이들은 『꾸란』뿐만 아니라 예언자 하디스도 법원으로 채택하였다. 죄인에 대한 견해도 특이하다. 예배나 단식의 근행과 같이 실천하지 않을 때 가할 징계내용이 『꾸란』에 확정적으로 언급되어 있지 않은 죄를 범한 자는 대죄를 지은 비신자로 보며, 이와는 반대로 간음, 절도, 음주 등 『꾸란』에 징벌조항이 명시된 죄를 지은 자는 비신자로 보지

35 같은 책, pp.30~31.

않았다. 그렇다고 이들을 무으민mu'min(신자)이라고 부른 것도 아니며, 그가 지은 죄목에 해당하는 간음자, 절도범이라는 호칭을 사용했다. 이들은 그들과 견해를 달리하는 사람들의 어린아이와 부녀자에 대한 살해행위를 금하였고, 투쟁에 동참하지 않는 방관자들al-qu'idīn(앉아 있는 자들) 역시 비신자로 간주하지 않았다.[36]

4) 알 이바디야

타밈부족 출신 압둘라 빈 이바디 'Abdullāhi b. Ibāḍi의 지지자들인 이 파는 다른 카와리지에 비해 여러 면에서 주목받을 만하다. 왜냐하면 카와리지 중에서도 가장 순니쪽에 순응한 온건파이며, 오늘날까지 현존하는 유일한 분파이기 때문이다. 이들의 칼리파제에 대한 논지는 대다수 순니 무슬림들의 이론과 사상과 아주 비슷하며, 이들과 견해를 달리하는 어느 누구도 단죄하지 않는다. 오히려 그들은 우정과 친선을 중시하였고 다른 무슬림과의 결혼과 상속도 허용하였다. 다른 무슬림에 대한 살해행위는 단지 정식으로 선전포고가 된 전시에만 허용하였고, 큰 죄를 지은 무슬림도 여전히 신앙을 가진 일신교도로 인정하였다.[37] 압둘라 빈 이바디가 히즈라 1세기 후반에 출현하여 정치적 격동기에 살았으면서도 그의 추종자들이 이와 같이 평화를 추구하며 우마이야조의 역대 칼리파들에게 순응했기 때문에 오늘날까지 이 파는 잔존할 수 있었다.

카와리지 역사는 이슬람 중앙정부에 수많은 골칫거리를 안겨준 무수한 혁명적 반정 투쟁운동으로 점철된 것이었다. 칼리파 알리 재위 중에 이미 다섯 차례 이상의 전투를 치렀고, 무아위야Mu'āwiya 통치기에는 15차례의

36 같은 책, pp.31~32.
37 Baghdādi, 앞의 책, pp.82~83.

반정부 투쟁을 벌였다.[38] 또한 뒤이은 우마이야 정권에서는 30여 회 이상의 심각한 분쟁을 일으켰는데, 이들이 벌인 항쟁운동의 주요 활동지는 다음 두 지역으로 나누어진다.

첫째는 이라크와 그 주변 지역으로서, 가장 중요한 중심지는 바스라 근교의 알 바따이흐al-Baṭā'ih와 알 아흐와즈al-'Ahwāj였다. 이들은 키르만과 파르스 지방을 점거하고 바스라를 항상 위협하였는데, 이들의 대표적 지도자로는 알 아자리까 분파의 이븐 알 아즈라끄Ibn al-'Azraq와 까따리 빈 알 후자아Qaṭari b. al-Fujā'ah를 들 수 있겠다. 또 다른 지역은 아라비아반도에 있었다. 이들은 알 야마마를 점령하고 하드라마우트, 예멘 그리고 앗 따이프aṭ-Ṭā'if로 진출하여 이 지역을 장악하였다. 이들의 대표적 지도자로는 아부 딸루트Abū Ṭalūt, 나즈다 빈 아미르Najdah b. 'Āmir, 아부 파디크Abū Fadik를 들 수 있다. 이 지역은 안 나즈다트 분파의 주요 활동 영역이라고 말할 수 있다.

우마이야조 칼리파들은 이 두 주요 카와리지 지역의 세력과 제국의 창건 때부터 멸망 때까지 거의 전 시기 동안 연속적으로 전쟁을 치러야 했는데, 그 중에서도 무아위야와 압둘 말리크가 카와리지 진압에 가장 주력하였던 통치자로 꼽힌다.[39] 카와리지는 소수 인원에도 불구하고 독특한 지하드 정신으로 무장되어 있어서 여러 전투에서 우마이야 군대를 괴롭히고 패퇴시킬 수 있었다.

그러나 한창 고조되어 가던 카와리지운동도 7세기 말에 와서는 핫자즈 이븐 유세프에 의해 거의 진압되고 군사적 무장반란이 한동안 잠잠하였

38 Watt, 앞의 책, p.54.
39 무아위야와의 투쟁사는 Alī Ibrāhīm Ḥasan, *at-Tāriykh al-Islāmiy al-'Āmmi*, al-Qāhira, n.d., pp.280~282. 또한 압둘 말리크와의 투쟁사는 같은 책, pp.300~302 참조.

다. 그 후 우마이야조 말기에 후라산Khurasān의 아부 무슬림Abū Muslim이 압바스 가문의 기치를 들고 무장봉기에 성공하면서 우마이야조를 위협하자, 카와리지 운동도 이 내란기를 틈타 일시 재기하였다. 알 다흐학al-Dahhāk이 10만 명에 달하는 카와리지를 규합하여 반기를 들었으며, 그 뒤를 이어 또 다른 카와리지 지도자 아부 함자Abū Hamza도 추종세력을 이끌고 우마이야조에 도전하였다.[40]

이러한 계속적인 무력투쟁이 우마이야조 멸망을 가속화시킨 하나의 커다란 요인이 되었음은 두말할 나위가 없겠다. 그러나 우마이야조의 마지막 칼리파 마르완Marwan 2세는 압바스가家와 결탁한 아부 무슬림을 막지는 못하였으나, 카와리지의 후기 반란은 진압할 수 있었다. 서기 745~746년에는 알 다흐학을, 747~748년에는 아부 함자군軍을 패배시킴으로써 우마이야조 정권을 전복하기 위해 끊임없이 투쟁해 온 카와리지 과격세력의 원류를 끊어놓는 데 성공하였던 것이다.[41]

압바스조 통치기(750~1258년)에도 카와리지의 군사 소요는 산발적으로 계속되었으나 대체로 미미한 것이었다. 그들이 내세운 비관용적 신앙관은 무슬림 주류파로부터 소외당하고 고립될 수밖에 없는 것이었고, 결국 중도적 온건파의 길을 걸어온 알 이바디야만을 제외하고는 8세기경 모두 사라지고 말았다.

알 이바디야는 우마이야조 쇠퇴기에 북아프리카의 마그리브 지역과 아라비아반도의 동편 끝인 오만에서 상당한 영향력을 행사하였다. 압바스조 치하에서도 알제리의 타헤르트Tahert 지방에 나라를 세워 8~9세기에 존

---

40 Muḥammad b. Jabir Ṭabarī, *Tāriykh al-Umam wa'l-Mulūk*, Vol.IX, al-Qāhira, 1326 A.H., p.110.

41 더 상세한 것은 Ibn al-Athīr, *Usd al-Ghāba fi Ma'rifat al-Sahāba*, Vol.V, al-Qāhira, 1280A.H., pp.157~158 참조.

속하다가 그 후 튀니지에서 일어난 파띠미(909~1171년)조에 병합된다. 처음 이들이 북아프리카 지역에 출현한 것은 8세기 초였다. 그리고 757~758년경 아부 알 카탑Abū al-Khaṭāb을 이맘으로 추대한다. 그는 트리폴리타니아Tripolitania를 점령하고는 이바디야 국가를 세웠는데, 761년 이집트의 압바스 총독에게 패배하고 만다. 그 후 8세기 후반에서 9세기 전반에 걸쳐 타헤르트 지방에서 이들의 세력이 부흥하여 다시 국가를 세웠으나 결국은 파띠미조의 시조인 아부 압달라 알 후세인 빈 아흐마드Abū 'Abd allāh al-Husayn b. Aḥmad에 의해 909년 멸망당했던 것이다. 그 후 북아프리카에서 시도된 이바디야 국가 재건 운동은 무위에 그쳤다.[42] 그렇지만 비록 소수이긴 하지만 아직도 이 지역에 알 이바디야파가 잔존하게 되는 근거가 이때 마련된 것이다.

독립국가 수립을 위한 카와리지의 시도는 전체적으로 볼 때, 거의 성공하지 못한 편이었다. 그들 역사 중에서 가장 중요한 정치조직은 오만에 있었다. 그러나 이곳에서도 독자적인 신권국가를 건설하려는 수차례 시도가 압바스군에 의해 번번히 무산되곤 하였다. 오만에서 알 이바디야의 이맘 선거는 751년 처음으로 거행되어 초대 이맘이 선출되었다. 그러나 그는 압바스조의 초대 칼리파인 앗-싸파흐aṣ-Ṣafaḥ가 오만을 치기 위해 군대를 파견했던 753년에 처형당하고 만다. 그래서 처음 오만에 출현했던 이바디야 국가는 몇 년 버티지 못하고 붕괴되고 만 셈이다.

그러나 그 후 791년 두 번째 이맘 무함마드 빈 아판Muḥammad b. 'Affān이 선출되어 압바스조에 대항하는 반란을 주도했다. 그 이후 오만 지역은 약 1세기 동안 사실상 독립상태로 존속하게 되었다. 그러나 893년 이 지역은 다시 압바스군에 게 점령된다. 그 후 9~10세기에 카와리지는 거의 활

42 Lambton, 앞의 책, p.26.

동하지 않은 침체기를 맞았으며, 1154년에서 1406년 사이에는 단 한 명의 이맘도 선출하지 못하였다. 마스까뜨Masqaṭ가 수도인 지금의 왕조는 1749년 아흐마드 빈 싸이드Aḥmad b. Sayyid가 건국했는데, 그는 페르시아 침략자들을 물리친 후 이맘으로 선출되었다. 그러나 그의 아들이 죽은 후 더 이상 이맘은 선출되지 않았으며 그때부터 지금까지 마스까뜨의 술탄 Sulṭan들은 싸이드Sayyid라 불리고 있다. 지금도 오만의 다수는 알 이바디야이지만 그들의 현재 교의는 순니 무슬림 교의에 매우 가까운 것이다.[43]

오늘날 카와리지 공동체의 잔존세력은 북아프리카의 베르베르 지역과 동부 아프리카의 탄자니아, 그리고 오만에 대체로 소규모로 남아 있고, 잔지바르Zanzibar에도 오만에서 이주한 알 이바디야파가 정착해 살고 있다. 이들 모두는 순니 또는 무슬림 주류파에 도전하지 않으며 독자적인 교의나 정치적 목적을 위해 암살행위 같은 과격행동에 결코 호소하지 않는 중도적 온건파인 알 이바디야에 속한다.

4. 카와리지의 영향

카와리지와 쉬아는 순니 칼리파제의 전통과 이론에 대해서 상이한 견해를 밝힌 최초의 '정치분파'였다. 카와리지는 민주주의적 견해를 보였고, 쉬아는 신권주의적 견해들을 좇았는데, 시간이 지나면서 양파 모두 종교적 견해들을 혼합시켜 '정치 · 종교적 분파'의 양상을 띠게 되었던 것이다. 카와리지의 경우에는 '실천이 신앙의 일부'라는 주지主旨가 세워지고 '큰 죄를 지은 자는 비신자가 되는 것'이라고 단정하면서부터 정치 · 종교

43 Arnold, 앞의 책, p. 189.

적 분파가 되었다고 말할 수 있다. 이에 비해 무르지아파는 출현 초부터 정치적 중립을 지켰다. 그들에게는 카와리지도 쉬아도 우마이야조 신민이면 누구나 신앙인이며, 다만 그들 중 일부가 옳거나 또 다른 일부가 잘못을 저질렀다고 생각할 따름이었다. 그들의 주장에 따르면, 인간은 누가 옳고 그른지를 판정할 수 없고, 죄에 대한 심판은 오로지 알라에게 연기되어야 한다고 보고 있다. 따라서 이들은 '큰 죄를 지은 자도 신자로 남아 있다'는 결론에 도달하였는데, 이것은 카와리지의 결론에 정반대되는 견해가 아닐 수 없다. 한편 무으타질라Mu'tazila는 카와리지와 무르지아의 중간적 입장을 취하였다. "큰 죄를 지은 자를 신자로나 비신자로 간주하지 않고 그 중간적 상태에 있는 것"으로 정의하였기 때문이다.[44]

『꾸란』만이 카와리지 생활을 지배하였고 그들 사고와 행동의 원천이었다. 그러나 알 아지라까 같이 일부 카와리지는 자파의 정당성을 지나치게 과신한 나머지 그들보다 덜 금욕적이거나 악을 보고도 행동하지 않는 자를 카피르(비신자)로 몰아세웠고, 배교자는 살해되어도 마땅하다는 식의 과격 논리를 따랐다. 그렇기 때문에 무슬림 형제들 사이에 유혈충돌을 불러일으키는 악영향을 남기기도 하였다. 다시 말해 "선을 행하고 악을 금한다"는 이슬람 원리에 독자적인 교리로 접근한 엄격한 신앙의 실천주의가 결국 과격 급진주의를 낳고, 역대 칼리파들과 지방 총독들에 대항하는 연속적인 반란을 책동하게 하였던 것이다.

카와리지들이 일으킨 이러한 무슬림세계 내부의 반정운동과 군사소요는 우마이야조 초기 이슬람의 외부 팽창에도 큰 저해요인이 되었다. 정통칼리파시대부터 추진되어 오던 제국의 영토 확장 사업이 카와리지 세력의 강성기 동안에는 그들 진압에 국가 총력을 기울여야 했기에 거의 정체된

44 Muḥammad Muṣṭafā an-Najār, 앞의 책, pp.26~27.

상태였다. 핫자즈 빈 유세프가 그나마 내부 평정을 이룬 후부터 무슬림 단결력은 외부세계로 뻗어갈 수 있었고, 따라서 칼리파 왈리드 1세 때에 이르러서야 이슬람은 절정기를 맞게 된다.

서구의 이슬람사 연구가들이 카와리지를 부른 다양한 표현을 살펴보는 것도 흥미로운 일이다. 무이르Muir는 이들을 '신정주의 분리자들'이라 불렀고, 반 블로텐Van Vloten은 이들을 '공화주의자'로 묘사하였다.[45] 기브Gibb은 '종교적 극단주의자들'이라 하였으며,[46] 크리스토퍼Christopher는 그들 자신이 만든 법을 택한 '호전적 행동주의자들'이라 칭하였다.[47] 니콜슨Nicholson은 그들을 '과격 급진주의자들'이라고 부른 데 비해 브라우니Browne는 '과격 민주주의자들'로 표현하면서 다음과 같이 말하였다. "그들의 굴하지 않는 용기, 극단적인 광신주의, 하나님을 제외한 어떤 것에도 복종을 거부하는 단호하면서도 비타협적인 엄격함, 슈라트와 같이 '천국의 보상을 받는 생을 위해 현세의 삶을 파는 자들', 이러한 모든 것이 18세기말 이슬람세계에 출현한 와하비들Wahhābi뿐만 아니라 스코틀랜드의 커버넌터Covenantors(국민 계약의 성약자)들이나 영국의 퓨리턴Puritans(청교도)들을 연상케 한다."[48]

한편 서구학자들 중 일부는 카와리지가 아랍 유목 부족 사회에서의 전통적 관례였던 슈라(협의)제나 평등의 원리를 지나치게 중시한 이유를 들어 그들이 부족주의적 특성을 가진 원시적 집단임을 강조하려 하였다. 그렇지만 원래 슈라와 평등은 정의, 자유와 더불어 이슬람 정치의 근본원리가 되는 것들이므로 그들이 표방한 평등주의나 민주주의적 발상이 부족주

45 G. Van Volten, *Recherches Sur la Domination Arabe*, Amsterdam, 1884, p.69.
46 Gibb, 앞의 책, p.82.
47 Christopher, 앞의 책, p.72.
48 Nicholson, 앞의 책, p.207; Browne, 앞의 책, pp.220~221.

의적 색채를 띤 것이라거나, 더욱이 그것이 무슬림사회에서 그들만이 갖는 유일한 특성이라고는 말할 수 없는 것이었다. 또한 카와리지(이탈자들, 나간 자들)라는 명칭도 어떤 교리상의 이단 때문에 비롯된 것이 아니라는 점도 꼭 알아야 한다. 비카와리지들이 부르는 이 명칭은 의미상으로 볼 때 '분리자', '반란자', '혁명적 행동주위자'를 가리키고 있는 것이지, 추호도 '이단자', '배교자'의 뜻을 내포하고 있는 것이 아니기 때문이다.[49] 넓은 의미에서 순니 무슬림의 눈에 비친 카와리지는 이슬람 정도에서 약간 벗어난 무슬림 형제일 뿐이다. 순니 공동체에 대항하여 무기를 집어든 과격한 행동 때문에 그들 스스로가 순니 공동체에서 떨어져 나간 것은 의심할 여지가 없지만, 그러나 순니 무슬림들로부터 축출당하거나 파문에 이를 정도의 근본적인 이단적 교의를 갖고 있던 것은 아니었다.[50] 따라서 엄격한 의미에서 종파라는 단어를 카와리지에 적용하는 것은 잘못인 것 같다. 그들 교의가 이슬람 교리의 근본이 되는 신앙의 5주와 6신 혹은 이슬람 신학·법학의 원천적인 테두리 내에서 크게 벗어난 것은 아니기 때문이다. 그들 교의가 전반적으로 독단적이었다는 것은 사실이지만, 오히려 그들이 주장한 신앙과 실천의 여러 문제는 그 후 순니세계뿐만 아니라 쉬아, 무르지아, 무으타질라 등 다른 종파의 신학이론 발전에 크게 이바지하였다.

카와리지가 추구한 신앙과 실천의 엄격한 조화는 이상주의적인 것이라 해도 과언은 아닐 것이다. 무슬림들은 모세의 5경, 다윗의 시편, 예수의 복음서 등 『꾸란』 이전에 계시된 경전들의 여러 내용들이 무함마드의 『꾸란』에 의해 순화, 보완되어 종교로서 완벽하게 완성된 '신앙과 실천의 체계'가 곧 이슬람이라고 믿고 있다. 그렇기 때문에 신앙과 실천의 조화는

49 Fazlur Raḥmān, 앞의 책, p.168.
50 같은 책, p.170.

곧 무슬림들의 궁극적 목표가 아닐 수 없다. 이슬람이 바로 그 이상적 종교인 셈이다. 카와리지의 급진적 정신은 중세 이슬람세계의 여러 탁월한 인물들에게 큰 영향을 끼쳤을 뿐만 아니라 18세기와 19세기초 사우디아라비아에서 일어난 와하비야 운동Wahhabism의 주창자인 무함마드 빈 압드 알 와합Muḥammad b. 'Abd al-Wahhāb 같은 원리주의적 이상주의자들 사상의 근본이 되었고, 현재까지 근대 무슬림 개혁운동의 급진주의자들이나 근본주의자들 사상의 기초가 되었다.[51] 오늘날 아랍의 무슬림 형제단Muslim Brothers이나 파키스탄의 원리주의 이슬람 운동인 자마아티 이슬라미Jamā'at-i Islāmi의 교의에서도 이러한 정신은 여전히 되살아나고 있다. 특히 그 뒤를 이은 싸이드 꾸틉의 급진 이슬람 원리주의 사상과 싸이드 꾸틉의 영향을 받아 지하에서 우후죽순처럼 생겨난 20세기 후반의 과격급진 무장조직들의 기본 정신에서 살아 숨쉬고 있다.

51 Gibb, 앞의 책, p.82.

제 7 장 | 이슬람법, 샤리아

1. 이슬람법의 내용과 구성

(1) 법의 개념

이슬람은 종교이자 공동체와 무슬림 활동의 모든 영역에 관계하는 삶의 총체적 방식이다. 종교체계인 동시에 법, 정치, 경제, 사회, 문화체계 전부를 포괄하는 생활양식인 것이다. 무슬림 생활 전반에 걸친 이러한 연관 때문에 이슬람법은 무슬림 공동체인 움마의 중심이 되어 왔다. 이런 면에서의 이슬람은 유대교와 유사하다. 모세처럼 무함마드 역시 공동체의 영적 지도자였고 스승이었으며 정치적 수장이었고 재판장이었다. 물론 그의 시대나 그의 사후 상당 기간이 지나는 동안에도 법 체계 유형의 어떤 형태의 것도 만들어지지는 않았다. 그렇지만 이슬람이 현세의 삶을 내세의 삶과 똑같이 강조하면서 현세를 올바르게 사는 방법을 제시하고 있기 때문에 그 법을 체계화하고 공식화하는 일은 다른 무엇보다 우선하여 공동체에서 해야 할 당연하고 필수적인 일이었다.

공동체 생활의 이러한 실용적 요구 때문에 초기 무슬림 공동체에서는 신학보다 법학이 먼저 발달한다. 신에 대한 형이상학적인 문제보다 '어떻게 사는 것이 신의 뜻에 맞는 것이냐?' 하는 지적 호기심이 훨씬 앞섰으며 그것을 생활 속에서 정립해놓는 일이 무엇보다 시급한 과제였던 것이다. 다시 말해 종교적 삶과 사회조직을 안정적으로 구축하기 위해 법을 규범화하고 정형화시키는 일이 우선적이고 불가피했던 것이다.

그런데 초기 무슬림들 눈에는 법이 독립된 개념의 것이거나 어떤 이성적 · 경험적 산물이라기보다는 단지 예언자 무함마드가 가르치고 전한 종교적 · 사회적 교리의 일부로 비쳐졌다. 교리의 한 실용적 측면으로 법을 생각했던 것이다. 이것은 초기 무슬림들 사이에서는 법적인 것과 종교적인 것을 구분하지 않았다는 것을 의미한다. 사실상 『꾸란』도 이 두 측면을 함께 강조하고 하디스도 마찬가지다. 『꾸란』을 연구하는 것이 종교를 연구하는 것이고 동시에 법을 연구하는 것이었다. 서구 전통에서는 로마법 체계에서 유래된 법과 기독교 교리로서의 종교가 엄연히 분리되었으나, 이슬람에서는 이 두 가지가 구별 없이 시작되었던 것이다. 무슬림학자들이 이 두 가지를 떼어놓고 보기 시작한 것은 이슬람이 출현한 후 거의 1세기가 지나서였다. 그 후에야 점차 법학에 대한 새로운 개념을 갖게 되었다. '신의 가르침을 아는 것', 즉 '신이 가르쳐준 진리에 대한 총체적인 앎'을 일므 'ilm(지식; 이것을 추구하는 것이 신학이다)라 하였고, 일므의 일부를 쪼개내어 다시 그것을 파헤쳐 이해하는 것을 피끄Fiqh(법학; 쪼개내어 이해하는 것)라고 부른 것이다.[1]

이슬람에서 법의 개념은 우리가 일반적으로 이해하고 있는 인위법 개념과는 다르다. 그것은 극도로 권위적인 것이다. 법은 '인간의 지혜와 이성의 산물'로서 '변화하는 사회적 요구에 부응하기 위해 만들어진 것'이 아니라, '신의 계시에 의한 불변의 것'으로서 '예언자를 통해 계시된 신의 의지'이다. 무슬림들에게 있어서 법의 원천은 한마디로 말해 신의 말씀인 『꾸란』이고 예언자의 언행인 '하디스'이다. 이러한 천계법 개념은 "주권자의 의지가 곧 법이다"라던 셈족 종교들의 특유한 면이기도 하다. 무슬림에게는 어디까지나 신이 공동체의 주권자이고 입법자이다. 그러므로 이슬람법은 '법을 결정하신 절대 권위의 소유자 유일신께서 무함마드를 통해 계시한 『꾸란』과 그리고 예언자의 언행인 하디스를 이슬람 공동체 내에서 사회규범으로 정립한 것'이라고 정의할 수 있다. 그렇기 때문에 법을 어기

1 H. A. R. Gibb, *Islam—An Historical Survey*, Oxford: Oxford University Press, 1984, p.61.

거나 침해하는 행위, 혹은 법을 소홀히하거나 태만시하는 행위는 사회 조직과 질서를 파괴하는 악행일 뿐만 아니라 신에 대한 불복종 행위이고 나아가 죄인 것이다.[2] 이런 개념 위에서 이슬람 초기 공동체 역사의 3세기 동안 법학자들은 법체계를 정리하고 다듬고 또 발전시켜 나간다.

이슬람법을 샤리아Sharī'a라고 한다. 아랍어 샤리아는 '길'(물이 솟는 곳으로 나아가는 길)을 뜻한다. 무슬림이면 누구나 복종하고 좇아야 할 길이고 '진리를 향해 가는 길' 즉 '알라께 나아가는 길'이며, 그 목표는 '신의 의지에 대한 귀의이고 복종'이다. 무슬림은 누구나 이 길을 지키고 따라가기만 하면 신의 의지에 도달하게 된다고 믿는다. 이같이 이슬람에서의 법은 종교의 길로 신께 다가가는 큰 길을 의미하므로 서구에서의 법의 개념보다 훨씬 포괄적이다.

이러한 맥락에서 볼 때 샤리아를 단순히 서구식 개념의 '법'이라고 말한다면 그것이 틀렸다고 할 수는 없겠지만 무엇인가 부족한 느낌이다. 엄밀한 의미에서 볼 때, 샤리아의 한 범주가 서구식 개념의 '법'이라고 이해하는 것이 더 타당할 것 같다. 즉 샤리아는 유대교에서 토라Torah가 갖는 개념처럼 법 이상의 것이다. 무슬림들에게 그것은 영원하고 범우주적이고 시공을 초월하며 어느 누구에게도 적용되는 완벽한 것이다. 국가와 사회에 우선하는 것이고, 종교적인 것과 세속적인 것 사이에 아무런 차이를 두지 않는 것이다.[3] 그것은 진리의 가르침으로서, 인간이 삶을 올바르게 영위하는 방법이고 선과 정의의 뒤편에 서 있는 힘이다. 그것의 입법자는 신이고, 인간의 복종을 유도하기 위해 만들어진 체계이며, 결국 신에 대한 봉

2 같은 책, pp.67~68.

3 Philip K. Hitti, *Islam, a Way of Life*, Minneapolis: University of Minnesota Press, 1970, p.42.

사를 목적으로 하는 것이다. 다시 말해 그것은 신이 내린 것으로서 '신의 뜻에 맞게 사는 올바른 삶의 방식'이다.

따라서 무슬림들은 법을 이해할 때 샤리아는 인간이 누려야 할 권리보다는 신에 대한 의무를 더 담고 있는 것이라는 인식을 전통적으로 이어왔다. 그런 맥락에서 일반적으로 무슬림들은 샤리아에 대해 극도의 존경심을 보이면서 "인간에게는 오직 의무만 있을 뿐 권리는 없다"고 말한다. 그렇지만 법학자들은 법학을 '인간이 이 세상에서의 삶을 올바르게 영위하고, 내세를 위해 스스로 준비할 수 있게 해주는 인간의 권리와 의무에 대한 지식'이라고 정의한다. 그러므로 법학이라는 전문용어 피끄fiqh는 어디까지나 샤리아에 포함되는 것이지 샤리아와 피끄를 동일시해서는 안 된다고 말한다. 법학의 목표는 하나님의 법을 이해하는 것이고, 법학은 인간 행위에 대한 법적 분류, 법원에 대한 논의, 법원의 채택방법, 적용기준 등을 과학적으로 파악하는 인간 지성과 경험의 산물인 것이다. 그렇지만 피끄의 근원들은 계시된 것들이고 불변의 것임에 틀림없다. 인간의 이성으로 샤리아를 전부 파악하는 것은 불가능하겠지만, 인간 지성의 작용으로 샤리아의 범위 내에서 판단과 적용의 수준 등을 체계화한 것, 그것이 바로 법학인 피끄이다. 그리고 이 피끄는 훗날 논의되기 시작하는 칼람Kalām(신학)과 더불어 이슬람학의 가장 중추적인 분야가 된다.

샤리아는 최고의 권위를 갖고서 공동체를 이끌어 왔다. 그것은 실체이면서 이상이었고, 시대를 초월하며, 여러 세대, 다양하고 광범위한 지역에서 무슬림들을 구속하고 통합하고 지도하였다. 또 샤리아는 무슬림 공동체의 안정과 번영의 밑거름이었다. 무슬림들에게 그것은 신이 내려준 하나의 축복으로서, 현세를 잘 살고 사후세계를 준비하게 해주는 개인과 공동체의 성공적인 삶을 위한 안내이자 지침인 셈이다.

(2) 법의 내용과 구성

법이 만들어진 근원적 요인은 인간의 자유의지 때문이다. 인간의 속성은 약하고 쉽게 타락하며 때로는 추악해지고 탐욕스러워지며 배은망덕하고 시기하고 질투한다. 그러므로 개인과 사회 공동체 모두의 이익을 위해서는 인간의 자유의지와 행위에 적절한 제한을 가해야 할 필요가 있다. 이러한 제한이 법을 구성하는 동인動因으로, 법학자들은 이를 법용어로 핫드 ḥadd(제한)라고 불렀다.[4]

다시 말해 법은 인간행위의 자유를 제한하는 것으로, 무슬림 삶의 정신적 측면과 육체적 측면을 동시에 구속한다. 인체조직 안에서 정신과 육체가 서로 보완하고 있듯이 법의 내용은 두 측면으로 나누어져 사회조직 안에서 상호 보완적이다. 하나는 인간의 정신적 측면에 가해진 제한으로, 신과 인간의 관계를 규정하는 부분이다. 이것은 이바다트 'ibadat(예배의 행위들)로, 예를 들면 세정의식, 예배, 희사, 단식, 순례 등 종교적인 실천의 의무와 신앙의 원칙들을 규정해놓은 부분으로 불변의 것이다. 다른 하나는 인간의 육체적 측면에 가해진 제한으로, 이것은 인간과 인간의 관계, 즉 무아말라트mu'amalat(인간사회 내부의 행위들)를 규정하는 부분이다. 개인의 지위, 결혼, 이혼, 가족구성관계, 공동체 내부의 문제, 재산과 상속의 취득과 분배문제, 상거래 행위 등 개인 및 공동체 생활에 관계한 사회적 측면의 것으로 가변적인 것이며, 소위 서구에서 말하는 가족법, 상법, 형법 등에 관계된 부분이다. 그러므로 이슬람법에서는 서구식으로 민법, 상법, 형법 등과 같은 분류를 하지 않는다.[5]

---

4 Gibb, 앞의 책, p.68.

5 Sayyid Abul Ā'la Maududi, *The Islamic Law and Constitution,* Lahore: Islamic Publications, 1967, pp.60~62.

피끄(법학)는 크게 두 개의 기본 구성요소를 갖는데, 그것은 푸루으 알 피끄furū' al-fiqh(법학의 가지들)와 우술 알 피끄usūl al-fiqh(법학의 뿌리들)이다. 푸루으 알 피끄는 여러 가지 법들에 대한 규정과 그에 대한 연구분야로서, 바로 위의 것들(종교적 · 사회적 측면의 여러 법규들)이 여기에 해당된다. 한편, 우술 알 피끄는 법의 카테고리(인간의 어느 행위가 의무적인 것인가, 금지된 것인가?)를 규정하는 것과, 법의 근거들인 법원들(『꾸란』, 순나, 이즈마아), 그 법원들을 보완하는 기준과 규칙들(법적 지혜들, 유추의 사용), 그리고 이즈티하드ijtihād(독자적 판단의 실행)의 이론 등을 다룬다.[6]

샤리아에서는 인간의 행위를 다음과 같이 다섯 범주로 나누고 있다. 피끄에서는 이를 인간행위들의 다섯 원칙al-aḥkam al-khamsa이라 부른다.

① 파르드farḍ 혹은 와집wājib(의무적인 행위들) : 무슬림이면 누구나 꼭 해야만 하는 의무적인 행위들이다. 예배, 단식 등 이 범주의 행위를 실천하면 보상을 받지만 태만할 경우에 처벌을 받는다.

② 만두브mandūb 혹은 무스타합브mustaḥabb(의무적인 것은 아니나 권장받는 행위들) : 이 범주의 행위는 실천하면 바람직하고 좋은 것으로서 보상을 받으나, 태만하더라도 처벌을 받지 않는다.

③ 무바흐mubāḥ 혹은 자이즈jā'iz(해도 좋고 안 해도 좋은, 법과 무관한 행위들) : 일상생활에서 법과 무관하게 일어나는 모든 행위를 말한다. 실천이나 태만이 보상 이나 처벌과 관계가 없는 행위들이다.

④ 마크루흐makrūh(금지된 것은 아니지만 피하도록 권고받는 행위들) : 이 범주의 행위는 바람직하지 못하다. 용인받지 못할 범주의 행위들이지

6 Neal Robinson, *Islam, A Concise Introduction*, Washington, D.C.: Georgetown University Press, 1999, p.149.

만 그렇다고 처벌을 받지는 않는다. 그렇지만 삼가야 할 행위들이다. 마크루흐 행위에 대해서는 법학자들 간에 견해 차이가 크다.

⑤ 하람ḥarām(금지된 행위들) : 절대로 해서는 안 되는 금지된 행위들이다.

한 범주 안의 행위들이 다시 세분되기도 하고, 한 인간이 저지른 행동이 과연 어느 범주에 속하는 것이냐를 두고 법학자들 사이에는 이견이 생기게 된다. 예를 들면 어떤 법학자는 파르드를 파르드 아인farḍ 'ayn—예컨대 예배, 희사, 금식 등 모든 무슬림들에게 똑같이 의무지워진 행위들—과 파르드 키파야farḍ kifāya—예컨대 장례예배에 참석하는 것 혹은 성전에 참여하는 것과 같이 단지 일부 무슬림에게만 의무지워지는 행위들—로 나누고, 또 어떤 법학자가 무바흐라고 간주하는 행위를 다른 법학자들은 마크루흐라고 보고, 또 다른 법학자는 하람으로 간주하여 금하고 있는 것이다. 이 때문에 여러 법학파로 갈라지게 된다. 특히 무바흐(혹은 자이즈)는 윤리적으로나 법적으로 하등 문제가 될 것이 없는 행위로서 인간행위의 대부분을 차지하는데, 이런 행위에 대한 계시나 근거가 명확하지 않기 때문에 이 범주의 분류에 견해 차이가 생기게 마련이다. 나머지 행위들은 결국 그 행위가 해도 좋은 것이냐 또는 해서는 안 되는 금지된 것이냐에 따라 크게 두 범주로 나눌 수 있는데, 무슬림들은 이것들을 할랄ḥalāl(허용되는 것)과 하람ḥarām(금지되는 것)으로 부르면서 하람의 행위를 엄격히 규제한다.

2. 이슬람법의 형성과 발전

이슬람 이전의 아랍사회에는 조직화된 정치권력이 형성되지 않았듯이 체계화된 법제도도 물론 있지 않았다. 만약 소유권, 상속권 또는 타인에 대한 불법행위 같은 문제에 관련해서 분쟁이 발생하고 당사자 간의 해결이 이루어지지 않은 경우, 중재자를 내세워 이를 해결하였는데, 이때의 중재자를 하캄ḥakam이라 불렀다. 중재자를 통한 이런 분쟁해결 방식은 이슬람이 출현할 때까지 아랍사회의 일반적 관행이었다.

중재자로는 초자연적인 능력의 소유자, 예언자, 존경받는 인물, 때로는 점술가 등을 선호했다. 중재자의 결정이 확정적인 구속력을 갖는 것은 아니지만 대개 양측은 이에 따르는 것이 관행이었다. 이때 중재자의 역할은 사회규범이던 전통과 관례, 관습이 어떠한지를 설명하고 그 당위성을 역설하여 이를 적용하고 양측으로 하여금 그의 중재를 받아들이게 하는 것이었다. 결국 그것은 종래의 법적 관행, 즉 순나sunnah에 권위 있는 해석을 하는 역할이었는데, 이런 기능은 점차 중재자의 위치를 새로운 입법행위자의 위치로 바꿔놓게 하였다.

무함마드는 메카 포교 시절에 메카의 중심부족이었던 꾸라이쉬 기득권층으로부터 박해를 당하면서도, 한편 그들로부터 그는 아랍 유목민 사회에서 종종 나타나던 새로운 종교예언자 정도로 간주되었다. 이러한 인식으로 말미암아 한창 부족간 분쟁이 심화되어 있던 야스립 지역의 원로들은 자신들의 중재자로서 무함마드가 적임의 인물이 아닐까 하는 기대를 가졌다. 따라서 무함마드는 메카에서 새로운 종교의 포교자와 주창자로 출발하였지만, 야스립(후일 메디나가 됨) 주민들의 초청을 받고 이주한 후에는 중재자의 위치가 되었고, 이를 계기로 메디나 공동체ummah를 창설한 후 그 사회의 통치자 겸 입법행위자의 지위에 오르게 된다. 정치적 · 군사적 배경을 갖고 공동체의 안정과 통치를 위한 입법자의 위치가 된 것이다.[7]

7 J. Schacht, "Law and Justice," in *The Cambrige History of Islam*, ed. P. M. Holt, Ann

당시 그는 특정한 법체제를 갖추지 않고서도 공동체 통치에 충분할 만큼의 지도력을 행사할 수 있었다. 그것은 아마도 그가 갖고 있던 권위가—공동체 구성원인 믿는 자들에게는 법적인 것이라기보다 종교적인 것이었고, 믿지 않는 자들에게는 정치적 · 군사적인 것이었지만—충분한 영향력을 가졌기 때문일 것이다. 실제로 무함마드로서는 당시까지 아랍사회의 모범적 관행과 관습인 순나를 굳이 변경할 하등의 이유가 없었다. 그의 궁극적 목표는 새로운 법질서를 확립하는 데 있지 않았고 단지 그의 백성들에게 구원에 이르는 '진리의 길'을 가르치고 포교하는 데 있었던 것이다.

정통 칼리파 시대에도 중재제도와 일반적인 아랍의 전통과 관습을 그대로 따르는 법적 관행은 여전히 계속되었다. 무함마드와 마찬가지로 그의 대리인으로서의 칼리파들은 통치자 · 행정가로서의 기능뿐만 아니라 재판장으로서의 역할도 맡았다. 이슬람 초기의 약 100년 동안, 대체로 이슬람 정부에서는 행정과 사법의 두 기능을 굳이 분리할 필요가 없었으며, 실제로 그것은 분리될 수도 없는 것이었다. 칼리파 오마르 때 이슬람의 급속한 팽창이 있은 후, 새로운 영토를 다스리고 아랍인의 이익과 국가의 안위를 도모하기 위해 행정법령들이 제정되기는 했지만, 아직은 그것이 이슬람법의 일부가 되는 것이라고 말할 수는 없는 수준의 것들이었다.

무함마드 사후 40년이 되면서 이슬람 공동체는 쉬아와 카와리지 같은 분파가 발생하는 정치적 격동기를 맞는다. 이러한 쉬아와 카와리지의 운동과 분열도 이슬람법의 형성과 조직에는 별 영향을 미치지 않았다. 두 운동 모두 정치적인 쪽에 치우쳐 있었을 뿐이었다.[8] 이때까지는 아랍의 전통

Lambton, B. Lewis, Vol.II, Cambridge: Cambridge University Press, 1970, pp.540~541.

8 같은 책, p.543.

이자 모범적 관행인 순나가 무엇보다 존중되는 시기였다. 고대관습이면 무엇이든 옳고 적절한 것이라는 인식 아래 선조들의 관행을 따라하려는 경향을 보였고, 이는 아랍인들의 전통주의·보수주의를 잘 반영해주는 것이었다. 원래 이러한 아랍인의 보수주의 경향 때문에 어떠한 혁신적 움직임(이슬람을 포함하여)에 대해서는 대개 부정적이었다. 그러나 일단 아랍이 이슬람화하자 아랍인들은 이슬람을 그들의 종교로 받아들인 채, 공동체 질서와 규범에 관해 다시 보수주의 경향을 고수하려 했다. 이것이 순나사상이 이슬람법안에서 중심적인 개념의 하나로 자리잡게 되는 배경이자 과정이다.

순나는 원래 법法용어로 함축된 의미보다는 정치적 색채가 더 강한 용어였다. 후대 이슬람사회에서는 초기 이슬람의 두 정통 칼리파인 아부 바크르와 오마르가 남긴 모범적인 정치·행정적 관행들을 모두 순나로 수용해야 하는가라는 의문이 일게 된다. 예를 들면 제3대 정통 칼리파 오스만은 그의 인사정책에 불만을 품은 폭도들에 의해 서기 655년 살해되었는데, 그 명분은 오스만의 정책이 전대 칼리파들인 아부 바크르와 오마르의 순나에서 벗어난다는 것이었다. 이것은 다시 『꾸란』의 가르침에도 벗어난다는 주장을 낳게 한다. 그러나 전대 칼리파들의 정치관행을 어느 기준을 갖고 적용하느냐 하는 것은 공동체에서 견해의 일치를 볼 수 없는 난제였다. 게다가 칼리파 오스만 통치기 이후에는 이슬람이 널리 전파되었기 때문에 메디나 관습법, 소위 메디나 순나에 의존하여 새로운 법적 문제에 대응하기에는 한계가 있었다. 그렇기 때문에 후대 무슬림 법학자들 사이에서는 '예언자 순나'라는 새로운 법개념이 발생하게 된다. 즉 예언자의 언행인 하디스ḥadīth만을 순나의 개념으로 확정지으려는 시도이다.[9]

9 같은 책, p.543.

그러나 이슬람이 출현한 지 100년이 지난, 즉 7세기가 다 지나가는 이때까지, 이슬람법의 형성은 기초단계에 있었을 뿐만 아니라, 『꾸란』에 언급된 것은 무엇이든지 지켜야만 하고 무슬림들을 구속하는 법이 되어야 한다는 것과, 고대 순나와 예언자 순나가 보완적 법원法源으로 채택되어야 한다는 그런 수준의 것이었다. 기본개념은 섰지만 법률용어를 포함하여 전문적 수준에서의 이슬람법 형성은 아직 갈 길이 멀었다. 예언자 순나(하디스)와 메디나 순나의 법적용의 문제뿐만 아니라, 사실은 『꾸란』 내용의 법적용에서도 혼란은 막을 수 없었다. 『꾸란』에는 명시적인 법적 언급이 있기도 하지만 많은 것은 암시적인 것들이고, 명시적인 것일지라도 구체적인 법전法典의 것이 아니므로 문제는 얼마든지 야기될 수 있었다. 예를 들면 예배, 자카트, 금식, 순례 같은 주제에서도 그것은 의무적으로 꼭 실행해야 하지만 그 의무를 어떻게 수행해야 하는가에 관한 구체적인 내용은 없기 때문이다.

무아말라트의 경우에서도 마찬가지였다. 예컨대 『꾸란』은 "도둑의 손은 잘려야 한다"[10]고 말하고 있지만, 그 처벌의 실행문제는 아직 대답할 수 없는 많은 의문을 남겨놓고 있다. 처벌이 어른과 마찬가지로 어린이에게도 적용되어야 하는가? 범죄 용의자가 늙었고 병약한 자이거나, 임산부이라도 강제되어야 하는가? 정신이상자, 저지능의 용의자에게는 처벌을 경감할 수 없는가? 단지 상습적 도둑들에게만 절단형을 내려야 하는가? 처벌에 대한 『꾸란』 내용의 근원적 목적과 가치 있는 실행은 과연 무엇인가?

무함마드가 살아 있을 때는 해결하기 어려운 문제에 봉착할 때마다 계시가 계속해서 내려오거나, 예언자 자신의 사려깊은 판단 혹은 메디나의 관습법에 따라 해결했던 것이 그의 사후, 더욱이 정통 칼리파 시대마저 지

10 『꾸란』 5 : 38.

나면서 상황은 극적으로 바뀌었다. 광역화된 제국을 통치하면서 제기되는 행정 · 사법의 문제들마다 하나님의 의지에 맞게 정의와 공정을 적용하고 실행하는 일이 점점 더 어려워지게 되었다. 종교법의 형성이라는 대과제보다도 당장 해결해야 할 정치 · 행정 · 군사적인 시급한 문제들이 쌓이게 되었다.

사실상 우마이야조 통치자들의 주된 관심은 종교나 종교법이 아니라 정치와 행정에 있었다. 그들은 강력한 군사력과 중앙집권체제를 통해 아랍제국을 효과적으로 통치하려 했고 따라서 베두인 사회에 팽배되어 있던 개인중심주의나 무정부적 · 원심분리적 생활태도를 적극 타파할 수 있는 강력한 중앙행정관료조직과 정치제도를 표방하였다. 그렇지만 이 시기에 이미 새로 정복된 지역의 외래사상이 들어오기 시작했다. 물론 그 중에는 법에 관한 것도 있었다. 다시 말해 정복지역의 법제도, 행정제도, 지방관행 같은 것들이 유입되어 조금씩 전용되기 시작한 것이다.

이때의 매개인은 새로 이슬람에 귀의한 마왈리mawalī(정복지의 비아랍인 무슬림에 대한 통칭)들이었다. 이들은 이슬람에 입교하였지만 우마이야 통치기간 내내 통치자들이 보였던 아랍우월주의로 인하여 거의 이슬람 초기 150년 동안은 2등 시민으로 남아 있었고 무슬림사회의 중간계층을 형성하고 있었다. 이들 중에서 고등교육을 받았던 지식인 개종자들이 자신들이 가졌던 법사상, 제도, 관행들을 이슬람사회에 소개하였던 것이다. 예컨대 비잔틴 로마제국의 치하에서 유대인에게 적용되던 처우의 관례라든가 과세 · 조세의 방법, 로마법, 비잔틴법에 근거를 둔 여러 관행과 법적 요소들, 동방교회인 정교회의 캐논canon법, 탈무드Talmud와 랍비rabbinic법, 사산조의 관행 중 여러 법적 요소 같은 것들이 새로 알려지고 이슬람법 형성에 영향을 끼치게 된다.[11] 물론 고대 아랍의 관습법, 메카인들의 상법, 메디나 토지경작법 등 종래 아랍사회의 규범과 관행의 여러 기본개념들이 초기 이슬람법 형성에 직접 영향을 주었음은 두말할 나위가 없다. 따라서 이 시기는 이슬람 문명의 개안기開眼期인 동시에 아직은 미성숙 단계이지만 이슬람법 형성의 부화기였다고 말할 수 있을 것이다.

무슬림 법학자들이 『꾸란』의 해석과 하디스 수집에 진력한 결과 이슬람법 형성의 기초적 단계의 법적 행위들이 가시적으로 나타나기 시작한다. 이 시기에 이루어진 이슬람법 형성의 가장 중요한 발전은 까디qāḍī(판사, 법관)제도의 확립이다. 우마이야조 칼리파들과 지방총독들은 재판관인 까디를 주요 도시에 두어 자신의 사법권 행사를 대리하게 하였다. 까디의 출현은 아랍의 정복사업과 이슬람 팽창이 낳은 산물이었다. 거대해진 제국 내에서 중재자 하캄의 역할은 더 이상 적절하지 못하였고 까디들이 그 역할을 대신하게 된 것이다. 이들은 정부관료이자 법률고문으로, 현실적인 행정법 · 형법분야의 발전에 큰 공헌을 하게 된다. 일반적으로 까디가 될 수 있는 조건은 성인남자, 독실한 무슬림, 고매한 인격, 해박한 법학지식의 소유자 였다. 초기의 까디들은 『꾸란』과 순나에 의거하여 자신의 주관적 판단인 라이ra'y(개인적 견해, 이성)에 따라 판결을 내렸다. 이러한 라이 사용의 폭은 후일 상이한 법학파들이 생겨나게 하는 주요 요인이 된다. 까디들이 갖고 있던 주된 관심사는 자기 지방의 관습법이 『꾸란』이나 보편적인 이슬람 원리와 정신에 위배되는 것이 아닐까 하는 것은 살펴보는 것이었다. 『꾸란』과 이슬람 원리에 대한 이러한 연구와 검토, 토론 및 검증은 법학자들 간에 합의를 도출해내기도 하였다. 그러나 때로는 개인적 견해와 추론들이 서로 달랐기 때문에 각기 상이한 판단 혹은 결정에 도달하는 경우도 있었으며, 지방에 따라 다른 법학 동아리들이 생겨나게 되었다. 그

11 Schacht, 앞의 글, p.546.

리고 이러한 라이의 자유로운 작용으로 이슬람법학 피끄fiqh가 본격적으로 발전하기 시작한다.

예언자의 유산을 모아 정리·해석하고 이슬람 초기의 순나에 대한 전통을 보존하고 샤리아를 만드는 작업은 통칭 울라마'ulamā'(단수는 'ālim)로 알려진 법학자와 신학자들에 의해 이루어졌다. 울라마는 문자 그대로 '일므'ilm(지식)를 가진 자' 들로, 무슬림학자군群에 대한 명칭이다. 이들은 성직자가 아니다. 이슬람에는 기독교에서와 같은 성직자제도가 존재하지 않는다. 그들은 단지 종교에 대한 가르침을 무슬림들에게 베풀고 올바르게 인도해줄 수 있는 지식인들이다. 이들이 울라마가 될 때 어떤 성직 수여식이나 특정 종교의식을 치르는 것은 아니다. 울라마는 그들의 높은 학식 때문에 무슬림 대중으로부터 존경받는 법학자·신학자들이며 종교적 지식인 모두에 대한 통칭이다.[12] 그러므로 울라마 중에는 법학자와 까디와 같이 법을 다루는 관료들도 있다. 법학자는 '피끄에 전념하는 사람' 이므로 파끼흐faqih라고 부른다. 파끼흐는 관직이 아니다. 파끼흐 중에서 대개 까디를 임명한다. 울라마와 푸까하이fuqahā'i(faqih의 복수)는 동일시될 수 있다. 그러나 전자는 일반적으로 법을 포함하는 종교 전반에 걸친 지식인들을 말하고 후자는 법학자에 한정된 소수의 사람들이다.

울라마는 대개 우마이야조 정치조직의 외부에 존재하였지만, 대중과 통치자들로부터 특별히 존경을 받았다. 이들의 중요한 역할은 『꾸란』과 순나에 의거하여 신도들에게 올바른 행동양식을 가르치고 충고하는 일이었다. 이들 울라마의 수가 늘고 결집력이 커져 8세기에는 비록 수십 년 동안 아직 조직, 이론, 체계에서 미흡할지라도 법학파madhhab라 불리는 법동아

12 John B. Christopher, *The Islamic Tradition*, New York: Harper & Row Publishers, 1972, pp.53~54.

리가 생길 정도로 발전해간다. 이들의 주요 활동지는 처음에는 이라크의 바그다드, 쿠파, 바스라였고 곧 이어서 히자즈의 메디나와 메카, 시리아의 다마스쿠스가 중심무대로 등장하였다. 일반적으로 메디나 지역은 하디스의 본고장이었기 때문에 보다 전통주의적이었고 순나를 중시하는 경향이었으며, 이라크 지역은 하디스쪽에는 상대적으로 약하였지만 반면에 보다 개방적이고 이성을 중시하는 경향이었다. 8세기 내내 이슬람법학의 형성과 발전에는 라이의 적용을 활짝 열어놓고 있던 이라크쪽 법학자들이 더 활동적이고 우위를 차지하였던 것으로 알려져 있다.

우마이야조가 무너진 750년에 이를 때까지, 이슬람법은 형성단계에 있었지만 기본 개념과 틀은 거의 짜여져가고 있었다. 압바스조 초기에는 우마이야조 후반부터 박차를 가했던 제국의 이슬람화 운동이 계속 강화되어 갔고 칼리파들은 스스로가 이슬람의 수호자요 신의 대리인임을 선전하고 국정 전반에 이슬람이라는 슬로건을 내걸고 압바스조가 명실상부한 이슬람제국임을 표방하려 했다. 칼리파들은 자신들의 종교적 권위를 높이기 위해 법학자들을 측근에 두었으며 울라마를 예우하였다. 까디제도도 한층 발전하였다. 수도인 바그다드에 까디의 장長인 '까디 알 꾸다트' qāḍī al-quḍāt라는 지위가 생겨났는데, 이것은 칼리파의 가장 중요한 고문이 되는 자리였다. 일반적으로 까디들은 칼리파에 의해 직접 임명되었다. 그리고 칼리파 자신도 이슬람법 형성과정에 한몫 역할을 한다. 법학자들에게만 허용되던 개인적 법견해를 내놓고 법 결정과 판단을 하는 권리가 칼리파에게도 주어진 것이다. 그러나 그에게 법 제정권이 부여된 것은 아니었다. 이슬람법의 틀 안에서 행정 규정이나 명령들을 만들고 이에 대한 시행 명령을 내렸던 것이다. 그러나 후대 칼리파들과 세속 군주들은 종종 새로운 법규를 만들고 그 시행 세칙도 제정했다. 군주들은 이것을 행정조치라고 말하면서, 이런 조치는 오로지 이슬람법을 잘 운용하고 보충하며 행정의 원만한 시행을 목적으로 한 것이라고 변명하였다. 그러나 실제로는 세속 군주들이 경찰, 행정, 과세, 형법상의 죄인을 다룰 재판 규정 등 세속법규를 만드는 데 진력하였던 것이다. 그 중의 한 예로 이집트 맘루크 술탄들의 씨야싸siyāsa와 오스만제국 술탄들의 까눈 나마qānūn-nāmes를 들 수 있을 것이다.

8세기 전반부는 이슬람법이 급속도로 발전해 가는 시기였다. 이븐 알 무까파아Ibn al-Muqaffa'는 무슬림세계의 도시들마다 법학자들 간에 상이한 법이론에 대한 의견이 다르고, 사법행정이 불일치하는 관행을 개탄하고는 칼리파 알 만쑤르al-Manṣūr(754~775년 재위)에게 이러한 상이한 법이론들을 통합하고 법을 제도화하여 성문화된 「칼리파 법전」을 만들어야 한다고 제안하였다.[13] 이와 같은 뛰어난 울라마와 법학자들의 출현은 이슬람법 형성과 발전에 결정적인 전기가 된다. 그 중에서도 특히 이맘 하나피Ḥanafī와 이맘 말리크Malik의 등장으로 이슬람법이 구체화되고 이슬람 법학파가 생겨나게 되었다. 이들은 독특한 법이론 체계로 법학파를 세웠으며 수많은 제자들을 길러내게 된다. 법학자들뿐만 아니라 울라마들도 법의 형성과 성장의 주역이었다. 특히 하디스의 정당성을 검증하기 위해 부단히 전승의 연결고리를 찾아내어 건전한 하디스와 약한 하디스, 위조된 하디스를 구별해놓은 단계에 이르자 법학 이론체계는 완성의 단계로 접어들게 된다. 더욱이 이들도 『꾸란』과 하디스로부터 유추(끼야스qiyās)하여 진리가 무엇인지를 밝혀내는 데 공헌하고 법체계의 합리성을 확립하는 데에도 일조하였다. 또한 법학자들은 그들 자신의 합의(이즈마아ijmā')를 도출해내는 데에도 진력하였다. 그리고 8세기가 끝나갈 무렵, 앗 샤피이as-Shāfi'ī가 순

13 손주영, 『이슬람 칼리파制史』, 민음사, 1997, 276~277쪽 참조.

나의 개념을 예언자 순나로 재정의하고는 이슬람 법원을 『꾸란』, 순나, 이즈마아, 끼야스로 정립해놓았다.[14] 이것은 오랫동안 논의되어 오던 법학 문제에 대한 간명한 결론이었다. 샤피이 법학이론의 출발점 역시 앞선 법학자들과 마찬가지로 입법의 궁극적 원천은 『꾸란』이고, 다른 모든 것들은 그것에 보조적인 것들이라는 관점이었다. 그리고 그 보조적인 것들도 법으로 수용하기 위해서는 명시적이든 암시적이든 알라의 말씀에 근거하고 거기에서 파생되어 나온 것이어야 한다고 그는 주장하였다. 먼저 그는 예언자의 모범적 행신과 언행인 예언자 순나를 법으로 받아들이는 데에는 손색이 없다고 말하였다. 왜냐하면 『꾸란』은 무슬림에게 신과 그의 사자의 존재에 대한 신앙을 명령하고 있기 때문이다.[15] 그러나 싸하바들과 그 뒤를 이은 초기 무슬림들의 언행은 모범적 관행이기는 하지만 법으로 받아들일 정당한 이유가 없다고 보았다. 그렇기 때문에 그는 싸하바 순나를 배제하고 오직 예언자의 순나인 하디스로 법에서의 순나 개념을 바꾸어 놓았다. 이렇게 해서 이슬람법의 기본틀이 완성된 것이다. 그리고 그 후 9세기 초가 되자, 종래 법학파를 지리적 · 지역적 연고에 따라 분류하던 경향이 점차 퇴색하고, 그대신 스승과 그 스승의 이론을 받들고 따르는 데 개인적 헌신을 다하는 동아리들이 한 학파를 이루게 되어 마침내 4대 법학파가 출현하게 된다. 이와 같이 이슬람법은 압바스조 초기에 이르러서야 형성단계의 종착점에 다다른다.

이즈음에는 페르시아 사산조의 행정제도에서 유입된 것으로 알려진 새로운 법정도 만들어졌다. 이것은 정부관리와 권력을 가진 자에 의해 개인의 권리가 침해되는 억울한 사정과, 까디의 오심 혹은 비합법적인 판결 등

---

14 Schacht, 앞의 글, p.559.

15 알라와 그의 사자를 믿고 복종할 것을 명한 구절은 『꾸란』 77 : 158~159, 64 : 8, 59 : 7.

판결에 불만이 있을 때 제소하여 이를 다시 조사하게 하는 공식 법정제도였다. 이 법정은 안 나자르 휠 마잘림an-naẓar fīl-maẓālim이었는데, 통상 마잘림법정이라 불렸다. 압바스조에 세워진 이 법정은 일반 법정과는 다른 행정재판소로서, 샤리아보다는 씨야사Siyāsa(행정법)에 따라 판결이 내려졌다.[16]

그 후 10세기(히즈라 4세기)가 시작되면서 각 법학파들은 모든 본질적인 법적 문제들이 충분히 논의되었고 최종적인 형태로 법결정이 내려졌다고 간주하기에 이른다. 각 학파들은 이슬람법이 구체적인 형태에 도달하였으므로 이후로는 더 이상 종교법에 독자적인 법 판단과 결정을 추가할 필요가 없다고 보았다. 법학자들의 역할과 행동은 단지 이미 결정된 이슬람법에 대한 해석 · 적용 · 설명 · 판단을 하는 데 그쳐야 한다는 것이었다. 이것은 곧 '이즈티하드의 문門의 봉쇄ṣadd bāb al-ijtihād'를 의미하였고 사실상 샤리아의 완성단계를 의미했다. 그리고 오늘날까지 순니 4대 법학파의 법체계와 이론은 천 년 이상 그 모습대로 존속해오고 있다.[17]

그러나 인간의 삶에는 끊임없이 새로운 사건들이 일어나고 그것이 현실적으로 문제화되었을 때 법학에 기초한 해결책이 필요하였다. 이러한 것은 무프티muftī의 일이 되었다. 무프티는 공식 임명된 지위를 갖고 있느냐 없느냐에 관계없이 법에 관한 최고의 지식과 세련된 법적용의 지혜와 경험을 갖고 있는 법학자들로, 무슬림 공동체에서 공식 인정하는 최고의 법 전문인에게 주어지는 호칭이자 지위이다. 이들의 임무는 해석이 안 되거나 판단이 서지 않는 법문제에 대해 권위 있는 법 견해인 파트와fatwa를 내

16 이와 같이 일반 법정이 아닌 법집행기구로는 히스바Hisba라는 것도 존재했다. 시장감독관인 무흐타시브muḥtasib가 공정한 시장 가격을 위해 무게를 다는 저울질과 상품의 질, 도덕적인 상행위를 관리, 감독하였다.

17 Schacht, 앞의 글, pp.563~564.

놓는 일이다. 이 파트와는 단순한 라이ra'y(이성적 견해)가 아니다. 그것은 라이를 사용하여 이즈티하드를 한 결과로서, 종래의 판례들을 숙고하고 섭렵하여 도달한 법 견해이자 법 결정이다. 다시 말해 법 집행이나 판결을 할 때 의문이 생기면 까디들은 무프티에게 조회를 하게 된다. 무프티는 공식적으로나 개인적으로나 일단 법 결정에 관한 의뢰를 받으면 파트와를 내놓는다. 샤리아에 의해 통치되는 이슬람 국가에서 무프티의 권위는 대단하다. 근세까지 국가에서 공식 임명해 온 국가 최고 무프티 지위의 대표적인 예로는 오스만 터키의 쉐이크 알 이슬람shaykh al-Islām을 들 수 있다. 이 지위는 오스만 제국내 종교문제의 최고수장首長의 자리였다.[18] 그리고 오늘날에도 여러 이슬람국가에서는 무프티제도를 두고 있고, 국가 최고 무프티를 공식 임명하고 있다. 그러나 서구법에 기초하는 국가 구성법 체제하의 국가에서는 무프티의 영향과 권위를 단지 결혼 · 이혼 · 상속 · 가족법 등 종교법적 문제들에만 한정시켜 놓고 있다.

근세에 서구 사상과 문물이 들어오면서 이슬람세계가 새로운 개화기를 맞자 이슬람 근대주의 개혁운동과 더불어 10세기에 닫힌 이즈티하드의 문에 대한 논의가 거세게 일어나게 되었다. 이슬람의 부흥과 이즈티하드의 재개방에 관한 논의가 활발히 일게 된 것이다. 근대주의 울라마들은 이즈티하드의 문을 닫게 된 과거의 역사적 · 필연적 과정을 신중히 연구 · 검토하였다. 그리고 무엇보다 그때는 전통주의 이슬람이 이단적 성향의 파띠미 조(909~1171년) 바띠니야Batiniyya(쉬아 이스마일파에 대한 별칭)들의 비밀스러운 선전교의에 크게 위협받고 있던 때였으므로 바띠니야들에 의해 교리의 분열이 일어날 것을 두려워한 나머지 순니법학자들이 이즈티하드의 금지를 조장했고 마침내 문을 닫는 조치를 취한 것이었다는 주장이 대

18 같은 글, p.564.

두되었다. 당시 카이로 파띠미조의 세력은 바그다드 압바스 칼리파들과 이슬람세계를 동 · 서 양 지역으로 나누어 통치할 만큼 커져 있었고, 날로 쇠잔해가고 있던 압바스조를 오히려 정치적으로 위협하고 있는 때였다. 그리고 그들의 위대한 법학자 까디 누으만qāḍī Nu'mān은 바띠니야들에게 그들 나름의 건실한 법이론 체계를 갖게 하였다. 정통 이슬람주의자들인 순니들로서는 선대 법학자들이 만들어놓은 이슬람법의 전형이 더 이상 근원적으로 변형될 필요가 없다고 판단하였다. 오히려 바띠니야들의 새로운 이단적 주장이 정통주의 법이론에 침투되는 것이 두려웠던 것이다.

3. 이슬람법의 법원과 법학파

(1) 이슬람법의 법원

무함마드는 신의 메시지인 『꾸란』과 자신의 모범적 행신sunna으로 무슬림 공동체를 이끌었다. 어려운 문제에 봉착하였을 때 새로운 계시를 받기도 했고, 때로는 메디나의 전통과 관습에 의존하여 해결하기도 하였다. 그의 사후 첫 네 명의 칼리파들은 자연히 무함마드를 본받아 『꾸란』과 순나를 공공체 생활의 가장 권위 있는 지침으로 삼았다. 물론 예언자의 결정사항들과 판례들도 법적 문제를 해결하는 데 본보기가 되었다. 또 무함마드와 같이 그들도 자신들의 법적 결정들을 만들어냈으며 메디나의 전통과 관습에 의존하여 법적 견해들을 끌어냈다. 뿐만 아니라 초기 무슬림 지도자들은 라이ra'y라고 부르는 '개인의 이성적 견해'도 훈련해야 했다. 『꾸란』 내용의 복잡성, 모호성, 난해함 때문에 진리에 대한 올바른 해석과 판단을 위해서는 개인적 이성과 견해가 필요했고, 순나의 진위를 판단하기 위해서도 개인적 견해의 사용은 불가피하였던 것이다.

이슬람의 고전적 전통과 제도들이 전승되고 점차 문서로 정비되어 갔지만, 조직화된 합법적 형태의 체계는 아직 세워지지 않았다. 초기 세대들—대략 압바스 초기까지—사이에서는 합법적 판단과 결정이 융통성 있게 이루어졌다. 물론 『꾸란』은 최고의 권위였다. 그것은 인간의 언어가 아닌 '신의 말씀'으로, 그 안의 어떤 내용이든 무슬림의 사고와 행동을 구속하는 법이 되었다. 『꾸란』은 대략 6천여 구절로 되어 있는데, 그 중 약 2천 구절 정도가 법적인 것들이고 대개 『꾸란』 제2장과 제4장에 포함되어 있다.[19] 또한 신의 말씀의 전달자로서의 무함마드는 유일하고 확실한 『꾸란』 해석의 권위자였으며, 『꾸란』 구절에 그의 말이 권위 있는 것으로 언급되어 있기 때문에[20] 점차 무함마드가 남긴 언행(하디스) 모두는 절대적으로 옳은 순나로서 법으로 받아들여야 할 권위와 가치가 있는 것으로 여겨지게 되었다.

그러나 새로운 입법을 하거나 합법적 판단을 만들어내야만 하는 특별한 상황에 처했을 때 순나조차도 무슬림들이 필요로 했던 합법적 근거를 제공할 수 없는 때가 많았다. 그래서 끼야스qiyas로 알려진 유추적 추론이 또 다른 보편적인 법원으로 인식되게 된다. 『꾸란』과 순나에서 판결의 근거를 찾지 못하고 해결할 수 없는 문제가 발생하였을 때, 이미 만들어져 있있던 확실한 법적 결정들 속에서 유사한 상황을 찾아내어 적용하는 방법이다. 끼야스는, 무함마드가 무아즈 빈 자발Mu'adh b. Jabal을 까디qāḍī(재판관)로 임명하여 예멘에 보낼 때 그와 대화한 다음의 하디스가 널리 알려지면서 후일 거의 모든 법학파가 법원으로 받아들이게 된다.

19 Hitti, 앞의 책, p.42.

20 『꾸란』 7 : 158, 64 : 8, 4 : 169, 59 : 7.

"의문이 생겼을 때 너는 어떻게 결정을 내리겠느냐?" 그가 답하기를 "알라Allāh의 책에 따라 결정하겠습니다." "그런데 만약 알라의 책에서도 답을 찾지 못한다면 어떻게 하겠느냐?" "그때에는 알라의 사자의 순나에 따라 결정하겠습니다." "만약 『꾸란』에서도 순나에서도 답을 찾지 못하면 어찌하겠느냐?" "그때에는 주저 없이 제 자신의 견해ra'y에 따라 결정을 하겠습니다." 알라의 사자는 손으로 친밀하게 무아즈의 가슴을 가볍게 두드리면서 다음과 같이 말하였다. "알라를 기쁘게 하는 대답이로다. 알라의 사자(무함마드)의 사자를 이끌어 주시는 알라께 찬양을 드릴지어다."

끼야스에는 무엇보다도 라이를 사용하는 법학자의 이성적 능력이 필요하다. 끼야스를 합법화 · 정당화하는 법학자가 사용한 기초적인 사유의 이유 'illah가 중요한 것이다. 예컨대 『꾸란』에는 금요일 집단예배를 위한 아잔adhān(예배시간을 알리는 소리)이 울리면 서둘러 예배준비를 하고 물건을 사고파는 일을 중단하라는 구절이 있다.[21] 여기서 기초적인 사유의 이유는 사고파는 목소리와 행위가 예배자들의 정신을 딴 곳으로 흐트러지게 한다는 것이다. 이에 근거하여 유추하면 모든 거래행위는 예배를 마칠 때까지, 즉 예배시간 중에는 금지되어야 한다는 법적 견해가 세워지는 것이다. 또 다른 예로 음주에 관한 것을 들어보면 『꾸란』은 특별히 알 카므르al-Khamr(술)라는 술을 마시는 것을 금하고 있다.[22] 그러나 다른 술 이름에 대해서는 언급이 없다. 그런데 카므르가 금해진 이유는 취하게 하여 이성을 잃게 한다는 것이다. 따라서 같은 효과를 가져오는 다른 술도 금해야 한다는 유추가 적용된다.[23]

---

21 『꾸란』 62 : 9.

22 『꾸란』 2 : 219.

23 Trevor Mostyn and Albert Hourani, eds., *The Cambridge Encyclopedia of The Middle East and North Africa*, Cambridge: Cambridge University Press, 1982, p.165.

이와 같은 라이의 사용과 훈련은 이즈티하드ijtihād라는 새로운 전문용어를 낳게 하였다. 이것은 '독자적인 법적 판단에 이르게 하는 개별적 법해석의 행위'를 말한다. 이 말에는 진력함, 애씀이라는 의미가 함축되어 있는데, 그것은 최선을 다해 라이를 사용하여 독립적인 법적 판단과 해석을 하기 때문이다. '신의 길에서 분투 노력함'이라는 뜻의 지하드jihād와 똑같은 어원인 자하다jahada(인간의 이성 혹은 지성을 훈련시키다, 노력하다)라는 아랍어 동사에서 파생되어 나왔다. 이즈티하드와 끼야스는 종종 서로 번갈아 사용되곤 하였다. 유추의 방법은 결국 라이를 써 이즈티하드를 행하는 것이기 때문이다. 이즈티하드를 행하는 사람을 무즈타히드mujtahid라고 부른다.

공동체의 합의인 이즈마아ijmā'가 이슬람법의 법원으로 등장하여 이것이 공식 법원으로 채택된 것은 신학자와 법학자들의 활동이 많아지면서 그들의 권위가 공동체에서 인정받고 울라마 계층을 이루었기 때문이라고 말할 수 있다. 다시 말해 이들이 공동체의 신앙생활, 법, 심지어는 통치구조의 합법성에 대해서까지 권위를 갖고 자신들이 공동체를 대표한다는 인식을 갖게 된 배경 때문이다. 이런 울라마의 등장은 『꾸란』과 전승 속에 감추어진 원래의 의미를 전문적으로 풀이해줄 수 있는 사람들을 필요로 한 시대적 요청의 필연적인 결과였다. 이러한 배경 속에서 히즈라 2세기경 공동체의 합의인 이즈마아는 구속력을 갖고 법제도 안으로 들어오게 되었다. 이로써 이즈마아는 종래의 법제도가 갖고 있던 여러 미비점을 충족시키는 수단으로 수용되고, 권위적인 이즈마아도 무슬림 전체의 합의라기보다는 학식이 있고 존중받는 울라마의 합의라는 개념으로 받아들여지게 되었다. 그 후 실제로 공동체의 합의는 울라마들의 합의를 의미하였다. 물론 앞선 선조들의 가치 있는 합의도 이즈마아에 수용되었다. 법학자들은 이즈마아를 법원으로 채택한 근거로 다음과 같은 유명한 하디스를 말하고 있다. "나의(공동체) 사람들은 결코 오류에 동의하지 않을 것이다." 이 하디스가 초기 무슬림들 사이에서 널리 퍼져 있던 것 같지는 않다. 그렇지만 울라마들의 등장과 더불어 그 의미가 더해지고 건전한 하디스로 인정받고 보편화되었던 것이다.

이즈마아는 어떤 면에서는 다른 법원에 비해 보다 강하고 최종적인 유효성을 갖는다고도 말할 수 있을 것 같다. 왜냐하면 그것은 어떻게 다른 법원들이 사용되는지 또는 사용될지를 결정하기 때문이다. 따라서 이즈마아는 교의, 법률, 국가기능 등 모든 분야에서 다각도로 결정적인 관여를 한다. 때로는 엄격한 비판을 받고 신뢰성에 의심을 받아 배척된 전승을 지지할 수도 있으며 때로는 '이미 규정된 법을 더 이상 유효하지 않은 것'으로 해석해낼 수도 있었다. 그뿐만 아니라 이즈마아의 문은 활짝 열려 있어 이슬람 이전의 사회 제도나 관행까지도 허용할 수 있고, 현재와 미래 사회에 대해서도 믿음과 실천의 큰 틀 안에서 근본적 변화 없이 오히려 조화 있는 이즈마아를 사용할 수 있다. 무엇보다 이즈마아는 역사상 공동체의 복종을 유도하는 강력한 힘이 되었고 점차 순니들 사이에서 이슬람적 법체계의 지배적인 한 축으로 자리잡게 되었다.

앞에서도 언급했듯이 이상과 같은 이슬람법 체계와 법원에 대한 지속적인 논의가 서기 8세기 끝 무렵, 탁월한 천재 법학자 앗 샤피이에 의해 재정립되어 『꾸란』, 하디스(순나), 이즈마아, 끼야스가 이슬람법의 4대 법원으로 확립되고, 그 순서대로 권위가 인정받게 되었다. 그리고 후대 이슬람 법학자들은 앗 샤피이에 의해 이슬람법의 체계가 완성되었으며, 이슬람 법학 피끄fiqh는 그로부터 시작되었다고 말한다. 사실상 앗 샤피이 이후 이슬람 법학은 인간과 인간의 관계뿐만 아니라 인간과 신의 관계까지 규정하는 학문을 의미하게 되었다. 그리하여 법학자가 신학자보다 우위에 있으며, 신학은 법학의 일부라고 인식하게 되었다. 앗 샤피이가 정립한 이슬람법의 4대 법원을 다시 한번 요약해 보면 다음과 같다.

1) 『꾸란』

입법의 제1의 원천은 '알라의 말씀'인 『꾸란』이다. 『꾸란』의 명시적이고 묵시적인 언급 모두가 법이고, 절대 우선적인 이슬람법의 법원이다.

2) 하디스

예언자 순나, 즉 하디스는 제2의 법원이다. 예언자의 언행과 법적 결정들은 신적 영감을 받은 것들로서 두 번째로 중요한 법적 권위이다. 앗 샤피이는 앞에서 보았듯이 싸하바들과 그 후계자들의 언행까지 법적 권위를 가진 것으로 받아들일 이유는 없다고 보았다. 그렇기 때문에 그는 법원이 되는 순나를 예언자의 것, 즉 하디스들로만 한정시킨 것이다. 그뿐 만 아니라 그는 하디스에 대해서도 근거와 검증을 주장하였다. 유효하고 정당한 하디스는 두 부분으로 구성되어 있어야 한다. 일련의 확실한 전승계보 isnād와 언급의 원문matn이 그것이다. 하디스를 전하는 전승자들의 계보 사슬이 끊어지지 않고 예언자에게까지 이어져 올라가야 한다는 것이다.[24]

3) 이즈마아

앗 샤피이는 이전의 법학자들과 마찬가지로 이즈마아를 법원으로 받아들여 꾸란과 하디스 다음 서열의 제3의 법원으로 올려놓았다. 앗 샤피이는 이즈마아를 "가장 박식한 법학자들을 통해 표현된 무슬림 공동체 공중의 의견"이라고 정의하였는데, 이 정의는 큰 호응과 동의를 얻었다. 공동

24 Hitti, 앞의 책, p.45.

체의 합의가 곧 법이 되고 법원이라는 이 주장은 설득력이 있었던 것이다.

4) 끼야스

유추는 이슬람법의 4번째이자 마지막 법원이다. 이것은 일찍이 하나피 학파가 인정한 법적 견해의 적용방법이고 형태였다. 그러나 앗 샤피이는 라이의 임의성 때문에 매우 제한적으로 이를 받아들였다. 유추는 『꾸란』이나 예언자의 하디스에 의해 해결될 수 없는 경우와 사례들에서만 적용되어야 한다는 것이다. 그는 『꾸란』과 예언자 순나(하디스)가 법원의 근원 uṣūl이며, 이즈마아와 끼야스는 이에 종속되는 것far'으로 분류하였다. 따라서 법적용의 순서를 『꾸란』, 예언자 순나, 이즈마아, 끼야스의 순으로 정하였고, 끼야스는 『꾸란』, 예언자 순나, 이즈마아에 의하여 확립된 사실에 근거를 둔 것 외에는 일절 인정하지 않았다.

(2) 정통 순니의 4대 법학파

1) 하나피Ḥanafi 학파

압바스조 초기에 쿠파에서 태어나 바그다드에서 사망한 아부 하니파 Abū Hanīfa Nu'man b. T͟hābit(699~767년)가 이라크에서 세운 가장 오래된 학파이다. 이맘Imām 아부 하니파는 이슬람 법학자들 중에서 이성과 자유의지를 강조하는 이성주의자들의 대표적 인물이었다. 그는 법의 첫 번째 법원으로 당연히 『꾸란』을 채택하였고 『꾸란』에 의거하였지만, 『꾸란』에 명시되어 있지 않은 경우, 개인적 견해인 라이로 이성적 판단을 하였다. 전승 또는 관행보다도 라이를 더 존중하고 라이에 더 의존하여 법적 결정에 도달하려 한 것이다. 따라서 이 학파의 사람들은 '라이의 사람들' ahl al-ra'y이라 불리기도 하였다. 아부 하니파는 이처럼 라이를 사용한 끼야스(유추)를 법적 추론과 새로운 법원으로 처음 채택한 인물이다. 그는 전승보다도 끼야스를 더 중시하였다. 물론 정통 하디스를 법원으로 채택하였지만 『꾸란』에 근거한 유추의 방법론에 더 의존했던 것이다. 그 후 하나피 학파는 끼야스를 가장 많이 적용하는 학파가 되었다. 이것은 결국 개인적 견해, 즉 이성의 적용 폭이 넓다는 것을 의미하는데, 따라서 그만큼 자유스럽고 유동적이다. "법은 불가변적인 것이 아니다. 환경과 상황에 따라 변하는 것이다"라고 말할 정도로 자유롭고 융통성 있게 합리성을 추구하는 학파로 알려져 있다. 따라서 이 학파는 다른 법학파보다 교리상의 해석에 더 유연하고 그만큼 덜 엄격하다.[25] 그는 한때 학문적 활동 외에도 실크 무역업에도 종사하였다고 한다. 또한 압바스조 제2대 칼리파인 알 만쑤르al-Manṣūr(754~775년 재위)는 아부 하니파에게 대법관의 지위를 주려 했으나 그가 거절한 것으로 전해진다.[26] 그는 법학자로서 살았지 까디로서는 봉직하지 않았다. 그러나 그의 유명한 제자인 아부 유수프Abū Yūsuf(798년 사망)와 무함마드 알 하산 앗 샤이바니Muḥammad al-Ḥasan as-Shaibānī(804년 사망)는 칼리파 하룬 알 라쉬드Hārūn ar-Rashīd(786~809년 재위) 때 사법부 고위직을 지냈으며, 스승의 사상과 가르침을 체계화하고 크게 발전시켰다. 따라서 이들을 이 학파의 진정한 설립자라고 말하기도 한다.

아부 하니파는 법조문을 엄격하게 적용하는 것이 불공정한 결과를 이끌지도 모르는 상황에서는 그 법조문에서 일탈하는 것을 정당화시키기 위해 이스티흐산istiḥsān('선을 추구하는' 법적 판단의 자유재량. 문어적으로는 '선호되는 것에 찬성함', '공익이 되는 것을 우선적으로 고려함')에 호소하기도 하였다. 예컨대 『꾸란』은 여인들이 남편이나 가까운 친척들 이외의 남성들 앞에서

25 Caesar E. Farah, *Islam: Beliefs and Observances*, New York: Barron's Educational Series, 2000, p.191.

26 Ḥasan Ibrāhīm Ḥasan, *Islamic History and Culture*, Kamal Adham, Saudi Arabia, 1968, pp.149~150.

는 몸을 가릴 것을 요구하고 있다.[27] 그러나 하나피 법학자들은 이 규정이 아프거나 의학적 치료를 필요로 할 때처럼 부득이한 경우에는 당연히 제외되어야 한다고 주장한다. 이러한 이스티흐산의 원리는 『꾸란』의 다음 구절들에 기준한다. "(복음의) 말씀을 듣고 그 최선의 것aḥsanahu을 따르는 자, 그들이 바로 하나님의 인도를 받은 자들이며…",[28] "주님으로부터 너희에게 내려진 것 중 가장 나은 것aḥsanu을 따를지니…",[29] "하나님께서는 너희에게 편의를 주길 원하시지 곤란을 주길 원하지 않으시니…."[30] 세 번째 『꾸란』 구절은 라마단 때 모든 무슬림이 금식해야 하는 것은 의무이지만 아프거나 여행중인 자는 단식월이 끝난 다음의 적절한 날들로 대체해 금식할 수 있다는 계시에 이어진 것이다. 이와 같은 맥락에서 예언자의 다음 하디스도 중시된다. "너희 종교가 최고인 것은 바로 그것이 사람들에게 쉽고 간편함을 가져다 준다는 점 때문이다." 또한 예언자의 동료들이 이스티흐산의 원리를 명백하게 공식화해놓지는 않았지만 그들이 직관적으로 이를 행동에 옮겼다는 몇몇 문서화된 실례들이 있다. 그 중 가장 유명한 예는 칼리파 오마르의 경우인데, 심각한 기근이 닥쳐왔을 때 그는 도둑질에 대해 손을 절단하는 형벌을 강제하지 않는 결정을 내린 바 있었다.[31] 끼야스와 같이 합리적 이성을 위한 여지를 법체계 안에서 허용하고 있는 것처럼, 아부 하니파는 법을 세우는 데에 상당 부분 합의ijmā'에 의존했다. 그는 자격이 있는 당대의 법적 권위자들의 합의만이 과오가 없는 것이라고 말했다. 그렇지만 후대 하나피파들의 실제 실행에서는 때때로 소수 법학자

27 『꾸란』 24 : 31.
28 『꾸란』 35 : 18.
29 『꾸란』 39 : 55.
30 『꾸란』 2 : 185.
31 Robinson, 앞의 책, p.152.

들의 합의 또는 한 지방에서의 합의도 받아들여졌다.

바그다드의 압바스 칼리파제 통치기간 내내 지배적 학파였던 하나피 법학파는 압바스조의 후원을 받으면서 동방 이슬람세계와 인도대륙으로 퍼져나갔다. 특히 셀주크와 오스만 터키인들이 받아들인 하나피 법학파는 근세에 이르기까지 오스만 터키제국의 공식 법학파였다. 아마도 그 때문에 이 학파가 이슬람세계에 가장 널리 퍼진 학파로 성장했을 것이다.[32] 세계 무슬림의 거의 1/3이 하나피들이다. 오늘날 하나피 법학파는 터키, 시리아, 요르단, 중국, 구소련의 중앙아시아, 북인도, 아프가니스탄, 파키스탄, 하下이집트(카이로와 델타 지역)에 지배적이다. 이 학파는 법이론이 이라크의 쿠파와 바그다드를 중심으로 체계화되고 발전되었으므로 이라크 학파 또는 쿠파학파라고도 불린다. 그리고 다른 법학파들보다 교리상의 해석에 유연하고 그만큼 덜 엄격하다.

2) 말리키Māliki 학파

두 번째 학파는 메디나에서 태어나 메디나에서 죽은 이맘 말리크 빈 아나스Mālik ibn Anas(714~795년)에 의해 세워졌다. 그는 하디스 수집의 대가였고 메디나의 '살아 있는 전통들', '모범적 관행들'에 대한 지식의 권위자였다. 당시 메디나에는 주흐리Ẓuhri 같은 많은 신학·법학자들이 살았는데, 그는 이들 밑에서 하디스학을 공부하였다.[33] 무함마드가 세운 메디나는 무슬림 공동체의 발생지이자 초기 중심지로서, 이슬람의 권위 있는 전통 및 관행들이 가장 잘 보존된 곳이었다. 하디스도 당연히 가장 믿을 만한 정통의 것들이 많았다. 따라서 이 학파는 『꾸란』, 하디스뿐만 아니라 메디나 전통과 구전되어 온 전승들에 준거하여 법이론을 발전시켰다. 이

32 Hitti, 앞의 책, p.43.
33 Ḥasan Ibrāhīm Ḥasan, 앞의 책, p.149.

맘 말리크는 메디나에서 재판관으로 활동하면서 판결의 기초로 삼았던 정통 하디스들과 여러 전승들을 모아 위대한 저서 『알 무왓따*al-muwaṭṭa*(잘 닦여진 길)』를 펴낸다. 이 책은 최초의 이슬람법 관련 서적이자 교과서적인 문헌으로 평가받고 있다.[34] 그의 제자로는 이집트인 압둘라 빈 압둘 하캄 'Abdullah b. 'Abd al-Ḥakam, 튀니지인 아싸드 빈 알 프라트Aṣad b. al-Frāt, 그리고 스페인 출신으로 알려진 야헤야 빈 알 라이시Yahyā b. al-Laythī 등이 있다. 그 중 야헤야는 원래 마그리브 지역 마스무디Masmūdi 베르베르족 출신으로 이맘 말리크 밑에서 『알 무왓따』의 집필을 도왔으며, 말리키 학파가 북아프리카와 스페인으로 퍼져나가는 데 큰 기여를 하였다.[35]

이 학파를 일명 메디나 학파라고도 불렀으며, 이 학파를 좇는 사람들을 '하디스의 사람들' 이라고도 불렀다. 그만큼 이들은 법체계를 세우면서 하디스에 의존했으며, 실제로도 이성적 · 사변적 접근을 한 하나피 학파에 대항하는 반작용으로 생겨났다. 처음부터 이들은 순나에 대한 개념을, 예언자의 하디스뿐만 아니라 선조들이 전해준 전승 모두를 포함하는 넓은 개념의 것으로 받아들였다. 싸하바들의 모범적인 관행까지도 순나로 보고 있는 것이다. 한 주제를 다루면서 이맘 말리크는 먼저 하디스나 예언자에 의해 세워진 선결의 예를 인용했고, 다음으로 싸하바들의 행동과 견해들을 따랐으며, 그래도 해답을 못 찾은 경우에는 메디나 전통들을 적용했다. 그는 메디나의 법적 전통을 중시하고 이에 준거하여 법체계를 세운 것이다. 새로 태어난 아이를 위해 부모들이 바치는 제물인 아끼까'aqīqa[36]에 대

34 Hitti, 앞의 책, p.43.

35 Ḥasan Ibrāhīm Ḥasan, 앞의 책, p.147.

36 무슬림 아기가 태어나면 7일째 되는 날 아기의 머리카락을 깎아주는 비의무적인 관행, 양을 잡아 제물로 바친 후 나누어 먹거나, 머리카락을 달아 그 무게만큼의 은을 가난한 자들을 위해 내놓는 아랍의 고대 관습이 예언자 순나로 자리잡았다.

한 예를 들어보자. 이맘 말리크는 다므라족Banu Damra의 한 사람이 자신의 부친을 통해 들은 다음과 같은 하디스를 가장 먼저 인용한다. 신의 사자께서는 아끼까에 대한 질문을 받고는 마치 그것을 권장하지 않는 것처럼 말하였다. "나는 불순종uquq을 원하지 않는다." 그리고 이어서 그는 "만약 누구든 새로 태어난 아기를 가지면 그는 그 애를 위해 제물을 드리기를 원할 것이다. 그렇다면 그것을 행하게 그대로 내버려두어라." 그러고 나서 이맘 말리크는 예언자의 딸 파띠마Fāṭima가 그녀의 아이들을 위해 아기의 머리카락 무게를 달고는 똑같은 무게의 은을 싸다까ṣadaqa(희사, 헌금)로 바쳤다는 기록을 인용한다. 그 뒤에 말리크는 후대 메디나 사람들이 실행에 옮겼던 일련의 전통들을 인용한다. 그 중 하나는 압달라Abdallāh b. 'Umar(제2대 칼리파 오마르의 아들)가 그의 남아와 여아들을 위해 똑같이 아끼까로서 한 마리 양을 바쳤다는 것이고, 다른 하나는 알 하리스al-Hari<u>th</u>가 아끼까는 단지 그것이 한 마리 참새일지라도 바람직하다고 말한 것이다. 그리고 이맘 말리크 자신도 파티마가 두 아들인 하산Ḥasan과 후세인Ḥusein을 위해 아끼까를 바쳤다는 전승을 들었다고 기록하였다. 또 이븐 앗 주바이르ibn az-Zubayr도 그의 남아와 여아를 위해 각기 양 한 마리씩을 아끼까로 바쳤다. 이러한 예시 이후 마지막으로 그는 자신의 법적 견해를 다음과 같이 밝혔다. "아끼까에 대해 우리가 무엇을 어떻게 해야 하는가에 대해서는, 만약 어떤 사람이 그의 신생아를 위해 아끼까를 바치기 원한다면, 그는 남아와 여아를 위해 똑같이 한 마리 양을 바치면 된다. 아끼까는 의무가 아니다. 그러나 그것을 행하는 것은 바람직한 행위이다. 제물로 쓸 동물은 외눈박이나 여위었거나 병든 동물이어서는 안 된다. 그 고기와 가죽을 팔아서도 안 된다. 가족의 일원이 고기를 먹고 일부는 싸다까로 내놓는다." 이와 같이 그가 메디나의 관행을 중시했다는 점은 명약관화하다.[37]

또 그는 아부 하니파가 이즈마아를 '어떤 한 세대의 능력 있는 법적 권위자들의 합의'라고 했던 것과는 달리 '메디나 사람들의 합의'로 정의하였다. 또한 이맘 말리크 역시 아부 하니파의 이스티흐산과 비슷한 이스티쓰라흐istiṣlāḥ의 원리에 찬성하였다. 이것은 '올바르고 건전한 것을 추구하는 것'으로 대중적이며 개인적인 선善은 반드시 법률 발전의 기준이 되어야 한다는 취지에서 내세운 원칙이다. 그는 『꾸란』이나 전승과 기본적으로 관련이 없는 것에 대한 새로운 입법은 그것이 해악을 막고 이익을 보장해주며 궁극적으로 선善과 공익을 의도하고 목표로 하는 것이어야 한다고 보았다. 그리고 그것은 다섯 가지 기본적 가치들, 즉 종교, 삶, 지성, 자손, 재산을 보호하기 위해 근본적으로 샤리아의 목적과 조화를 이루는 것이어야만 한다고 주장했다. 이스티쓰라흐의 원리는 세금을 부과하기를 원하거나 개혁적 조치를 취하길 원하던 통치자들이 자주 쓰곤 하였다. 말리키 학파는 오늘날 모로코, 알제리, 튀니지 등 북아프리카와 스페인, 상上이집트와 수단, 쿠웨이트, 바레인 등지에서 우세하다.

3) 샤피이Shāfi'i 학파

이 학파는 8세기 마지막 무렵, 이맘 말리크의 제자였던 무함마드 빈 이드리스 앗 샤피이Muḥammad b. Idris as-Shāfi'i(767~820년)에 의해 세워졌다. 앗 샤피이는 팔레스타인의 가자에서 출생하였다. 유년시절을 메카에서 보낸 후 그는 메디나에서 이맘 말리크의 문하생이 되었다. 그리고 바그다드로 진출하여 하나피 법학체계에도 통달한다. 그 후 815년 그는 이라크를 떠나 이집트로 옮겨가 카이로에서 전승을 중시하였던 말리키 학파와 이성을 중시하였던 하나피 학파의 절충적 조화자로서 이슬람 법체계 원리들uṣūl al-fiqh을 정리하고 자신의 독자적인 법이론을 발전시켜 새로운 샤

37 Robinson, 앞의 책, pp.153~154.

피이 마즈하브madhhab(법학파)를 형성하였는데, 이로써 그는 세 번째 순니 정통 법학파의 창시자가 된다. 그는 9살에 『꾸란』 전부를 암송하고 10살에 말리크의 『알 무왓따』를 독파하는 천재성을 보였다고 한다.

무엇보다 그의 큰 업적은 이맘 말리크가 받아들였던 소위 메디나의 '살아 있는 전통'으로부터 '예언자의 하디스'를 선별해놓고 이를 선호한 데에 있다. 이것은 예언자의 명성과 권위를 한층 높이는 결과를 가져왔고, 당시까지 법학자들이 일반적으로 받아들이던 순나의 개념을 새롭게 정의해놓은 것이다. 그는 순나가 이상화理想化된 고대의 관행 전부가 아니라고 주장하였다. 순나는 어디까지나 '예언자 무함마드로부터 나온 전승들의 내용과 일치하는 것'이어야 한다는 것이었다. 앞에서도 언급하였듯이 당대까지의 법학자들이 사용해오던 전통적 순나를 예언자 순나(하디 스)로 대체시켜 놓은 것이다. 그러고 나서는 『꾸란』의 모호한 내용들은 이러한 예언자 순나를 적용하여 해석되어야 한다고 주장하였다. 이슬람법의 첫째 근원은 물론 『꾸란』이고, 두 번째 것으로 예언자의 순나를 내세워 『꾸란』과 예언자 순나를 이슬람법의 양대 법원으로 새롭게 확립시켜 놓은 것이다. 뿐만 아니라 그는 순나를 예언자 무함마드가 직접 행한 것(순나트 휘), 예언자가 명한 것(순나트 까울), 예언자가 말하지는 않았지만 잠정적으로 동의한 것(순나트 타끄리드)으로 구분했으며, 『꾸란』과 관련해서는 『꾸란』과 완전히 일치하는 것, 『꾸란』을 설명해주는 것, 『꾸란』과 직접 관련이 없는 것으로 나누었다. 결국 그는 하디스의 권위를 전보다 훨씬 격상시켜 놓은 것이다. 물론 『꾸란』보다 높거나 같은 권위를 부여한 것은 아니지만, 그것이야말로 하나님의 성스러운 말씀에 대한 가장 권위 있는 해석이라는 설명과 함께 『꾸란』 다음의 법원으로 채택한 것이다. "신은 예언자에게 복종하는 것을 모든 신자들의 의무로 만드셨다. 그러므로 그가 말한 것은

『꾸란』이 그런 것처럼 신으로부터 나온 것이다."[38] 또 그는 인간 이성을 사용하여 이러한 법원들—『꾸란』과 예언자 순나(하디스)—로부터 체계적인 추론을 해내거나 유추하는 것을 제한할 것을 주장하였다. 이것은 하나피들이 자유롭게 사용해오던 끼야스의 방법을 엄격하게 함으로써 오히려 끼야스의 적용을 훨씬 세련되게 만들어 놓은 셈이 되었다. 다시 말해 이것은 개인의 독자적 판단인 이즈티하드의 폭을 최소화시켜 놓은 것이다. 이에 영향을 받은 그의 제자 이븐 한발은 "나는 앗 샤피이의 강의를 듣기 전까지는 어느 것이 순수 전승자료(하디스)인지를 분간할 수 없었다.… 그는 태양 같은 인물이다"라고 탄복하였다고 한다.[39] 이같이 그는 말리키법 체계에서는 순나의 적용을, 하나피 법체계에서는 끼야스의 적용을 비교적 최소화하고 엄격하게 함으로써 두 학파의 법이론을 통합하고 절충해놓은 것이다.

한편, 이즈마아ijmā'는 선대 법학자들이 이슬람적인 것이 무엇인가를 결정하기 위해 점차 그 적용의 폭을 늘려갔던 것과 같이 그대로 법원으로 받아들였다. 이즈마아는 하디스의 진위를 가리는 데 이용될 정도로 그 적용의 폭이 넓어져 있었다. 여기서도 그는 앞선 두 학파의 법이론을 통합·절충한 모습을 보인다. 즉 하나피 학파는 법학자들의 합의를, 말리키 학파는 싸하바와 메디나 사람들의 합의를 의미했는데, 앗 샤피이의 해결은 법학자와 신도 모두를 똑같이 포함하는 전체 공동체의 동의가 합의라고 재정의한 것이다.

결국 앗 샤피이는 앞에서 언급하였듯이 고전적 이슬람법 이론의 체계를

---

38 A. Guillaume, *Islam,* Pelican, 1961 reprint, pp.97~98.

39 Ḥasan Ibrāhīm Ḥasan, *Tarikh al-Islam al-Siyāsī wa'l-Dinī Wa'l-Thaqāfī wa'l-Ijtimā'ī*, vol. II, al-Qāhira, 1955, pp.333~334.

정리하고 통합하고 과학화하여 이슬람법학인 피끄fiqh의 기초를 다진 사람이 되었던 것이다. 피끄는 수학, 의학, 철학 등 다른 학문분야와는 달리 고유하고 순수한 이슬람 학문이라고 말할 수 있다. 발전과정에서도 피끄는 인도, 이란, 유럽의 어떤 사상에도 별 영향을 받지 않았다. 이맘 앗 샤피이가 가르칠 때나 그의 글에서 아리스토텔레스 학파의 논리를 반영한 논증적 추론을 간혹 사용했을지라도 근본적으로 그는 로마법이나 그리스 철학에 전혀 관심을 두지 않았던 것으로 알려져 있다.

아마도 학자로서의 그의 다채로운 경력이 앗 샤피이로 하여금 법체계 이론을 확립하는 위대한 작업을 훌륭히 해낼 수 있게 하였을 것이다. 처음에는 종교의 중심지 메카에서 신학교수로, 나중에는 정치와 학문의 중심지 바그다드에서 법학을 가르치고 실행하는 법학자로서 그는 당대의 최고 지식인들과 밀접한 교분을 나누었다.[40] 그의 추종자들은 그의 명성을 멀리, 넓게 퍼뜨렸고, 그는 곧 이맘imām으로 추대받았다. 그는 압바스 칼리파가 세운 바그다드의 공립학교에서 교수를 지냈으며, 이때 『알 리쌀라*al-Risālah*(논저)』를 저술한다.[41] 이 책의 제7장에서 그는 하디스에 대한 회의론을 다루었다. 이 책은 최초로 이슬람법을 학문으로 다룬 책으로 아직까지 이슬람 법학의 교과서로 인정받고 있다. 815년 카이로로 이주한 이후 그는 아므르 빈 알 아스Amr b. al-'Ās 사원에서 가르치고, 다른 여러 책들을 저술하였다. 그 중에는 신학에 관한 것들도 있었다. 대표적인 것으로는 『키탑 알 마스부트 휠 피끄*Kitāb al-Masbut fīl-Fiqh*(신학에 관한 상술서)』, 『키탑 알 움므*Kitāb al-'Umm*(모전母典의 서)』가 있는데, 대부분 이집트에서 제자들에게 받아쓰도록 하여 쓰여진 책들이다. 후대의 많은 신학자들이 그

---

40 Hitti, 앞의 책, p.44.

41 일부 학자들은 이 책이 그의 생애 마지막 수년 동안에 카이로에서 쓰여졌다고 말한다.

의 영향을 받았다.[42] 이집트에서 그는 예언자의 하디스에서 예언되고 각 세기 초마다 출현한다는 '신앙과 믿음의 혁신자mujaddid(무잣디드)'로 추앙받게 된다. 이때는 이슬람력 3세기였다. 5년 후 그는 사망하여 알 무깟담al-Muqattam 기슭에 묻혔는데, 그의 묘지에는 아직도 전세계에서 온 무슬림 예방객들이 줄을 잇고 있다. 샤피이 마즈하브(법학파)는 팔레스타인, 레바논, 예멘 및 동남아시아의 인도네시아, 말레이시아군도, 동아프리카, 남부 이집트, 인도양 연안 등에 유력히 퍼져 있다.

4) 한발리Ḥanbalī 학파

네 번째 정통 순니 법학파는 앗 샤피이와 동시대 인물이면서 훨씬 더 젊었던 아흐마드 빈 한발Aḥmad b. Ḥanbal(780~855년)에 의해 세워졌다. 바그다드 출생인 그는 앗 샤피이의 법학이론에 통달하고 그를 존경하였던 제자였으나, 앞의 세 대가들이 인간 이성으로 법적 판단을 하는 방법을 채택한 것에 반발하고 법원은 『꾸란』과 하디스에만 의존해야 할 것임을 주장하면서 독자적인 법학파를 형성하기에 이른다.

그는 하디스의 수집과 조사를 위해 광범위한 지역을 여행하였다. 그리하여 방대한 하디스 모음집인 『무스나드 알 이맘 아흐마드*Musnad al-Imam Aḥmad*』를 펴냈다. 여기에는 알리 가문을 칭송하는 1만 개의 전승을 포함하여 4만 개의 전승이 들어 있다.[43]

그는 기질, 성격 등 여러 면에서 법학자라기보다는 탁월한 전승학자였다. 그가 과연 신학자였는가에 대해서는 논란이 많다. 유명한 역사가이자 『꾸란』 주석가인 따바리Ṭabari가 이븐 한발을 법학자라기보다는 하디스

42 Muḥammad ibn Ishāq & Ibn an-Nadīm, *Kitāb al-Fihrist*, al-Qāhira, n.d., pp.298~299.

43 Ḥasan Ibrāhīm Ḥasan, *Islamic History and Culture*, p.152.

학자로 취급하였다가, 바그다드에서 따바리가 죽었을 때 이븐 한발의 추종자들이 장례식장에 몰려와 그 날 매장을 못하게 방해하였다고 한다.[44]

이븐 한발은 피끄의 이론에 관한 책을 쓰지 않았다. 단지 다양한 법적 문제에 대한 자신의 견해를 담은 책을 한 권 남겼을 뿐이다. 그는 『꾸란』과 하디스만을 집중적으로 연구하였다. 법판단에 이성을 적용하는 것은 그만큼 신의 뜻인 순수한 진리에서 멀어지고 인위적인 것이 될 위험이 있다고 지적한 것이다. 따라서 그는 비록 검증에서 뒤떨어지는 약한 하디스(다이프da'īf)일지라도 법으로 수용하는 것이 인간 이성으로 판단하는 것보다 진리에 가깝고 옳은 방법임을 주장하였다. 전승과 전통에 대한 그의 이러한 확고한 신념 때문에 많은 추종자와 제자들이 생겨났다. 그에 의하면 『꾸란』과 순나는 원천적인 양대 법원이다. 그리고 그 원문들은 문자 그대로 해석되어야 한다고 주장한다. 후대 한발리 학파에서는 다음과 같이 순서를 매긴 4가지 법원도 추가하여 인정하였다. ① 『꾸란』과 순나에 모순되지 않는 싸하바들의 파트와들, ② 『꾸란』과 순나에 모순되지 않는 싸하바들의 개인적 언행들, ③ 약한 이스나드의 전승들, ④ 절대적으로 꼭 필요한 경우의 유추가 그것이다.

이성적 · 합리적인 것을 배격하고 하디스에 집착한 만큼 이 학파는 매우 보수적이고 엄격하며 경직되고 관용성이 적은 법체계를 이루고 있다. 그의 등장과 이러한 원리주의적 법학파의 창시는 당대의 정치환경이나 종교사상의 변화와도 관련이 있다. 그의 활동기는 무으타질라Mu'tazila파가 득세한 칼리파 알 마아문al-Ma'mūn(813~833년 재위)의 통치시기로, 칼리파는 이성주의를 내세운 무으타질라파의 교의를 공인하고 전통주의 법학자들에게 고통과 박해를 가하던 때였다. 특히 『꾸란』이 창조된 것이냐 영원

44 Ḥasan Ibrāhīm Ḥasan, *Tarikh al-Islam*, vol.Ⅲ. pp.342~343.

한 것이냐를 묻는 칼리파의 질문에 『꾸란』의 창조설을 부인하고 강력히 『꾸란』의 영원설을 주장하며 저항하였기 때문에 이븐 한발도 투옥당하였다. 그는 모진 고문을 당하고 태형을 받았는데, 그는 끝까지 굽히지 않고 전통주의 신앙을 지킨 것으로 유명하다.[45] 그는 한마디로 무함마드시대의 순수한 이슬람으로 되돌아갈 것을 주장한 이슬람 원리주의의 효시적 인물이다. 그가 얼마만큼 하디스를 고수하고 이성적 · 합리적 생활을 배격했는가 하는 것은 그에 관해 전해오는 수박에 얽힌 다음과 같은 일화에서도 엿볼 수 있다. 그는 평생 수박 먹기를 거부하였는데, 그것은 예언자 무함마드가 수박을 먹으라고 한 언급이나 증거를 전승의 어디에서도 찾지 못하였기 때문이라고 한다.[46]

13세기에 스스로 무즈타히드mujtahid임을 선언한 이븐 타이미야Ibn Taimīya(1327년 사망)의 사상과 이에 영향을 받아 18세기 아라비아에서 일어난 와하비Wahhābī(1792년 사망)의 개혁운동(원시 이슬람으로의 복고주의 운동)도 바로 이맘 한발의 이러한 원리주의에 기원을 두고 있다. 와하비야인들의 성공으로 한발리 학파는 북부와 중앙 아라비아에 중점적으로 퍼져 있고 따라서 가장 주목할 만한 이븐 한발의 추종자들은 사우디 아라비아에 있다. 오늘날 사우디 아라비아와 카타르의 공식 법학파이고, 이라크와 시리아에도 일부 추종자들이 살고 있다.

이상의 4대 순니 법학파들은 세부적인 면에서는 형식적인 차이가 있지만, 이슬람법의 본질적이고 필수적인 모든 문제들에서 일치된 견해를 보

45 Reynold A. Nicholson, *A Literary History of Arabs*, Cambridge: Cambridge University Press, 1930, p.369.

46 Christopher, 앞의 책, p.56.

이고 있다. 특히 실천의 면에 있어서는 그들 사이에 근본적인 아무런 차이도 발견할 수 없다. 그들은 서로 상대 학파의 체계를 정통으로 인정하고, 모두 샤리아sharī'a의 이상을 지지하는 정통파 순니들이 된 것이다. 그러므로 이들을 쉬아와 같이 다른 종파로 구분해 보는 오류를 범해서는 안 된다. 이들은 모두가 정통 순니들로서, 이들이 추종하는 법학파는 단지 순니 내의 한 학파, 즉 마즈하브madhhab(복수는 madhāhib 본래 뜻은 '길'이지만 법학파를 뜻함)라고 불리고 있다. 오늘날 모든 순니 무슬림들은 이 네 학파 중 한 학파에 속하게 되어 있다. 누구든 자유롭게 한쪽에서 다른 쪽으로 추종의 길을 바꿀 수도 있지만 전통적으로 가족, 사회, 국가, 지역에 따라 정해지고 묶여진 길을 옮기는 경우는 거의 없다. 그리고 만약 어느 무슬림이 자신이 속하고, 자신의 나라에서 적용되는 마즈하브의 판결에 불복한다면 그는 다른 마즈하브의 해석으로 재판을 받을 수도 있다. 이러한 여러 마즈하브가 비교적 평화스럽게 공존하는 것은 상호관용의 이슬람법 정신을 확연히 보여주는 예이다.

이 네 학파들 외에도 몇 개의 다른 학파들이 생겨났다. 대표적인 것으로 시리아의 알 아우자이al-Awzā'i(774년 사망) 학파가 있는데, 이 학파는 말리키 이론에 대한 지나친 선호와 지지 때문에 결국은 발생 초기에 해체되어 말리키 학파에 흡수되고 말았다. 9세기가 되었을 때 앞선 학파들의 공론적·이성적 '혁신'에 반대하고 특히 무으타질라파의 이성주의 논법에 대항하면서 강력한 전통주의자 두 명이 바그다드에 등장하였는데, 한 사람은 앞에서 설명한 이븐 한발이고 다른 한 사람은 다우드 알 자히리Dā'ūd al-Zāhiri(883년 사망)였다. 그를 따르던 알 자히리파는 후일 몇몇 뛰어난 법학자들에 의해 인정받긴 하였지만 광범위한 호응을 얻지 못하고 결국은 사라지고 말았다.[47]

한편, 쉬아들은 그들 나름대로의 법학파를 형성하고 법이론을 발전시켰다. 원래 쉬아와 순니 모두가 『꾸란』과 순나를 법체계의 기본 법원으로 삼았다. 그러나 무엇보다 순나에 대한 해석과 적용, 채택에서 두 전통 사이에는 상이한 차이를 보이고 있다. 더욱이 쉬아들은 이즈마아를 법원으로 허용하지 않는다. 그들은 그것을 과오가 없는 이맘imām(혹은 마흐디mahdi, 즉 신에 의해 안내된 지도자)의 몫으로 대체하였다. 그들은 이맘에게 신자들이 해야 할 것과 하지 말아야 할 것을 결정하는 독점적인 판결의 특권을 부여하였다.[48] 이맘을 높이 존경하고 신성한 지도자로 여겼다. 이들은 나름대로의 독특한 전통을 중시하고 그들 자신의 법학자와 신학자들에 의해 자신들의 법전을 갖게 된다. 그러나 비록 전통적 유산과 공동체 사이의 법해석은 다를지라도 포괄적인 종교적 관점, 즉 딘dīn(종교)은 본질적으로 다를 것이 없다. 그런 의미에서 쉬아 이슬람이라는 표현은 잘못된 것이다. 단지 그들은 그들의 전통과 법체계를 따르는 무슬림, 즉 쉬아들인 것이다.

4. 현대에서의 샤리아

오늘날 서구문화의 영향권 아래에서 살고 있는 비무슬림들에게 샤리아라는 단어는 팔다리 절단형, 투석형, 태형 등 생각만 해도 비인도적이고 시대에 뒤떨어진 야만적 형벌만을 상기시킨다. 샤리아가 종교의식인 예배행위로부터 사회생활, 경제활동, 통치업무, 국제관계의 일에 이르기까지 무슬림들 행위의 모든 것을 규정하고 구속하는 총괄적 체계이기 때문에 서

47 Gibb, 앞의 책, p.70.
48 Hitti, 앞의 책, p.46.

구법 개념에 익숙해져 있는 우리들로서는 매우 이해하기 어렵다. 특히 위와 같은 이슬람법의 형벌 형태에 대해서 우리가 가지고 있는 이미지에는 편견과 오해의 층이 높이 쌓여 있으므로 여기서 이 점을 논의해보자.

이슬람법은 형벌을 후두드ḥudūd와 타으지라트ta'zīrāt로 구분한다. 전자는 『꾸란』 또는 순나에 기초하여 신성하게 명시된 것이고 후자는 판사의 판단과 재량에 따른 것이다. 문제는 전자에 관한 것이다. 처벌이 명시되어 있지만, 법학자나 법학파 간에는 그 적용을 놓고 법적 해석에 이견이 있기 때문이다. 후두드 형벌의 예를 들면, 대개 절도는 손 절단형, 우상숭배는 태형 100대, 간통은 태형 100대 또는 죽을 때까지 투석형, 부정행위에 대한 무고죄는 태형 80대에 처하고, 음주는 샤피이법에서는 태형 40대, 다른 법학파에서는 태형 80대, 살인 · 강도행위는 죄의 경중에 따라 사형, 팔다리 절단형, 추방 등에 처한다.[49]

절도, 우상숭배, 간통, 무고죄에 대한 형벌은 분명히 『꾸란』에 명시되어 있다.[50] 살인, 강도, 산적행위에 대한 형벌도 『꾸란』에 근거하는 것으로 주장된다.[51] 그러나 이것에 대해서는 계속 논란이 있다. 왜냐하면 그 구절이 법적명령으로 내려진 것이 아니라 사실은 예언자 시대에 비신자들 간에 행해 지던 실상에 대한 언급이기 때문이다. 『꾸란』은 또 신도들에게 술을 멀리할 것을 명령하고 있다.[52] 그러나 술을 마신 자를 태형 또는 채찍질하라는 언급은 찾아볼 수 없다. 예언자의 하디스가 있기는 하지만 아마도 태형이라는 특별한 형태의 형벌이 처음 나타난 것은 칼리파 오마르 때라고 전해진다. 오마르는 간통자에게 투석형도 내린 것으로 알려져 있다.[53]

---

49 Trevor Mostyn and Albert Hourani, eds., 앞의 책, p.168.

50 『꾸란』 5 : 38, 24 : 2, 24 : 4.

51 『꾸란』 5 : 33.

52 『꾸란』 5 : 90.

그러나 전통적인 이슬람사회에서, 실제로 후두드 형벌은 좀처럼 시행되지 않은 것으로 알려져 있다. 단지 후두드는 신도들이 늘 "신神은 반사회적 범죄행위들crimes을 모두 다 보고 계시다"라는 각성을 하고 있게 함으로써 범죄행위의 억제력으로 기능하고 작용해 왔던 것이다. 더욱이 예언자가 후두드에 처해지는 범죄는 언제든지 꼭 막아야만 한다고 말하였기 때문에, 무슬림 법학자들은 그러한 범죄에 대해 매우 엄격한 법기준 또는 법규들을 만들어 그것들의 단지 처벌의 가능성을 예방차원에서 열어 놓았던 것이다.

예를 들어 간통자에 대한 태형이나 투석형을 다루어보자. 이 형벌은 피의자가 공개적으로 자신의 죄를 고백하지 않는 한 시행되기 어렵고, 혹은 네 명의 확실한 증인들이 그 피의자에 대해 증언하지 않는 한 이행될 수 없다. 보통 사적으로 저질러지는 범죄행위에 대해 증언해줄 네 명의 목격자를 찾는다는 것은 어려운 일이다. 바로 이 조건 때문에 증인이 없는 곳에서 행해진 강간범의 처벌도 기대할 수가 없으며, 심지어 공공장소에서 강간 같은 큰 범죄행위가 일어난 경우에도 기꺼이 증언을 하겠다고 나서는 사람을 찾기가 힘들다.[54] 뿐만 아니라 만약 피의자에게 무죄판결이 내려질 경우 증인으로 나선 자는 무고죄에 걸려 오히려 태형 80대를 받아야만 하는데,[55] 이런 위험부담 때문에도 확증이 없는 한 나서지 않는다.

이슬람 초기 공동체에는 이에 대한 유명한 실례가 남아 있다. 어느 날 아부 바크라Abū Bakra라는 저명인사가 바스라에 있는 그의 집에서 세 명의 친구들과 함께 차양이 있는 발코니에 앉아 잡담을 나누고 있었다. 광풍이

---

53 Robinson, 앞의 책, p.158.

54 안네마리 쉼멜, 김영경 역, 『이슬람의 이해』, 분도출판사, 1999, 100쪽.

55 이것은 『꾸란』에 명시되었다. 『꾸란』 24 : 4.

갑자기 몰아쳐 길 건너편의 바스라 총독의 집 창의 나무덮개문이 열렸고, 이때 그들은 총독 알 무기라 빈 슈우바al-Mughīra b. Shu'ba가 움므 자밀 Umm Jamīl이라는 여인과 사랑을 하고 있는 장면을 목격하게 되었다. 알 무기라가 그 후 예배 인도를 하려 했을 때 아부 바크라가 그의 예배 인도행위를 막으면서 그를 간음죄로 고발하였다. 이 사건은 피의자가 총독이었으므로 칼리파에게로 회부되었고 칼리파는 즉시 총독을 소환했다. 알 무기라는 자신의 무죄를 항변했다. 그들이 목격했다는 여인이 자신의 부인이었다고 밝히면서 무죄를 주장한 것이다. 오히려 그는 칼리파에게 목격자들을 심문하여 그 여인의 얼굴을 확실히 보았는지를 확인해줄 것을 요청하였다. 아부 바크라가 첫 번째로 질문을 받았는데, 그는 여인의 얼굴은 보지 못했지만 그녀의 다리가 분명히 움므 자밀의 것으로 보인다고 진술하였다. 두 번째와 세 번째 증인도 비슷한 증언을 하였다. 네 번째 증인은 여인의 다리와 둔부를 보았으며, 그녀가 숨차 헐떡이는 소리까지 들었다고 답하였다. 그러나 그녀를 알아볼 수는 없었다는 사실을 인정했다. 칼리파는 앞의 세 증언자들을 거짓증언한 것으로 종결을 지었다. 그리고 그들에게 태형 80대를 내렸으며, 피의자는 자유롭게 놓아주었다.

절도범에 대해 태형을 가하는 형벌은 각 사회마다 가지각색이었다. 그러나 간통자에게 투석형을 적용하는 예보다는 훨씬 더 엄격하였다. 그렇지만 샤리아의 시행에 엄격한 극소수 원리주의 국가를 제외하면 실제 태형은 거의 사라져가고 있다. 예를 들어 1979년 이후 파키스탄 법령에 태형이 있지만 한 번도 시행된 적이 없었다. 그것은 여러 조건을 충족시키지 못하였기 때문이다. 그 중에는 훔친 재화의 가치가 적어도 미화 100달러 이상인 경우, 독실한 무슬림이면서 정신이 또렷한 성인 남자 3명의 목격자가 있는 경우, 그리고 그 형벌이 범죄자의 삶을 위태롭게 하지 않는 경우

등의 조건이 있는데, 이것들은 실제로 충족시킬 수 없는 조건들이다.[56]

샤리아가 요구하는 사항 모두를 지킨다는 것이 불가능하다는 사실을 일찍부터 무슬림들은 잘 알고 있었다. 하지만 법적으로 규정된 의무조항들은 꼭 인정해야 했으며, 어느 무슬림이 어떤 의무사항을 행하지 않았거나 금지사항을 어겼다 할지라도, 자기 스스로가 샤리아에 저촉되는 행위을 했다는 사실을 깨닫고 그것을 인정하기만 하면 그는 여전히 용서받는 무슬림으로 간주되었다. 단, 샤리아의 정당성을 부정하는 일은 허용되지 않는다.[57]

18세기 델리의 샤 왈리 알라Sha Wali Allāh를 비롯하여, 근대 이슬람세계의 선각자들은 한결같이 10세기에 "이즈티하드의 문이 닫혔다"라고 말하는 전통적 주장에 반대하는 도전장을 냈다. 이미 14세기에도 이븐 타이미야가 이즈티하드의 가치를 논의하면서 그 시행을 주장하였는데, 근세에 이르러 많은 근대주의 무슬림들이 서구 문물을 수용하고 서구 가치관을 받아들이는 과정에서 이즈티하드의 유용성과 필요성을 다시 강조하게 된 것이다. 이러한 일부 무슬림 근대주의자들은 "10세기에 이즈티하드의 문이 닫혔다"고 이즈티하드 문의 폐쇄를 마치 사실인 것처럼 오도誤導한 것은 무엇보다 지난 2세기 동안 서구 작가들이 쓴 책들 탓이라고 주장하였다. 서구학자들은 10세기 이후 이슬람 법학자들이 더 이상 독자적 판단행위를 실행하지 않고, 단지 그들이 속해 있는 마즈하브의 권위적 해석에 의존하고 단지 그 법체계를 따르기만 했다고 가정하여 말해 왔다는 것이다.

그러나 지금은 그것이 명백히 잘못된 가정이었음이 밝혀졌다. 그것은 서구인들이 무슬림 울라마들의 고전주의 혹은 지나친 보수주의 경향만을

---

56 Robinson, 앞의 책, pp.159~160.

57 안네마리 쉼멜, 앞의 책, p.92.

보았기 때문이었다. 실제로 10세기 이후 새로운 법학파가 세워지지 않았고, 이맘 앗 샤피이의 영향 때문에—엄밀하게는 그의 공헌 때문에—한발리 법학파를 비롯한 현존하는 4대 법학파들이 이슬람법의 '고전적 이론'으로 남아 폐쇄적으로 존립해 왔다는 것은 숨길 수 없는 사실이다. 그들 모두는 『꾸란』과 순나 양대 법원의 원리적 중요성과 유추적 이성의 응용과 필요성, 그리고 당대의 자격 있는 법학자들의 동의로 성립한 합의들을 유효한 것으로 받아들였으며, 마즈하브의 충실한 추종자인 무깔리둔 muqalidūn(모방자, 마즈하브의 무조건적인 추종자)으로 존재해 왔다. 아마도 이것이 서구인들의 눈에는 이즈티하드의 문이 폐쇄된 것으로 비쳐졌다는 것이다.

또 다른 이유는 13세기 중엽, 몽골의 침입이 낳은 환경을 들 수 있다.[58] 이때 받은 무슬림 선각자들의 지적인 상처는 너무도 큰 것이어서, 무슬림 학자들은 그 뒤 창조적 사고의 계발보다 그들이 간직해 왔던 지적 유산들을 정리하여 법전으로 편찬하는 작업, 혹은 그것들을 유용하게 보존하는 작업 등에 더욱 몰두하고 헌신하게 되었다. 이 때문에 이슬람법의 고전성과 보수성은 더욱 강조되었고, 더 나아가 10세기에서 19세기 사이에 순니 법학자들에 의해 편찬된 많은 문헌들에서 샤리아는 변화하지 않고, 곧은 것이며, 동적인 것이 아니라 정적인 것이고, 또 시간을 초월하는 것이라는 인식이 고양되면서 더욱 이 같은 점들이 사실화하였다. 그렇지만 그 원문을 보다 주의 깊게 들여다보면, 단지 그것들은 심사숙고하여 고안된 하나의 합의에 지나지 않는다는 사실이 많은 실례에서 드러난다. 그것은 당대에 실행된 최선의 것으로서, 당대의 이슬람이 모든 면에서 바로 예언자와 그의 동료들인 싸하바들이 믿었던 이슬람과 똑같이 일치한다는 인상을 심

58 Farah, 앞의 책, p.189.

어주기 위한 시도였던 것이다. 그러므로 이것은 결국 정적이고 시공을 초월하는 것 같은 겉모양에도 불구하고 실제로는 여러 경우들에서 이즈티하드를 꾸준히 실행해왔다는 사실을 알게 해주고 있다.

대부분의 무슬림 국가들은 19세기에 유럽인들의 영향권 아래에 놓인 정치적 · 경제적 환경에 굴복해야 했고, 따라서 어느 무슬림 국가든지 이슬람법이 적용되는 한계를 최소화하여 법체계를 설정해야만 하는 시대적 변혁기를 맞았다. 오스만 터키인들은 여러 가지 법적 개혁들을 단행했다. 후두드 형벌을 폐지하고 프랑스 형법으로 대체시켰다. 하나피법의 각종 의무사항들은 세속 법정이 일률적으로 시행할 수 있도록 조정했다. 이미유럽의 식민지가 된 이슬람 국가들에서도 유사한 발전들이 이어졌다. 영국, 프랑스, 네덜란드법이 소개되었고, 그 법원리들이 유입되어 그만큼 샤리아의 적용범위는 제한되었으며, 각 조항들은 더욱 간소화되었다. 유럽인 행정관리나 법 전문가들은 이슬람의 전통이나 고전적 근거들을 무시한 채 개혁을 단행하고 새로운 명령과 법규를 강제하고 법전화하였다. 이러한 와중에 인도의 사이드 아흐마드 칸Sayyid Aḥmad K͟han, 이집트의 무함마드 압두Muḥammad Abduh 같은 근대주의자들은 종래의 4대 법학파들에만 의존할 것이 아니라 현시대 상황에 맞게 이슬람법을 재해석해야 한다는 새로운 이즈티하드를 주창하였다.

유럽 열강에 의한 식민지 시대가 끝난 직후, 대다수 무슬림 국가들은 유럽법과 이슬람법을 절충한 혼합형 법체계를 채택하거나, 아니면 선진화된 서구법을 그대로 이어받는 양자택일의 기로에 섰다. 터키, 파키스탄, 방글라데시 같은 민주정치제, 모로코 같은 절대군주제, 이집트, 이라크, 시리아 같은 사회주의 공화정 체제에서 목격되는 법체계들이 그것들이다. 오늘날, 이러한 여러 세속적 무슬림 정권들은 샤리아의 적용을 새롭게 외치고 있는 이슬람주의자들로부터 사그러들기는커녕 오히려 날로 증가하는 압력하에 있다. 또 이것은 때로는 상징적이기는 하지만 이슬람화된 정권을 낳기도 하였다. 예컨대 1983년, 수단의 누메이리Numeiri 대통령이 전통적인 법적 예방조치와 보조수단 같은 것은 고려하지도 않은 채 무조건적으로 후두드ḥudūd 형법을 도입했다. 파키스탄 같은 나라는 점진주의적인 접근을 취하였는데, 현존하는 법이 과연 샤리아에 부합하는가 하는 것을 조사하기 위해 '이슬람 이데올로기 위원회Council for Islamic Ideology'를 설립하기도 하였다.

역사적으로 하나피 법학파는 한발리 학파나 쉬아의 우술리Uṣūlī 학파보다 훨씬 광범위한 지역에서 보다 개방된 통치 경험을 갖고 있다. 그래서 하나피 법학파는 3권의 분립과 조화를 도모하는 견제와 균형의 종합적 통치체계를 발전시켰다. 이런 이유 때문에, 현대의 파키스탄은 사우디아라비아 혹은 이란보다 이슬람화에 대해서도 한층 더 개방화된 환경을 목격할 수 있는 모델국가이다. 식민주의 시대 이후 이슬람 국가들에서 샤리아의 재도입이라는 주제는 만만찮은 여러 문제들을 노정시켜 놓았다. 이즈티하드를 자유롭게 채택해야 한다는 근대주의 국가에서든, 또 유럽의 식민주의 치하에서 벗어나 독립을 쟁취한 민족국가에서든 모두 샤리아의 재도입이라는 큰 주제는 매우 어렵고 힘든 문제였다. 무슬림 세계가 유럽강국들에 의해 식민화하지 않았다면, 이슬람법도 무슬림사회의 여건들에 발맞추어 발전해 갔을 것이다. 그러나 반대로 이슬람법의 발전은 인위적으로 제지되거나 저지당하였다. 그래서 오늘날 이슬람주의자들이 계속 추진하고 있는 이슬람화 운동은 필연적으로 시계를 뒤로 돌려놓는 시도처럼 보이기도 한다. 그렇지만 지속적으로 무슬림 원리주의자들은 이슬람 부흥운동을 전개해가고 있다.

반면에 비록 소수이지만 일부 무슬림 지성주의자들은 샤리아로 돌아가는 것이 과연 바람직한 것인지를 공개적으로 질문하고 있다. 그 대표적인 경우가 쉐이크 알리 압둘 라지끄Alī Abd al-Rājiq, 파즈르 라흐만Fazlur Raḥmān(1988년 사망), 마흐무드 무함마드 따하Maḥmud Muḥammad Ṭahā(1986년 사망) 같은 사람들이다. 인생의 마지막 생을 시카고에서 망명객으로 보냈던 파키스탄 출신의 라흐만은 『꾸란』의 도덕적 주장들은 절대적인 것이지만 『꾸란』의 규범(법)들은 역사적으로 불확정적인 것이었다고 주장하였다. 그래서 『꾸란』은 예컨대 일부다처제를 허용했고, 노예제도를 허용했다는 것이다. 7세기 아라비아에서 그러한 제도들을 폐지하는 것은 비현실적이었기 때문에 허용하였다는 것이다. 그러나 오늘날에도 그것들이 허용되어야 한다는 것을 의미하지는 않는다는 것이다. 따하도 비슷한 주장을 한다. 수단 대통령 누메이리Numeiri에 의해 사형에 처해진 수단의 수피 지도자인 그는, 『꾸란』의 영속적인 부동의 메시지는 메카 계시들에 주로 새겨져 있고, 반면 메디나 계시들은 특별한 상황, 역사적 · 지리적 내용과 의미를 담고 계시되었다는 점을 주장하였다. 이러한 견해들은 전통주의자들과 이슬람 원리주의자들 모두에게는 똑같이 이단자의 소리일뿐이고, 파문선고를 받아 마땅할 저주받을 주장인 것이다. 그럼에도 불구하고, 그들의 주장은 『꾸란』의 도덕적 명령을 『꾸란』의 법적(금지) 명령과 구별하려 하고, 나아가 구속력이 덜한 것으로 보려고 하는 소수 무슬림 사회의 세속화된 무슬림들에게는 매우 고려해 볼 만하고 나름대로의 호소력을 가지고 있는 것으로 받아들여지고 있다.

끝으로 열두이맘 쉬아파의 법학 발전과 법원들에 대해 살펴보기로 하자. 쉬아들의 대다수는 열두 이맘파Ithnā-'Ashariyya이다. 이들은 발생 이후 오랜 기간 동안 정치적으로는 박해받는 지하조직이었다. 이들의 제6대 이맘 자으파르 앗 싸디끄Ja'far as-Ṣādiq(765년 사망)는 고매한 지식과 독실성으로 유명했다. 그는 위대한 신학자였다. 우마이야조 사람들은 그를 메디나에서 비교적 자유롭게 활동할 수 있게 해주었는데, 많은 학생들이 학술 동아리를 이루며 그의 강의를 들으려고 모여들었다. 그들의 대다수가 순니들이었다. 쉬아들은 이때 순니 법학자인 아부 하니파와 말리크 모두 자으파르 앗 싸디끄를 전승학의 스승으로 존경하며 그 동아리 중에 포함되어 있었다고 주장하고 있다.

쉬아들은 부와이흐조 이전까지 전승모음집을 편찬하지 않았다. 가장 초기의 모음집은 무함마드 알 쿨라이니Muḥammad al-Kulaynī(940년 사망)의 『알 카피 피 일므 앗딘*al-Kāfi fī 'Ilm ad-Din*(종교학의 충만)』이다. 쉬아들이 법전으로 간주하였던 다른 전승집 세 개는 이븐 바부야Ibn Babūyā(991년 사망)가 편찬한 것과 무함마드 앗 투시Muḥammad at-Tūsi(1067년 사망)가 엮은 두 권이 있다. 물론 이것들은 순니의 전승모음집들과는 근본적으로 다르다. 예언자의 하디스들과 마찬가지로 쉬아 이맘들의 언급들을 포함하고 있기 때문이다.

법학의 근원uṣūl al-fiqh에 대한 쉬아파의 연구는 무으타질라파 신학의 이성주의에 영향을 받은 학자들에 의해 11세기 초, 바그다드에서 본격적으로 시작되었다. 이븐 바부야의 제자인 쉐이크 알 무피드al-Mufīd(1022년 사망)가 『꾸란』과 쉬아 전승의 우월함을 받아들였으나 일부 모순이 있던 원문을 해석하기 위해 사유를 사용해야만 하는가를 논쟁하였다. 그는 이즈마아ijmā'가 이맘의 견해와 일치했을 때에만 이슬람 공동체의 합의라고 정의했다. 하지만 유추의 사용은 거부했다. 샤리프 알 무르타다Sharīf al-Murtada(1024년 사망)는 전승에 대한 권위를 누구보다 앞장서서 옹호하였지만, 단지 한 사람이 전달하고 사유와 이성에 모순되는 것들은 거부해야 한다고 주장했다. 다른 한편, 쉐이크 앗 타이파Shaikh at-Taifa(공동체의 쉐이크)로도 알려져 있는 무함마드 빈 알 하산 앗 투시Muḥammad b. al-Ḥasan at-Tusi(1067년 사망)는 만약 전달자가 쉬아라면 단 한 사람에 의해 전달된 전승이라도 받아들였다.

몽골이 바그다드를 점령한 이후, 유프라테스강에 있는 힐라Hilla는 쉬아파 학자군群의 근거지가 되었다. 알라마 알 힐리 'Allāma al-Hillī(1325년 사망)는 몽골 통치기간 동안 가장 뛰어난 법학자로 손꼽힌다. 그는 아야톨라Āyatollāh(신의 증표)라는 칭호로 불려진 첫 번째 쉬아파 학자였다. 그는 이즈티하드의 중요성을 주장했다. 그렇지만 그는 이즈티하드가 울라마의 특권임을 강조했다. 일반 신도들은 무즈타히드mujtahid(이즈티하드의 실행자)로 알려진 '살아 있는 권위자'(울라마를 가르킴)의 결정에 따라야만 한다고 그는 말하였다. 그러나 무즈타히드들도 오류를 저지를 수 있는 인간들이기 때문에 그들은 자신의 견해를 바꿀 수 있는데, 그것은 간혹 그들 사이에서 그것이 불일치할 것을 예상한 경우에만 한해서이다.

사파비조는 1501년 권력을 장악하고는 열두이맘 쉬아주의를 페르시아의 국교로 선포하였다. 그러고 나서는 이라크를 비롯한 여러 지역에서 쉬아 교의를 가르치기 위해 쉬아 울라마들을 끌어모았다. 오랜 기간이 걸렸지만 사파비조의 등장으로 쉬아 울라마들의 지위는 크게 높아졌다. 17세기 후반에 이르렀을 때, 일부 쉬아 울라마들을 중심으로 국가의 진정한 통치자는 무오류의 무즈타히드여야만 하고, 샤Shah는 그의 대리인으로서 세속적 문제들을 다루어야 한다는 주장이 대두되었다. 그리고 법학자들 사이에서는 두 가지 상반되는 학파가 생겨나 점차 대립하며 적대감을 키워갔다.

그 중 한 학파인 아크바리Akhbārī〔아랍어 akhbar(소식들, 정보들)에서 유래〕들은 전적으로 이즈티하드를 거부한다. 그들이 받아들이고 있는 법의 근원은 단지 이맘들이 해석한 『꾸란』과 순나였다. 이들은 또한 4대 순니 법학파의 전승 모음집 모두를 믿을 만한 것으로 간주하고, 순니에 근거를 두고 유래한 몇몇 전승들을 포함하여 전승들 모두를 인정하는 입장이다. 나머지 한 파인 우쑬리uṣūlī 〔아랍어 uṣūl(근거들, 뿌리들)에서 유래〕들은 이즈티하드를 옹호했다. 그들은 『꾸란』, 순나, 이즈마아 그리고 사유력를 유효한 법원으로 받아들였다. 한편 그들은 4대 순니 법학파의 전승 모음집의 많은 부분을 믿지 못할 것으로 간주한다. 그리고 이맘들이 전달하지 않은 전승들, 즉 아무리 믿음직한 다른 쉬아파들에 의한 전승들의 사용마저도 용납하는 것을 거부한다. 19세기 초부터 쉬아파 울라마의 대다수는 우쑬리들이었다. 그럼에도 불구하고 소수파인 아크바리들은 바스라와 그 주변 도시들 그리고 바흐레인 섬에서 아직도 영향력을 행사하고 있다.

제8장 | 이슬람 신비주의, 수피즘

1. 수피로의 길

신비주의는 어느 종교 전통에서나 찾아볼 수 있는 한 종교적 현상이다. 기독교, 불교, 이슬람뿐만 아니라 유대교, 힌두교, 도교 등 거의 모든 종교 전통에서 공통적으로 나타나고 있다. 대개 종교 전통 속에는 절대자 · 초월자이신 신을 인간과 분리하므로 베일에 감춰진 신비의 측면이 있게 마련인데, 어느 종교 공동체든지 그러한 신비의 장막을 걷어 내거나 꿰뚫어 보려는 열망을 가진 개인이나 집단이 존재한다. 이들은 기존의 종교체계와 질서에 맹종하려 하지 않고 현실 그대로의 신앙에 만족하지 않는다. 일종의 신비체험을 통해 신과의 직접적이고 개인적인 교통을 갈망하는 것이다. 따라서 한 저명한 신비주의 연구가는 "신비주의자들은 그들이 어떤 종교에 속해 있든지 간에, 개별적으로 신과 인간의 영적 교섭을 갈망한다는 점에서 본질적으로 같다"고 말하였다.[1]

이러한 신비주의는 주관적이며 매우 감성적이어서 종교마다 형태가 다양하고, 한 종교 안에서도 개인이나 조직에 따라 모양이 다를 수 있다. 게다가 대체로 개인적인 체험들에 기초하기 때문에 이것을 하나의 잣대로 정형화하여 설명하는 일은 사실상 불가능하다. 이슬람에서의 신비주의도 자체 내에 각양각색의 모습을 갖고 있다.[2] 이러한 맥락에서 이슬람 신비주의 신학에 대한 개념의 정의는 쉽지 않다. 단지 이해하기 쉽게 표현해 본다면 "부단한 자아 훈련을 통해 개인적 체험으로 도달할 수 있는 신에 대한 지식"이라고 말할 수 있을 것이다. 이것은 이성과 지성을 통해 신에 대해 알

---

1 A. J. Arberry, *Ṣūfism: An Account of the Mystics of Islam*, London: George Allen & Unwin, Ltd., 1950, p.11.

2 Reynold A. Nicholson, *The Mystics of Islam*, London: Routledge & Kegan Paul, 1963, p.27.

려고 하는 일반 신학이나 또는 계시에 의해 신의 의지에 도달하는 교리 신학과는 접근방식에서 매우 다르며, 어찌 보면 그 반대가 되는 방식이다.

이슬람 신비주의는 무슬림의 신앙과 정신세계에 관심을 가진 많은 서구 지식인들의 주목을 받아왔다. 그것이 갖고 있는 높은 수준의 신지학神知學뿐만 아니라, 무슬림 신비주의자들의 시와 산문 속에 담겨 있는 문학적 가치와 영적 · 정신적 영역의 연구에 관한 필요성 때문이다. 많은 서구 학자들은 이슬람 신비주의가 그노시스gnosis(영지)주의나 불교, 힌두교, 조로아스터교, 기독교, 유대교의 신비주의 등 이슬람 이전의 이슬람 외적인 원천들의 영향을 받은 것으로 보아왔다. 특히 시리아의 수도원 제도, 신플라톤주의, 인도의 베단타vedanta 사상 등과 연관되어 있다고 말한다.[3] 그러나 이슬람 신비주의가 외형적 모습을 갖는 데에는 이러한 외부적 영향들을 부인할 수 없겠지만 이슬람 신비주의의 뿌리는 어디까지나 이슬람 고유의 것이다. 그 뿌리는 한마디로 『꾸란』과 예언자 무함마드의 언행(하디스)이다. 이슬람 신비주의자들은 거의 모두가 자신들이 걷고 있는 영성적 체험과 길의 계보를 무함마드의 행신과 신의 말씀으로 거슬러 올라가 찾으려 한다. 그러므로 이슬람 신비주의의 본질적 요소들이 외부로부터 유래한 것이라고 말하는 것은 타당하지 않다. 신비주의 가르침과 실천요강의 근원들은 『꾸란』과 하디스, 그리고 이슬람 초기의 전통과 관행(순나)이기 때문이다.

『꾸란』은 이슬람 신비주의의 첫 번째 원천이다. 신비주의자의 감성을 일으키고 지배하며 실천을 유도하는 안내자이다. 꾸란 원문을 해석하는 방법에는 크게 두 가지 기본 형태가 있다. 첫째는 타프씨르tafsīr(명료한 해

3 Georges C. Anawati, "Philosophy, Theology, and Mysticism" in *The Legacy of Islam*, 2nd ed., ed. Joseph Schacht & C. E. Bosworth, Oxford: Clarendon Press, 1974, p.366.

석)로서 문자적 의미를 명확하게 해석 · 연구하는 것이고, 둘째는 타으윌 ta' wīl(은유적 해석)로서 비유적이고 상징적인 해석을 하는 방법이다. 신비주의자들은 타으윌에 더 깊이 몰두하고 매달린다. 원문에 대한 비유적이고 상징적인 해석은 그들의 종교적이고 영적인 삶을 추구하는 근간이 된다. 인생의 모습이 명백히 외형적으로 나타나 있는 것들인 자히르ẓāhir와 은밀히 내면적으로 숨어 있는 것들인 바틴bātin이 있는 것처럼 신의 말씀인 『꾸란』도 그 뜻이 명료하게 나타나 있는 것과 숨어 있는 내밀한 것이 있는데, 신비주의자들은 후자의 것, 즉 바틴에 더욱 집착하며 그 뜻을 파헤치고 알려 한다.

『꾸란』은 자연과 역사에서의 '신의 표시들ayat(표지 또는 증표)'을 자주 언급하고 있다. 이것들은 신의 징표이자 증표가 되는 것들로서, 이것을 볼 수 있고 이해하는 자에게는 영적 교훈이 되는 것들이다. 이것을 통해 신이 가까이 계심을 느끼고 신과의 친밀감을 갖게 된다. 신비주의자들은 신이 제공해준 이러한 여러 징후들에 대해 신념을 갖고 명상해 왔다. 신은 "인간의 영혼이 그 안에서 무엇을 속삭이는지 알고 있으며, 그리고 나는 경정맥보다 더 가까이 그에게 있다"[4]라고 말씀하셨다. 신비주의자들이 추구하고 좇는 신은 이렇게 가장 가까이에 존재해 계신다.

『꾸란』은 진실로 믿는 자들이 자연과 역사 속에 제공된 이러한 여러 증표들을 통해 알라Allāh의 존재를 인식하게끔 계속 반복해 가르쳐주고 있다. 『꾸란』은 장엄하게 다음과 같이 말하고 있다.

> 진실로, 하늘과 땅의 창조에서
> 낮과 밤의 변화에서

4 『꾸란』 50 : 16.

인간에게 유용한 것들을 싣고 바다로 떠나는 배에서
동물들에게 내려지고 죽은 대지 위에 생명을 주며
알라께서 하늘로부터 내려 주시는 비 속에서,
바람의 변화 속에서,
하늘과 땅 사이에 자유롭게 떠돌고 있는 구름 속에서
그 안에 이해하려는 모든 것에 대한 징표들이 있도다.[5]

이슬람세계에서의 신비주의를 서구 사람들은 수피즘sufism이라고 부른다. 이 말은 아랍어 수프ṣūf(양모)에서 유래한다. 신비주의 경향의 초기 무슬림 고행자들이 거칠게 짠 양털 옷을 입고 금욕생활 속에서 신비 체험의 길을 걸은 데서 수피야ṣūfiyyah(수피집단)라는 말이 8세기 경부터 생겨났고, 이들을 통칭 수피ṣūfī(신비적 행동의 수도자)라고 부르게 된 것이다. 그러나 수피라는 호칭을 엄격하게 적용하면, 영적 체험을 통해 신비적 직관을 얻은 수피적 삶의 달인인 신비주의자에게만 해당된다. 수피 초심자들의 스승이 되는 사람을 칭하는 말이다. 수피의 길에 들어선 초심자들은 무타싸우위프mutaṣawwif라고 부른다.[6] 또 수피주의에 해당하는 아랍어 전문용어는 타싸우프taṣawwuf이다.

9~10세기에 이를 때까지 무슬림 세대들은 규범적인 종교생활에 만족하였다. 신의 뜻에 복종하기 위해 신을 믿고, 또 신의 명령과 가르침을 실천하는 '신앙과 실천'의 길을 충실히 걸어왔다. 이는 신학적이고 법적인 보편의 길이었으며, 법학자들이 정교하게 만든 샤리아(이슬람법)를 따르는 길이었다. 그것은 현세를 올바르게 살아가게 하는 삶의 지침이자 나아가

5 『꾸란』 2 : 159.
6 이들에 비해 무스타우씨프mustawwṣif는 양털로 기운 옷을 입고 다니면서 자비를 구하고 영적 진리를 추구하는 자들로 존경받기를 원하지만, 본질적으로 이들은 사기꾼에 지나지 않는 사람들이다. 수피들에게 비친 이들은 경멸스럽고 단지 탐욕스러운 행동의 사람들일 뿐이다.

내세를 준비하게 하는 질서와 규범, 규율과 규칙으로, 한마디로 말해 이슬람의 신조와 교의에 있는 신께 이르는 '진리의 길'이다. 다시 말해 이 샤리아를 잘 따르기만 하면 누구든지 현세를 완벽하게 살고 결국에는 신의 의지에 귀의하게 된다고 믿었던 것이다.

그러나 예배와 신앙의 실천만을 강조하는 모스크 중심의 생활이 자꾸 울라마들에 의해 형식화되고 고착화되어가자, 무슬림 사회 내부에서는 자발적으로 영적인 삶을 갈망하는 신도들이 생겨나게 되었다. 더욱이 이슬람 제국이 부와 세력을 가진 거대한 대제국으로 번영의 정점에 도달하게 되었을 때 신앙심 깊은 일부 무슬림들은 사려 깊은 새로운 의문을 품게 되었다. "과연 이것이 존재하는 모든 것인가? 이 땅에서 부를 얻고 결국 우리는 죽기 위해 창조되었는가?"[7]

뿐만 아니라 『꾸란』에 계시된 신은 초월적이고 무한하며 유아독존의 모습이었다. 초기 무슬림 학자들이 묘사한 신의 형상도 초자연적이고 영원한 절대자의 모습이었다. 대신 인간은 '신께서 의도하시는 것을 제외하면 아무것도 할 수 없는 무력한 신의 종'으로서 미미한 모래알과도 같은 존재일 뿐이었다. 이러한 가르침은 숙명론적인 신앙관을 낳게 하였다. 심판의 날과 지옥불에 대한 공포로 신에 대한 경외심만 강조되었으며 사랑을 통해 자신을 내보이시고 드러내시는 자애로운 신은 보여지고 나타나지 않을 것 같았다. 이같이 신앙과 형식만을 강조하는 종교현상은 어느 종교에나 있게 마련이다. 그리고 이 같은 현상 때문에 일부 무슬림들은 종교와 신에 대한 전통적 접근방식에 회의를 느끼게 된 것이다. 그들은 매일 반복되는 일상생활에 염증을 느꼈고, 소위 하야트 앗 둔야hayāt ad-dunyā(속세의 삶)

7 Frederick Mathewson Denny, *An Introduction of Islam,* New York: Macmillan Publishing Company, 1985, p.242.

의 틀과 그 틀 속에 있는 종교적 생활 리듬을 뛰어넘어 영원한 의미의 것에 대한 영적 탐구와 활동을 추구하기 시작했다. 신학자와 법학자들의 가르침과 철학자들의 주장이 그들을 만족시키지 못했던 것이다. 종래의 여러 논쟁점들과 변증론은 만족할 만한 영적 자양분을 그들에게 공급해주지 못했다. 샤리아의 길만으로는 신께 다가가려는 그들의 열망을 충분히 채워주지 못했던 것이다. 그들은 베일에 싸여 있는 신과 그들 사이의 장막을 걷어내고 싶어했다. 어떤 미지의 신비체험을 통해서 신께 근접하고 싶어한 것이다. 그들에게 전통적인 신학이론 속의 신은 너무 멀리 있는 존재였다. 그들은 보다 인간적이고 친근하며 따뜻한 신을 갈망했다. 하늘에만 계신 것이 아니라, 이 땅에 계시고 인간의 마음속에 살아 계신 신을 원했던 것이다. 따라서 그들이 추구하며 도달하고 고양시킨 신앙의 체계는 교리적인 것이라기보다는 철학적이고 체험적인 것이었다.

이슬람에서의 신비주의는 이렇듯 시작부터 무슬림 신앙생활 내부에서의 자생적인 욕구와 힘이 작용한 것이었다. 달리 말하면, 이슬람의 생명력, 자발성, 역동성을 약화시킨 형식주의 경향에 반대하여 쇄신과 갱생의 개혁의지로 추구된 것이었다.

신비주의자들이 기존의 샤리아에 만족하지 않고 나름대로의 신비체험의 길을 통해 신께 다가가려 하는 이 길을 따리까ṭarīqa라고 부른다. 이 길은 방법, 체계, 심지어는 신조의 뜻까지 내포하므로 단순한 길이라는 의미 이상이다. 따라서 이 단어는 같은 길을 걷고 있는 수피 동지나 집단의 형제애와 그들간의 질서체계를 의미하기도 한다. 그래서 수피 종단을 따리까(복수는 ṭuruq임)라고 같은 이름으로 부른다.

다시 말하면 샤리아와 따리까 둘 다 길을 뜻하지만 샤리아가 예배행위 같은 종교의식과 공동체 생활의 규범 · 규칙을 담고 있는 신성한 법체계로서 무슬림이면 누구나 지켜야만 할 '외형적인 길'을 의미한다면, 따리까는 무슬림 신앙 내부에 존재하는 '내적인 길'을 말한다. 샤리아가 자히르ẓahir(외면의 것) 같은 것이라면, 따리까는 바뗀bāṭin(내면의 것) 같은 것이다. 수피주의자들은 샤리아가 따리까와 상호 보완적이라고 주장한다. 양자를 균형있게 좇을 때 그만큼 보람찬 신앙세계를 체험할 수 있다고 믿는다. 물론 엄밀한 의미에서 말하면 샤리아가 우선한다. 그것은 모든 무슬림에게 의무적인 준수를 요구하는 것이기 때문이다. 그것이 큰 길이라면 뒤의 것은 그 큰 길에서 갈라져 나온 작은 길이다. 따리까의 길을 선택할 때까지 대체로 수피주의 수행자들은 모범적인 샤리아의 근행자들이었다. 또 수피영성의 어떤 상승단계에 오른 자라고 하여 샤리아에 대한 의무가 면제되는 것은 아니다. 오히려 일부 수피들은 지나칠 만큼 샤리아에 집착한다. 샤리아의 모범적 실행은 무슬림 누구에게나 필수적이다. 그러나 일부 과격 수피들은 이 문제에 견해를 달리한다. 이들은 높은 수준의 단계에 오른 수피들에게 이바다트ʻibādāt(예배와 같이 종교적 실천의 의무적 행위들) 수행은 신비적 직관이나 신과의 합일에 이르기 위해 정진해야 하는 영적 도정에서 그들 자신을 분리시켜 놓고 있던 바로 그 장막이라고 말한다. 샤리아는 아직 신비적 영적 도정의 높은 경지에 오르지 못한 일반 다수들을 위한 보편적 원리에 지나지 않는 것이며, 다분히 교육적이고, 신앙과 실천의 일반적 규율을 담고 있는 체계라는 것이다. 이러한 관점 때문에 샤리아만을 따르는 정통주의 무슬림들은 수피주의의 진실성에 의구심을 품고 이 길을 정도正道로 인정하지 않는다.

수피주의자들은 다음과 같은 신의 말씀 속에서 그들 행동의 정당성을 찾으려 한다. 그들의 행동과 교리의 첫 번째 원천은 『꾸란』이다. "만약 나의 종들이 나에 대해 너(예언자)에게 묻는다면, (답하라) 나는 가까이 있도다."[8] "나는 목의 동정맥보다 더 가까이 있도다."[9] "너희가 돌아서는 어느 곳에나 신의 얼굴이 있노라."[10] 무함마드의 하디스 역시 그들의 행동을 뒷받침해 주고 있다. "너희는 그를 보는 것처럼 예배하라. 너희가 그를 보지 못한다 해도 그는 너희를 보고 계시다." 특히 다음의 성구는 매우 의미심장한 것으로 받아들여지고 있다. "친척들과 가난한 자들, 여행자들에게 그들의 권리[11]를 주어라. 그렇게 하는 것은 신의 얼굴을 원하는 자들에게는 선善한 일이다. 그들이야말로 바로 번성하는 자들이니라. 너희가 이자로 준 것은 사람들의 부를 증가시킬지는 모르지만 신께서 보시기에는 아무것도 늘어나지 않느니라. 그런데 신의 얼굴을 원하면서 너희 중 자카트를 내는 자 바로 그들이야말로 (신으로부터) 여러 배의 보상을 받는 자들이니라."[12]

여기서 말하는 '신의 얼굴'이란 무엇일까? 수피주의자들은 이 표현을 문자 그대로 보아서는 안 된다고 말한다. 왜냐하면 이 말은 겉으로 나타나 있지는 않지만 신의 내적 본질 즉 신의 영원한 속성과 관계가 있기 때문이다. 그들은 여기서의 '얼굴'은 신의 인간적 속성에 대한 선명한 은유라고 생각한다. 신비주의자들이 자신을 신께 조금이라도 더 가깝게 다가가려는 것은 바로 이러한 깊은 개인적 또 인격적 관계를 통해서인 것이다.[13] 신께서는 그의 피조물들이 그를 향하도록 하기 위해 먼저 그들에게로 향해 계시다.[14] 그리고 그런 관계 역시 신께서 주도하는 것이라고 그들은 믿고 있

8 『꾸란』 2 : 186.
9 『꾸란』 50 : 15.
10 『꾸란』 2 : 115.
11 그들이 받을 자선금을 의미함.
12 『꾸란』 30 : 39~40.
13 Denny, 앞의 책, p.242.
14 『꾸란』 9 : 118.

다. 이러한 맥락에서 신비주의자들은 '신의 정의'를 믿고 추구한다기보다는 '신의 사랑'을 더 염원하고 강조한다고 말할 수 있다.

수피주의자들의 영감과 교리의 두 번째 원천은 무함마드의 행신, 즉 하디스이다. 『꾸란』은 "실로 너희에게는 신의 사자가 훌륭한 본보기이니, 이는 그가 하나님과 최후의 날을 경외하는 자이고, 하나님을 자주 기억하는 자이기 때문이다"[15]라고 이를 분명히 가르쳐주고 있다. 수피주의자들은 『꾸란』의 메시지에 몰입하여 살던 예언자의 모습과 계시에 의해 명백히 증명되는 예언자의 모범적인 행신을 보면서 무함마드의 영혼은 보통사람과는 달리 완벽한 것으로 믿게 된다. 특히 그들은 무함마드가 경험한 신비한 '밤의 여행'을 매우 중시한다.[16] 무함마드가 겪은 이 최초의 신비체험은 신비주의자들이 걷고자 하는 목표의 길이다. 그것은 신께로 다가가는 신비체험의 현장이고, 힘과 지혜의 원천이자 원동력이다. 특히 이 밤의 여행에서 신과 무함마드가 만나는 순간은 그들에게 가장 큰 감동과 감화력을 불러일으키는 장면으로, 그들 신앙의 유력한 증거가 되는 장면이기도 하다.

수피주의자들은 하디스 중에서도 예언자의 금욕주의적 견해와 실행을 담고 있는 것과 신지학적 · 접신론적인 것을 특히 소중히하려 한다. 물론 가장 중시하는 하디스는 소위 하디스 꾸드시ḥadīth qudsī(신의 말씀을 직접 담고 있는 하디스) 중의 하나인 다음과 같은 것이다. 비록 이러한 하디스가 『꾸란』의 일부는 아니지만 무함마드에게 내려진 신성한 신의 말씀이므로 그 가치는 『꾸란』과 동급으로 간주된다. "나는 나의 종(무함마드)이 나를 기억하고 언급하면서 그의 입술을 움직일 때마다, 언제나 그와 함께 있느니라."

---

15 『꾸란』 33 : 21.
16 『꾸란』 17 : 11.

사실상 예언자는 이러한 하디스 구절 때문에 신비주의자들에게는 인간 이상의 존재가 되었다. 무함마드는 살아 있을 때보다 죽은 뒤에 더욱 추앙받는 인물이 되었다. 심지어 어떤 하디스는—순니세계에서 아직까지 논쟁의 여지가 남아 있는 것이지만—신과 그의 사자를 동일시하고 있다. "나를 본 자는 신을 본 것이다." 이러한 것은 다음과 같은 또 다른 하디스를 보면 그것이 신비주의자들의 길임을 이해하게 된다. "나의 마음에 의견을 구하라. 그리하면 너희는 신성 어린 마음의 내적 지식에 의해 신께서 공표하신 신비로운 신의 율법을 듣게 될 것이다."

무슬림들은 누구나가 예언자를 흠모하며 그의 순나에 교화되어 살아왔다. 예언자 순나가 그들 신앙의 원천이자 결속의 중심 요소임은 말할 나위가 없다. 신께 이르는 길의 안내자로서의 무함마드는 그들이 예배 때마다 뇌이는 '신앙 증언문'(샤하다) 속에 잘 나타나 있다.[17] 또한 누구든 예언자가 체험했던 '밤의 여행'과 같은 개인적 미으라즈mi'rāj(신께로의 승천)를 자신이 경험하기를 바랄 수 있다. 그런데 신비주의자들은 이러한 바람과 갈망에서 한 단계 더 나아가 '그것은 할 수 있는 일이다. 노력하면 도달할 수 있다'라는 신념을 갖고 부단히 그 희망을 실천하려 한다. 이것이 일반 신도들과 다른 점이다.

무함마드가 신께 이르는 길의 특별한 안내자라는 믿음은 '무함마드의 빛an-nur al-Muḥammadī' 이론에서 비롯된다. 쉬아들 역시 이것을 교리로 신봉한다. 원래는 '신의 빛'이 예언자들에게 내려진 것인데, 이 빛이 무함마드에게 내려졌고, 그 뒤 알리와 여러 세대에 걸쳐 쉬아 이맘들에게 내려져 이맘들을 오류로부터 벗어나게 하였으며, 그들에게 『꾸란』을 해석할

17 신앙과 실천의 다섯 기둥 중 첫 번째인 샤하다는 "하나님 외에 신은 없고, 무함마드는 신의 사자이다"이다.

권한을 주었다고 믿고 있는 것이다. 수피든 쉬아든 순니든 무슬림이면 누구나가 예언자 무함마드를 흠모하고 찬양하는 태도는 다를 바 없다. 그러나 주목해야 할 점은 그는 분명히 인간이라는 사실이다. 보석이 아무리 빛나고 투명할지라도 돌인 것처럼 그 역시 신의 창조물 중에서 가장 두드러지고 찬양받는 인간 존재일 뿐이다.

2. 수피의 영적 도정

이들의 궁극적인 목표는 무엇인가? 수피들은 그것을 한마디로 '신과의 합일'이라고 답한다. 그들은 스스로를 신을 향해 길을 걷고 있는 순례자로 생각한다. 영적 신비체험을 하면서 따리까의 길을 걷는다. 이 길은 멀고 험난하다. 외로운 고행자가 되어 여러 영적 상승단계와 다양한 영적 심리상태를 이 길에서 체득하며 목적지를 향해 나아간다. 이 영적 성취의 상승단계를 마깜maqām(복수는 maqāmat)이라고 부른다. 이것은 초심자들의 영적 인식인 그노시스(영지) 같은 것을 체험하기 위해 심신수련을 하면서 거쳐가는 단계들을 말한다. 이것은 마치 긴 여행길에서 거쳐가야 하는 역과 같이 인간이 스스로 노력하여 도달하는 정신적 위치이다. 한 역을 지나고 다시 또 한 역을 지나면서 종착역인 '신과 합일'의 역까지 나아가는 것이다. 한편 이러한 상승단계의 과정 중에 신의 은총으로 느끼게 되는 영적 심리상태를 할ḥal(복수는 aḥwal)이라고 한다. 마깜(단계)은 자신의 의지와 노력에 의해 능동적으로 얻는 것이지만, 할(상태)은 자신의 의지와는 상관없이 신으로부터 수동적으로 받는 것이다.[18]

18 '할'과 '마깜'에 대한 연구는 김창주, 「수피사상의 발전과 영적 도정에 관한 연구」, 한국외

수피 수련생은 마깜을 매우 중요시한다. 이 마깜의 수는 가변적이고 다양하여 학자 혹은 종단에 따라 다르다. 그러나 공통되는 것은 대개 회개와 참회, 단념과 포기, 금욕, 인내, 신탁, 영지, 사랑, 만족, 자기소멸 같은 것들이다. 학자마다 순서가 다를 수도 있지만 대개 각 마깜이 성취되는 순서는 바뀌지 않는다. 알 후즈위리al-Ḥujwīrī는 다음과 같이 설명했다. "첫 번째 단계는 회개tawbah이고 다음은 개심inābah이다. 그 다음은 금욕zuhd이고 그러고 나서 신에게의 신탁tawakkul에 이르며…." 누구나 회개 없이 개심한다거나 개심 없이 포기, 금욕하고 금욕 없이 신에게 자신을 신탁하는 경우는 거의 없다. "…그리고 영지ma'rifa에 이르고 마침내 자기소멸, 신과의 합일fanā' 을 경험한다." 대개 7~8개 또는 10~20개의 마깜들을 제시하고 있는데, 아부 싸이드 빈 아비 알 카이르Abu Sa'id b. Abī al-Khayr(1049년 사망)는 무려 40개의 마깜을 열거하고 있다. 알 가잘리는 마깜의 수를 10개로 소개했다.[19] 그 순서는 다음과 같다.

1) 타우바tawbah(회개, 참회), 2) 싸브르 와 슈크르ṣabr wa shukr(인내와 감사), 3) 카우푸 와 라자아khauf wa rajā'(두려움과 희망), 4) 주흐드 와 파끄르zuhd wa faqr(금욕과 청빈), 5) 타우히드 와 타와쿨tawḥīd wa tawakul(신의 유일성과 신탁), 6) 마합바 와 샤우끄maḥabbah wa shawq(사랑과 영적 그리움) 그리고 운스 와 리다 'uns wa riḍā(영적 친밀과 만족), 7) 니야 와 이클라스 와 씨드끄niyah wa ikhlāṣ wa ṣidq(의도와 성실과 참된 진실), 8) 무라까바 와 무하싸바murāqabah wa muḥāsabah(명상과 자아성찰), 9) 타파쿠르tafakur(숙고), 10) 디크루 알마우티 와 마 바아디히dhikru al-mauti wa ma ba'adihi(죽음과 내세의 언급).

국어대학교 대학원 석사학위논문, 1987, 77~78쪽 참조.

19 영적 도정과 마깜의 수에 관한 상세한 것은 김창주, 앞의 논문, 69~80쪽 참조.

전통적으로 수피학자들은 수피들의 궁극적 목표인 신과의 합일을 위한 영적 도정의 중요 실천과정으로 타우히드(이때의 타우히드는 신의 유일성이라는 본래 의미보다는 신이 하나라는 인식과 더불어 신과 하나되는 인식의 타우히드를 의미한다), 마합바, 마으리파, 파나의 마깜을 가장 중시하는 경향이었다. 그리고 그중에서도 이러한 영적 도정의 끝인 파나fanā' 에 초점을 맞추었다. 이 파나의 경지가 바로 '자기소멸' 이고, '신과 합일' 이 이루어지는 마깜이기 때문이다. 자기 자신은 죽어 소멸하고 타우히드 속에 몰입되어 자신을 전혀 의식하지 못하는 황홀경과 몰아의 상태 속에 놓이게 되는 것이다.

영적 도정의 기초단계에서 꼭 거치는 것은 금욕주의이다. 따라서 많은 수피 학자들이 금욕의 마깜을 중시했다. 금욕주의는 세속적인 것들에 대한 단념, 포기뿐만 아니라 심신의 정화수단으로서의 참회, 고행 등도 포함한다. 합법적이고 정당한 기쁨과 즐거움에 대해서도 절제하고 자제한다. 초심자들은 재산을 버려야 할 뿐만 아니라 재물에 대한 욕망 자체를 없애야만 한다. 그럼으로써 비로소 그는 신으로부터의 보상을 기대할 수 있기 때문이다. 금욕주의는 대개 묵상과 정적주의를 병행한다. 익숙해져 있던 즐거움으로부터 자신의 영혼을 떼어놓음으로써 수행자는 스스로 극기하는 훈련능력을 계발하고 자아수련의 상태에 놓이게 되어 금욕이라는 마깜을 통과해 간다. 세속적 자아를 버림으로써 그는 우주적 자아를 발견하게 되는 것이다.

세속적인 것 모두를 버림으로써 그는 영적으로 가난한 자가 된다. 예언자 무함마드는 "나의 자긍심은 가난에 있다" 고 말했다. 이같이 '가난한 자' 가 되면 아랍어로는 파끼르faqīr(가난한 자), 페르시아어로는 데르비쉬dervish라고 부르는데, 일반적으로 이 두 명칭이 수피 초심자들의 통칭이다. 뜻으로 보면 무타싸우위프mutaṣawwif(수피주의 수행자)와 동의어가 되어, 일반적인 수피 용어로 쓰이게 된 것이다. 이 청빈의 마깜을 지나면서 진정한 수피 초심자가 된다. "나는 아무것도 가진 것이 없다. 그러나 아무도 나보다 부유하지 않다." 수피 수행자들은 이러한 믿음을 갖게 될 때에 곧 자신을 더 높은 영적 상승단계로 이끌어가는 출입문을 비로소 통과한 것이라고 생각한다.

이 청빈의 마깜은 신에게로의 귀속을 돕고 신에게 의지하며 마침내 자신의 모든 것을 신께 맡기는 '신탁tawakkul'의 믿음을 낳게 한다. 이것은 '절대자(신)에 대한 완전한 귀의와 복종'의 태도를 말한다.[20] 따라서 '신탁'의 영적 도정에 이른 수피수행자를 무타와킬룬mutawakkilūn(신에게 신탁한 자)이라고 불렀다.[21] 신탁의 마깜은 진정한 믿음을 갖게 하는 영적 도정의 중요한 단계이다. 믿음이 자신을 지탱하게 하고 두려움을 희망으로 대체시킨다는 것을 알게 한다. "나는 하나님을 믿는다." 이 말은 믿는 자들에게는 다른 어떤 말보다 좋은 말이다. 집을 나설 때, 일을 시작할 때, 계획을 세우거나 바꿀 때, 어려움에 처했을 때, 시험 앞에 있을 때, 어느 때든 되풀이하여 뇌이는 말이다. 그러나 수피들은 신탁이 무조건의 믿음을 의미하는 것이 아님을 명심하라고 가르친다. 아무런 노력 없이 만사를 신께 의존하려 하고 신에게만 달려 있다는 식의 생각은 잘못된 것이라는 지적이다. 한 전승에 따르면 베두인 중의 한 사람이 이 같은 생각으로 예언자에게 불평하였다. 그는 예언자의 숙소 밖에 낙타를 놓아두고 예언자를 방문했다가 나와 보니 낙타가 없어졌다. 그가 예언자에게 불평하였을 때 예

---

20 Ignaz Goldziher, *Vorlesungen über den Islam*, trans. Andras and Ruth Hamor, New Jersey: Princeton University Press, 1981, p.132.

21 Reynold A. Nicholson, *A Literary History of the Arabs*, Cambridge: Cambridge University Press, 1966, p.233.

언자는 다음과 같이 그를 책망하였다. "네 낙타의 다리를 묶어놓아라. 그러고 나서 알라(하나님)를 믿어라."

다음의 단계는 진정한 수피가 되는 관문으로 일컬어지는 신비적 직관인 '영지靈智'의 마깜이다. 영지주의의 중심 교리는, 신에 대한 지식'ilm(앎, 신학)은 전하거나 나눌 수 없는 신비적 직관으로, 직접적인 개인적 체험을 통해서만 얻을 수 있다는 것이다. 사람은 계시를 통해서 자신의 기원, 본질, 초월적인 운명을 알게 된다. 영지주의적 계시는 이성의 힘으로는 얻을 수 없으며, 오히려 신비에 대한 자아의 직관을 통해 얻어진다는 것이다. 이러한 영적 인식의 단계를 수피주의자들은 마으리파ma'rifa라고 말한다. 이것을 달리 표현하면 '신의 속성을 아는 지식'이자 '구원을 얻는 지식'으로, 이것을 얻으면 신 안에서 신과 일체가 되는 삶을 느끼게 되고, 신 안에서 영생할 수 있다는 믿음을 갖게 된다. 그렇기 때문에 수피주의에서 마으리파는 가장 중요한 마깜 중의 하나이다. 중동에서는 이러한 철학적·종교적 개념의 영지주의가 이슬람 이전 시대부터 이미 존재해 있었다. 그 역사는 오래 되어 기독교 이전 시대로 거슬러 올라가기도 하고, 신플라톤 사상에 흡수된 요소들 중 하나가 신비적 직관주의인 이 영지주의라고도 한다. 어떻든 이슬람이 영지주의를 차용할 수 있었던 근원과 배경은 매우 다양했던 것 같다.

영지의 마깜은 조명照明과 사랑의 마깜으로 상승하거나 혹은 반대로 조명과 사랑의 마깜에서 영지를 동반하기도 한다. 어떻든 이 세 가지의 상호 중복은 모두가 신의 축복이고 선물이다. 수피 수행자들이 염원하는 신은 언제나 활동적으로 선과 호의를 베푸시며 적극적으로 그의 종들을 사랑하시는 분이시다. 영지주의와 마찬가지로 조명의 교리 역시 이슬람 출현 이전부터 중동지역에 있었다. 그것은 흥미있고 신화적인 신플라톤주의의 이론이었고, 4세기에 이슬람에 스며든 여러 헬레니즘 요소들 중의 하나였다. 이러한 침투로 말미암아 이슬람 신비주의는 더욱 포괄적이고 종합화하게 되었다. 이 교리의 주안점은 신과 영(정신)의 세계는 본질적으로 빛이라는 것이다. 우리의 인식과정은 위로부터의 조명, 즉 깨달음이다. 셈족 최고의 신은 태양신 샤마스Shamash이고, 조로아스터교의 두 최고신 중의 하나인 마즈다Ahura Mazda도 빛의 신이었다. 조명(깨달음)은 발산의 의미를 함축한다. 태양광선이 태양에서 발산되듯이 영적인 빛이 신에서 발산되어 나온다.[22]

『꾸란』의 모든 장과 절들은 빛을 찬양한다.

> 알라께서는 하늘과 땅의 빛이시라.
> 그의 빛은 그 안에 등불이 있는 벽감과 같도다.
> 그 등불은 유리 안에 있고 그 유리는 빛나는 별과 같도다.
> 그것은 동쪽 끝에 있는 것도 서쪽에 있는 것도 아닌
> 축복받은 나무, 올리브에서 켜지며
> 그(나무의) 기름은 불이 닿지 않아도 빛을 더하며 빛을 발하도다.[23]

조명(깨달음)의 교리는 무슬림 사회의 여러 계층에서 쉽사리 받아들였다. 무슬림 철학자들 중에서도 이븐 시나ibn Sīna(라틴명, 아비센나, 1037년 사망)가 발전시킨 조명이론은 괄목할 만하다. 무슬림 철학자들은 빛을 신으로부터 발산되는 신의 상징으로서뿐만 아니라, 사물의 기본적 실체를 만드는 형이상학적인 것으로 이해하였다. 조명사상은 한 수피 종단의 독

22 Philip K. Hitti, *Islam, a Way of Life*, Minneapolis: University of Minnesota Press, 1970, p.58.

23 『꾸란』 24 : 36.

특한 이론으로도 발전해갔다. 이 종단의 창설자는 바그다드와 알렙포에서 활약하였던 페르시아인 앗 수흐라와르디 마끄툴as-Suhrawardi Maqtūl(1191년 사망)이었다. 그는 빛의 이론에 형이상학적인 요소를 덧붙이지는 않았지만 이 이론을 대중화하는 데 공헌하였다. 그의 저서 『조명의 지혜*hikma al-ishraq*』에서, 그는 살아 있고 움직이며 존재하는 모든 것은 곧 '빛' 이라는 것을 강조했다. 그는 신비의 존재를 증명하기 위해 빛을 이용했다. 고대 조로아스터교에서 숭앙한 빛의 개념을 수피주의에 결합시킨 듯한 그의 이론은 정통 울라마들이 보기에 너무 지나친 행동이었다. 살라딘의 통치기 때 알렙포 총독의 탄압 아래 그는 1191년, 38세 때 처형을 당하였다.[24]

사랑의 마깜은 영적 도정의 거의 마지막 단계에 위치한다. 그것을 통해 신비의 베일이 마침내 벗겨진다고 믿는다. 수피들은 사랑을 강조하는 『꾸란』의 말씀에 각별한 해석을 붙였다.[25] 그들은 사랑에 바탕을 둔 '나와 당신' 의 관계를 이끌어내고 '수피-알라' 의 관계는 곧 '사랑받는 자와 사랑하는 자' 의 관계임을 강조한다. 사랑은 주고받는 두 과정이지만 수피는 단순히 알라와의 사랑에서 그의 사랑 안에 존재하고 있을 뿐이다. "알라께서는 그를 사랑하는 자들을 사랑하신다." 이것은 『꾸란』의 여러 성구들에 명시되어 있다. 사실상 인간의 사랑은 단지 신의 사랑의 반영일 뿐이다. 따라서 영지, 조명, 사랑은 신과의 교통을 느끼고 또 동일시되는 최고의 감정에서 바로 그 교통의 절정에 이르는 마깜인 것이다. 『꾸란』에서 약속한 삶의 순환이 문자 그대로 이루어지는 셈이다. "진실로 우리는 알라에 속하며, 그에게로 되돌아가나니."[26] 이 같은 영적승화의 단계에서 수피들은 초

---

24 Hitti, 앞의 책, p.59.
25 예컨대 『꾸란』 3 : 29, 5 : 59.
26 『꾸란』 2 : 156.

월의 황홀경에 몰입한다.

영지와 조명을 뛰어넘어 신과의 사랑에서 황홀경, 즉 무아지경에 이른 수피는 마침내 사랑하는 신 안에서 자기소멸fana'을 맛본다. 그것은 자아절멸이다. 이러한 수피교리는 불교의 니르바나nirbana(열반)를 떠올리게 한다. 불교는 중동·이슬람제국의 동쪽 끝 지역에서 번창하였으나 이슬람 세계에 많은 개종자들을 제공하였다. 그러나 파나는 니르바나와 근본적으로 수행의 끝이 다르다. 열반은 윤회輪廻에서 벗어나려는 데 반해, 파나는 자신의 존재를 부정함으로써 자아를 소멸시키고 그 결과 신과 합일을 이루어 그 안에 살아남는다는 바까라는 마깜을 동반하고 있기 때문이다. 다시 말해 파나의 경지 속에서 동시에 일어나는 또 다른 마깜, 즉 바까baqa'(영존, 영속)가 있기 때문이다.[27] 이것은 '신과 하나가 되어 신 안에 들어가 존재함'의 상태이다. 다시 말해 파나는 신 안에서 자기 영속의 문을 여는 첫째의 마깜인 것이다. 수피는 환상적인 현재의 실존으로부터 신 안에서 영생의 존재로 죽는 것이다. 죽음은 바로 자기소멸이고 자아절멸이며, 그럼으로써 신 안에서 죽는 자는 곧 불멸을 체험하는 것이다. 자신을 죽인 것이 곧 산 것임을 경험하는 것이다. 그리고 이때 마치 파나를 거쳐 바까에 이른 듯하지만 실제로는 동시에 나타난다. 따라서 많은 수피 신학자들이 파나와 바까는 한 마깜이며, 그것은 마치 동전의 앞뒷면과 똑같다고 표현한다. 이 같은 '신과의 합일'이 수피체험의 궁극적 목표이다. 그리고 그것은 오랜 여정 끝에 얻어지는 최후의 할(상태)이기도 한 것이다.

수피 수련생들이 영적 도정을 하면서 어느 종단에서나 필수적으로 근행하는 기초적인 수행방법은 『꾸란』에서 "오, 믿는 자들아. 너희는 알라를 기억하며 많이 염송하라. 그리고 아침 저녁으로 알라를 찬양하라"[28]라고

27 Arberry, 앞의 책, p.22.

언급된 디크르dhikr(염송, 염신)이다. 디크르의 원뜻은 기억, 회상, 언급인데, 알라를 기억하면서 계속 "알라, 알라, 알라"와 같이 알라의 이름과 "라 일라하 일라 알라(일랄라)la ilaha illa allāh(알라 이외에는 신이 없다)" 같은 말을 조화롭고 단조로운 목소리로 끊임없이 반복하여 음송하는 행위를 말한다.[29] 일종의 '염신念神기도'이다. 『꾸란』은 분명하게 "알라를 자주 디크르하라"[30]라고 명령하고 있다. 수피주의자들에게 이것은 예배의 중심 수단이다.[31] 디크르는 입을 통해 목소리를 내어 하는 경우와 침묵 속에서 마음으로 행하는 것이 있다. 그 목적은 예배자를 정화시키고 마음에 평안을 갖게 하기 위한 것이다. "믿는 자들은 알라를 염송함으로써 그들의 마음에 평화를 얻으리니."[32] 디크르를 반복함으로써 예배자는 일종의 최면에 이르게 된다. 이때 인간은 신에게 가장 가까워지며 역으로 신은 그의 종에게 더 가까이 있게 된다.

디크르의 형태는 다양하지만 자발적으로 실행하는 일반적 디크르와, 한 따리까(종단) 안에서 무아경의 기술로서 전수하는 특별 디크르로 나누어 볼 수 있다. 어떤 것은 음악적이고 몰아적이며 과격행동을 수반하는 것이 있고, 또 어떤 것은 조용하고 내적이며 명상적인 것도 있다. 일반적 디크르는 수브하subhah(염주)를 사용하여 실행하기도 한다. 로사리오rosario같이 구슬로 짠 염주(묵주)는 수피들뿐만 아니라 순니 무슬림에게도 널리 통용되고 있다. 원래 불교의 예배도구였던 염주는 동방 기독교인들이 수피들에게 전했고, 중세 십자군들은 이것을 다시 서구세계에 소개하여 오늘

28 『꾸란』 33 : 41~42.

29 예를 들면 '알라'라는 단어를, 배에서 나오는 소리를 호흡으로 조정하면서 수천 번씩 끊임없이 소리내서 음송한다.

30 『꾸란』 33 : 41.

31 Goldziher, 앞의 책, p.132.

32 『꾸란』 13 : 28.

날 로마 가톨릭 교회에서 사용되고 있는 것으로 알려져 있다.

일상의 의무예배 중에 쓰이는 단순한 디크르는 디크르 알 아우까트dhikr al-awqāt라고 하는데, 예컨대 까다리야 종단의 예배자들은 다음의 세 구절을 각기 33번씩 반복한다. ① 수브한 알라Subḥān Allāh(신께 영광을), ② 알 함두릴라al-ḥamdulillāh(신께 모든 찬양을), ③ 알라후 아크바르Allāhu Akbar(신은 위대하시도다). 그리고 이러한 의식은 순니세계에도 전파되어 많은 무슬림들이 예배를 종료하기 직전에 똑같은 디크르를 하고 있다.

디크르 알 카피dhikr al-khafī는 쉐이크의 지도 아래 행해진다. 이 형식에서는 호흡조절을 강조한다. 일부 종단에서는 그 방법을 정교하게 다듬었다. 예를 들면 샤하다Shahāda(신앙증언문)의 첫 부분을 염송하는 디크르 알 카피의 방법은, 라 일라하la illāha는 숨을 내쉬는 동안 말하고 일랄라illa Allāh는 숨을 들이마시는 동안 말하는 것이다. 호흡 조정은 디크르의 기본이기도 하다. 예를 들면 칼와티야 종단은 '라 일라하'는 오른쪽 어깨를 보며 외치고 '일랄라'는 왼쪽 어깨를 보며 외치며, 인도 대륙의 치쉬티야 종단은 '라 일라하'를 호흡을 들이마시면서 고개를 오른쪽으로 숙였다가 말하고 '일랄라'는 호흡을 내쉬면서 고개는 왼쪽으로 쳐들며 말한다. 처음에는 천천히 조용한 소리로 외치다가 점차 빠르고 큰 소리로 외치며, 약 1시간 가량 후 절정에 이르면 스승의 지도에 따라 일순간 모든 움직임과 소리를 멈추고 한동안 몰아경에 빠져든다. 디크르 알 하드라dhikr al-ḥaḍra는 서로 소통하고 몰아경을 나누는 영적 집회의 디크르이다. 음악과 성스러운 춤사위가 있고 모임은 정교해서 예배자는 영적 교감과 전율을 함께 느끼게 된다. 향이 피워지고 촛불이 빛을 발할 때 예배 근행자들은 몰아경에 빠져든다. 정통 순니세계에서의 정형적 예배의식에는 음악이 사용되지 않는다. 『꾸란』의 리듬 있는 독송으로 충분하다. 그러나 수피주의는 여기에도 만족하지 않았다. 신을 찬양하는 노래를 목소리 높여 부르고, 음악과 춤으로 신을 찬송하고 찬미한다. 일부 보수파 수피종단을 제외하고는 대부분의 수피 종단이 이 방식을 장려했다. 공식적으로 모스크에는 노래하는 수피가 등장하지 않더라도, 개인적 모임이나 집에서 개최하는 영적 집회와 종교의식에는 음악이 있었다. 싸마아sama'라고 알려진 디크르는 '청취'를 의미하는 용어이지만, 음악과 춤에 중점을 두어 몰아경으로 이끄는 디크르 하드라의 한 정교한 형식을 뜻한다. 그러나 이것이 음악청취와 춤동작으로 신비적 상태 속에 몰입된 수피의 순수한 행위냐 아니면 수피 자신의 노력에 의해 고의로 황홀감을 만들어내는 불법적 시도냐에 대해서 학자들 간에 의견이 갈렸다. 정통 순니에서는 모든 음악과 춤동작을 금지시켰고, 일부 보수적 수피 종단도 지나친 싸마아를 거부하였다. 그러나 다른 종단들은 싸마아 속에서 열정적인 신도들의 종교적 감정의 출구와 영성체험을 발견하였고, 싸마아를 통해서 일반대중들을 매혹시켰다. 까디리야 종단, 리파이야 종단 등은 각기 독특한 가무를 디크르 의식에 포함시켰고, 수피 종단의 가장 독특하고 발달한 춤사위 형태로는 잘랄 알 딘 알 루미가 세운 마울라비야 종단의 것이 오늘날까지 가장 유명하다.[33]

디크르는 힌두교의 요가와 같이 수피 교리와 수행의 중심이다. 간단하고 기본적인 것에서 점차 정교히 발전하여 다양한 형태들이 출현하였다. 어떤 디크르는 스승 밑에서 강한 훈련을 일정기간 받고 몰아경에 이르는 특수한 기술을 익혀야 했다. 때로는 위험을 감수해야 했다. 호흡훈련에서부터 음식과 물 없이 장기간 버텨야 하는 것, 몰아경에 오랜 시간 빠져 있는 것 등 다양한 형식의 것들이 존재한다. 디크르 하드라는 수피 무슬림의 장엄한 의식 중의 하나로 자리잡았지만, 수피 종단마다 그 근행 형식이 가

33 Fazlur Rahman, *Islam*, Chicago: University of Chicago Press, 1979, p.152, p.164.

지각색이다. 디크르의 좋은 점은 다음과 같은 신의 말씀에 의해 증명된다. "나를 기억하라, 그리하면 나도 너희를 기억하리니."[34]

3. 수피주의 발전과 대표적 수피들

이슬람제국은 우마이야조와 초기 압바스조 때 권력과 부의 정점에 다다랐다. 이때 아랍인들은 서쪽의 스페인에서 동쪽의 파키스탄, 중앙아시아에 이르는 광대한 지역을 정복했고, 무슬림 첫 세대들은 꿈도 꾸어보지 못했을 사치스럽고 여유로운 생활을 영위하였다. 그들은 마치 유대인들처럼 스스로를 선택된 민족으로 생각하였으며 자만에 찬 아랍 우월주의를 통치 이데올로기로 삼았다. 그러나 일부 신앙심 깊은 무슬림들은 이러한 상황에 놀라며 비판적 시각으로 보게 되었다. 그들은 오히려 더욱 소박하고 단순한 생활을 계획하고 물질적 소유를 멀리하려 했다. 그들은 예언자 무함마드와 정통 칼리파 시대의 무슬림 첫 세대들이 수많은 전쟁과 역경 속에서도 얼마나 절도 있고 검소한 생활을 하였는가를 회상하였다. 무함마드가 보리빵을 먹고 마룻바닥에 앉아 통치하던 모습과 그의 후계자들인 아부 바크르와 오마르의 금욕적 삶을 귀감으로 삼은 이들은 바야흐로 후대인인 자신들의 신앙이 위험에 빠져들고 있다고 생각하였던 것이다. 후대의 많은 수피들은 아부 바크르를 주흐드zuhd(절제, 금욕)를 실행한 전형적인 인물로 간주한다. 그는 매사에 절제하였고 자발적으로 가난을 받아들였다. 또 남루한 옷을 늘 즐겨 입던 오마르도 가장 검소한 인물의 표상으로 생각한다. 기운 헌 옷을 입고 고행의 길을 걷고 있는 수피 수련생들에

34 『꾸란』 2 : 153.

게 그는 절제와 포기, 영적 가난을 실행한 수피의 상징이었다.

수피들은 하나같이 그들의 선구자로서 이라크 바스라의 신학자인 하산 알 바쓰리Ḥasan al-Baṣrī(728년 사망)를 내세운다.[35] 그는 감동적인 설교로 유명했다. 풍요로웠던 당시 사회의 세속적 풍조와는 달리, 그는 오직 예배와 학문 연구에만 열중하였다. 하산은 금욕주의자였다. 항상 신의 심판에 대한 두려움 속에 살았으며, 크게 웃거나 밝게 떠들며 얘기하는 경우가 거의 없을 정도로 근엄한 일상생활을 하였다고 전해진다. 권세가 있는 곳에 가까이 가지 말고, 남성 혼자서는 여성과 함께 있지 않도록 주의해야 하며, 타인이 나에 대해 말하는 것에 귀를 기울이지 말라고 추종자들에게 가르쳤다. 하산은 신에 대한 외경과 금욕적이며 경건한 삶을 산 모범인물로 알려졌다. 특히 그는 이슬람 신학인 칼람kalām의 발전에 지대한 공헌을 했다. 그가 몸소 실행하고 가르친 신학이론들은 어떤 것이든 『꾸란』과 이슬람의 원리에 기초한 것으로 인정받고 있다. 따라서 오늘날까지 그는 정통orthodox 신학자, 위대한 무타칼림mutakalim(신학자)이라고 칭송받고 있다. 어느 누구보다 그는 정통주의 순니세계에서 가장 존경받는 신학자 중의 한 사람이다. 남다른 그의 금욕주의가 후대 수피주의자들에게는 금욕생활의 실천에 영감을 주는 표본이 되었고 수피세계의 개척적인 영웅으로 받아들여지게 된 것이다. 수피주의에 관한 10세기의 한 작품에는 "하산은 수피주의의 지도자이다. 우리는 그의 걸음걸이로 걷고, 그가 밝힌 등불에서 빛을 얻는다"라고 기록되어 있다. 하지만 순니들은 그가 신비주의자가 아니라 금욕주의자라고 말한다. 금욕주의는 일찍이 바스라에 정착하여 하산에게 하디스를 가르쳤던 이므란 빈 후세인Imrān b. Ḥusain 같은 싸하바들에게서도 발견되는 종교적 현상이라고 말한다. 종교적 생활을 위한 육체

35 Anawati, 앞의 책, p.369.

적 고행, 끊임없는 명상, 금욕은 심신을 정화하고 신과 보다 깊은 관계로 수행자를 인도한다. 이것이 바로 신비주의가 출현하게 된 발단이고 또 신비주의자들의 첫걸음인 것이다. 이러한 초기의 금욕주의자들 중에는 대중을 참회하도록 훈계하는 『꾸란』 독송가qārī' 들이 많았다. 이들은 너무도 순수한 나머지 『꾸란』을 암송하면서 종종 감동하여 울었기 때문에 '우는 이bakā'ūn라는 별명이 붙기도 하였다.[36] 하지만 실상 과도한 금욕주의는 정통 이슬람 교리의 근본이 아니다. 그러한 일은 무함마드도 권장하지 않았다. 『꾸란』 어디에도 과도한 금욕주의는 나타나지 않는다. 예컨대 독신주의는 받아들여지지 않고 또 권장하지 않는 것이 정통주의 이슬람의 전통이다. 어찌보면 과도한 금욕주의의 실천은 정통 이슬람과 수피적 생활의 갈림길이라고 말할 수 있을 것이다.

수피들은 금욕주의가 신에 대한 외경과 최후 심판의 날에 대한 두려움 속에서 오로지 회개의 눈물을 흘리면서 속죄의 삶을 사는 것을 의미하지 않는다고 말한다. 오히려 그것은 현세에서 물질에 대한 온갖 욕망을 버리고 육체적 · 정신적 구속에서 해방되는 자유의 한 형태이며, 오로지 신에게만 의존하여 스스로의 만족riḍā' 을 갈망하면서 내세를 준비하는 것이라고 설명한다.

바스라의 하산이 신에 대한 외경을 실천한 표본이라면 같은 바스라에서 태어나 수피 여인이 된 라비아 알 아다위야Rābi'a al-'Adawiya(801년 사망)는 신에 대한 사랑을 실천한 본보기이다. 그녀는 신과의 신비적 사랑을 체험하고는 최초의 수피 성녀가 되었다. 세속에 물들지 않은 독신의 생을 살면서 그녀는 오직 예배와 기도 속에서 신비주의자로서의 길을 걸었다. 그녀의 생활은 언제나 엄격하고 금욕적이었지만 신과 친교하는 시간만큼은 기

36 같은 책, p.368.

쁨에 넘쳤다. 여러 명의 남자들이 그녀에게 청혼을 하였는데, 그녀는 자신의 몸과 마음이 전적으로 신에게 속해 있으므로 다른 어느 누구에게도 결코 속할 수 없다고 말하면서 거절하였다. 그녀는 뭇사람들로부터 사탄을 증오하느냐는 질문을 받고는 "신에 대한 사랑 때문에 나는 사탄을 증오할 겨를이 없습니다"라고 답하였으며, 심지어는 예언자 무함마드가 꿈 속에 나타나 자기를 사랑하느냐 물었는데 그녀는 "알라에 대한 사랑이 너무 깊기 때문에 다른 사람을 사랑할 여지가 전혀 없다"고 답하였다고 한다.[37] 그녀는 오로지 신만을 사랑했으며, 그녀가 남긴 열정에 찬 경구나 시詩 속에는 그녀가 깨달은 오묘하고 신비한 수피 교의가 담겨져 있다.

한밤중에 그녀는 신께 다음과 같이 기도했다.

오 신이여, 하늘의 별들은 빛나고,
사람들의 눈은 감겨져 있습니다.
왕은 성문을 닫았으며,
연인들은 모두가 사랑하는 사람과 함께 있습니다.
그리고 여기 저는 당신과 함께 있습니다.[38]

유명한 다음의 기도문은 오늘날까지 수많은 사람들이 애송하고 있다.

오 나의 주여,

내가 만일 지옥에 대한 공포로 당신께 경배드린다면 그 지옥불에 나를 태우소서. 내가 만일 천국에 대한 희망으로 당신께 경배드린다면 그곳에서 나를 제외하소서. 그러나 만일 내가 당신만을 위해 당신께 경배드린다면 그때 영원한 당신의 아름다움을 나에게 숨기지 마소서.[39]

---

37 Hitti, 앞의 책, p.60.

38 "Rābi'a al-'Adawīya," H. A. R. Gibb and J. H. Kramers, eds., *Shorter Encyclopedia of Islam*, Ithaca, N.Y.: Cornell University Press, 1953, p.462.

시인이 된 그녀는 신께 바치는 수많은 사랑의 시를 읊다가 신과 합일되는 자아절멸을 맛보고 파나의 경지에 이르렀다. 진정한 첫 번째 수피 성녀가 된 것이다. 그녀가 체험한 사랑maḥabba의 마깜은 그 후 수피주의 교의와 영적 도정의 마깜 중 가장 중요한 것으로 자리잡았다.

발흐Balkh의 왕자였던 이브라힘 빈 아드함Ibrāhīm b. Adham(777년 사망)도 신비체험을 겪고 유명한 수피가 되었다. 하루는 사냥을 나갔다가 양을 만났는데 그 양이 그에게 던진 한 마디 말에 충격을 받았다. "너는 이 짓을 위해 창조되었느냐?" 젊은 붓다 고오타마Buddh Gautama처럼 그도 개심하였다. 왕좌와 세속 삶을 포기한 채 궁을 떠나 오랫동안 사막을 떠돌아다니는 수도자가 되었다.[40] 그는 시리아의 한 신비주의 수행자에게서 영지주의를 배웠으며, 근동의 종교적 민간전승에 나오는 불가사의하고 전설적인 영적 인물인 '녹색인', 즉 알 키드르al-Khidr에게서 신비의 진리를 배웠다고 전해지고 있다.[41] 때때로 인간 스승의 조력 없이도 신비적 영적 도정의 길을 걷고 신비적 성숙단계인 깨달음—그는 이를 마으리파ma'rifa라 하였다—에 이르렀을 때 알 키드르가 키르까khirqa(성복)를 수여하는 경우가 있는데, 이 왕자가 바로 그 경우였다고 한다. 후대의 위대한 스페인의 수피 이븐 아라비Ibn 'Arabī(1240년 사망) 역시 알 키드르가 성복을 입혔다고 전해진다.[42] 이브라힘 이븐 아드함은 금욕주의의 필요조건이 독거와 가난이고, 진실한 수도자는 현세와 내세의 어느 것도 바라지 않고 오로지 신에게

39 Margaret Smith, *Rābī'a the Mystic and Her Fellow—Saints in Islam*, Cambridge: Cambridge University Press, 1928, p.30.

40 'Alī b. 'Uthmān al-Jullabī al-Hujwīrī, *the Kashf al-Mahjūb: The Oldest Persion Treatise on Sufism*, ed. Reynold A. Nicholson, London: Luzac, 1936, p.103.

41 알 키드르는 푸르름이란 뜻이고 수피용어로는 영적 지도자를 가리킨다. 『꾸란』 18 : 66~83에 나오는 모세의 신비스러운 동반자와 같은 존재를 말한다.

42 Denny, 앞의 책, p.251.

만 자신의 몸과 영혼을 바치는 자라고 말하였다.

바스라와 쿠파에서 발전한 금욕주의 수피즘은 이즈음 바그다드로 이동하여 9세기 초 일단의 그룹을 형성한다.[43] 이러한 바그다드 학파의 일원 중 가장 유명한 인물은 하리스 빈 알 무하시비Ḥārith b. al-Muḥāsibīy(781~857년)이다. 그는 한때 무으타질라파의 이성주의에 빠졌고 철학과 종교 문제에 정통한 신학자였는데, 자신도 알 수 없는 심한 내적 갈등을 겪고는 후일 수피주의자가 되었다. 이런 면에서 그는 후일 등장하는 알 가잘리al-Ghazālī(1058~1111년)와 인생 역정이 비슷하다. 자서전 형식의 그의 저서 『충고의 서*Kitāb al-Naṣā'iḥ*』는 알 가잘리가 쓴 『오류로부터의 구원*al-Munqidh min al-Ḍalāl*』의 원형이 되었던 것으로 알려져 있다. 그는 '양심을 찾는 이'라고 불렸으며 끊임없이 '자기 의식'을 찾기 위해 애쓰던 인물이었다. 그는 세상의 삶이 얼마나 덧없는 것인가를 깨닫고 사탄의 유혹에 맞서 싸우면서, 자신의 의지 없이 오직 하나님을 위한 목적으로 하나님께 봉사하기 위해 모든 행위를 해야 한다고 가르쳤다. 요컨대 밤낮으로 자신의 삶을 알라의 의지와 일치하도록 애쓰는 삶을 살아야 한다는 것이었다.[44] 진실한 무슬림이면 한순간도 쉬지 않고 내성內省의 눈을 크게 뜨고 자아의 움직임을 감시하며 스스로 심문하여 마침내 자아의 움직임을 소멸시켜야 한다는 것이었다. 그의 이름 알 무하시비는 '자신의 심문자muḥāsibī'라는 말에서 별칭으로 붙게 되었다.[45] 그의 가르침은 순니 정통주의자들의 공격에도 불구하고 금욕주의와 신비주의자들에게 깊은 영향을 끼쳤다. 그리하여 마침내 신비주의의 고전적 이론을 체계화시킨 알 주나이드가 나타난다.

---

43 바스라 학파에 대한 연구는 김능우, 「수피주의(ṣūfism: 이슬람 신비주의)에 관한 연구」, 한국외국어대학교 대학원 석사학위논문, 1985, 27~31쪽 참조.

44 Anawati, 앞의 책, p.370.

45 그의 본명은 Abū Abd Allāh Ḥārith b. Asad al-'Anazj이다.

바그다드의 알 주나이드al-Junaid(910년 사망)는 앞선 수피들의 신비체험을 통합하여 첫 번째로 체계적인 수피주의 이론을 정립해 놓는 큰 공헌을 하였다. 그는 하리스 빈 알 무하시비의 제자로 '순수한 신비주의자들', 즉 정통주의 수피들의 영적 아버지로 일컬어진다. 그는 수피주의를 '자아를 죽이고 신 속에서 다시 살아나는 것'이라고 간명히 정의했으며,[46] 그의 공식적 이론인 신과의 합일인 파나fanā'(절멸, 자아소멸)는 오늘날까지 수피주의 이론의 표준으로 간주되고 있다.[47] 명상의 대가였던 그는 심원한 능력을 가진 천재적인 학자로서 제자의 비밀스런 내면세계까지 꿰뚫어보는 독심법을 터득하고 있었다. 그래서 그는 제자들을 올바른 길로 정확히 인도할 수 있었다. 타인의 마음을 읽는 독심법은 수피 대가들 사이에서 종종 발견되는 현상인데, 아마도 이러한 초능력이 스승이라는 권위적 지위를 갖게 된 중요한 요건이 되었던 것 같다. 하지만 모든 스승들이 초능력의 소유자들은 물론 아니었다. 그렇지만 그들 중 대부분은 남다른 직관력과 카리스마를 갖고 있었으며 그 힘으로 제자들을 이끌었다.

알 주나이드는 당대 최고의 종교학자였다. 이슬람의 외적ẓāhir, 내적bāṭin 가르침 모두의 해석과 신비주의 학문 분야에서 알 주나이드만큼 정통한 사람은 없었다. 신학자이자 교수였던 그는 일부 수피들이 도취된 상태의 황홀경에 빠지는 극단적 경향을 경고하고, 다른 한편으로는 그러한 현상에 놀라워하는 순니 종교학자들에게 수피주의를 하나의 신학체계로 받아들일 수 있게끔 모범적이고 진지한 교의를 설명하고자 하였다. 따라서 그에게는 정통주의 수피라는 의미에서 '순수한' 혹은 '진지한' 수피주의자

---

46 Seyyed Hossein Nasr, *Sufi Essays*, N.Y.: George Allen & Unwin, Ltd., 1972, pp.68~69.

47 Andrew Rippin, *Muslims, Their Religious Beliefs and Practices*, 2nd ed., London and New York: Routledge, 2001, p.133.

라는 수사어가 붙어 있다.

그는 덧없는 현세의 것을 포기하고 신과의 합일을 갈망한 진정한 정통 수피였다. 그는 신과 신의 창조물 사이에 근원적인 차별의 선을 그어놓고, 만약 어느 한 인간이 현세에서의 자신과 삶에 무관해질 수 있다면 그에게 남는 것은 오직 신뿐이라는 간명한 이론을 가르쳤다. 그리고 수피주의는 결국 자신의 자아를 죽여, 신 속에서 다시 살아남는 것을 목표로 정진하는 것이라고 설명하였다. 그렇게 하기 위해서는 동물적인 유혹에서 벗어나 심신을 정화하고, 인간 본성을 억제하고, 온갖 감성의 욕구를 멀리하며, 영적인 질을 고수하고 신의 지식을 고양시키며 오직 신실하게 진리를 추구하는 것이며, 동시에 종교법Sharī'a을 준수하고 예언자의 행신을 따라야 한다고 강조했다. 피조물 사이에 존재하는 모든 것은 멸망하고 사라지지만 알라는 영원하시고 권능으로 충만하다는 것을 그는 설교하였다. "땅 위의 모든 것이 소멸fānin하지만, 너의 주님의 얼굴은 남아 있도다."[48] 이 『꾸란』 성구로 말미암아 알 주나이드는 수피 전문용어인 파나fanā' 라는 단어를 깨우치게 되었다. 파나는 '존재의 정지' 이고 '자기 절멸' 이다. 그래서 신과의 합일을 이루는 것이다.

알 주나이드는 또한 이러한 자기 소멸의 경지에서는 오로지 신 안에서의 삶만이 있게 되는데 이것을 바까baqā' 라고 불렀다. 문자 그대로 이것은 영원한 지속(영속)이고 '신 안에 거居함' 이다. 이 마깜은 단지 체험하는 것이지 만들 수 있는 것은 아니라고 그는 말하였다.[49] 이때 신 안에서 완전한 자아로 남기 위해서는 물론 원래의 자아는 완전히 소멸되어야 한다. 이러한 완벽한 합일의 도취와 함께 나타나는 맑은 정신인 파나는 마치 신들린

48 『꾸란』 55 : 27.
49 Denny, 앞의 책, p.257.

것 같은 도취와 명상 속의 신비적 상태에 의해서만 맛보고 달성될 수 있다. 누구든지 신과 합일하였다면 이제 그에게는 이 현실세계와 자아는 부재하는 것이다.

알 주나이드가 활약하던 때는 바그다드에서 무으타질라파의 세력과 통치권이 무너진 후였다. 순니 정통주의가 다시 소생했으며, 압바스 제국은 샤리아를 중심으로 종교·사회 질서를 세우고 재정착해가던 시대였다. 독자적 판단 행위인 이즈티하드ijtihād는 시행되기 어려워졌으며, 울라마의 가르침과 규범적 종교의식, 종교적 의무들만 중시하는 성원(모스크) 중심의 공적인 종교만이 권위가 있고 수용될 수 있는 것으로 받아들여지고 있었다. 따라서 수피와 그 제자들은 법과 신학 양면에서 정통파의 논쟁거리가 되었고, 때로는 심각한 비난의 대상이 되기도 했다. 법학자들은 수피주의자의 일탈이 눈에 거슬렸다. 따라서 그들 중 일부는 수피주의를 이단으로 보기 시작했다. 그들은 아랍어 비드아bid'a(문어적 의미로는 혁신)를 '종교적 이단'으로 정의하였는데, 수피주의는 여러 면에서 대표적인 비드아로 비추어졌다. 그렇지만 일부 무슬림들은 그때까지만 해도 정통주의의 지나친 엄격성 때문에 종교생활이 편협하고 억압되었다고 생각하고는 그만큼 수피를 수용할 문을 열어놓고 있었다. 샤리아적 생활방식이 지나치게 경직되고 형식화되어 갈 때 알 주나이드와 같은 수피주의자들은 모스크 중심의 다람쥐 쳇바퀴 돌 듯하는 종교생활의 형식적·공식적 순환에 반대 하여 신비체험이라는 새로운 대안을 제시한 것이다. 중시해야 할 것은 알 주나이드와 같은 정통수피들은 그를 추종하던 무슬림들에게 이슬람의 기본 의무들, 특히 샤리아의 기본 의무들에 충실할 것을 거듭 강조하였다는 점이다. 그러한 의미에서 이러한 전통을 이어간 수피들을 '정통 수피주의자들'이라고 부를 수 있을 것이다. 이들의 가르침과 모범적 행신들은 샤리아의 큰 틀에서 벗어나거나 이슬람의 기본 의무들을 멀리하는 것을 용인하지 않았다. 정통 수피 쉐이크(스승)들은 추호도 샤리아에서 일탈하는 행위를 요구하지 않았던 것이다.

그러나 샤리아를 존중한 알 주나이드의 정통 수피주의는 새로운 수피사상이 출현함으로써 도전을 받게 되었다. 그 싹은 이미 오래 전부터 자라나고 있었다. 그것은 오직 신에게만 의존해야 하며, 신과의 직접적인 교통과 신비체험을 샤리아보다 우선하려는 수피주의이다. 이들은 최소한 샤리아의 일부를 일탈하고 거부하는 일종의 율법 초월론자 같은 사람들이다. 이 사람들을 말라마티야malāmatiya라고 불렀다. 이 말은 비난, 질책을 뜻하는 아랍어 말람malaām에서 나온 단어로, 그 출처는 다음과 같은 『꾸란』 성구이다.

> "오 믿는 자들아, 너희들 중 누구라도 그의 종교로부터 벗어나면 알라께서는 그가 사랑하는 백성을 오게 하시리니, 그들은 그분을 사랑하며, 믿는 자들에게 겸손하고 불신자들에게는 강한 자들로 알라의 길에서 분투하는 자들이니, 이들은 비난하는 자들의 어떤 비난lawmat lā'imin도 두려워하지 않는다."[50]

여기서의 아랍어 라우마트lawmat(책망, 질책, 나무람)는 말라마malāma와 같은 말이다.

9세기 말라마티야 수피주의는 어떤 과시나 독선 없이 오로지 성실한 태도로, 지나치리만큼 신과의 교통을 갈망하면서 생겨났다. 이들은 오히려 세상에서의 칭찬이나 인정받는 일 등은 단지 올가미를 쓰는 부담스러운 일이라고 여겼다. 그들에게 종교는 원래 그것이 가르친 것처럼 신에게로 나아가는 고속도로라기보다는 넘기 어려운 험난한 장벽이었다. 그러나 말

50 『꾸란』 5 : 54.

라마티야의 길을 걷는 일부 과격 수피 수행자들은 점차 공개적으로 샤리아에 순종하지 않으려 했고, 급기야는 말라마(비난, 불명예)를 얻기 위해 남 보기에 불쾌하고 흉한 행동(예컨대 대중 앞에서 소변보기 등)을 하는 것을 서슴지 않았다.[51] 그러면서 그들은 내면세계에서 스스로 신께 헌신하고 신과 교통하고 있다고 믿었다.

샤리아에서 벗어나고 일종의 '도덕률 폐기론자'의 길을 걷는 이러한 말라마티야 수피들이 출현한 뒤에 또 다른 극단적인 수피주의 유형이 등장한다. 기어코 '신과의 합일'에 빠져들려고 하는 급진 수피주의자들이 그들이다. 사실 이러한 경향은 수피주의가 발생할 당시에도 있었다. 유명한 초기 수피들 중 한 사람인 페르시아인 아부 야지드 알 비스따미Abū Yazīd al-Bisṭāmī(875년 사망)는 자신의 영혼 속에서 신을 발견하고는 "나에게 영광이! 나의 권위는 얼마나 위대한가!", "내가 당신이니, 당신이 나요, 내가 당신입니다"[52]라고 소리쳤다고 한다. 이때 그가 '수부하니subuhānī(나에게 영광이)'라고 자신을 칭송한 것은 인간으로서의 자기가 아니라 자신 속에 살아 있는 신의 현존을 찬양한 것이었다.[53]

그는 호라산 서쪽 국경지역 비스땀Bisṭam에서 생애의 대부분을 보냈는데, 자아를 떠나 신성한 신과의 합일을 체험한다. 그는 신과의 합일에 대한 생생한 증언을 남겼으며, 최고의 문학적 가치를 지닌 작품들 속에서 '도취된 수피주의'의 경향을 최초로 보인 대표적 인물이다.[54] 그는 금욕적

51 Annemarie Schimmel, *Mystical Dimensions of Islam*, Chapel Hill: University of North Carolina Press, 1975, p.86.

52 Abū al-Faḍl al-Sahlajī, *Kitāb an-Nūr fī Shaṭaḥāt Abī Yazīd*, ed. Shaṭaḥāt al-Ṣūfiya I, 'Abd al-Raḥmān Badawi, al-Qāhira, 1949, p.119.

53 같은 책, p.138.

54 H. A. R. Gibb, "The Structure of Religious Thought in Islam," in *Studies on the Civilization of Islam*, Boston: Beacon Press, 1962, pp.209~211.

최면상태를 근간으로 하는 영성주의와 도취된 수피주의의 아버지로 불리고, 그가 겪은 무아경의 체험, 파나에 대한 설명은 수피주의의 길에 대한 새로운 의구심을 불러 일으켰고, 나아가 많은 정통주의 무슬림들의 분노를 사기도 했다. 그는 무함마드의 승천에 관한 주제를 자신의 영적 도정과 영성 추구의 중심 주제로 삼아 신비체험의 길을 걸었다고 밝히고 있다. 그렇지만 당대의 알 주나이드 같은 순수한 정통 수피들은 그를 높이 평가하였는데, 알 주나이드는 그의 위험스러운 언급들에 합리적인 설명을 덧붙이려 했다.

알 주나이드에게는 제자라고 자칭하는 한 인물이 있었는데, 그는 수피주의 역사를 다시 쓰게 할 정도로 엄청난 영향력을 가진 위대한 수피가 되었다. 그는 자신의 스승조차 도저히 용인할 수 없는 독특한 방식으로 자기 자신을 신과 동일시함으로써, 아부 야지드가 닦아놓은 도취된 수피주의를 최고 수준으로 올려놓았다. 수피주의 역사에서 가장 눈에 띄는 대단한 호소력의 이 인물은 후세인 빈 만수르 알 할라즈Ḥusayn b. Mansūr al-Ḥallāj (922년 사망)이다.

젊은 무타싸우위프mutaṣawwif로서 알 할라즈는 허락도 구하지 않고 이 스승에서 저 스승에게로 옮겨다녔다. 스승과 제자 간의 엄격하고 중요한 규율과 예절을 깨뜨렸으므로 바그다드를 비롯한 다른 지역의 스승들로부터 비난을 받았다. 그는 알 주나이드의 제자가 되기를 원하였고 알 주나이드 밑에서 수련을 하였다고 알려져 있다. 그러나 알 주나이드는 그가 매우 충동적이고 자기 중심형의 인물이며, 제 정신을 잃은 사람이라는 평도 있어 그를 거부하였다고 한다. 일부 학자들은 그가 신중함이 부족하여 스승인 알 주나이드한테서 쫓겨났다고도 말한다. 어떻든 실제로 그는 알 주나이드보다는 아부 야지드로부터 많은 것을 배우고 영향을 받았다. 그는 예수를 금욕주의와 수도자의 모델로 삼았다.[55] 그래서인지 일찍부터 그는 신비적 체험을 통해, 신께서는 지상의 친구들에게 자신을 현시하시고, 비록 신과의 일시적인 합일이지만 그 순간 실재를 허용하신다고 주장하였다. 그는 여러 수피주의 저술을 남겼는데 그의 가르침이나 주장은 권위적이지 않고 매우 독창적이다. 그것은 아마도 종래의 유명한 스승들이 규격화한 이론의 틀에서 벗어났기 때문일 것이다. 그 역시 매우 금욕적인 생활을 하였다. 그리고 그가 태어난 페르시아의 여러 도시뿐만 아니라 메카, 인도, 중앙아시아 및 다른 무슬림 지역들의 여러 도시들을 여행하였다. 힌두교와 불교, 특히 기독교에 대해서도 깊은 지식을 쌓았으며, 신앙과 실천에서 항시 그는 누구보다 모범적인 독실한 무슬림이었다. 그러나 그가 실현한 수피주의는 정통 수피인 알 주나이드는 물론, 스승인 아부 야지드보다 훨씬 더 급진적인 것이었다.

그는 자신의 신념을 위한 순교자로서 생을 마감하였다. 그가 신과의 합일 상태에서 자신을 신과 동일시하여 내뱉은 유명한 말 때문에 그는 자신의 생명을 대가로 바쳐야 했다. 그가 자신의 진술을 스스로 철회하기를 거부하고 죽음을 맞은 그 말은 "아나 알 하끄Anā al-Ḥaqq(내가 진리이다)"이다. 그가 곧 실재자이며 신이라는 것이었다. "나는 내가 사랑하는 그〔神〕이며, 그는 내가 사랑하는 나이다. 우리는 한 몸체의 두 영혼이다. 당신이 나를 볼 때 당신은 그를 보는 것이고, 당신이 그를 볼 때, 당신은 우리 둘을 보는 것이다."

그가 야기시킨 또 다른 문제는 그가 기적을 행하는 영적 권능을 가졌다고 스스로 말한 주장이다. 일부 사람들이 그를 마술사라고 고발하였다. 그

55 John Alden Williams, *The Word of Islam*, Austin: University of Texas Press, 1994, p.120.

는 그의 집에 카아바의 모형을 지어놓고는 성지 순례를 할 여유가 없는 가난한 사람들에게 그곳을 방문함으로써 그들이 하지 못한 순례의 의무를 수행할 수 있다고 말하였다. 뿐만 아니라 다른 여러 사람들에게는 "자신의 마음 속의 카아바를 돌아라" 라고 가르쳤다. 알 할라즈는 도취된 수피주의의 중심 인물이 되었다. 그가 제자들에게 가장 즐겨 상기시켰던 비유적 가르침 중 하나는, 빛에 매혹되어 촛불 주위를 점점 가까이 맴돌다가 결국에는 하나가 되어 소진되어 버리는 나방에 관한 얘기이다. 여기서 나방은 인간의 영혼이고, 촛불은 신이라는 것이다.[56] 서기 922년, 8년 동안 감옥에 있던 그는 마침내 신성 모독죄로 바그다드에서 교수형을 당하였다.

전통주의 무슬림에게 "아나 알 하끄" 라는 표현은 "내가 곧 신이다" 라고 말하는 극악무도한 대죄의 발언이었다. 그것은 후대의 기독교인들이 '예수가 곧 진리요 신' 이라고 주장한 것과 다를 바 없는 말이었다. 그가 '신성과 인성의 합일과 융합融合' 을 나타낼 때 사용한 '훌룰ḥulūl' 이라는 용어도 문제가 되었다. 그것이 기독교의 '수육受肉(incarnation)' 과 너무 유사했고, 특히 할라즈의 훌룰설設에서 신의 화신化身으로 간주되어 등장하는 인간은 예언자 무함마드가 아니라 예수였다.[57] 칼리파의 명으로 잡혀온 그는 이슬람법의 최고형인 사지절단 및 화형의 선고를 받았다.

이 사건이 수피주의와 정통주의 이슬람 간의 첫 번째 충돌은 아니었다. 이보다 훨씬 이른 9세기 중엽, 이집트의 누비Nubi족 태생인 두 안 눈Dhu an-Nūn(860년 사망)은 수피주의 신앙을 가진 죄목으로 유죄선고를 받은 최초의 인물이었다. 이 무렵까지 바스라와 쿠파에 기원을 둔 수피주의 운동

56 이 주제는 후일 페르시아 수피 시인들에 의해 많이 애용되었다. 독일 시인 괴테의 감동적인 시 「축복받은 갈망」도 이로부터 영감을 받은 것이다. 안네마리 쉼멜, 김영경 옮김, 『이슬람의 이해』, 분도출판사, 1999, 158쪽.

57 Arberry, 앞의 책, p.60.

은 점차 무슬림세계에 널리 퍼져나갔으며, 이집트의 두 안눈은 학식, 예배, 신과의 영적 교통, 영지주의, 견신론적 수피주의에서 당대의 독보적인 존재로 알려지게 되었다. 대개 당시의 신비주의 추종자들은 교회법에서 자유로워지고 싶어하는 경향이 있었고, 공개적 집단적 예배 대신에 명상과 몰아적인 기도를 강조하고 개인적 신비체험을 실행하려 했다. 보수적인 압바스 칼리파 알 무타왁킬al-Mutawakkil(847~861년 재위)은 두 안눈을 바그다드로 소환하여 감옥에 가두었다. 그런데 죄수인 그의 경건한 모습, 신앙심, 신들린 듯한 웅변에 감명을 받고 칼리파는 오히려 그를 영예롭게 대하고는 집으로 돌려보낸다. 두 안눈은 영지ma'rifa의 교리를 설파하고 발전시킨 수피 역사의 주요 인물로 평가받고 있다.

알 할라즈는 사지와 목이 잘린 다음 화형에 처해졌다.[58] 알 할라즈의 열정과 행로는 예수의 그것과 닮은 점이 많았다. 어찌 보면 예수에 대한 의식적인 동일화가 엿보이기도 한다. 자신을 예수처럼 신의 화신으로 간주한 점이 특히 그러하다. 알 할라즈는 처형대인 십자가를 향해 웃는 얼굴로 다가갔고, 마지막 쌀라ṣalāt(예배)를 드린 다음, 감추어진 신비한 것들을 다른 어느 누구에게도 보여주지 않고 자신에게만 드러내 보여주신 알라께 마지막 감사의 기도를 드렸다.

> 당신의 종교에 열중하여, 당신의 사랑과 은혜를 갈망하면서,
> 여기, 저를 죽이기 위해 모여있는 당신의 종들을,
> 주여, 그들을 용서하소서, 그들에게 자비를 내리소서.
> 당신께서 제게 보여준 것을 그들에게도 보여주셨다면,
> 그들은 자신들이 지금 행하고 있는 짓을 결코 하지 않을 것입니다.…

58 알 할라즈의 처형 모습은 프랜시스 로빈슨 외, 손주영 외 옮김, 『사진과 그림으로 보는 케임브리지 이슬람사』, 시공사, 2002, 277쪽의 삽화 참조.

당신이 무엇을 행하시든지 저는 당신께 찬양을 드립니다.
당신이 무엇을 원하시든지 저는 당신을 찬양합니다!!

알 할라즈가 죽은 뒤 3세기가 지났을 때 알 루미는 그가 남긴 불멸의 진술 "아나 알 하끄"에 대해 새로운 해석을 시도하였다. "사람들은 그것이 주제넘은 말이라고 하지만, 오히려 '아나 알 압드Anā al-'Abd(나는 종입니다)' 라고 말하는 것이야말로 정말 주제넘은 말이다. 알 할라즈의 말은 극도로 겸손한 표현이다. 왜냐하면 '아나 알 압드' 라고 말하는 것은 자신과 신이라는 두 존재를 확인하는 것이지만 '아나 알 하끄' 라고 말하는 것은 자신을 비존재로 만들고 자신을 포기한 말이기 때문이다. '내가 곧 신이다' 라는 말은 곧 '나는 아무것도 아니다. 그가 전부다. 그(신) 외에는 어떠한 존재도 없다' 라고 말하는 것이다. 이것은 겸손과 자기 비하의 극단적 표현인 셈이다."[59]

바그다드에는 알 할라즈의 말을 이해하고 우호적인 태도로 그 의미를 수용하려는 무슬림—예컨대 아부 야지드의 제자들—도 상당수 있었다. 그러나 민중을 영적으로 선동하고 신성모독의 발언을 한 이단자를 정부 권력자들은 용납할 수 없었다. 알 할라즈처럼 자유롭게 신께 다가가는 영적이고 종교적인 삶을 영위하기 위해서는 이미 확립되어 있는 기존의 종교질서 안에서 활동을 해야 했다. 제도권 밖의 것은 제약을 받아야 했고, 한계가 정해져 있었다. 전통적인 종교질서의 테두리 안에서 정부는 공동체의 일체감과 통제를 동시에 원했기 때문이다. 그러므로 알 할라즈가 그의 사상을 오직 자신을 따르는 동아리 사람들에게만 가르치고 보여주었다면

59 Rūmī, *Poet and Mystic(1207~1273): Selections from His Writings*, trans. and ed. Reynold A. Nicholson, London: Allen & Unwin, 1950, p.184.

아마도 그는 처형당하지 않았을 것이다. 어떻든 바그다드의 수피주의자들에 대한 정부의 박해는 줄어들지 않았다. 그래서 많은 수피 수도자들이 바그다드를 떠나 호라산과 멀리 트랜스옥사니아 지역으로 이주하게 되었다. 거기서 그들은 중앙아시아의 터키인들을 이슬람으로 개종시키는 전도사의 역할을 하며 이슬람의 팽창에 큰 공헌을 하였다. 그리고 그 후 경직된 법학자들에게 강한 적의를 나타내 보이는 율법 초월적인 수피주의자들이 호라산의 수피라는 새로운 경향을 만들어내기도 하였다.

알 할라즈의 죽음은 새로운 수피주의 시대의 막을 여는 기점이 되었다. 수피 수도자들과 추종자들에게 그의 죽음은 또 하나의 위대한 순교였다. 순교자의 힘은 살아있는 설교자의 힘보다 훨씬 강한 법이다. 수피사상은 그 후 무슬림세계에 더욱 멀리 퍼져나갔다. 카르발라에서 무참히 살해되어 그 후 쉬아들의 순교자로 떠오른 알리의 아들 후세인처럼, 알 할라즈도 신과 하나가 되기 위해 열정적인 수피의 길을 걸은 위대한 순교자로 후대 수피주의자들의 가슴에 남았다.

알 할라즈 이후 수피사상의 확산에는 10~11세기에 연이어 출현한 여러 수피주의 학자들의 공로가 컸다. 알 싸르라즈al-Sarrāj(988년 사망), 알 후즈위리al-Ḥujwīrī(1072년 사망), 알 꾸샤이리al-Qushayrī(1074년 사망) 등이 등장하여 저술활동을 통해 순니 정통주의자들과의 화해를 모색하는 한편, 수피사상의 진실된 면을 일반 대중에게 알리고자 노력하면서 수피주의의 발전에 한몫 하였던 것이다.[60] 아부 나쓰르 알 싸르라즈의 『수피주의 섬광의 서*Kitāb al-luma'i fī al-taṣawf*』는 수피들의 언행과 생활, 수피이론들에 대한 뛰어난 해설서로 손꼽힌다. 그와 동시대 인물인 아부 바크르 알 칼라바디Abū bakr al-Kalābādhī(955년 사망)가 쓴 명저 『수피들 이론의 입문서*Kitāb*

60 Anawati, 앞의 책, p.371.

al-Ta'rīf li Madhhab Ahl al-taṣawf』는 정통주의와의 화해를 도모하였다. 어린 시절에 발생했던 알 할라즈의 처형에 충격을 받았던 그는 수피의 정통 이론들이 이단과는 전혀 무관하다는 것을 입증하기 위해 전력을 투구하였다. 그리하여 정통주의의 엄격한 교의와 기준에 수피주의 이론을 일치시키는 저서를 펴내게 되었던 것이다. 아부 딸립 알 막키Abū Ṭālib al-Makki(996년 사망) 역시 정통주의 신학과 하디스에 깊은 소양을 갖고 있었다. 그도 수피주의 교리와 수피들의 신비체험 행위들이 갖는 정통성을 입증하는 데 관심을 기울였고, 이를 그의 저서 『마음의 양식*Qūtu al-Qulūbi*』에 담아내었다. 이 책은 알 무하시비의 수피사상과 더불어 후일 알 가잘리에게 많은 영향을 미쳤다.[61] 11세기의 위대한 수피이론가인 아부 알 까심 알 꾸샤이리는 1046년에 펴낸 『수피학에 관한 논문*al-Risālah fī 'Ilm al-Taṣawf*』에서 수피 이론체계에 대한 개론을 거의 완벽하게 다루었으며, 저명한 수피 대가들의 간략한 일대기, 수피 용어 해설, 그리고 자신의 영적 체험과 수피적 통찰력 등을 기술하였다. 그러면서도 이 책은 순니주의 이슬람에 크게 어긋나지 않았다.[62] 알 쿠샤이리와 동시대 인물인 수피이론가 알리 빈 오스만 알 후즈위리도 페르시아어로 『감추어진 것에 대한 발견*Kashfu al-Maḥjūbi*』을 썼다.

수피주의 세계에는 정말 뛰어난 인물이 등장하게 된다. 그는 수피들의 신비체험과 신학적 관점들을 이슬람 정통주의와 조화시키고, 무슬림 공동체의 정당한 일원으로서 수피들의 권리와 위치를 회복하는 데 큰 공헌을 한다. 무함마드 이후 가장 위대한 무슬림으로 칭송받는 아부 하미드 무함

61 Arberry, 앞의 책, p.68.
62 Rippin, 앞의 책, p.134.

마드 알 가잘리Abū Ḥāmid Muḥammad al-Ghazālī(1058~1111년)가 태어난 것이다. 수피주의의 길을 걷는 동인動因들과 이단시되던 수피신학의 관점들을 정통주의 신학에 접목시키는 일은 비범한 인물이 아니고서는 이루어낼 수 없는 큰 작업이었다. 이러한 일을 성취하기 위해서는 신학의 대가, 완벽한 법학자, 고매한 철학자, 경험이 풍부한 신비주의자여야만 했다. 그런 인물이 바로 알 가잘리였다.

그는 1058년 동부 페르시아의 투스Tus에서 태어났다. 어린 소년 시절부터 수피 쉐이크의 지도와 교육을 받으며 수피주의 그늘 밑에서 성장한 그는 당대 최고의 신학자인 알 주와이니al-Juwaynī의 가르침을 받았다. 스승인 알 주와이니는 메카, 메디나 두 성지의 하라마인haramayyn(두 성지의 보호자)이라는 높은 경칭으로 불리며 많은 사람들로부터 존경을 받았고, 신학kalām 발전에도 크게 공헌한 인물이다. 알 가잘리는 니자푸르Nyzabur의 니자미야Nizamyyah 학원에서 신학, 법학, 철학, 논리학, 자연과학을 배웠는데, 천성적으로 예민한 호기심, 뛰어난 사고력과 기억력을 가졌던 그는 수학 능력에서 다른 학생들의 경쟁상대가 아니었다. 그의 천재성은 심지어 가르치는 교수들의 시기심마저 불러일으킬 정도였다고 한다. 젊은 나이에 그는 페르시아 출신인 당시 셀주크조의 수상 니잠 알 물크Nizam al-Mūlk의 후원으로 바그다드에 있는 니자미야 학원의 교수로 임명되었다. 니잠 알 물크는 바그다드에도 자신의 이름을 딴 니자미야 학원을 세워, 셀주크 지배하의 전 지역에서 귀감이 되는 교육기관으로 키웠다. 이 학원은 당시 카이로에 이스마일파 쉬아들이 세워놓은 파띠미조의 알 아즈하르 대학에 버금가는 순니 세계의 최고 대학이 되는 것을 목표로 하였다. 33세의 젊은 교수 알 가잘리는 다른 동료교수들을 능가했다. 학생들과 수많은 학자들이 무슬림세계 도처에서 그의 강의를 듣기 위해 모여들었다. 그는 철학, 법학, 논리학, 신학에 관한 기초 학술서를 저술했다. 그는 순니주의 신학 중에서도 가장 정통한 이론으로 인정받고 있던 알 아쉬아리al-Ash'arī 학파 신학이론의 추종자였다. 그래서 어떤 형태의 합리주의적 · 이성적 신학 이론일지라도 그것은 위험한 것일 수 있으며, 따라서 그만큼 이성주의 이론은 진정한 종교생활에 도움이 되지 않을 수 있다는 입장을 보이면서, 알 아쉬아리 신학을 한 단계 진보시켰다. 알 가잘리는 『철학자들의 부조리 *Tahāfut al-Falāsifah*』라는 자신의 유명한 책에서 이슬람 교의와 신학과 관련하여 철학에 치명적인 일격을 가하였다. 점차 그는 신학kalām과 철학falsafah의 대가가 되었다. 이 두 분야에 관한 그의 저술과 논리는 최고의 것으로 간주되었고, 여러 세대에 걸쳐 신학도들의 전형적인 교과서로 채택되었다.

교수로서의 지위와 높은 명성은 그에게 권위와 명예, 부를 가져다 주었지만, 그는 마음 속의 진정한 평화를 얻지 못하였다. 성공의 절정기에 있으면서도 그는 심각한 내적인 정신병을 앓고 있었다. 지성주의는 결코 그를 만족시키지 못하였다. 마음 속 깊이 영적 위기를 맞고 있었던 것이다. 니자미야 학원에서의 성공한 삶과, 저주받은 운명을 타고났을지도 모른다는 점점 커져가는 내적 회의 사이에서 스스로 정신적 고통을 느끼며 자괴감에 빠져들었다. 그때까지 믿고 실행해 온 전통적인 신앙과 실천의 체계는 그의 내면세계에서 부족감을 느끼게 했다. 그의 마음은 언제나 공허하고, 무엇인가 새로운 영적인 것을 찾아 헤매이게 되었다. 생애 말기(50살이 넘은 때)에 그는 다음과 같이 회고하였다. "내가 스무살이 되던 해 이후로… 나는 내가 접하는 모든 교리들을 탐구하는 데 결코 게으르지 않았다. 비의秘義를 가진 자의 진의眞義를 캐보려는 열망 없이 그를 만나지 않았고, 철학의 진수를 배우려는 열망 없이 철학자를 만나지 않았으며, 변증론과 신학의 목적을 확인하고자 하는 노력 없이 사변신학자들을 만나지 않았다. 또 금욕주의의 본질을 알려고 하는 열망 없이 수피를 만나지 않았고, 무신론의 타당성을 찾으려는 열망 없이 무신론자를 만난 적이 없었다. 그러한 것들은 젊은 시절부터 내가 갖고 있던 지칠 줄 모르는 탐구열 때문이었으며, 진리에 대한 꺼지지 않는 내 영혼의 목마름 때문이었다. 그것은 나의 선택이 아니라 알라의 뜻에 의해 내게 내려진 본능이자 기질이었다…."[63] 그러나 그의 지성은 채워지지 않는 아쉬움 속에서 그를 고독하게 만들었다. 그의 영적 자서전이라고 말할 수 있는 『오류로부터의 구원*al-Munqidh min al-Ḍalāl*』에서 그는 다음과 같이 밝히고 있다.

"교수가 되어 가르치고 있는 내 가르침의 동기를 살펴보니, 그것은 순수한 것이 아니었다.… 나를 움직이고 있는 것은 영향력 있는 지위와 공적인 인정을 얻고자 하는 욕망이었다. 나는 내가 무너져내리는 모래 더미의 가장자리에 서 있고, 당장 나의 길을 고쳐 잡지 않는다면 곧 지옥불에 떨어질 운명에 처해 있다는 사실을 깨달았다.…아침에는 영생을 추구하고자 하는 순수한 소망을 가졌건만, 저녁에는 온갖 욕망의 무리들이 덤벼들어 그 소망을 무력하게 만들어 버리는 것이었다.… 세속의 욕망들이 나를 욕망의 사슬로 묶어 놓으려고 하는 동안 신앙의 목소리는 내게 외치고 있었다. '떠나라. 떠나라. 네 생명 중 남아 있는 것은 비록 미미하지만 네 앞의 여행은 길다. 지적이고 현실적으로 너를 분주하게 하는 것은 오로지 위선과 환상뿐이다. 지금 영생을 준비하지 않으면 언제 하려느냐? 집착을 지금 과감히 끊어버리지 않는다면 언제 그것을 끊을 것이냐?'"[64]

---

63 Abu Ḥāmid Muḥammad al-Ghazālī, *al-Munqidh min al-Ḍalāl*, trans. W. Montgomery Watt, *The Faith and Practice of al-Ghazālī*, 3rd impression, London: George Allen & Unwin, Ltd., 1967, pp.20~21. 또한 Philip K. Hitti, *Makers of Arab History*, New York and London, 1968, p.145, p.150.

갈등과 긴장으로 몇 달이 지나자 알 가잘리의 육체에 장애가 나타났다. 거의 먹을 수도 없고 말할 수도 없을 정도로 약해졌다. 현대의 소위 신경쇠약 같은 병으로 고생을 하게 된 것이다. 39세가 되던 해, 그는 실망하지 않고 신을 향해 돌아섰다. 명성과 지위를 집어던지고 문명세계에 등을 돌렸다. 가족을 떠나면서 메카로의 순례 여행 계획을 밝혔지만 마음 속으로는 바그다드로 되돌아오지 않을 결심을 하였다. 가난한 탁발승처럼 남루한 옷을 걸쳐 입고 그는 정처 없이 곳곳을 돌아다녔다. 수피의 길에 들어선 그가 처음 찾은 은신처는 다마스쿠스의 우마이야 사원이었던 것 같다. 『오류로부터의 구원』에서 그는 매일 아침, 그 사원의 미나렛minaret(이슬람 사원의 뾰족탑)에 올라가 뒷문을 닫고 기도와 묵상, 집필로 하루해를 보냈다고 말하고 있다. 이 미나렛은 아직도 시리아의 수도 다마스쿠스를 방문하는 관광객들의 관광코스 중 하나이다. 그 뒤 그는 이 우마이야 사원에서 빗질을 하며 봉사하고 끊임없는 명상 속에 지냈다는 것과, 팔레스타인의 예루살렘, 히자즈의 메카, 메디나 성지를 순례하였다는 기록 이외에는 어디에서 무엇을 하며 지냈는지 알려진 것이 거의 없다.

그는 10년간의 긴 방황 끝에 정신적 건강을 회복하고 변화된 모습으로 고향 투스의 가족에게로 돌아왔다. 그는 『오류로부터의 구원』에서 이러한 자신의 변화가 "증거나 논증을 통해서가 아니라 신에 의해 그의 마음속으로 들어온 빛, 즉 참 진리에 이르게 하는 열쇠 같은 신의 빛을 통해 일어났다" 고 밝히고 있다. 그리고 "신비주의의 특성은 연구를 함으로써 이해되는 것이 아니라 즉각적 체험dhawq(직역으로는 맛보기)을 통해, 그리고 무아경과 이것에 수반되는 도덕적 변화를 통해 알게 된다" 고 말했다.[65] 인생을 달

64 W. Montgomery Watt, *Muslim Intellectual: A Study of al-Ghazali*, Edinburgh: Edinburgh University Press, 1953, p.135.

관한 그는 새로운 가르침의 장소로 대도시인 바그다드나 니자푸르를 택하지 않았다. 작은 소도시인 고향 투스에서 그는 진리를 찾고자 모여드는 수도자들을 제자로 받아들여 수피로의 길인 그의 따리까를 가르쳤다. 이 따리까가 최초의 것은 아니지만 수피 수련원 중 가장 초기 형태의 하나가 되었다. 이와 같은 수피 수도원을 페르시아어로는 한까khanqāh, 아랍어로는 자위야zāwiya라고 불렀다. 인간이면 누구나 맞게 되는 운명의 시간이 그에게도 어김없이 찾아왔다. 1111년 12월 18일, 알 가잘리는 눈을 감았다.

그의 인생은 이슬람 역사에 등장한 위대한 인물들의 삶 중에서도 가장 존경받는 고귀한 삶의 하나가 되었다. 그는 다른 사람이 하지 못한 일을 성취해냈다. 그의 신학적—특히 수피주의와 신학에 관한—저술들이 독창적이고 혁신적이라고 말할 수는 없다. 그러나 그는 울라마의 이론과 수피 이론을 보다 광범위한 차원에서 융합시켰다. 이슬람에 관한 기본 주제들이 그의 가르침과 저술 속에서 융합되고 종합된 것이다. 따라서 그는 당시까지 공존하기 어려웠던—서로가 본질적으로 상이한 견해를 가졌다고 믿고 있던—세 부류의 울라마들에게서 똑같이 높이 평가받고 추앙받는 인물이 되었다. 그들은 순니 법학자들, 알 아쉬아리파의 무타칼림mutakalim(신학자)들, 그리고 수피들이다. 이 세 그룹의 핵심적 이론, 원리, 요소들을 사려 깊게 혼합함으로써 알 가잘리는 이슬람과 무슬림의 삶에 대한 새롭고 종합적인 큰 틀의 이론을 창출해낸 것이다. 샤리아에 대한 그의 견해는 수피주의적인 통찰력, 영적 감수성, 예민성을 잘 담아낸 것으로 알려졌으며, 그러면서도 수피주의에 대한 그의 헌신은 『꾸란』과 순나에서 포괄하고 있는 신성한 법적 경계를 결코 넘어서는 것이 아니었다. 그의 연구는 『종교학의 소생*Iḥyā' 'ulūm ad-Dīn*』이라는 책으로 출간되어 기념비적인 걸작이

65 Hitti, 앞의 책, p.68.

되었다. 현대판으로도 4권에 이르는 대작이다. 이 책은 제목이 말해주듯이 '신학의 부흥'을 목표로 하고 있다. 달리 말하면 이 책은 하나님이 보기에 바람직한 신앙인의 삶이 무엇인지를 신자들에게 깨우쳐 주고 있다. 1부에서는 믿음, 예배, 희사, 단식, 순례 등에 관련하여 어떻게 의무적 실천을 하는 것이 올바른 행위인지에 대한 지침을 담고 있으며, 2부에서는 결혼, 먹고 마시는 일, 사랑과 형제관계, 친지, 이웃, 여행, 충고 같은 주제를, 3부에서는 자기훈련, 과식, 호색, 세속적 재화, 위선, 자만심 같이 대부분 죄에 관련된 사항을 담고 있고, 4부에서는 회개, 가난, 인내, 하나님께 신탁, 갈망, 사랑, 그리움, 만족, 하나님에 대한 지식 등 신비주의적인 주제를 다루고 있다. 그리고 4부의 마지막 장인 제40장은 죽음을 맞이하여 구도자가 취해야 할 자세인 '구원으로 이르는 길'을 소개하고 있다.[66]

한마디로 말해 이 책은 올바르게 살아가는 일상 삶의 지침서로서, 무슬림들의 신앙과 실천의 의무사항인 예배, 금식뿐만 아니라 먹는 일, 자는 일, 씻는 일, 화장실 가는 일 등 일상의 모든 행동들이 '신이 항상 함께 하고 계시다'라는 의식 속에서 진행되어야 한다는 가르침을 담고 있다. 악행이나 죄인을 반드시 피할 수 있도록 지속적인 노력을 해야 하며, 그러기 위해서 사지와 오관 등 인간 육체의 각 기관들은 훈련을 게을리해서는 안 된다. 예컨대 귀는 이단적 주장과 외설스러운 욕으로부터, 혀는 거짓말과 남을 험담하거나 신학과 철학을 잘못 토론하는 것으로부터, 위는 위해한 음식으로부터, 손은 생물에게 해를 입히거나 부정한 부를 취하는 것으로부터, 발은 부정한 곳이나 사악한 통치자의 궁으로 가는 것으로부터 보호되어야 한다. 뿐만 아니라 전편에서 무슬림은 성법에 순종하며 바르게 신앙생활을 해야 할 것을 강조함으로써 수피주의 의식이나 주제들을 정통신앙

66 안네마리 쉼멜, 앞의 책, 160쪽.

에 굳게 매어놓았다. 이 책은 『꾸란』과 하디스 모음집 다음으로 널리 읽혀지고 오늘날까지 많은 울라마들이 연구 대상으로 가장 빈번하게 채택하는 문헌 중의 하나가 되었다. 20세기 이슬람 원리주의 운동을 일으킨 이집트 무슬림 형제단의 창시자 하산 알 반나의 침대 옆에도 항시 이 책이 놓여 있었다고 한다.

철학과 신비주의에 관한 그의 공헌은 정말 괄목할 만하다. 그의 비평서 『철학자들의 부조리』에서 그는 철학적 사고와 이슬람 간의 20가지 갈등문제를 해결해냈다. 그리스 철학은 당시까지 시리아인 기독교도들이 아랍어로 번역했으므로 무슬림 지식인들에게 친숙했다. 알 가잘리는 철학적인 사고가 종교적 삶에 유효한 합리적 기초를 형성하게 한다는 점을 부인했다. 그는 그것이 전적으로 개인적인 경험의 문제라고 말하였다. 그러나 다른 무슬림 신학자들과 마찬가지로 그도 아리스토텔레스의 논리학을 응용하였다. 그는 수학(당시에는 철학의 일부였다)과 이슬람 교리 간에는 아무런 모순도 없음을 확인하였다. 그는 신성한 빛의 교리를 받아들였다. 그리고 신플라톤주의에서 널리 통용되던 성과 육의 이분설도 받아들였다.

그는 철학에서 받아들인 것을 이슬람 신학에 그대로 수용하였다. 더구나 그는 철학 주변의 신비를 이성적 사고와 동일한 것으로 보이게 만듦으로써 그것을 일상적인 마음 속 차원에서 볼 수 있게 하여 철학으로 에워싸인 신비를 사라지게 하였다. 그럼으로써 철학적 사고는 이슬람 안에서 영원한 자리를 보장받게 된 셈이다.

수피주의에서 알 가잘리의 공헌은 더 광범위하고 심오했다. 그는 신비사상에 대한 여러 주장과, 특히 신의 존재에 대한 타당한 증거가 되는 개인적 체험들을 이슬람 정통 교리 안에 접목하고 확립했다. 노래와 음악도 알 가잘리가 제한사항을 밝힌 이후에는 긍정적인 것이 되었다.

그는 스스로 인정했듯이 과거의 여러 수피 스승들로부터 많은 가르침과 영향을 받았다. 그 중에서도 알 무하시비, 아부 야지드 알 비스따미, 알 주나이드, 알 쉬블리al-Shiblī 등이 손꼽힌다. 알 가잘리의 신비주의 가르침은 무슬림세계에만 국한되지 않았다. 서방에서 그는 알 가젤al-Gazel로 알려져 기독교와 유대교의 지식인들에게도 주목할 만한 영향을 남겼다. 그가 죽은 지 채 40년이 지나지 않아 그의 작품들 중 일부가 라틴어로 번역되기 시작하였다. 단테가 그의 이름을 언급하며 사용하였고, 토마스 아퀴나스를 비롯한 스콜라 학파의 여러 학자들이 마치 중세의 유명한 유대인 철학자 이븐 마이문Ibn Maymun(Maimonides로 알려짐)처럼 그의 작품들을 사용하였다. 알 가잘리를 통해서, 그리고 후일 그의 사상을 전하는 많은 매개물을 통해서 수피주의는 이슬람의 발전에 큰 공헌을 하였으며, 그 자체가 보편적인 체계로 재확립되었다. 수피이론가 사리 알 사까띠Sarī al-Saqaṭī(865년 사망)는 '타우히드(신의 유일성)'를 '신과 하나됨'이라는 의미로 해석하여 종래의 엄격한 신과 인간의 분리개념을 과감히 변화시켜 수피의 주요 실천개념인 '파나'와 '바까'를 낳게 했는데,[67] 그가 정의했던 진정한 타사우프는 완벽하게 알 가잘리에게 해당된다. 왜냐하면 그는 배우고 가르치고 여행하고 지혜를 구하는 일에 몰두하며 파란만장한 인생을 산 진정한 수피였으며, 따리까를 규범적이고 정형화된 이슬람의 것으로 만드는 데 공헌하였기 때문이다. 그가 히즈라력 505년(1111년), 고향에서 죽었을 때는 이슬람이 계시된 500주년이 되는 해로 무슬림 움마에서는 성대한 기념식이 거행되었다. 여기에서 그는 이슬람을 새롭게 갱생시킨 인물이라는 의미에서 무잣디드Mujaddid(개혁자, 개신자)라는 경칭으로 추앙받게 되었다. 그리고 오늘날까지 무슬림세계는 그의 업적을 기리

67 Arberry, 앞의 책, p.46.

고 그를 가장 큰 영광으로 생각하며 그를 훗자트 알 이슬람Ḥujjat al-Islām (이슬람의 증인)으로 높여 부르고 있다.[68]

알 가잘리 이후 이븐 알 아라비(1165~1240년)가 더욱 정교히 다듬은 수피주의는 절정기를 맞는다. 알 안달루스al-Andalus의 무르시야Mursiya(현재 스페인의 Murcia)에서 태어난 스페인계 아랍인인 그는 세비야Seville에 정착해 살았으나, 30세가 된 1193년 처음 스페인을 떠나 튀니지로 여행하였고, 37세 되던 해 수피가 되어 동방으로 떠난 후 1202년, 메카 순례를 하였으며 고향으로 다시 돌아오지 않았다. 이집트, 히자즈, 이라크, 소아시아의 여러 곳을 돌아다녔고 다마스쿠스에서 생을 마감하였다. 무히 앗 딘 무함마드 빈 알리 빈 알 아라비Muḥy ad-Dīn Muḥammad b. 'Alī b. al- 'Arabī가 그의 이름이다. 그는 뛰어난 직관과 사고력으로 무려 500편에 달하는 방대한 저술을 한 것으로 알려져 있다. 그 중에서도 수피주의의 백과사전격 저서인 『메카의 열림*al-Futūḥāt al-Makkiyah*』과 『지혜의 보석들*Fuṣūṣ al-Ḥikam*』[69]은 그를 가장 위대한 수피 중의 한 사람으로 손꼽히게 하였다. 그의 사상은 수피주의 신지학神知學을 대표한다. 그는 『메카의 열림』에서 모든 존재는 본질적으로 하나이며 그것은 곧 신성한 존재의 현시顯示라는 '존재의 단일성waḥdat al-wujūd' 이론을 내놓았는데, 그것을 다음과 같이 설명했다. "신은 초월적 존재이다. 하지만 모든 창조는 신의 현시이기 때

---

68 Anawati, 앞의 책, p.373.

69 그의 대표작인 『메카의 열림*Opening of Mecca*』은 『메카의 계시들*Meccan revelations*』이라는 책이름으로 서구에 알려졌다. 여기서 futūḥ(opening)는 드러냄(unveiling), 증언(witnessing), 통찰(insight), 신 자신의 드러냄(divine self-disclosure) 등 여러 동의어를 가지며, 책명의 의미는 '신께서 진리에 대한 지식을 깨닫게 마음을 열어주심'이다. 그리고 1232년에 쓴 『지혜의 보석들』은 28명의 중요한 예언자들의 비밀스러운 신비의 메시지들을 다루고 있다. William C. Chittick, *The Sufi Path of Knowledge, Ibn al-'Arabi's Metaphysics of Imagination*, Albany: State University of New York Press, 1989, p.xii.

문에 본질적으로 모든 사물은 신과 동일한 의미를 갖는다."[70] 이는 그가 이해한 대로의 수피주의를 체계화한 이론이다. 그는 자신의 사고가 신으로부터 온 내면의 빛 때문이라고 생각했고, 이론의 본질은 한마디로 말해 신과 인간의 결합을 믿는 것이고 신의 모든 창조물이 곧 신의 현시라는 것이다. 그렇지만 물론 그것이 신과 창조물을 동일시한 것은 아니다. 실재와 속성, 다시 말해 신과 우주 사이에는 어떤 차이도 없다는 의미이다. 신이 모든 피조물에 내재하고 그것과 동일시된다고 말하고 있는 것이다. 이것이 그가 말하는 '존재의 일원론' 교리의 핵심이다.

메카에서 만난 한 페르시아 여인을 통해 깨닫게 된 사랑에 대한 찬미를 담아낸 『갈망의 해석자*Tarjuman al-Ashwāq*』를 보면 그의 사상의 근저에 사랑이 중심적 진리이자 우주의 역학 원리로서 자리잡고 있다는 것을 알게 된다. 이러한 사랑의 포용성과 관념 때문인지 그는 다른 종교에 대해서 비교적 관대한 입장이었다. 모든 종교가 하나의 진리를 향해 나아가고 있다고 본 것이다. 신비주의 체험으로 종교 형태는 비록 외형적으로 다를지라도 하나라는 신념을 가졌던 것이다. 특히 그는 신이 모든 피조물에 내재하고 그것과 동일시된다고 말하였다. 그래서 그는 몇 세기에 걸쳐 무슬림과 기독교 학자들로부터 범신론자라는 비난을 받았으며, 일부 무슬림 지역에서는 그를 거부하기까지 했다. 이븐 알 아라비의 철학은 실증철학의 범주를 훨씬 벗어나는 것이었다. 신께서는 그를 사랑하는 예배자들에게 가능한 한 온갖 형태의 신앙으로 스스로를 드러내 보이신다. 신께서 어떤 형태로 오더라도 수피주의 신도들의 마음은 그분이 한 분뿐이며, 그리고 그분만을 사랑하는 신앙으로 모든 것을 수용할 수 있다고 이븐 알 아라비는 가르치고 있다. 위 책에서 그는 다음과 같은 시로 그의 사상을 표현하였다.

---

70 프랜시스 로빈슨 외, 앞의 책, 297쪽.

나의 마음에는 모든 형태의 것이 가능할 수 있네.
수도자의 은신처, 우상들을 위한 신전,
양떼들을 위한 목장, 신도들의 카아바신전,
토라와 『꾸란』.
사랑은 내가 잡고 있는 신념이네. 그 과정이 어디로 돌려진다 해도
사랑은 여전히 나의 신념이고 믿음이네.[71]

이븐 알 아라비는 완전한 인간al-insān al-kāmil이라는 용어를 처음 사용한 수피이다. 그는 무함마드의 인성과 속성을 이론적으로 연구해서 '완전한 인간' 교리를 내놓았다. 그는 무함마드를 '알 인산 알 카밀'로 보았다. 그가 예언자 계급의 봉인封印이자 수장首長일 뿐만 아니라 신의 로고스Logos라는 것이다.[72] 무함마드는 완전한 인간으로서 신과의 일치를 체현한 본보기였다. 신은 그를 통해 『꾸란』을 계시했으며, 그는 신의 형상이자 우주의 원형이 되는 하나의 소우주, 즉 완전한 인간으로 우주와 세계가 운행하는 축으로 작용하는 존재라는 것이다. 이븐 알 아라비는 완전한 인간을 대우주 안에서 최고·최선의 모든 것을 반영한 소우주로 정의한 것이다. 무함마드는 신만을 사랑했고 신에게서 사랑을 받은 '완전한 인간'으로, 인간 존재가 진정으로 지향해야 할 전형적 인물이라고 그는 말한다.

이븐 알 아라비는 인간의 삶에는 세 가지 위대한 여정이 있다고 말하였다. 첫째는 물질세계에 태어나게 되는 '신으로부터의 여정'이고, 둘째는 우주적 지성과의 결합에 이르기 위해 영적 도정을 수행하는 '신에게로의 여정', 그리고 셋째는 신 안에 머물며baqī billāh 결코 끝나지 않는 '신 안에

71 Nicholson, 앞의 책, p.403.
72 Anawati, 앞의 책, p.377.

서의 여정' 이다.[73]

사실 그의 사상과 논리에는 스토아 철학, 신플라톤 사상, 쉬아 이스마일파의 이론, 알 할라즈의 영지주의 등 여러 이론들이 녹아 있음을 쉽게 알 수 있다. 이러한 것들을 '존재의 일원론' 속에 간단히 담아낸 것이다.[74] 많은 정통주의 신학자들이 그의 이론에서 표현된 '신의 성육ḥulūl'과 '인간과 신의 일치ittiḥād'와 관련해서 이것은 분명히 유일신 사상에 위배되는 불경스러운 표현이라고 분노를 터뜨렸다. 그렇지만 그는 신의 초월성을 일관되게 주장했고, 특히 그의 '존재의 일원론' 사상은 이슬람권 전역으로 널리 퍼져나가면서 그는 수피주의 역사상 가장 주목받을 만한 아랍인 수피의 반열에 올랐다.

그의 가르침은 아랍에서뿐만 아니라 페르시아와 터키에서도 큰 영향을 끼쳤다. 아마도 후기 수피주의에 가장 큰 영향을 끼쳤다고 해도 과언이 아닐 것이다. 기독교, 유대교의 신비주의에도 많은 영향을 끼쳤다.[75] 특히 그의 '존재의 일원론' 이론은 그 후 무슬림 사회에서 샤리아를 준수해야만 한다는 사명감을 퇴색하게 만들기도 하였다. 만약 모든 사물이 곧 신이라면, 지상에서 신의 계시를 실현하기 위해 노력하는 일은 그다지 중요한 일이 아닐 것이기 때문이다. 또한 그의 관용주의와 열린 사상은 범신론적 여지를 크게 넓혀놓았고 실제로 무슬림세계 전역에 퍼져있던 수피들이 이슬람교와 무수한 지역의 토착종교 전통들을 조화시키게 하는 데 지대한 역할을 하였다.[76] 오늘날 많은 학자들로부터 그는 알 가잘리와 더불어 수피주의 이론의 두 대가이자 가장 영향력이 큰 인물로 존경받고 있다.[77]

---

73 Williams, 앞의 책, p.126.
74 Anawati, 앞의 책, p.378.
75 같은 책, p.123.
76 프랜시스 로빈슨 외, 앞의 책, 298쪽.

이븐 알 아라비가 시를 통해 그의 사상을 전하였던 것과 같이 많은 수피 시인들이 이슬람 문학의 발전—특히 10세기부터 시작된 페르시아 문학의 발전기 이후에—에 대단한 공헌을 하였다. 수피주의는 생성 초기에는 물질적 소유나 세속적인 안락을 멀리하는 금욕주의를 토대로 발전하였지만, 그 뒤에는 내적 생활과 명상에 기초하여 시 문학 속에 표현되는 상징주의 형식을 개발시켜 나가게 된다. 따라서 후대 이슬람의 위대한 문학 유산들은 이러한 수피주의자들의 상징주의 형식의 시에서 상당한 직접적인 영감을 받는다. 동부 이란은 수피들에게 매우 관대했다. 그런 연유로 아랍어보다도 페르시아어가 문학 언어인 곳이면 어디에서나—페르시아, 터키, 인도, 중앙아시아 등—수피들의 시는 무슬림들을 고무시켰다. 특히 동부 이슬람세계가 13세기에 몽골의 침략으로 황폐화되자 그 이후 페르시아어로 쓴 수피 시인들의 시는 무슬림들에게 신성한 위안과 삶의 아름다움의 비전을 제공할 수 있었다. 그 중 유명한 시인으로는 먼저 호라산 헤라트Herat의 압달라 알 안사리'Abdallāh al-Anṣārī(1088년사망)를 들 수 있다. 그가 즐겨 사용했던 수피주의의 시적 상징들은 장미, 연인, 술, 황홀경, 술꾼, 신 등이었다. 다음으로는 파리드 알 딘 아따르Farīd ad-Dīn 'Aṭṭār(1230년경 사망)가 있다. 그는 1220년 동부 이란이 몽골의 침략으로 멸망할 것이라고 믿었던 호라산의 수피였다. 그는 수피 스승들의 일화와 격언을 수집했고, 이븐 알 아라비와 같이 범신론적 경향을 띠었으며, 한편 수피 중의 수피라고 생각하던 알 할라즈의 추모에 헌신한 시인이었다. 그는 『성자 회고록 *Tadhkirāt al-Awliyā*』을 집필하여 두 안눈을 비롯한 수피 성인들에 대한 기록을 전하였다. 그의 가장 걸출한 작품으로는 신비적 서사시인 〈새들의

77 Mark J. Sedgwick, *Sufism, the Essencials*, Cairo, New York: The American University Press, 2003, pp.18~19.

연설Manṭiq al-Ṭayr〉을 꼽을 수 있다.

아랍어로 신비주의 시를 쓴 가장 위대한 시인은 이븐 알 아라비의 친구이며 카이로 출신인 오마르 빈 알 파리드'Umar b. al-Farīd(1181~1235년)이다. 그는 메카와 메디나에서 15년을 보낸 후 카이로로 돌아와 성자로 받들어졌다. 그는 신에 대한 사랑을 읊은 주옥 같은 신비주의 시들을 남겼는데, 그의 손자인 알리가 이를 수집하여 『디완』으로 발간하였다. 이븐 알 파리드는 기인 같은 삶을 살면서 당시의 군주 말리크 알 카밀Malik al-Kāmil의 면담도 거절하고 온갖 세속적 인연은 떨쳐버린 채 오직 수피 쉐이크로서의 생을 살며 도취된 수피주의의 무아지경 속에서 신비주의 시를 썼다고 전해진다. 그는 일어났다 앉았다 하다가는 죽은 사람처럼 옆으로 누워 계속 열흘 간을 먹지도 마시지도 않고 말도 하지 않으면서 미동도 하지 않은 채 보내곤 했다고 한다.[78] 이븐 알 파리드는 신학자나 철학자가 아니었음에도 불구하고 가장 높은 신지학의 수준에서 사색을 하고 시를 지었다. 즉 학구적인 방법이 아니라 무아지경의 수단을 통해 시를 쓰고 신과 교통을 하였다. 산문으로는 표현하기가 적절하지 못하거나 어려운 주제들이 시로는 가능하였다. 그는 동시대 인물인 수피 성인 이븐 알 아라비처럼 범신론적 경향을 보였으며, 시작詩作의 궁극적 목표는 당연히 신과의 합일인 파나였다.

이븐 알 아라비가 알 가잘리의 정통 수피주의 이론을 이어 '완전한 인간론', '존재의 일원론'으로 한 단계 더 수피주의의 발전을 꾀하였는데, 여기서 또 한걸음 더 나아가 새로운 수피주의 역사를 쓰는 데 기여한 인물이 페르시아 시인 잘랄 앗 딘 알 루미Jalāl ad-Dīn al-Rūmi(1207~1273년)이다. 그는 가장 위대한 페르시아 시인, 신학자, 수피로 명성을 얻고 있다. 그는 페

78 Arberry, 앞의 책, p.94.

르시아에서 태어났지만 셀주크 술탄의 보호 아래에 있던 코니아konia에서 활약하였다. 소아시아는 당시까지 비잔틴 로마의 영토였다. 그는 몽골군이 동부 이란을 파괴시키기 바로 직전, 발흐에서 셀주크 룸의 수도인 코니야로 이주한 호라산 출신의 한 수피학자의 아들이었다. 그는 아버지를 스승으로 모시고 수피주의에 입문하였으며, 종교학원인 마드라사의 교수가 되어 부친을 승계했고 시리아에서 수학을하기도 했다. 그리고 그곳에서 이븐 아라비와 그의 수제자가 된 싸드르 앗 딘Ṣadr ad-Dīn을 만난 것으로 알려져 있다. 알 루미는 40년에 걸쳐 쓴 6권짜리 걸작 시집인 『마스나위 *Mathnawī*』(이행연구시二行聯句詩)에서 수피주의의 개념과 이론을 나름대로 체계화하고 그의 수피사상을 여기에 담아 놓았다. 문체의 아름다움, 감성의 깊이, 상상과 비유의 독창성에서 그의 『마스나위』는 페르시아 신비주의 문학의 정수로 평가받고 있다.

알 루미는 실존적 일원론에서 이븐 알 아라비와 견해를 같이한다. 자신을 변화체계를 따르는 자연과 동일시하고 무덤(죽음) 저편에 계속 이어지는 삶을 위해서가 아니라, 신성이 인간 안에 내려지는 '신과의 합일'과 '완전한 인간' 됨을 기뻐한다.[79]

> 나는 광물로 죽어 식물이 되었습니다.
> 나는 식물로 죽어 동물이 되어 일어났습니다.
> 나는 동물로 죽어 인간이 되었습니다.
> 왜 나는 두려워해야 하나요? 언제 죽음으로 소멸될 것인가요?
> 더 높이 치솟기 위해 나는 한번 더 인간으로서 죽어야 합니다.
> 천사의 은총과 더불어…[80]

---

79 Hitti, 앞의 책, p.63.

알 루미의 칭송자들은 그에게 마울라나mawlanā(우리의 주인)라는 영광스러운 경칭을 주었다. 그래서 그는 마울라비야mawlawīya 종단의 창시자가 된다. 이 종단의 후예들은 계속 원을 그리며 춤을 추는 디크르를 행하기 때문에 오늘날까지 서구에서는 '빙빙 도는 수도사'로 유명하다.

무슬림 문학—아랍 문학, 페르시아 문학, 터키 문학 어느 경우에서든지—에서 영적 세계를 그린 작품으로는 단연 수피 문학이 으뜸이다. 오랜 발전 단계를 거쳤지만, 이븐 알 아라비와 알 루미의 작품에서 수피 문학은 최고점에 달하였다고 말해진다. 그렇지만 사실 그 내용들은 대개 모호한 상징주의나 현란한 비유로 특징지을 수 있다. 구사된 언어들은 신비주의 만큼이나 우리에게는 이해하기 어려운 것들이다. 이런 글을 대할 때 중요한 것은 문자로 나타난 명시적인 것이 아니라 그 내면에 숨어 있는 참 의미인데, 그것을 이해한다는 것이 쉽지 않은 일이다. 수피 초심자들에게 권고하는 술은 '자기 자신으로부터 스스로를 자유롭게 해줄 수 있는 것'인데, 그것은 포도주나 대추야자 술이 아니라 사랑이라는 술이다. 술과 사랑에 대해 세계적으로 유명한 시인인 오마르 알 카얌 'Umar al-<u>Kh</u>ayyām은 자신의 시에서 신성한 사랑과 신성한 술을 오묘한 문체로 그려내고 있다.

4. 수피 종단들

(1) 종단의 출현

초기의 수피들은 신비체험을 추구하였지만, 일반적으로 명상적인 수피주의를 지향했고 독특하거나 과격한 형태의 교리나 실천을 강조하지 않았

80 Nicholson, 앞의 책, p.168.

다. 대체로 전통적인 이슬람과 공존하면서 어디까지나 제도권 안에서 신앙생활을 하려 했다. 말라마티야 같은 반항적이고 자유주의 성향의 수피 집단이 출현하여 급진성향을 보이기 전까지는 무슬림 모두가 모스크 중심의 공동체 발전을 도모하였다. 바스라의 하산, 바그다드의 라비아 알 아다위야, 하리스 빈 알 무하시비, 알 주나이드 등 초기 수피주의 영적 지도자들은 모두가 학구적이고, 무엇보다 이슬람 법학과 신학의 연구활동을 중시하였다.

처음 수피 수련생들이 명상 훈련을 위해 모이는 장소는 개인의 집이었으며, 영적 성취를 도모하던 작은 모임들이 대부분이었다. 그러다가 어느 한 쉐이크의 영향력이 커지게 되자 사회 여러 계층의 사람들이 그의 설교를 들으려고 모여들었고, 그 쉐이크 아래 소속감을 갖는 조직적인 모임이 만들어졌으며, 이러한 모임은 점차 단체화하기 시작했다. 이것은 대개 11세기 알 후즈위리와 알 가잘리가 활동하던 시대에 나타난 현상이다.

알 가잘리는 투스에서 최초로 체계화된 훈련방식을 갖추고 질서와 규칙을 지키면서 한정된 인원의 무슬림 형제들을 공동 거주시키는 수도원 조직을 운영한 것으로 알려져 있다. 이때 쉐이크(스승)의 거주지는 제자들이 수련하는 수피주의 소공동체의 중심이 되었다. 이 같은 수피 수도원은 지지자들이 내는 종교 희사금으로 설립되었으므로 입문한 문도門徒들은 세속적 직업을 가질 필요없이 신앙의 수련과 명상생활에 헌신할 수 있었다. 이러한 수도원을 페르시아어로는 한까khānqah, 아랍어로는 리바트ribāt 또는 자위야zāwiya라고 불렀다. 여기에 들어온 문도들은 쉐이크의 지도 아래 규정된 학습과 수련 과정을 밟고 금욕주의와 명상, 형제애를 실천하면서 공동의 종교 사업을 도모한다. 이것이 그 후 차차 커지면서 종단화하여 오늘날까지 이어져 내려오는 수피종단 따리까ṭarīqa가 된 것이다.[81] 일정한 수피 수련과정을 마치고 본산을 떠난 제자(문도)가 스승이 되어 자매 수도원을 설립하고, 그의 큰 스승과 공통의 의례와 전통 의식으로 연결됨으로써 종단을 이루고 그 교세를 확장해갔던 것이다. 최초로 종단을 설립한 쉐이크는 대개 후일에 성자로 추앙받게 되고, 제자 중의 한 사람이 그를 계승하여 칼리파(후계자, 대리인)가 되어서 종단을 이끌었다. 특별히 독신주의를 종규로 삼지 않았다면 대개 설립자의 가계에서 계승권을 상속받아 종단의 칼리파 또는 쉐이크가 된다. 12～13세기까지 이러한 종단은 그 연결망이 이슬람세계 곳곳으로 확산되어서 어떤 종단은 수십만 명 혹은 수백만 명의 열성 신도를 가진 대규모 종단으로 발전했으며, 어떤 종단은 매우 원시적이고 샤머니즘 형태의 수피주의를 고수하면서 비록 작은 규모의 조직이지만 과격 급진적 성향의 종단으로 성장하였다.

이러한 종단들 간의 근본적 차이는 디크르를 하는 형태와 의례, 의식, 종교 행위들에서 얼마만큼 정통주의의 규율, 의전, 의식과 다른가에 있었다. 대체로 수피 종단의 구성원들(문도)은 크게 둘로 나누어 볼 수 있는데, 한 부류는 수도원 생활을 하면서 종단 업무에 종사하고 모든 종교의식에 참여하는 속세를 떠난 제자들 그룹이고, 다른 부류는 일반 평신도이면서 수피 종단에 소속된 사람들이다. 후자는 종단에 속해 있지만 각자의 생계를 위해 세속적 생활을 하면서 정해진 디크르 의식 또는 종단의 중요 행사에 참여하는 일반 신도 그룹이다.

이러한 종단이 생기기 훨씬 전부터 수피 사회에서는 스승과 제자의 관계가 존재해 왔다. 스승은 아랍어로 쉐이크shaykh, 페르시아어로는 피르pīr 이며, 문도인 제자들은 아랍어로 파끼르faqīr, 혹은 무리드murīd, 페르시아어로는 데르비쉬dervish라고 부른다. 비범한 쉐이크는 문도(무리드)들을 끌

81 Denny, 앞의 책, p.267.

어 모았다. 그는 자신이 설교하는 가르침의 권위를 초기 수피들에게서 소급하여 찾으려 했다. 예컨대 저명했던 알 주나이드 혹은 좀더 거슬러 올라가 알리 또는 무함마드에게서 그 근거를 찾으려 했다. 앞에서 언급했듯이 무함마드가 신비로운 '밤의 여행' 에서 보여준 것과 같은 신과의 교통은 신비주의 무슬림들이 추구하는 목표였다. 이러한 맥락에서 수피의 영성체험 계보는 무함마드에게까지 연결되어 올라가는 씰씰라silsilah(체인, 연결고리)라는 개념이 등장한다.[82] 이슬람 법학자들이 하디스의 권위와 확실성을 증명하기 위해 이스나드isnād(연결고리)에 집착하였듯이, 동일한 방법이 수피주의 세계에서도 적용되었다. 이 씰씰라는 수피의 영적 연결고리가 되는 이스나드로서, 그들을 스승과 제자로 묶어주고 권위 있는 그들의 스승을 통해 그들의 전통을 예언자에게까지 연결해 주고 있는 것이다. 과거와 현재를 연결하고, 현재와 미래를 연결시킴으로써 수피의 가르침은 세대에서 세대로, 스승에게서 제자에게로 전승되어 갔으며, 영적 이스나드로서의 씰씰라는 스승과 제자를 연결시켜 수피 종단을 하나로 묶게 하고 넓게는 수피 세계를 하나로 연결되게 하였다. 다시 말해 내일의 쉐이크는 어제의 파끼르(혹은 데르비쉬)인 것이다. 공식적으로 인정되는 이러한 영적 계보로서의 씰씰라는 비교적 늦게 등장한다. 가장 최초의 씰씰라 계보로 알려진 것은 10세기 알 주나이드(910년 사망)로부터 따리까를 이어받은 자으파르 알 쿨디Ja'far al-Khuldī(959년 사망)의 것이다. 이것을 살펴보면 알 주나이드는 사리 알 사까띠Sarī al-Saqaṭī(865년 사망)로부터, 사리는 마으루프 알 카르키Ma'rūf al-Karkhī(815년 사망)로부터, 마으루프는 파르까드 알 사바키 Farqad al-Sabakhi로부터, 알 사바키는 하산 알 바쓰리Ḥasan al-Baṣrī(728년 사망)로부터, 그리고 하산은 아나스 빈 말리크Anas b. Mālik[83]로부터, 아나스

82 Rippin, 앞의 책, p.136.

빈 말리크는 예언자 무함마드로부터 따리까를 전수받았다는 것이다.

이러한 씰씰라를 살펴보면, 알 주나이드, 사리 알 사까티, 하산 알 바쓰리가 자주 등장한다. 특히 알 주나이드는 예언자 무함마드와 함께 초기 수피들과 주요 종단에서 가장 흔히 도달하게 되는 주요한 연결고리의 시작이다. 예를 들어 까다리야 종단은 압드 알 까디르 알 질라니 'Abd al-Qādir al-Jīlānī가 세운 종단이지만, 이 종단의 씰씰라는 예언자 무함마드까지 거슬러 올라가는 것이다.

이러한 형태의 영적 연결고리는 각 따리까(종단)에서 독자적인 영성 훈련과 교리를 체계화하고 지속화하면서 이어졌다. 그러므로 전문화한 종단들이 스스로를 발전시켜가는 방법이자 걸어가야 할 길인 따리까의 개념은 점차 수피 종단 조직 그 자체를 의미하게 되었다. 그때부터 따리까는 수피주의의 길을 의미하면서 동시에 특정의 종단, 그 종단의 방법과 길을 의미하게 된 것이다.

스승과 제자의 관계는 스승이 가진 영적 지혜와 능력, 깨달음을 전수받고자 하는 제자의 열망과 그것을 얻기 위해 걸어가야 하는 영적 체험에 대한 동기로 맺어진다. 이 관계는 엄밀한 의미에서 일종의 계약으로, 영적 훈련기간이 끝나면 각자의 길을 걷게 된다. 그렇지만 이 관계에서 일반적으로 가장 중시되었던 것은 무엇보다 모든 것을 드러내 보여야 한다는 점이다. 이것은 마치 죽은 사람이 무덤에 안치되기 전에 시체를 씻는 사람에게 온몸을 다 드러내 놓아야 하는 것과 똑같다. 알 가잘리는 스승과 제자의 관계에 대한 필요성을 다음과 같이 말하였다. "신앙의 길은 너무도 모

83 그는 예언자 무함마드의 유명한 교우(싸바하)들 중의 한 명이면서 시중을 든 심복으로 많은 하디스를 전했다. 말리키 법학파의 창시자인 말리크 빈 아나스(Mālik b. Anas, 795년 사망)와 혼동해서는 안 된다.

호하기 때문에… 인도하는 쉐이크가 없다면 악마에게 이끌려 갈는지도 모른다. 제자가 쉐이크와 연결되어 있어야 하는 것은 강물 저편 끝에 있는 장님에게 인도자가 필요한 것과 같다. 완전히 그를 신뢰해야 하고 전적으로 그에게 의지하며 매달리고 따라야만 한다."[84] 그 다음으로 우선되는 것은 제자가 성취해서 다른 제자를 거느리는 스승이 된다 할지라도 큰 스승에 대해서는 언제나 제자의 위치에 있다는 점이다. 또 다른 스승을 찾아 떠날 수는 있지만 먼저 스승이 허락하지 않으면 이것은 거의 불가능하다. 그러나 스승과 제자는 언젠가는 서로 헤어져야 할 때가 오게 마련이다. 이 때 스승의 영혼 중 어떤 것은 제자와 함께 가고, 제자의 영혼 중 어떤 것은 스승에게 남게 된다. 이러한 긴밀한 영적 연결이 육체적인 분리 이후에도 유대의 끈으로 지속되는 것이다. 쉐이크는 따리까의 주요 교리를 제자에게 전수하고 제자들은 스승을 중심으로 형제애의 전통을 유지한다. 이러한 영적 도제의 기간은 일정하지 않지만 보통 3년 이상 지속된다. 일정기간을 수료하면 쉐이크는 떠나는 제자에게 졸업의 증표로 누더기를 기운 넝마옷 같은 키르까khirqah(성복聖服)를 수여한다.[85]

종단의 창시자는 제자들과 후대의 신봉자들로부터 초능력을 가진 자로 받들어졌다. 특히 병을 고치거나 기적 같은 행위로 종단을 부흥시킨 수피는 생존 때부터 숭배 대상이 되기 일쑤였고 맹목적 추종의 대상자이자 왈리walī(알라의 친구)로 알려지고 종단의 중심체가 된다. 기독교에서의 성자saint와 같이 왈리의 중요한 역할은 중재에 있다. 그리고 수피 세계에서는 기독교에서처럼 성직자 계급의식을 갖는다. 수피들은 스스로를 선택된 자로 생각하고 그들 중에서 왈리는 선택된 자들 중의 선택된 자로 간주된다.

84 John B. Christopher, *The Islamic Tradition*, New York: Harper & Row, 1972, p.92.
85 Nicholson, 앞의 책, pp.33～34.

왈리는 예언자보다 낮은 지위로 예언자와 같은 기적을 베풀 수는 없지만, 유사한 선물인 카라마karamat(은혜의 선물), 예컨대 기적과 치유의 은사 같은 것을 행한다. 그러나 이러한 성직자 계급의식이나 성자 숭배사상은 정통 이슬람에서는 철저히 배격되는 이단적인 것이다. 이보다 더 정통 이슬람에서 벗어난 것은 없다고 간주한다. 그런데도 이러한 수피주의 관행은 지방 곳곳에 뿌리를 내리고 토착 신앙화하여 민간 신앙생활의 일부로 받아들여졌다. 이와 같이 15~17세기까지 수피주의 관행은 무슬림세계 전역에 만연되었다. 모로코에서 인도네시아에 이르기까지 여러 무슬림 도시들이 성자를 모시는 성소를 갖게 되었고, 아직까지도 이 성지와 연관된 한 사람의 성자 혹은 여러 성자들을 자랑하고 있다.

스승과 제자 간의 유대와 결속력은 수피주의가 전파되어 뿌리내린 사회의 종교·문화생활 전반에 상당한 영향력을 미치면서 지속되었다. 직계 스승의 기이한 전기, 독특한 교리, 가르침을 전파하고 이어오면서 다른 한편 각 종단은 다른 종단과도 교제하고 협력하였다. 그렇기 때문에 수피 공동체는 이슬람 제국의 정치질서가 약체화되고 붕괴되어 정치적 통일성을 잃은 채 오랜 기간 외압에 시달림을 받은 고난의 시대에도 그들 나름대로의 강한 신앙적 유대감을 유지하고 민중 신앙과도 같이 이슬람세계 곳곳에서 뿌리를 내리고 발전을 지속해오고 있다.

(2) 유명 수피 종단들

수피주의가 출현하여 300년이 지나는 동안은 앞에서 언급하였듯이 개인적이거나 아주 소규모로 실천되었으며 집단적인 성격을 띠지는 못하였다. 그러다가 12세기에 들어서면서 이슬람의 정치적·지적 중심지인 바그다드에 최초의 수피 종단이 설립된다. 그리고 이러한 종단의 창립은 그 후 수피주의가 전 무슬림세계로 퍼져나가는 전기가 된다. 민중 사이에서 가장 인기 있는 대중적 종교생활의 한 형태로 발전해 나가게 된 것이다.

1) 까디리야Qādiriyya 종단

수피주의 형제들의 최초 공동체는 페르시아인 압드 알 까디르 알 질라니ʻAbd al-Qādir al-Jīlānī(1078~1166년)가 세웠다. 그는 한발리 법학파의 문하생으로서 수피주의에 입문하였고, 오랜 수련 끝에 끼르까를 수여받고는 1127년에 드디어 수피스승인 쉐이크가 되었다. 50살이 되어서 그는 대중을 상대로 이슬람을 가르치기 시작하였는데, 너무나 인기가 있어서 설교장소가 필요하게 되었다. 이를 위해 그의 추종자들이 기부금을 내서 특별학교인 리바트ribāt(은신처, 수피수련원)를 건립하였다. 이것이 최초의 수피 종단의 수도원 자위야zāwiyah가 된다.

그의 가르침은 종래 수피주의의 전통 안에 있는 것들이지만, 무엇보다 이슬람법을 비롯한 정통주의 (순니) 이슬람의 큰 틀을 전제하고 전개된 것들이었다. 쉐이크로서의 그의 명성과 영향력은 차차 지식인층, 부유층, 정부의 고위 관리들, 통치자들에게 두루 알려지고 미치게 되었다. 더욱이 가난한 자와 범죄자에 대해 관심을 쏟고 있는 그의 관용적 태도는 당시 사회계급 전체에 영향을 미칠 수 있는 것이었다. 그의 메시지는 비교적 간단하고 직선적이었다. 디크르의 방식이나 다른 수피주의 실천 요강도 표준적인 종교의식에서 크게 벗어나는 것이 아니었다. 그렇지만 한두 세대가 지나면서 후대의 추종자들이 그의 가르침과 영적 능력, 기적과 같은 행위들을 점차 각색하면서 그의 권위는 날로 높아져 갔고, 그의 축복baraka(성령이 깃든 은총)이 낳은 선례들이 후대에 다시 전해지게 되었다. 이 종단의 갈래가 모로코에서 자바Java에 이르기까지 퍼져나가 북아프리카, 서아프리카, 인도, 말레이시아, 인도네시아, 중국 등 각지에 분파를 갖게 되고, 그것

들 중의 많은 분파가 아직까지도 활동을 계속하고 있다.[86]

다른 수피 종단들과는 달리 이 종단은 디크르의 독특한 형태를 취하지 않았다. 단지 알라를 찬양하고, 알라의 용서를 간구하며, 무함마드에게 신의 축복이 있기를 탄원하는 각 문장을 100번씩 반복하고 "알라이외에는 신이 없다"라는 말을 또 500번 반복 음송한다.[87] 그 외 다른 종교적 실천 요강들도 표준적인 정통 무슬림들의 근행과 별 차이가 없다. 그러나 종단 창시자에 대한 의례와 존경은 가히 극단적이라고 말할 만하다. 압드 알 까디르의 지위는 모든 수피 성인들 중 으뜸일 뿐만 아니라 심지어는 예언자에게까지 비견될 정도로 높이 추앙받고 있다. 따라서 그에게 붙여진 별칭들도 대단하다. '알라의 빛', '알라의 칼', '알라의 증거', '알라의 축', '알라의 명령' 같은 것들이다. 위대한 술탄 술레이만Sulayman이 바그다드 교외에 마련해준 그의 무덤은 아직도 유명한 성소가 되어 순례객들의 방문이 끊이지 않고 있다. 까디리야 종단은 이슬람세계 곳곳에 퍼져 나갔지만 특히 인도와 북아프리카 지역에서 우세하다.

2) 리파이야Rifāʿīya 종단

두 번째 종단은 아흐마드 알 리파이Aḥmad al-Rifāʿi(1182년 사망)가 바그다드에서 세운 것이다. 알 리파이는 알 질라니의 조카인데, 삼촌 밑에서 수피 수업을 받았다고 전해진다. 그의 리파이야 종단은 이상한 특징을 지닌 채 발전하였다. 초인간적 능력으로 사람들을 놀라게 하고 또 인기를 끌었다. 이 종단의 수행자들은 디크르를 하기 위해 둥근 원을 만들고 한 손을 옆사람의 어깨 위에 올려놓고는 몸을 흔들면서 매우 정렬적으로 노래를 부른다. 그 절정에 이르면 칼이나 불 위를 걷거나 유리를 삼키고 뱀을

86 Sedgwick, 앞의 책, pp.63~64.
87 Christopher, 앞의 책, p.93.

다루며, 바늘과 칼을 신체에 통과시키는 등 마법적인 행위와 의식을 치른다.[88] 정통 이슬람에서는 매우 이질적인 이러한 수행은 13세기 바그다드가 몽골에 점령된 후, 원시 샤머니즘이 이슬람세계로 흘러들어온 결과로 추정된다. 일부 학자들은 그것이 힌두Hindu의 영향을 받은 것이고 그들의 묘기를 흉내낸 것으로 말하고 있다.

3) 바다위야Badawīya 종단

리파이야 종단은 이집트로 건너가 그곳에서 두 지류를 형성했는데, 하나는 싸이디야Sa'idīya 종단으로 이들 역시 초자연적 힘을 통해 신비한 영적 체험을 하는 독특한 디크르 형식을 취하고 지방으로 번져갔다. 다른 하나는 제7차 십자군 원정을 이끈 프랑스 왕 성 루이스Saint Louis에 대항하기 위해 이집트 민중을 모병하여 침략자들과 싸운 싸이드 아흐마드 바다위Sayyid Aḥmad Badawī(1276년 사망)가 세운 씨디 아흐마디야Sīdī Aḥmadiya 종단이다. 이 종단은 오늘날까지 이집트 농촌의 많은 농부들이 추종하는 대중적인 지방 수피 종단이다. 이집트 내에서는 씨디 아흐마디야로 불리고 있지만 밖에서는 바다위야badawīya 종단으로 더 알려져 있다.

씨디 아흐마드(이집트에서는 싸이드sayyid를 종종 씨디sīdī로 발음한다)는 모로코에서 태어났는데, 원래 그의 혈통은 제4대 정통 칼리파 알리에게로 거슬러 올라가는 히자즈 하쉼 가문의 자손이었다. 젊은 시절을 메카에서 보낸 그는 한때는 가장 남성다운 무적의 투사로서 메카 사람들로부터 찬사를 받던 훌륭한 기수였다. 그에게는 아부 피트얀Abu Fityān(대기사)이라는 별명이 붙어 있는데, 그것은 뛰어난 그의 기수법과 전투기술 때문이었다. 30살 무렵에 처음으로 신비로운 영적 체험을 하고는 수피주의에 입문하였다. 그 후 피끄fiqh(이슬람 법학)와 『꾸란』학에 깊이 빠져 세속사를 멀

88 같은 책, p.95.

리했으며, 침묵과 명상 속에서 종교적인 새 삶을 시작하였다. 젊은 시절, 전투와 용맹스러운 일에 몰두하던 그가 영적 · 인격적 변화 속에서 정반대의 삶을 추구하게 된 것이다. 그는 맏형과 함께 이라크로 여행하여 리파이야 종단에 입문하였고 명성을 얻게 된다. 그는 남달리 훌륭한 영성 생활을 하였다. 그 후 씨디 아흐마드는 이집트로 옮겨가 델타 지역의 딴타Tanta에 정착하였다. 딴타는 카이로와 알렉산드리아의 중간지점에 있는 이집트의 중요 도시 중 하나로, 전부터 이 도시에는 이미 상당수의 수피주의 추종자들이 활동하고 있었다. 처음에는 이 지역의 수피 쉐이크들이 외지에서 온 그를 달가워하지 않았다. 점차 씨디 아흐마드는 여러 면에서 그들을 능가하였고, 종국에는 딴타뿐만 아니라 이집트 전역으로 그의 영향력을 뻗어가게 하였다. 새로 세워진 딴타의 그의 종단으로 수많은 사람들이 모여들었다. 그는 이집트에서 가장 위대한 성인이 되어 오늘날까지 그의 지위와 명성을 유지해오고 있다.

바다위야 종단은 매년 개최되는 씨디 아흐마드의 생일 기념mawlid 축제로 유명하다. 원래 이 축제는 나일강의 범람과 관련해서 고대 이집트의 태양력에 따라 매년 농작물의 풍요를 기원하던 가을 제전에서 유래된 것이다. 몇 주간 탄타의 시가지는 농부들로 가득 찬 대규모 축제가 벌어진다. 각 수피 공동체마다 다양한 색상의 천막 안에 모여서 밤이 깊도록 디크르를 행하고, 춤을 추고 음식과 차를 먹고 마신다. 길에는 칼을 삼키는 사람, 노래하는 가수, 춤추는 무용수들이 있으며, 많은 행상인들이 음식과 옷을 팔고 있다. 바다위야 종단의 색은 빨강이다. 축제가 끝나는 날에는 장엄하면서도 화려한 수피 추종자들의 행렬이 이어진다. 직장인, 군인, 학생들도 참가하여 함께 행진하고 대 모스크에 이르러 금요합동 예배를 올린 뒤 종료된다. 씨디 아흐마드의 무덤은 언제나 순례 온 방문객들로 초만원이다.

그에게 경의를 표하면서 그의 묘 주위를 돌고, 그로부터의 바라카 baraka(신으로부터의 축복, 은총)를 얻고자 소리친다. "야 아흐마드! 야 바다위!"[89]

4) 수흐라와르디야Suhrawardīya 종단

이슬람세계 곳곳으로 가장 넓게 퍼져간 대표적 수피 종단으로는 수흐라와르디야 종단이 꼽힌다. 설립자는 쉬합 알 딘 우마르 빈 압드 알라 알 수흐라와르디Shihāb ad-Dīn 'Umar b. abd Allāh al-Suhrawardīy(1191년 사망)이다. 그가 가르친 정통 이슬람에 가까운 절도 있는 교리들은 각계 각층의 무슬림들을 그의 수피주의 운동으로 끌어들였고 그의 명성을 멀리까지 퍼져나가게 했다. 이 종단은 중앙아시아, 인도, 방글라데시 방면으로 퍼져 큰 영향력을 미쳤고 오늘날까지 지배적인 교세를 유지하고 있다.

5) 샤질리야Shādhilīya 종단

또 다른 주요 수피 종단으로는 북아프리카에서 누르 앗 딘 아흐마드 빈 압드 알라 알 샤질리Nūr ad-Dīn Aḥmad b. Abd Allāh al-Shādhilī(1196~1258년)가 세운 샤질리야 종단이 있다. 모로코의 페즈Fez에서 수피주의에 입문한 그는 알렉산드리아에 정착하여 일단의 제자들을 거느리기 시작하였는데, 그 후 이 종단은 아라비아반도와 시리아, 예멘까지 교세를 뻗어 나갔다. 까디리야 종단과 같은 표준적인 종단들에 비해 보다 더 실천을 중시하려 하고, 더 과격하며 몰아적인 성격을 띠고 있으며 그런 만큼 다시 여러 소종단으로 갈라져 나간 특징을 갖고 있다.[90]

6) 벡타쉬야Bektāshīya 종단

터키에서 가장 두드러진 수피 종단은 벡타쉬야이다. 15세기 말엽에 설

89 Denny, 앞의 책, p.279.

90 종단의 활동은 Sedgwick, 앞의 책, pp.64~66 참조.

립된 이 종단은 수세기 동안 오스만 터키 군대와 밀접한 관계를 맺으면서 유럽쪽과 아나톨리아에 크게 번져가 전성기에는 그 추종자가 700만 명 이상이었다고 한다. 쉬아 열두 이맘파와 연관되어 있고, 교리나 의례에 있어서는 전통적 민간 신앙의 여러 요소들과 연관되어 있는 종교 제설 혼합주의Syncretism적인 특이한 성격을 띠고 있다.[91] 따라서 정통 울라마의 가르침이나 정통 이슬람 의식에서 벗어나 다소간 독립적인 경향을 보인다. 가장 특이한 것은 예배와 같은 정통 이슬람에서의 외형적 의무들을 강조하지 않는 점이다. 심지어는 불필요한 것으로 말하기도 한다. 오히려 이들의 의전 혹은 의례에서는 기독교적인 면이 많이 발견되는데, 예를 들면 새로운 회원을 받아들일 때 또는 정규 예배시에 포도주, 빵, 치즈로 일종의 영성체 의식이나 공동 회식 같은 것을 행하고, 신도들이 종단의 쉐이크에게 죄를 고백하며, 촛불을 켜며, 여성들은 베일을 쓰지 않고 디크르 의식에 남성과 동등하게 참여한다. 이들은 터키어로 테케tekkes라고 불리는 소규모 종단 모임을 갖는다.

벡타쉬야 종단의 역사는 투르크족이 주도해 왔다. 많은 투르크 마을과 투르크 민족 공동체 내에 안정된 그들의 근거지를 만들어 갔기 때문이다. 그러면서도 그들은 비밀리에 열두 이맘 쉬아파(이마미야파)를 추종하였기 때문에 순니 오스만 터키 제국과 쉬아 페르시아 제국 간에 간혹 발생하는 무력충돌과 전투에서 그들은 국가에 반역적인 입장에 처해 있곤 하였다. 뛰어난 수피주의 서정시들 중에는 벡타쉬야들이 지은 것들이 상당수 발견된다. 오스만 제국사에서 특히 예니체리와 긴밀한 관계를 맺으며 많은 특

91 벡타쉬야 종단의 역사, 교리와 종교의식, 조직, 금기사항 등에 관한 자세한 것은 신양섭, 「이슬람의 신비주의 종단 벡타쉬야와 그 제설혼합주의적 특성」, 『종교연구』, 한국종교학회 논총 제12집, 1996 참조.

권을 받아왔는데, 1826년 오스만 터키의 해체 이후 급속히 쇠퇴하기 시작했고, 1925년에는 무쓰타파 캐말 아타투르크의 새로운 세속적 정부에 의해 공식적으로 해산당하는 운명을 맞는다. 지금은 그 여세가 알바니아에 남아 있다.

7) 마울라비야mawlawīya 종단

서구인들에게 가장 널리 알려져 있는 이슬람 신비주의 종단은 마울라비야이다. 이들에게는 '빙빙 도는 데르비쉬들'이라는 별칭이 붙어 있다. 구성원들이 음악과 어우러져 근행하는 디크르의 독창적인 춤사위 때문이다. 이 종단은 오스만 터키족의 대표적인 수피 종단이라고도 말해진다. 13세기 소아시아의 코니아Konya에서 유명한 페르시아의 신비주의 시인 잘랄 앗 딘 알 루미Jalāl ad-Dīn al-Rūmī(1207~1273년)가 창시하였다. 터키인들은 이 종단을 메블레비야Mevleviya라고 부른다. 루미Rūmī는 로마인이라는 뜻으로 일반적으로 소아시아인을 지칭하는 말이며, 넓은 뜻으로는 서부를 가리키기도 하였다.

잘랄 앗 딘 알 루미는 북부 아프가니스탄의 발흐Balkh 태생이다. 그의 부친은 수피주의에 관심을 가진 신학자였는데, 몰려오는 몽골 침입자들을 피해 그의 가족은 이란과 서부 지역의 다른 나라로 피신해 다녀야 했다. 그 후 아나톨리아에 정착하게 되었고 당시의 수도였던 코니아에 살게 되었다. 잘랄 앗 딘 알 루미는 결혼 후 술탄 왈라드Sultān Walad라는 아들을 낳았는데, 이 아들이 부친의 사업을 이어받아 1283년에서 1312년까지 메블레비야 종단의 제자들을 인도하였고 마울라비야라는 이름을 널리 전파시키는 데 일익을 담당하였다. 또 부친의 생애에 관한 가치 있는 해설들을 많이 남겨놓아 다른 수피 종단의 설립자들에 비해 정확한 정보를 알게 해주었다.[92]

잘랄 앗 딘 알 루미는 25살에 수피 수련생이 된다. 그 후 영적 도정의 모든 단계를 섭렵하였고 10년 후 쉐이크의 지위에 오른다. 1244년에는 코니아로 온 샴스 앗 딘 알 타브리지Shams ad-Dīn al-Tabrīzī와 만나 두 사람은 '신에 대한 사랑'의 구체화된 영적 교감을 갖고 깊은 교제 속에서 독특한 우정을 맺게 된다. 샴스와의 우정에 한동안 깊이 빠져 있던 잘랄 앗 딘은 그만큼 타인과의 접촉을 멀리했는데, 제자들은 샴스를 질시하게 되고 급기야는 스승을 되찾으려는 열망 속에 샴스를 징계하기로 결정한다. 샴스는 신변의 위협을 느끼고 다마스쿠스로 도피해야 했다. 그 후 술탄 왈리드의 중재로 샴스는 다시 코니아로 돌아올 수 있었지만, 또 잘랄 앗 딘 알 루미가 그에게 빠지자 과격한 제자들이 그만 샴스를 죽이고 만다. 사랑하는 친구를 잃은 알 루미는 그 후 시작詩作에만 몰두하였는데, 이 시기부터 남은 생애(1247~1273년) 동안 주옥 같은 페르시아어 시를 썼다. 그리고 마울라비야 디크르의 특징적 요소인 빙빙 도는 춤사위와 영감을 불러일으키는 서글픈 음악이 샴스와의 이 비극에서 유래한 것으로 알려졌다. 알 루미 이전에도 신비적인 춤사위가 있었지만, 그와 그의 종단이 이것을 고도의 종교예술로 승화·발전시켰던 것이다.

흘러내릴 듯한 비단 같은 옷을 입은 춤추는 신도들이 쉐이크 주위에 둥그렇게 둘러선다. 쉐이크는 마치 태양이나 지구의 자전축처럼 우주의 중앙에 서서 중심점이 된다. 이 춤사위는 지구와 은하의 운행에 관한 시작이요 끝이다. 머리를 뒤로 젖히고, 한 팔은 하늘을 향하게 하였으며 다른 한 팔은 땅으로 향하게 한 채 이들은 춤을 추면서 빙빙 돈다. 플루트와 현악기, 드럼 등을 사용하여 음악과 춤을 함께 치르는 이 디크르 의식은 수피 종단 디크르 의식 중 가장 유명한 것으로 발전해갔다.[93] 사실 이러한 것은

92 Schimmel, 앞의 책, pp.308~328 참조.

명백히 정통 이슬람의 정신과 관행에 어긋나는 것이다. 종교 의식에서 춤사위는 대개 원시 종교의 특징이다. 그렇지만 마울라비야 종단은 그들의 독특한 춤사위를 몰아의 황홀경에 도달하는 수단이자 신비한 천체운동의 한 표현으로 간주한다.

천재적 시인으로 칭송되는 알 루미는 자신의 시집 『마스나위*mathnawī*』에서 신과 합일된 상태의 신비적 황홀경을 노래하였다. 2만 5천 편에 달하는 그의 서정시들은 모두 이러한 무아지경의 충일된 감정 속에서 분출되어 나온 것들로서, 인간 삶의 모든 경우를 위한 것들이다. 따라서 현대의 종교 회의론자나 불가지론자들마저도 그의 시를 읽고는 "알라여, 그의 달콤한 입술은 정녕 당신을 찬미하기 위해 있습니다"라는 찬사를 아끼지 않는다. '페르시아어로 된 『꾸란』'이라는 별칭을 얻을 정도로 다른 어떤 것과도 비길 데 없는, 신의 영감을 불러일으키게 하는 시들이다. 그의 시상의 저변에는 신께서는 스스로를 감추기도 드러내기도 한다는 확신이 있었던 것 같다. 신께서 스스로를 드러내놓는다는 것은 물론 『꾸란』을 통해서이다. 그러므로 『마스나위』는 『꾸란』의 주석이자 해설로서 읽혀질 수 있다. 물론 이때의 해석은 어디까지나 타으윌이지 타프시르는 아니다.

오스만 터키 치하에서도 이 종단은 계속 발전하였다. 극단적인 과격 무슬림 세력의 공격을 받던 아르메니아인들과 기독교도들을 도와주는 데에도 일익을 담당하였다. 오스만 터키 정부는 때때로 정통 울라마들의 반발과 도전을 억누르기 위해 마울라비야 종단에 의존하기도 했다.[94] 그러나 신생 터키 공화국 시대가 오자 상황은 크게 바뀌었다. 그들의 세속화 정책으로 1925년부터 이 종단은 코니아, 알렙포 및 기타 도시에 소규모 종단인

93 디크르의 참여자들이 절정에 이르러 황홀경에 빠질 때까지 대략 45분 정도 지속된다.

94 Christopher, 앞의 책, p.94.

테케tekkes로 축소되어 남게 되었다. 이들의 본부가 있는 코니아에서는 매년 기념 행사를 하고 있으며, 원래의 춤사위 디크르 형식에서는 조금 변형된 형태이지만 아직도 독특한 춤과 음악의 전통의례를 행하고 있다.

8) 나끄쉬반디야Naqshibandiyah 종단과 치쉬티야Chishitiya 종단

그 외 큰 수피 종단으로는 나끄쉬반디야가 있다. 14세기 중앙아시아에서 발흥한 이 종단은 중국, 인도, 말레이시아로 번져나갔다. 이 종단은 체계적이지 못하고 미비한 상태로 남아 있던 이 지역의 신비주의적 색채의 여러 경향들을 흡수하여 바로잡고, 이슬람 교리와 정통성을 세워놓는 데에 일조하였다. 한편 치쉬티야 종단은 인도 대륙에서 크게 번성했다. 아부 압달 치쉬티Abū Abdāl Chishitī(966년 사망)가 창시한 이 종단은 호라산 출신인 무으인 앗 딘 치쉬티Mu'īn ad-Dīn Chishitī(1142~1236년)가 인도 대륙으로 들여와 확산에 성공하였다. 교리보다는 실천을 강조하는데, 인도로 들어온 뒤 고대 인도사상의 영향을 받으며 발전하였다.

특히 동부 무슬림 사회가 몽골의 침입으로 붕괴되거나 변혁의 위기에 처해 있을 때, 수피 종단들은 무슬림의 신앙을 방어하고, 때로는 구원하고 안정을 갖게 하는 데 기여하는 등 매우 유용한 사회 · 종교집단으로 기능하였다. 어떤 지역에서는 도시를 관리하고, 혁명을 주도하고, 개종한 이교도를 이끌기도 하였다. 수피 종단들은 수피주의 가르침을 대중화하는 데 큰 공헌을 하였다. 어떤 세계 종교도 대중에게 신비주의를 가르치는 데 이슬람보다 성공적이지 못했다.[95] 법학자들이 샤리아를 중시했던 반면, 수피 쉐이크와 피르들은 내적 삶을 중시했다. 샤리아와 따리까 간의 상호작용으로 말미암아 이슬람은 풍부하고 종합적이며 포괄적인 방법론을 개발했던 것이다.

95 Williams, 앞의 책, p.137.

일부 사람들은 이단적이고 광신적이며 개인주의적인 것과는 거리가 먼 원래의 신비주의가 규범적 이슬람의 표준이라고도 주장한다. 따라서 수피들은 자신들이 아흘 알 하끄ahl al-ḥaqq(신〔진리〕의 백성들)로 불리길 원한다. 그리고 이것은 히즈라 3세기에 살았던 아불 하산 푸샨지Abūl Ḥaṣan Fushanjī의 다음과 같은 유명한 말에 그 의미가 잘 암시되어 있다. “오늘날 수피주의는 실체가 없는 이름이지만, 예전에 그것은 명백히 이름 없는 실체였다.” 예언자와 그의 동료들 시대, 그리고 바로 그 뒤를 이은 이슬람 초기 수세기 동안의 이슬람은 자생적이고 생동감 넘치는 살아 있는 종교였다. 수피주의는 이때 그 실체가 무슬림의 가슴속에 있었지만 그것을 수피주의라는 말로 꼭 정의할 필요가 없었다. 그때는 스스로 칭송되고 모방되길 원했던 사기꾼 수피교도인 무스타쓰위프mustaṣwif들이 전혀 존재하지 않던 시대였기 때문이다. 가짜 수피들의 겉치레에 관련해서 알 후즈위리al-Hujwīrī는 다음과 같이 말하였다. “전에는 (수피신앙taṣawwuf의) 실체가 알려졌고 겉치레는 알려지지 않았다. 그러나 지금은 겉치레가 알려지고 실제는 알려지지 않는다.”[96]

수피주의는 궁극적 실재로서의 신을 영적 체험으로 추구한다. 직접적·사적 신비체험을 강조함으로써 수피주의자들과 율법학자들 간에 충돌이 일어나는 것은 당연했다. 급기야는 수피 추종자들에게 불신자, 이단자라는 딱지를 붙이고 배척을 하게 되었다. 또는 때때로 수피들의 박해로 이어졌고 오늘날까지도 지나친 수피주의 경향에 적의를 나타내고 있다. 그러나 이슬람교가 있는 한 수피주의는 존재할 것이다. 이것이 모든 무슬림에게 필요한 것은 아닐지라도 그들의 신앙의 일부이고 본질적 측면이기 때문이다.

96 Denny, 앞의 책, p.247.

수피들은 이슬람의 위대한 전도사들이었다. 그들이 이슬람을 전파한 인도와 아나톨리아 같은 무슬림 지역에는 아직도 수피주의적 신앙이 깊이 뿌리내려 있다. 우주와 신비체험에 초점을 맞춘 무함마드의 메시지에 관한 그들의 해석은 여전히 다른 종교 전통을 가진 자들에게는 이슬람의 가장 매력적인 면으로 비춰지고 있는 것도 숨길 수 없는 사실이다.

제9장 | 이슬람과 인권

현대의 인권문제 연구는 주로 서구에서 서구중심적으로 다루어지고 발전해 왔다. 그러다 보니 인권에 대한 인식은 서구에서 정의되고 제도화된 개념이 보편성을 갖는 것처럼 받아들여지게 되었다. 이러한 경향은 우리나라에서도 마찬가지이다.

그러나 최근에 와서, 인권을 서구적인 시각으로만 보는 기존의 통념에서 벗어나 서구의 개인중심주의와는 다른, 각 사회의 고유한 문화적 전통에 입각하여 인권을 보려는 새로운 시각의 인권논의가 활발해지고 있다. 사실, 역사와 문화의 기반을 달리하는 여러 다른 사회의 인권을 획일화된 서구의 인권개념으로 파악하거나 평가하려는 시도는 문제가 있다.

이슬람과 인권이라는 주제는 이런 맥락에서 관심을 끄는 주제가 아닐 수 없다. 무슬림들이 인권존중을 그들의 기본 교의 중의 하나로 삼고 있음에도 불구하고 국제사회에서는 이슬람이 인권문제에 매우 억압적이라는 그릇된 인식만이 팽배해 있기 때문이다. 특히 서구에서는 마치 이슬람세계가 인권탄압의 전형이 되는 곳으로 알려져 있다. 무슬림세계 여러 지역에서 고조되고 있는 일부 무슬림 과격행동주의자들의 '광신적 급진주의'의 단면을 보고 인권이 더욱 악화되고 있다는 비판적 견해를 가지게 된 것이다.

이 장은 서구의 왜곡된 시각을 통해서 우리에게 전달된 이슬람의 인권에 대한 오해를 불식시키는 것을 목적으로 한다. 이슬람 전통에서 발견되는 인권에 관련된 주제들을 고찰하여 이슬람이 인권과 전혀 모순이 없다는 것을 밝히고자 한다. 먼저 서구와는 본질에서 다른, 이슬람에서의 인권개념을 살펴보고 『꾸란』과 순나에 명시된 이슬람의 인권원리와 가치들을 분석해 봄으로써 이슬람 사회에서의 인권상황에 대한 올바른 이해를 도모할 수 있을 것이다.

1. 이슬람에서 인권의 개념

이슬람과 서구의 현대사상은 모두 인권의 옹호와 사회에서의 개인의 기본적 자유에 최고의 가치를 부여하고 있다. 그러나 인권에 대한 기본 개념에는 차이가 있다. 인권과 개인에 대한 관심이 서구에서는 만사의 척도가 사람이라는 인본주의人本主義 세계관에서 출발한 반면, 이슬람에서는 신이 지고한 존재자이시고 인간은 다만 그에게 봉사하기 위해 존재한다는 신본주의神本主義에 기초하고 있다.

이슬람에서 알라Allah는 창조주, 만유의 주, 우주만물의 보양자, 심판의 날의 주재자, 통치자이시다. 주권主權은 오직 그에게만 속하며 아무도 그것을 나눠 가질 수 없다. 알라는 자존自存하시고 만물은 그가 주관하시는 자연의 법칙에 따라 규제된다. 인간의 삶도 신성한 법인 샤리아에 구속된다. 그러나 다른 피조물과 달리 인간에게는 사고의 자유가 주어졌다. 사람은 자기 인생을 자유로이 선택할 수 있으며 자신의 의사에 따라 신앙과 생활방식을 가질 수 있다. 신의 법은 신의 사자와 예언자들을 통하여 인류에게 전달되었고, 그들은 인류가 이 법에 귀의하고 신의 주권을 인정하도록 지도하였다. 누구든 이 법에 귀의하면 무슬림이 된다.

> "말하라, 나의 예배, 나의 제물, 나의 삶, 나의 죽음이 우주만물의 주님이신 하나님을 위함이로다. 그분께는 견줄 자가 없도다. 내가 그분께 명령을 받았으니 실로 나는 복종하는 자들 중 첫 번째 사람이니라."[1]

이슬람은 인류 모두가 신의 가르침에 따라 살 것을 명령하고 있다. 세상은 전지전능하신 그분만을 위해 사람들이 생애의 모든 행위들로 봉사하는

1 『꾸란』 6 : 162~163.

교회이다. '신의 의지에 복종하는 것' 이 바로 이슬람이다. 그리고 위 성구에서와 같이 복종하는 사람들al-muslimūn이 곧 무슬림이다. 이들은 인간이 신께 복종하고 신의 의지에 따라 살기 위해 태어났으며, 삶이 끝나면 다시 신에게로 돌아가게 된다고 믿는다. 이것은 마치 사람들에게는 의무만 있고 권리가 없는 것처럼 들릴지도 모른다. 그렇지만 그것은 오해다. 신의 법에 대한 인간의 의무는 사회에 대한 의무와 다른 개개인에 대한 의무 모두를 포함하기 때문에, 역설적으로 모든 개인의 권리는 신의 법에 대한 모든 자의 의무이행에 의해 보호받게 되는 것이다.[2]

'주권이 신에 속한다' 라는 관점은 현대 서구 정치사상에서 보편화되어 있는 주권재민 사상과 뚜렷한 대조를 이룬다. 주권이 국가나 국민에게 주어지는 것이 아니기 때문에 이슬람세계의 통치자나 국가기관들은 절대 권력을 갖지 못한다. 신의 법에 따라 제한된 범위 내에서의 집행권만을 행사할 뿐이다. 통치권자도 국가도 샤리아법 아래에 있기 때문에 개인의 권리를 보호하도록 강제된다.[3]

무슬림 법학자들은 이슬람의 모든 법규가 결국 인간의 복리maṣālih를 성취시키기 위해 존재하는 것이라고 말한다. 이것은 이슬람국가와 정부 수립의 목적과도 일치한다. "그들(무슬림)은 예배ṣalāt를 행하고 자카트zakat를 내며 선을 실행하고 악을 금하는 자들이니…."[4] 세속 국가들이 정치 질서의 유지와 국토의 방위, 물질적 번영 등을 목적으로 하고 있는 것과는 달리, 이슬람국가의 목적은 종교dīn를 세우고 피지배민들의 권익을 보장하

2 Altaf Gauhar, *The Challenge of Islam*, Islamic Council of Europe, 1978, p.176.

3 "정치권력은 샤리아의 틀 내에서 행사되어야 한다." 이 선언은 통치자가 법과 종교 원리에 복종해야 한다는 것이다. Islamic Council of Europe(ICE), *Universal Islamic Declaration of Human Rights*, September 1981, p.1.

4 『꾸란』 22 : 41.

는 것이다. 이슬람국가에서의 법규들은 전체적이든 부분적이든 인간 생활의 권익을 도모하고 이를 성취하는 것을 최고의 목표로 삼고 있다. 궁극적으로 이러한 권익들은 다음의 다섯 가지 가치 중 하나를 보호하려는 데 초점을 맞춘다. 즉 생명an-nafs, 이성al-aql, 명예al-ird, 부al-māl, 종교al-dīn이다.

일부 이슬람 법학자들은 신이 현세와 내세의 복리를 결국 "죄에 굴복하느냐, 죄를 멀리하느냐" 하는 조건하에 만들어 두었다고 말하고 있다. 그리고 이슬람국가의 역할이 여기에 있다는 것이다. 즉, 개인의 권리를 보장하고 움마의 공익을 보장하여 이슬람법의 기본 목적인 인간의 복리를 증진시키고 죄를 멀리하는 신도들의 사회를 만드는 일이라는 것이다. 다시 말해 이슬람국가의 가장 중요한 목적 중의 하나가 인권옹호인 것이다. 또 박탈되거나 침해된 인권을 회복시키는 일인 것이다. 이슬람국가의 수장(칼리파)으로 선출된 뒤, 아부 바크르Abū Bakr(632~634년 재위)는 다음과 같이 연설하였다.

> "약한 자들은 내가 그들의 상실된 권리를 회복시킬 때까지 내 앞에서 강해질 것이며, 강한 자들은 내가 그들로부터 약한 자의 권리를 되찾아 줄 때까지 내 눈 앞에서 약해지리니…."

서양에서 현대적 의미의 자유와 인권 보장의 시원始源은—기본권으로서의 성질에 관한 이견이 있겠으나—아마도 영국의 마그나 카르타(1215년), 권리청원(1628년), 권리장전(1689년)일 것이다. 이것 모두는 국왕의 전제적인 권력 남용을 억제하고 시민의 권리를 보장하기 위한 투쟁의 산물이었다. 서구에서의 인권옹호사상은 전제국가의 포악한 권력 행사와 압제에 대항하여 자유로운 삶을 확보하려는 각성에서 싹트기 시작하였다. 그 후 전통적인 천부의 인권을 선언한 미국의 버지니아 권리장전(1776년)과 독립선언서, 1789년 8월 26일 프랑스의 인간과 시민의 권리선언 등도 결국은 동일한 동기에서 만들어졌다. 서구에서의 인권에 관한 주장은 항상 국가나 통치권력으로부터 인권을 확인 또는 보장받기 위한 것이었다.

그러나 이슬람에서 인권의 역사는 사뭇 다르다. 인간의 존엄성, 인권존중, 기본적 자유에 대한 가르침이 신의 말씀에서 비롯되어 예언자와 그의 뒤를 이은 칼리파들의 순나Sunna(관행)를 통해 실천되고 확인되었다. 그리고 이슬람력 2~3세기가 지나면서 샤리아의 기본틀이 완성되자 그것은 이슬람의 원리로서 샤리아 내에 수용되었다.[5] 이슬람의 4대 법학파(하나피, 말리키, 샤피이, 한발리)가 형성된 이후, 10세기부터 무슬림들은 무깔리둔muqalidūn(4대 법학파의 추종자들, 모방자들)이 되었다. 그리고 인권에 관계된 내용들과 인권 원리들, 가치들 역시 법의 일부로서 오늘날까지 무슬림 개인과 사회를 구속하게 되었다. 무슬림은 샤리아에 복종해야 하므로 그들이 갖는 인권에 대한 기본 인식도 인권을 존중하는 것이 곧 신에게 복종하는 것이기 때문이라는 등식 속에서 출발한다.

일부 무슬림 법학자들은 인간의 의무를 기능적으로 신에 대한 의무와 사회에 대한 의무로 크게 나눈다. 그리고 전자를 신의 권리huqūq Allāh, 후자를 인간의 인간에 대한 권리huqūq al-Ibād라고 부른다. 앞에서도 언급한 바와 같이 무슬림들은 인간 각자가 개인의 의무를 충실히 이행할 때 각자의 권리가 보장받고 인권의 존엄성이 지켜진다고 말한다. 그리고 이슬람에서는 후자가 예배나 숭배 의식에 관계된 전자보다 중요하다고 말한다.[6]

5 Ismā'il R. al-Faruqi, *Islam and Human Rights*, The Islamic Quarterly, Vol.XXII, London: The Islamic Cultural Centre, 1983, p.13.

6 Abdul Rahīm, *Principles of Muhammadan Jurisprudence*, Lahore, 1958, p.187.

예언자는 카아바에서 타와프tawaf(순례 때 카아바를 도는 의식)를 하면서 다음과 같은 하디스를 남겼다.

"네(카아바ka'ba를 가르킴)가 경건하며, 네가 위대하며, 네가 고귀하지만, 신 앞에서 무슬림의 생명과 재산과 명예가 훨씬 더 신성하도다."[7]

신에 대한 의무를 소홀히하는 경우는 용서받을 수 있으나 인간에 대한 의무를 소홀히하는 것은 그 대가를 치러야만 한다. 그러한 예는 다음 하디스에 잘 나타나 있다.

"너희는 누가 가난한지 아느냐?" 동반자들이 답하기를 "저희들 가운데 부와 소유물이 없는 자입니다." 그러자 예언자는 다음과 같이 말하였다. "나의 움마에서 가난한 자는 예배, 자카트, 단식과 같은 경건한 행위를 잘 지켜 왔더라도, 남을 학대하고, 탓하고, 남의 소유를 빼앗고, 피를 흘리게 하고, 구타한 자이니라. 그리하면 그의 경건한 행위들은 희생자에게로 돌아가고 그는 그 죄로 인하여 심판의 날에 지옥으로 던져질 것이다."

이슬람에서 인간의 존엄성은 인간의 지위를 신의 대리인인 칼리파 알라 khalīfa Allāh로 부른 신의 말씀으로 증명된다.[8] 신께서는 아담을 창조하신 후 천사들에게 그 앞에 절할 것을 명령하셨다.[9] 그의 피조물 중 아담의 자손들을 어떤 것보다도 높은 최상의 지위에 올려놓으신 것이다.

"우리는 아담의 후손에게 존엄을 부여했도다."[10]

---

7 Ibn Maja, Ḥadīth, no.3932.
8 『꾸란』 2 : 30, 38 : 26, 6 : 165.
9 『꾸란』 17 : 61.
10 『꾸란』 17 : 70.

이슬람 초창기 시대부터 메카에서의 인권은 가장 기본적인 이슬람 교의들 중 하나가 되었다. 초기 계시들에서도 인간의 기본권을 강조하였다. 인류의 인류에 대한 의무라든가 인권의 침해는 곧 파멸을 의미한다는 인권 존중에 대한 가르침이 계시된 것이다.[11]

"그리고 산 채로 매장된 여아는 무슨 죄로 살해되었는지 질문을 받을 것이니라."[12]

"심판을 거부하는 사람을 보았느냐? 그 사람들이야말로 고아를 박대하고 가난한 자들에게 먹을 것을 주지 않은 사람들이니."[13]

"…그것은 노예를 해방시켜 주거나 굶주린 날에 음식을 주는 것이니."[14]

그의 삶 자체가 『꾸란』적 삶이었다고 말할 수밖에 없는 무함마드는 신의 사자로 소명을 받기 시작한 때부터 인권에 큰 관심을 기울였다. 위대한 예언자들이 대개 대단한 출신 배경을 갖고 등장한 데 비해 그는 유복자로 태어나서 고아로 컸다. 그의 하디스 중에는 특히 고아와 가난한 자, 약한 자의 인권에 관한 것들이 많은데, 불우한 소년기를 보냈던 그의 생애와 무관하지 않을 것 같다. 그가 복음의 전달자로서 쏟아놓은 예언자 초기의 교설들은 한결같이 종래 아랍 사회의 기존 가치관에 반하는 것이었다. 다신교적 우상숭배를 부정하고 고리대금, 신생여아의 생매장, 도박, 음주, 난혼 등 구시대의 비도덕적인 악습과 전통을 버리라는 것이었다. 그중에서도 상호 안전보장을 위해 사회 규율로 지켜지던 동태복수법lex talio의 피의

11 Sheikh Ḥussain Showkat, *Islam and Human Rights*, Kuala Lumpur, 1991, pp.2~3.
12 『꾸란』 81 : 8~9.
13 『꾸란』 107 : 2~3.
14 『꾸란』 90 : 12~13.

복수를 금하게 한 것은 인간의 생명권에 대한 획기적인 보호조치였다. 그는 개인 재산과 생명의 신성함을 강조하였다. 여성의 상속권, 결혼권 등 가족과 사회에서의 여권존중과 지위보장을 주장하였다. 메디나로 이주하여 이슬람 공동체ummah를 건설한 후에는 더욱 정의를 실천하는 『꾸란』적 삶을 살았다. 기존 사회에 만연해 있던 여러 형태의 인권침해 현상들을 제거하기 위해 한층 분투하였다. 그러한 결과는 그가 타계한 해인 632년, 소위 '고별의 순례'에서 인류평화선언이라 할 만한 마지막 설교에 집약되었다.[15] 여기서 그는 사유재산의 신성함, 살인 복수의 금지, 부부간 권리, 형제애 등 인간과 인간 사이에 필요한 평화지침을 주창하고 인권의 존엄성을 강조한다. 특히, 인간 모두는 인종, 민족, 피부색에 관계없이 신 앞에 평등하다는 이 선언은 이미 7세기에 이슬람에서는 인종차별문제가 종식되었다는 것을 보여준다.

"오, 사람들이여! 그대들의 생명과 재산은 오늘과 같이, 이 달(하지)과 같이 지극히 신성하도다. 무지의 날들의 모든 악습과 관례, 과거의 이해와 관련된 모든 요구는 폐지된다.… 그대들 아내들의 권리와 관련하여 알라를 두려워할지니라. 그대들은 알라의 보증으로 그녀들과 혼인하였고, 그의 법에 따라 합법적이 되었도다. 아내들은 그대들의 동반자이고 자신을 바쳐 그대들을 돕는 자들이니 그녀들에게 옷과 음식을 제공해야 하며, 친절하고 관대히 대하라. 오, 사람들이여 들어라! 무슬림 한 사람 한 사람은 다른 무슬림 한 사람 한 사람의 형제며, 모든 무슬림은 동포니라.… 그러니 서로에게 불의를 행하지 말라. 오, 사람들이여! 그대들의 신은 한 분뿐이고, 그대들의 조상도 한 사람이니 그대들은 모두 진흙으로 만들어진 아담의 후손들이니라. 그대들 가운데 신 앞에서 존경받을 자는 가장 신을 두려워하는 자이니라. 신앙심이 아니라면 아랍인이 비아랍인보다 우월

15 Nayeem Siddiqui, *Mohsin-e-Insaniyat*, Lahore, 1972, pp.678~679.

하지 않고 비아랍인이 아랍인보다 우월하지 않으며 황색인이 흑인보다 우월하지 않고 흑인이 황색인보다 우월하지 않도다."[16]

이 선언은 이슬람에서 가장 중요한 인권선언으로 간주된다. 오늘날까지 모든 무슬림들은 이를 삶의 지표로 삼고 이슬람 교의로 받아들이고 있다.

2. 이슬람의 인권원리와 가치들

(1) 생명권

이슬람이 부여한 기본인권 중 첫 번째는 생명권이다. "정당한 이유 없이 하나님께서 신성하게 하신 생명을 죽이지 말라."[17] 법이 정한 정당한 절차 haqq에 의하지 않고는 살해나 기타 중대범죄행위에 대한 일체의 피의 보복은 금지된다. 『꾸란』은 한 사람을 살인하는 행위를 인류 전체에 대한 살인으로 간주한다. 생명의 신성함을 극대화한 표현이다. "이 땅에서 타인의 생명을 죽이는 것은 마치 인류 모두를 죽이는 것과 같으며…."[18] 인종 · 국적 · 종교에 관계없이 모든 사람에게 이 권리가 부여된다. 다음의 하디스가 이를 뒷받침해주고 증명한다.

> "계약 상태에 있는 사람Dhimmi(이슬람으로의 개종을 거부하고 자신의 종교를 고수하는 유대인과 기독교인 같은 비무슬림들을 가리킴)을 죽인 자는 천국의 향기조차 맡지 못하리니."[19]

---

16 Showkat Ḥussain, 앞의 책, Appendix-I, pp.85~86.
17 『꾸란』 17 : 33.
18 『꾸란』 5 : 35.
19 M. Mohsin Khan, ed., *Ṣaḥīḥ al-Bukari*, English tr., Chicago, 1977.

마지막 순례 때 무함마드는 무슬림들의 생명과 재산을 부활의 날에 알라 앞에 설 때까지 신성히 지켜야 할 것임을 설교하였다. 자궁 속 태아의 생명권도 인정받는다. 예언자는 임신한 여인의 처형을 연기한 적도 있다. 세계인권선언처럼 현대의 이슬람 학자들이 『꾸란』과 순나의 가치와 원리에 입각하여 공식 선언한 바 있는 이슬람 인권선언에 따르면, "삶은 신성하고 침해될 수 없으며 그것을 보호하기 위해 모든 노력이 경주되어야 하는 것이다. 살아 있을 때처럼 죽은 후에도 인간 육체의 신성함은 침해될 수 없다. 죽은 자의 육체를 적절한 의례를 갖추어 다루는 것은 신도들의 의무이다"[20]라고 밝히고 있다. 이 분야에서 이슬람의 권리개념은 다른 어떤 국제선언이나 협약의 권리개념 이상이라고 말할 수 있겠다.

(2) 재산권

생명의 보장과 마찬가지로 재산의 소유권도 보장된다. 남의 재산을 탐하거나 결코 빼앗을 수 없다. 자기 재산도 정당하게 사용해야만 한다. "오, 믿는 자들이여! 너희들의 재산을 부정하게 사용치 말라."[21] 이 권리는 적법한 방법으로 취득한 재산에 한해서만 보호받는다. 앞에서 보았듯이 예언자는 이 권리를 순례 연설에서 보증하였다.

소유자의 동의와 적절한 보상 없이는 개인(남)의 재산을 취할 수 없다. 메디나에 교회를 세울 때 예언자는 소유자들이 보상을 원하지 않았음에도 불구하고 시가에 맞는 보상을 하였다. 제2대 칼리파 오마르(634~644 재위)는 병사들이 시리아 동부의 곡식을 짓밟은 데 대해 10,000디르함을 변상하였다. 국가일지라도 개인 재산을 불법으로 취할 수 없다. 오마르는 쿠

20 ICE, 세계이슬람인권선언, p.7.
21 『꾸란』 4 : 29, 2 : 118.

파kufa 중앙사원을 지을 때 딤미dhimmi들 땅에 있는 요새를 활용해야만 했는데, 국가가 지불해야 할 보상금과 그들이 내야 할 지즈야jizyah(비무슬림이 내야 하는 인두세)를 공정히 조정하여 실행하였다.

(3) 명예 보호권

"오, 믿는 자들이여! 너희들 가운데 누구든지 다른 사람들을 비웃지 말라.… 중상하지 말며, 서로 (별명을 불러) 빈정대지 말라.… 없는 데에서 욕하지도 말라."[22]

무슬림은 타인의 명예를 존중하고 보호해야 할 의무를 갖는다. 타인의 명예를 손상시킨 자는 죄가 입증되는 대로 처벌을 받는다. 누구나 동등한 명예권을 갖는다. 하질 부족banī Hazil의 한 남자가 어느 소녀의 명예를 훼손하고 그녀에 의해 피살당하자 칼리파 오마르는 그 소녀에게 무죄를 선고하였다. 또 다른 예로는 자발라 갓사니Jabala Ghassāni의 경우를 들 수 있다. 그는 왕족의 신분을 가진 시리아의 유명한 족장이었다. 이슬람으로 개종한 뒤 메카의 카아바에서 타와프(카아바를 도는 의식)를 하고 있을 때 망토자락이 흘러내려 어떤 이의 발에 밟혔다. 자발라가 그 평민의 뺨을 때리자 그 평민도 똑같이 응수하였다. 자발라는 칼리파 오마르에게 자신이 상류 가문 출신임을 내세워 그의 처벌을 요구하였으나 여지없이 거절당하였다. "그런 것은 자힐리야Jahiliyya(이슬람 이전의 무지시대) 때의 일이네. 이제 이슬람 시대에는 모든 사람이 동등해야 하네."[23]

---

22 『꾸란』 49 : 11~12.

23 Showkat Ḥussain, 앞의 책, p.17. Ṭantāwī, *'Umar bin Khaṭṭāb*, Lahore, 1971, pp.242, 286에서 인용.

(4) 사생활권

"믿는 자들이여, 너희는 허락을 받고 그 집안 가족들에게 인사를 하기 전에는 너희들 집이 아닌 가정에 들어가지 말라."[24]

"서로 염탐하지 말라…."[25]

이슬람은 사생활에 대한 침해를 엄하게 금지하고 있다. 무함마드는 추종자들에게 그들 자신의 집에 들어갈 때에도 갑자기 들어가지 말라고 충고하였다.[26] 타인의 집을 엿보는 행위는 엄격히 금지된다. 하디스는 국가가 시민의 사생활에 개입하는 것도 금기시한다. "통치자가 백성들의 잘못을 밝혀내기 시작하면 그는 백성들에게 잘못하는 것이다."

칼리파 오마르는 어느 날 떠들썩하게 난잡한 파티를 벌이고 있는 집 앞을 지나게 되었다. 그 집을 엿본 오마르는 화가 나 문을 두드렸으나 답이 없자 지붕으로 올라갔다. 그리고 주인에게 죄스런 행동을 당장 멈추라고 소리 질렀다. 이때 그 주인은 자신의 잘못은 한 가지이지만 칼라파는 네 가지 잘못을 저질렀다고 답하였다.

첫째, 『꾸란』 49장 12절은 타인의 가정을 엿보지 말 것을 명령하고 있는데 남의 집을 엿보았다. 둘째, 『꾸란』 24장 27절은 허락을 얻기 전에는 남의 집에 들어갈 수 없다고 하였는데 그는 허락 없이 집에 들어왔다. 셋째, 오마르는 그 집에 잘못된 길로 들어왔다. 『꾸란』 2장 189절은 모든 사람은 문을 통해 집에 들어갈 것을 가르치고 있는데 그는 지붕으로 들어왔다. 넷째, 그는 또한 『꾸란』 24장 27절에서 밝히고 있는 인사(평화선언을 뜻함) 없

24 『꾸란』 49 : 27.
25 『꾸란』 49 : 12.
26 Abul A. al-Maududi, *Human Rights in Islam*, Aligarh, 1978, p.27.

이 무단 출입하였다.[27]

이슬람법에서는 도청이나 편지 검열 같이 사생활을 침해하는 어떤 행위도 용납하지 않는다.

(5) 종교의 자유권

이슬람에서는 모든 사람들에게 종교 선택의 자유권을 부여한다. 무슬림들은 비무슬림들에게 이슬람을 포교하고 이슬람을 받아들이라고 권할 수 있다. 그러나 이슬람을 받아들이도록 강요할 수는 없다. 이것은 『꾸란』에 명백히 언급되어 있다. "종교에는 강요가 없나니…."[28] 세계 이슬람 인권선언은 "모든 사람은 양심의 자유와 자신의 종교적 신념에 합치하는 신앙의 자유를 가질 권리를 갖는다"고 밝히고 있다.[29]

도덕적 · 사회적 · 정치적 압력을 가해 개종을 강제할 수 없다. 아티끄Atiq는 오마르의 기독교인 노예였는데, 이슬람으로 개종할 것을 수차 종용받았지만 끝내 그는 거부하였다. 오마르는 이 노예를 해방시켜 주었다.

이슬람은 신앙의 강요를 금할 뿐만 아니라, 타종교에 대한 비방도 금한다. "그리고 하나님이 아닌 (다른) 것에 호소하고 있는 자들을 욕하지 말라…."[30] 이슬람국가는 자국내 영토에 다른 종교가 전파되는 것을 금할 수 없다. 그들은 예배소를 지을 권리가 있고 무슬림들은 그들의 일에 간섭할 수 없다. 이것은 이슬람이 다른 종교에 얼마나 관용한지 간명하게 보여주는 예이다.

『꾸란』 2장 62절과 113절은 유대인 · 기독교인 · 사바인Sabaean들이 『성

27 Abul A. al-Maududi, *Tafhim al-Quran*, Vol.5, Delhi, n.d., p.89.
28 『꾸란』 2 : 256.
29 ICE, 세계이슬람인권선언, p.11.
30 『꾸란』 6 : 108.

서』를 읽고 어떻게 신을 믿었는가, 그들의 신앙에 대해 어떤 보상이 내려질 것인가를 상세히 설명해주고 있다. 또한 불신자들al-kāfirūn이란 명칭이 붙은 『꾸란』 109장도 다른 종교에 대한 이슬람의 관용적 태도를 잘 보여주고 있다.

> "말하라 (무함마드여), 오! 불신자들이여, 너희가 숭배하는 것을 나는 숭배하지 않으며, 내가 숭배하는 것을 너희는 숭배하지 않는도다. 너희가 숭배했던 것을 나는 숭배하지 않으며, 내가 숭배하는 것을 너희는 숭배하지 않는도다. 너희들에게는 너희들의 종교가 있고 내게는 내 종교가 있노라."[31]

이슬람국가의 구성원은 무슬림과 비무슬림으로 나누어진다. 비무슬림인 딤미는 이슬람국가를 옹호할 의무를 지지 않는다. 지즈야(인두세)를 지불하는 것으로 자신의 부 · 생명 · 명예를 보호받고, 양심의 자유 · 신앙의 자유 등이 보장된다. 만약 이들이 국토방위를 위해 군 복무를 지원한다면 지즈야는 면제된다. 형사 · 민사상 권리문제에서도 무슬림과의 차별이 없다. 이들도 국가기관의 모든 지위에 능력껏 오를 수 있다.

⑹ 압제에 저항할 권리

이슬람은 압제와 폭정에 항거할 권리를 부여한다. 불의와 압제를 금하고 이를 경고하는 『꾸란』 성구는 수없이 많다.[32] 나아가 『꾸란』은 이에 맞서 투쟁하고 항거할 것을 명령한다.[33] 예언자의 사명 중 하나도 압제를 행하는 자들에게 경고를 하고 옳은 일을 하는 자들에게 복음을 전하기 위해

31 『꾸란』 109 : 1~6.
32 예를 들면 『꾸란』 42 : 42.
33 『꾸란』 22 : 39.

서였다.[34] 무함마드는 악(폭정)에 대항하는 것이 곧 지하드jihād(성전)임을 가르쳤다. 다음의 하디스는 이슬람국가와 사회, 개인 생활의 모든 영역에서 오늘날까지 무슬림 행동의 기본 지침이 되는 가장 중요한 것으로 간주되고 있다.

"너희들 가운데 누구든지 자신의 눈으로 악을 본 자는 자신의 손으로 그것을 중지시켜야 한다. 그것이 불가능하다면 말로 중지시켜라. 만약 그것도 불가능하다면 최소한 마음속으로라도 그것을 증오하라. 그러나 이것은 가장 약한 단계의 믿음이다."[35]

행동으로 못하면 마음으로라도 불의에 저항해야 한다는 것이다. 통치자의 명령이 이슬람의 원리에 위배될 경우에는 복종을 거부할 권리도 가르치고 있다. 이러한 가르침 때문에 초기 이슬람 역사는 거리낌 없이 국가 정책이나 칼리파의 통치를 비판하고 반정의 깃발을 든 많은 사건들로 얼룩져 있다. 이슬람은 "억압에 저항하고 투쟁하는 것은 모든 무슬림의 권리이자 의무이며, 비록 국가의 최고 권위에 도전하는 것이라 할지라도 마찬가지이다."[36] 저항권은 "모든 개인이 개인적으로나 집단적으로 자신의 공동체의 종교적 · 사회적 · 문화적 · 정치적 생활에 참여하고 옳은 일ma'ruf을 권장하고 악하고 그릇된 것munkar을 방지할 제도와 기관을 설립할 권리"와 연관이 있다.[37]

34 『꾸란』 46 : 12.
35 Abdul Hamīd Siddiqi, ed., *Ḥadīth Ṣḥīḥ Muslim*, English tr., Lahore, 1972.
36 ICE, 세계이슬람인권선언, p.10.
37 ICE, 세계이슬람인권선언, p.11.

(7) 표현의 자유권

무슬림들은 사상과 표현의 자유권이 있다. 이 권리는 메디나 움마 통치 시절부터 동료들ṣahāba에게 제한 없이 부여되어 있었다. 무함마드는 자신과의 사이에 이견이 있을 때는 주저 없이 의견을 개진하도록 독려했다. 무함마드는 우후드uhud전투 때 메디나를 사수할 계획이었으나 동료들의 제안에 따라 우후드로 나가 싸웠으나 패하였다.

표현의 자유권을 보여주는 다음과 같은 하디스가 있다.

"내 뒤를 잇는 통치자들의 그릇된 행동을 맹종하는 사람들은 나의 진정한 추종자가 아니다."

칼리파 오마르는 시리아 원정 중에 사령관을 전격 경질하였는데, 이때 공동체의 원로회의에서는 여러 사람들이 알라의 검으로 불리던 칼리드 빈 알 왈리드Khālid b. al-Walīd를 해임시킨 칼리파의 결정에 비판적인 발언을 서슴지 않았다. 칼리파 알리Alī(656~661년 재위) 재위시에는 칼리파가 설교하고 있는 동안 카와리지khawārijī들은 반정부를 외치면서 저항의 표현을 하였다. 이러한 실례들은 이슬람 초기 시대부터 표현의 자유가 보장되었음을 보여주는 예들이다.

(8) 평등권

"사람들이여, 한 영혼으로부터 너희를 창조하시고, 그로부터 배우자를 창조하신 주님을 경외하라. 그리고 그들로부터 많은 남자와 여자가 퍼졌으니…"[38]

이슬람은 평등하게 창조된 인간들이 단지 하나님께만 복종하고 봉사할

38 『꾸란』 4 : 1.

것을 강조한다. 출신, 가문, 혈통 등에서의 어떠한 우월성도 인정하지 않는다. 인간 스스로 만들어 놓은 인위적인 것들에 의한 어떠한 특권도 인정하지 않는다. 인간의 존귀함은 단지 정의로움과 신을 두려워하는 경외심에 달려 있을 뿐이다.

> "사람들아, 내가 너희를 한 쌍의 남자와 여자로부터 창조하였고, 너희가 서로 알 수 있도록 부족들과 국가들로 너희를 만들었도다. 실로 하나님 앞에서 존귀한 자는 올바르고 경외심을 가진 자니라."[39]

『꾸란』은 인간이 평등하고 동일한 선조 아담의 후손임을 반복하여 깨우쳐 준다. 무함마드가 성지순례 고별설교에서 어떤 아랍인도 비아랍인보다 우월하지 않고 황색인이 흑인보다 결코 우월하지 않다고 한 인류평등선언은 가장 가치 있는 인권선언이 아닐 수 없다. 무함마드는 법 앞의 평등이 어떤 것인지를 보여주는 또 다른 모범을 남겼다. 메디나의 한 고귀한 가문 출신의 여인이 절도죄로 고소되었는데 아부 바크르를 비롯한 원로들은 무함마드에게 그녀를 벌하지 않을 것을 청하면서 변호하였다. 이에 노한 무함마드가 다음과 같은 하디스를 남겼다.

> "알라께 맹세컨대, 만약 나(무함마드)의 딸 파띠마Fāṭimah가 이런 죄를 저질렀다 해도 나는 그녀의 손을 자르리라."

정통 칼리파들은 『꾸란』과 순나를 준수하였다. 그들이 인권과 평등에 깊은 의식을 갖고 이를 생활화하였다는 예증들은 수없이 많다. 쿠파 총독 아부 무사 알 아슈아리Abū Musā al-Ash'arī에게 오마르는 다음과 같은 서한을 보냈다. "하나님께 경배 드리는 의무 다음으로 큰 의무는 공정함을 지

---

39 『꾸란』 49 : 13.

키는 일이다. 회의나 법정에서 사람들을 공정하고 평등하게 대하라. 그리하면 약한 자는 공정함 때문에 자포자기 하지 않을 터이고 강자(부자)와 식자識者는 선처를 기대하지 않을 것이다."

이슬람은 남녀의 평등도 강조하였다. 그 대표적인 성구는 위에서 본 『꾸란』 49 : 13이다. 남자와 여자는 똑같이 한 근원에서 창조되었고 세상에서 공동체를 함께 형성하고 있다. 성의 동등성을 밝혀주는 성구들은 다음의 것들이다.

> "나는, 너희가 서로 동등하니 남자이건 여자이건 너희들로부터의 어떤 일도 헛되지 않게 하리라."[40]

> "그리고 남녀 믿는 자들아, 너희는 서로가 서로를 보호하는 자들이니라. 그들은 선을 행하고 악을 금하며 예배를 근행하고 자카트를 납부하며, 하나님과 그분의 사자에게 복종하느니라. 그들은 하나님의 자비를 받을지니 실로 하나님은 강하시고 현명하시도다."[41]

> "알라께서는 남녀 믿는 자들에게 밑으로 강물이 흐르는 천국을 약속하셨고…."[42]

> "옳게 행동하는 자는 남자이건 여자이건 그가 바로 믿는 자이고, 그래서 우리는 그에게 좋은 삶을 누리게 할 것이며, 우리가 그들이 행하였던 것 중 최선의 것으로 그들에게 보상할 것이로다."[43]

이상에서 볼 수 있듯이 지위, 일, 내세의 약속, 보상 등 모든 경우에 남자와 여자는 동등하다.

---

40 『꾸란』 3 : 195.
41 『꾸란』 9 : 71.
42 『꾸란』 9 : 72.
43 『꾸란』 16 : 97.

(9) 거주 이전의 자유

신앙의 자유와 표현의 자유를 구속받게 되면 무슬림들은 그곳을 떠나 자유의 땅으로 이주할 권리를 갖는다. 메카에서 박해받던 무슬림들은 에티오피아Abisinia로 이주했다. 무슬림의 이주는 해당국이 이슬람국가가 아니어도 무방하다. 역으로 비무슬림들의 이슬람국가로의 이주도 허용된다. "이것은 심판의 날까지 그치지 않을 이주이니…."[44]

(10) 결사의 자유

이슬람에서는 사람들이 회합하고 연합하여 단체를 조직할 자유가 있다. 이슬람국가는 폭력에 호소하거나 해악을 퍼뜨리는 단체 외에는 어떤 모임도 결성할 권리를 제한하지 않는다. 『꾸란』 3장 104절은 이슬람 사회에서의 결사의 자유를 말해주는 좋은 예다.

> "너희들 중에 한 움마가 있게 하여, 그들이 선으로 인도하고 옳은 일을 행하며, 모든 악한 일을 금하게 하니, 이들이야말로 복 받는 자al-mufliḥūn들이니라."

(11) 정의권(공정권과 개인적 자유의 권리)

『꾸란』 전편에서 정의가 강조된다. 정의를 뜻하는 아랍어 단어 아들'adl은 '균형, 평형을 이루다', '똑바르게 하다'라는 동사에서 파생되었다. 이 단어는 유일신의 존재tawḥīd에 관한 계시 다음으로 『꾸란』에서 자주 등장한다. 그 중 『꾸란』 4장 58절은 아마도 공정(정의)을 강조하는 가장 적합한 예일 것이다.

> "만약 너희가 사람들 간의 일을 재판하면 공정히 판결하라."

---

44 『꾸란』 4 : 97~99.

무슬림들은 심지어 자기에게 불이익이 온다 할지라도 정의롭고 공정한 쪽에 서야 한다는 명령을 받고 있다. "믿는 자들이여! 하나님의 증인으로 공정을 행하는 자가 되라. 비록 너의 자신들에게나 또는 너의 부모와 친족들에게 불리할지라도 공정을 지키는 자가 되라."[45]

이슬람에서는 공개된 법정에서 유죄가 확정되기 전까지는 누구도 투옥되지 않는다. 규정된 법절차에 의하지 않고는 체포당하지 않는다. 비밀재판은 있을 수 없다. 초기 칼리파들의 시대에 공개재판이 열렸던 여러 실례들이 전해지고 있다. 칼리파 알리의 재위 때 그의 진영을 떠나 최초의 종파를 형성한 카와리지가 그를 공공연히 비방하고 여러 차례 살해위협을 가하는 등 공격적 행동 때문에 그들이 체포되어 올 때마다 그는 공개재판에서 이들을 석방하곤 하였다. 모욕적인 언사나 살해위협만으로는 감옥에 갈 범죄가 아니라는 판결이 내려졌던 것이다.

(12) 생존을 위한 기본 생활권

이슬람은 누구에게나 기본적인 생활을 영위할 권리를 보장한다.

"고아나 가난한 자, 도움을 청하는 자 모두가 형제이니 도움을 주어야 한다."[46]

"고아, 불쌍한 자들, 친척, 이웃, 가까운 동료, 여행자 등 자선을 베풀어야 할 사람들에게 자선을 베풀어야 한다."[47]

누구나 기본적인 생활을 영위할 권리가 있고 재산가는 자신에게 신탁된

45 『꾸란』 4 : 135.
46 『꾸란』 2 : 20.
47 『꾸란』 4 : 36.

신의 재물을 가난한 자에게 나누어주어야 한다. 기본 생활을 영위하지 못하는 사람을 돕는 것은 개인의 의무이자 사회의 의무이기도 하다. 이러한 목적으로 이슬람은 희사(자카트)를 의무화했다.

이슬람에서의 부의 가치관은 서구와 다르다. 만물은 알라께 속하므로 온갖 재물의 소유주는 알라이다. 인간은 단지 신의 재물에 대한 관리인일 뿐이다. 재물은 신이 쓰이기를 원하는 곳에 쓰여야 하고 국가는 고아나 과부 등 돌보아줄 사람이 없는 무의탁자들의 생계를 책임져야 한다.

> "그들의 재산 중에는 요구하고 있는 자들의 몫과 그러하지 않는 자들의 몫이 있도다."[48]

이 『꾸란』의 가르침은 부유한 자의 재산 중에는 필요를 요구하고 있는 사람들의 몫은 물론이고 요구하고 있지 않는 사람들의 몫도 있다는 의미이다. 부유한 사람이 가난한 무슬림 형제에게 필요한 것을 주는 것은 응당 받아야 할 몫을 돌려주는 것이고 해야 할 의무를 수행하는 행위이다. 『꾸란』은 57장 18절을 비롯한 여러 곳에서 이러한 희사를 촉구하고 있다.[49] 그리고 이러한 희사를 하는 자에게는 보상이 크게 따를 것이라고 가르치고 있다. 희사는 자카트와 사다까sadaqa로 크게 나누어진다. 앞의 것은 무슬림 모두가 의무적으로 내야 하는 일종의 구빈 종교세인 반면, 뒤의 것은 순수한 헌금을 말한다. 의무는 아니지만 여유가 있을 때마다 자의로 희사하는 보시이다. 그러나 자카트는 이슬람 신앙의 다섯 기둥 중 하나이다. 『꾸란』 2 : 43은 "예배를 드리고 자카트를 행하라" 고 명령하고 있다.

48 『꾸란』 51 : 19.

49 『꾸란』 2 : 263, 2 : 270, 4 : 114, 7 : 156, 9 : 60, 9 : 79, 9 : 103, 23 : 4, 24 : 56, 57 : 18, 58 : 12.

3. 현대 무슬림세계와 인권

이상에서 본 바와 같이 이슬람에서는 메카에서의 초창기 시대부터 인권 존중을 가장 기본적인 교의의 하나로 삼았고, 메디나에 이슬람국가를 건설한 후에는 무함마드와 그의 후계자들이 인권침해에 대한 여러 대책을 마련하고 실행하였다. 이 장에서는, 이슬람은 신 앞에서의 만인평등을 가르쳤고, 신에게만—구체적으로는 신의 법에만—복종할 뿐 국가를 비롯한 모든 제도와 사람에게 굴종하지 않을 자유를 강조하였다는 것을 살펴보았다.

이슬람에서의 인권에 대한 원리들과 가치들은 곧 오늘날의 세계인권선언이나 시민적·정치적 권리에 대한 국제규약 또는 경제적·사회적·문화적 권리에 관한 국제규약 등 인권과 관련된 국제선언과 협약의 내용과 거의 같은 것들이다. 인간의 기본권은 물론, 정치적·시민적·문화적 권리들이 『꾸란』과 순나에 명시되어 이슬람법화하고 이슬람 전통으로 보전되어 내려오고 있는 것이다. 이것은 이슬람이 인권과 전혀 모순이 없다는 것을 의미한다. 따라서 이슬람 사회가 인권을 인정해야 한다거나 인권을 옹호해야 한다는 주장은 별 의미가 없을 것 같다. 이미 1,400년 전에 이슬람은 계시와 공동체 다수의 공식적 인정에 의해 높은 수준의 인권을 설정하고 확인하였기 때문이다. 현재 무슬림들 앞에 놓인 과제는 국가의 정치·사회체제 이데올로기와 불가분의 관계에 있을 인권의 실제적 실천이고, 어떤 환경에서도 이에 대한 침해를 방지하는 일일 것이다

"이슬람에서는 주권이 알라께 있고 모든 인간은 그의 대리인이다"라는 무슬림들의 신앙은 서구에서의 인권개념과 이슬람에서의 인권개념이 다르다는 것을 간명하게 보여준다. 국가나 국민이 주권을 갖지 않는다는 것은 사실상 여러 의미를 내포한다. 통치자나 국가가 인권 이행에 역행하는

어떤 일도 할 수 없고 어떤 요소도 용인될 수 없다는 것이다. 초국가적인 이슬람법 샤리아 아래에서는 국가의 고결성과 독립성 등을 이유로 기본권에 대한 제재, 타협, 절충 등을 할 수 없다는 의미이다. 이슬람에서는 인권이 개인과 국가의 공동목표이다. 국가의 본질적인 의무 중 하나가 인권을 박탈당한 자에게 인권을 회복시켜 주는 것이다. 국가의 본질적 의무가 그러하므로 국가의 영구적인 권위는 불필요하고 실질적으로도 불가능하다.

이슬람에서는 신앙이나 교리, 예배와 도덕률 등 삶에 대한 전체적이고 일반적인 도식의 변경이 불가능하다. 인권도 이 도식의 일부이므로 변경이 불가능하다. 국가는 물론이거니와 공동체 전체의 동의ijmā'(합의)가 있다 해도 『꾸란』이나 순나에서 부여한 인권은 수정되거나 축소될 수 없는 것이다. 인권의 실질적인 실천을 강조한 『꾸란』의 대표적 성구는 "선을 행하고 악을 금하라Amr bi al-Ma'ruf wa Nahī an al-Munkar"이다. 이것은 국가의 목표이자 정치이상이며, 사회정의를 실현하라는 『꾸란』 가르침의 정수이다.

이와 같이 무슬림들은 그들의 인권선언을 영원불변의 것으로 믿는다. 그것을 부여해주고 선언해준 주체가 신이고, 모든 예언자들이 가르친 것이며, 무함마드의 하디스에 구체화되어 나타난 선언이기 때문이다.[50] 다시 말해 인권에 대한 이슬람 선언은 모든 시대와 장소를 위해 신이 선포한 것이라는 개념이다. 그것은 가장 오래된 것이고 완벽하며 불변의 것이라고 믿고 있다.

인권에 대한 관심을 서구전통만이 가졌고 특히 인권은 서구에서만 발전하여 온 것이라는 주장은 잘못된 것이다. 또 서구에서의 인권개념이 보편적이고 옳은 것이라는 인식도 재고되어야 할 것이다. 오늘날 보편화된 개

50 Al-Faruqi, 앞의 책, p.12.

념의 인권을 체계화하고 발전시키는 데 서구가 앞장 서 왔다는 것은 숨길 수 없는 사실이지만, 그러나 인권의 가치와 원리들에 대한 정의와 정립에는 이슬람이 훨씬 앞섰다는 것이 여기에서 고찰되었다. 그러나 인간의 존엄을 아무리 극대화시켜 놓는다 할지라도 역사상 이것의 실현은 항상 권력층 · 특권층의 이해와 의지에 달려 있었다. 무슬림 역사도 인간존엄이라는 숭고한 이상과 사회정의의 실현이 권력층의 압제와 불의로 실현되지 못한 사례로 가득하다. 지금도 대부분의 이슬람국가들은 민주적이 아닌 권위주의 정부를 갖고 있고 경제적 빈곤상태에 있다. 현대에서는 무엇보다도 민주화가 잘 이행되는 곳이면 인권의 제도적 보장이 잘 이루어진다고 보아도 무리가 없을 것이다. 또, 선진 산업사회 또는 정치 · 경제가 안정된 곳이라면 그만큼 시민적 · 정치적 권리가 정착되어 있다. 『꾸란』은 인류에게 권력과 부가 특권층의 탐욕과 욕망의 충족에 악용되거나 남용될 수 있는 위험을 반복하며 경고하고 있다. 인권이 파괴되는 상황을 초래하는 것은 무엇보다 권력과 부의 오용과 남용이라는 것이다.

오늘날 무슬림세계는 이슬람 원리주의자들의 이슬람 부흥운동 물결이 거세게 일고 있다. 일부 무슬림 학자들은, 신이 인류에게 준 모든 인권을 무슬림들이 실행한다면 지상에 천국을 세울 수 있겠으나, 다른 한편 광신주의나 지나친 보수적 전통주의, 급진원리주의에 얽매여 인권이 침해되거나 바르게 서지 못할 것을 우려하고 있다.[51] 무슬림들은 『꾸란』 속에 담겨진 고귀한 메시지와 인권원리 및 가치들을 일반화하여 21세기에는 이전의 몇 세기 동안 드러내 보이지 못했던 그들의 역동성 · 창조성을 보이며 인권의 새 지평을 열도록 노력해야 할 것이다.

---

51 Riffat Hassan, "On Human Rights and the Quranic Perspective," Arlene Swidler, ed., *Human Rights in Religion Traditions*, N.Y.: The Pilgrim Press, 1982, pp.63~65.

제10장 | 중세 이슬람 정치사상과 칼리파제

1. 정교일치와 칼리파제

중세 이슬람 법학자들은 이슬람 칼리파제를 '종교의 수호'와 '현세에서의 올바른 정치'를 구현하는 제도로 정의하였다. 무함마드가 메디나에서 움마umma(공동체)를 세우고 정치 · 종교 모두의 지도권을 행사했던 것처럼, 그의 칼리파khalīfah(후계자, 대리인)들이 정치 · 종교의 대권과 권위를 그대로 계승하여 종교를 수호하고 이슬람교국敎國을 통치해 가는 제도가 칼리파제라는 것이다. 아부 바크르Abu Bakr(632~634년 재위)를 비롯한 초기 칼리파들은 정신적 · 세속적인 구별 없이 움마를 통치하였다. 그리고 무슬림 신민들도 이 둘 사이에 어떠한 구분도 하지 않았다. 그들은 종교적으로 독실한 지도자가 칼리파로서 신의 종복들인 무슬림을 이끌고 공동체를 위한 선한 정부를 세워 통치한다고 생각하였고, 정부의 주기능도 무슬림들을 신법神法에 복종하게 만드는 종교적인 것이라고 생각하였다.

움마에서는 『꾸란』과 예언자의 순나가 종교적인 것이든 정치적인 것이든 통치의 근간이 되었으며, 구성원들은 『꾸란』과 순나가 곧 신법의 근원이라고 믿었다. 그렇기 때문에 만약 움마를 통치하는 정부가 나쁘다면 그것은 통치자가 종교적으로 바르지 못하여 신법에 복종하지 않으면서 통치하거나 혹은 신법을 등한시했기 때문이라고 간주하였다. 따라서 움마에서는 종종 정치반란이 종교적 이유를 내걸고 일어났는데, 정치가 종교와 유리될 수 없다고 믿었기 때문에 이러한 정치적 반목이 생겨나도 통치자의 종교적 신념이 바르게 세워져 있는 한 문제될 것이 없다고 생각하였다. 그리하여 공동체 내에서 카와리지khawārijī나 쉬아shi'a 같은 분파가 생겨나고 지방에서 군사력을 가진 정치세력이 자라나 중앙정부에 도전하거나 독립 군주들이 창궐하는 정치적 분열현상이 일어나도 간과될 수 있었다. 그들에게는 정치적인 일이 곧 종교적인 일이었으며 칼리파위位를 원하는 자도, 이를 탄핵하려는 자도 모두 『꾸란』과 예언자 순나sunna nabīhi를 내걸고 투쟁하였던 것이다.[1]

무슬림들이 갖고 있는 이러한 정교일치 개념에 대한 이해는 이슬람 정치사상과 칼리파제의 연구에서 필수적이다. 왜냐하면 그 이론적 틀과 중심이 정교일치 개념이기 때문이다. 무슬림은 누구인가, 움마를 세웠을 때 그들은 무엇을 해야 하는가에 대해 『꾸란』은 다음과 같이 가르치고 있다. "만약 내가 그들을 (무슬림) 지상에 정주하게 하면 그들은 곧 예배(ṣalāt)를 드리고 자카트zakāt를 내며 선al-ma'ruf을 행하고 악al-munkar을 금하는 자들이니…."[2] 공동체를 세우면 무슬림들은 우선 종교적인 일을 해야 하고, 옳은 일을 행하고 악한 일을 금해야 한다. 그들은 이것을 그들에게 주어진 종교적 의무이자 정치의 근본으로 생각한다. 현대의 많은 무슬림 학자들도 이것을 이슬람 국가와 정부의 목표라고 말하고 있다. 무슬림 공동체는 이 의무들의 실천을 제도화하고 필요하다면 무력을 동원해서라도 이를 달성해야 한다.[3] 종교를 바탕으로 공동체를 세웠고 그 공동체가 교회이자 국가인 개념에서 출발하였기 때문에 중세 무슬림들에게는 이와 같이 정교일치가 당연한 것이었고, 선을 행하고 악을 금하는 종교적 일이 곧 정치적 일이었다. 이슬람에는 정치 · 종교의 이분법이 존재하지 않는다는 것이 그들의 신앙이었던 것이다.

그러나 이와 같은 정교일치 원리를 토대로 한 이슬람 칼리파제는 그 이

1 Patricia Crone & Martin Hindes, *God's Caliph, Reilgious Authority in the First Centuries of Islam*, Cambridge: Cambridge University Press, 1986, p.60.

2 『꾸란』 22 : 41.

3 Ishtiaq Ahmad, *The Concept of on Islamic State: An Analysis of the Ideoiogical Controversy in Pakistan*, Stockholm: University of Stockholm Press,1985, p.92.

상과 현실이 서로 다른 궤적을 그리면서 파란만장하게 진행되어 왔다. 그것은 여러 요인들에 기인하겠지만, 무엇보다도 이슬람 초기의 칼리파들을 제외한 후대의 거의 모든 칼리파들이 종교적 사명감을 잃고 종교보다는 군사력·혈연적 집단 결속력에 의존하여 정권을 유지하려 했다는 점을 들 수 있다. 이것은 정치권력에만 치우친 변모한 이슬람 칼리파제를 가져왔다. 우마이야조(661~749년)에서 이슬람 이전시대에 팽배해 있던 아랍의 부족주의적 아싸비아aṣbiya(집단 결속력)가 되살아났고, 이것은 왕권mulk 체제유형의 칼리파제를 만들어냈다. 그들은 아미르 알 무으미닌amīr al-mu'minīn(신도들의 총통)이라는 칭호에 어울리게 다르 알 하르브dār al-ḥarb(비이슬람 영토)에 대한 군사원정에 크게 성공하여 펀잡Punjab에서 피레네Pyreness에 이르는, 사마르칸트Samarkand에서 사하라Sahara에 이르는 아랍 대제국을 건설하였다. 그러나 그들의 통치는 세속사世俗事에 치우친 것이었다. 칼리파들이 단지 세속권력을 쥔 독재자로 군림했던 것이다. 이 때문에 무함마드 사후 첫 네 명의 칼리파들만이 이슬람 칼리파제를 올바르게 시행한 정통적인 '올바르게 인도된 칼리파들'로 추앙받으며, 세속적 왕권국가를 지향한 우마이야조 칼리파들의 시대와 구분하기 위해 이들의 통치시대를 '알 쿨라파 알 라쉬둔al-khulāfa' ar-Rāshidun(정통 칼리파) 시대(632~661년)'라고 부르고 있는 것이다.

그러면 우마이야조의 뒤를 이은 압바스조 칼리파시대는 어떠하였는가? 이때의 칼리파제 위상, 국가권력과 종교의 관계는 어떠하였을까? 압바스조 역사는 칼리파위의 위상을 기준으로 하여 전기 압바스조(749~842년)와 후기 압바스조(842~1258년)로 나뉘고 있다. 전기는 압바스조 통치의 전성기(초대 칼리파 앗 사파흐as-Safāh부터 8대 알 무으타씸al-Mu'taṣim까지)로 칼리파의 권세와 위상이 최고조에 달했던 시기이다. 이에 비해 후기 압바스조는 내내 쇠퇴기였는데, 이 시기에는 지방에서 일어난 신흥군주 아미르amīr와 술탄sulṭān에게 현세 통치권을 빼앗기고 칼리파는 단지 종교적 일만 관장하는 상징적 존재가 되어 명목에 불과한 칼리파 위상을 유지하였을 뿐이다. 그리고 1258년 마침내 바그다드의 압바스조는 몽골에 의해 멸망하고 말았다. 그렇지만 압바스 칼리파제는 이집트 맘루크조에서 재건되어 명맥을 이어간다. 그러나 이 카이로 압바스 칼리파제(1261~1517년) 시대는 전대보다 더 허상의 괴뢰 칼리파 시대였으며 사실상 칼리파제의 소멸기였다. 칼리파위의 권위가 실추된 이러한 위난危難의 시기에 칼리파제를 지키고 그 위상을 높이기 위해 울라마'ulamā' (이슬람학자들)들은 칼리파제 이론을 정립하고, 신법 샤리아Sharī'a의 틀 안에 이 제도를 묶어 놓으려 한다. 이론상 최고권위인 칼리파와 실질적인 세속권력자로 등장한 아미르와 술탄 간에 통치권위를 위한 합법적인 조정을 시도하였던 것이다. 이 장에서는 이러한 울라마들의 대표적인 이론들을 살펴보고, 국가권력과 종교의 관계가 그들의 칼리파제 이론 속에서 어떻게 정립되어 갔는가 하는 것을 고찰하고자 한다. 이를 통해 중세 이슬람 정치사상의 발전과 큰 흐름을 파악할 수 있을 것이다.

2. 압바스조 초기의 왕권적 칼리파제

압바스조 초기의 칼리파들은 우마이야조에서 잃고 있던 칼리파의 종교적 권위를 실체화하고 적어도 가시화하려는 노력을 활발히 전개하였다. 사실 압바스가家의 혁명이 성공한 것은 신앙의 수호자가 되겠다는 슬로건을 내건 결과였다. 쉬아들과 손을 잡은 압바스가 사람들은 다시 '모든 믿는 자들은 형제'라는 형제애 사상으로 아랍정복 이후 페르시아 · 이집트 · 중앙아시아 지역 등에서 이슬람에 귀의한 비아랍인 마왈리mawāli들을 대거 반우마이야 세력으로 규합할 수 있었는데, 그것은 이슬람의 가르침에 따라 사회의 모든 분야에서 평등한 지위와 권리를 이들에게 확보해 주겠다고 공언하였기 때문이다. 그리고 정권을 잡은 뒤에는 세속권력만을 중시한 우마이야조 칼리파들과는 다르다는 인상을 심기 위해 종교에 각별한 관심을 기울였고, 의전행사와 각종 예식에서까지 종교적 색채를 짙게 하여 스스로 종교적 칼리파임을 나타내려 하였다. 그들은 항시 측근에 법학자를 두어 자신의 종교적인 권위를 더하려 하였고, 그들이 예언자 가문의 직계 후손들임을 내세워 어느 누구보다 칼리파위에 그들이 더 적격자임을 과시하려 하였다.

그러나 압바스조 초기의 칼리파제는 우마이야조 때보다 더 광범위한 왕권적 통치체제였다. 그들 정권은 페르시아식 통치 관행과 체제를 도입하고 점차 전제적 왕권통치의 경향을 더해갔다. 그들은 칼리파의 권위가 알라로부터 나왔다고 주장하면서 칼리파트 알라Khalīfat Allāh(신의 대리인)라는 칭호로 불리길 원하였다. 강한 군사력과 체계화한 행정조직에다 종교적 권위마저 갖게 된 초기 압바스 칼리파들은 이론상으로는 이슬람 성법聖法 샤리아에 구속받는 존재였으나, 실제로는 칼리파의 위에서 이를 감독할 기구나 인물이 없었으므로 절대 권력자로 군림하였다.[4] 제국의 전성기를 이룬 제5대 하룬 알 라쉬드Hārun ar-Rashīd(789~809년 재위)와 그의 아들인 제7대 알 마아문al-M'amūn(813~817년 재위) 시대까지 초기 압바스 칼리파들의 권위는 하늘을 찌를 듯이 높았고 따라서 칼리파제의 위상은 정

4 Ira M. Lapidus, *A History of Islamic Societies*, Cambridge: Cambridge University Press, 1989, p.71.

치권력이 지나치게 남용되는 비정상적인 것이었다. 압바스 칼리파들은 가문의 혈통과 종교적 정통성을 내세우며 왕권의 권위와 정당성을 인정받으려 했지만, 그들의 통치현상을 지켜보는 지각 있는 무슬림들의 눈에는 그들의 통치 역시 초기 정통(라쉬둔) 칼리파들이 시행하였던 모범적 관행에서 크게 벗어나는 것이었고, 정통 칼리파체제의 정신에 위배되는 것으로 비쳐졌을 뿐이다.

정치권력과 종교에 관한 이런 문제에 눈을 돌리고 이슬람 정치에 관한 논의를 시작한 인물이 이븐 알 무깟파아'Abdullāh b. al-Muqaffa(759년 사망)이다. 페르시아 파르스fars 태생의 마니교도였던 그는 이슬람으로 개종한 후 윤리학과 왕권에 관한 고대 사산조 문헌들을 아랍어로 번역하였고, 통치자들의 행신行身과 궁성예법에 관한 책들을 써서 압바스 신新왕조가 정치적 · 사회적 안정을 도모하고 공동체의 복지를 실현시킬 수 있는 여러 통치방법들을 제시하고자 했다. 그 중 대표적인 것이 757년 제2대 칼리파 알 만쑤르al-Manṣūr에게 봉정한 『키탑 앗 싸하바*kitāb as-ṣahāba*(싸하바의 책)』이다. 그의 시대까지 대두된 어려운 문제는 칼리파의 지나친 정치적 세속화 문제였다. 따라서 칼리파의 직무와 올바른 정부론을 논한다는 것은 칼리파의 세속권력과 종교적 권위를 최대화하면서도 이를 조화롭게 조정하여 종교적 정부가 되게 한다는 데 목적과 의의가 있었다.

이븐 무깟파아는 무슬림 제국이 군사대국으로 커질 대로 커져 있었기 때문에 칼리파와 군대 간의 관계가 먼저 올바르게 정립되어야만 한다고 생각하였다. 군이 갖는 교의가 극단적이거나 칼리파에 반목하는 것이라면 다른 무엇보다 위험하기 때문이었다. 이것은 압바스조와 후라산Khurasan 군軍의 관계를 예리한 정치적 통찰력으로 지적해 놓은 것이다. 후라산군과 쉬아들은 압바스조 건국에 중요한 역할을 하였는데 건국의 틀이 잡히자 압바스가는 이들과 맺은 종교적 유대와 동맹관계를 가차 없이 버렸다.[5] 그는 후라산군뿐만 아니라 제국 내 모든 군인들의 행동강령과 의무를 규정하는 군법령의 제정을 서둘러야 한다고 주장하였다. 그는 군대가 『꾸란』과 하디스에 의거한 종교교육을 받아야 하고 군인들에게는 신앙적 통솔이 다른 무엇보다 중요한 일임을 강조하였다. 그리고 이 모든 것보다 더 중요한 것은 칼리파 자신의 신앙심이라고 말하였다. 이와 관련해서 그는 현임 칼리파가 법을 성문화할 것을 제의하였고, 또 이 법을 다음 칼리파가 수정할 수 있게 해야 한다고 말하였다. 그는 『꾸란』과 순나에 포함되어 있지 않은 사항에 대한 개인적 법판단Ijtihād을 통치자인 칼리파에게 허용하고, 칼리파가 자신의 라이ra'y(이성적 견해)를 가지고 군사 및 행정, 선례가 없는 제반 문제들에 대해 법적 결정과 명령을 내릴 수 있게 해야 한다고 제안하였다. 그렇지만 이러한 그의 제안은 이슬람 정통주의 입법개념에 배치되는 것이어서 크게 주목받지 못하였다. 순니 법학자의 대다수는 통치자의 개인적 견해가 법의 근원이 될 수 없는 것으로 간주해 왔다. 법 견해의 창출과 샤리아의 해석권은 법을 다루는 울라마들의 고유권한이었다. 그러나 법의 성문화와 칼리파 계승자가 그것을 수정할 수 있게 한 그의 제안은 돋보이는 혜안慧眼이 아닐 수 없다. 왜냐하면 그가 이런 주장을 담아 저술하고 있던 때는 아직 이슬람법S͟harī'a 자체가 형성단계에 있던 시기로, 그가 죽은 후 50년이 지나서야 비로소 샤리아는 다듬어져 그 원형적 형태를 취했기 때문이다.

그는 종교가 모든 정치문제들에 결정적인 역할을 하는 것이라고 믿었다. 그러므로 칼리파가 종교와 올바른 신앙을 정치계획의 근본원리로 삼고, 종교를 축으로 공동체의 안전과 복지를 추구해 나가야 한다는 것을 이

5 S͟haukat Alī, *Masters of Muslim Thougt*, vol.I, Pakistan: Aziz Publishers, 1983, p.27.

책에서 거듭 주장하였다. 그는 왕권을 종교에 바탕을 둔 것과 정치권력에 바탕을 둔 것, 그리고 개인 욕망에 기초한 것의 세 유형으로 분류하고, 종교에 바탕을 둔 왕권만이 올바르고 선한 것임을 강조하였다.[6] 그러면서도 그는 공동체의 안녕과 질서를 위해 칼리파의 권위와 정치권력을 극대화하였다. 그리고 백성들이 지켜야 할 중요한 의무 중의 하나로 칼리파(이맘)에게 복종하는 것을 들었다. 그것은 절대복종이었다.[7] 아마도 그는 공동체의 복지와 번영이 칼리파로부터 나오는 것이라고 가르치려 했던 것 같다. 그는 칼리파가 모든 정치권력을 쥐고 있다는 사실을 확실하게 인정하였다. 정치권력은 명령을 내리고 복종을 요구하는 것으로, 공격과 철수, 세금징수와 국고금의 분배, 관료의 임면任免 등 국가 중대사의 최종 결정을 내릴 때 쓰이는데, 이 모두가 칼리파의 직무 수행에 직결된 것들이었다.

칼리파의 권위가 최고조에 달해 있던 이때에 정치권력과 종교에 관한 칼리파제 이론을 편 또 다른 법학자는 아부 유수프Abū Yūsuf(798년 사망)이다. 그는 782년 바그다드의 까디qāḍī(판사)가 된 뒤 『키탑 알 카라즈*kitāb al-Kharāj*(토지세의 책)』를 써서 칼리파 하룬 알 라쉬드에게 바쳤는데, 이 책에서 그는 칼리파의 책무가 무엇인지를 칼리파에게 조언해 주려 하였다. 먼저 그는 지상에서 칼리파의 권위를 최상의 것으로 만드는 데 주저하지 않았다. 칼리파가 누구냐라는 물음에 칼리파트 알라(신의 대리인)라고 서슴없이 답한 것이다. 이것은 칼리파의 권위를 왕권신수적인 것으로 말한 것인데, 사실상 이슬람 관행에서는 예외적인 표현이었다. 싸하바 전승에 따른 정통주의 가르침 속에서 칼리파의 지위는 어디까지나 무함마드의 대리인인 칼리파트 칼리파트 알라Khalīfat Khalīfat Allāh(신의 대리인의 대리인)

6 Ibn al-Muqaffa, *Al-adāb, aṣ-Ṣaghīr wa al-Adāb al-Kabīr*, Beirut, 1910, p.33.
7 같은 책, p.34.

였다. 우마이야조 때부터 점차 궁성의 관행에 의해 격상되어 불리던 칼리파트 알라라는 존칭을 그의 이론 속에서 공식화해 놓은 셈이다. 그렇지만 후대의 법학자들에도 이런 표현은 받아들이지 않는다. 칼리파의 권력을 절대화하는 것은 정통주의 이론에서 벗어나기 때문이었다. 아마도 그가 이런 표현을 쓴 것은 신민들의 복종을 유도하고 무슬림 공동체의 통일을 보존하기 위해서였을 것이다. 그는 칼리파가 쥐고 있는 정치 · 종교 양면의 대권에서 정치쪽 세속권력만이 비대해져 온 역사적 현실을 중시하였다. 그리고 권력은 비대해질수록 독재화할 위험성이 크므로 그의 주군主君으로 하여금 이슬람 교리상의 가르침들에 귀를 기울이게 하려 했던 것이다. 그래서 그는 독신篤信과 정의가 무엇보다 칼리파에게 요구되는 자질임을 누차 강조하였다. 그의 정부가 독재적이거나 지배적으로 보여서는 안되며, 칼리파는 신이 맡겨 놓은 양떼들을 돌보아야 하는 양치기라고 그는 묘사하였다.

> "오 아미르 알 무으미닌이여, 신은 당신에게 공동체의 제반사를 맡기셨습니다.… 당신을 양치기로 임명하셨고 당신의 보호 아래 그들을 맡기셨습니다."[8]

그는 이븐 무깟파아보다 더 칼리파에 대한 무슬림들의 복종을 강조하고 의무화하였다. 이것은 정치현실을 받아들이고 있는 그의 입장을 잘 나타내준다. 그는 복종을 신앙의 한 조항으로 만들기 위해 여러 하디스들을 인용하였다. 그 대표적인 것이 "납작한 코와 곱슬머리의 아비시니아 노예가 (너희들의 통치자로) 임명된다 할지라도, 그를 따르고 그에게 복종하라"라는 유명한 하디스다.[9] 그가 인용한 다음의 하디스도 칼리파에 대한 복종을

---

8 Abū Yūsuf, *Kitāb al-Kharāj,* al-Qāhira, 1934, p.3.

9 같은 책, p.9.

의무화하고 강조하려는 이슬람 정치이론에서 빠지지 않고 언급되고 있다. "신에게 복종하는 자 나에게 복종하고 이맘(칼리파)에게 복종하는 자 나에게 복종한다. 나에게 대항하여 반역을 꾀하는 자 신에게 반역하는 자이고, 이맘에 반역하는 자 곧 나에게 반역하는 자이다."[10]

아부 유수프의 책에서 종교적 조언들은 압바스조 제2대 칼리파 알 만쑤르 이래 커질 대로 커진 칼리파 권력의 극대화현상을 조정하고 행정부서에 만연된 사산조 풍의 여러 정치관행과 외래적 요소들에 반대하며 이를 제거하려는 데 목적을 두고 쓰여진 것으로 알려져 있다. 이슬람 종교원리와 이슬람 정치유산들이 이슬람 정부조직을 위해서는 더 긴요하고 귀중한 표본이라는 점을 강조하고 싶었던 것이다. 따라서 그는 칼리파가 추구해야 할 행신과 통치의 모범을 정통 칼리파시대와 우마이야조의 오마르 빈 압둘 아지즈'Umar b. 'Abdul Azīz(717~720년 재위) 때 시행되었던 이상적인 통치에서 찾았다. 그 때야말로 가장 모범적이고 본보기가 되는 칼리파제 통치시기였음을 조언하려 했던 것이다. 그래서 그는 통치원리들을 정통 칼리파들의 순나에 근거해 찾으려 하였고, 이 책에서 그 시대의 일화들을 수없이 인용하였다. 그렇지만 이러한 노력에도 불구하고 별 효과를 보지 못하였다. 누구도 권력을 쥔 자의 전횡을 막을 수 없었으며 결국 이슬람 정치를 이슬람 교의에 맞게 이상적으로 펼치는 일은 압바스조에서도 전대前代에서처럼 요원한 일로 남게 되었다. 이때까지는 칼리파의 세속권력만 커지고 있었던 것이다.[11]

---

10 같은 책, p.10.

11 H. A. R. Gibb, *Studies on Civilization of Islam*, Boston: Beacon Press, 1968, p.45.

3. 칼리파제 이론의 정립과 발전

튀니지 출신의 유명한 역사철학가 이븐 칼둔Ibn Khaldūn(1332~1406년)은 문명의 발전과 쇠퇴에 대한 독특한 문명론을 전개하면서 왕조와 문명도 생물체와 같이 성장하고 성숙하며 쇠퇴해 가는 실체라고 주장하였다. 그의 말처럼 압바스조 칼리파들의 권세와 영화는 오래가지 못하였다. 제국은 비교적 빨리 온 번영의 정점에서 다시 급속히 쇠퇴의 길로 빠져 들어갔다. 그 쇠락의 씨앗은 칼리파 알 무으타씸al-Mu'taṣim(833~847년 재위)과 알 무타와킬al-Mutawakkil(847~861년 재위) 때 자라났다.

알 무으타씸은 선대 칼리파 알 마아문 통치시절 후라산군에 소속되어 있던 터키 노예 용병들의 뛰어난 전투력을 직접 보았다. 맘루크라 불리던 이들은 조정에 어떤 지연적·혈연적 연계도 없었기 때문에 칼리파에게 맹목적인 충성을 바칠 수 있었다. 알 무으타씸은 궁성 내 치안과 자신의 경호를 위해 이들을 기용하였는데, 무식하고 거친 만큼 용감하고 복종적이어서 칼리파가 원하는 대로 움직였다.[12] 그러나 맘루크들은 그들이 갖게 된 힘을 깨닫게 되자 점차 정치괴물로 변해 갔다. 10대 칼리파 알 무타와킬은 이들을 이용해 궁성 깊숙이 만연한 무질서를 제압하고 정국을 바로 잡으려 했으나 오히려 이들에게 살해당하고 만다. 맘루크들은 그의 아들 알 문타씨르al-Muntaṣir(861~862년 재위)를 칼리파에 즉위시켰다. 이때부터 압바스 칼리파의 옥좌玉座는 비천한 노예병들의 손에 좌지우지된다. 알 무타와킬부터 알 무흐타디al-Muhtadī(869~870년 재위)까지 다섯 칼리파는 그들 손에 살해당하거나 폐위되었고, 알 무끄타디르al-Muqttadir(902~932

12 Yaḥya Armajani, *Middle East: Past and Present*, Englewood Cliffs, New Jersey: Prentice-Hall, Inc., 1970, p.93.

년 재위)는 두 번 폐위당하였다가 결국은 살해되었다. 그의 뒤를 이은 알 까히르al-Qāhir(932~1062년), 알 라디ar-Rāḍī(934~940년), 알 무타끼al-Mutaqī(940~944년)도 마찬가지였다. 이와 같이 실추된 압바스 칼리파의 권위는 북페르시아에서 발흥하여 남부로 세력을 확장해가던 부와이흐Buwayh(부예, 부이būy라고도 부름)조(932~1062년)가 945년 바그다드를 점령하고 압바스 칼리파의 후견인으로 등장함으로써 더욱 어두운 심연의 나락으로 떨어지게 된다. 그 후 110년 동안 부와이흐 아미르들은 압바스 칼리파를 자신들의 보호하에 두고 마음대로 권좌에 앉히기도 하고 폐위하기도 하였다. 칼리파들은 지고한 지위에 올랐지만 아무런 실권도 없었으며, 실질 지배자와 종속관계를 유지해야 했다. 부와이흐 아미르 치하에서 칼리파 지위가 더욱 비참했던 것은 그들이 쉬아였다는 사실 때문이기도 하다. 마즈하브Ma<u>dh</u>hab(교리법학파)의 차이 때문에 전 무슬림 움마의 수장인 순니 칼리파의 존재를 그들은 진정으로 받아들이려 하지 않았던 것이다.[13]

바그다드의 정복자 아흐마드Aḥmad는 칼리파 알 무스타크피al-Mustakfī(944~946년 재위)로부터 아미르 알 우마라amīr al-umarā'(아미르들 중의 아미르)라는 칭호를 받고 무잇즈 앗 다울라Mu'izz ad-Dawla(국가의 강화자)로 불렀다. 그러나 이러한 칭호를 수여받는 의식은 칼리파에게 가시적으로 복종을 보이는 형식에 지나지 않았다. 칼리파의 권력은 벌써 없어졌으나 칼리파가 지닌 종교적 권위와 상징성이 아직 무슬림들의 가슴속에 생생히 살아 있는 때였으므로, 형식과 겉치레일지라도 이런 공식 의전행사가 필요했다. 순니 무슬림들에게 칼리파는 여전히 아미르 알 무으미닌이었고 예언자의 대리인이었다. 칼리파위가 모든 권위의 근원이자 권력과 영예의

13 Alī Ibrāhim Ḥasan, *at-Tārī<u>kh</u> al-Islāmi al-Āmmi,* al-Qāhira: Maktaba an-Nahada al-Misriya, n.d., p.452.

원천이라는 인식이 신앙처럼 변함없이 지속되고 있었던 것이다.[14] 그러므로 부와이흐조가 번영의 절정기를 맞았던 아두드 앗 다울라'Aḍud ad-Dawla(국가의 조력자, 978~983년 통치) 때에도 아미르는 칼리파로부터 술탄의 의복, 보석이 박힌 왕관, 왕위의 휘장이 장식된 팔찌, 훈장, 왕위의 깃발 등을 수여받아야 하였다.[15] 칼리파가 비록 그들의 포로였지만, 칼리파로부터 직위와 칭호를 받음으로써 비로소 부와이흐 군주들은 통치의 합법성을 천하에 나타낼 수 있었던 것이다.

가즈나비조(977~1186년)의 마흐무드Maḥmūd(998~1030년 재위)가 압바스 칼리파 까디르 빌라히Qādir Billāhi에게 보낸 충성선서도 이와 똑같은 이유에서였다. 칼리파는 그에게 '야민 앗 다울라Yamīn ad-Dawla(국가의 오른팔)', '아민 알 밀라Amīn al-Mīlla(종교사회의 관리인)', 그리고 '아미르 알 무으미닌amīr al-mu'minīn(신도들의 총통)의 친구'라는 경칭을 내렸다.[16] 당시 그의 세력은 너무나 막강해서 통치권이나 지배권력을 위해서는 그의 군대만이 필요했을 뿐 다른 어떤 지위나 칭호가 필요한 것은 아니었다. 그러면서도 그가 압바스 칼리파에게 충성서약을 한 것은 이슬람 공동체인 움마의 일원으로서 샤리아에 대한 복종과 칼리파의 종교적 권위에 승복을 표하는 신앙심의 발로였던 것이다. 이와 같이 칼리파로부터 받은 권력의 서임증서나 영예로운 지위는 곧바로 종교법 샤리아의 요구를 충족시키는 것으로 여겨져서, 지방의 독립군주들에게는 통치의 합법성을 보증받고 그가 지배하는 무슬림들의 마음을 고무시킬 수 있는 요긴한 것이었다. 그것은 물론 전통적으로 이어져 온 이슬람 정치사상에 담긴 '칼리파의 권위'

---

14 같은 책, p.409.

15 Thomas W. Arnold, *The Caliphate*, London: Routldge & Kegan Paul, Ltd., 1967, pp.64~68.

16 같은 책, p.24.

때문이었다.

무슬림 법학자들의 중요한 임무가 바로 여기에 있었다. 이러한 전통적인 이슬람 정치사상과 법이론에서 칼리파 권위를 어떻게 유지시키고 살려낼 수 있느냐 하는 것이었다. 이슬람 공동체의 통치 전통들을 간직할 필요성과, 이슬람 통치의 이상적인 원리들을 공식화할 필요성이 대두되었던 것이다. 즉 변화된 정치현실 속에서 칼리파제도를 존속시키기 위해 이 제도에 관한 당시의 여러 이론들을 종합하고 정리해 낼 필요가 절실해졌던 것이다. 이러한 일을 바그다드의 까디인 알 마와르디al-Māwardī(974~1058년)가 이루어낸다. 칼리파의 권위가 가장 실추되었던 때에 칼리파제도에 관한 체계화된 이론을 그가 정립한 것이다.

그가 쓴 『알 아흐캄 앗 쑬따니야*al-Aḥkām as-Ṣulṭaniyya*(통치의 법규들)』는 중세 이슬람의 정부제도와 정치이론에 대한 교과서적인 해설서로 인정받고 있다. 그는 칼리파(이맘)제가 신법 샤리아에 따른 당연한 것으로 정의하였다. 칼리파직은 이성에 의해 요구되는 것이 아니라 계시로 의무지워졌다는 것이다. "믿는 자여, 신에게 복종하라. 예언자와 너희 가운데 권위를 가진 자들에게 복종하라."[17] 여기에서 '권위를 가진 자'는 칼리파를 의미한다. 이것은 사변신학을 세워 이성에 의해 칼리파제가 필요한 것이라고 강변해 온 무으타질라파의 입장을 일축하는 주장이다.

알 마와르디는 칼리파제가 선거제라는 것을 가장 먼저 강조하였다. 이같이 선거를 칼리파제의 원리로 삼고 있는 그의 이론은, 이맘제도를 신성한 것으로 여기고 이맘위 계승의 혈통주의를 채택하여 온 쉬아들의 이맘선출 방식을 정면으로 부정하는 것이었다. 그는 선거가 아흘 알 이크티야르ahl al-Ikhtiyār(선거인단)를 통해 이루어지며, 설혹 부적격 인물이 선출되

17 『꾸란』 4 : 59.

었다 할지라도 그가 기본 자격조건들을 충족시키고 있는 한 그 선출은 합법적인 것이며, 더 우월한 후보자로 교체할 수 없다고 말한다. 이것 또한 알리 가계의 사람들이 다른 후보자들보다 우월하다는 교리를 갖고 있는 쉬아파의 주장을 반박하여 세워놓은 것이다. 또 이것은 당시까지 많은 부적격한 칼리파들이 선출된 것을 묵인해 주는 말이기도 하다.[18] 한편 그는 "칼리파 선출은 단 한 명의 자격 있는 선거인에 의해 이루어져도 유효하다" 면서[19] 그의 선대 법학자 알 아쉬아리al-Ash'arī(873~936년)에 동의하는 법 견해를 내놓았는데, 이것은 당시까지 관행이 되어 왔던 칼리파의 후계자 지명을 선거라는 방법을 빌려 합법화한 것으로 볼 수 있다.

이슬람 종교를 수호하고 유효한 통치를 해나갈 칼리파는 과연 어떤 인물이어야 하는가? 알 마와르디는 다음의 7가지 자격조건을 제시하였다. 그것은 ① 정의'adāla, ② 이슬람법과 신학에 대한 지식'ilm, ③ 건강한 시각 · 청각 · 언어 , ④ 건전한 사지, ⑤ 행정능력kifāya, ⑥ 전장에서의 용기와 능력, ⑦ 꾸라이쉬 후손 등이다. 이상의 자격조건 중 마지막의 꾸라이쉬 후손이라는 혈통조건에 대해서는 그 뒤 논란이 많다. 그가 이 조건을 정해 놓은 것은 칼리파의 권위가 비록 땅에 떨어져 있지만 현세 권력자들에게 칼리파위의 자격이 누구에게나 열려 있는 것이 아니라는 사실을 깨닫게 하고 이를 주지시켜주려는 의도인 것 같다. 부와이흐 아미르들뿐만 아니라 세속 권력자 누구일지라도 함부로 칼라파위까지 넘볼 수 없다는 사실을 명백히한 것이다. 그렇다면 이것은 압바스 칼리파제를 옹호하고 지키려는 저의가 분명하게 드러나는 조건이 아닐 수 없다.

또한 동시에 두 명 이상의 칼리파가 공존할 수 있는가라는 주제에 대해

---

18 Gibb, 앞의 책, p.156.

19 Al-Māwardī, *al-Aḥkām as-Ṣulṭaniyya*, 2nd ed., al-Qāhira, 1966, p.6.

서 확고하게 부정적 입장을 취하였다.[20] 이 주제는 당시까지 자주 논쟁의 대상이 되어 왔다. 알 아쉬아리는 두 이맘이 상당히 먼 거리에 떨어져 존재한다면 그것이 가능하다는 견해를 보였고, 알 마와르디와 동 시대의 법학자였던 알 바그다디al-Baghdādi도 알 아쉬아리와 같은 견해였다. 그러나 알 마와르디가 이렇게 단호한 입장을 취한 것은 아마도 당시에 카이로에서 위세를 떨치고 있던 파띠미조의 주장을 봉쇄하려는 데 그 이유가 있는 것 같다. 그는 바그다드 칼리파만이 합법적인 이슬람 움마의 실제 군주임을 명확히하려 한 것이다. 그와 동 시대의 또 다른 법학자 알 바낄라니al-Baqillānī도 같은 견해였다.

칼리파에게 주어진 의무와 책임은 ① 종교를 수호하고, ② 정의를 실현하고 공정한 판결을 내리며, ③ 이슬람 영토를 보존하고 안정을 유지하며, ④ 범법자를 처벌하고, ⑤ 국경을 수비하며, ⑥ 지하드jihād를 수행하고, ⑦ 세금을 징수하며 국고를 관리하고, ⑧ 급여를 지급하며, ⑨ 관리를 임용하고, ⑩ 공무를 감독하는 등 이상 10가지를 들고 있다. 그리고 칼리파의 역할과 기능을 한마디로 말해 '종교수호와 국가통치'라고 표현하였다.[21] 여기서 주목할 만한 것은 이 10가지 의무 모두가 알라를 향한 길('싸빌 리 알라sabil-li-Allāh)', 즉 '신앙과 선교의 길'에 있는 성무聖務임을 밝힌 것이다. 그것은 종교와 정치, 인생의 종교적인 면과 세속적인 면 모두가 알라에게서 비롯된 것이고, 알라를 중심으로 한, 알라께 귀의하는 것임을 말하려 했다는 점이다. 칼리파의 본연의 의무가 정교합일政敎合一임을 밝히면서 명목상 유지되고 있던 압바스조의 칼리파의 권위를 제고시키려 한 것이다. 그런데 그의 이론을 자세히 들여다보면 그가 칼리파의 종교적 기능과 역

20 같은 책, p.9.
21 같은 책, p.23.

할을 강조하려는 것보다 통치자 칼리파의 행정적 · 정치적 능력과 기능을 강조하고 여기에 역점을 두어 칼리파제 이론을 전개해 갔다는 사실을 알 수 있다. 그는 칼리파제가 정치제도라는 인식전환을 은밀히 꾀했던 것이다. 그 전까지는 칼리파제가 근원적으로 종교제도라고 생각해 왔다. 칼리파제를 신학의 범주에서 다루었고, 논의의 초점도 칼리파의 종교적 의무나 정의를 내세우는 종교적 통치에 역점을 둔 것이었다. 그리고 역사상 통치권에 도전한 수많은 사건들의 명분도 거의가 상대방이 종교에 반하는 행위를 저질렀다는 것이었다. 예를 들면 카와리지파는 신민을 정의로 다스리지 못하고 종교를 올바르게 수호하지 못한 칼리파를 비신앙인으로 몰아세웠고, 그러한 칼리파는 이 고귀한 지위에 어울릴 수 없는 대죄인大罪人으로 단죄하였다. 그리고 이러한 비신앙적 칼리파에게는 항쟁해야 하는 교의를 세우고 끊임없이 반정反政운동을 전개하였다.

그런데 알 마와르디는 칼리파의 권위와 위상이 단지 종교적 지위로 바뀌어 간 데 대한 반박으로 붓을 들었던 것이다. 당시까지의 이슬람 정치이론들을 종합하여 칼리파제 이론을 정립하면서 칼리파의 정치적 책무를 새삼 강조하려 했던 것이다. 그래서 그는 위의 10가지 칼리파의 의무와 책임 사항을 기술하면서 그가 생각하는 이슬람 정치는 "신의 가르침에 따라 신의 길을 걸으면서 공동체를 이끌어 가는 것"이라고 표현하였다. 칼리파의 역할과 기능을 구태여 종교적 · 사법적 · 행정적 · 군사적 영역으로 나눌 필요가 없다는 견해였다. 모두가 통치하는 자의 정치Siyāsa(통치술)에 이끌려가는 동일한 현상의 상이한 단면들인 것이다. 그것은 상호 보완적이고 모두 신의 의지에 귀의하는 것들이다. 칼리파가 정치권력을 빼앗기고 있지만 이슬람 정치이론상으로는 일단 칼리파가 옹립되면 정교의 제반사諸般事를 그에게 맡겨야 하며, 이것이 공동체의 의무이며 신민은 그의 명령에 복종해야 한다는 것을 강조하고 싶었던 것이다.[22] 그는 이슬람세계 도처에서 창궐하고 있던 신흥군주들에게 칼리파제의 진의와 이슬람 정치제도의 원리가 무엇인지를 올바르게 인식시켜 주고자 했던 것이다. 다시 말해 세속권력을 가진 신흥세력들이 압바스 칼리파를 정치적 · 군사적인 면에서 무시할 수 있겠지만, 누구도 칼리파만이 가질 수 있는 고유 권위나 통수적 대권을 넘볼 수 없도록 제도적 장치를 확립해 놓으려 하였던 것이다. 그리고 이슬람 정치의 올바른 모형은 진정한 칼리파제의 복원으로 찾을 수 있다는 결론을 내리고 싶었던 것이다.

순니 정통주의를 내세우며 쉬아 부와이흐 군주들로부터 압바스 칼리파제를 구해야 한다는 정치선전을 공공연히 펴온 셀주크 군주 뚜그릴 Ṭughril(1038~1063년 재위)은 1055년, 드디어 바그다드에 입성하여 압바스 칼리파 알 까임al-Qā'im(1037~1075년 재위)으로부터 '동서방의 술탄', '아미르들 중의 아미르'라는 칭호를 수여받는다. 그는 압바스 칼리파제의 새로운 보호자가 되었다. 셀주크들은 순니였으므로 칼리파의 지위는 부와이흐조 때보다 크게 향상된 편이었다. 그러나 셀주크의 권세가 커질수록 칼리파와 술탄 사이의 우호적이던 관계는 갈등과 적대관계로 돌아서게 되고, 자만에 찬 술탄들은 칼리파의 고유권한마저 침해하였다. 예를 들면 술탄 말리크 샤Malik Shāh(1072~1092년 재위)는 질르 알라Zil Allāh(신의 그림자)라는 칭호를 붙였는데 이것은 칼리파에게만 붙이던 특별한 호칭이었다. 그는 아미르 알 무으미닌 칭호를 참칭僭稱하는 것도 서슴지 않았다고 한다.[23]

알 마와르디가 세워 놓은 칼리파제 이론을 재조명하고 이러한 셀주크조

---

22 같은 책, p.15.

23 Arnold, 앞의 책, p.80.

(1038~1194년) 치하의 새로운 정치현실 위에서 이슬람 정치사상을 전개한 인물은 샤피이 학파의 법학자 알 가잘리al-Ghazālī(1058~1111년)였다. 그는 알 아쉬아리가 세워 놓은 신학이론에 수피주의를 접목시켜 정통 순니 신학체계를 재구성해 놓은 중세 이슬람세계의 가장 뛰어난 신학자였다. 먼저 그는 칼리파제라는 주제가 정치학 범주의 것이 아니라 법학의 것임을 분명히하였다. 그리고 알 마와르디와 마찬가지로 이 제도의 근거를 신법 샤리아에 두었고, 칼리파제를 현세와 내세에 이로움을 주는 필요불가결한 공익의 제도로 설명하였다. 특히 술탄위의 필요성에 대한 그의 해설은 매우 논리적이다. 우선 칼리파제도가 움마의 양호한 '종교질서niẓam ad-dīn'를 유지하기 위해서 필요하다고 전제하고, 이 '종교질서'를 위해서 칼리파가 필요하다고 말한다. 그런데 이 종교의 양호한 질서는 세속의 양호한 질서를 통해 확립될 수 있다. 그리고 세속의 양호한 질서를 위해서는 '세속권력dawla(국가)'이 요구된다는 것이다. 이 세속권력을 운용하는 주체가 술탄이다. 이러한 양자 간의 관계를 부언 설명하기 위해서 그는 본래 사산조 격언이었다가 이슬람 전승이 된 유명한 다음의 말을 인용하였다. "종교dīn와 세속권력dawla은 쌍둥이이다." 즉 종교는 기반이고 세속권력은 그것의 수호자라는 것이다.[24] 알 가잘리의 이러한 분석은 칼리파위가 종교적 권위의 상징으로만 남아 있던 이때에 국가권력과 종교의 관계를 술탄위의 세속권력과 칼리파위의 종교권위의 관계로 쉽게 이해하게 하고, 국가권력의 위치를 한층 종교에 밀착시켜 인정하려는 태도로 보인다. 사실상 알 가잘리 정치사상의 두드러진 점은 이와 같이 칼리파위와 술탄위 양자 간의 관계를 공조체제로 만들고 이를 합법화시킨 것이라고 말할 수 있다. 그리고 이것은 그 후 이슬람교국의 정치·종교의 통일을 유지시키

24 Al-Ghazālī, *al-Iqtiṣād fil-'Itiqād*, al-Qāhira, 1909~1910, p.95.

는 정통교의가 된다. 군사력과 정치권력을 쥔 술탄 정부를 비합법적이라고 거부한다면, 움마는 무질서와 혼란 속에 빠지거나 무정부상태가 될지도 모른다. 움마의 질서와 복지는 온전히 보존되지 않으면 안 된다. 알 마와르디가 부와이흐 아미르들에 대항하여 칼리파의 실추된 권위를 세우고 정치적 책무를 주장하기 위해 칼리파제 이론을 폈던 것과는 달리 알 가잘리는 사뭇 술탄 정부의 합법성을 대변하는 듯하고 칼리파위와 술탄위의 위상을 둘 다 제고시켜 정의하려 한다. 그가 생각하는 칼리파의 위상은 간단하다. 칼리파는 군사력의 행사자로부터 충성서약을 받는 인물이다. 술탄에 대한 정의도 간명하다. "술탄은 칼리파에게 충성서약을 하고 칼리파가 준 특권으로 공무를 장악하고 있는 인물이다. 그는 칼리파의 이름을 금요예배 때 쿠뜨바(설교)에서 창도唱導하고 칼리파의 이름이 새겨진 주화를 주조한다. 그의 명령과 판결사항은 그의 지배력이 미치는 한 유효하다."[25]

"움마는 신의 보호 아래 존속해야 하고 이를 위해 정·교의 수장인 칼리파가 움마를 이끌어야 하며, 움마는 그의 권위를 인정해야 한다." 이것은 순니 무슬림사회의 전통적 통념이었다. 그러나 실제로 그 시대의 칼리파는 움마를 이끌 정·교의 수장이 되지 못하였다. 칼리파위는 이제 움마의 정치적 단일성을 표현하는 지위가 아니라 단지 종교적 단일성만을 나타내는 상징적인 지위가 되었다. 그래서 그는 칼리파-술탄-울라마의 관계를 바이아bay'a(충성선서)를 매개로 하여 새로운 협력도구로 짜놓고, 이슬람 정부의 체계질서를 지키고 그 법통을 정당화시키려 하였다. 그는 술탄이 칼리파를 옹립하는 현실을 그대로 받아들여 술탄의 칼리파 지명권을 우선 인정하였다. 그리고는 바이아를 통해 칼리파위의 권위가 존속되게 한 것이다. 바이아는 아흘 알 할르 와 알 아끄드ahl al-ḥall wa al-'aqd(계약하고 해

25 Al-Ghazālī, *Iḥyā' 'ulūm ad-dīn*, vol. II, al-Qāhira, 1928, p.124.

약하는 사람들)가 행하는데, 먼저 술탄과 술탄 휘하의 제후들, 수뇌급 관직자들의 선서가 이루어지고, 뒤를 이어 울라마들이 이것을 추인한다.[26] 이러한 과정과 관계 속에서 칼리파위의 존엄성을 지키려고 한 세심한 노력이 보인다. 가령 비록 자신의 손으로 칼리파직을 만든다 할지라도 어디까지나 술탄은 칼리파가 갖고 있는 제도적 · 법적 권위 아래에 자신이 있다는 것을 인정해야만 한다는 주장이 그런 것이다. 바꾸어 말하면 술탄 정부의 합법성은 통치권을 인정해 주는 칼리파에 대한 충성서약에 의해 비로소 확립된다는 법 이론을 확고히 세워 놓은 것이다. 술탄은 칼리파제가 샤리아에 있는 순니 공동체 조직체제의 원리임을 인정해야만 하고, 반면에 칼리파는 술탄위가 공동체의 질서확립과 안전유지를 위해 필요불가결하다는 것을 인정해야 한다. 이런 등식에서 샤리아의 최고권위인 칼리파위를 확고부동하게 하고 셀주크의 정치권력 역시 샤리아의 틀 안에서 합법적인 것이 되게 하였던 것이다.[27] 그의 칼리파제 이론은 칼리파 · 술탄 · 울라마의 상호간 협력에 바탕을 둔 것이다. 한마디로 술탄이 이슬람 정부의 통치대권을 쥐고 있는 현실을 그대로 받아들여 술탄 통치제를 칼리파제 안에 포함시킨 것이라고 말할 수 있다. 그리고 칼리파-술탄 정부에 종속되지 않는 다른 어떤 정치권력도 샤리아 아래에서는 유효하지 않다고 말하고 있다.

26 L. Binder, *Al-Ghazālī's Theory of Islamic Goverment's in the Muslim World*, Vol. XLV, 1955, pp.237~238.

27 Ann K. S. Lambton, *State and Goverment in Medieval Islam*, Oxford: Oxford University Press, 1981, pp.128~129.

4. 칼리파제의 소멸과 샤리아 정치론의 출현

알 가잘리의 이론에서 한 걸음 더 나아간 정치사상을 가진 사람이 나타났는데, 그는 예루살렘 · 카이로 · 다마스쿠스 등 주요 도시의 까디직을 두루 역임한 샤피이shafi'ī 법학파의 이븐 자마아Badr ad-Dīn b. Jama'a(1241~1333년)이다. 그의 활동시기는 압바스조가 몽골의 침략으로 종말을 맞고(1258년), 이슬람 움마는 지난 5세기 동안 외견상으로나마 유지되었던 압바스조 칼리파제라는 상징적 단일성마저 잃어버린 때였다. 이집트에서는 맘루크국國(1250~1517년)의 술탄 바이바르스Baybars(1260~1277년 재위)가 바그다드의 대학살에서 살아남은 압바스조 최후 칼리파의 숙부를 카이로로 모셔와 카이로 압바스 칼리파제를 재건하고, 이 새 칼리파로부터 통치권을 위임받았다는 소위 '이슬람 움마에 대한 통치대권의 정통성'을 주장하고 나섰지만, 실제로 이집트와 시리아 지역 밖에서는 별로 인정받지 못하였다.

알 무스탄씨르al-Mustanṣir라는 이름을 갖게 된 이 새 칼리파는 장엄한 의식에 따라 바이바르스에게 명예의 의복을 내리고 다음과 같은 내용의 술탄 서임장을 수여하였다.

> "알라께 찬양이 있으라.… 나는 증언하니 무함마드는 알라의 종복이요 그의 사자니라.… 그런고로 나 아미르 알 무으미닌amīr al-mu'minīn(신도들의 충동)은 그대에게 이집트 · 시리아 · 디야르바크르 · 히자즈 그리고 예멘 · 유프라테스의 땅과 그대가 취할 평원과 정복한 모든 것을 다스릴 권한을 부여하노라. 알라께서는 그대에게 그 지역들을 통치하고 군대를 장악할 것을 위임하신다…."[28]

---

28 Al-Maqrīzī, as-Sulūk, *Deals with the Mamlūk dynasty in Egypt(1250~1517)*, ed. M. M. Ziada, vol. I, al-Qāhira, 1934, pp.450~451.

그 후 압바스 가계의 후손 22명이 256년간 차례로 카이로에서 칼리파직을 승계하였다. 그러나 이들은 바그다드의 후기 압바스 칼리파들보다 훨씬 더 무력하였고, 정치권력을 전혀 행사하지 못하는 꼭두각시 칼리파들에 지나지 않았다. 그들의 존재는 맘루크국 통치의 합법성을 부여해 주기 위한 것이었다. 즉위식에 불려나와 왕권을 부여하고 통치권력의 법적 보증을 해주기 위해서였다. 이러한 굴욕적인 지위에도 불구하고 이슬람세계의 일부 신흥 무슬림 군주들은 칼리파로부터 서임장을 받으면 통치명분을 얻는 것으로 생각하였기 때문에 카이로 압바스 칼리파제를 유용하게 여겼다. 예를 들면 남 페르시아 무자파리Muẓaffari조(1314~1393년)의 창건자 무바리즈 웃딘 무함마드 빈 무자파르Mubāriz ud-Dīn Muḥammad b. Muẓaffar(1314~1358년 재위)는 그의 주군인 몽골 일 칸Il-khan에게 등을 돌리고는 1354년, 카이로의 압바스 칼리파 알 무으타디드al-Mu'taḍid(1352~1362년 재위)에게 충성을 서약하고 카이로 칼리파의 이름을 금요예배의 설교 중에 삽입하였다. 그의 아들 샤 슈자아Shāh Shujā'(1364~1384년 재위)도 마찬가지로 카이로의 칼리파 알 무타와킬을 인정하였다. 멀리 델리Delhi의 투글루끼Tughluqi조의 무함마드 빈 투글루끄Muḥammad b. Tughluq(1325~1351년 재위)도 칼리파 알 무스타끄피로부터 서임장을 받았고 그의 후계자 피루즈 샤Fīrūz Shāh(1351~1388년 재위) 역시 선친과 마찬가지로 카이로의 칼리파에게 복종의 예를 갖추었다.[29]

이와는 반대로 이슬람세계의 또 다른 일부 군주들은 카이로 압바스 칼리파제의 허구를 비웃었다. 그들이 바그다드 칼리파들의 후예라는 것도 받아들이려 하지 않았고, 칼리파제는 압바스조의 붕괴로 사라졌다고 생각하였다. 이것은 특히 이슬람세계의 동부지역을 대부분 장악하게 된 몽골

29 Arnold, 앞의 책, p.104.

지배자들이 보인 특징이다. 그들은 이슬람을 받아들인 후에도 카이로의 칼리파들을 안중에 두지 않았다. 그 대표적인 예로 페르시아 일 칸Il-Khan조(1256~1353년)의 가잔 칸Ghazan Khan(1295~1304년 재위), 그리고 그보다 훨씬 뒤의 티무르의 손자 칼릴 술탄Khalīl Sultan(1405~1409년 재위) 등을 들 수 있다.[30] 이들은 대개 통치에 관한 권위를 알라로부터 직접 부여받은 것이라고 주장하였다. 즉 왕권에 대한 신의 선택과 정당성을 『꾸란』의 다음 구절에 의거해 찾으려 하였던 것이다.

"말씀하소서, 통치권〔王權〕의 주님이신 하나님이시여. 당신은 당신이 원하는 자에게 통치권을 주시고 당신이 원하시는 자로부터 통치권을 거두시나이다. 또 당신의 뜻대로 끌어내리십니다. 당신의 손에 모든 선善이 있으며 실로 당신은 전지전능하십니다."[31]

알 가잘리와 마찬가지로 이븐 자마아도 칼리파의 직무는 '무슬림 신민의 복지와 종교의 양호한 질서'를 위한 것으로 말하고 있다. 이론의 전개도 비슷하다. 이러한 종교적 의무를 가진 칼리파가 무슬림 공동체의 질서와 안정을 위해 필요한데, 지금 밀라mīlla(종교사회)의 질서와 안정은 술탄이 세속권력을 바르게 행사할 때 확립될 수 있다는 것이다. 그런데 주목할 것은 이븐 자마아가 칼리파의 직무를 대행하고 있는 술탄의 역할과 임무를 종종 칼리파의 위치에 놓고 그의 이론을 전개하고 있다는 점이다. 간혹 칼리파와 술탄을 혼용해 쓰기도 한다. 이 점이 중요하다. 칼리파의 의무와 책임사항을 술탄도 지키고 수행해야 한다는 논리를 펴고 있기 때문이다. 그는 다음 4가지 일을 훌륭히 수행하는 제왕諸王들에게 신의 가호가 내려

30 같은 책, p.111.
31 『꾸란』 3 : 26.

진다고 기술하였다. ① 예배 ② 자카트 ③ 신의 뜻에 맞는 일을 명하고 ④ 신의 뜻에 어긋나는 일을 금한다. 이상의 것들은 모두가 종교적 의무들로서 종래 칼리파의 의무와 다름이 없다.

이븐 자마아는 권력찬탈과 권위의 위임문제에서도 한 걸음 더 현실중심적이다. '칼리파에게 충성을 맹세하고 있는 한' 이라는 단서가 붙어 있기는 하지만, 찬탈행위를 너그러이 보는 그는 찬탈행위가 어떠한 것이든 정부 및 통치기능 일체를 위임하는 것이 타당하다고 말한다. 군사력을 가진 술탄 혹은 왕이 무력으로 국가를 점유했다면 칼리파는 공동체의 평화를 위해 그에게 일체의 권위를 위임해야 한다는 것이다. 이것은 정부의 장악 자체가 권위를 가져다준다는 해석이다. 같은 맥락에서인지 칼리파 선출방법에서도 선거와 지명이라는 두 방법 외에 무력장악, 즉 강제탈취에 의한 방법을 제기하고 있다.[32] 이 방법은 아무래도 술탄 스스로가 자기 자신을 칼리파직에 임명하는 경우를 염두에 두고 개진된 것으로 보이는데, 놀랍도록 진보된 주장이 아닐 수 없다.[33]

이븐 자마아가 군사력으로 찬탈하는 칼리파위까지 관대하게 합법화하려 한 것은 공동체의 통일을 추구하고 일체화된 결속력으로 이슬람을 수호하겠다는 일념 때문이었을 것이다. 이것은 이슬람 움마의 통일성의 상징이자 정신적 지주였던 바그다드 압바스조 칼리파제가 이미 무너졌고, 카이로에서 명맥을 이은 칼리파제는 단지 이름뿐인 보잘것없는 위상이지만, 그래도 이슬람 공동체의 정政·종宗의 대권, 최종 권위에 대한 샤리아

---

32 Ibn Jamā'a, *Taḥrīr al-Aḥkām fī tadbīr ahl-Islām*, ed. & trans. by Hans Kofler, Islamica, vol.VI. al-Qāhira, 1934, p.356.

33 실제로 이 일은 실현되었다. 1517년 오스만조의 술탄 살림 1세는 이집트의 맘루크국을 멸망시킨 후, 마지막 카이로 압바스 칼리파 알 무타와킬로부터 칼리파위를 양위받는다. 이에 관한 논의는 Ḥassan 'Uthmān, *Manhaj al-Baḥth at-Tārīkhi*, al-Qāhira: Dār al-Ma'arīf, 1980, pp.177~180 참조.

적인 요구는 아직 살아 있는 때였고, 동시에 정치현실과의 타협 또한 불가피한 때였으므로 이렇게 찬탈을 합법화하여서라도 샤리아 내에서 칼리파제를 지키려고 한 노력으로 풀이된다.

알 가잘리는 앞에서 본 바와 같이 칼리파위에 술탄위를 포함시킴으로써 칼리파의 권위를 확장시킨다는 논리를 펴 술탄위를 칼리파제의 한 필요 요소로 인정했다. 이에 비해 이븐 자마아는 한 걸음 더 현실적인 쪽에 발을 들여 놓고는 술탄위에 오히려 칼리파위를 흡수하는 가능성을 모색하고 있는 것 같다. 만약 어느 시점에 칼리파나 이맘은 없고, 어떤 인물이 자신의 군사력으로 무슬림들에 대한 지배권을 행사한다면 공동체의 양호한 종교질서를 위해서라도 그를 지지하는 바이아가 결의될 수밖에 없다고 본 것이다.[34]

종래의 칼리파제 이론에서 많은 현실적 타협을 만들어 냈을지라도 이븐 자마아의 논점들이 샤리아에서 벗어나는 것은 아니었다. 오히려 샤리아에 초점을 맞춘 것이라고 말할 수 있다. "모든 선은 샤리아에 순종하는 데서 생겨나고 모든 악은 이를 무시하는 데에서 기인한다." 다시 말해 그가 최고권위의 찬탈까지 합법화할 필요성을 느끼고 이를 이론화했을지라도 그것은 어디까지나 술탄의 세속권력이 샤리아 안에서 행사되기를 원하는 마음에서였던 것이다. 그런데 그와 동시대 인물인 이븐 타이미야Ibn Taymiya (1262~1328년)는 한발리Ḥanbalī 학파 특유의 종교적 열정과 개혁의지를 가지고 샤리아에 한층 더 집착하였다. 몽골의 침입과 압바스조의 몰락 이래 이슬람 공동체가 온통 뒤흔들리고 있던 정치적 위기 때 이븐 타이미야는 샤리아가 지배하는 '샤리아 정치론'을 폄으로써 선대의 울라마들이 늘

34 Lambton, 앞의 책, p.145.

사로잡혀 있던 칼리파제 이론의 시대적 딜레마로부터 빠져나오는 새로운 시도를 하였다. 그의 논지는 주목할 만하다. 한 마디로 말해 그것은 '신법의 지배론'으로, 샤리아 정치로 공동체와 국가를 개혁하고 칼리파제의 이론과 실제의 괴리를 없애려 한 것이기 때문이다.

국가권력과 종교문제에 대한 접근방법에서 그는 기존의 법학자들과 다른 면을 보였다. 절대주권은 오직 신에게만 속한다거나 '국가권력', '정치적 권위'의 필요성을 말하는 것은 앞선 이론들과 다를 바 없으나, 지배자가 행사하는 권력이나 그 권력에 대한 복종이 둘 다 샤리아를 위해서, 또 공동체의 이익을 위해서 필요한 것이라고 해석한 점이 다른 것이다. 대체로 그는 칼리파제 문제를 무시하고 있는 듯하다. 그 필요성에도 부정적 입장을 보인다. 그래서인지 칼리파의 이상적인 자격조건을 논하지 않았다. 꾸라이쉬 혈통조건, 지적 · 도덕적 자질 등을 거론하지 않은 것이다. 그뿐만 아니라 그는 전통적 이론과는 달리 한 명 이상의 칼리파가 동시에 공존할 수 있고 움마를 통치할 수 있다는 다수 칼리파제를 인정하였다. 칼리파 선출과 임명에 관해서도 전통적 선거이론을 따르지 않는다. 그에 의하면 "신은 공동체의 합의, 즉 이즈마아ijma'를 통하여 통치권자인 국가수장을 임명하신다"는 것이다. 이 말은 매우 의미심장하다. 간단하지만 여기에서 분명히 나타나고 있는 것은 칼리파 선출을 비롯한 칼리파제의 중심 주제를 이즈마아의 주체인 공동체로 옮겨 놓고 있다는 사실이다. 이 말은 공동체 중의衆意로 세워지는 칼리파제가 곧 신의 뜻이라는 해석이다.[35]

이븐 타이미야는 국가를 있는 그대로 받아들였다. 그리고 신의神意의 기반 위에 세워지는 공명정대한 정부에만 관심을 집중시키고 있다. 국가권

35 Erwin I. J. Rosenthal, *Thought in Medieval Islam, An Instroductory Outline*, Cambridge: Cambridge University Press, 1968, p.52.

력을 장악하고 있는 한, 그 지배자의 등장이 합법적이든 비합법적이든 상관하지 않고, 일단 그 정부가 샤리아에 기초한다면 그 정부의 국가를 받아들여야 한다는 것이다. 인간사회는 권력의 소유자가 정당하든 부당하든 간에 그 권위를 필요로 하며, 그런 의미에서 비록 부당한 칼리파일지라도 그의 권위는 정당화되어야 한다는 말이다. 이와 같이 국가를 있는 그대로 받아들이고 세속권력자를 정당화시키는 그의 태도는 선대학자들보다 더 정치적 현실주의에 치우쳐 있다. 그러면서도 그는 권력의 소유자wāli al-amr가 그의 백성들과 협의shūra하는 것을 의무화하였고, 종교를 멀리하였거나 자신들의 사욕과 목적을 위해 종교를 이용한 자들이 최후의 날에 심판을 받을 것임을 거듭 경고하였다.[36] 그런 연유에서인지 그는 아부 유수프처럼 이맘(칼리파)을 양치기에 비유하였고, 정의에 대해서도 각별한 주안점을 두고 서술하고 있다. 전승을 이용하여 "하루 동안의 정의로운 이맘이 60년간의 예배보다 낫다", "신이 사랑하는 자는 정의로운 이맘이며 가장 싫어하는 자는 전제적인 이맘"이라고 밝히고 있다.[37] 한 마디로 그는 모든 권위wilāya의 행사가 곧 하나하나의 신앙행위임을 분명히하였다. 실제로 그는 현세에서 바른 정치체제와 양호한 종교질서를 확립하기 위해서는 개인 및 공동생활의 개혁이 이루어져야만 하고, 샤리아 정신에 입각한 행정개혁이 단행되어야 한다고 주장한 개혁 주창론자였다. 그러한 이유로 그는 정치권력을 쥔 자들과 충돌하여 여러 차례 투옥되었는데 결국에는 다마스쿠스 감옥에서 사망하였다.

그는 정치권력과 종교에 관한 논의를 이 세상 만물이 신께 봉사하기 위

36 Ibn Taymiya, *Siyāsa Shar'i ya fī iṣlāh ar-rāī wa ar-ra'iyya*, al-Qāhira, 1951, pp.10~11.

37 같은 책, pp.118~119.

해 창조되었다는 신학자적 관점에서 시작한다. 국가라는 사회조직의 군주는 신께 봉사하기 위해 존재하고, 공동체를 다스릴 통치권은 샤리아를 권위 있게 해석할 수 있으며 새로운 시대적 · 장소적 상황에 맞게 이 법을 적용시킬 수 있는 '권위를 가진 자들ulul al-amr' 에게 위임되었다고 말한다. 세속권력은 종교와 분리될 수 없다. 정치권력과 종교에 관한 주제는 결국, "선을 명령하고 악을 금지하라"[38]는 대명제 아래 논의되어야 한다. 그는 종교와 정치권력이 분리된다면 국가는 무질서와 혼란 속에 빠질 것이고, 그러한 무정부상태를 우려한 그는 공공연한 반란행위를 반대했다.[39] 그는 어떤 무슬림도 형제에게 칼을 뽑아서는 안 되고 공익과 평화를 파괴하는 내란행위fitna를 용서받지 못할 죄로 규정하였다. 이는 부당한 칼리파에게 무장봉기를 직접 · 간접적으로 조장해 온 카와리지파의 교의에 반대하는 견해이다. 오히려 신을 경외하고 자비와 인내의 종교적 덕행을 실행하면서 '권위를 가진 자들' 에게 복종할 것을 가르쳤다.[40] 대신에 권위를 가진 자에게는 그들 스스로 정치적 덕행을 쌓는 데 전력을 다하고 정의를 실천하고 사욕에 빠지지 말 것을 당부하였다.

그가 전개한 정치이론의 결론은 종교와 함께하는 국가의 정치체제가 우수하다는 것으로, 결국 그의 이론은 철저히 샤리아에 논의의 초점이 모아졌다. 그 당시의 국가에서 이상적인 칼리파제가 복원되거나 시행되기는 이제 불가능했다. 칼리파제는 이미 소멸되었고 정치적으로 하나였던 공동체는 여러 독립국가들로 조각나 있던 때였다. 그가 마음속에 그리고 있는 국가는 샤리아에 기초한 『꾸란』적 국가였다. 국가의 목적이 신의 계시에

38 『꾸란』 22 : 41.
39 Ibn Taymiya, 앞의 책, p.28.
40 같은 책, p.140.

따르고, 신의 뜻에 귀의하며, 신에 복종하는 사회의 건설이었다. 만약 샤리아가 진정한 이슬람국가의 국가 구성법이 된다면 시대적으로 분리되어 있던 정신적 권위와 세속적 권위의 갈라진 틈을 공동체가 극복해 낼 수 있을 것이라고 그는 믿었다. 이 같은 그의 '샤리아 정치론', 즉 샤리아에 입각한 『꾸란』적 국가론은 근대 이슬람 부흥운동, 특히 와하비Wahhabi 사상의 모태가 되었고, 오늘날까지 후대의 많은 무슬림 정치사상가들에게 큰 영향을 끼치고 있다.

5. 이븐 칼둔의 종교정치 · 이성정치론

이상에서 본 바와 같이 중세 압바스 칼리파제의 위상은 정교일치를 원리로 하는 칼리파제의 이상理想과는 거리가 먼 것이었다. 번영의 절정기에 있던 초기 칼리파들은 세속권력에만 치우쳐 종교를 등한시했고, 정치권력을 잃은 후기 칼리파들은 종교적 권위만으로 명목상의 칼리파제를 지탱하였을 뿐이다. 그래도 국가권력을 형성한 지방의 무슬림 군주들은 칼리파에게 충성서약을 하고 왕권의 합법성을 얻으려 했는데, 그것은 칼리파제가 샤리아에 의해 확립된 무슬림의 의무사항이라는 전통적인 인식 때문이었다. 그리고 그 배경에는 알 마와르디와 알 가잘리 같은 법학자들이 부단히 칼리파제의 이론과 실제 사이의 허구적 관계를 합리화하고 동시에 법이론의 정립을 시도하여 이 제도를 영속시키려 한 노력이 있었기 때문이었다.

국가권력과 종교의 문제를 칼리파제 이론에 결부시켜 논의해 온 법학자들의 정치사상은 점차 현실주의쪽으로 기울어져 갔다. 모두가 칼리파제의 실현을 갈망하고 고수하려 했지만, 결국 정치현실과 타협하는 길을 걷지 않을 수 없었다. 그리고 이상적인 법의 요구와 급변하는 정치현실 사이의 괴리가 깊으면 깊을수록 타협의 정도는 클 수밖에 없었다. 그래도 알 가잘리의 시대까지는 법의 요구쪽에 순응할 수 있는 때였다. 샤리아의 관점에서 정치현실을 보아야 하는 법학자들의 우려와 관심사는 항상 부정한 자의 손에 쥐어져 있는 정치권력과 권위였다. 만약 그가 순나의 길을 걷는다면 하등 문제될 것이 없었다. 따라서 실존하는 국가권력과 정치현실을 인정하기 위해 그들은 다만 칼리파위의 자격조건이나 위임문제 등 칼리파제에 관계되는 이론과 규정들을 합리적으로 해석해내거나 수정하는 데에만 주력하면 되었다. 이 시기까지의 법학자들은 정치적 편의주의나 현실권력에 비록 머리를 숙이기는 했어도 이슬람 공동체의 통일과 이상적인 이슬람 정치제도의 골격을 유지하기 위해 나름대로 성공적인 노력을 경주했다고 말할 수 있을 것이다. 이렇게 해서 압바스조 후기의 허망한 정치현실 아래에서도 이슬람 칼리파제는 샤리아의 존엄성 · 지고성을 울타리와 방패로 삼아 계속 살아남을 수 있었던 것이다.

그러나 바그다드 압바스 칼리파제의 몰락은 국가권력과 종교에 관한 이슬람 정치사상의 흐름에 큰 획을 긋는 전기가 되었다. 국가권력을 있는 그대로 받아들여야 하는 현실주의 중심의 정치사상이 더욱 노골적으로 전개되기 시작한 것이다. 그리고 그것은 이븐 타이미야의 샤리아 정치론으로 합법화가 이루어져 귀결되었다. 이 귀결을 간과해서는 안 된다. 이 샤리아 정치론에 입각하여 그 후 이슬람세계에는 한 명 이상의 칼리파가 존재할 수 있다는 다수 칼리파제 허용론이 보편화되고, 칼리파위를 제도적 명제보다는 기능적 명제로 보는 새로운 칼리파제관이 나타나기 때문이다. 샤리아에 따라 통치하고 경건한 신앙의 길을 걸어가는 무슬림 군주〔王〕라면 누구라도 칼리파 칭호를 가질 만하다는 것이다. 칼리파제도가 합의의 산물이고 공동체의 공익을 위해 존속하는 것이라면, 만약 공동체의 이해관계에 변화가 생겼을 때 통치자는 새로운 현실과 조화를 이루기 위해 칼리파제의 원형에서 변형을 꾀해도 된다는 것이다. 이슬람원리의 근원적인 뼈대를 손상시키지 않는 한 현실에 적합한 정치제도의 적용을 가능한 것으로 본 것이다. 이와 같이 진보된 정치이론의 주창자는 이븐 칼둔이다. 물론 이것이 그의 독창적 이론은 아니다. 선대 법학자들의 정치이론을 깊은 통찰력으로 종합하여, 이븐 무깟파아보다 6세기 뒤, 알 마와르디보다는 4세기 뒤에 태어난 이 뛰어난 사상가가 자신의 유명한 문명론과 함께 자신의 명저인 『무깟디마*muqaddima*』에 담아 놓은 것이다. 그러한 의미에서 그의 이론은 중세 이슬람 정치사상의 종합판이라 해도 좋을 것이다.

그는 종교가 약화됨으로써 칼리파제의 세속적 측면을 강화시켜 필연적으로 칼리파제를 왕권제로 변형시켰다고 말하였다. 칼리파제의 종교적 측면의 약화가 왕정제 혹은 전제군주제가 일어나게 되는 요인이었다는 것이다. 그런데 이러한 추론보다 더 주목받을 만한 것은 왕권이 이슬람적인 것이라면 그것을 칼리파제 안에 포함시킬 수 있다고 한 주장이다. 이것은 알 가잘리나 이븐 자마아의 이론을 정교하게 다듬은 것으로 볼 수 있는데, 왕권제에서도 종교 교의와 관행에 의거한 정의의 통치를 하겠다는 통치자의 의지가 있고 또 그런 통치가 이루어진다면, 그것은 받아들일 만하다는 것이다. 즉 샤리아에 의존하는 왕권제라면 그것을 칼리파제 다음의 차선의 제도로 인정할 만하다는 것이다. 이것은 결국 이븐 타이미야의 샤리아 정치론에 부합하는 것이고 그 이론의 복사판인 셈이다. "결국은 종교였던 사회 통제력 와지으waji'가 아싸비아(집단감정, 결속력)와 검(무력)으로 대체되었다는 점을 제외하면 다른 변화가 없는 것이다."[41] 종교가 가졌던 국가사회 '통제력(와지으)' 으로서의 역할이 퇴색함에 따라 칼리파제 본연의 속성들이 소멸되고, 이러한 과정을 거치면서 국가는 왕권제로 바뀌었다는 것이다. 그는 정치형태를 종교정치siyāsa dīniya와 이성정치siyāsa 'aqliya로 구분하였는데, 앞의 것은 신법 샤리아에 근거하는 이슬람정부, 이슬람 정치의 것이고 뒤의 것은 인간 이성에 의해 만들어지는 세속법 까눈qanūn에 따라 통치되는 권력국가형의 정치형태이다.[42] 종교정치는 이익이 현세와 내세에 공존해 있는 칼리파제를 말하고, 이성정치는 이익이 현세에만 있는 왕권국가를 말한다. 그리고 나서 그는 이슬람국가의 이상적인 정치제도로서 칼리파제를 말하고 있다. 그에게 있어서 '종교로서의 이슬람' 은 국가정치제도의 가장 훌륭한 규범이자 근간이다. 왕권제는 다만 그 제도 안에서 샤리아가 존중되고 적용될 때, 이슬람국가에서 차선의 제도로 받아들일 만하다는 결론이다.

지금까지 보아 온 이슬람 법학자들의 한결같은 주장은 정치가 샤리아에 의한 것이어야 한다는 데 귀결되었다. 국가권력은 종교에서 유리되어 행사되어서는 바람직스럽지 않다는 것이다. 그리고 이것은 중세 이슬람 정치사상의 요체일 뿐만 아니라 무슬림 세계의 지배적 통념이 되어 오늘날까지 이어져 오고 있다. 현대 이슬람 국가들에서도 국가의 입법에 샤리아를 수용하는 목적과 적용범위에 따라 그 국가의 이슬람적 통치체제 유형이 구체화된다. 이것은 달리 말하면 그 국가가 얼마만큼 이슬람적 국가냐, 세속적 국가냐를 가늠하는 기준이 되고 있다는 것이다. 특히 오늘날 이슬람세계 곳곳에서 일어나고 있는 이슬람 부흥운동과 이슬람 원리주의자들의 주장도 결국은 그들 국가의 국가 구성법(헌법)에 샤리아를 적극적으로

---

41 Ibn Khaldūn, *Muqadimah*, al-Qāhira: Kitāb as-sha'b, n.d., p.186.

42 같은 책, p.170.

채택 · 수용하라는 것이다.

이븐 타이미야의 샤리아 정치론은 이븐 칼둔에 의해 그대로 재현되었다. 그리고 이것은 오늘날 이슬람 국가들에서 샤리아의 가르침에 대한 근대적인 재해석을 이끌어내며 현대의 정치환경과 조화를 이루는 통치이론으로 적용되고 있다. 이집트의 무함마드 압두나 파키스탄의 무함마드 이끄발 같은 현대 이슬람 개혁운동의 선각자들이 이븐 타이미야와 이븐 칼둔의 이와 같은 접근방법을 좇으려 했다. 현대 이슬람 국가들이 추구할 합리적 정치이론의 틀을 그들이 짜놓았다고 해도 과언이 아닐 것이다.

제11장 | 이슬람 전통에서 보는 기독교

—『꾸란』 속의 예수를 중심으로

1. 방황하는 자들의 길

『꾸란』의 첫 장인 개경장Fātiḥa은 『꾸란』의 모경'Ummu al-Qur'an이라는 별칭답게 『꾸란』 가르침의 본질을 담고 있다.[1] 자비롭고 자애로우신 알라Allāh께서는 만물의 창조주, 부양자, 심판의 날의 주재자이시며, 천지간 모든 근원을 소유하시는 지고의 존재자라는 속성을 서두에서 밝히고 "저희가 당신께만 경배드리나이다"라는 무슬림의 신앙고백을 그 중심부에서 표현하고 있다. '유일신 알라에 대한 믿음'은 『꾸란』 전편에서 강조된 이슬람의 기본 교의이다. 그런데 주목할 것은 단지 7절로 된 이 짧은 장의 마지막 부분이 "저희를 올바른 길로 인도하여 주소서"라는 간구로 되어 있다는 점이다.

이 올바른 길ṣirāt al-mustaqīm이란 무엇인가? 이 개경장에서 밝히고 있는 그 길은 첫째, "하나님의 노여움을 산 자들의 길"이 아니고, 둘째, "길을 잃고 헤매는 자들의 길"도 아니다. 그것은 "하나님께서 그들 위에 은총을 내리셨던 자들의 길"이다. 여기서 그들이란 항상 신께 복종하던 자들이고 이 올바른 길이 바로 이슬람이다. 그런데 이슬람 전통에서는 첫 번째의 '하나님의 노여움을 산 자'들의 길은 유대인들의 길이고, 두 번째의 '길을 잃고 헤매는 자들aḍ-ḍālīn'의 길은 기독교인들의 길이라 말하고 있다.[2] 그렇다면 여기서 말하는 『꾸란』의 그 '올바른 길'로부터 과연 어느 측면이 일탈되었기에 이슬람 전통에서는 기독교인들을 길을 잃고 헤매는 자들이라 부르고, 기독교를 '방황하는 자들의 길'로 보고 있는가? 이것을 규명해

---

1 개경장Fātiḥa은 초대 그리스도교의 「사도신경」과 같이 무슬림들에게는 예배 때마다 암송되는 신앙 고백문이다.

2 Jalāl ad-Dīn 'abd al-Raḥman b. Abī Bakr as-Suyūtī, *Tafsīr al-Jālalīn lil 'Amāmīm al-Jalīlīn*, Baghdad: Maktabah an-Naḥda, 5th ed., 1988, p.2.

보기 위해서는 기독교의 신관神觀이 예수 그리스도 안에서 계시된 하나님이므로 다른 주제보다 『꾸란』 계시 속에 나타난 예수의 실상을 중점적으로 고찰해 봄으로써 접근할 수 있을 것이다.

이슬람 전통에서 보는 예수의 위치는 유대교와 기독교의 두 극단적 견해 사이에 놓여 있다고 말할 수 있다. 왜냐하면 유대인들은 그를 신의 예언자로 받아들일 것을 거부하고 단지 한 사기꾼imposter으로 심판한 반면, 기독교인들은 그를 신과 동일시하여 신앙의 대상으로 삼았다. 이에 비해 이슬람은 그를 신의 위대한 예언자 중의 한 사람으로 간주하고 있기 때문이다. 이슬람 전통에서 보는 예수는 아브라함, 모세, 무함마드와 동렬에 있는 신의 사자使者이다.[3] 이것은 무슬림들이 신의 존재의 유일성과 신의 가르침의 유일성을 믿고 있는 데 기초한다. 신의 가르침은 아담에게 계시된 이래 연속 보내어진 신의 사자들에 의해 보완적으로 이어졌다. 종국에는 무함마드에게 계시되어 신과 인간의 관계, 인간과 인간의 관계, 인간과 우주·삼라만상의 관계를 우리에게 가르쳐주고, 이와 같은 마지막 신의 가르침에 의해 '올바르게 사는 길'인 종교 '이슬람'이 완성되었다는 것이다. 무슬림들은 모세 오경Torah, 복음서Injil, 시편Jabur 등 앞선 경전들의 내용이 보완·정정·확증되어 완벽한 것으로 계시된 것이 『꾸란』이라고 믿고 있다.[4] 종래 계시된 종교들 사이에서 발견되는 교리상의 상충관계는 원래 하나님의 말씀에 인위적으로 개조된 요소가 첨삭되었기 때문이고, 이것이 이슬람에 의해 비로소 순정해졌다는 것이다.

이슬람 전통에서 직접적으로 논란의 대상이 되는 기독교 교리상의 주요

3 A. J. Arberry, *Religion in the Middle East*, Cambridge: Cambridge University Press, 1976, p.387.

4 『꾸란』 5 : 16~17 참조.

주제는 삼위일체론에 직결된 예수의 신성론, 하나님의 아들론과 지상에서의 그의 사명론이다. 그 외 원죄사상, 속죄와 구원론 등도 예수의 십자가 처형사건과 관련하여 자주 논의되고 있다. 한편 이 글의 앞부분에서는 예수의 탄생을, 마지막에서는 예수의 승천과 재림론을 다루었는데, 앞의 것은 『꾸란』의 내용이 복음서의 것을 확인하는 것이므로 관련된 계시를 소개하는 데 그쳤고, 뒤의 주제 역시 아직도 『꾸란』 주석가들 사이에서 견해의 일치를 보지 못하고 있는 것이므로 무슬림들 간의 논쟁점만을 살펴보았다.

2. 예수의 탄생

예수 탄생 이전까지 인간이 태어나는 양태로는 첫째, 아담과 같이 부모의 존재 없이 창조된 경우, 둘째, 이브와 같이 여성의 존재 없이 창조된 경우, 셋째, 우리와 같이 부모의 존재에서 태어나는 경우의 세 가지를 들 수 있는데, 예수는 아버지의 존재 없이 창조된 네 번째 경우가 되었다. 무슬림들은 이러한 것들이 모든 형태의 창조가 가능한 알라의 전능하심을 보여주는 실례라고 믿고 있다. 처녀 마리아를 통한 예수 탄생도 "그가 있으라 하면 있게 되는kun fa-yakunu" 신의 의지에 의한 것일 뿐이다. 이슬람 전통에서는 예수 탄생 당시 인간 공동체가 하나님의 가르침과 참뜻에서 멀어져 있었기 때문에 하나님께서는 새로운 창조의 형태로 그의 권능과 존재함을 보이시고 그 공동체로 하여금 새 예언자를 통해 보낼 계시와 인도를 따르게 하셨다고 보고 있다.[5]

5 Ḥammudah Abdalāti, *Islam in Focus*, American Trust Publications, 1975, pp.154~155.

『꾸란』에는 수태고지 이전부터 마리아가 영예스러운 여인으로 등장한다. "보라 천사들이 말하기를, 마리아여! 하나님께서는 너를 선택하여 너를 정결케 하셨고 너를 세상의 여인들 위에 선택하셨도다"(『꾸란』 3 : 42). 여기서 선택이라는 말이 두 번 언급되는데, 첫째의 선택은 예고자nadhīrun나 성직의 사제 신분으로 그녀 이전까지는 여성이 선택된 경우가 없었는데 그녀가 처음으로 받아들여졌음을 의미하고,[6] 둘째의 선택은 하나님께서 그녀를 영광되게 높이시어 존경받는 위치에 있게 하셨음을 나타낸다고 해석된다.[7] 그녀는 아들 예수와 함께 사탄으로부터 보호받는 여인이었으며(『꾸란』 3 : 36), 그녀의 순결성과 진실성은 『꾸란』 21 : 91, 66 : 12, 5 : 78에서 증명된다. 그녀는 『꾸란』에서 이므란ʻImrān의 딸(『꾸란』 66 : 12),[8] 아론Hārūn의 누이로 불리었고(『꾸란』 19 : 28),[9] 예언자 자카리야의 도움으로 성장한다(『꾸란』 3 : 37). 그리고 그녀가 성숙한 여인이 되었을 때 가브리엘Gabriel 천사가 인간의 형상으로 나타나 예수 탄생의 복음을 알린다(『꾸란』 19 : 17~19). "보라 천사들이 말하기를, 마리아여! 실로 하나님께서는 그로부터 네게 기쁜 소식의 한 말씀을 알리노니 그의 이름은 메시아, 마리아의

---

6 마리아의 모친은 『꾸란』에서 '이므란가家의 여인'으로만 불려졌으나 이슬람과 기독교 전승에 따르면 그녀는 한나Hannah(라틴어 안나, 영어 안네)이다. A. Yusuf Ali, *The Holy Quran, Translation and Commentary*, Jeddah: Dār al-Qiblah for Islamic Literature, 1403H, p.13 주해 375. 그녀는 마리아를 성전에 바치기로 맹세하였고 하나님께서는 이를 수락함. 『꾸란』 3 : 35~37 참조.

7 As-Suyūtī, 앞의 책, p.70.

8 이므란은 구약의 모세, 아론, 미리암의 아버지 아므람Amram(민수기 26 : 59)과 동명이인임. 이슬람 신학자 Baidāwī와 Zamakshari에 의하면 두 이므란간에는 약 1,800년의 연대 차이가 남. George Sale, tr., *The Koran*, London: Fredrick Warne, p.46.

9 모세의 형과 마리아의 오빠도 동명이인이다. George Sale, 같은 책, 같은 면. 마리아에게 아론Aron이란 오빠가 없으면서 우크트 아론'ukt Aron(아론의 누이)이라 불려졌다면 그것은 아론이 이스라엘 사제계급의 장長이었고 마리아도 사제로 바쳐졌으므로 사제간에 속해 있다는 의미로 호칭된 것으로 해석된다. Yusuf Ali, 앞의 책, p.773 주해 2481.

아들 예수니라"(『꾸란』 3 : 45). 예수'Isa는 『꾸란』에서 단독으로 호칭되기보다는 이 성구에서처럼 거의 마리아의 아들Ibn Mariyam 칭호와 함께 불리고 있다. 이것은 그가 하나님의 아들이 아니라 인간의 아들이라는 점을 강조한 것이라고 무슬림들은 말한다.

『꾸란』에서 계시된 예수 탄생은 복음서의 내용과 차이가 없다. 단지 그것을 확인해 주거나 구체적인 설명을 더해 주는 내용일 뿐이다. 그러나 이슬람 전통에서 중시하여 지적하는 것은, 신에 의해 창조된 이 기적적인 탄생의 의미에서 기독교가 예수를 신성으로 믿는 교의의 기초를 세웠다는 점이다. 무슬림들은 단지 하나님의 권능과 의지만을 재인식하고 예수를 인성으로 받아들였을 뿐이다.[10] 처녀 마리아의 수태와 기적적 창조에 관한 알라의 권능을 다음 계시에서 볼 수 있다.

> "그녀가 말하기를, 주여, 남자가 제게 접촉하지 않았는데 제가 어찌 아들을 가질 수 있습니까? (천사가) 말하기를 그와 같을 것이다. 알라께서는 그가 원하시는 것을 창조하시니 그가 어떤 일을 하고자 하시면 그것에 대해 (다만) 말씀하시기를 있어라 그리하면 그것이 있느니라"(『꾸란』 3 : 47).

마리아는 잉태하여 멀리 떨어진 곳makan qaṣīyy[11]으로 옮겨갔다가 해산의 고통을 맛본 후 아들을 안고 친족들에게로 돌아왔다(『꾸란』 19 : 22~27). 사람들의 놀라움은 컸다. 그리고 고귀한 혈통, 훌륭한 가문의 이름을 그녀가 욕되게 했다고 비난하였다(『꾸란』 19 : 28).[12] 이때 요람에 있던 예수

---

10 W. Montgomery Watt, *Islam and Christianity Today—A contribution to Dialogue*, London, Boston, Melbourne and Henley: Routledge & Kegan Paul, 1983, pp.101~102.

11 수태고지와 잉태는 예루살렘Jerusalem 북방 65마일 지점 갈릴리Galilee의 나자렛Nazareth에서, 출생은 예루살렘 남방 약 6마일 지점 베들레헴Bethlehem으로 본다. Yusuf Ali, 앞의 책, p.722 주해 2475.

가 기적적으로 다음과 같이 말을 하여 그의 어머니를 곤경에서 구하였다.[13]

"나는 실로 하나님의 종이요 그분은 내게 성서를 주셨고 나를 예언자로 삼으셨도다"(『꾸란』 19 : 30). "내가 어느 곳에 있든지 나를 축복받은 자로 만드셨고 내가 살아 있는 한 예배드리고 자카트를 바치라고 명하셨다"(『꾸란』 19 : 31).

예수 출생과 마리아에 대한 『꾸란』의 설명은 주로 『꾸란』 3 : 42～49와 『꾸란』 19 : 16～34 두 곳에 담겨 있다. 여기의 내용 중 기독교 『성서』와 유사한 점은 다음과 같이 요약할 수 있다. 1) 마리아는 정숙하고 영예스러운 여인, 2) 있어라 하면 있게 되는 창조주의 능력, 3) 예수는 하나님의 말씀, 4) 예수는 유대인이 기다리던 메시아, 5) 예수는 남성의 개입 없이 기적적으로 출생, 6) 예수는 하나님의 계시를 가져온 자, 7) 예수는 죽은 자를 살리고 장님과 앉은뱅이에게 기적을 베푼 자, 8) 하나님은 아기 예수에게조차 말할 수 있는 기적적 능력을 주신 전능하신 분.

3. 하나님의 아들

기독교에서의 그리스도 표현은 희랍어 christos에서 유래하고 히브리어 Messiah에서 번역된 것으로, 기름부음을 받은 자를 의미한다. 그러나 복

12 마리아와 그녀의 사촌 엘리자베스Elisabeth(야히야Yahya〈요한〉의 모친)는 사제 가문 출신이다. 사제직이 승계되던 아론가家의 명예를 말한다. Yusuf Ali, 앞의 책, p.773 주해 2480～1.

13 예수가 기적적으로 말을 할 것이라는 계시: "그는 요람에서도 어른이 되어서도 사람들에게 말을 할 것이고…." 『꾸란』 3 : 46 참조.

음서에 나타난 그리스도의 칭호는 그렇게 많은 편이 아니다. 더구나 예수 자신은 한 번도 자신을 그리스도라고 부른 흔적이 없을 뿐만 아니라 그렇게 주장한 것 같지도 않다. 하지만 복음서 전승이 형성될 무렵 초대교회는 예수를 그리스도로 믿었고 또 그를 메시아로서 신앙고백을 하고 있다. 그들은 부활한 예수를 '인자'[14]와 '하나님의 아들'로 선포하고 이를 믿었다. 그 후 그리스도라는 칭호가 '예수가 누구냐?'라는 질문의 대답으로 정립된 것이다.[15]

이에 비해 『꾸란』에서의 예수는 처음부터 메시아al-Maṣīḥ(알 마시흐)라는 이름으로 나타난다. 이 칭호는 히브리어 Messiah가 시리아어를 거치면서 아랍어로 알 마시흐al-Maṣīḥ가 된 것인데, 이사'isā와 동일하게 고유명사화하여 쓰이고 있다. 그러나 주시해야 할 것은 이슬람에서의 메시아와 기독교에서의 메시아가 의미상 크게 다르다는 점이다. 「마태」에서 예수는 하나님의 의지와 권능에 의하여 나신 하나님의 기름부음을 받은 자 메시아이고, 하나님의 의지에 의하여 그의 백성을 그들의 죄에서 구원하실 자이며, 동시에 그는 임마누엘Immanuel, 곧 '하나님이 우리와 함께 계심'이다. 「누가」에서는 천사가 마리아에게 그녀의 아기가 '지극히 높으신 이의 아들', 곧 '하나님의 아들'이라 일컬어질 것임을 통고한다. 그러나 무슬림들은 복음서 기록자들이 하나님께서 인류를 위하여 메시아를 보내셨다는 사실에 주목하여 기록한 부분과, 예수가 곧 이 땅에 보내어진 구원자, 경고자, 예언자라고 기록한 부분은 똑같이 동의하고 있지만, '하나님 자신이 인류를 위하여 메시아 되어 오심'이라는 부분은 절대 부인하고 있다. 이슬

14 예수가 스스로 부른 이 칭호는 복음서 안에서 81회 나온다. 혹자는 이것이 예수 자신이 그의 인성을 강조한 것으로 본다. Maneh Hammad Al-Johani, *The Truth about Jesus*, Riyadh: WAMY, 1989, p.21.

15 선우남 외, 『기독교 개론』, 형설출판사, 1981, 180쪽.

람 전통에서는 기독교인들이 이 말을 예수가 '기름부음을 받은 자', '하나님의 말씀'이라는 원래 뜻에서 크게 벗어난 뜻으로 곡해하고 있다고 본 것이다. 즉 기독교인들은 그리스도Christ가 신의 육신화the Incarnation이고 '하나님의 말씀'을 '하나님의 존재하심'으로, 즉 '하나님이 되신 것'으로 오해하고 있다는 것이다.[16]

기독교에서는 메시아와 같은 뜻으로 하나님의 아들이라는 명칭을 사용한다. 그것은 베드로가 고백한 "주는 그리스도시오, 살아 계신 하나님의 아들이시나이다"라고 한 말에 잘 나타나 있다. 하나님의 아들은 선재先在하던 존재인데, 때가 되어서 하나님께서 그의 아들을 세상에 보내셨다는 것이다. 그러나 이슬람 전통에서는 복음서 기록자들이 선언한 이 부분 때문에 기독교인들이 오류의 길을 걷고 있다고 믿고 있다. 알 조하니Al-Johani 박사는 하나님의 아들이라는 표현 역시 예수 자신이 직접 한 말로서는 복음서에서 거의 나타나지 않는다고 지적하였고,[17] 술레이만 무파씨르라는 학자는 희랍어 신약에서 Servant에 해당하는 Pias, Paida가 아랍어에서는 굴람ghulām, 즉 '소년, 아들, 종'의 뜻인데, 이 말이 성경을 여러 다른 언어로 번역하는 과정에서 예수에게 붙여져 아들son이 되고 다른 사람에게 붙여져 종servant이 되었다고 주장하고 있다.[18] 이슬람 전통에서는 그가 마리아의 아들로서만 불려야 타당하다. 한 마디로 이러한 시각 차이로 기독교와 이슬람은 근원적으로 갈라서게 되고, 무슬림들은 기독교인들이 올바른 길에서 벗어나 있다고 보게 된 것이다.

"하나님께서 아들을 취하신다는 것은 하나님께는 있을 수 없는 일이다.

---

16 Aḥmed Deedat, *Christ in Islam*, Karachi: Begum Aisha Bawany Waqf, 1986, p.13.

17 Al-Johani, 앞의 책, p.20.

18 Sulaiman Mufaṣṣir, *Jesus in the Quran*, Indianapolis: American Trust Publications, 1978, p.11.

그분께 찬미 있으라. 그분께서 어떤 일을 하고자 하시면 그것에 말씀하시기를, 있으라 그리하면 있느니라" (『꾸란』 19 : 35). 같은 장 끝에서는 '하나님께서 자식을 가지심' 이라는 말이 얼마나 부당한가를 강조하기 위해 잇드'idd(불행, 재난)라는 단어를 사용하였는데, 여기서의 뜻은 '무도막심함', '재앙이 내릴' 이다. "저들이 말하기를, 자비로우신 하나님께서 아들을 취하셨다 하니 실로 너희는 큰 재난을 가져왔도다" (『꾸란』 19 : 88~89). 지고하신 하나님의 존재에 대한 이러한 불경스러운 말은 하나님의 속성을 정면으로 부정하는 터무니없는 말이다.[19] "그런 말 때문에 하늘은 찢어지고 터져 버리며 땅은 갈라지고 산이 조각날 지경인바" (『꾸란』 19 : 90). 이것은 "자비로우신 하나님께 아들이 있다고 주장하기 때문이다" (『꾸란』 19 : 91). "가장 자비로우신 하나님께서는 아들을 취할 필요가 없으니" (『꾸란』 19 : 92). "실로 하늘과 땅에 있는 자 모두가 자비로우신 하나님께 단지 종으로서 올 것이니라" (『꾸란』 19 : 93). 우주의 피조물은 만유의 주이신 하나님께 속하고 예수도 한 피조물로 그에 속한 한 종일 뿐이다. 『꾸란』 주석가들은 전지전능하신 하나님께는 어떤 의미에서건 조력자나 아들이 필요하지 않음을 이 계시들에서 보여준다고 말한다.[20]

기독교 신관의 중심적 존재인 예수를 이슬람 전통에서는 성자聖子로 받아들이지 않았다. 무슬림 관점에서는 단지 기독교인들이 진리에서 멀어져 있을 뿐이다. "유대인들은 에즈라[21]가 하나님의 아들이라 말하고 기독교인들은 메시아를 하나님의 아들이라 말하니 그것은 그들의 입으로 말하는

19 Muḥammad Farīd Wajdi, *al-Maṣḥaf al-Mufaṣṣir*, part 1, al-Qāhira: Maṭabi' as-Sha'b, 1377A.H., p.405.

20 같은 책, 같은 면.

21 에즈라Ezra(아랍어 Uzair)는 토라를 완전히 암기하던 이스라엘 예언자 중 한 사람. 하나님께서는 100년간 그를 죽게 하셨다가 다시 보내었다 함. 이를 본 유대인 중 일부는 그를 하나님의 아들로 믿게 되었다. 같은 책, p.245.

그들의 말일 뿐이다. 이는 이전에 하나님께서 싸우셨던 불신자들의 말을 그들이 유사하게 하고 있는 것으로 얼마나 그들은 진리에서 멀어져 잘못 되어 있는가"(『꾸란』 9 : 30). 하나님께서는 무함마드에게 기독교인들을 불러 그들이 길을 잘못 들어섰다는 것을 알리고 유일신 하나님께만 경배드려야 함을 가르치게 하셨다. "실로 하나님은 나의 주님이시고 너희의 주님이시니 그분께 경배하라. 이것이 올바른 길이니라"(『꾸란』 19 : 36).

그런데도 예수가 하나님의 아들이 아니라는 확증된 진리를 받아들이지 않고 계속 이견을 내세우는 무리에게는 심판의 날 재앙이 내려질 것이라고 경고하였다(『꾸란』 19 : 37).[22] 그리고 그것은 그들이 부주의하고 믿음을 소홀히하는 상태에 남아 있는 탓이라고 『꾸란』은 말한다(『꾸란』 19 : 39).[23] 이러한 이유 때문에 하나님께서는 아브라함이 걷던 신앙의 길을 기독교인들에게 상기시킬 것을 무함마드에게 명하셨다. "진실로 그(아브라함)는 진실한 자였고 예언자였느니라"(『꾸란』 19 : 41). 기독교인Naṣrāniyūn들이 하나님 대신에 예수를 경배하고 아랍의 불신자kāfirūn들은 우상을 숭배하므로 유일신 하나님만 경배하였던 아브라함의 신앙이 새롭게 강조되어 무함마드에게 계시된 것이다. 그는 하나님의 의지에 절대로 복종하는 자였다. 아브라함의 절대 순종하는 길이 올바른 길ṣirāṭ al-mustaqīm이며, 그것이 바로 '하나님의 은총이 내려졌던 자들의 길ṣirāt ala-dhīna 'an'amta 'alyhīm', 곧 이슬람Islām의 길이다.

이슬람 전통에서는 예수가 인간 부친을 가지지 않고 출생한 사실에 기인하여 그가 신의 아들이 되는 등식을 기독교에서처럼 만들 수는 없다고 말한다. 그러한 기준에 의한다면 아담은 인간 부친이나 인간 모친 어느 쪽

22 같은 책, p.399.
23 같은 책, p.400.

도 가지지 않았으므로 당연히 신의 아들이어야 할 것이다.[24] 『꾸란』은 두 경우의 기적적 창조를 다음과 같은 간단한 절에서 밝히고 있다.

> "하나님 앞에서 예수의 예는 아담의 경우와 같다. 그를 흙으로 창조하시고는 그에게 말씀하시기를 있으라 하니 있게 되었다"(『꾸란』 3 : 59).

예수의 탄생은 신의 의지로서 무슬림들의 신앙에는 어떠한 영향도 끼치지 못하였다. 앞서 말한 바와 같이 예수가 인간 부친의 존재 없이 신에 의해 창조되었으므로 그가 신의 아들이어야 한다면 인간 부친과 인간 모친 없이 창조된 아담은 더욱 신의 아들일 것이다. 이것을 비유적으로 확대하여 신의 부성父性을 형상적 의미로 해석해 본다면 그것은 온 인류에게도 적용될 수 있을 것이다. 혹은 사제계급같이 신을 위해 봉사하는 특정 계층의 사람들에게는 평범한 사람들보다 더 적용될 수 있는 말일 것이다. 인간이 신의 가장 뛰어난 창조물이고 인간의 시조 아담이 신의 영靈, rūh에 의해 창조된 만큼, 만약 신의 아들이라는 속성을 예수에게만 적용한다면 그것은 잘못이라는 주장이다.[25]

4. 예수의 신성神性

신이 한 분임은 모든 일신교 계시들의 기본이다. 간명한 이 원리를 특히 이슬람 전통에서는 가장 중요시한다. 예수의 신성은 그에 대한 성자론이 부정되는 것과 마찬가지로 배격될 뿐이다. 『꾸란』의 니사아Nisā' 장(제4장)

---

24 Al-Johani, 앞의 책, p.8.
25 Deedat, 앞의 책, p.155.

에서 하나님께서는 기독교인들을 향하여 다음과 같은 특별한 계시를 내리셨다.

"성서의 백성들아, 너희의 종교에서 지나치지 말지어다. 하나님에 대해 진리 외에는 말하지 말라. 진실로 마리아의 아들 예수, 메시아는 하나님의 사자이고… 그러니 하나님과 그분의 사자들을 믿고 삼위三位는 말하지 말라. 너희가 그친다면 너희에게 유익하리라. 진실로 하나님께서는 유일신이시도다"(『꾸란』 4 : 171).

이슬람 신학의 근본은 유일신 알라를 믿는 타우히드tawḥīd(유일신관)이다. "너희들의 하나님은 유일한 신이시며 그분 외에는 신이 없도다"(『꾸란』 2 : 163). 유일신관은 『꾸란』 전편에서 거듭 강조되는 가르침의 정수이자 핵심이다. 다른 죄라면 신의 용서가 있을 수 있으나 신의 유일성을 부정하는 행위는 결코 용서받지 못한다.[26] 하나님은 위대한 영광을 누구에게도 양도하지 않으신다. 이슬람 전통에서는 삼위일체론을 기독교가 그리스-로마화하면서 만들어진 인위적인 사상으로 본다. 그리고 예수의 신성은 바울과 그의 추종자들이 가져왔고, 니케아 공의회Nicaea(325년)에서는 예수의 인성론이 우세했음에도 불구하고, 예수의 신성을 인정하는 기독교 정통 교리의 기본 신조가 형성되었다고 본다.[27]

이슬람 전통에서는 당시 이루어진 현존하는 정경 네 복음서(「마태」·「마가」·「누가」·「요한」)의 채택에도 이의를 달고 있다. 위전Apocrypha으로 버려진 복음의 문서들 중에는 비록 그것들이 네 복음서보다 더 믿음직한 출

26 Abul A'la' al-Maududi, *The Meaning of the Quran*, vol.Ⅲ, Lahore: Islamic Publication, Ltd., 1975, p.250.

27 Waqf Ikhlas Publications, No.12, *Islam and Christianity*, Istanbul: Hakikat Kitabevi, 1989, p.241, 242, 248.

처를 가진 것은 아닐지라도 분명히 예수의 제자들에 의해 씌어진 것들이고 똑같이 출처가 확실한 것들도 있다는 것이다. 예컨대「바나바 서신 Epistle Barnabas」이나 일반적으로「목양서」로 알려진「헤르마스 목양자 서 Shepherd of Hermas」 같은 것은 『꾸란』과 내용이 일치하는 것도 들어 있는 가치있는 것들로 간주하고 있다.[28] 인간 공동체가 전대의 해석이나 판결에 오류가 있는 사상이나 믿음까지도 전통으로 이어가고 있다는 것을 다 아시는 하나님께서는 그 오류들을 발견할 수 있는 능력이 없는 인간들에게 새로운 증거로서 『꾸란』을 내려주셨다는 것이다. "오 백성들아, 너희의 주님으로부터 확실한 증거가 너희들에게 왔도다. 우리가 너희들에게 분명한 빛을 내려 보내었노라"(『꾸란』 4 : 174). 예수의 신성론은 기독교 내에서도 이단과 정통을 가늠하는 기준이 되어왔다. 그리고 무슬림들은 『꾸란』이 이러한 논쟁을 불식시키는 분명한 증거이자 광명으로 계시되었다고 믿고 있는 것이다.

따라서 이슬람 전통에서 보는 기독교인들은 예수의 신성을 주장하는 한 불신자의 대열에 남아 있을 뿐이다. "진실로 하나님 그분은 바로 마리아의 아들 메시아입니다라고 말하는 자들은 불신자들이니…"(『꾸란』 5 : 19). 이와 똑같은 계시가 『꾸란』 5:75 서두에 다시 한번 반복된다. 그리고 이어서 예수 자신이 다음과 같이 그의 백성들에게 경고하고 있다. "…그리고 예수가 말하기를, 오 이스라엘의 자손들아, 나의 주님이시며 너희의 주님이신 하나님께 경배하라. 실로 하나님께 다른 비견할 것을 두는 자는 하나님께서 그에게 천국을 금하셨으며 지옥이 그의 거처가 되리라…"(『꾸란』 5:75).

아랍어로 쉬르크shirk는 그 뜻이 '하나님과 같은 서열에 두고 숭배되는 대상'으로, 이는 곧 다신론과 다신교polytheism를 의미한다. 이슬람 전통에

28 Mufaṣṣir, 앞의 책, p.7.

서는 만유의 주, 지고의 절대자께 다른 어떤 피조물을 비견하여 놓는다는 것은 곧 신의 유일성을 침해하는 가장 큰 죄인 것이다. 위 『꾸란』 5 : 19와 5 : 75는 예수의 신성을 오류라고 판명한 대표적인 계시들 중의 하나이다. 특히 『꾸란』 5 : 75에서는 '하나님께 다른 비견할 것을 두는 자man yushriku bi-llāhi'가 되지 말 것을 기독교인들에게 경고하고 있는데, 이러한 맥락에서 사실상 오늘날 무슬림들은 기독교인들을 무슈리쿤mushrikun(다신교도, 우상숭배자)이라 부르고 있다. 예수를 쉬르크로 둔 자들이기 때문에 결국 다신교도polytheist로 본 것이다. 그뿐만 아니라 삼위일체나 예수에 대해 소위 성신聖神이라는 말을 거론하는 것 자체가 불신자들의 행위임을 『꾸란』에서는 다음과 같이 명시하고 있다.

> "하나님께서는 삼위三位 중의 제3위이십니다라고 말하는 자들은 불신자들이라. 하나님 한 분밖에 신은 없느니라. 만약 그들이 (그렇게) 말하고 있는 것을 그치지 않는다면 분명코 고통스런 징벌이 그들 중의 불신자들에게 닥쳐오리라" (『꾸란』 5 : 76).

여기서 언급된 쌀리스 쌀라싸틴thālith thalāthatīn(삼위 중의 제3위)은 삼위일체론 중의 성신이라는 말로 '하나님은 오직 1위'뿐인 무슬림에게는 무의미한 말일 뿐이다.

이슬람 전통에서 볼 때 기독교인들이 '길을 잃고 헤매는 자'가 된 첫째 요인은 이와 같이 예수를 신격화하여 하나님 존재에 대해 거짓을 말하는 것이고, 둘째는 진리인 『꾸란』과 샤리아sharī'a(이슬람법)를 인정하지 않기 때문이다. 따라서 그들에게는 회개와 함께 이 진리를 받아들이는 것이 올바른 길로 되돌아오는 선행조건이다. "하나님에 대해 거짓말을 하고 진리가 왔을 때 그것을 거짓이라고 생각한 자보다 더 잘못을 저지르는 자 누구냐?"(『꾸란』 39 : 32). "그럼에도 불구하고 그들은 어찌하여 하나님께 회개하지 않고 그분께 용서를 구하지 않느냐? 하나님께서는 관용하시고 자애로우신 분이도다"(『꾸란』 5 : 74). "말하라, 성서의 백성들이여. 진리 이외에 너희의 종교에서 지나치지 말라. 그리고 이전에 길을 잃고 헤매었던(ḍallū, ḍalla의 3인칭 복수형임) 사람들의 사욕에 순종하지 말라. 그들은 많은 사람들을 길을 잃게 하였도다('aḍallū) 그들은 옳은 길에서 이탈하였노라(ḍallū 'an-i sawā'i-ssabīl)"(『꾸란』 5 : 77). 여기서 쓰여진 아랍어 동사 달라 ḍalla는 '(길을 잃고) 헤매다' 혹은 '떠돌아다니다'라는 뜻인데, 이 계시의 중간에서 쓰여진 것처럼 4형 동사 아달라'aḍala가 되면 '길을 잃게 하다'라는 뜻이고, 마지막 부분의 달라 안 이 싸빌ḍalla 'an-i-ssabīl은 '옳은 길에서 헛갈리다'의 뜻이다. 또한 여기서 옳은 길을 표현한 싸와 이 싸빌sawā-i-ssabīl은 이 글의 첫머리에서 언급된 '올바른 길', 즉 씨라딸 무스타낌ṣirāṭ al-mustaqīm과 동의어이다. 따라서 이 계시의 의미는 성자론과 성신론을 받아들임으로써 옳은 길에서 헛갈려 방황하였던 무리들의 길을 따르지 말고 올바른 길, 즉 이슬람의 길을 따라야 한다는 것을 유대교도와 기독교인들에게 말해주고 있는 것이다.[29]

예수에 대한 이슬람 전통에서의 신성 부정은 최후심판의 날에 하나님과 그의 종 예수 사이에서 나누는 다음과 같은 대화식 계시에서 확연해진다. 그날 모든 신의 사자들뿐만 아니라 죽은 자와 산 자 모두가 하나님 앞에 줄서 모이게 되고, 이때 하나님은 그의 사자들에게 그들이 어떻게 그들 공동체에 받아들여졌고 그들은 무엇을 그 공동체에 전하였는가를 물으실 것이다. 예정된 물음 중 예수에 관한 대목이 바로 그것이다.

---

29 As-Suyūṭī, 앞의 책, p.152.

"보라, 하나님께서 말씀하시기를 마리아의 아들 예수야, 네가 사람들에게 '나와 내 어머니를 하나님 외에 두 신으로 섬기라' 말하였더냐. (예수가) 말하기를 당신께 찬미드리옵니다. 제가 권리를 가지지 못한 것을 제가 말한다는 것은 결코 있을 수 없나이다. 만약 제가 그렇게 말하였다면 당신께서는 그것을 이미 아셨을 것입니다. 당신께서는 제 마음속에 있는 것을 다 아시나 저는 당신의 마음속에 있는 것을 알지 못하옵니다. 진실로 당신만이 감추어진 것을 다 아시는 분이십니다"(『꾸란』 5 : 116).

예수 스스로 자신에 대한 성신론 신앙을 부인한 위 성구는 무슬림 전통사회에서 가장 빈번하게 삼위일체 부정론에 인용된 것이다. 그런데 혹자는 이 계시의 내용으로 보아서 이슬람 전통에서 부정하는 기독교의 삼위일체가 '하나님, 그의 아들 예수, 마리아'를 대상으로 한 것이 아닌가 하는 문제를 제기하고 있다. 그렇다면 이것은 정통 기독교 교리의 삼위일체론과는 상이한 것으로, 오히려 삼신론三神論 · 삼위이체론三位異體論, tritheism 적 개념이 짙은 것이거나 일면 마리아를 숭배하는 기독교 종파Mariamities 와 비교해 볼 수 있는 것이 아니냐는 물음이다.[30] 그러나 무슬림들은 이것을 반박한다. 먼저 이슬람 전통에서는 하나님을 아버지라 부르는 것이 결코 허용되지 않는다. 아버지라는 호칭이 비록 창조주와 피조물 간의 정신적 유대를 가장 밀접하게 표현한 의미상의 말이라고 할지라도 그것은 하나님의 절대성과 지고성에 대한 불경한 행위일 뿐이라고 간주한다. 아버지라는 말은 상대격인 어머니를 연상하게 할 수 있는데, 비록 그러한 혈연적 관념에서는 초월할 수 있다 하더라도 엄밀한 의미에서 이것은 알라의 유일성을 침해한다고 말하지 않을 수 없다.[31] 따라서 어떠한 은유적 의미

30 H. A. R. Gibb & Others, *Encyclopedia of Islam*, Leiden: E. J. Brill, 1960, p.83.
31 A. Guillaume, *Islam*, Aylesbury: Hunt Barnard Printing, Ltd., 1982, p.198.

로도 아버지 하나님이라는 호칭은 무슬림 사회에서 통용되지 않는다. 인간은 하나님이 루흐ruh(영)를 불어넣어 탄생했으므로 인간이 하나님의 영적 의미에서의 자식이고 이는 곧 하나님이 인류의 정신적 의미에서의 아버지라는 논리뿐만 아니라, 그렇게 일컫는 것 자체가 거부되고 금지된 것이다. 이와 같이 이슬람 전통에서는 성부聖父라는 개념을 찾아볼 수 없고 마찬가지로 예수에 대한 성자 · 성신 개념도 결코 찾아볼 수 없다.

예수의 신성 부정과 그의 인격설은 단지 무슬림들만 주장하는 것이 아니라는 것은 주지의 사실이다. 유대인들이 처음 제기한 이래로 에비온주의를 좇는 에비온파Ebionites, 고린도 교회Corinthians, 바실리데 복음서 교파Basilidians 등 초기 기독교 분파들이 주장했고, 알렉산드리아의 사제 아리우스의 주장을 따르는 아리우스파Arians, 시리아 안티오크의 주교였던 파울루스의 단일신론을 따르는 파울루스파Paulicians 역시 예수를 단지 예언자로서만 받아들인다. 현대에도 아시아와 아프리카에 있는 일부 교회들, 특히 유니테리언Unitarian 교회와 만인 구원론자들 교회, 존 토머스John Thomas가 세운 크리스터델페언Christadelphians(그리스어로는 Christian Brethren), 그리고 우리나라에도 들어와 있고 예수를 신으로 예배하지 않는 여호와의 증인Jehovah's Witnesses 등은 그 대표적인 예라 할 수 있다.[32]

5. 예수의 사명

이슬람 전통에서 본 예수는 신이 보낸 예언자들과 신의 사자들의 긴 연결고리 중 하나의 고리였다. 하나님은 그의 가르침에서 일탈하였거나 그

32 Al-Johani, 앞의 책, p.19.

의 인도를 필요로 하는 인간 공동체에 사자들을 보냈는데, 『꾸란』에서 예수는 유대인 공동체에 보내지도록 특별히 명을 받았다. 유대인들이 아브라함이나 모세를 비롯한 앞선 예언자들의 가르침에서 벗어나 있었던 것이다. 그는 신으로부터 온 사자임을 증명하기 위해 여러 기적들을 보였으나, 유대인 공동체의 대다수는 끝내 그를 거부하였다.[33] "그리고 하나님께서 그에게 성서와 지혜와 모세 오경과 복음서를 가르치실 것이며"(『꾸란』 3 : 48), "이스라엘 자손에게 사자로 (보내어져) 말할 것이다. 실로 내가 너희 주님으로부터 징표를 가지고 너희들에게 왔노라. 내가 너희에게 흙으로 새의 형상을 만들어 거기에 숨을 불어넣으면 하나님의 허가로 새가 될 것이요, 장님과 문둥이를 낫게 하고 하나님의 허가로 죽은 자를 살게 하리라. 그리고 너희가 먹을 것과 너희 집에 쌓아둘 것을 내가 알려주리라. 정녕 너희가 믿는 자이면 너희를 위한 징표가 거기에 있을 것이라"(『꾸란』 3 : 49).

예수가 하나님의 사자rasūl라는 언급은 『꾸란』 2 : 87, 2 : 253, 3 : 49, 3 : 53, 4 : 157, 4 : 171～172, 5 : 73, 57 : 27, 61 : 6 등 여러 계시에 들어 있는데, 한 예로 "마리아의 아들 메시아는 한 사자였을 뿐이로다. 그 이전에 (여러) 사자들이 이미 지나갔도다"(『꾸란』 5 : 78)를 들 수 있다. 또한 그는 예언자nabī로도 불렸다. 언어학자들은 나비를 신과 이성적 존재인 창조물 사이의 사절로서 설명하고, 이슬람 학자들은 나비를 신에 대해 인식시켜 주는 사람으로 말한다. 신은 자신의 유일성에 관한 예지를 나비에게 가르쳐주며, 감추어진 미래를 그에게 드러내고, 그가 예언자임을 알려준다.[34] 예수는 요람 안에서 스스로 예언자임을 밝혔다. "나는 알라의 종으로 그분

33 같은 책, p.11.

34 Maulana Muḥammad Alī, *The Religion of Islam*, Cairo: National Publication and Printing, 1985, pp.219～220.

께서 나에게 성전聖典을 주셨고 나를 예언자로 삼았노라"(『꾸란』 19 : 30).

라술과 나비는 둘 다 하나님으로부터 특별한 목적을 위해 선택받은 자로서, 신에 의해 보내어진 자라는 점에서는 차이가 없다. 그러나 이슬람 학자들은 전자가 하나님의 경전을 가지고 온 신의 사자로서 지상에서 직접 하나님의 계시를 실행하는 자인 데 비해, 후자는 신으로부터 지식을 영감으로 전달받고 신의 말씀을 단순히 전하는 사람이라고 구분한다.[35] 따라서 일반적으로 신의 모든 사자는 예언자이지만, 예언자 모두가 신의 사자일 수는 없다는 데에 이슬람 학자들은 동의한다. 하디스에 의하면 예수는 하나님께서 보낸 124,000명의 예언자 중 한 사람이고, 『꾸란』에는 25명(혹은 28명)의 예언자 이름만이 등장한다. 『꾸란』에는 『성경』에서 나타나지 않은 아랍의 후드Hūd, 쌀리흐Ṣāliḥ, 에티오피아의 루끄만Luqmān, 페르시아의 둘 까르나인Dhū-l-Qarnain 등이 들어 있다.[36]

한편 『꾸란』에서 예수는 신의 종'abd으로도 세 차례 언급되었다. 첫째는 위의 『꾸란』 19 : 30이고, 둘째는 "실로 그는 한 종에 불과하니라. 내가 그에게 은총을 베풀어 그를 이스라엘 자손들의 귀감으로 삼았느니라"(『꾸란』 43 : 59), 셋째는 "메시아는 결코 하나님의 종이 됨을 꺼려하지 않았고 가까이 있던 천사들도 그러하니라. 그분께 경배드리기를 꺼려하고 교만해하는 자는 모두 그분께서 그분께로 불러 모으시리라"(『꾸란』 4 : 172)이다. 예수는 하나님의 종됨 이상으로 자만하지 않았으며 하나님께 순종한 올바른 자 중의 한 사람min as-sāliḥīn(『꾸란』 3 : 46)이었다. 또한 그는 하나님 가까이 있는 자들 중 한 사람min al-muqāribīn(『꾸란』 3 : 45)이고, 심판의 날

35 Gibb and Kramers, *Shorter Encyclopedia of Islam*, Leiden: E. J. Brill, 1974, p.469.
36 Muḥammad Alī, 앞의 책, p.121; Muḥammad Ata ar-Raḥīm, *Jesus: A Prophet of Islam*, Karachi: Begum Aisha Bawany Waqf, 1986, p.209.

기독교인들에 대한 증인shahīd이 될 것이다(『꾸란』 4 : 159). 동시에 그는 알라의 권능에 힘입어 가장 기적을 많이 행한 자(『꾸란』 3 : 49)이며, 현세와 내세에서 존경받을 만한 저명한 사람wajīh(『꾸란』 3 : 45)이기도 하다. 또한 그는 『꾸란』의 다음 구절 "…진실로 마리아의 아들 예수 메시아는 하나님의 사자이고 마리아에게 하셨던 그분의 말씀이며 그분으로부터의 영이니라…"(『꾸란』 4 : 171)에서 보듯이 알라의 말씀kalimat-u-llāhi과 알라로부터의 영rūḥ min Allāh으로 표현되었는데, 이 두 경우는 기독교에서 예수를 하나님의 말씀과 성령으로 믿고 있기 때문에 이슬람 전통에서 정의하는 진의를 살펴볼 필요가 있다.

(1) 알라의 말씀

『꾸란』 4 : 171에서 마리아에게 말하신'alqa 알라의 말씀kalimat-u-llāhi은 『꾸란』 3 : 59에 있는 "있어라, 그리하면 있을 것이니라kun fa-yakunu"를 뜻한다. 이것은 다시 말해 알라로부터의 한 말씀kalimat min Allāh이다. 이는 『꾸란』 3 : 39와 『꾸란』 3 : 45에 의해서도 뒷받침되는데, 앞의 것은 올바른 자들 중의 예언자nabiy min as-sālihīn가 될 요한Yahya의 탄생이 하나님의 말씀에 의해 이루어지는 복음을 천사가 자카리야Zakariya에게 알린 예이고, 뒤의 것은 예수의 탄생이 하나님의 한 마디 말씀에 의해 있을 것임을 천사가 마리아에게 알린 예이다. 그래서 예수는 하나님의 말씀에 의해, 즉 하나님의 권능으로 이 세상에 왔다는 해석이다.

(2) 알라로부터의 영

영을 표현하는 『구약성서』의 언어는 히브리어 루아ruach이고 『신약성서』의 언어는 희랍어 프뉴마pneuma이며, 『꾸란』의 언어는 아랍어 루흐rūḥ

이다. 『구약성서』에서 설명하는 루아의 개념 중, 그것이 하나님의 것이요 결코 인간 본질 속에 내재하는 어떤 인간 구성의 요소가 아니라는 점, 사람은 그것을 단지 받을 뿐이고 그 본질은 오직 하나님의 것에 속한다는 점, 그리고 그 영은 하나님의 특수한 사역자라는 점 등은 이슬람 전통에서 보는 루흐와 맥을 같이하는 것이다. 하지만 근본적으로 다른 점은 루흐를 『신약성서』에서의 프뉴마처럼 신적 존재로까지 확장된 개념으로는 결코 받아들이지 않는다는 것이다. 따라서 '성령은 그리스도의 영이다'라는 기독교 신앙은 이슬람 전통에서는 거부되는, 지나치게 비약한 것이다. 『꾸란』에 나타난 루흐는 다음의 세 의미로 집약해 볼 수 있다.

① 가브리엘 천사를 의미한 경우—『꾸란』 2 : 87, 19 : 17, 26 : 193, 70 : 14, 97 : 4
② 일반적 의미로는 계시, 영감al-wahī을 뜻하고 특별한 의미로는 『꾸란 *al-Qura'n*』을 뜻한 경우—『꾸란』 16 : 2, 40 : 15, 42 : 52
③ 살아 있는 존재들에게 생명al-hayāt을 일으키게 하는 능력al-quwat—(예) 하나님께서 말씀하시기를 "그들이 너에게 루흐에 대해 물으리라. 말하라, 루흐는 내 주님의 명으로부터입니다"(『꾸란』 17 : 85). "우리는 그녀(마리아)에게 루흐를 불어넣었고 그녀와 그녀 아들을 세상 사람들의 예증으로 만들었도다"(『꾸란』 21 : 91). "우리는 그녀의 (몸 안에) 루흐를 불어넣었노라. 그녀는 그녀 주님의 말씀과 성서들을 믿었으며 순종하는 자 중의 하나였느니라"(『꾸란』 66 : 12).

①, ②의 두 경우는 루흐의 역할이 확실하므로 문제될 것이 없겠으나 ③의 경우는 복음서에서 '성령은 하나님의 능력'으로 표현되었고,[37] 바울이

「사도신경」에서 말한, 동정녀 마리아가 '성령으로 잉태하사' 할 때의 영의 개념과 유관하므로 『꾸란』 4 : 171의 '알라로부터의 영'과 더불어 그 진의를 다시 구체적으로 살펴볼 필요가 있다. ③의 마지막 두 구절(『꾸란』 21 : 91, 66 : 12)에서의 루흐와 『꾸란』 4 : 171에서의 루흐는 예수의 잉태를 위해 마리아에게 하나님께서 불어넣으신 영으로, 아담 창조시 하나님께서 불어넣으신 루흐와 일치한다(『꾸란』 15 : 29, 32 : 9, 38 : 72).

그러나 중시할 것은 예컨대 아담 창조시의 계시 "nafakhtu fīhi min rūḥī(내가 그 안에 나의 루흐를 불어넣었도다)" (『꾸란』 15 : 29)에서 루흐는 정확히 'min rūḥihi(그의 루흐로부터)'라는 것이고 마리아의 경우인 앞의 『꾸란』 21 : 91, 66 : 12에서의 루흐도 정확히 'min rūḥnā(우리의 루흐로부터)'라는 점이다. 또한 하나님은 아담에게 그의 영혼을 불어넣어 주었던 것과 같이 인간에게도 그의 영혼을 부여하시는 주체라는 점이다. 결국 이 루흐는 하나님의 소유이다. 그것의 본질은 인간으로서는 알지 못하는 것이다. 따라서 이슬람 전통에서는 예수가 성령으로 잉태되었으므로 그가 바로 성신의 주체라는 개념을 유추하는 논리는 용납하지 않는다. 이는 아담에게도 적용되어야만 하고, 넓게 본다면 인간의 출생에도 하나님의 루흐나 그의 창조의 의지가 작용되어야 하기 때문에 불합리하다고 보는 것이다. "부부가 만나도 알라의 뜻이 없다면 임신hāmil은 불가능하다. 아담의 예는 남녀의 만남 없이 창조가 이루어진 경우이고 예수의 경우도 그와 같다. 그러므로 예수에게 다른 예언자보다 더 높은 영적 지위를 부여할 수는 없다"[38]는 것이 무슬림들의 일반적 견해이다. 즉 하나님의 루흐는 인간 모두에게 똑같

37 생명적 요소로서의 영의 역할은 「누가」 1 : 35, 「창세기」 2 : 7 참조.

38 Aḥmad Shalabī, *al-Maṣiḥiya*, 7th ed., al-Qāhira: Maktaba al-Nahdah al-Miṣriya, 1983, p.35.

이 작용한다는 것이다. 그뿐만 아니라 무슬림들은 루흐가 하나님의 것이므로 이는 곧 성령의 뜻을 내포한다고 본다. 『꾸란』에서는 성령rūḥ al-Quds이라는 말이 루흐와 구별되어 『꾸란』 2 : 87, 16 : 102에 두 차례 쓰였지만, 실제로는 둘 다 천사 가브리엘을 뜻하므로 앞에 설명된 루흐와 의미상 어떤 차이도 없다.

이스라엘 백성에게 보내어진 예수의 사명은 그의 이전에 계시된 모세오경의 유효성과 정당성을 확증하고 그 내용을 보충하기 위한 것이었다. 그리고 그 금령 중의 일부를 허용하기 위해 온 것이다.[39] 이에 더하여 이슬람 전통에서 매우 중시하는 예수의 중대한 사명 중 하나는 그가 무함마드의 도래를 예고했다는 것이다. 예수는 자신의 뒤를 이어 하나님의 최후 사자가 올 것을 알리는 복음의 예언자라는 것을 스스로 밝힌 것이다.

> "보라, 마리아의 아들 예수가 말하기를 이스라엘 자손이여, 실로 내가 너희에게 보내어진 하나님의 사자이다. 내 앞에 온 모세 오경Torah을 확증하고 내 뒤에 이름이 아흐마드라는 사자가 오리라는 기쁜 소식을 알리러 왔노라" (『꾸란』 61 : 6).

아흐마드Aḥmad는 무함마드와 같은 이름으로 ḥmd의 어근에서 만들어진 '가장 찬양과 축복을 받은 자'라는 뜻이다. 그리스어 『신약성서』 원본의 Parakletos(Paraclete, 타인을 돕기 위해 보내어진 자, 여러 유익한 봉사를 베풀기 위해 나타난 자)에서 유래하여, 영어 『신약성서』에는 보혜사Advocate, 상담자Counselor, 훈위자 또는 위로자Comforter로 번역되었다. 무슬림들은 「요한복음」의 이 "보혜사"를 무함마드로 간주한다. "내가 아버지께 구하겠으니 그가 또 다른 보혜사를 너희에게 주사 영원토록 너희와 함께 있게

39 『꾸란』 3 : 50 참조.

하시리니 저는 진리의 영이라…"(「요한」 14 : 16). 이 진리의 영과 그의 역할 역시 무함마드의 것으로 보고 있다. "그러하나 진리의 성령이 오시면 그가 너희를 모든 진리 가운데로 인도하시리니, 그가 자의로 말하지 않고 오직 듣는 것을 말하시며 장래 일을 너희에게 알리시리라. 그가 내 영광을 나타내리니 내 것을 가지고 너희들에게 알리겠음이니라"(「요한」 16 : 13~14). 다음의 보혜사도 무함마드와 동일시한다. "그러하나 내가 너희에게 실상을 말하노니 내가 떠나가는 것이 너희에게 유익이라. 내가 떠나가지 아니하면 보혜사가 너희에게로 오시지 아니할 것이요, 가면 내가 그를 너희에게 보내리니 그가 와서 죄에 대하여, 의에 대하여, 심판에 대하여 세상을 책망하시리라"(「요한」 16 : 7~8).

알 조하니 박사는 상기한 「요한복음」 속의 보혜사를 무함마드로 주장하는 근거를 다음과 같이 정리하였다.[40]

① 그는 예수가 떠나기 이전에는 오지 않을 것이다—예언자 무함마드는 예수 이후 6세기 만에 온 단 한 명의 신의 사자이다.

② 그는 믿는 자들과 함께 영원히 머무르실 것이다 —예수의 사명이 이스라엘 자손의 잃어버린 양들에 국한된 반면, 무함마드의 사명은 영원하고도 범우주적인 계시의 전달자였다.

③ 그는 예수를 영광되게 하리라—무함마드만큼 예수를 영광되게 높인 예언자는 없다. 유대인들은 그를 십자가에 처형하려 했다. 무함마드는 그를 알라께 순종하는 완벽한 무슬림 예언자로 칭송하였다.

④ 그가 신으로부터 들은 것을 그는 말하리라—『꾸란』은 천사 가브리엘을 통해 무함마드에게 계시되었다.

40 Al-Johani, 앞의 책, pp.12~15 참조.

그는 문맹자였으며 어떤 첨삭도 없이 계시된 말 그대로를 전하였던 바, 다음 『꾸란』이 이것을 증명한다. “그는 (자신의) 욕망을 말하지 않는도다. 실로 그것은 (그에게) 계시된 계시일 뿐이로다”(『꾸란』 53 : 3~4). 「요한복음」의 “그가 자의로 말하지 않는…”이 여기에 해당된다. 무함마드를 복음서상의 보혜사와 일치하는 인물로 보는 또 다른 근거는 다음의 계시이다. “내가 온 세상 만물을 위해 은혜를 베풀 자로 너를 보내노라”(『꾸란』 21 : 107). 여기에 쓰여진 라흐마트raḥmat는 자비 · 자애 · 은혜를 뜻한다. 무함마드가 우주 만물의 유익함을 위해 보내어진 보혜사라는 해석이다.[41]

6. 십자가 사건과 기독교 구원관

지상에서 예수 생애의 최후는 기독교 안팎에서 그의 출생만큼 논쟁으로 일관되어 온 주제이다. 정통 기독교 교회는 그가 십자가에 못박혀 죽음으로써 그들 교리의 근본을 세워 피의 희생과 죄의 대속이라는 신조를 확립하였고, 하나님께서 인간을 구원하시는 사업이 예수의 십자가와 부활 속에서 이루어진다고 믿게 되었지만, 초대 기독교파 일부에서는 예수가 십자가에서 죽었다는 것을 부정하였다. 바실리데스Basilidans파는 다른 어떤 사람이 그를 대체했다고 믿었고, 가현설 주장자들Docetae은 예수가 자연적 육신을 결코 가지지 않았으며 단지 외견의 가현적 육체만을 가졌을 뿐이라고 말한다. 그의 십자가 처형은 그렇게 보였을 뿐이지 사실은 아니었다고 주장한다. 말리온 복음서Marcionite Gospel(약 138년)는 예수가 태어난 것도 부정하고, 단지 그는 인간 형상으로 보였을 뿐이라고 말한다. 성 바

41 Mufaṣṣir, 앞의 책, p.7.

나바St. Barnabas 복음서는 십자가상의 대체인설을 지지한다.[42] 이슬람 전통은 기독교에서의 이러한 논쟁들이 『꾸란』의 계시로 종식되었다고 본다. 『꾸란』 내용으로 보면 예수는 유대인 손에 죽지 않았고 십자가형에 처해지지도 않았다. 이슬람에서 이 같은 사실을 믿지 않는다는 것은 진리를 부정하는 비신자의 행위이다. 이것을 진리로 받아들이고 따르는 것만이 올바른 길이다.

예수는 신으로부터 이적과 성령의 힘을 얻으며 자신의 사명을 다하였으나 소수의 사람들만 그를 진심으로 받아들였다.[43] 오히려 그는 유대인들의 율법 해석에 따라 '하나님의 모독자'로 선언되었고 버림을 받아 죽게 되었다. 그들에게 보내어진 예언자를 죽이거나 거부해 온 것은 당시 유대 사회의 일종의 전통이었고,[44] 예수도 이 경우에서 예외가 아니었다. 그러나 처형계획이 진행되자 하나님께서는 예수를 그 위험에서 구하셨다. 이슬람 전통에서는 예수가 십자가 처형으로부터 구원되었다는 사실이 논쟁의 대상이 되지 않는다. 왜냐하면 그 사실이 『꾸란』에 명시되어 있기 때문이다. "그들이 흉계를 꾸미니 하나님께서 계획을 세우셨도다. 진실로 하나님은 가장 좋은 계획을 수립하시는 분이시다"(『꾸란』 3 : 54). "그들의 말은 우리가 하나님의 사자 마리아의 아들 예수 메시아를 죽였노라 하는 것이지만 그들은 그를 죽이지 않았고 십자가에 그를 매달지도 않았도다. 그들에게는 비슷한 자가 있었을 따름이다"(『꾸란』 4 : 157). 십자가 사형집행이 실제로 이루어졌음은 위 마지막 절에서 분명해졌다.[45] 유대인들은 그를 십자가에서 처형하였다고 믿고 있으나 그것은 예수가 아니었다. 이슬람의 전통

---

42 Yusuf Ali, 앞의 책, p.230 주석 663.

43 『꾸란』 2 : 254, 5 : 113 참조.

44 『꾸란』 2 : 61 참조.

45 십자가 처형에 대한 역사가적 입장은 Watt, 앞의 책, pp.144~145 참조.

에서는 하나님의 권능으로 예수와 닮은 자가 형장에 끌려갔다고 믿고 있다.[46] 이와 같이 십자가 사건에 대한 무슬림의 태도는 간결하다. 그렇지만 십자가 사건을 보는 이러한 두 종교의 현저한 견해 차이는 두 종교가 교리상 한층 더 갈라서게 되는 가장 중요한 요인이 되었다. 기독교인들로서는 예수 그리스도의 십자가 죽음과 부활이야말로 그들 교리에 원천적 의미를 부여해 준 가장 중대한 사건이지만, 이슬람 전통에서는 이 사건으로 성립되는 인간 구원과 대속의 기독교 신조가 모순으로만 비춰지고 있기 때문이다. 예수의 십자가에서의 죽음은 원죄상태로 태어난 인간의 죄를 대속하기 위한 필연적 죽음이라고 기독교에서는 말한다. 하지만 이슬람 전통에서는, 신께서 예수에게 부여한 진정한 사명은 피의 희생을 통한 죄 값의 보상이나 속죄를 통한 구원이 아니라, 신의 가르침에 따른 올바른 인도로 인류를 구원하는 것이었다고 보고 있다. 함무다 압달라티Hammudah Abdalati는 이러한 구원은 경직된 마음을 녹이고, 해이하고 무디어진 정신을 소생시키며, 굳은 영혼을 부드럽게 하는 구원이라 말하고 있다. 예수의 진정한 사명은 하나님의 종교를 진실되게 세우고, 잘못 이해되거나 악용된 가르침을 교정하고, 말뿐만 아니라 확실한 징표나 기적들로 인간을 깨우치는 것이었다. 이러한 기적들을 통해 진리의 길을 제시하려 했던 것이었다. 예수의 이러한 선교적 사명과 기적에 관한 예증은 『꾸란』 속에 수차례 명시되었다.[47]

기독교에서는 인간 구원이 하나님과의 근원적인 화해에 있고 운명적으로 죄罪 속에 있는 인간을 구할 수 있는 오직 한 길은 중보자 예수 그리스

---

46 『꾸란』 주석가들은 예수와 대체된 자로 몇 사람의 이름을 제시하고 있지만 어느 것도 『꾸란』이나 하디스에 의해 뒷받침되지 못한다. Sale, 앞의 책, p.50. 유다Yahuda의 대체설이 가장 많다. Waqf Ikhlas Publications, 앞의 책, p.250.

47 Abdalāti, 앞의 책, pp.156～157.

도를 통하여서만이 가능하다고 가르친다. 그러나 이슬람 전통에서의 구원관은 죄 지은 자 자신이 회개와 참회를 통하여 하나님께 용서를 구하고 유일신 하나님께 귀의함으로써 구원된다는 것이다.[48] 어떤 중간자나 타인의 대속으로 속죄된다고 보지 않는다. 이슬람 전통은 신앙문제에 관한 한 신과 인간의 직선적 관계를 신조로 삼고 있다. 예컨대 사제직을 두는 것을 거부한다.[49] 그리고 인간은 자유로운 주체적 존재로서 자기 행위로 인해 발생한 결과에 대해서는 전적으로 그 자신이 책임을 져야 한다. 그리고 청원된 용서와 구원에 관한 답은 오로지 하나님께 달려 있을 뿐이다. 그렇지만 이슬람 신학자들에 의하면 대체로 우상숭배나 삼위일체론 등 유일신 하나님께 동위의 쉬르크를 두는 대죄 외에는 구원을 받는다고 보고 있다.[50] 결론적으로 '십자가에 달려 고난을 받음'이라는 대목이 없는 이슬람 전통에서는 피의 보혈과 대속이라는 예수의 인간구원론이 있을 수 없고, 따라서 예수를 통한 하나님과의 화해론도 무의미할 뿐이다.

한편 기독교의 원죄설은 『꾸란』에 의해 보완 · 정정된다. 이슬람 전통에서는 아담의 과오가 회개로 인해 이미 용서받았다고 본다. 기독교의 신학적 인간관이 죄의 상태에 있는 인간과 신의 관계로서 아담의 원죄에 기초하였다면 이슬람의 인간관은 하나님께서 이에 대해 용서하신 것에서 출발한다. 『꾸란』에는 다음과 같이 언급되어 있다. "…그러나 이 나무는 가까이하지 말라. 그리하면 너희가 죄 지은 자 중에 있게 되리라"(『꾸란』 2 : 35). 그러나 사탄은 아담과 그의 아내를 유혹하여 실수하게 하였고 그들을 동산에서 나오게 하였다. 인간이 땅에 정착하게 된 것이다.[51] "아담은 그의

48 『꾸란』 3 : 45～50, 5 : 112～120 참조.

49 H. A. R. Gibb, *Mohammedanism—An Historical Survey*, Oxford: Oxford University Press, 1953, p.31.

50 Abdalāti, 앞의 책, p.33.

주님으로부터 가르침을 받고 주님께 회개하였다. 진실로 하나님은 관용하시며 자애로우신 분이도다"(『꾸란』 2 : 37). "우리가 아담과 전에 약속을 하였던 바, 그가 잊었도다. 그런데 우리는 그에게서 어떤 결심도 찾지 못하였다"(『꾸란』 20 : 115). 이 계시로 아담의 실수는 망각 때문이었으며 신에게 불복하겠다는 고의적 행위가 아니었음이 밝혀졌다. 그리고 중요한 것은 아담이 하나님과의 약속을 지키지 못해서 방황하였으며 결국에는 회개하였고, 그리고 하나님께서는 그를 용서하셨다는 다음의 계시이다.

> "아담은 그의 주님께 거역하여 헤매었도다. 그런 후 주님은 그를 선택하셨으니 아담은 그분께 회개하였고 주님은 그를 인도하셨다"(『꾸란』 20 : 122).

하나님은 인간이 잊거나 착오하여 저지른 잘못은 벌하지 않으신다. 그리고 인간이 감당하지 못할 것을 짐 지우지 않으시며 용서와 자비를 베푸시는 분이시다(『꾸란』 2 : 286). 이슬람 전통에서는 기독교의 원죄설과는 달리 인간은 선한 상태로 출생한다고 보며 죄가 상속된다는 개념을 거부한다. 인간은 하나님의 의지로 태어나고 정명定命에 따라 산다. 신은 인간의 목에 있는 경동맥보다도 가깝다(『꾸란』 50 : 16)라는 계시처럼 하나님은 인간 존재의 주님이시고 경외해야 할taqwa 대상이지만, 하나님께서는 땅에 있는 모든 것을 인간을 위해 창조하셨고, 인간에게 다른 피조물의 세계를 다스리는 능력과 권한을 위임하실 정도로 인간의 지위를 높이신 분이다. 아담으로 하여금 이 땅에서 그의 대리인이 되게 하셨던 것이다. "실로 우리는 지상에 대리자를 만들었노라"(『꾸란』 2 : 30). 뿐만 아니라 하나님께서는 인간의 지위를 천사보다도 더 높게 만드셨다.[52] "그리고 보라. 우

---

51 『꾸란』 2 : 36 참조.

52 『구약성서』의 다음 성구와 비교된다. "저를 천사보다 조금 못하게 하시고 영화와 존귀로 관

리가 천사들에게 말하기를 아담에게 절하라. 그러자 그들은 절하였으나 이블리스만이 거부하고 거만을 부렸으니 그는 불신자 중의 하나였도다" (『꾸란』 2 : 34).

7. 예수의 승천과 재림

예수가 십자가에서 구원된 후 그의 최후는 어떠했는가? 이 의문은 아직도 무슬림 간에 논쟁점으로 남아 있다. 영혼과 육체와 함께 그는 살아서 승천했는가? 그렇다면 그의 재림설은 타당한 것인가? 아니면 그는 이 땅에서 수명을 다하고 자연사했는가?

무슬림 울라마의 대부분은 그가 지상에서 정명定命에 따라 살다가 자연인으로 죽었다는 설을 따르고 있다. 육신은 땅에 묻혔고 영혼은 조물주에게로 돌아갔다는 주장이다. 이러한 중의가 형성된 근거는 예수가 육체와 영혼과 함께 승천했다는 원문을 『꾸란』 어디서도 찾을 수 없기 때문이다. 먼저 이 주제에 관련된 문제의 계시를 살펴보면 다음과 같다.

> "보라. 하나님께서 말씀하시기를 예수야 실로 우리가 네 운명의 시각을 충분케 하였고 우리에게로 너를 들어올렸으며 불신자들로부터 너를 깨끗이 하리라. 너를 따르는 자들은 심판의 날까지 불신자들 위에 있게 하였나니, 그런 후 너희가 우리에게로 돌아오면 너희가 (견해를) 달리하였던 것에 대해 우리가 너희를 심판하리라" (『꾸란』 3 : 55).

이 계시에서 사용된 무타와피카 라피우카 일라이야mutawafīka rafi'uka

을 씌우셨나이다" (「시편」 8 : 5).

illaiya의 해석을 놓고 울라마들은 두 파로 갈라졌다. 앞의 무타와피카는 원뜻이 '네 운명의 시각을 충분히 완전하게 하다', '네 수명의 지연을 충분히 하다' 인데,[53] 자마크샤리Zamakshari와 이맘 알 라지Imām ar-Rāzī에 따르면 그 뜻은 '수명을 다하고 죽다', 즉 '자연사하다' 이며, 지금까지 대다수의 무슬림 학자들이 이 견해를 따르고 있다. 뒤의 라피우카 일라이야는 '나에게로 너를 들어올림' 이라는 뜻인데, 여기서 문제가 되는 단어인 알 라피우 ar-raf'u는 '올림', '높임' 의 뜻이다. 이맘 알 라지는 라피우카rafi'uka(너를 들어올림)란 예수의 지위, 등급manzilah을 올린다는 뜻으로 보고, 이것은 어떤 등급이 올라감을 뜻하는 것이지 어떤 공간이나 장소 혹은 방향의 개념에서의 올림이 아니라고 주장하였다.[54]

알 아즈하르의 대 이맘이었던 이맘 알 마라기Imām al-marāgī 역시 같은 해석으로 예수의 영육 승천설을 반대하였다. 그는 "우리가 너를 높은 지위로 올렸다" 고 하나님께서 이드리스에게 말한 『꾸란』 구절을 인용하면서, 여기서 사용된 라피우rafi'u의 의미가 예수에게도 적용된다고 설명하였다.[55] 같은 맥락에서 쓰여진 예는 "내가 뜻하는 자들의 지위를 높이노라" (『꾸란』 6 : 83)를 비롯하여 『꾸란』 24 : 36과 58 : 11에서도 찾아볼 수 있다. 대부분의 울라마들은 결국 '예수의 영적 지위를 하나님께서 올리셨음' 이라는 주석에 동의하고 있는 것이다. 예수의 생애가 정신적인 것이었으므로 그의 영혼이 순교자나 예언자들의 영혼과 같이 영예롭게 영적 지위의 높임을 받는 것을 당연하게 본 것이다.[56] 올림의 대상이 영혼 이외에 다른

53 Muḥammad Farīd Wajdi, 앞의 책, p.71.
54 Aḥmad Shalabī, 앞의 책, pp.51~52, naqlan 'an al-Imām ar-Rāzī Tafsīr al-Fakhr ar-Rāzī.
55 같은 책, p.53. naqlan 'an Kitāb al-Fatawi lil-Shaikh Shaltūt, p.74.
56 Abdalāti, 앞의 책. pp.162~163.

것일 수 없다는 주장을 뒷받침하기 위해 다음의 계시가 인용되기도 한다. "하나님의 길에서 순교한 자들이 죽었다고 생각지 말라. 정녕코 그들은 양식을 제공받으며 너희의 주님 곁에 살아 있나니"(『꾸란』 3 : 169). 여기서 '살아 있음'이 육체의 살아 있음이 아님은 분명하다. '곁' 또한 장소적 의미의 곁이 아니고 '양식'도 물질적 의미의 양식이 아님은 물론이다. 그의 위치가 '신으로부터 가까이 있다는 것'은 그의 영적 지위가 영예롭게 '높여져 있음'을 뜻할 뿐이다.

이와는 반대로 일부 무슬림 학자들은 예수의 육체와 영혼이 함께 하늘로 들어올려졌다고 본다. 그 논거도 『꾸란』 계시 중 라피우 일라이히rafi'u illayhi, 즉 '그에게로 들어올려짐'에 대한 주해에서 비롯된다. "…그들은 그를 확실히 죽이지 않았도다. 오히려 하나님께서는 그를 자신에게로 들어올리셨도다"(『꾸란』 4 : 157~158). 쉐이크 압둘 라띠프 앗 수브키'Abdul Latīf as-Subki는 "예수는 죽지 않았다. 이성적으로 우리는 그가 살아서 들어올려졌다는 사실을 믿는다"고 말하고 있다.[57] 살아서 승천한 예수에 대한 또 다른 중요한 근거는 하디스를 결집한 두 대가인 이맘 알 부카리Imām al-Bukhārī와 이맘 무슬림Imām al-Muslim의 하디스 속에 들어 있는 예수 재림에 관한 무함마드의 다음과 같은 말이다. "마리아의 아들은 공정하고 정의로운 심판자로 너희 중에 내려와 십자가를 부수고…",[58] "예수는 최후의 날에 내려와 사기꾼 메시아를 죽일 것이니…."[59] 논쟁이 되는 것은 여기서의 '내려옴nuzūl'이 살아 올라갔기 때문에 '다시 옴'을 의미한다는 주장이다. 이 두 하디스로 예수가 살아 승천했다는 것이 확실하다는 주장이다.

57 Aḥmad Shalabī, 앞의 책, p.45.
58 알 부카리와 무슬림 둘 다의 하디스집에 들어 있다.
59 무슬림의 하디스집에 들어 있다.

그러나 이에 대한 반박 또한 만만치 않다. 이 하디스들은 순니의 아하디스 싸히흐aḥādīth ṣaḥīḥ(정통 하디스들) 중에 들어 있는 것이긴 하지만, 아하디스 아하드aḥādīth 'aḥād라는 것이 문제로 제기된다. 일반적으로 아하디스 아하드는 신앙을 의무지우는 하디스가 아니기 때문에 예수의 승천과 재림에 관한 주제를 이 하디스로 입증하기는 어렵다는 견해이다.[60] 또 다른 주장은 이 하디스 어디에도 예수가 육체와 함께 살아서 승천했다는 직접적인 언급은 없다는 점이다. 예수의 내려옴nuzūl 때문에 올라감raf'u이 당위적으로 유추됨은 두 단어에 관련된 아랍어 어의상 분석에서 타당한 것이 아니라는 주장이다.[61]

지금까지 살펴본 『꾸란』 3 : 55와 4 : 157~158에서의 논쟁은 '예수의 오름'에 초점을 맞춘 것이었다. 그런데 여기서의 이견이 '예수의 내려옴'에 관련된 다음 두 계시의 주석에도 맥을 같이하게 함으로써 예수 재림에 대한 무슬림들의 견해도 자연히 둘로 갈라서게 되었다. 문제가 제기되는 첫 계시는 "성서의 백성들 중에는 그의 죽음 전에 그를 믿지 않는 자 (하나도) 없는데 심판의 날에 그는 그들에게 대해 증언을 하는 자 되리라"(『꾸란』 4 : 159)이다. 여기서 '그의 죽음 전에' 속의 대명사 '그'가 누구인가라는 해석을 놓고 『꾸란』 주석가들은 둘로 나누어졌다. 예수가 죽지 않고 살아 있다고 주장하는 사람들은 그를 예수로 본다. '그의 죽음 전'이란 그가 아직 살아 있다는 의미를 가진다. 그들은 예수가 아직 육체로 살아 있고 세상이 죄와 불신으로부터 정리되는 최후심판의 날 직전에 나타날 것이라

---

60 aḥādith 'aḥād는 무함마드까지 진술자가 중단 없이 연속된 ḥadīth al-mutawatir가 아니고 개인에 의해 기록된 하디스이다. Aḥmad as-Shannāwi, Ibrahīm Zakī Khushid, 'Abd al-Ḥamīd Yunis(al-mutarjimah bil-lugha al-'arabiyya), *Dā'irah al-Maārif al-Islāmiyya*, part 1, al-Qāhira: Dār al-Fikr, 1933, p.422.

61 Aḥmad Shalabī, 앞의 책, pp.47~48.

믿고 있다.[62] 예수가 이때 다시 와 자신을 내보였을 때 유대인들과 기독교인들은 예수가 진실로 누구인가를 믿게 될 것이다. 이러한 재림은 앞선 두 하디스에 의해서도 뒷받침된다. 그러나 또 다른 『꾸란』 주석가들은 첫 대명사 '그'를 성서의 백성으로 보고 뒤의 '대명사'를 예수로 본다. 따라서 그 의미는 유대인과 기독교인 중의 누구도 자신이 죽기 전 혹은 그의 숨이 넘어가는 순간까지도 예수를 믿지 않는 자 없지만 부활의 날 예수는 일어나[63] 하나님 앞에서 그들에 대해 증언하는 자 되리라는 것이다.[64]

두 번째 계시는 "진실로 그는 그 시간의 도래를 위한 한 표지이니 그 시간을 의심치 말라"(『꾸란』 43 : 61)이다. 이 계시의 바로 앞부분의 『꾸란』 구절(『꾸란』 43 : 57~60)은 예수와 관련된 것들이다. 따라서 여기서의 대명사 '그'도 예수로 보면 그 의미는 예수가 심판의 날이 가까웠음을 가르쳐 주는 예시로서 재림한다는 주장이 추론된다. 그러나 다른 주석파들 일부는 그를 예수로 가정한다 해도 예수의 재림 자체를 의미한다고는 보지 않고, 예수의 존재가 심판의 날을 알리는 한 예언자nabī임을 나타낸다고 말한다. 한편 또 다른 일부 주석가들은 그를 무함마드나 『꾸란』으로 본다. 『꾸란』으로 볼 때는 모세의 율법을 대신해서 『꾸란』이 왔음을 의미한다.[65] 유세프 알리는 자신의 『꾸란』 영역본에서 그를 예수로 번역하였다. 그리고는 그 주해에서 그는 "예수는 부활 직전의 최후 심판일에 재림하여, 그때

62 Yusuf Ali, 앞의 책, p.231 주해 665 참조. As-Suyūtī도 그의 『꾸란』 주해서에서 예수일 가능성을 시사한다. As-Suyūtī, 앞의 책, p.130.

63 부활의 날 인간은 영육의 완전한 모습으로 들어올려진다. 최후의 심판일을 『꾸란』에서는 야우물 끼야마Yaumul-Qiyāmah, 야우물 파쓸Yaumul-Faṣl, 야우물 아키르Yaumul-'Ākir로 표현되는데, 첫째 것은 죽은 자와 산 자 모두가 심판을 받기 위해 일어나는 날을 뜻하고, 두 번째 것은 천당과 지옥으로 분리되는 날이며, 마지막 것은 최후의 날이란 뜻이다.

64 Muḥammad Farīd Wajdi, 앞의 책 p.130.

65 Aḥmad Shalabī, 앞의 책, naqlan 'an Tafsīr Abi al-Sa'ud, p.50.

그의 이름 아래 전개된 모순된 교리들을 파괴할 것이다. 그리고 『꾸란』의 올바른 길, 즉 전 우주적인 이슬람을 받아들이기 위한 길을 준비할 것이다"라고 해석하였다.[66] 알 조하니 박사도 예수의 재림은 예정된 것으로 보고 있다. 그러나 그는 신神으로서 기독교인들을 심판하러 오는 것이 아니라 그의 속성과 사명에 대한 기독교인들의 오류를 바로잡기 위한 증인으로서, 인간 예수로서, 신의 종으로서 다시 오는 것이라고 말하고 있다.[67]

무함마드 라쉬드 리다Muḥammad Rashīd Riḍā는 영육과 함께 승천한 예수관이 바로 기독교 신앙의 실체라고 지적하면서 다음과 같이 말하였다.

"『꾸란』에는 예수가 영육의 승천을 하였다는 원문이 없다. 그의 재림에 대한 원문도 없다. 이것은 기독교인 대다수의 신앙일 뿐이다. 그들은 이슬람 출현 이래 전 시대에 걸쳐 무슬림 사회에 이런 사상을 전파하려 시도해 왔다."[68]

무함마드 아부 자흐라Muḥammad Abū Zahra는 예수 재림에 관한 앞의 하디스들이 이슬람 역사 초기 시대에 해당하는 히즈라 3세기 이전까지는 알려지지 않았던 것임을 밝혀내고 라쉬드 리다의 견해에 동조하면서, 이 하디스들은 히즈라 3세기 중에 기독교 교리가 이슬람 사상에 영향을 끼치면서 만들어졌을 가능성을 증명하려 하였다.[69] 이러한 부류의 무슬림들은 예수의 죽음과 신앙을 보여주는 결정적인 예시로 다음의 계시를 들고 있다.

"저는 당신께서 제게 명령한 것 외에는 그들에게 말하지 않았나이다. 나의 주님이시요 너희의 주님이신 하나님께 경배하라 하였고, 제가 그들 가운데 있는

---

66 Yusuf Ali, 앞의 책, p.1337 주해 4662.
67 Al-Johani, 앞의 책, pp.25~26.
68 Aḥmad Shalabī, 앞의 책, naqlan 'an tafsīr al-Manār, part 2~10, p.54.
69 같은 책, 같은 면. 또한 같은 책, naqlan 'an Liwā' al-Islām, 1963년 4월호, p.270.

동안 저는 그들에게 한 증인shahīd이었습니다. 당신께서 저의 정해진 수명을 다 채우게 하셨고tawaffaytanī 당신께서 바로 그들을 지켜보시는 분ar-raqīb이었습니다. 당신께서는 모든 것에 대한 증인이십니다"(『꾸란』 5 : 117).

이들의 주석에 따르면 예수는 살아 있던 중 그의 추종자들을 올바른 길로 인도하던 감독자였고 계시의 증언자shahīd였으나, 그가 죽은 이후tawaffaytanī 추종자들은 거짓 교리를 세우고 그와 그의 어머니를 신으로 섬기는 오류를 저질렀다는 것이다.[70] 이것은 그의 죽음 이후의 것으로 예수 자신은 모르는 사실이었다. 그의 죽음 이후나 이전이나 모든 사실을 지켜보시는 분ar-raqīb은 하나님이시다. 이 계시에 의하면 예수는 올바른 신앙의 소유자였고 또 죽었다는 것이 분명해진다. 예수가 뭇 인간과 같이 출생하여 죽고 또 부활의 날을 맞이할 것이라는 사실은 예수가 기도하는 다음 계시에서도 입증된다.

"제가 태어난 날과 제가 죽은 날과 제가 살아 부활하는 날 제게 평화를 내려 주소서"(『꾸란』 19 : 33).

8. 예수는 무슬림

예수는 자신을 통해 내려진 하나님의 계시들을 이스라엘 백성들이 따르지 않자 그들 중 누가 믿는 자인지를 구별하기를 원하였다. "예수는 그들이 불신함을 알았을 때 말하기를 누가 하나님께로의 (길에) 나를 돕는 자

70 『꾸란』 5 : 119 참조.

되겠느뇨? 제자들이 가로되 저희가 하나님(께로의) 조력자이고 하나님을 믿는 자들이니 저희가 무슬림임을 증언하나이다"(『꾸란』 3 : 52).

이슬람은 하나님께 복종하고 귀의하는 종교이다. 무함마드 이전 시대나 이후 시대나 하나님께 복종하는 자라면 누구나 무슬림이다.[71] 예수와 그의 제자들ḥawāriyun은 무슬림들이었다. 그들은 하나님이 계시한 것을 믿었으며 예수가 하나님의 사자임을 증언하였다. "주여, 저희가 당신께서 내려주신 것을 믿고 저희가 (당신의) 사자를 따르오니 저희들을 증언자들과 함께 기록하여 주소서"(『꾸란』 3 : 53). "내가 (예수의) 제자들에게 나와 나의 사자를 믿으라고 계시하였을 때 그들이 말하기를 저희가 믿나이다. 저희가 진실로 무슬림임을 증언하나이다 하였도다"(『꾸란』 5 : 111).

이븐 타이미야Ibn Taymiya에 의하면 무함마드가 가져온 종교는 곧 메시아 예수의 것이었다. 그것은 예수 이전의 예언자들에게 계시되었던 것과 똑같은 내용의 것이었다. 무함마드는 예수의 길을 따랐을 뿐이다. 그러나 후대의 나사렛인들은 예수의 길을 올바르게 좇지 못하였다. 하나님의 말씀에 대한 일부의 폐기나 변경이 있게 된 이후의 나사렛인들은 진정한 예수의 길을 따르는 자들이 아니었다.[72] 초기 기독교에 가장 근접한 나사렛교도the Nazarenes에 관해서 알려진 것은 거의 없다. 유대인들은 일시적이거나 전 생애를 통해서 하나님께 자신을 헌신하는 사람들을 나사렛교도라고 불러왔다. 복음서에서 예수는 나사렛교도처럼 묘사되었고 예수의 추종자들 역시 종종 나사렛교도로 언급되었다(「마태복음」 2 : 23, 「사도신경」 24 : 5). 어떤 사람들은 나사렛에서 온 예수에 대한 전설은 이 이름을 설명하기

71 Yusuf Ali, 앞의 책, p.273 주해 824.
72 『꾸란』 3 : 19~20 참조. Ibn Taimiya, *al-Jawab as-Saḥīḥ—liman yadullu dīn al-masīḥ-qaddama lah wa ashraf 'alā ṭab'ihi: 'alā al-sayyid ṣubḥ al-mudunī*, part 1, Jeddah: Maktabāh al-Mudunī wa Maṭba'atha, pp.265~256.

위해 후대에 덧붙인 것이라 생각한다. 세르가이 토카레프Sergei Tokarew는 나사렛교가 예수를 따르는 종파에 붙여진 본래 이름이었을 것이라고 말하고 있다. 예수의 추종자 대부분은 처음 스스로를 단지 '믿는 자들', '형제들'이라고 불렀고, 스스로를 기독교도라 부른 것은 2세기 중반 이후부터였다.[73] 『꾸란』은 예수의 추종자들을 줄기차게 나사렛교도로 언급하고 있다. 이슬람 전통에서 기독교인 혹은 그리스도교인의 공식 명칭은 나스라니Naṣrānī(복수 Naṣara)이며, 기독교는 나스라니야Naṣrānīyya 혹은 예수를 좇는 종교라 하여 마시히야Maṣīhiyya라고 부르고 있다.[74]

압둘 미트알 앗 싸이디'Abdul Mit'al as-Saīydy는 이슬람 출현 이전까지 예수를 추종했던 나사렛인들을 넓은 의미에서 무슬림의 범주에 속하게 해야 한다고 주장한다. 왜냐하면 그들은 『꾸란』이 계시되기 전까지 예수를 좇는 무리들이었는데, 이슬람이 오자 비로소 그들 종교의 내용 중에서 예수의 존재가 왜곡되어 있다는 것이 드러났기 때문이다.[75] 이슬람 전통에서는 초기 나사렛인들의 교리가 하나님 계시의 본 궤도에서 점차 일탈하고 마침내 비정상이 되었기 때문에 이에 대한 올바른 교정을 위해 이슬람이 왔다고 말한다. 기독교인들은 스스로 죄인이 되었고 여러 갈래의 분파를 만들었다. 구약에서 가르쳐 온 유일신 신앙이, 또 초대교회에서 지켜온 유일신 신앙이 여러 차례 에큐메니컬ecumenical 회의를 통해 삼위가 하나인 새 교리를 형성하여 '그리스도교 안에 계시된 하나님', '예수는 그 신과 하나'라는 삼위일체의 기독교 혹은 그리스도교가 되었다는 것이다. 한 마디

73 세르게이 토카레프, 한국종교연구회 옮김, 『세계의 종교』, 서울사상사, 1991, 346쪽.

74 혹자는 예수가 출생 후 이집트로 가 12년 살고 돌아와 나사렛에 정착, 30살에 예언자가 되었으므로 그 후 예수의 추종자들은 나스라니Naṣrānī로 불리게 되었다고 주장한다. Waqf Ikhlas Publications, 앞의 책, p.246.

75 'Abd al-Mit'āl as-Sa'īdi, *Limādha Ana Muslim*, Maktabah al-Adab wa Maṭba'atha bil-Jamāmiz, 1976, p.166.

로 말해 이슬람 전통은 인간 예수를 신과 동일시하는 기독교 교리의 모순을 지적한다. 그리고 예수 그리스도의 탄생과 죽음이 인류 구원을 목적으로 한 바로 하나님 그분의 수육을 통한 '신의 역사하심'으로 보지 않고 단지 '한 예언자의 역사'로 보고 있을 뿐이다.[76] 진리의 종교는 하늘로부터 내려오는 것이지 추종자들 손에서 종교가 펼쳐지는 것이 아니라는 견해이다. 그리고 아담, 노아, 아브라함, 모세, 예수, 무함마드의 신앙 속에 있던 근원적인 종교는 하나의 종교, 즉 하나님의 종교라는 것이다.[77]

그래서 무슬림들은 길을 잃고 방황하는 기독교 형제들에게 올바른 길로 되돌아오길 선교한다.[78]

> "말하라, 성서의 백성들이여. 우리 사이에서나 너희 중에서나 똑같이 한 말씀을 소리쳐 부를지어다. 우리는 하나님 이외에는 경배치 아니하며 그분과 어느 것도 동위에 두지 않사오며 우리 중 누구도 하나님 외에는 주님으로서 택하지 않사옵니다. 그런데도 만약 그들이 외면한다면 너희는 말하라. '우리는 무슬림입니다'라고 증언하라" (『꾸란』 3 : 64).

> "불신자들은 나 이외의 나의 종을 보호자'auliyā'로 그들이 택할 수 있다고 생각하느냐? 실로 우리는 불신자들이 거할 곳으로 지옥을 마련해 놓았느니라" (『꾸란』 18 : 102).

이 계시 속의 나의 종'ibādī은 바로 예수이다. 그가 인류의 아울리야 'auliyā'(보호자, 후견인)일 수는 없다. 이슬람 전통에서는 기독교인들이 만약 그들의 종래 신앙에 더하여 이슬람을 믿는다면 큰 보상이 약속되어 있

---

76 이슬람과 그리스도교에 있어서 Sacral-history는 Watt, 앞의 책, pp.105～107 참조.

77 Yusuf Ali, 앞의 책, p.136 주해 392 참조..

78 Abd al-Ghanī 'Abbūd, *al-Masīḥ wa al-Masīhīyyah wa al-Islām*, al-Qāhira: Dār al-Fikr al-'Arabī, 1984, p.236.

다고 말하고 있다. 이것은 무함마드의 다음 하디스에 의거한다.

> "자신의 종교를 믿고 있는 자가 그 다음에 내게 계시된 것을 믿으면 하나님으로부터 두 배의 보상을 받으리라."[79]

이슬람 전통에서는 무함마드가 하나님께서 보내신 긴 사자들 체인(계보)의 마지막 연결고리라고 믿는다. 하나님께서 『꾸란』을 통해 종교를 완전하게 하셨다고 믿고 있는 것이다. 그들의 신앙은 바로 "진실로 하나님의 (진정한) 종교는 이슬람이다"(『꾸란』 3 : 19)라는 것이다.

79 Al-Johani, 앞의 책, p.25 참조.

제12장 | 이슬람 개혁주의와 부흥운동

1. 살라피야 사상과 원리주의

17세기 유럽은 거대한 이슬람의 도전을 두려움 속에서 지켜보아야 했다. 무슬림 군은 1658년, 헝거리를 침공하고 1669년에는 크레타를 정복했다. 1672년에는 폴란드를 공격하고 6년이 지나지 않아 무슬림군은 러시아 제국을 패퇴시키며 우크라이나에 들어갔다. 그리고 1683년에는 비엔나를 포위공격한다.

이같이 역동적이던 이슬람 제국의 팽창주의가 18세기에 들어서면서 심각하게 쇠퇴하였다. 군사적 충돌과 반란, 중앙집권체제의 약화, 경제적 퇴보 등 여러 내·외부적인 요인들로 인해 오스만 터키를 비롯한 무슬림세계의 여러 나라들은 정치적 분열뿐만 아니라 사회적·경제적 쇠퇴기를 맞았다. 중세기 내내 상대적으로 우월했던 서구에 대한 무슬림 세력의 판도가 뒤바뀌게 되는 전환기를 맞은 것이다. 16~17세기에는 서구인들의 동방무역이 확장을 거듭했고 18세기에는 대부분의 무슬림세계가 그들의 경제적·군사적 도전에 직면하게 되었다. 유럽의 사상과 신문물이 이슬람 공동체 내부에 유입되면서 무슬림사회에는 이슬람 전통을 도외시하고 도덕적으로 타락한 부패와 방종의 생활이 만연했다.

그 뒤 19세기를 거쳐 20세기 초까지 유럽은 거의 모든 무슬림세계를 장악하고 지배세력으로 부상하였다. 북아프리카에서는 프랑스가, 중동 및 남아시아에서는 영국과 프랑스가, 동아시아에서는 네덜란드와 영국이 실질적인 지배자가 되었다. 유럽의 식민 제국주의 시대가 열린 것이다. 그리고 이 식민 제국주의는 또다시 무슬림세계에 정치적·경제적 위기뿐만 아니라 종교적·문화적 위기를 촉발시켜 결국 무슬림들은 정치적·문화적 주권 모두를 유럽 기독교인들에게 빼앗기게 되었다. 과거의 무슬림들은 몽골의 지배를 잘 견뎌냈지만—몽골 통치하에서는 이슬람이 받아들여졌다—이제는 사정이 판이하게 달라졌다. 유럽의 식민 통치법이 이슬람법과 규범들을 대체하여 들어섰고, 교육 · 행정 · 사법 · 사회복지 등에 관련된 모든 제도와 관행들이 변경되었다. 무슬림세계가 유럽 기독교 세력에 정치적 · 군사적으로 종속되면서 무슬림세계는 쇠퇴하고 몰락했을 뿐만 아니라 신성한 가르침과 교의에까지 위기가 닥치게 되었다. 무슬림 선각자들은 이러한 현상에 종교적 의문을 던지기 시작하였다. 이슬람 공동체에서 과연 무엇이 잘못인가? 서구의 성공은 기독교 문명의 우월성 때문인가? 무슬림사회의 쇠퇴는 구성원들의 무신앙 때문인가? 무슬림들은 이제 비무슬림들의 서구법으로 지배되는 사회에서 과연 자신들의 신앙을 지켜갈 수 있을까? 어떤 방법으로 무슬림의 정체성과 신앙에 대한 이러한 도전에 대응해야 하는가?

다양한 반응이 자아비판과 더불어 쇠퇴 원인에 대한 성찰로 나타나게 되었다. 그중에서도 가장 큰 자성의 목소리는 무슬림 공동체의 쇠퇴 원인이 진정한 이슬람으로부터 일탈했기 때문이라는 것이었다. '순수한 이슬람', '원래의 이슬람' 으로의 회귀만이 무슬림사회의 부흥Nahdah과 재건을 가능하게 할 것이라는 주장이다. 이것은 무슬림사회가 종교적 개신tajdīd과 개혁iṣlāh을 도모함으로써 달성할 수 있는 일이었다. 근대 무슬림 사상가들은 이러한 이슬람 개혁주의를 새롭게 다듬고 주창하면서, 이슬람의 부흥과 공동체 사회의 쇄신을 위한 운동을 전개하였다. 이와 같은 이슬람 부흥운동의 물결은 18세기에 놀라운 생명력을 갖고 이슬람세계의 무슬림 공동체 전역으로 번져 나갔다.[1]

---

1 18세기 이슬람 부흥운동에 대한 상세한 논의는 John O. Voll, *Islam: Continuity and Change in the Modern World*, Boulder, Colo.: Westview Press, 1982, 제2장 참조.

사실 무슬림 공동체는 개신과 개혁에 관한 오랜 전통을 갖고 있다. 그것은 아마도 이슬람이 다른 종교와 달리 신앙과 실천의 종교이고, 교회와 국가를 분리하지 않는 정교일치체계이기 때문일 것이다. 카와리지의 반정운동, 쉬아들의 혁명, 무으타질라파의 이성주의 도전, 이슬람법의 형성과 발전, 수피주의의 등장 등 이 모든 것이 무슬림들의 의식 개혁과 공동체 사회의 쇄신을 목표로 한 것들이었다. 그리고 이를 주도한 주동자들은 한결같이 그들 운동의 원천을 『꾸란』과 예언자 순나sunnah(관행)인 하디스ḥadīth에 두었고 개신과 개혁을 통한 '순수한 이슬람으로의 회귀'를 목표로 하였다. 이슬라흐iṣlāh(개혁, 개선)는 『꾸란』의 용어로, 예언자들이 죄지은 그들의 공동체를 경고하고 신의 올바른 길로 그들을 되돌아오게 요구할 때 사용되곤 하였다(『꾸란』 7 : 170, 11 : 117, 28 : 19).

한편 타즈디드tajdīd(쇄신, 갱신)는 예언자 순나에 근거한다. "신께서는 그들의 신앙을 갱신할 사람들을 매 세기 초에 움마에 보내실 것이다." 따라서 무슬림들은 이슬람의 갱신자 무잣디드mujaddid가 진정한 이슬람을 복원시키고 실현하기 위해 매 세기 초에 보내어진다고 믿고 있다.[2] 어쨌든 개신과 개혁이라는 두 용어는 이슬람의 부활iḥya과 부흥운동의 핵심으로서 이슬람 원리로의 복귀를 궁극 목표로 하며, 대체로 다음과 같은 개념을 전제로 하는 것이었다. 첫째, 올바른 무슬림 공동체는 예언자 무함마드가 인도하고 세웠던 메디나 공동체와 같은 이슬람 초기 시대의 공동체이다. 둘째, 무슬림 공동체가 쇠퇴한 요인은 미신적 관행과 이단적 혁신을 의미하는 비드아bid'a 때문이다. 이에 대한 척결이 개신과 개혁의 선결과제이

---

2 John O. Voll, "Renewal and Reform in Islāmic History: Tajdīd and Iṣlāḥ" in *Voices of Resurgent Islam*, John L. Esposito, ed., New York: Oxford University Press, 1983, p.33.

다. 셋째, 10세기 이후 순니 무슬림들의 일반적 경향은 이슬람 4대 법학파(하나피, 말리키, 샤피이, 한발리)의 가르침에 맹목적으로 추종taqlīd하는 무깔리둔muqalidūn(타끌리드를 좇는 자)의 길을 걷는 것이지만, 부흥주의자들은 여기서 벗어나 이즈티하드ijtihād(독자적 법 판단)를 해야 하며 이즈티하드를 실행할 권리를 주장한다.

"원래의 이슬람으로 돌아가자"는 현대의 이슬람 부흥운동은 서구 언론과 매스컴을 통하여 이슬람 원리주의Islamic Fundamentalism 혹은 이슬람 근본주의라는 이름으로 알려졌다. 오늘날 무슬림세계에서는 이 원리주의를 아랍어로 우술리아uṣūliyyah로 번역하고 있으나, 원리주의라는 용어는 어디까지나 서구세계, 특히 영어권에서 붙인 것으로 무슬림세계에서는 거의 쓰이지 않는다. 무슬림들은 대체로 이슬람 부흥Nahdah주의와 부흥운동이라는 용어를 더 선호하여 쓰고 있다.[3] 그리고 이슬람 원리주의자들과 부흥주의자들이 전통 보수적 경향과 이러한 원리주의 색깔을 띠고 일찍부터 사용해 온 용어로는 살라피야as-salafiyya가 있다. 이것은 『꾸란』과 예언자 순나를 원문an-nuṣūṣ 그대로 이해하고 결코 은유적 해석al-ta'wīl을 하지 않으며, 또 이슬람 초기의 살라프salaf(선조, 조상)들이 후대의 뛰어난 법학파나 신학자보다 『꾸란』과 순나에 더 정통하였으므로, 그들이 남긴 관행은 이슬람 원리에 가장 맞는 것들로서 꼭 존경하고 좇아야 할 것들이라는 뜻을 내포하고 있다. 살라피야 사상이 처음 등장한 것은 한발리 법학파의 창시자 이맘 아흐마드 빈 한발Aḥmad b. Ḥanbal(780~855년)이 무으타질라파와 논쟁을 벌인 압바스조 제7대 칼리파 마아문al-Ma'mūn(813~833년 재위) 때인 것으로 알려져 있다.

초기 무슬림들은 이슬람을 이해할 때 『꾸란』과 예언자 순나의 원문인

3 김정위, 「이슬람 원리주의」, 『한국이슬람학회논총』, 제3집, 한국이슬람학회, 1993, 102쪽.

누쑤쓰만으로 대개 만족하였다.[4] 그러나 이슬람의 대정복기를 거쳐 광활한 영토의 대제국이 형성되자 페르시아, 이집트, 그리스, 로마, 인도 등 정복지의 다양한 문화유산들이 융합되고, 이슬람 공동체는 정치, 종교, 사회의 여러 면에서 복잡한 문제들이 야기되는 새로운 시대환경에 처하게 되었다. 특히 외래사상의 종교적 · 논리적 공격에 직면해서 이슬람을 방어하고 옹호하는 논증과 구체적 증거를 제시해야 할 경우들이 생겨났는데, 이러한 종교와 사상 논쟁을 위해서 이성주의에 입각한 새로운 논쟁법이 등장하게 되었다. 이러한 필요에 부응하여 무슬림 공동체에서는 『꾸란』과 순나의 원문인 누쑤쓰의 이면세계로 시선을 확대시킨 사변신학자al-mutakallimīn들이 출현한다. 이들은 이성al-ra'y과 유추al-qiyās, 은유적 해석법al-ta'wīl을 이용하여 피정복지의 사상적 · 철학적 도전에 대응했으며 이슬람 교리를 옹호하려 했다. 이러한 사변신학자들의 선두주자는 '정의와 유일신론의 백성들ahl al-adl wa al-tawḥīd'로 불리던 무으타질라파였다.

그러나 이들이 사용한 증거주의와 이성 중심의 철학적 방법론은 그들의 사상을 일반화시키지 못했으며, 일반 대중'āmma wa jumhūr의 지지를 받지 못했다. 일반 대중의 지적 능력은 항시 누쑤쓰에만 머물렀으며 누쑤쓰에 집착하였다. 그리고 일부 정통 울라마들은 사변신학파들의 엘리트적이고 선민적인 사고방식과 지나친 이성적 논리전개에 비판적 시각을 갖게 되었다. 그런데 칼리파 마아문이 무으타질라파의 교리를 국교로 공인하고, 『꾸란』 창조설 같은 무으타질라파의 이성에 의한 은유적 해석법을 옹호하고 지원하자 이맘 이븐 한발이 이에 반기를 들게 되었다. 대표적인 정통 울라마였던 그는 무으타질라파가 주장하던 『꾸란』 창조설을 이슬람 원리에 어

4 『꾸란』과 예언자 순나로 부족한 경우, 싸하바Ṣahābah(예언자의 동료들)들이나 그 뒤를 이은 따비운ṭabī'ūn(제2세대)들의 언행을 적용하여 이해를 도모하기도 하였다.

긋나는 변혁적 논리, 즉 비드아로 선언하고 원래의 이슬람은 은유적 해석을 하지 않는 누쑤쓰의 이슬람이며, 그것이 바로 예언자 무함마드와 싸하바ṣahābah(예언자의 동료들)를 포함한 초기 무슬림들인 살라프들이 보존한 이슬람이라고 주장하였다. 그는 이성과 철학사상에 근거한 이들 무으타질라파의 교의를 비정상적인 것gharīb으로 단정하여[5] 사변신학 'ilm al-kalām을 인정하지 않았으며 이에 몰두하는 행위는 악이라고 말하였다.[6]

아흐마드 빈 한발의 뒤를 이어 살라피야 사상을 체계화하여 펼친 인물은 이븐 타이미야Ibn Taimiyah(1328년 사망)와 그의 제자 이븐 까임 알 자우지야Ibn Qayym al-Jawziyyah(1350년 사망)이다. 한발리 학파의 추종자인 이들은 보수적 경향의 반이성주의자로서 수피주의에 회의적이었으며, 이븐 한발 시대에 형식화된 살라피야 이론을 한층 더 구체화하였다. 그것은 한마디로 말해 싸하바 시대와 그 뒤를 이은 따비운ṭabi'ūn(싸하바 다음 세대) 시대의 관행이 어떤 다른 법학파나 신학파의 체계적 논리, 논증, 연역보다 더 가치가 있다는 것이다. 초기 이슬람 공동체는 '순수한 이슬람', '원래의 이슬람'을 실현하였지만 후대로 옮겨갈수록 진리에서 벗어난 인위적 · 이성적 · 외래적 요소들이 부가되었고, 그것이 후대의 이슬람 신학과 교리, 종교적 관행 속에 자리잡게 되었다는 것이다. 다시 말해 그들의 시대에는 수피주의, 범신론, 사변 신학, 철학사상, 미신적 관행들이 넘쳐났는데, 이러한 비드아 때문에 이슬람이 오염되었다는 것이다. 따라서 이븐 타이미야는 이것을 제거하고 씻어내 순수하고 건전한 살라프 앗 쌀리흐salaf as-ṣaliḥ(올바른 선조들)의 관행으로 돌아갈 것을 역설한 것이다. 그는 자신을 무즈타히드mujtahid(이즈티하드의 실행자)로 간주하였다. 필요한 경우에는

5 Muḥammad 'Ammāra, *Tayyārāt al-Fikr al-Islāmi*, Bayrūt: Dār al-Shrurāq, 1991, p.130.
6 Ibn Qayyim al-Jawziyya, *A'lam al-Muwaqq'in*, Vol.I, Bayrūt, 1973, p.137.

계시와 예언자의 전승을 각 시대 환경에 맞추어 새롭게 해석하고 적용하는 이즈티하드를 주장한 것이다.

이러한 살라피야 사상은 18세기 와하비야al-wahhābiyya 운동으로 맥이 이어진다. 이 운동은 이슬람 종교의 부흥과 무슬림사회에 만연된 변혁과 이단의 미신적 교리를 정화하기 위해 아라비아반도에서 일어났다. 그리고 그 뒤를 이은 북아프리카의 사누시아as-sanūsiyya 운동과 수단의 마흐디야 al-mahdiyya 운동도 마찬가지였다. 이슬람의 부활을 외치며 『꾸란』과 순나로 돌아가야 한다는 살라피야 사상의 근원적인 맥을 재현한 것이다. 그 뒤 서구 식민주의가 본격적으로 이슬람세계에 들어오면서 이슬람 공동체는 서구 사상과 제도의 영향으로 더욱 변질된 정치 · 경제 · 사회 구조를 갖게 되었다. 뿐만 아니라 종교도 이교적 경향이나 세속주의 풍조를 띠고 날로 변질되어 가는 위기상황을 맞게 되었다. 이에 대한 반작용으로 이슬람의 개혁과 부흥운동이 새롭게 전개되었는데, 이때에도 물론 살라피야 사상은 이러한 개혁과 부흥운동 및 시대적 사조의 중심이었다.

이 장은 이러한 이슬람 개혁사상과 부흥운동을 고찰하는 데 초점을 두고 있다. 18세기 이후 이슬람 부흥운동을 주도한 대표적인 무슬림 사상가와 개혁가들의 주요 사상과 활동을 살펴보고, 그들의 이론이나 운동의 상호작용과 반작용, 특성, 방향, 영향 등을 분석 · 비교하고 고찰해봄으로써 근 · 현대 이슬람의 동향과 이슬람 사상의 큰 흐름을 파악할 수 있을 것이다.

2. 전前근대[7] 원리주의 이슬람 부흥운동

(1) 와하비야 운동

와하비야al-wahhābiyya 운동은 18세기에 일어난 이슬람 부흥운동 중에서도 가장 중요하고 유명하다. 그것은 아무래도 오늘날 사우디아라비아의 건국이념의 기초가 되었다는 점과, 이 운동이 근대 이슬람 부흥운동의 효시라는 인식 때문일 것이다. 무함마드 빈 압드 알 와합Muḥammad b. 'abd al-wahhāb(1703~1792년)은 나즈드Najid의 베두인 가정에서 태어나 도시의 문화적 생활과는 동떨어진 환경에서 자라났다. 그러나 그의 집안이 한발리 법학자 가문이었으므로 단순하고 명료한 이슬람의 전통 법학을 전수받았고, 이로 인해 그는 베두인 아랍 생활의 단순함과 순수성을 지닌 전통 보수적 성향의 인물로 성장하였다. 젊은 나이에 그는 이슬람세계 여러 곳을 여행하였고 메카와 메디나에서 수피즘 사상을 비롯한 신학 · 철학 · 법학을 공부하였는데, 이때에도 그는 철학적 방법론이나 사변신학자들의 논쟁법을 따르지 않고 전통적인 방법과 교리를 고수하였다. 바스라를 비롯한 여러 무슬림 도시를 방문하였을 때에도 자신이 목격한 변혁적 이론이나 미신적 논리의 학문을 강력히 부정하고 배척하였다. 한발리 학파의 추종자였던 그는 일생을 타우히드tawḥīd(유일신론)의 엄격한 교리를 설교하고 실천하는 데 헌신하였다. 그는 성자숭배나 묘지참배 행위를 무슬림 신앙과 실천의 범주에서 벗어난 이단적 혁신, 즉 비드아로 생각하여 이슬람 종

---

7 이슬람세계에서 근대주의Modernism와 개혁주의Reformism 사상이 보편화하게 된 시기는 자말 앗 딘 알 아프가니와 무함마드 압두가 등장하여 활동을 전개한 19세기 말에서 20세기 초까지이다. 이 글에서는 이 시기를 '근대'로 설정하고, 이슬람 부흥운동과 발전에 대한 쉬운 이해를 도모하기 위해 그 앞의 시기를 '전근대'로, 뒤의 시기를 '현대'로 설정하여 시대 구분을 하였다.

교의 가장 큰 죄인 우상숭배와 똑같은 행위로 간주하였다.

자힐리야 시기의 아랍인들은 우상을 신에게로 그들을 접근하게 해주는 매체로 간주하고 우상을 섬기는 불신행위를 저질렀다. "우리는 오로지 그들, 우상만을 섬기며, 그들이 우리를 신께로 가까이 데려가리라"(『꾸란』 39 : 3). 이븐 압드 알 와합은 그의 시대에 저질러지는 불신행위들이 자힐리야 시대의 불신자 행위보다 더 심각하다고 생각하였다. 진실로 믿는 자는 오로지 신께만 의지하고 도움을 청해야만 하는데, 많은 무슬림들이 마으루프 알 카르키, 압드 알 까디르 알 질라니, 자이드 빈 알 카탑 같은 수피들을 성자로 숭배하고 그들에게 의지하려는 불신행위를 저지르고 있다고 본 것이다.[8]

이븐 압드 알 와합의 사상과 교리의 핵심은 신의 유일성, 즉 타우히드관觀이고, 목표는 정화된 무슬림 공동체의 건설이었다. 이슬람 팽창시대 이후 계속 타락하고 변질된 신의 유일성 교리를 다시 정화시키는 데 그는 모든 사상적 노력을 집중시켰다. 무으타질라파는 신의 본성에 다른 어떤 속성도 첨가하는 것을 부인하고 철저한 유일성 교리를 전개하여 타우히드 이론의 정립에 일정 부분 기여했지만, 그들의 신의 초월성 논리가 철학적 사상을 근거로 한 유추와 은유적 해석법을 사용하여 전개된 것이기 때문에 이 파의 논리에 그는 부정적이었다. 그는 『꾸란』과 순나의 명확한 증거 이외에 어떤 것에도 아무런 중요성이나 가치를 두려 하지 않았다.[9]

이와 같은 그의 신의 유일성 이론은 선대 법학자들인 이븐 한발, 이븐 타이미야, 이븐 알 까이임 알 자우지아 이론을 그대로 닮은 것이었다. 신의

8 Ibn Abd al-Wahhāb, *Majmū'at at-tawḥīd*, al-Qāhira: Tabi'at al-Maktaba al-Salafiyya, n.d., p.156.

9 Abd al-Karīm al-Khāṭib, *al-Da'wa al-Wahhābiyya*, al-Qāhira: Dār al-Ma'ārif, 1974, p.12.

유일성, 신과 인간 사이의 중간 매체의 부정, 『꾸란』과 순나의 누쑤쓰(원문)에 대한 절대적 인정 등 그들과 공통된 사상과 논리의 전개는 발전을 거듭해온 살라피야 운동의 맥을 그대로 잇는 것이었다. 이븐 압드 알 와합은 무슬림 공동체의 정치적 · 도덕적 쇠퇴의 주요 요인을 무슬림들이 이슬람의 올바른 정도ṣirāt al-mustaqīm에서 벗어났기 때문이라고 진단하고, 그 치료는 무슬림들이 진정한 이슬람으로 되돌아가면 된다는 간단한 것이었다. 그것은 마치 무함마드가 이끌던 초기 무슬림 공동체에서의 개혁과 같이 사회적 · 도덕적 혁명을 반복함으로써 성취할 수 있는 것이다. 다시 말해 그것은 『꾸란』의 가르침에 바탕을 둔 초기 공동체의 삶으로 돌아가는 것이었다. 그에게 있어서 이슬람의 규범적 시대는 무함마드 시대와 초기 무슬림들의 시기인 살라피야 시대였다.

그는 선견과 혜안을 가진 위대한 법학자였다. 그의 눈에는 아라비아사회가 자힐리야 시대보다 조금 나은 정도의 부패한 사회로 비쳐졌다. 그는 공동체를 구하는 선교활동에 직접 나섰다. 먼저 그는 신께서 『꾸란』의 일정부분을 통치자ṣulṭān로 하여금 실현하게끔 위임하셨다는 논리를 세웠다. 그가 처음 설교하여 손을 잡은 통치자는 알 아이나al-'Ayyina의 오스만 빈 아흐마드 빈 무암마르'Uthmān b. Aḥmad b. Mu'ammar였다. 이븐 무암마르는 신의 유일성 교리를 전파하고 이슬람의 부흥을 위해 그의 통치력을 사용할 것을 약속하였다.[10] 그는 군대의 선두에 이븐 압드 알 와합을 세워, 당시 사람들이 숭배하던 성자의 무덤과 우상 구조물을 파괴하기 시작하였으며, 알 자빌라al-Jabila에서는 자이드 빈 알 카탑의 성소를 파괴하였다. 이 일로 알 자빌라의 백성들과 전쟁이 일어날 뻔 하였다. 베두인 아랍인들은 그에게 이븐 압드 알 와합에 대한 지원을 중단하지 않으면 소요를 일으

10 같은 책, p.64.

키겠다고 위협하였다. 결국 이븐 무암마르는 현실권력과 이븐 압드 알 와합과 맺은 종교적 약속 및 신의 보상을 저울질하여 내세보다는 현실을 택하였다. 그리고 이븐 압드 알 와합에게 스스로 알 아이나를 떠날 것을 요구하였다.

이븐 압드 알 와합은 1745년 알 아이나를 떠나 알 다르이야al-Dar'iyya로 향하였다. 그리고 그곳에서 무함마드 빈 사우드Muḥammad b. Sa'ūd와 역사적인 조우를 하게 된다. 이 두 사람은 새 시대를 열고 순수한 신의 유일성 이론을 바탕으로 하는 새로운 국가의 수립을 약속하였다. 이븐 압드 알 와합은 종교적 지도권과 교화의 행사권을 갖고, 이븐 사우드는 정치적 수장권과 세속적 권위를 갖는 연맹이 결성된 것이다. 이러한 제휴의 동반자 관계는 종교적 열정과 군사적 힘을 바탕으로 거룩한 성전聖戰을 실행하는 강력한 종교정치운동으로 발전해간다. 이븐 사우드의 군대는 알 다르이야를 넘어 나즈드를 비롯한 주변지역으로 영향력을 점차 확대시켜 아라비아반도 전체로 퍼져 나갔다. 이때 군대의 동원과 조직 및 파견을 담당한 사람은 무하우위르 안 나샤뜨Muḥawwir an-Nashāṭ로 알려져 있다. 그는 이븐 압드 알 와합을 대신하여 선교사를 파견하고 사절단을 영접하며, 전리품 및 자카트의 분배 같은 재정업무까지 맡아 하였다.[11]

알 다르이야를 수도로 정한 사우드Āl-Sa'ūd(혹은 와하비야Wahhābiyya)(1746~현재)조는 아라비아반도에 이슬람의 부활과 부흥운동을 실천에 옮긴 왕조를 건설하고, 메카와 메디나를 무슬림의 성지로 선포하였다. 이븐 압드 알 와합은 순례기간에 무슬림 학자들과 「신의 유일성」을 주제로 토론을 하고 글을 썼으며, 중세 이래 지속되어온 이성주의적 이슬람 사상과 미신적 관행의 신앙을 부정하는 새로운 종교사상(와하비야)을 일으켰다.

11 같은 책, pp.65, 67.

또한 그는 오스만 터키 가계에서 승계되고 있는 칼리파 직제職制를 잘못된 관행으로 판정하고 오스만 칼리파를 '지상의 신의 그림자'로 인정하고 있던 당시 무슬림들의 믿음을 불신행위로 선언하였다.

와하비야 운동은 이븐 압드 알 와합이 사망한 지 10년 후 큰 성공을 거두고 아라비아 전역에 확고한 기반을 세우게 된다. 이븐 사우드는 1802년, 나즈드 백성들로 구성된 군대를 이끌고 쉬아들의 거룩한 성지인 이라크의 카르발라Karbala를 점령한 후 약 2천 명에 이르는 거주민을 처형하였으며 이맘 후세인의 묘와 성소를 파괴하였다. 쉬아주의 역시 수피주의와 마찬가지로 이맘 숭배와 묘지 참배 의식 때문에 우상 숭배자로 간주되었던 것이다. 사우드 가문과 쉬아 사이의 갈등관계는 이때부터 심화되었다.

1805년 이븐 사우드는 메디나를 침공하여 그곳의 무덤과 성소들도 파괴하였고 다음 해에는 메카를 완전 장악하였다. 오스만 터키의 메카 통치자 Sharīf는 오스만조에 등을 돌리고 이븐 사우드에게 충성의 맹세를 하였다. 그 후 메카와 메디나, 나즈드, 티하마, 그리고 히자즈 전역이 이븐 사우드의 통치권 내에 들어와, 전성기에는 북쪽으로는 알렙포Allepo, 서쪽으로는 홍해, 동쪽으로는 인도양에 이르는 지역을 지배하게 되었다. 그 후 와하비야 사상은 중앙아시아와 인도로 영향력을 뻗쳤으며, 이 운동을 비판하고 배척하는 먼 지역에까지도 간접적으로 영향력이 퍼져나갔다. 오스만 터키는 와하비야 교리로 무장한 신흥 사우디 국가의 증대해 가는 위험을 막기 위해 이집트의 무함마드 알리Muḥammad Alī에게 도움을 청하였다. 그리고 1818년 9월 9일, 오스만 터키군과 무함마드 알리가 파견한 그의 아들 이브라힘의 이집트군으로 구성된 연합군은 수도 알 다르이야를 함락시킨다.

이븐 압드 알 와합은 이븐 타이미야의 길을 따랐다. 그는 『꾸란』과 순나, 그리고 이슬람 초기 3세기 동안 이루어졌던 전통과 관행으로 돌아갈 것을 외쳤다. 이것은 결국 아흐마드 빈 한발이 주장했던 살라피야의 길이었다. 단지 그가 선대인들과 달랐던 것은 살라피야의 이상을 실천에 옮겼다는 점이다. 그와 추종자들은 그 테두리 밖의 모든 것을 비드아로 선언하였고 이를 제거하기 위해 나섰던 것이다. 그 대표적인 예가 성인 숭배와 성소 참배 의식으로, 이들은 성인 숭배에 관한 혐의가 있으면 어떤 모스크나 성인의 묘소일지라도 빼놓지 않고 파괴하였다. 당시 아라비아에는 다른 오랜 무슬림 도시처럼 장엄하고 화려한 장례 기념 구조물들이 있었는데, 이것들은 모두 철거되고 종교 생활에서와 같이 건축 양식에서도 단순미가 아라비아의 특징이 되었다. 와하비Wahhābī(와하비야의 추종자들) 사원은 기본 구조물 이외에는 특별한 첨탑이나 장식을 하지 않았다. 정도正道에서 조금이라도 어긋나는 행위는 용서받지 못하였다. 예컨대 무함마드 이외의 어떤 중간자를 통해 신과 교류를 원한다든지, 신 이외의 대상에 절이나 맹세를 하는 행위는 특히 용서받을 수 없는 행위였다. 성스러운 천명天命을 부인하거나 인간 만사와 세상만물에 대한 신의 법경과 예정을 거부하거나 예배중에 다른 피조물—천사, 예언자, 성자—의 이름을 언급하는 것도 우상숭배와 비슷한 행위로 간주하여 근절하였다. 와하비들은 일종의 종교 감찰 같은 조직을 구성하여 위법자를 감시하고 비판하였다. 그리고 종교 집회에 참석하도록 신도들을 강요하였다. 신도가 단순히 샤하다shahāda(신앙 증언)를 낭송한다고 해서 그를 움마의 구성원으로 보지 않았다. 신도 개개인의 신앙과 인격이 검증되고 심사되었다. 흡연, 면도, 모욕적이고 상스런 언행 등의 행위자에게는 채찍질 같은 형벌을 가했다. 심지어 예배와 묵상시에 묵주를 사용하는 것도 허용되지 않았다. 예언자 무함마드가 묵주를 사용하였다는 기록도 없고 또 그것은 알려지지 않은 행위였다. 따라서 그것은 외부에서 들어온 이교도적인 것으로 판단되었다. 와하비의 관

점에서 '혁신적' 이라는 것은 곧 '이단' 을 의미했다.[12]

와하비들은 이븐 타이미야 때보다 훨씬 더 수피사상과 관행에 반대했지만 아이러니컬하게도 와하비야 운동조직은 수피체계의 질서를 닮아 있었다. 그들은 자신의 조직체계를 따리까 무함마디야ṭarīqa muḥammadiyya(무함마드의 길)라 칭하였고 그들 조직체에 들어온 와하비야 운동의 선교 전사들을 이크완ikhwān(형제들)이라 불렀다.

와하비들의 이성적 신학에 대한 강한 반발과 성인숭배 관행의 금지, 과격 행동주의 같은 것은 다른 일반 무슬림사회에서는 받아들여지지 않았다. 그들이 강압적으로 와하비야 운동을 퍼뜨리려 했기 때문에 심각한 저항도 일어났다. 와하비야 운동 초기 이슬람 시대의 폭력적이고 광신적이던 카와리지 운동을 닮은 것이었다. 또 본질적으로 단순한 베두인 아랍인들의 정서를 대변했을 뿐, 나즈드, 티하마, 히자즈 지역 이외의 멀리 떨어진 다른 이슬람 도시지역 아랍인들의 정서를 담아내지 못하였다. 즉 와하비야 사상과 운동은 이슬람 부흥운동과 무슬림들의 각성을 불러일으켰으면서도 제한되고 한정적인 시각, 보수적인 경향, 베두인식의 적응방식 때문에 지역적 한계를 지니고 있었고, 그 후 오늘날 사우디아라비아 왕국의 건국이념과 중심사상으로 부활하였으면서도 아라비아반도를 벗어나지 못하고 있다.

이븐 압드 알 와합은 부흥운동의 초점을 초기 메디나 공동체에서의 관행과 삶을 사실적으로 재창조하는 데 두었다. 그렇지만 그는 '아랍' 과 '이슬람' 을 동일시하려 했다. 그래서 칼리파 지위가 꾸라이쉬족, 즉 아랍에 귀속되어야 한다고 주장한 것이고, 오스만 술탄이 칼리파위를 승계한 것

12 Frederick Mathewson Denny, *An Introducing of Islam*, New York: Macmillan Publishing Co., 1985, p.356.

은 오류라고 말한 것이다. 이것은 터키인들이 아랍 무슬림에 대한 통치권력을 독점하고 있는 데 대한 투쟁이요 반발이었다.[13] 다시 말해 와하비야 운동은 국가와 사상의 아랍화뿐만 아니라 이슬람의 아랍화도 주장했던 것이다. 그리고 이것은 아라비아 밖에 있던 이슬람 부흥운동과는 다른, 독특한 양상을 띤 것이었다. 그러면서도 이 운동은 아프리카와 인도의 무슬림 부흥주의자들에게 영향을 주었고, 또 오늘날까지 사우디뿐만 아니라 많은 현대 무슬림들의 청교도적 신앙관과 과격 원리주의자들의 이념적 세계관에서 살아 숨쉬고 있다.

(2) 사누시야 운동

북아프리카의 리비아에서 일어난 사누시야 운동은 유럽 식민제국주의 열강들의 팽창주의 정책에 대항하여 사회적 종교투쟁을 벌인 대표적인 이슬람 부흥운동 중의 하나이다. 이 운동의 창시자인 무함마드 빈 알리 알 사누시Muḥammad b. Alī al-Sanūsi(1787~1859년)는 알제리의 무자히르Mujāhir 부족 출신으로 어려서부터 수피 종단을 따랐다. 그는 당시 서부 이슬람세계의 학문 중심지였던 페즈의 알 까라윈al-Qarawin 대학에서 공부하고 모로코의 수피들, 특히 티자니야Tijāniyya 종단의 수피들에게서 영향을 받았다.[14] 후일, 그는 카이로의 알 아즈하르 대학에서도 수학(1842년)하였지만, 그보다 앞서 1825년에는 히자즈로 나아가 메카와 메디나의 저명한 학자들과 학문적 교류를 하였는데, 메카에서는 유명한 수피학자 아흐마드 빈 이드리스Aḥmad b. Idrīs의 문하생이 되었고, 이슬람 법과 하디스 학자로 곧

13 John L. Esposito, *Islam—The Straight Path*, Oxford: Oxford University Press, 1994, p.118.
14 C. E. Bosworth, *The Islamic Dynasties*, Edinburgh: Edinburgh University Press, 1967, p.41.

명성을 날리게 된다.

그는 부족주의와 지역주의로 갈라진 무슬림들의 정치적 분열을 비난하면서 범이슬람적 단결과 연대의 필요성을 주장하였다. 그는 이슬람 법이 전통만을 고수하던 울라마들에 의해 오히려 상당히 왜곡되었다고 믿으면서 울라마들의 개인적 법판단ijtihād의 문호를 차단한 보수주의 울라마들의 입장에 반대하였다. 그는 스스로 무즈타히드임을 선언하고, 자신이 어려서부터 배우고 익힌 말리키 법에 대해서 스스로의 개인적 법판단을 제시하기도 하였다. 이러한 그의 입장은 후일 알 아즈하르 보수주의 울라마들의 분노를 샀으며, 일부 수피 지도자들로부터도 배척을 받게 되었다. 수피주의에 빠져 여러 종단에 가입하기도 했던 그는 수피사상에 대해 다양한 입장을 표명하였다. 그는 수피 종단에 명확한 증거나 확증yaqīn을 요구하였고, 순니 법학과 수피 사상의 혼합을 추구하기도 하였다. 그가 중간 매개체를 부정하고 『꾸란』과 순나의 증거와 확증에 의지했다는 사실에서 우선 그의 살라피야 사상의 경향을 엿볼 수 있지만, 다른 한편 그가 영혼의 투쟁과 심신의 정화를 통해 진리를 얻으려 했다는 점에서는 수피적 경향을 짐작해 볼 수 있다. 이같이 그의 사상의 형성은 증거주의 방식과 조명주의 방식이 혼합되어 있으나, 대체로 앞의 방식, 즉 살라피야적인 면에 더 기울어져 있었던 것 같다.그는 법학과 하디스뿐만 아니라 천문학과 자연과학 등에도 조예가 깊었던 것으로 알려져 있다.

사누시야 사상과 운동의 기초는 그가 히자즈에 있는 동안 다듬어진 것으로 알려져 있다. 1830년 알제리가 프랑스에 점령되고 북서부 아프리카에 식민주의 정책이 시작되자 그는 서구 식민 제국주의의 위험을 실감하고는 이슬람 세력의 통합과 이에 대항할 지하드 준비에 골몰하였다. 현대 물질문명을 바탕으로 한 서구 군사력의 도전에 직면하여 그는, 오스만 터키 정권은 서구를 물리치려 노력하는 아랍 공동체에 단지 하나의 족쇄 같은 존재에 불과할 따름이라고 생각하였다. 그는 이슬람 공동체가 단결하기 위해서는 지연적 · 종파적으로 견해 차이를 조장하고 있는 엄격한 전통주의와 보수주의, 미신적 관행 같은 공동체 내의 부정적 요소들을 과감히 척결해야만 하고, 서구에 대항하기 위해서는 인내와 절제, 관용과 형제애, 지하드 의식 같은 이슬람 가르침 속의 정신력을 기르고 이슬람의 부활 의식을 고취하며 함양시켜 나아가야만 한다고 생각하였다. 여기서 수피 종단의 자위야al-zāwiya 조직과 그 운영에 관한 그의 독특한 철학이 나오게 된다. 그는 자위야를 고대와 현대의 이슬람을 이어주는 연결고리로 삼고, 이를 통해 새로운 무슬림사회 구성의 모델을 제시하고 장기간 계획하고 갈망해온 사회개혁을 실천하려 했다. 사누시는 1837년 메카의 아부 까비스Abū Qabis 산에 최초의 자위야를 설립하여 그 자신의 따리까ṭarīqa인 사누시 종단을 열기 시작하였다. 그 후 알제리가 프랑스 치하에 있었기 때문에 고향으로 가지 못하고 리비아로 돌아와 시레나이카Cyrenaica에 정착하였다. 그리고 리비아 해안의 알 바이다al-Bayḍā에 두 번째 자위야를 건설한 이후 아라비아반도(25개)와 아프리카에 무려 총 188개에 달하는 사누시야 자위야를 세웠는데, 리비아에만 97개, 이집트에 47개, 수단에 17개, 튀니지에 2개가 있었다.[15]

자위야 프로그램은 급진적 행동주의의 길을 따르는 것이었다. 그것은 이슬람의 형제애 사상을 바탕으로 수피적 센터와 숙소를 건립하여 예배 장소와 군사훈련과 사회복지 활동을 하는 장소로 쓰고, 각 자위야에는 경작농지가 있어 자급농업이 가능하고, 수공업 등 자영의 공동작업이 의무

15 Aḥmad Ṣidqī al-Dajjāni, *al-Ḥaraka al-Sanūsiyya*, Bayrūt, 1967, pp.37~39, 246, 247, 257.

화되어 있었다. 자위야에는 종단을 대표하는 지도자 알 무깟딤al-muqaddim과 재정·경제를 담당하는 와킬al-wakīl(차석, 대리인), 교육 및 결혼계약 등의 일을 관장하는 쉐이크as-shaykh가 있었다. 주변 부족의 지도자들은 자위야의 운영위원회에 공동위원으로 참여하였다. 이 자위야는 병영이자 예배소이며 종단의 중심이었다. 그는 추종자들에게 "『꾸란』 낭송과 염주에만 집착하는 자는 자위야의 백성에 속할 수 없다" 면서 자위야 공동체 생활의 중요성을 가르쳤다. 일주일 중 목요일은 농작과 수공업을 위해 공동작업을 하는 날로, 금요일은 기마술과 병기 사용술, 전투기술 훈련을 실시하는 날로 의무화하였다.[16]

사누시야 무슬림들은 이슬람국가의 건설과 이슬람 전파를 목표로 삼고 이를 동시에 수행하였다. 자위야에서 훈련받은 이들은 이슬람 선교를 위해 여러 지역으로 파견되었는데, 자힐리야 시대의 것같이 변질된 전통과 관례를 따르던 중소도시 무슬림들이나 사막의 베두인들에게 새로이 사누시야 개혁 이슬람을 전파하였다. 또 아프리카 중심부에 살던 다신론과 우상숭배 부족들에게도 새로이 이슬람이 전파되었다. 예를 들면 파티쉬al-fatīsh(토속 신앙, 우상)를 섬기던 원주민들을 이슬람화한 것이다.[17] 사누시야 운동은 오늘날 아프리카의 중앙과 서부 지역으로 번져가 와다이, 알 바까리, 부르쿠, 나이지리아, 부르누, 콩고, 카메룬, 다무, 다후미 등지에 많은 새 무슬림 개종자들이 등장하였고 특히 차드Chad 호수를 중심으로 하는 중앙아프리카에는 4백만 명에 이르는 아프리카 원주민들이 이슬람을 받아들였다.[18] 이와 같이 사누시야 운동은 동쪽으로는 소말리아에서 서쪽

---

16 Muḥammad ʻAmmāra, 앞의 책, p.264.
17 Luthrub Studard, *Ḥāḍir al-Ālam al-Islāmi*, Vol. II, Bayrūt, 1971, p.400.
18 Muḥammad ʻAmmāra, 앞의 책, p.264.

으로는 세네갈에 이르기까지 사하라 중 · 남부의 아프리카 지역에 무슬림 벨트를 형성하는 데 주도적 역할을 하였다. 그리고 중앙아프리카에 라비흐Rābiḥ조, 아흐마두Aḥmadū조, 사무리Sāmūri조 등이 일어나게 한다.

사누시야 운동은 이슬람을 전파하는 역할뿐만 아니라, 아프리카 북부와 중부를 잠식해 들어온 유럽 식민주의에 대항한 아랍-이슬람 군대의 역할을 수행하였다. 자위야는 기마술과 전투기술을 익히는 훈련장이었고, 사누시야 가르침의 정수는 한마디로 지하드 사상이었다. 종단의 지도자들은 서구 제국주의에 대항하여 언제든지 지하드를 행할 수 있도록 무슬림들에게 경각심과 신앙심을 불어넣었다. 그 결과 이들은 수단에 진군한 프랑스에 대항하여 약 15년(1901~1914년)간 투쟁했고, 리비아에 침공한 이탈리아에 대항하여 1911년부터 약 30년간 정신적 · 군사적 힘과 추진력을 제공해주었다. 계속된 투쟁으로 사누시야 운동은 서구 식민주의 침략에 대한 저항운동이 되었다. 그들은 오스만 터키의 아랍 무슬림 지배와 통치 체제를 부정했다. 그리고 그들의 무능력과 무기력을 비난하였다. 사누시야 무슬림들 역시 칼리파 지위가 꾸라이쉬 부족에 귀속되어야 한다고 주장했다.[19] 사누시의 후계자이자 아들인 싸이드 알 마흐디Sayyd al-Maḥdī(1859~1902년 통치)와 그의 동생 아흐마드 앗 샤리프Aḥmad as-Sharīf(1902~1918년 통치) 모두는 유럽인과 터키인 모두에 투쟁하는 지하드를 선언하였다. 제2차대전 중 영국 정부는 사누시의 손자이자 20년간 이집트에 추방되어 있던 싸이드 무함마드 이드리스Sayyid Muḥammad Idrīs를 정신적 수장으로서만이 아니라 시레나이카의 정치적 · 군사적 지도자인 아미르Amīr로서 인정하였다. 그리고 그는 1951년 리비아의 이드리스Idrīs 1세로 왕위에 오른다.

19 Aḥmad Ṣidqī al-Dajjāni, 앞의 책, p.107.

(3) 마흐디야 운동

수단에서 일어난 마흐디야 운동의 창시자 무함마드 아흐마드Muḥammad Aḥmad(1844~1885년)는 1881년 스스로를 마흐디mahdī(구세자)로 선언하였다. 순니 무슬림들은 쉬아와 달리 메시아 교리를 갖고 있지 않음에도 불구하고 수단인들은 그를 마흐디로 받아들였다. 그들은 무함마드 아흐마드가 압제로부터 공동체를 구하고 진정한 이슬람과 정의로운 사회를 복원시키기 위해 신이 보낸 메시아적 인물, 즉 '신성하게 인도된 자'라고 생각한 것이다. 그것은 수단 사회의 오랜 수피적 경향 때문이었다. 수단 사회는 수피 학자와 순니 법학자들이 주도해 왔다. 법학자들은 대개 정부조직과 행정기관의 주요 업무를 담당한 고위층이었으므로 일반 대중과 격리되어 있었지만, 수피 학자들은 일상의 종교생활 때문에 일반 대중에게 밀접히 다가가 있었다. 여러 수피 종단들이 일반 대중 무슬림들의 생활 속에 깊이 파고들어 활동하고 있었던 것이다.

수피의 유산 중에는 '기다리는 마흐디al-mahdī al-muntaẓar' 사상이 있다. 여기서의 '마흐디'는 미래에 등장하게 될 신화적인 지도자를 의미하는데, 이는 중세의 수피 대가 무히 앗 딘 빈 아라비Muḥi ad-Dīn b. 'Arabī(1165~1240년)의 가르침에서 비롯된 것이다.[20] 사회의 악과 부조리를 척결하고 부족집단간 갈등과 모순을 타파하며 정의를 실현하는 전설적인 인물이 바로 '기다리는 마흐디'라는 것이다. 수단에서는 이와 같이 마흐디 출현에 대한 분위기가 이미 성숙되어 있었던 것이다.

무함마드 아흐마드는 1844년 8월 12일 단깔라Danqala에서 15km 떨어진 라밥Labab 섬에서 태어났다. 그리고 수단 혁명의 지도자가 되어 수단인들을 한 도가니 속에 용해시켜 수단 역사상 최초로 단일 민족 공동체를 창

20 Muḥammad 'Ammāra, 앞의 책, p.262.

출해낸다. 아마도 이러한 업적이 수단인들로 하여금 그를 전설적인 인물인 '기다리는 마흐디'로 평가하게 한 배경일 것이다.

그는 가난한 가정에서 태어나 카르뚬에서 공부하였다. 수단의 카르뚬에 최초의 전문 교육기관이 설립된 것은 1863년이었다. 그는 1868년 법학자가 되었다.[21] 그는 수피사상에 몰두하였고 신에 대한 경외심 속에 금욕생활을 하였다. 1880년 그가 속했던 삼마니야as-Sammāniyya 종단의 쉐이크 알 꾸라쉬 릿드 알 지븐al-Qurashi Ridd al-Zibn이 사망하자 그는 종단의 지도자가 되었다. 그리고 그는 수피 공동체의 개혁을 구상하고 예언자 시대의 공동체 사회로 수단 사회가 거듭나기 위한 구체적인 개혁 계획을 실행에 옮기기 시작하였다. 그는 자신이 초능력의 인물로서 다른 사람들이 볼 수 없는 예언자를 보았으며, 그로부터 마흐디야 사상을 전수받았고 지하드를 위임받았다고 주장하였다. 그리고 드디어 1881년 6월 29일 자신이 마흐디임을 선언한 것이다. 그리고 백성들 모두는 그가 마흐디임을 믿고 새로운 종교사회 건설에 동참해야 한다고 호소하였다. 터키와 서구 지배로부터 벗어나 수단은 독립과 자유를 쟁취해야 하며, 이슬람을 회복시키기 위해 수단 민족 모두가 봉기할 것을 촉구하였다.[22]

그는 추종자들에게 라마단 달에 아바Abā 섬으로 이주할 것을 명령하면서 지하드를 준비했다. 그는 지하드 수행이 핫즈ḥajj(순례)보다 더 앞서는 의무라고 가르쳤다. 터키 불신자들 치하에서 이루어지는 순례는 무의미하며, "알라를 위해 다듬는 칼은 70년의 예배보다 더 의미가 있다"고 주장하였다. 그는 지하드 수행의 원동력을 외세에 대항하려는 수단 민중의 의식개혁과 신앙심에서 찾으려 했다. 알코올, 도박, 서양음악은 무슬림사회를

---

21 Muḥammad Fu'ād Shukrī, *Miṣr wa as-Sūdān*, al-Qāhira: Dār al-Shurūq, 1963, p.260.
22 Muḥammad 'Ammāra, 앞의 책, p.274.

타락시키는 비이슬람적인 외래의 것들로, 배척하고 추방해야 할 것들이었다. 아바 섬에서 마흐디는 정부군에 대항하여 1881년 8월 2일, 최초의 군사적 승리를 거두었다. 그리고 다시 11월 1일 두 번째 승리를 하였다. 그는 새로운 정부조직을 구성하였다. 바이트 알 말bayt al-māl(재무성)을 설치하고 자신의 휘하에 4명의 칼리파(대리인)를 두었다. 이들은 4명의 정통 칼리파를 상징했으며, 자신은 예언자 직위를 계승한 마흐디였다. 1885년 6월 26일, 당시 카르툼의 영국 수비대장 찰스 조지 고든Charles George Gordon(1833~1885년) 장군은 마흐디 추종자들을 공격하였으나 피살되고 말았다. 그 후 마흐디야 운동은 전세계의 주목을 끌게 되었고, 수단의 전 지역을 장악하게 된다.

마흐디가 성취한 군사적 승리는 이집트의 오라비 혁명(1882년) 정신에 고무되었던 것으로 알려져 있다. 그는 자신이 왕의 종이나 술탄의 신하가 결코 아님을 거듭 주장하였다. 고든 장군은 그에게 카르디판Kardifan의 통치권을 주겠다고 제의한 바 있는데, 그는 다음과 같은 말로 거부하였다고 한다 "나의 마흐디 지위는 신과 예언자로부터 부여받은 것이다. 나는 왕도, 어떤 관직도 원하지 않는다. 나는 신의 예언자의 칼리파(대리인)일 뿐이며, 내게는 권력이나 통치권이 필요하지 않다. 나는 카르디판뿐만 아니라 어느 지역도 원하지 않는다. 나는 속세의 물질이나 영화를 원하지 않는다."[23]

그 후 사람들은 그의 강직함과 초인적 능력을 이야기하기 시작하였고, 나뭇잎이나 계란에 마흐디의 이름을 적어 그에 대한 존경심을 표현하였다. 당시 수단 같은 후진사회에서는 비논리적이고 초자연적 전설 같은 이

---

23 Muḥammad Ibrāhim Salīm, *Man-Sh̲ūrāt al-Mahadiyya*, Bayrūt: Mansh̲ūrāt Dār al-Ḥayāt, 1969, p.220.

야기들이 의외의 엄청난 사회적 결속력을 발휘하게 하였고, 실제로 이는 마흐디 혁명으로 표출되었다. 수많은 사람들이 마흐디 진영으로 이주 했다. 재산가는 자신의 재물을 제공하였고 가난한 자는 자신의 영혼을 이 전설적 지도자에게 바쳤다. 와하비야 운동에서 가져온 것으로 보이는 금욕주의는 추종자들에게 영적 우월성과 힘을 주었고, 특히 노예와 주인이 협조하여 같은 처지에서 전투하는 것까지 가능하게 한 그의 평등화 정책은 저층 무슬림들로부터 큰 호응을 얻고 영향력을 갖게 하였다. 그 후 마흐디야 운동과 사상은 아랍의 전 지역으로 퍼져나갔다.

마흐디야 사상과 운동의 골자 역시 『꾸란』과 순나로의 회귀와 중세 이후의 미신적 관행을 부정하는 것이었고 이즈티하드의 문호를 개방하는 것이었다. 그런데 진정한 이슬람을 구현하고 정의로운 사회를 복원하기 위해 신으로부터 보내어졌다는 그의 마흐디 사상은 12번째 이맘이 마흐디로서 종말의 시간에 이 땅에 돌아올 것이라는 쉬아들의 마흐디 사상과는 원론적으로 구별되는 것이었다. 또한 무즈타히드로서의 지위를 주장하는 다른 이슬람 부흥론자들과는 달리 그는 신의 대리인으로서 영감을 받았고 신성하게 임명받았다는 점을 천명하였는데, 이것도 그의 독특한 점이다. 그렇지만 7세기에 무함마드가 실행했던 것과 마찬가지로 지상에서 '신의 통치'를 실행할 의지를 표명하고, 초기 이슬람 사회와 같은 모범이 되는 이슬람 공동체를 재건하겠다는 그의 계획은 다른 이슬람 원리주의자나 부흥론자들이 똑같이 공유하는 살라피야주의적 착상이 아닐 수 없다.

한편 오스만 터키에 대한 그의 적대적 태도와 투쟁도 주목할 만하다. 그는 추종자들에게 주거와 의상에서도 터키인들과의 차별을 요구하였다. "터키인들과 비슷해지려고 하는 모든 행위들은 불신이니 이를 버리도록 하라. 신께서는 '적대자들의 문으로 들어가지 말고 그들의 의상을 입지도 말라. 그들이 나의 적인 것처럼 너희가 그들을 따르면 너희도 나의 적이 되느니라' 고 하셨다. 그런고로 터키인의 상징이나 표지, 의복 모두를 버리도록 하라."[24]

마흐디의 이러한 가르침은 민족적 자존과 각성을 불러일으키려는 의도 때문이었을 것이다. 마흐디는 터키인들에 대한 투쟁과 지하드가 예언자로부터 명령받은 의무적 실천사항임을 강조하였다.[25] 그들이 싸우는 적대자가 정부군일지라도 그 군대는 이집트 정부의 군대이고, 이는 곧 터키 정부의 군대를 의미했다. 수단이 정치적으로 이집트에 합병된 이후 수단인들은 이집트 케디브 정권을 오스만 터키 정권과 동일시했으며, 더욱이 1882년 오라비 혁명 후 이집트가 영국에 장악되자 그들의 투쟁은 케디브 정권과의 관계 단절 및 축출뿐만 아니라 동시에 반터키, 반영국, 반식민제국주의에 대한 지하드가 되었다. 초기 이슬람 시대의 카와리지들처럼 마흐디는 그들 공동체 밖의 다른 무슬림들—오스만 터키인과 이집트의 통치자들—에 대적하는 지하드관을 정당화시켰던 것이다.

마흐디야 운동은 불과 15년간 지속되었지만 한 국가체제를 유지하며 존속하였다. 마흐디야 사상과 종교이념으로 통치되는 이슬람국가를 세우고, 이슬람의 정화와 수단 무슬림의 통합에 힘쓰고, 샤리아를 국가의 유일한 법으로 채택하였다. 그러나 1899년 9월 2일 영국 식민주의 토벌대의 키체너르Kitchener 장군에게 수도 움두르만Umm Durmān이 함락되자 근대 수단의 선구자로 간주되는 이 마흐디야 국가는 종말을 맞았다. 무함마드 아흐마드는 1885년 움므 다비크라트Umm Dabīkrāt 전투에서 전사한 것으로 알려졌다. 그가 생전에 성인숭배와 묘지참배 의식을 금지했음에도 불구하

24 Muḥammad 'Ammāra, 앞의 책, p.277.
25 Muḥammad Ibrāhim Salīm, 앞의 책, p.166.

고, 그는 생전에 성인으로 추앙받았다. 마흐디야 운동은 민족주의 운동으로, 수피종단의 종교운동으로, 외세를 몰아내고 이슬람국가를 세운 정치운동으로, 사회각성운동으로 수단의 역사 속에 남게 되었다.

(4) 인도의 이슬람 부흥운동

18세기, 무함마드 빈 압드 알 와합과 동시대 인물로 인도 이슬람 부흥운동의 기반을 쌓고 근대 이전의 인도 무슬림 사상을 이끈 사람이 샤 왈리 알라Shah Walī Allāh(1702~1762년)이다. 그의 시대는 인도 무슬림사회의 어두운 침체기였다. 무갈 제국의 힘은 쇠잔하였고 무슬림 공동체는 힌두Hindu와 시크Sikh의 도전을 받으며 소수 공동체로 전락해 가는 위기에 처해 있었다. 순니와 쉬아, 울라마와 수피 지도자 간에 분열과 갈등이 심화된 고난의 시기였다. 그는 메카에서 이슬람 교육을 받고 나끄쉬반디Naqshbandi 종단의 개혁주의 인물로 성장하였다. 그는 그보다 앞선 17세기 인도 무슬림 개화운동을 주도했던 쉐이크 아흐마드 시르힌디Shaykh Aḥmad Sirhindi(1564~1624년)의 발자취를 그대로 따르려 했다. 시르힌디처럼 비이슬람적 관행과 실천들을 무슬림의 생활에서 걸러낼 필요성을 주장하고 이미 대중화된 수피 수행의 개선을 도모하였다. 물론 이러한 정화와 쇄신은 『꾸란』과 순나에 근거한 샤리아로 돌아가는 것이었다. 그리고 이 같은 무슬림사회의 갱생과 부활이 무굴제국을 다시 부활시킬 수 있는 선결조건이라고 그는 생각하였다. 그는 실제로 무굴제국의 재건을 믿었다. 무슬림 통치에 대한 그의 이러한 신념은 무슬림 공동체가 사회적·도덕적 개혁을 이룩해 낼 수 있다는 믿음에서 비롯된 것이었다.

샤 왈리 알라의 개혁방법은 압드 알 와합이나 시르힌디와는 다른 다소 독특한 면이 있다. 그것은 엄격함을 피해가는 조화의 방법이었다. 그는 대결구도의 투쟁을 피하였다. 압드 알 와합처럼 급진적이지 않았다. 과거를 복원시키려고 현재를 부인하지 않았고, 항시 초기 이슬람 시대의 실천 사례에 비추어 현재 신앙과 실천 방향을 수정해나가려 했다. 다시 말해 와하비들처럼 수피주의를 억압하고 수피전통을 뿌리째 뽑으려 하지 않았다. 시르힌디가 이븐 알 아라비를 이교도로 선언하고 열광적으로 수피개혁에 뛰어들었던 것과는 달리, 이븐 알 아라비에 대한 비난도 온건하였을 뿐이었다. 그 결과 인도 수피 종단들 내에서 갈등과 논쟁을 일삼던 진영들이 그로 인해 화해를 이루었고, 이런 조화를 통해 비이슬람적이거나 우상숭배 관행을 제거시키고 개선해갈 수 있었다.

왈리 알라가 인도의 근대 이슬람에 끼친 가장 큰 공적은, 그가 전통에 대한 맹목적인 추종과 모방을 비난하고 이슬람을 재해석할 이즈티하드의 문을 열어 놓아야 한다고 주장한 점이다. 이 때문에 그는 근대 인도의 이슬람 사상의 아버지로 간주된다.[26] 이즈티하드에 관한 그의 주장은 이븐 타이미야의 이론을 따른 것이다. 그런데 한 가지 주목할 만한 것은, 그에게 있어서 재해석(이즈티하드)의 목적은 새로운 해답을 찾아내어 그것을 공식화하려는 데 있지 않고, 잊혀진 가르침과 올바른 진리와 지침을 과거로부터 되살려내는 데 있다는 것이다. 어쨌든 그의 가르침과 화해의 방법론은 법학자들과 전통 무슬림들 간의 오랜 갈등을 해소시켜주는 역할을 하였고, 수피와 순니, 쉬아 사이의 견해 차이도 좁혀주는 큰 효과를 보았다. 그리고 그의 뒤를 이은 싸이드 아흐마드 칸과 무함마드 이끄발, 아불 아으라 알 마우두디 같은 근 · 현대주의자들에게 모범이 되는 개혁의 길을 열어놓았다.

왈리 알라의 뒤를 이은 싸이드 아흐마드 바렐레위Sayyid Aḥmad Barelewi

26 Esposito, 앞의 책, p.122.

(1786~1831년)는 이슬람 부흥 사상과 운동을 지하드 운동으로 바꾸어 실천한 행동주의 무슬림이다. 그는 무굴제국의 붕괴를 막기 위한 효과적인 대응은 무장봉기라고 생각하였다. 따라서 그는 먼저 쉬크Sikh군의 위협에 대항하고, 그 다음으로 영국의 식민지 야욕에 대항하는 지하드를 촉구하였다. 무슬림제국의 붕괴는 인도가 더 이상 이슬람의 영토dār-Islām가 아니라 비이슬람 지역ḥarb-Islām이 됨을 의미하므로 지하드는 의무라는 것이다. 그것은 사회정의와 평등에 기초한 이슬람국가를 수립하기 위해 종교적 정화운동과 군사력 배가운동을 결합한 것이었다. 일부 사람들은 이러한 그의 운동이 와하비야 사상에 고무되어 일어났을 것이라고 말한다. 실제로 그의 청교도적 개혁운동은 와하비야 운동과 흡사했고, 순니 법학파에 추종함을 거부함으로써 한층 개혁적인 성향을 띠었다. 또 지하드jihād는 이 운동의 핵심이었다. 언제나 무함마드를 본보기로 삼고 이슬람 부흥운동을 펴면서 그는 추종자 집단을 이끌고 메카 순례를 하였다. 그리고는 과거에 무함마드의 추종자들이 메카인들과 조약을 체결했던 후다이비야Hudaibiyya에서 싸이드 아흐마드 바렐레위는 그의 성스러운 전사들에게 이슬람을 위한 지하드 서약을 하게 하였다.[27]

그는 1826년 무슬림 군대를 이끌고 나가 발라코트Balakot에서 쉬크인들을 물리친 후, 샤리아 법에 기초한 이슬람국가를 세웠다. 그리고 그는 초기 이슬람 시대의 칼리파들처럼 아미르 알 무으미닌amīr al-mu'minīn(신도들의 총통)으로 추대되었다. 비록 그가 1831년 전쟁에서 죽었지만, 그의 추종자들은 영국에 대항하는 지하드를 외치면서 그의 이슬람 부흥운동을 수년간 더 지속하였다.

27 같은 책, p.123.

3. 근대주의 이슬람 개혁운동

(1) 자말 앗 딘 알 아프가니

자말 앗 딘 알 아프가니Jamāl ad-Dīn al-Afghāni(1839~1897년)는 19세기 이슬람세계가 낳은 가장 중요한 개혁운동가 중의 한 사람이다. 그는 지칠 줄 모르는 정열적 행동가로, 아프가니스탄, 인도, 이집트, 히자즈, 이란, 이라크, 이스탄불 등 무슬림국가와 도시뿐만 아니라 런던, 파리, 상트 페테르부르크, 뮌헨 등 유럽의 여러 곳을 여행하였고, 때로는 장기간 체류하면서 이슬람 개혁사상의 메시지를 전하고 이슬람의 경직성과 후진적인 무슬림 삶의 오류를 찾아내어 그것에 대한 처방을 내리곤 하였다. 그 골자는 서구 문명을 수용하고 이를 이슬람과 조화시키려는 것이었다.[28]

그는 동방에 대한 외세의 점령위기를 가장 먼저 깨닫고 그 심각성을 경고하면서 무슬림 형제들을 각성시키려 한 뛰어난 철학사상가이자 종교지도자였으며, 무슬림사회 내부로부터 서구의 영향을 몰아내려고 투쟁한 근대 이슬람 개혁의 선구자이자 촉매자였다. 이슬람 문화유산에 대한 탁월한 지식과 빼어난 웅변술로 그는 머무는 곳마다 민중의 열렬한 지지와 호응을 얻었다. 지식인층은 항시 그의 주위에 모여들어 심오한 그의 탁견과 사상에 크게 매료되곤 하였다.

그는 1838년 카불 근교의 아쓰이드 아바드라는 한 촌락에서 태어났다. 이슬람의 법학, 역사, 수피사상 등 이슬람의 전통교육을 받으며 자랐으며, 종교학뿐만 아니라 논리학, 철학, 수학 등 여러 학문 분야에 정통하였으며, 아프가니스탄어를 비롯하여 아랍어, 이란어, 인도어, 터키어, 불어 등 6개

---

28 Muḥammad al-Bahīly, *al-Fikr al-Islāmi al-Ḥādīth wa Ṣilatuha bil Ista'mār al-Gharbī*, al-Qāhira: Maktaba Wahaba, 1981, p.61.

국어를 배운 것으로 알려져 있다.[29]

알 아프가니 사상의 진수는 범이슬람주의에 있다. 18세기 말부터 본격화된 서구 열강의 동진이 당시까지 조성되어 있던 이슬람세계의 개화운동에 촉진제 역할을 한 것은 사실이지만, 와하비야 운동에서 보았듯이 그 이전의 이슬림 부흥과 개혁 운동은 순수한 종교적 동기에서였고, 대체로 종교 공동체 내부의 정화운동에 초점을 맞춘 것이었다. 그러나 이제 서구의 군사적 강점이 노골화되자 무슬림사회에서는 서구 식민 제국주의에 대한 효과적인 대응방법을 강구하게 되었고, 확고한 목표를 세워 이를 실행에 옮기는 종교적 · 사회적 · 정치적 개혁운동이 필요하게 되었다. 이에 부응하여 출현한 것이 범이슬람주의 운동이다.

이 운동은 이슬람세계에서의 무슬림 모두는 인종, 언어, 국가를 초월하여 이슬람이라는 깃발 아래 대동단결하여 외세를 물리치고 이슬람을 수호하자는 것이었다. 알 아프가니는 이슬람의 순수한 원리에 대한 재해석을 시도하여 이슬람의 우수성을 강조하였고, 동시에 서구사상과 문명의 수용도 아울러 주장하였다. 서구의 위험에 대처하기 위해서는 우선 무슬림사회 내부의 갱신과 정화가 요청되었다. 외부세력을 몰아내고 그 세력의 요인을 제거하기 위해서는 먼저 움마 자체를 재정비하고 개혁해야 할 필요가 있었다. 또 그 필요를 충족시키기 위해서는 근대사상과 과학의 장점을 과감히 받아들여야만 했는데, 이는 움마의 발전을 위해서도 필요한 일이었다.

그는 편협한 근본주의(원리주의)자가 아니었다. 전통 보수주의 경향의

29 그의 생애와 활동에 대해서는 Abdul al-Bāsit Muḥammad Ḥasan, *Jamāl ad-Dīn al-'Afghāni fī al-'Āllam al-'Islāmī al-Ḥadīth*, al-Qāhira: Maktabah Wahba, 1982, pp. 22~28 참조.

울라마들이 서구 과학과 기술을 도외시하고 거부해 왔던 것과는 달리, 그는 이슬람 사회에도 과학과 기술은 필수적이며 이슬람 문명도 그것을 바탕으로 이루어졌다는 사실을 강조하였다. 그리고 과학, 기술, 이성을 활용하고 개발함으로써 비로소 서구를 격퇴시킬 수 있다고 그는 믿었다. 뿐만 아니라 그는 중세 이슬람 문명에서 빌려간 철학 등 이성적 학문들을 서구로부터 되찾아옴으로써 무슬림사회는 더욱 활기를 찾을 수 있으리라 생각하였다. 그는 열렬한 입헌주의 옹호자였고 통치권자의 권력을 제한하는 의회정치제도의 지지자였다. 이러한 사상과 제도가 비록 서구에서 시작된 것이라 할지라도 그 근원은 어디까지나 이슬람 근본에 내재되어 있는 것임을 그는 설명하였다. 이러한 그의 진보된 사상과 주장은 전통교육 속에 갇혀 있던 많은 젊은이들에게 영향을 끼치고 사고에 활력을 불어넣어 주어 근대 개혁주의 이슬람 운동의 시발점이 되었다. 알 아프가니는 무엇보다 이슬람 그 자체가 힘의 근원임을 가르치려 하였다. 무슬림들은 이슬람이라는 '진리의 안내'를 충실히 좇고 그 가르침을 준수해야만 한다. "신께서는 인간이 그들에게 있는 것을 변화시킬 때까지 인간 내에 있는 것을 변화시키지 않으신다"(『꾸란』 13 : 11)는 『꾸란』 성구는 그의 개혁주의 운동의 슬로건이 되었다.

한편 그는 제자이자 동료가 된 무함마드 압두Muḥammad 'Abduh(1849~1905년)와 파리에서 『알 우르와 알 우스까al-urwa al-uthqa(가장 확고한 연대, 즉 이슬람)』지를 발간하고[30] 동명의 단체를 조직하였다. 이 신문은 종교적인 주제뿐만 아니라 정치 · 경제 · 사회 · 문화 전반에 걸친 광범위한 주제를 다루면서 단순히 보도와 지적 언론매체에 그치지 않고 실천과 행동

30 이 이름은 『꾸란』 성구 "누구든 우상을 믿지 않고 하나님을 믿는 자는 가장 확고한 손잡이(강한 결속)를 잡고 있는 것이니라"에서 따온 것이다. 『꾸란』 2 : 256.

을 촉구하는 기능과 목적을 가지고 편집되었다.[31] 알 아프가니는 이를 통해 강력히 반식민 제국주의 감정을 고무시켰고, 범이슬람주의 운동이 움마 공동체를 재건하고 하나로 단결시키는 데 크게 기여할 것이라는 확신을 심어 주었다

알 아프가니는 개인적 생활과 신앙으로 종교를 제한하려는 서구의 세속주의에 반대하였다. 대중 속으로 퍼져간 수피주의의 내세관도 거부하였다. 그는 현세적인 이슬람을 설교하였다. 첫째, 이슬람은 예배와 법, 정치와 사회 모두를 포함하는 삶의 방식이다. 둘째, 참된 무슬림은 그들의 역사에서 신의 의지를 실천하기 위해 투쟁한다. 그러므로 그들은 내세의 삶뿐만 아니라 현세에서의 삶의 성공도 추구한다. "이슬람교의 원리는… 다른 종교와 달리 내세의 삶뿐만 아니라 현세의 삶도 똑같이 강조한다.… 이슬람은 두 세상에서의 행복을 추구한다."[32]

앞선 이슬람 부흥론자들과 마찬가지로 알 아프가니도 무슬림 공동체의 힘을 키우고 이슬람 부활을 위해서는 무슬림들이 정체성을 확립하고 인내력을 길러야 한다고 생각하였다. 원천적으로 이슬람에는 현대가 요구하는 모든 상황에 대처할 수 있는 역동성 · 진취성 · 창의성이 내재하며, 이슬람이 바로 과학과 이성의 종교임을 그는 가르치고자 하였다. "유럽인들은 세상 모든 곳에 손을 뻗치고 있다. 영국인은 아프가니스탄을, 프랑스는 튀니지를 장악하였다. 그런데 이러한 침탈과 정복은 그들이 한 것이라기보다는 모든 면에서 위력적인 그들의 과학이 한 것이다.… 과학은 동양에서 서양으로 때로는 서양에서 동양으로 이동했다.… 모든 부와 재물은 과학의

---

31 『알 우르와 알 우스까』지에 대한 더 상세한 것은 Abdul al-Bāsit, 앞의 책, pp.46～49 참조.

32 Jamāl ad-Dīn al-Afghanī, "Islamic Solidarty" in *Islam in Transition: Muslim Perspectives*, John J. Donohue and John L. Esposito, eds., New York: Oxford University Press, 1982, pp.21～23.

결과이다.… 이슬람교는 과학과 지식에 가장 가까운 종교이고, 과학과 이슬람 신조 사이에는 아무런 상반점이 없다."[33] 그는 과학이 중세에 이슬람 세계에서 서양으로 전해졌다는 사실을 강조하고, 이제 역으로 서구로부터 유입되는 과학과 기술은 이슬람에 해롭지 않을 뿐만 아니라 오히려 더 연구해야 하고 응용해야 할 것임을 가르치고자 했다.

이슬람 개혁을 꾀한 알 아프가니의 실행 계획은 이즈티하드의 문을 개방하는 데서 출발한다. 그는 전통주의의 보수성과 경직성을 공공연히 비난하고, 그것이 일부 수피주의의 이교적 경향과 일부 고집스런 울라마들의 퇴행적 사고 때문이라고 보았다. 그들에게는 현대문제에 대처할 지적 응용력이 부족하였고 선진화된 과학지식을 '유럽의 과학'이라는 오명을 붙여 비하시키고 무시하려 하였다. 그가 주장한 개혁과 재해석들은 18세기 부흥운동의 지엽적 경향과 차원을 훨씬 뛰어넘는 수준의 것이었다. 그 역시 순수 이슬람으로의 회귀를 주창하고 있는 것이지만 개혁의 진의와 목적이 단순히 과거로부터 내려온 해답을 다시 찾아 쓰려는 것이 아니라 이슬람 근본과 원리에 비추어 변화하고 있는 무슬림사회의 환경에 맞는 새로운 이슬람적 대응책을 만들고 공식화해 내려는 것이었다. 이슬람의 재해석이란 무슬림사회를 지적이고 정치적으로 힘 있는 사회로 다시 만들기 위한 것이고, 이슬람은 무슬림의 정치적 독립과 과거 역사의 영광을 재건하는 부흥과 부활의 근원으로 작용할 것이라는 주장이었다. 알 아프가니의 범이슬람주의 운동의 개념 속에는 식민통치로부터 벗어나 자유와 독립을 찾는다는 대의까지도 포함되어 있었다. 무슬림의 정체성을 확고히하

33 Jamāl ad-Dīn al-Afghanī, "An Islamic Response to Imperialism" in *Islam in Transition: Muslim Perspectives*, John J. Donohue and John L. Esposito, eds., New York: Oxford University Press, 1982, pp.17~19.

는 것과 무슬림들의 대동단결을 천명한 이 범이슬람주의는 결국 무슬림 공동체의 정치적·문화적 독립과 재건을 주장한 것이었다. 한편 그는 범이슬람적 메시지를 가르치면서 무슬림 민족주의의 현실도 받아들였다. 국가적 독립은 어느 무슬림사회에서건 개혁주의 운동의 우선 목표이고 지역주의적으로든 초국가적으로든 이슬람 공동체의 부활을 위해서는 꼭 필요한 단계가 아닐 수 없다고 말하였다.[34]

그는 중동 및 아시아의 무슬림세계 곳곳에서 가난하고 무력한 대중과 공감대를 형성하고 그들의 취약한 기본권을 대변해주는 인본주의자로서의 역할도 하였다. 그런 의미에서 볼 때 그는 사회개혁의 선구자요, 억압받는 민중을 대변한 제3세계 인권옹호자의 표본이기도 하였다.

알 아프가니 사상과 가르침은 그의 사후 20세기 중반까지 오랫동안 근대 이슬람 개혁주의자들의 사상과 무슬림들의 반식민 제국주의의 정서를 이끄는 주된 원동력이었다. 그의 제자들과 추종자들은 무슬림세계 곳곳의 위대한 정치가와 지성인, 종교 지도자들이 되었다. 그는 무슬림 민족주의의 아버지이자, 특히 이집트 살라피야 개혁운동과 그 후 무슬림 형제단의 창단 및 설립이념에 영향을 끼친 이슬람 근대 개혁운동의 대부로 추앙받고 있다.

(2) 무함마드 압두

알 아프가니가 이슬람 근대 개혁운동의 기수라면 그의 후계자 무함마드 압두(1849~1905)와 라쉬드 리다Rashīd Riḍā(1865~1935년)는 근대 개혁주의 이슬람의 위대한 합성자였다. 이들이 체계화한 살라피야 운동은 북아프리카에서 동남아시아에 이르기까지 근대 개혁주의 운동의 중심축이 되

34 그의 민족주의에 대한 견해는 손주영, 『이슬람 칼리파制史』, 민음사, 1997, 498쪽 참조.

었고 현대 이슬람 사상을 낳는 산파 역할을 하였다.

무함마드 압두는 1849년, 이집트의 가난한 소작농 가정에서 태어났다. 어려서부터 놀라운 지적 능력을 보여 딴타Ṭanta에 있는 위대한 수피성인 싸이드 아흐마드 알 바다위Sayyid Ahmad al-Badawī 사원에서 이슬람을 공부하기 시작하였고, 1866년에는 알 아즈하르에 입학하여 이슬람 법과 종교학을 정통 울라마들로부터 배웠다.[35] 10대 시절부터 신비주의에 빠졌던 그는 명상과 금욕주의를 실천하는 신앙생활을 하였으며, 알 아즈하르 대학 재학 중에는 알 아프가니와 친교를 맺고 후일 이집트 수상이 되는 사아드 자글룰S'ad Zaghlul과 함께 알 아프가니의 제자가 되어 그로부터 서구사상과 과학의 세계, 그리고 전에는 알지 못했던 여러 다른 이슬람세계에 대한 견문을 넓히게 된다. 그리고 1878년부터는 새로 세워진 다르 알 울룸 Dār al-'Ulūm 대학에서 강의를 시작한다.

알 아프가니의 영향과 1880년대 초 이집트의 정치적 위기로 말미암아 압두는 영국과 프랑스뿐만 아니라 터키의 이집트 총독에게도 반대하는 반정운동에 가담하게 된다. 그는 알 아프가니와 함께 이슬람 개혁에 관한 글을 쓰고 민족주의 운동에 참가하였다. 그리고 1882년에는 스승과 함께 영국군에 대항하는 오라비 혁명에 가담하였다가 체포되어 파리로 추방당하였다.

압두는 이성적 신학자였다. 그는 이성과 계시, 종교와 과학 간의 근본적인 대립을 인정하지 않으려 한 합리주의적 신학자였다. 그는 이슬람이 이성의 종교임을 강조하였다. 이런 면에서 그를 이성주의 신무으타질라neo-Mu'tazilite파라고 말하는 사람도 있다.[36] 그는 이슬람의 과학적이고 철학적

---

35 그의 생애와 사상에 대한 상세한 것은 Albert Hourani, *Arabic Thought in The Liberal Age, 1798~1939*, London: Oxford University Press, 1962, Chapter 6, 7 참조.

인 면을 분석해내었고, 과거의 정통 이슬람세계가 과학적이고 진보적인 세계였으며 자비롭고 정의로운 신의 가호 아래 통찰력 있는 인과의 자연 법칙이 작용하던 세계였다는 점을 스승인 알 아프가니보다 더 강조하였다. 그의 개혁사상은 종교와 이성이 상호보완적이고 종교와 과학 사이에는 본래부터 모순이 없다는 신념에 기초한 것이었다. 그는 종교와 과학을 이슬람의 한 쌍의 근원으로 간주하였던 것이다.[37]

그가 전개한 개혁운동의 중요한 목적 중의 하나는 애국주의이다. 그는 조국을 자랑스러워하는 민족이 그렇지 않은 민족보다 훨씬 더 적으로부터 조국을 보호할 수 있다고 믿었다. 애국심이 제국주의자나 독재자의 포악한 지배로부터 벗어나게 해주는 원동력이라 생각하였던 것이다. 그리하여 그는 이집트 민족주의의 함양과 촉진에 기여하고 또 애국심 고취에 큰 영향을 미쳤다.

수피사상은 그의 신앙심을 고양시켰으나 선대인들과 마찬가지로 그는 수피의 수동성과 숙명론, 성자숭배 등에 비판적이었다. 또한 미신적 행위로밖에 볼 수 없는 그들의 비이슬람적인 빗나간 관행들을 비난하였다. 특히 새로운 종교적 해석을 금지해 온 전통 보수주의 울라마들의 엄격한 전통 존중주의에 그는 반기를 들었다. 무슬림사회의 쇠퇴요인이 바로 이러한 대중화된 비이슬람적 신앙관과 지나친 전통주의가 만연한 때문이라고 말하였다. 무슬림사회가 경직화된 것이 전통에 대한 맹목적인 모방, 즉 타끌리드taqlīd 때문이라는 것이다.

압두는 무슬림사회의 개혁이 이슬람에 대한 재해석과 국가의 교육 및 사회개혁 의지에 달려 있다고 보았다. 따라서 1888년, 추방지에서 돌아온

---

36 Denny, 앞의 책, p.362.

37 Hourani, 앞의 책, p.141.

그는 이미 영국이 이집트를 점령하고 있는 정치적 현실을 받아들이고, 정치적인 면보다는 종교와 교육 및 사회개혁에 눈을 돌렸다. 그는 알 아즈하르의 교육개혁을 주도한다. 이집트의 그랜드 무프티Grand Muftī(최고 종교지도자)로 재직하는 동안 대학의 교과과정을 근대화하고, 현대식 교수법을 전통교육에 접목시켰으며, 기피하던 신학 이론서도 과감하게 개방을 시도하였다. 그중에는 오랫동안 이단시되어 왔던 무으타질라파 신학이론을 담은 저작들도 포함되었다. 물론 이러한 변화는 울라마들의 강력한 저항에 부딪혔다.[38] 그러나 1905년 죽을 때까지 그는 이집트의 최고 무프티로서 이집트 법원法院과 제도 그리고 교육개혁에 앞장섰다.

압두의 저술과 그가 내놓은 파트와fatwa(법 결정)는 주로 종교와 과학, 계시와 이성이 양립할 수 있다는 것을 보여주는 내용이 많았다. 또 무슬림들은 이슬람 원리에 근원적으로 저촉되지 않는 한, 서구문명의 여러 측면들을 선별적으로 받아들일 수 있다는 메시지를 담고 있었다.[39] 그는 이와 같이 선별된 현대적 서구 사상이나 제도들을 이슬람과 접목 · 조화시키기 위해 이슬람의 이론과 근거를 『꾸란』과 순나에서 찾아내고, 그런 근거를 제공하기 위해 헌신적인 노력을 하였다. 그는 이슬람의 내적 핵심이 되는 불변의 진리 · 원칙 · 원리들과 이슬람의 외부층을 이루고 있는 것들, 다시 말해 특정한 시대적 요구에 따라 그 사회에 적용할 수 있는 것들을 구별해 놓았다. 예를 들면 신에 대한 숭배행위인 이바다트 ʻibādāt(예컨대 예배, 단식, 순례 등)의 이슬람법 규정들은 불변인 데 반해 사회적 행위인 무아말라

38 David Waines, *An Introduction to Islam*, Cambridge: Cambridge University Press, 1995, p.229.

39 압두의 가장 중요한 개혁론 저서는 『유일신 신학*The Theology of Unity*』인데, Ishaq Musad & Kenneth Cragg에 의해 1966년 영어로 번역되었다(London: George Allen & Unwin).

트mu'āmalāt(예컨대 형사적 · 상업적 · 가족법상의 것 등)에 관련되는 대다수 규정들은 변화할 수 있다는 논리이다.

과거의 여러 역사적 사건과 사회적 상황에서 볼 수 있듯이 이슬람 원리와 가치들은 새로운 환경과 현실에 항상 재적용되었고, 필요한 경우 오래되고 불필요한 것들은 폐기되기도 했다. 압두는 근대 이슬람의 퇴보와 위기는 바로 이러한 불변의 것, 변화하는 것과 필수적인 것, 필수적이 아닌 것 사이에 구별을 두지 않고 과거 전통에만 무조건 매달리던 일부 지나친 전통 보수주의 무슬림들의 잘못으로 조성된 것이라고 믿었다. 따라서 그는 법, 신학, 교육에서 개혁을 시도하고, 특히 이를 합리주의적 논리와 사고로 추진함으로써 근대화에 접근해 갔다.

그의 개혁사상은 그가 내린 파트와 속에 들어 있고, 대부분의 것들이 그의 제자인 라쉬드 리다와 함께 출간했던 『알 마나르*al-Manār*(등대)』지에 발표되었다. 공익istiṣlāḥ에 대한 말리키Maliki 법학파의 법원리를 적용하면서 그는 은행이자에서 여인의 지위에 이르기까지 다양한 파트와를 내놓았다. 그는 여성에게 교육받을 기회를 더 주어야 하고 무슬림사회에서 일부다처제는 재해석되어야만 한다고 주장하였다. 이러한 문제들을 다루면서 그는 『꾸란』에 대한 근대주의자로서의 재해석 방법과 공익이라는 법원리의 이름으로 이즈티하드를 하는 방법을 시도하였다. 예를 들면 그는 일부다처제가 예언자 시대에 명령된 것이 아니라 단지 당시의 사회적 여건 때문에 허용된 것이라고 『꾸란』을 재해석한다. "만약 너희가 고아들을 바르게 기르지 못할까 두렵다면 그때에는 너희에게 도움이 되어 보이는 그런 둘, 셋 또는 네 명의 여인과 결혼하라. 그런데 만약 네가 공평하게 행하지 못할 것 같으면 하나만 취하라"(『꾸란』 4 : 3).

그는 『꾸란』의 근본취지는 일부일처제라고 말한다. 왜냐하면 한 명 이상과 결혼한다면 부인 각자에게 공평한 대우와 동등한 정의를 보장해주어야 하는데, 그것은 거의 불가능하기 때문이다. 위 『꾸란』 성구에 이어서 이것이 불가능하다는 사실을 다음 성구를 인용하여 설명한다. "네가 아무리 열심히 노력해도 결코 공평하게 대할 수는 없을 것이다"(『꾸란』 4 : 129). 압두는 이것이 현실적으로 불가능한 것이므로 『꾸란』의 이상理想은 어디까지나 일부일처제라는 주장이다. 압두의 『꾸란』 재해석과 공익에 대한 법원리를 도입한 가족법 개혁은 이집트를 비롯한 여러 무슬림국가들에서 개혁주의자들이 채용하여 오늘날까지 적용하고 있다.

압두는 항상 『꾸란』에 의존했고 이슬람적 합법성과 정당성을 인정받는 많은 현대적 주석들이 그에게서 시작되었다. 그는 위대한 법 이론가였다. 근대 이슬람 개혁주의의 이론적 틀은 사실상 그가 수립했다고 해도 과언이 아닐 것이다. 그의 사상과 이론은 멀리 인도네시아에까지 교육과 신앙관, 사회적 생활윤리 등 무슬림 생활의 개선과 향상에 큰 파급효과를 주었다. 인도네시아의 자유주의 경향의 이슬람 기구 무함마디야Muḥammadiya와 여성단체 아이샤 'Ā'isha는 모두 압두의 영향을 받아 설립된 것이다.[40]

(3) 라쉬드 리다

시리아 출신인 라쉬드 리다는 1897년 카이로로 와서 압두의 제자가 되었다. 그들은 살라피야 사상의 원리들을 담아낼 『알 마나르』지의 초판을 1898년 출판했는데 압두가 죽은 이후에도 리다는 계속해서 1935년까지 이 정기 간행지를 출판하였다. 『알 마나르』지는 압두의 사상을 전파하기 위해 발간을 시작한 것이다. 라쉬드 리다는 이슬람의 재해석을 부르짖은 압두의 개혁 유산을 그대로 이어받아 그 실행을 위해 진력하였으므로 리

40 Denny, 앞의 책, p.364.

다는 '압두의 대변자'로 불리고 있다.[41] 그러나 실상 『알 마나르』지의 편집 내용은 스승의 이론에 대한 리다의 재해석이 주류를 이루고 있고, 후년에는 보수주의 색채를 띤 리다 자신의 더욱 심도 있는 근대 개혁주의 사상을 담아내고 있다. 주로 『꾸란』 주석, 신학, 법, 교육 등 근대 이슬람세계의 문제점들에 관한 개혁이론들이다.

리다는 근대적인 이슬람 법 체계를 만들고 발전시키는 것이 근대화 시대의 다양한 요구에 대응해갈 수 있는 선결과제라고 생각하였다. 리다도 중세의 법체계가 완벽하다는 종래의 믿음과 권위를 부인하였다. 근대의 수많은 사회적 측면들은 변화시켜야 할 주제들이었다. 그가 생각한 개혁은 기존의 법학파들 중 각 학파의 법체계에서 적절한 규정들을 절충적으로 선택하는 것 이상의 수준을 요구했다. 새로운 법과 규정들이 필요했던 것이다. 이를 위해서는 합법화할 근원들이 필요했고, 압두의 방식을 따라 리다도 공익에 대한 말리크 법학파의 법 원리에 의존했다. 고전 법학이론 중 공익은 『꾸란』과 순나로부터 유추하여 새로운 법규를 연역해내는 데 사용된 부차적 법 원리로, 공익이나 정의의 이해관계에 기초하여 이즈티하드를 하는 방법이다. 이제 개혁주의자들은 이것을 경전에 없는 법 규정을 만들어내기 위한 독립적인 법원으로 사용하게 된 것이다. 대체로 리다는 한발리 법체계와 이븐 타이미야의 법이론에 의존하였다. 즉 한발리 법체계가 비록 다른 법학체계에 비해 엄격하지만, 그 체계의 엄격한 형식주의(『꾸란』과 하디스에만 기초한 이슬람의 불변의 숭배 행위들에 관계된 것들)와 이븐 타이미야가 사회적 일과 행위들에 이즈티하드를 할 권리를 주장해 놓은 것, 이 둘을 모두 리다는 차용한 것이다.

라쉬드 리다는 칼리파 제도의 복원에 깊은 관심을 쏟았다. 터키국민회

41 Hourani, 앞의 책, p.227.

의GNA가 술탄제를 폐지한 직후인 1922년, 그는 『칼리파제와 대 이맘제*al-Khilāfa wa al-Imāma al-'Uẓmā*』를 써서 칼리파에 관한 전반적인 논의를 전개했다. 그는 오스만 칼리파제의 변혁을 주장해 왔다. 술탄 압둘 하미드 2세(1876~1908년 재위)가 편 이슬람 정치는 외양만 갖춘 것일 뿐 이슬람세계의 근대적 개혁에 전혀 도움이 되지 않았고, 오히려 터키 내부에 서구 정치사상(민족주의, 공화주의, 세속주의, 비종교주의)이 점차 자라나게 하였다고 개탄하였다. 그 후 신생 터키 공화국이 출현하고 공화주의자들이 칼리파제와 술탄제를 분리하고 마침내 술탄제를 폐지한 일련의 사태를 보면서 그는 평소 자신이 생각해 왔던 칼리파제 이론을 이 책에서 정리해 낸 것이다. 그리고 1924년 3월, 오스만 칼리파제가 폐지되자 알 아즈하르의 울라마들과 함께 칼리파제 부활에 대한 논의를 시작하였고, 카이로에서 개최된 이슬람 칼리파제 부활회의(1926년)에서는 이집트 후아드 왕의 칼리파위 옹립을 위해 적극 활약하였다.[42]

그는 아직도 많은 울라마들이 근대세계를 이해하려 하거나 이슬람을 재해석하는 일에 소극적인 현실을 직시하고는 이러한 보수적인 울라마들과 서구화된 엘리트 사이의 틈을 좁히고 다리를 놓는 역할을 맡고자 했다. 그러나 여기서 주목해야 할 점은 압두 사후(1905년), 30년 동안 리다는 살라피야 운동의 방향을 한층 더 보수쪽으로 돌려놓았다는 사실이다. 알 아프가니와 압두의 사상에 이끌려 그들의 제자가 되는 길을 걸었지만 리다는 스승들보다 서구 편향에 훨씬 더 비판적이었다. 그는 서구로 여행도 하지 않았고 서구의 언어를 쓰지도 않았다. 그는 영국이 정치적 · 종교적으로 이슬람세계를 여전히 위협하고 있는 암적 존재라는 생각을 버리지 않았

42 더 상세한 것은 Malcolm H. Kerr, *Islamic Reform: The Political and Legal Theories of Muḥammad 'Abduh and Rashīd Riḍā*, California, 1966, pp.183~185 참조.

다. 아이러니컬하게도 종교를 개인의 문제로 제한하기를 원하는 또 다른 알 아프가니와 압두의 제자들이 이집트에서 서구의 자유주의 사상과 세속적 민족주의, 서구문화를 퍼뜨리는 현상을 보면서 그는 서구 사상과 문물, 제도에 가일층 비판적이 되었던 것이다. 사실상 리다의 우려는 급속히 현실화해 갔다. 알 아프가니와 압두의 근대주의 이슬람을 배운 일부 서구편향주의자들은 영국과 프랑스 등 서구세계에서 유학을 하고 돌아와 탈종교의 세속주의자로 변모해 가고 있었다. 실용적 사고를 갖고 종교를 사적영역의 것으로 간주하려는 실용주의 부류의 무슬림들이 생겨났던 것이다.

리다는 와하비야 사상의 찬양자로 이슬람의 자기충족성과 포괄성에 남다른 확신을 보였다. 무슬림 개혁자들은 실제로 서구를 본받을 이유가 별로 없다는 것이 그의 지론이었다. 그들에게는 오로지 이슬람의 원리들, 즉 『꾸란』, 예언자 순나, 예언자 동료들의 합의사항으로의 회귀만이 필요하였다. 리다의 이러한 보수주의 경향은 '선조' 혹은 '독실한 조상'이라는 뜻의 살라프Salaf 용어를 그가 한층 엄격하게 사용했고 또 이해했다는 점에서도 잘 나타나고 있다. 압두에게 이 용어는 초기 이슬람 시대의 조상들을 일반적으로 지칭하는 개념이었지만, 리다는 예언자의 동료들aṣḥāb, 즉 무슬림 첫 세대로만 제한하여 사용했던 것이다.

1차 세계대전이 끝난 직후 리다는 근대주의에 더욱 신중해지고 보수적인 울라마들 쪽으로 더 기울어지는 경향을 보였다. 그 한 예가 그의 반이집트 민족주의 주창론이다. 이것은 서구교육을 받은 일부 지식인들과 정치 엘리트들, 그리고 근대주의자들의 합리주의 때문에 이집트 사회가 얼마나 세속화되고 서구화되었는가를 보여주는 좋은 예라고 그는 말하였다. 그는 서구의 세속적 민족주의와 자유주의를 거부하였다. 그리고 이슬람의 자기충족성과 포용성, 포괄성에 대한 신념을 확고히 다짐하였다. 그리하여 그는 18세기 전前근대 이슬람 원리주의 부흥운동에 남다른 관심을 보였고, 후일 이집트 무슬림 형제단의 창시자인 하산 알반나(1906~1949년)와 또 다른 동시대 무슬림 행동주의자들의 사상과 이념에 직접적인 영향을 끼치게 된다.[43]

(4) 싸이드 아흐마드 칸과 무함마드 이끄발

인도에서의 이슬람 근대화 운동은 싸이드 아흐마드 칸(Sayyid Aḥmad Khān(1817~1898년)과 무함마드 이끄발Muḥammad Iqbal(1875~1938년)이 이끌었다. 18세기 인도는 샤 왈리 알라와 싸이드 아흐마드 바렐레위 같은 이슬람 부흥운동가를 낳았듯이, 19세기와 20세기 초기에는 뛰어난 두 사람의 개혁주의자인 싸이드 아흐마드 칸과 무함마드 이끄발이 있다. 싸이드 아흐마드 칸은 1817년 델리에서 태어났다. 그의 성장기는 인도 무슬림 근대사의 전환기였다. 인도가 아직 무슬림제국인지 아닌지 의구심이 들만큼 무슬림 세력은 쇠잔하였고, 1857년 벵골 원주민의 반란사건을 기점으로 인도에서의 무슬림 지배는 종식되고 영국의 식민지배 시대가 열렸다. 이 폭동에 힌두교도와 무슬림이 함께 참가했음에도 불구하고 영국은 무슬림에게만 주된 책임을 지웠다. 무슬림 공동체는 점점 더 좌절하고 사기를 잃어갔다. 영국 치하의 힌두교도가 다수인 사회에서 그들의 장래는 불투명해졌다. 이러한 때에 싸이드 아흐마드 칸이 무슬림사회에 생기를 불어넣으며 일어난 것이다.

그는 알 아프가니와 압두처럼 무슬림 공동체의 부활은 서구 문물과 사상을 배격할 것이 아니라 오히려 그 장점들을 과감히 수용하고 이슬람에 대한 대담하고 새로운 재해석을 시도함으로써 가능하다고 생각하였다. 그

43 Esposito, 앞의 책, p.132.

러나 알 아프가니와 압두와 근본적으로 다른 면은 영국 통치라는 정치적 현실을 그가 받아들인 점이다. 그는 식민통치에 대한 정치적 저항이나 범이슬람주의에 대한 호소는 이미 비현실적이라고 생각했다. 그는 탁월한 철학적 사고를 지닌 자유주의 무슬림 사상가였다. 근대 서구를 동경했고 서양 문물을 흠모했으며 서구식 교육과 방법론이 인도에 도입되기를 원하였다. 1869~1870년 사이에 영국과 프랑스를 여행한 후 그는 서구 여행담을 펴냈으며, 서구에 지나치게 동조적이었던 까닭에 많은 사람들로부터 지하드 정신이 부족한 인물로 평가받았다. 아흐마드 칸은 신神이 근세에 와서 영국인들에게 영적·물적 풍요로움을 상대적으로 많이 내려주셨다고 보았다.[44] 이러한 그의 서구 편향주의는 알 아프가니로부터도 비판을 받게 된다. 압두와 함께 펴냈던『알 우르와 알 우스까』지에서 알 아프가니는 신랄하게 인도의 물질주의자들을 비난했는데, 그 중에서도 아흐마드 칸을 대표적인 유물론자dahrī(무신앙자)로 몰아세웠다. 그를 지칭한 말 중에는 네카리nechari(자연을 따르는 자)가 있는데, 이것은 우주와 자연의 인과 법칙이 신의 주재함이 없이 이루어진다는 무신론적 사상의 추종자라는 뜻이다. 싸이드 아흐마드 칸의 사상은 인도에서 이슬람교를 말살하려는 영국 식민 제국주의자들의 목표를 실천하는 수단으로 이용되었고, 그는 자신도 모르게 영국에 자신의 사상을 팔고 배신한 자로 비난받았다.[45]

그에게 이러한 비난이 쏟아진 이유는 당대까지의 어느 누구보다 더 그가 급진적인 근대주의 개혁가의 길을 걸었기 때문이다. 그는 인도에서뿐만 아니라 해외에서까지 급진적 근대화주의 무슬림 개혁가로 알려졌다.

---

44 Denny, 앞의 책, p.364.

45 Nikki Keddie, trans. and ed., *An Islamic Response to Imperialism: Political and Religious Writings of Sayyd Jamāl ad-Dīn Afghanī*, Berkley: University of California Press, 1968, p.179.

아마도 철저하게 비하된 인도 무슬림사회의 위치가 그를 그러한 급진성향의 개혁가로 만들었을 것이다. 무슬림들은 국가와 사회에서의 우세한 지위를 잃었고 힌두 다수에 비해 열세가 되어 영국 제국주의 행정 당국과 항상 대치하는 위치였다. 아흐마드 칸은 중동에서의 살라피야 운동의 동료들처럼, 이슬람 부흥은 중세 이슬람에 대한 무비판적인 맹종taqlīd 행위를 거부하는 데 있다고 보았고, 이슬람의 근대 생활과의 적합성과 조화성을 입증하기 위하여 이슬람의 재해석을 창출해내는 이즈티하드를 과감히 실행하는데 달려 있다고 믿었다. 다시 말해 원래의 이슬람으로 돌아가기 위해서는 중세 울라마들의 가르침이나 해석들 중 상당 부분을 재해석하고 정화시킬 필요가 있다고 주장한 것이다. 이것은 샤 왈리 알라의 개혁정신을 그대로 잇는 것으로, 이슬람 부흥주의자들의 전통적인 개혁사상의 틀 안에 자신을 자리매김한 것이었다. 그러나 그의 개혁방법론은 샤 왈리 알라나 다른 18~19세기 부흥주의자들과는 여러 모로 달랐다. 그의 이즈티하드 시행은 전통 존중주의 울라마들의 중세 해석에서 본래의 이슬람으로 돌아가기 위해 단순히 이성을 사용하자는 것이 아니라 계시된 근원들에 비추어 이슬람을 대담하게 재해석해 내자는 것이었다. 이성의 활용 범위, 이슬람의 재해석 정도, 그리고 서구 사상과 제도의 차용 정도 등에서 그는 이전의 부흥론자들의 범주를 훨씬 뛰어넘었던 것이다.

아흐마드 칸의 이성 활용은 무함마드 압두보다 훨씬 더 넓고 합리적이었다. 무함마드 압두는 진정한 종교와 과학 사이에는 필연적인 모순이 결코 존재할 수 없다고 믿었다. 그러면서 그는 종교와 과학이 다른 두 차원 또는 다른 두 영역에서 기능한다고 생각했다. 이에 비해 아흐마드 칸은 이슬람은 이성과 자연의 종교라고 말하였다. 19세기 유럽의 합리주의와 자연철학의 영향을 받았을 뿐만 아니라, 무으타질라와 이븐 루쉬드Ibn

Rushd(Averroes)의 합리주의에 심취했던 그는 신의 말씀과 신의 작품인 자연 사이에 모순이 있을 수 없다는 간명한 논리를 전개한다. 이슬람은 자연법칙과 완전 일치를 이룬다. 따라서 이슬람은 현대의 과학적 사고와 양립할 수 있다는 식이었다.

여기서 발전하여 그는 현대과학과 이슬람이 조화를 이루는 현대신학 'ilm al-kalām의 필요성을 주장하기에 이른다.[46] 즉 그는 과학의 발전과정에서 야기되는 종교와의 갈등문제를 울라마들이 수세기에 걸쳐 만들어낸 해석의 실수 때문이라고 말하였다. 그는 우주와 자연의 법칙이 신에 의해 창조된 것이라는 가정에서 출발한다. 창조주 알라는 계시의 법칙, 명령과 금기사항, 인류가 사회생활에서 필요로 하는 규범과 지침을 만드신 분이시다. 신의 사자인 예언자처럼 능력이 부여된 특정인을 신께서 인류에게 보내어 이러한 법칙을 알리게 하셨다. 계시와 자연의 법칙은 동일한 것이고, 따라서 이슬람은 완전히 과학적 사고와 양립될 수 있다는 것이다.[47] 비록 『꾸란』이 최종적인 권위라고 주장하고 있지만, 그의 합리주의적 접근은 실제 원문과 이성 사이에 외관상 갈등이 있는 곳에서는 이성 쪽으로 기울었던 것이다.

그는 진화와 기적, 천사의 존재 같은 문제들에서 합리주의적 입장을 고수했다. 따라서 그의 사상은 그의 사상의 바탕이 된 초기 무으타질라파의 사상보다도 더 급진적인 것으로 평가받고 있다.[48] 그는 『꾸란』 해석에 있어서 매우 합리주의적인 해석을 시도하였고, 예언자의 순나에 대해서도 엄격한 비판적 시각을 갖고 있어서 심지어 무슬림Muslim과 알 부카리al-

46 Waines, 앞의 책, p.223.
47 같은 책, p.224.
48 같은 책, p.223.

Bukhārī의 하디스 집과 같은 정통 하디스에 대해서도 비판적 재검토를 하려 했고, 오직 예언자 자신에게 직접적으로 거슬러 올라갈 수 있는 것만 수용하자는 엄격성을 보였다. 엄격하면서도 이성주의적인 그의 이러한 종교에 대한 재해석과 예언자 순나의 신빙성에 대한 날카로운 비판 같은 것이 결국은 무슬림이 실천해야 하는 이즈티하드의 자유로운 실행에 의해 이루어져야 한다는 것이다. 먼저 그는 이즈티하드가 울라마들만 가진 특전이 아니라는 것을 주장하였다. 그의 견해는 사회를 다스리는 시대적인 관습과 또 시대의 주된 일부 개념들은 한 시대에서 다른 시대로 흘러가면서 변화할 수밖에 없다는 것이었다.

이슬람 개혁을 도모하려는 그의 노력은 이론적이면서 실제적이었다. 그는 『꾸란』에 관한 많은 저서를 집필했을 뿐만 아니라 교육개혁을 통한 이슬람의 개혁을 실제로 추진하였다. 서구의 자연과학 책들을 우르드어로 번역하는 기관을 설립하여 서구의 과학적 사고에 쉽게 접근할 수 있게 하였고, 1875년에는 알리가르흐Aligarh에 케임브리지 대학을 모델로 삼은 앵글로 무함마단 오리엔탈 대학Anglo-Muḥammadan Oriental College(1920년에 현재의 알리가르흐 무슬림 대학교로 개명)을 설립하였다. 이 대학의 교직원 대다수는 영국인이거나 유럽 국가 출신들이었다. 전통적 방법으로 교육하는 종교 과목을 제외하고는 영어로 수업을 진행하였고, 영국식으로 교양 및 과학 과목의 커리큘럼을 짰다. 1947년 인도와 파키스탄이 분리될 때까지 이 대학은 인도 근대교육의 요람이 되었다.[49]

그는 이 같은 교육기관뿐만 아니라 저널을 통해서도 인도 무슬림들에게 서구식 교육을 시키려 하였다. 그는 무슬림 공동체의 미래가 서구의 도전

49 Fazlur Rahman, *Islam and Modernity*, Chicago: University of Chicago Press, 1982, p.74.

과 현대적 요구에 대처할 수 있는 새로운 세대를 길러내는 능력에 달려 있다고 보았다. 1888년 그는 영국의 빅토리아 여왕으로부터 기사 작위를 수여받았다. 서구 생활양식의 채택, 서구와의 이러한 친화정신 때문에 일부 정통주의 울라마들은 싸이드 경卿의 개혁사상이 영국에 대한 충성에 지나지 않을 뿐이라고 비난하였고, 단지 영국에 정치적 · 문화적으로 항복하는 행위로 여겼다.

그러나 샤 왈리 알라가 남긴 부흥주의 유산의 한 후계자로서 그가 합리주의적으로 『꾸란』의 재해석을 시도하고, 예언자 순나와 이슬람 법을 재평가하고, 새로운 신학의 창출을 위해 헌신적으로 노력한 것은 인도 대륙에서의 근대 이슬람 개혁사상의 발전에 큰 족적을 남기게 되었다. 근대 서구사상과 이슬람, 종교와 법해석에서의 이성의 역할, 힌두 공동체와 무슬림 공동체의 공조관계 등 그가 고심하고 풀려 했던 여러 문제점들은 오늘날에도 계속 논의되는 주제들이다. 그의 근대주의 가르침은 인도 대륙의 무슬림 신세대들의 교육과 생활에 영향을 주면서, 전통적 울라마 세력을 대체할 중요 세력으로 그들을 자라나게 하였다. 그러므로 인도의 근대주의 개혁사상의 계보에서 그가 차지하는 중요성은 20세기 이슬람 개혁의 대변자인 무함마드 이끄발의 다음과 같은 말에서 알아볼 수 있다.

> "그는 다가오고 있는 시대에 대한 선견을 가진 첫 번째 근대화주의 무슬림일 것이다.… 그러나 그의 진정한 위대함은 그가 이슬람의 신선한 동양화를 그리려 했고 그것을 위해 일할 필요를 느꼈던 최초의 인도 무슬림이었다는 사실에 있을 것 같다."[50]

---

50 Muḥammad Iqbāl, "Islam as a Social and Political Ideal," *Thoughts and Reflections of Iqbal*, ed. S. A. Vahid, Lahore, Paskitan: Muḥammad Ashraf, 1964, p.277.

무함마드 이끄발Muḥammad Iqbal(1875~1938년)은 인도의 근대 이슬람을 대표하는 인물이다. 그는 어렸을 때 배운 이슬람 교육을 케임브리지와 뮌헨에서 서구교육과 결합시켰고 그곳에서 철학과 법학 학위를 취득하였다. 아마도 그는 싸이드 아흐마드 칸이 바랐던 개혁 무슬림들이 걸어가야 할 길을 그대로 걷고 그 꿈을 성취해 낸 주인공이라고 말해도 지나치지 않을 것이다. 20세기에 들어서서 인도대륙의 무슬림 공동체는 인도의 독립운동에 참가하는 문제로 심각하게 분열되어 있었다. 다수 무슬림들은 국민회의The Congress Party 안에서 힌두교도와 연합하여 단일된 세속적 민족국가의 수립을 위해 고군분투하였으며, 또 다른 무슬림들은 압도적인 다수파가 될 힌두교도의 세속국가 안에서 그들이 직면하게 될 정체성과 생존에 대한 심각한 위협을 우려하여 새로운 정치적 돌파구를 찾으려 했다.

무함마드 이끄발의 전공은 법학이었다. 그러나 그는 시와 산문 쓰기에 열정을 쏟았고, 전 생애를 오직 인도 무슬림의 종교적 · 정치적 생존과 개혁에 바쳤다. 유럽에서 학위를 받고 귀국한 순간부터 그는 인도 무슬림의 개혁운동에 시인으로서 철학자로서 때로는 정치가로서 일하였고, 시르힌디, 샤 왈리 알라, 무함마드 빈 압드 알 와합을 잇는 이슬람 부흥주의 계보와 노선에 들어가길 원했다.

그 당시의 무슬림 공동체는 전보다 한층 더 위기의 늪 속에 빠져 있었다. 서구의 지배하에서 정치적으로는 무력하고 도덕적으로는 타락하였으며 문화적으로는 퇴보해 있었다. 이 모든 것은 역동적이고 창의적인 원래 이슬람의 근본과 상반된 현상이 아닐 수 없었다. 그는 이슬람의 위대한 유산에 바탕을 두고 동시에 서구철학(특히 헤겔Hegel, 베르그송Bergson, 피히테Fichte, 니체Nietzsche)을 응용한 연구에 의존하면서 그 시대가 당면한 종교적 · 사회적 · 역사적 상황과 사건들에 적합하게 대응하는 그 자신의 이슬람적 재해석을 시도하고 종합하면서 발전시켰다. 이러한 동서 사상의 융합은 그의 개혁이론의 전개에 매우 독특한 면을 엿볼 수 있게 한다.

이끄발 사상의 핵심도 신의 유일성, 즉 타우히드였다. 신은 만물의 창조자이자 보양자이며 최후의 날 심판자이시다. 그러므로 그의 의지 또는 그의 법은 창조물 모두를 다스리며 우주의 모든 삶의 영역에서 실현되어야 한다. 이러한 믿음이 곧 종교·정치적 국가로서의 공동체에 대한 그의 견해뿐만 아니라 무슬림사회에서 이슬람법이 갖는 지고성에 대한 그의 사상의 기반이 된다. 그는 이슬람의 가르침에는 정신적인 것과 현세적인 것 사이에 구별이 없다고 말하였다. 교회와 국가는 동일물의 다른 측면이다. 이러한 점은 이슬람법에서 가장 분명히 드러난다. 이끄발은 무슬림사회를 위한 포괄적인 지침으로서의 샤리아의 역할을 주장했다. 그리고 그것을 무슬림사회에 꼭 재도입해야 한다고 주장했다. 19세기 동안 이슬람법은 가족법을 제외하고는 많은 무슬림국가에서 유럽 법전으로 대체되었다. 인도 대륙에서는 이슬람법과 영국 법의 상호작용으로 영국의 관습법에 대부분 기초한 앵글로 무함마단 법이 생겨났다. 이끄발로서는 이슬람법이 무슬림 공동체의 통일과 생명에 가장 중심적인 것이 되어야 했다. 그는 친구이자 협력자이던 무슬림 연맹Muslim League Party의 지도자—후에 파키스탄의 창건자가 된 지도자—무함마드 알리 진나Muḥammad Alī Jinnah에게 이슬람법의 중요성을 강조하면서 인도에서의 무슬림국가 설립의 필요성을 거듭 강조하였다.

이끄발은 영원히 변할 수 없는 샤리아의 원리들과, 인간 해석의 산물이기 때문에 변하게 마련인 법 규정들 사이를 구분하였다. 그는 지난 수세기 동안 과거의 법전통만을 맹목적으로 추종한 법의 상태를 '독단적인 동면기'로 여기고, 이슬람의 생명력을 회복시키기 위해서는 이슬람 법원의 재구성이 필요하다고 말하였다. 그는 과거의 법학자와 울라마들의 역할을 인정하면서도 바그다드 함락 이후 경직된 이슬람을 낳게 한 지나친 보수 성향의 전통 보수주의자들을 비난하였다. "이즈티하드의 문이 닫혔다"라는 환상이 이어져 10세기 이후의 대다수 울라마들은 새로운 시대환경에 대응할 이슬람의 재해석을 하지 않았던 것이다. 그들은 단지 확립된 전통을 영속화시키는 데 급급하였다. 수세기 동안 이슬람법을 이같이 고정되고 영속화시켜 신성불가침의 것으로 여겼던 전통 보수주의자들의 경향을 이끄발은 거부한 것이다. 다른 이슬람 부흥론자와 근대 개혁주의자들과 마찬가지로, 그는 무슬림들이 변화된 사회여건에 맞추어 이슬람을 재해석하고 이슬람 원리를 재적용시키는 이즈티하드의 권리를 주장했다. 특히 그는 이러한 권리가 자격 있는 일반 무슬림 모두에게 열려 있는 것이지 특정 울라마에게만 열려 있는 것이 아니라는 점을 강조하였다. 일부 엘리트 무슬림들만을 이슬람의 해석자로 간주하였던 전통적 표준은 시대와 장소에 따라 이기적이며 근시안적인 것이었다고 그는 말하였다. 이끄발은 이즈티하드와 이즈마아ijma'(합의)의 활용영역을 확장하고 재정의하였다. 예컨대 그는 공동체의 발전을 도모하기 위해 이슬람을 해석하고 적용하는 권리를 울라마로부터 국회 또는 입법부로 옮겨야 한다고 주장하였다. 이러한 집단적 이즈티하드가 공동체의 권위 있는 합의를 이루어낸다는 것이다. 이런 식으로 그는 공동체의 합의라는 의미를 종교 지도자와 울라마의 의견일치라는 전통적인 의미로부터 근대의 제반 문제들을 다루는 구성원 다수의 근대 입법회의의 합의라는 의미로 변경시켜 놓았다. 더욱이 그는 근·현대 문제들의 복합성 때문에 입법부는 전문가들에게서 조언을 구하여야 한다고 권고하였다.[51]

51 실제로 파키스탄은 건국 후 이슬람 이데올로기 위원회The Islamic Ideology Council라는

서구의 진보된 기술과 지식을 존중했지만 이끄발은 유럽의 제국주의, 식민주의와 자본주의의 경제 착취, 마르크스주의의 무신론, 세속주의의 도덕적 타락 등 서구 사상과 제도의 여러 측면들을 비판하였다. 그래서 그는 현대 무슬림사회를 위해 대안으로 내놓을 이슬람적인 모델을 찾으려 하였고, 그의 이러한 노력으로 민주주의와 의회 정치에 대한 새로운 이슬람적 견해들을 발견하게 되었다. 다시 말해 재해석을 통해 이슬람 신앙에서 서구 개념과 제도와 비슷한 것을 개발하고 사용할 수 있도록 이슬람의 가치와 선례들을 찾은 것이다. 예를 들면 슈라Shūra(협의)제도, 신도들의 평등성과 형제애 같은 이슬람 신앙의 중심적 가치관에서 볼 때, 같은 가치를 추구하는 민주주의가 이슬람에서 가장 중요한 요소이고 이상형이라는 결론을 내리게 된 것이다. 정통 칼리파 시대 이후 이슬람 공동체의 역사는 이러한 이슬람의 이상을 제대로 실현하지 못하고 공동체의 숙제로 남겨 왔지만, 이제 그것을 공동체의 의무로 삼고 재현해야 할 것이라고 주장한 것이다.

이러한 이슬람적 민주주의의 기초들, 즉 모든 무슬림의 평등성, 형제애 사상, 칼리파제의 선거제, 슈라제도 같은 것 때문에 이끄발은 민족주의의 개념을 수용하지 못했다. 그는 젊은 시절 한때 인도 민족주의 지지자의 대열에 서 있기도 했지만, 유럽 유학에서 귀국한 후에는 범이슬람주의에 헌신하였다. 지역 민족주의는 모든 무슬림은 형제라는 이슬람의 보편적인 형제애 사상에 반할 뿐만 아니라 식민제국주의자들이 무슬림세계를 분열시키기 위해 조장한 조류潮流이자 수단이었다. 이슬람의 정치적 이상은 민족적 · 인종적 · 국가적 연대를 넘어선 초국가적 종교 공동체라는 것이다.

그러나 알 아프가니와 마찬가지로 이끄발의 범이슬람주의도 정치적 현

전문가 위원회를 설립하였음.

실주의를 따르는 것으로 특징지워진다. 각 지역의 무슬림들을 위해 일차적으로 국가적 독립을 꾀하고 이를 쟁취하는 일은 필요한 일이었다. 그러나 공통의 정신적 유산, 공통의 이상들, 공통의 법—샤리아—에 기초한 국가들의 한 가족이자 한 형제로서 그들은 그들 자신의 국가연맹을 결성해야 한다고 생각하였다. 그런데 1930년에 이르러 그는 힌두교도와 무슬림들 간의 내적 결속과 조화가 결국은 불가능하다는 결론에 다다르게 된다. 인도 독립 후 다수인 힌두교도가 저지를 위협 때문에 무슬림들은 정체성과 독특한 삶의 방식을 지키기 어렵게 될 것이고, 따라서 인도 무슬림만을 위한 국가 건설이 필요하다고 믿게 되었다. 이것이 그가 신생국가 파키스탄 창건을 처음 주창한 배경이다.

근대 서구의 자유주의 사상을 이슬람적으로 수용 가능한 것으로 만들려고 노력한 싸이드 아흐마드 칸이 전통적 이슬람 교육을 받은 무슬림인 데 반해, 이끄발은 서구의 현대교육을 받은 무슬림이다. 그는 이슬람 사상을 서구사상과 접목시킴으로써 유럽 기독교도 및 마르크스주의자들의 이데올로기에 대응하고 이슬람을 재해석해낸 현대 이슬람주의자라 말할 수 있을 것이다.

4. 현대의 원리주의 이슬람 부흥운동

(1) 하산 알 반나의 무슬림 형제단

20세기 새로운 종교 조직과 단체들이 생겨나면서 새로운 이슬람 부흥운동이 일어났다. 새바람을 일으킨 주역은 이집트의 하산 알 반나Hasan al-Banna(1906～1949년)가 창설한 무슬림 형제단과 인도의 싸이드 아불 아으라 알 마우두디Sayyid Abul A'la' al-Mawdudī(1903~1979년)가 이끈 자마아티 이슬라미Jama'at-i Islāmi이다. 근대 개혁론자들과 마찬가지로 이들 역시 이슬람 공동체가 쇠약해질 대로 쇠약해져 서구 제국주의의 위협 앞에 풍전등화 같은 위기에 놓여 있다고 생각하였다. 그러면서도 서구의 진보된 과학과 기술만큼은 인정하는 입장이었다. 근대 개혁론자들과 다른 점은 이들이 한층 더 서구를 비난하는 입장에 서 있고, 서구 사상과 제도를 차용해 오지 않더라도 이슬람세계는 개혁을 완수해낼 수 있다고 본 점이다. 개혁의 원동력이 이슬람 내부에 원리와 근본으로 충분히 내재되어 있다는 이슬람의 '자급자족론', 즉 '자기충족성'을 주장하고 있는 것이다.

이러한 새바람은 근대 개혁주의자들 중 일부가 세속주의 경향을 띠고 서구 편향주의자들로 변신해간 데 대한 반동으로 일어났다. 세속주의자들도 서구의 정치적 헤게모니만큼은 거부하면서 자생의 독립운동을 전개해 갔지만, 그러나 그들은 정권을 잡은 뒤 여전히 현재와 미래의 발전상과 정치구도를 서구식으로, 서구 안에서 그리려 하였다. 그들은 서구식 의복과 예절, 음악, 영화 등 서구문화를 수용하고 유럽의 정치, 교육, 법 제도와 사상을 그대로 답습하려 하였다. 이와는 달리, 앞에서 보았듯이 원래의 근대 개혁주의자들은 서구 가치관을 선별적으로 차용하고 채택하려 하였다. 그러나 이제 새롭게 등장한 이 신흥 이슬람 원리주의 부흥론자들은 같은 개혁주의의 길을 걸으면서도 무슬림사회의 개혁과 부흥이라는 목표를 달성해나가려는 운동의 추진방법과 방향이 매우 달랐다. 이들은 목표달성을 위해 먼저 조직과 단체를 결성하였고, 앞선 개혁론자들에 비해 서구 사상이나 이념에 대한 정의를 매우 명료하고 간명히 내렸던 것이다. 우선 그것은 자본주의와 마르크스주의 둘 다 신이 정해준 '진리의 곧은 길ṣirāṭ al-mustaqīm'에서 벗어난 세속적인 것들이라는 것이다. 그리고 진정한 무슬림이라면 이러한 서구의 세속적인 것들과 물질주의를 거부하고 삶의 모든 측면을 포괄하며 올바른 신의 길로 인도해주는 '이슬람'으로 돌아와야만 한다는 것이다.

> "지금까지 지식인, 학자, 작가, 정부가 유럽 문명의 원리를 찬양했고… 서구적 스타일과 매너를 수용하였다. 그러나 오늘날 그러한 풍조는 점차 바뀌어가고 있다. 이슬람의 원리로 돌아가자는 외침이 높아지기 시작하였다."[52]

서구에서는 이러한 현대의 신이슬람부흥주의를 이슬람 원리주의Islamic Fundamentalism로 부르기 시작했다. 이슬람 원리주의자들에게 있어서 이슬람은 결코 단순한 개인적 신앙체제일 수 없었다. 이슬람이 사회적·정치적 생활의 한 단면이라든지 사회적·정치적 생활의 한 구성요소에 지나지 않는다고 보아서는 안 된다는 것이다. 그것은 개인적이고 공적인 삶 모두에 해당되는 포괄적인 이데올로기이고, 무슬림 공동체와 국가의 근본이자 기반이어야 한다는 것이다.

이집트의 하산 알 반나와 인도의 알 마우두디는 둘 다 영국의 식민통치하에서 자라났다. 그들은 이슬람 교육과 서구 교육이 공존하던 사회에서 서구의 사상과 문화 및 학문을 배우면서도 경건하고 독실한 무슬림으로 성장하였다. 하산 알 반나는 카이로에서 공부하면서 알 아프가니와 압두의 개혁사상을 접하고 그들의 살라피야 사상에 깊이 빠졌다. 특히 서구화의 위험과 이슬람의 완전한 자기충족성을 강조하던 1920년대의 『알 마나르』지의 논지에 크게 감동받고 『알 마나르』지의 편집장이던 라쉬드 리다의 후기 보수적 개혁사상에 매료되었다.

---

52 Hasan al-Banna, "The New Renaissance," John J. Donohue and John L. Esposito, eds., *Islam in Transition*, New York: Oxford University Press, 1982, p.78.

그는 급변하는 이집트 사회의 세속화를 목도하였다. 알 반나는 이집트 젊은이들이 타락하고 더럽혀진 종교를 상속받고 있다고 생각하였다.[53] 그는 와하비야 운동에서와 같이 순수 이슬람으로의 복귀만이 이집트 사회를 정화시키고 발전시킬 수 있는 길이라 믿었다. 그는 많은 사람들과 이슬람 부흥에 관한 토론을 하고 무슬림사회의 개혁과 이집트 정치문화의 개선을 도모할 목적으로 1928년, 무슬림 형제단을 창설하였다. 그는 이스마일리야의 한 초등학교 교사였다. 그는 국가waṭan가 외국의 지배로부터 벗어나 이슬람 원리에 따르는 이슬람국가로 재건되어야 한다는 목표를 설정하였다. 알 반나가 이 단체를 성공적으로 결성하게 된 것은 당시까지 개혁운동의 흐름을 종합적으로 수렴하였고 그 자신이 지닌 카리스마적인 리더십으로 이집트 무슬림들을 결집시킬 수 있었기 때문이었다.[54]

그는 20세기 이슬람 원리주의 운동의 효시가 되는 인물로 간주된다. 그는 이슬람을 간명한 사회적 행동원리로 재해석해 내고 대중의 지지를 받았으며, 그의 무슬림 형제단은 오늘날까지 무슬림세계 곳곳에서 활발히 전개되었던 각종 원리주의 운동의 모체가 되었기 때문이다. 무함마드가 움마ummah라는 신앙 공동체를 만들어냈듯이 그는 기존사회의 사람들과 구별되는 진정한 신앙인들의 공동체를 만들고자 했으며, 무함마드가 행했던 것처럼 기존사회를 변혁시키는 종교적 투쟁에 매진하였다. 그가 만든 무슬림 형제단의 이념을 다음과 같이 요약할 수 있다.

① 이슬람은 포괄적 가르침이다. 종교이자 국가이고, 삶의 궁극적 목표

---

53 Richard P. Mitchell, *The Society of Muslim Brothers*, Oxford and New York: Oxford University Press, 1969, p.4.

54 Ishak Musa Husaini, *The Moslem Brethen*, Beirut: Khayat's, 1956, pp.25~38.

이자 방법이며 길이다.

② 이슬람 공동체는 초기 이슬람의 가르침을 회복해야 한다.

③ 범이슬람주의의 깃발이 있는 모든 지역은 이슬람의 고향, 와탄 watan(국가)이다. 이것의 방어는 무슬림의 의무이다.

④ 이슬람 칼리파제는 복원되어야 한다.

⑤ 이슬람 정부의 수립은 무슬림 형제단의 의무이다.[55]

종래의 전통주의자들이나 근대 개혁주의자들과는 달리 무슬림 형제단의 노선은 원리주의이면서도 적극적인 행동주의였다. 알 반나는 이슬람이 총체적 이데올로기로서 무슬림의 정치 · 경제 · 사회 · 문화적 삶의 모든 것을 포괄하듯이, 무슬림 형제단의 이념도 살라피야의 메시지, 순나의 길, 수피의 길, 정치 · 경제 · 사회 · 문화와 과학 등 모든 것을 포괄한다고 주장하였다.[56] 사상적으로 그는 알 아프가니, 무함마드 압두, 라쉬드 리다 등 살라피야 개혁운동가들과 맥을 같이하였다. 유럽의 식민지배 세력 앞에 속수무책인 이유가 참된 이슬람에서 벗어났기 때문이고, 이집트 무슬림사회의 갱생은 『꾸란』과 순나의 가르침대로 살고 또 무슬림 첫 세대인 살라프Salaf가 남긴 모범적 관행을 그대로 따르는 데 있다고 보았다. 그는 타끌리드에 반대하고 이즈티하드를 외쳤다. 민족주의, 애국주의, 민족국가, 국가 구성법, 사회주의 같은 모든 것을 이슬람이라는 틀 속에 넣어 다듬어내었다. 그의 독창성은 앞선 개혁주의자들의 주장을 쇄신하는 데 있지 않고, 실제로 조직과 붕당을 만들고 행동지침을 구체화하여 실행한 데 있 다. 최

55 Hasan al-Banna, *Mudhakarāt ad-Da'wa wa ad-Daiya*, al-Qāhira: Dār al-Shabāb, 1966, p.145.

56 Mitchell, 앞의 책, pp.13~14.

종 목표인 진정한 이슬람국가의 건설을 위해 노력한 방법이 앞선 지도자들과 사뭇 달랐던 것이다. 알 아프가니는 범이슬람주의를 외쳤고, 압두는 종교개혁의 파트와를 내놓는 데 주력했으며, 라쉬드 리다는 『알 마나르』지를 통해 살라피야 사상을 유포하고 개혁을 호소하였는 데 비해, 알 반나는 대중정당을 창설한 것이다. 그는 이슬람국가의 재건을 목표로 형제단을 일으켜, 이슬람이라는 이름으로 기존의 세속화된 정권에 도전했던 것이다.[57]

알 반나는 서구문명이 유해한 이유를 무신론, 부도덕, 개인 및 집단 이기주의와 고리대금 같은 유물론적인 것들에서 찾았다. 그렇기 때문에 술, 댄스홀, 야한 여성의류 등 타락한 서구문화가 이집트 사회에 무분별하게 유입되어 만연되어가는 것을 무엇보다 개탄해했다. 서구인들은 서구식 학교를 세워 무슬림 엘리트들을 그들이 다루기 쉬운 사람들로 세뇌시키고 교육시켰으며, 종래에는 서구 편향주의자들로 만들어간다고 그는 생각하였다. 그는 알 아즈하르 울라마들도 비난하였다. 이슬람 경전에 대한 좁은 해석의 방법론을 고수해 온 그들의 보수성을 비판하고, 이슬람 교리와 법해석의 경직성을 초래한 책임을 물었다. 그는, 이슬람 근본 교리는 시공을 초월하는 탄력적인 것들로 신의 섭리이기 때문에 원천적인 그 가르침을 따르기만 하면 되는 것이고, 모든 인류에게 이를 전파함으로써 궁극적으로는 전세계가 이슬람화되도록 온갖 노력을 경주해야 한다는 것이다. 그는, 신을 믿고 또 무함마드가 그의 사자使者임을 믿는 무슬림이라면 누구나가 이러한 믿음을 갖고 행동하여야만 하며, 이를 종교적 의무로 알고 수행하는 자가 되어야 한다고 주장했다. 또한 그는 종교와 과학은 실제로 서

57 무슬림 형제단의 활동에 대해서는 손주영, 「이집트 이슬람 원리주의 운동」, 『중동연구』, 제16권 제2호, 한국외대 중동연구소, 1997, 209~221쪽.

로 다른 영역을 다루기 때문에 과학의 결론이 결코 이슬람의 가르침과 충돌할 수 없다고 믿었다. 이러한 입장은 앞에서 본 19세기 개혁주창자들의 견해와 근본적으로 맥을 같이하는 것이었다.

무슬림 형제단은 대중운동조직으로 성장하면서 사회의 모든 계층을 포함한 광범위한 지지계층을 얻는 데 성공하였다. 2차 세계대전 말에 조직원 수는 100만 명에 이르렀고 지부조직은 5,000개에 달했다. 무슬림 형제단의 구체적인 활동과 그들의 원리주의 운동에 관해서는 다음 장(제13장)에서 상세히 다룰 것이다.

(2) 알 마우두디의 자마아티 이슬라미

대중화한 무슬림 형제단과 달리 인도의 자마아티 이슬라미는 처음부터 엘리트 지도부를 육성시키는 데 초점을 맞추었다. 좋은 교육을 받고 이슬람에 헌신하는 핵심 지도자들을 훈련시키는 일에 치중하면서 한정된 구성원을 가진 엘리트 조직으로 발전해간 것이다. 자마아티 이슬라미의 창건자인 알 마우두디는 실천을 중시하는 행동주의자이면서도 이슬람을 현대적으로 해석할 뿐만 아니라 체계적으로 이론화하고 서술하는 데 공헌하였다. 재능 있고 풍부한 저작을 남긴 훌륭한 저술가로서 그는 이슬람 부흥에 대한 일반론적인 주제뿐만 아니라 이슬람과 국가, 이슬람과 법, 이슬람과 경제, 신비주의, 무슬림의 생활방식, 결혼, 가족관계, 여성의 지위 문제에 이르기까지 무슬림 공동체 생활의 전반적인 지침을 담은 글을 그의 책과 논문에서 심도 있게 다루었다.

알 마우두디는 1903년 인도 남부 아우랑가바드Aurangabad의 한 명문가문에서 출생하였다. 그의 부친 싸이드 아흐마드 하산Sayyid Aḥmad Ḥasan은 알리가르흐에 있는 앵글로 무함마단 오리엔탈 대학에 들어가 이슬람의 현대적 재해석을 배웠고, 곧 알라하바드Allahabad로 옮겨가 법학을 전공하였다. 그의 가문은 독실한 수피(치쉬티야chisihtiya 종단에 속하였음) 교도였다. 그는 명문가로서의 가풍을 지키기 위해 자식들의 전통교육에 각별히 힘썼으며, 영어와 과학을 비롯한 현대 학문도 열심히 익히게 하였다. 그래서 알 마우두디는 어렸을 때부터 아랍어, 페르시아어, 우르드어를 배웠고, 하이데라바드Hyderabad에서 마드라사madrasa(종교학교)에 다녔는데, 부친이 사망한 이후에는 주로 독학을 한 것으로 알려져 있다.[58]

청소년 시절 그의 관심은 인도 민족주의에 있었다. 1919년 줄라푸르Julapur에 있는 한 주간신문사에 일자리를 얻고 사회생활을 시작한 그는 이때부터 킬라파트Khilāfat 운동(오스만 터키의 이슬람 칼리파제도를 지지·고수하려는 운동)에 참여하기 시작했다. 델리Dehli에서는 무함마드 알리Muḥammad Alī와 같은 킬라파트 운동의 지도자들과 교분을 맺으며, 민족주의자들의 신문인 『함다르*Hamdar*』지의 발간을 도왔다. 이때 그는 서구 서적을 읽으면서 점차 관심을 정치에서 종교로 돌리고, 근대주의 종교개혁 사상을 고양시켜간다.[59] 그리고 1921년부터는 자미아티 울라마이 힌드Jami'at-i ulama-i Hind(인도 울라마 사회)의 공식기관지인 『무슬림*muslim*』지의 편집일을 맡게 된다.

1925년 그는 이슬람에서의 폭력과 지하드, 전쟁과 평화에 관한 『알 지하드 휘 이슬람*al-Jihād fi-'l-Islām*(이슬람에서의 지하드)』이라는 책을 썼는데, 이 책은 그 후 인도에서의 이슬람 개혁사상과 지하드 운동의 지침서가 된다. 이 책은 당시 유명한 무슬림 민족주의자 무함마드 이끄발을 감동시켜,

58 Seyyed Vali Reza Nasr, "Mawdudi and the Jama'at-i Islami: The Orgins, Theory and Practice of Islamic Revivalism," Alī Raḥmema ed., *Pioneers of Islamic Revival*, Kuala Lumpur, 1995, p.100.

59 같은 책, 같은 면.

그의 초청으로 알 마우두디는 라호르로 이주하게 된다. 그 후 그는 1932년부터 그의 사상을 담아내는 『타르주마눌 꾸란*Tarjumanu'l-Qurān*(『꾸란』의 번역)』이라는 저널을 발간하기 시작하여 47년간 계속한다. 그는 이슬람, 종교, 문학, 역사에 관해 120여 가지에 이르는 방대한 저술을 남겼다. 그 중에서도 특히 그가 1942년부터 30여 년에 걸쳐 여섯 권으로 완성해낸 『꾸란』 번역해설서인 『타프히물 꾸란*Tafhimu'l-Qur'ān*(『꾸란』의 이해)』은 우르드어 책 중에서 가장 널리 읽히는 책이 되어 남아시아의 전통적 이슬람학 연구에 길잡이가 되었고, 오늘날까지 여러 다른 외국어로 번역되어 이슬람을 올바르게 이해하기 위한 필독서가 되어 있다.[60]

알 반나와 마찬가지로 그 역시 이슬람이 인류의 생활 전면을 포괄하는 완벽한 가르침을 담은 종합적 체계이며, 신께서는 무함마드에게 『꾸란』이라는 형태로 이를 계시하였다고 보았다. 그는 서구화된 인도 지식인층을 신랄히 비판하였고, 좌절 속에 빠져 있는 무슬림들의 각성을 촉구하였다. 그는 인도 민족주의와 무슬림 연맹이 주도한 무슬림 민족주의[61] 모두를 배격하고, 인도에는 이슬람 원리에 입각한 이슬람식 정부체제가 세워져야만 한다고 주장하였다. 또 서구사상인 사회주의와 자본주의를 똑같이 배척하고 이슬람 사상의 우월성을 강조하면서 이슬람국가론을 폈다. 이 점에서도 그는 알 반나와 유사하다. 수피주의를 보는 눈도 알 반나와 같았다. 수피들의 과도한 관행들을 근절시키려 하기보다는 적당하게 이를 개선하는 길을 따르려 했던 것이다. 이들은 정화된 수피주의를 원했다.

---

60 같은 책, p.104.

61 무슬림 연맹은 무함마드 알리 진나가 세워 인도로부터의 파키스탄 분리 투쟁을 벌이고 있었다. 알 마우두디는 파키스탄 독립운동이 이슬람의 보편주의를 바탕으로 한 것이 아니라 인도 무슬림의 국부적인 무슬림 민족주의를 표방한 것이므로 비판적 자세를 취하였다. 이희수, 「마우두디의 사상과 20세기 파키스탄의 이슬람화 운동」, 『한국이슬람학회 논총』, 제5집, 한국이슬람학회, 1995, 273쪽.

그는 훗날 이란의 이슬람혁명을 이끄는 아야톨라 호메이니Ayatollah Khomeini와는 달리, 권력을 바로잡는 것보다 이슬람 정부의 틀을 짜고 이슬람국가이론을 세우는 데 관심을 기울였다. 그런 연유로 알 마우두디의 국가론은 현대의 어느 정치사상가의 이론보다도 명료하다. 그가 말하는 현대적 의미의 이슬람국가는 『꾸란』과 하디스에 기초한 신의 절대 유일성이 표방되는 신정주의 국가이다. 그러나 이때의 신정주의는 본래 서구 역사에 등장했던 성직자 주도의 신정주의와는 엄격히 구별되는 것으로, 그는 이 새로운 이슬람국가의 정치체제를 신정민주주의Theo-Democracy라는 새로운 용어로 불렀다. 이러한 형태의 국가사회에서는 국가만이 아니라 개인의 사생활, 경제생활, 가족관계 모두 다 신법 샤리아 아래에 있으며, 자카트, 결혼, 이혼, 출산, 상속 등 세속사 모두가 이슬람법 테두리 내에서 이루어진다. 한 마디로 이슬람국가와 정부의 기본 구조물이 샤리아인 것이다. 그는 이슬람 정부의 행정상 기능과 체제를 구체적으로 설명하고, 이러한 이슬람 정부의 이상理想은 실행 가능한 것이고 서양의 어느 것보다 우위의 것이며, 사회 중의를 대변해내는 표본적인 것임을 입증하려 했다.

그는 민주주의를 중요시했다. 그는 이슬람에 들어 있는 슈라shūra(협의), 정의, 자유, 평등 같은 이슬람 정치원리들을 분석하고, 민주주의의 이상과 가치는 이슬람에 일치하는 것으로 정의하였다.[62] 그래서 그는 신정민주주의와 민주적 칼리파제Democratic Caliphate 같은 이상적인 이슬람 정부체제를 정의해 놓은 것 같다. 한편 그는 이슬람운동에서의 폭력사용을 금기시했다. 혁명적 행동주의보다는 교육을 통한 이슬람 부흥운동을 가르친 것

62 이슬람의 다섯 가지 정치 원리에 대한 논의는 손주영, 『이슬람 칼리파制史』, 민음사, 1997, 122~133쪽 참조.

이다. 이것도 아야톨라 호메이니의 경우와 반대된다.

그는 1941년 8월 라호르에서 종교 정치조직 자마아티 이슬라미를 창설하였다. 이 조직은 알 마우두디의 이상과 사상을 구체화한 정당으로, 무슬림의 이해관계를 도모하고 무슬림국가의 창건이 목적이었다. 알 마우두디는 전 인도에 조직망을 갖춘 75명의 대표자 중에서 첫 수장首長으로 선출되어 1972년까지 31년간 자마아티를 이끌었다. 자마아티는 오늘날까지 인도 · 파키스탄은 물론 동남아시아의 이슬람 부흥운동의 중심축이 되어 있다.[63] 자마아티 이슬라미가 추구하는 목표를 요약하면 다음과 같다.

① 『꾸란』과 순나의 원래 가르침을 회복하고 예언자와 정통 칼리파 시대에 실현되었던 사회 · 종교적 체제를 창출한다.
② 이즈티하드를 정당, 의회, 선거 같은 정치영역에서뿐만 아니라 사회 · 경제적 제도의 실현을 위한 분야에서도 적용한다.
③ 이슬람은 개인신앙은 물론 정치, 경제, 사회 등 인간생활 모든 분야를 포괄한다. 따라서 모든 분야에서 이슬람화가 이루어져야 한다.
④ 신비주의자들이 신봉하는 숙명론이나 의례적인 이슬람을 배격한다. 이슬람은 역동적이고 혁명적인 정치이념으로 이해되어야 한다. 그러므로 정치권력의 쟁취를 위해 적극적으로 매진한다.

마지막 조항에서 보듯이 자마아티 이슬라미는 정권 창출을 위한 정당으로 기능한다. 아마도 이 점이 다른 온건 개혁운동조직과 구별되는 점일 것

63 자마아티 이슬라미의 조직, 구성, 역사, 정책에 대해서는 Seyyed Vali Reza Nasr, 앞의 책, pp.111~121 참조. 또한 자마아티 이슬라미의 성격, 발전과정, 개혁활동에 대해서는 이희수, 앞의 논문, 274~297쪽 참조.

이다. 따라서 이 조직의 운동원들은 사변적이고 철학적 신학자라기보다는 사회사상가이고 행동하는 정치가이다. 또 한 가지 알 마우두디의 사상에서 빼놓을 수 없는 것은 그가 정리한 지하드관이다. 오늘날 지하드는 무슬림 급진 원리주의자들이 그들의 목표를 달성하기 위한 수단으로 사용하는 무력투쟁으로 오해받고 있다. 특히 서구에서는 무력으로 이교도에게 개종을 강요하거나, 종교적 이기주의를 실현하기 위한 정복전쟁의 의미로 잘못 인식되어 있다. 알 마우두디는 이 점에 눈을 돌려 지하드가 단순한 무력투쟁행위가 아니라 무슬림들의 중요한 의무사항이자 덕목이 되는 신앙행위임을 밝혀 놓았던 것이다. 그는 지하드가 종교적 혁명 과업을 완수하는 과정이자 수단으로 설명하고, 그것은 글, 선전, 연설, 선교, 교육, 자금과 물자 제공 등 여러 단계를 거치며 최종적인 방법으로 무력투쟁을 설정하고 있다고 말하였다.[64]

알 마우두디는 이슬람을 인간 생활에 완벽한 지침을 줄 수 있는 실용적 사상으로 보았다. 그리고 무슬림들의 소명은 이슬람법에 기초한 이슬람국가를 건설하는 것이라고 역설하였다. 그가 구상한 이슬람 부흥운동의 본질은 이슬람을 종교 개념으로 한정하지 않고 『꾸란』과 순나에 바탕을 둔 완전한 이슬람 사회, 이슬람국가를 건설하고자 하는 것이었다.[65]

이상에서 본 바와 같이 무슬림 형제단이나 자마아티 이슬라미는 무슬림 사회가 무기력하게 된 것이 정치력의 부재, 종교 원리에서의 일탈, 도덕적 방종, 사회적 부패 등의 이유 때문이라 진단하였고, 특히 교회와 국가의 분리 사상, 자본주의와 마르크스주의, 물질주의와 세속주의를 이러한 모든

64 이희수, 앞의 논문, 271쪽.
65 같은 논문, 272쪽.

퇴보의 주범으로 간주하였다. 그 중에서도 국가와 종교를 분리하려는 탈종교주의와 세속주의는 근대 무슬림국가의 근간을 뿌리째 흔드는 가장 위험한 서구사상으로 보았다.

다른 한편 무슬림 형제단과 자마아티 이슬라미는 근대 개혁주의자들처럼 타끌리드를 거부하고 이즈티하드의 권리를 제창했으며, 선대의 이슬람 부흥론자들처럼 이슬람 원리주의를 내세우고, 이슬람 정부를 세우기 위한 목표를 달성하기 위해 『꾸란』과 순나, 그리고 초기 공동체로의 회귀를 촉구하였다. 무슬림 형제단과 자마아티 이슬라미는 이슬람 부흥운동의 힘도 보여 주었다. 무슬림 형제단은 정부의 탄압으로 지하단체가 되고 지도자들이 대거 체포, 구금, 추방, 처형당하면서 조직이 크게 무너졌지만, 그 뒤에도 오히려 수단, 시리아, 요르단, 쿠웨이트 등 무슬림세계의 다른 지역에까지 뿌리를 내리고 성장하고 있다. 또한 자마아티 이슬라미도 파키스탄뿐만 아니라 인도, 아프가니스탄, 카슈미르 등에 조직을 두고 이슬람화 운동을 가속화하고 있다.

(3) 현대 이슬람 부흥운동의 다양성과 특징

앞에 보았듯이 원리주의 이슬람 부흥운동은 무슬림의 신앙과 사회질서에 도전해 온 내·외부적 상황과 세력에 반응하여 일어났다. 18세기에는 사회 내부에 만연되어 있던 비이슬람적 관행에 반대하며 부활운동이 시작되었고, 19세기부터는 서구의 침탈과 식민 제국주의 같은 외부적 위협에 대처하기 위해 개혁운동이 펼쳐졌다. 20세기에는 무슬림 형제단이나 자마아티 이슬라미 같은 종교 정치 조직과 단체들이 원리주의 성향의 새로운 이슬람 부흥운동을 전개하였다. 그리고 이 운동들을 이끌었던 무슬림 사상가들은 쇠퇴한 공동체 사회에 생기를 불어넣어 주었으며, 무슬림들이 재기하는 데 필요한 개신tajdīd의 사상적 · 이론적 근거들을 이슬람 원리에서 찾아 제공하기 위해 헌신적인 노력을 경주하였다.

근대 이전의 부흥운동가들은 동면해온 무슬림들을 각성시켜 비드아적 관행들을 버리고 '순수 이슬람'으로 무슬림사회가 되돌아가야 한다는 개혁의 문을 열었다. 그리고 와하비야 운동을 비롯한 사누시야 운동, 마흐디야 운동 모두가 이슬람에 호소하는 강한 힘과 결속력을 보여주었고, 지하드 정신을 촉구하면서 행동주의 이슬람 운동의 모델이 되었다. 근대주의 이슬람 개혁운동들도 내부적인 쇠퇴현상과 식민 제국주의에 대항하는 무슬림들의 무한한 잠재력과 실천력을 입증하였다. 근대 개혁주의자들이 주장한 논지의 요체는 한 마디로 말해 무슬림사회의 경직성이 전통에 대한 맹목적인 타끌리드 때문이므로 이슬람에 대한 재해석을 해야 한다는 것이었다. 서구 사상과 제도를 수용하고 그것을 이슬람과의 조화 · 절충을 시도하며, 새로운 시대환경과 요구에 부응하기 위한 이즈티하드의 창출을 주장한 것이다. 대체로 이들이 취한 이성을 중시한 합리주의적 접근방식이나 중세 법학자와 신학자들의 가르침과 법이론을 과감하게 재해석하고자 시도한 점은 높이 평가받을 만하다. 그리고 이슬람이 역동적이고 이성적이며 진보적 종교라는 이들의 주장 속에서 이슬람이 현대생활의 요구와 조화를 이룰 수 있고 어떠한 도전에도 적응하고 병존해 갈 수 있다는 그들의 자긍심과 확신감을 느낄 수 있다.

그러나 근대 개혁주의 이슬람은 이슬람의 갱생과 부활, 무슬림사회의 개신과 부흥을 꾀하는 개혁운동 뒤편에서 친서구주의 풍조를 잉태하고 세속주의라는 새로운 문제아를 낳았다. 서구 사상과 제도의 폭넓은 수용으로 민족주의와 사회주의를 신봉하는 무리가 생겨났는가 하면, 근대화는 곧 서구화라는 인식을 가진 서구 편향주의자들이 생겨나게 되었고, 점차 이들 중에서는 종교가 개인 문제이지 공공의 일이 아니며 세속사회 안에서 사적으로 추구되고 성취되어야 할 것이라고 주장하는 소위 세속주의자들이 탄생하게 되었다. 이것은 물론 정교분리를 원칙으로 하는 서구 기독교의 가르침을 바탕으로 한 것으로, 세속의 일(특히 정치, 경제의 일)에 비종교적 · 탈종교적 입장을 취하겠다는 것이다.

특히 여기서 우리가 중시해야 할 것은 오늘날까지 어느 무슬림사회에서나 이러한 세속주의자들이 국가의 중요 정책의 입안자이자 운영자이며 동시에 방어자라는 점이다. 그것은 지난 두세기 동안(19~20세기) 정치 · 경제 · 사회 각 분야의 통치 지도권과 헤게모니가 거의 엘리트 중의 엘리트들인 그들 손에 쥐어져 있었기 때문이다. 무슬림세계를 지배하고 있던 서구인들은 그들을 교육하여 공조체제를 이루어 왔고, 무슬림세계를 떠나면서 그들에게 정권을 이양했다. 그 결과 아직도 거의 모든 무슬림세계의 통치자들은 대개 서구의 영향권 안에 있거나 서구 정권과 밀착되어 있는 세속주의자들 또는 소위 탈종교주의자들이다. 그리고 이들을 다시 이념과 신앙의 정도에 따라 몇 등급으로 나누어 볼 수 있을 것이다. 그렇지만 넓게 본다면 대체로 이들은 실용주의 무슬림이라는 겉모습을 하고 있다. 그리고 이들 중 일부는 최근 불거져 나온 과격 급진주의 성향의 무장 무슬림 그룹들로부터 비난을 받고 공격 대상이 되어 있다. 일부 학자들은 엄밀한 의미에서 이들을 이슬람 부흥론자 혹은 부활론자라고 부를 수는 없을 것 같다고 말한다. 왜냐하면 그들 스스로가 이슬람을 부르짖고 나선다 할지라도 대개 이들이 이슬람의 부흥을 외치는 것은 나름대로의 정치적 · 경제적 목적이 따로 있기 때문이다.

그렇다면 근 · 현대에서 '순수 이슬람으로의 회귀'를 부르짖는 이슬람 부흥론자들은 과연 누구인가? 앞에서 설명한 부흥운동의 조류를 종합해볼 때 이들을 다음과 같이 크게 세 부류로 나누어볼 수 있을 것 같다. 물론 이 부류가 어떤 특정 이념이나 독특한 교의를 갖는 분파나 종파를 가리키는 것은 결코 아니다. 왜냐하면 무슬림 각 개인이나 조직은 나름대로의 입장을 고수할 수 있고, 서로 상이한 측면을 공유하거나 또는 각기 교차해가며 그러한 측면을 활용하는 것도 가능하며, 또 근원적으로는 서로 배타적이지 않기 때문이다.

첫째, 이슬람 전통주의자—이들은 중세 법학자들이 세워 놓은 이슬람법과 공동체의 전통 및 규범들을 그대로 따르려 한다. 바뀌야 할 것은 이슬람이 아니라 근·현대사회이다. 이들에게 있어서 '이슬람의 회귀'는 어떠한 재해석 과정이 필요없는 과거 이슬람 통치로의 회귀이다. 모로코, 튀니지, 이집트, 파키스탄 등 많은 무슬림세계의 보수적 울라마와 그의 추종자들이 이 부류에 속한다.

둘째, 근대 개혁주의자—이들은 이슬람을 근·현대생활에 적용시키기 위해 재해석하기를 원한다. 『꾸란』과 하디스에 의존함과 동시에 초기 이슬람의 첫 세대를 존중하고 그들에게서 영감을 찾고 전통을 이어받으려 한다. 따라서 이들은 살라피윤Salafiyūn(살라피야 사상의 추종자들)으로 행동하길 원한다. 이들은, 중세 이후 역사적으로 이어져 내려오고 보편화된 여러 관행sunna들은 진정한 이슬람에 해를 입히지 않는 한 변화될 수 있고 또 변화되어야 한다고 주장한다. 인류사회는 과학과 기술의 시대를 맞아 크게 변천했으며, 이슬람은 이러한 변천과 발전에 대응하고 적응해야 한다고 그들은 믿는다. 무슬림들은 이러한 과업을 위해서 서구를 무조건 모방해서는 안 되고(왜냐하면 서구의 실수를 배울 수도 있으니까) 서구의 장점을 선별적으로 수렴하여, 변화와 발전의 진정성을 추구하면서 부단히 이즈티하드를 해야 한다며 이즈티하드의 필요성을 주장한다. 그러나 전통·보수주의 울라마들은 이들이 이슬람의 근본에서 일탈할 것을 우려한다. 그리고 이들이 무즈타히드가 될 자격이 없음을 지적하며 이 점을 공격한다.

셋째, 이슬람 원리주의자—이븐 타이미야와 와하비 추종자들이 추구한 원리주의를 추종하는 부류이다. 이들은 오직 『꾸란』과 하디스로 돌아갈 것을 강력히 주장한다. 샤리아에 의해 통치되는 이슬람 사회와 국가를 목표로 하여 조직을 만들고 행동주의를 지향한다. 이들은 과거의 자힐리야jāhiliyya(무지의 비이슬람사회)적 사회를 부정하고, 중세 법학자들의 고전적 해석—비록 높이 존중하나—에 얽매이는 것도 거부한다. 이집트의 무슬림 형제단과 쿠웨이트의 자미아트 알 이슬라히Jāmi'at al-Islāḥī(개혁사회), 말레이시아 이슬람 청년운동ABIM, 파키스탄과 인도의 자마아티 이슬라미가 여기에 속한다. 현대의 이슬람 원리주의자들인 이들을 신이슬람 부흥주의자들이라고 부르기도 한다. 이들은 사회정화를 위해서 절도자의 손 자르기, 간부姦婦를 돌로 치기, 음주자에 대한 채찍질, 성性의 격리 같은 엄격한 이슬람 형벌주의의 채택과 근본주의 이슬람의 시행을 위해 이슬람법의 재도입을 요구한다. 선거에 참여하고 학교, 병원, 사회공공단체, 법률기관, 군대에 이르기까지 조직원을 구성한다. 이슬람을 총체적 이데올로기로 말하고 믿는다. 그들은 자신들이 짜놓은 신개혁주의 해석에 세속적인 일들을 일치시키려 하고 그 속에서 사회가 근대화되기를 바라지만 서구식 근대국가를 배격한다. 그러나 과학과 기술이 이슬람법에 저촉되거나 이슬람법을 도외시하지 않는 한 그것을 받아들이는 데는 아무런 문제가 없다.

그런데 60~70년대 이후 이슬람세계에는 이슬람의 부활을 외치는 또 다른 바람의 소용돌이가 생겨났다. 이 바람의 주역들은 원리주의자 중의 원리주의자로 불릴 정도이다. 이들은 무슬림 형제단 같은 원리주의 조직에서 파생되어 나왔고, 과격한 급진 원리주의 노선을 택하고 있기 때문이다. 이들은 이슬람 근대주의가 낳은 현대화를 위한 서구와의 화해정신을 정면으로 거부한다. 원리주의자들 입장에서 한 걸음 더 나아가 이들은 서구이념들을 무비판적으로 거부하고 서구적 사고와 삶의 방식에 무조건 등을 돌린다. 이들은 매우 소수이지만 비밀리에 조직원을 훈련시키고 점조직화하여 호전적인 무장세력으로 자라났으며 과격 급진 원리주의자로 행동한다. 이들의 출현으로 현대의 이슬람 부흥주의자들은 종래의 중도적 원리주의자들과 소수인 이들 과격 급진 무장세력으로 나누어지게 되었다.

그러나 무슬림사회에서는 이러한 이분법에는 동의하지 않는다. 후자의 숫자가 적을 뿐만 아니라 과격한 테러행위에는 동조하지 않기 때문이다. 서구언론과 대중매체는 이 둘을 구분하지 않고 통칭 원리주의자들로 부름으로써 현대 무슬림세계의 원리주의 운동에 대한 오해를 불러일으켰다. 더 나아가 이슬람 부흥주의자과 이러한 과격 급진 무장세력을 구분하지 못하고 묶어서 원리주의자 혹은 근본주의자로 호칭함으로써 이슬람 부흥주의의 이해에 심대한 오해를 불러일으키고 혼선을 빚게 하였다.

이들은 처음 이집트에 출현한 알 지하드al-Jihād, 알 타크피르 와 알 히즈라al-Takfīr wa al-Hijrah, 알 자마아 알 이슬라미야al-Jama'a al-Islāmiyya 같은 무장조직들로, 타락한 세속정부를 타도하기 위해 폭력은 허용되고 필요하다고 믿는다. 이들이 종래의 원리주의자들의 투쟁노선을 뛰어넘는 특징적인 면은 다음과 같은 것들이다.[66]

① 이슬람과 서구, 이슬람과 마르크스주의 세력, 이슬람과 시온주의 사이에는 전쟁상태가 존재한다. 이슬람에 대적하는 이들 세력은 무슬

66 급진 이슬람 원리주의 조직과 활동은 손주영, 앞의 논문, 221~237쪽 참조.

림을 지배하고 식민화하며 착취할 것을 추구한다. 그들에 대항하는 전쟁은 선포할 필요도 없다. 전쟁은 이미 그곳에 있다.

② 이슬람 정부는 선택사항이 아니다. 신으로부터 명령된 절대적인 것이다. 이슬람 정부는 샤리아에 기초한 정부를 뜻한다. 다른 형태의 정부는 비합법적이고 전복의 대상이다.

③ 이슬람의 적에 대항하는 성스런 지하드는 무슬림 최고의 의무이다. 이는 자힐리야 사회를 붕괴시키고 이슬람 사회를 수립하고자 하는 진정한 모든 무슬림의 길이다.

④ 기독교도와 유대교도를 종래의 관용적 태도로 대하지 않는다. 그들은 단지 불신자들일 뿐이다.

이러한 과격 급진세력은 탈식민지시대 이후 무슬림사회에서 세속적 정치엘리트들이 주도한 서구화 · 근대화에 대한 반동으로 일어난 것이다. 그러나 앞서 언급한 바와 같이 이슬람 개혁운동과 현대의 원리주의 이슬람 부흥운동은 이러한 극소수 극단주의자들과는 근본적으로 궤를 달리하는 것이다. 이슬람 부흥운동은 지금도 말레이시아와 인도네시아에서 모로코에 이르기까지 이슬람세계 곳곳에서 그 열기를 더해가고 있다.

그러면 이러한 현대의 신이슬람 부흥운동의 특징은 무엇인가? 가장 먼저 말할 수 있는 것은 원리주의 경향이다. 그들은 스스로의 행동을 토착적 무슬림 운동으로 인정하고 있다. 수피들의 성인숭배사상과 지나친 숙명론, 움마의 퇴보적 관행들에 비판을 가하는 면에서는 근대 개혁주의 운동과 똑같다. 그렇지만 이들 원리주의 신이슬람 부흥론자들은 결코 이슬람과 서구가 양립할 수 있다고 말하지 않으며, 둘을 절충함으로써 진보를 꾀하려는 사고 자체를 배격한다. 또 서구식 현대생활을 결코 동경하지 않는다. 오히려 이들은 무슬림들이 독자적인 힘으로 현대의 필요와 요구에 충분히 적응할 수 있다고 주장한다. 이슬람 생활방식에서 벗어날 이유가 없고 서구에 의존할 필요도 없으며, 따라서 이슬람이 서구화되는 위험에 직면할 이유도 필요도 없다는 것이다.

두 번째 특징은, 이들 현대의 신이슬람 부흥운동 조직은 종래 엘리트 지식인들이 주동이 되어 느슨한 모임체를 구성해간 근대 개혁주의 운동과는 여러 면에서 다르다는 것이다. 이들은 사회개혁을 위한 실제적인 활동 프로그램뿐만 아니라 조직원들의 규율과 충성심 및 훈련을 강조하며, 그 결과 매우 응집되고 조직화된 강한 결속력의 단체와 조직체를 구성하였다.

세 번째 특징은 이들이 중세 이슬람에 대한 맹목적 추종을 반대하고 이즈티하드를 할 권리를 요구하면서도 동시에 서구화에 반대하고 서구적 가치관을 멀리함으로써 움마내 보수 전통주의 울라마를 포함한 대다수 구성원들의 호감을 끌고 있다는 점이다. 이것은 사실상 그들이 배워온 이슬람의 전통과 소중히 간직해온 이슬람의 관습 및 생활방식에 좀더 가까운 것이다. 즉 현대의 신부흥주의자들이 주장하는 사회변화의 방법론과 그 정도는 무슬림의 고유 전통에서 크게 벗어나는 것이 아닌 것이다. 근·현대 개혁주의자들이 주장하는 근대화·현대화에 서두르지 않는 유연성이 그들에게서 돋보인다. 신부흥주의자들이나 근대 개혁주의자들 모두가 법 체계의 변화를 주장하고 있지만, 실제로 가족법 개혁 같은 매우 민감한 사안들에서 신부흥주의자들은 전통주의 울라마들과 손을 잡았던 것이다. 이들은 자유로운 이성 교제, 서구 의상과 예절, 영화, 은행이자 등에 대한 전통주의 울라마의 비난에 동조하였다. 이와는 반대로 근대 개혁주의자들은 초기 근대주의 개혁운동을 주동한 대학생들이 자유주의적이고 서구적인 세속화의 길을 추구해간 경향 때문에 다수 무슬림 대중의 신뢰를 점차 잃었던 것이다.

이러한 현대의 신부흥주의 운동은 알 아프가니, 압두, 이끄발 같은 근대주의자들이 이론적으로 다듬은 이슬람 부흥의 총체적인 비전과, 와하비, 사누시, 마흐디 같은 근대 이전의 부흥주의자들이 보여 주었던 청교도적인 행동주의 세계관을 혼합시킨 것이었다. 그 결과 이슬람은 시공을 초월하는 포괄적 생활양식으로 표현되고, 신의 의지와 진리에 기반을 두는 이데올로기로 묘사되는 것이다.

이들 현대의 신부흥주의 운동가들은 선대로부터 물려받은 역사적 유산인 종교적 해석을 계시와 동등하게 다루려는 면에서 보수 전통주의자들과 맥을 같이한다. 그래서 이들의 종교적 관행은 살라피야적이고 엄격하고 따라서 그만큼 원리주의적이다. 서구식 현대화 작업에 관한 이들의 이해와 경험은 일단은 냉소적이고 관조적이다. 그것은 서구의 정치적 · 문화적 지배와 거기에 동조하는 작업이 되지 않을까 하는 우려 때문이다. 이러한 입장은 이해할 만한 것이기도 하다. 왜냐하면 오늘날 이슬람세계의 현대국가들은 대개가 유럽의 권력과 밀착되어 있거나 세속화 혹은 서구화된 무슬림 지식인의 손에 장악되어 있기 때문이다.

제13장 | 이집트 이슬람 원리주의 운동

1. 이슬람 부흥운동의 출현

이슬람은 개신tajdīd과 개혁iṣlāḥ에 관한 오랜 전통이 있다. 1,400년의 이슬람역사에서 신학자, 법학자, 수피 성인, 그리고 카리스마적 선교사들과 여러 조직들은 그들이 처했던 사회의 쇠퇴기에 이슬람 공동체의 부활과 부흥을 추진했으며, 이슬람의 이상과 무슬림의 실생활 사이의 차이를 해소하기 위해 노력하였다. 이러한 노력의 결과는 항상 순수 이슬람으로의 회귀, 즉 이슬람의 근본과 원리로 돌아가야 한다는 쪽으로 귀결되었다. 다시 말해 『꾸란』과 예언자의 순나, 그리고 초기 이슬람 공동체의 생활로 돌아가자는 것이다.

18세기와 19세기에 이러한 이슬람 부흥주의 운동은 이슬람 세계 곳곳에서 등장하였다. 여기에는 아라비아의 와하비(1703~1792년), 리비아의 사누시(1787~1859년), 수단의 마흐디(1848~1885년)가 일으킨 운동을 비롯하여, 벵골의 하지 샤리아트 알라(1764~1840년)에 의한 파라이디야Faraidiyyah 운동, 나이지리아의 풀라니(1754~1817년), 인도의 아흐마드 바렐레위(1786~1831년), 그리고 인도네시아의 파르디(1803~1837년)가 일으킨 운동 등이 있다.[1]

이 시기의 이슬람 부흥운동은 주로 내부적인 요인으로 발생하였다. 이슬람사회 내부에 고착화되어 있던 쇠퇴와 침체의 근본적 요인에 대한 반발이었다. 사회적 · 도덕적 타락, 군사적 패배, 무슬림 제국의 정치적 분열(오스만 터키, 사파비조, 무굴조로 나누어짐) 등에 대한 반작용이었던 것이다. 정도의 차이는 있었지만, 대개 이러한 부흥운동의 궁극적 목표는 무슬림

---

1 John O. Voll, *Islam: Continuity and Change in the Modern World*, Boulder, Colo.: Westview Press, 1982, 제3장 참조.

사회의 종교적 · 도덕적 재건이었다. 이들은 자신들의 사회가 정치적 · 경제적 · 종교적으로 침체상태에 있다고 진단했다. 그 주요 원인은 지방적 · 토착적 · 비이슬람적 믿음과 관행이 사회 내부에서 자라났고, 또 외부로부터의 이질적 문화에 그들 사회가 동화됨으로써 이슬람의 가치가 상실된 때문인 것으로 밝혀졌다. 따라서 이에 대한 처방은 간단했다. 그것은 진정한 이슬람으로의 귀의를 통해 종교적 순화를 이루는 것이었다. 이러한 이슬람 부흥운동을 주도했던 부흥운동가들의 신념은 다음과 같이 네 가지로 집약되는데, 이것은 그대로 다음 세대로 계승되어 20세기에 나타난 현대 이슬람 원리주의 운동의 이념적 토대가 된다. 첫째, 이슬람이 유일한 해결책이다. 둘째, 『꾸란』과 예언자의 순나를 따라야 한다. 셋째, 신의 계시법인 샤리아의 통치를 받는 이슬람 공동체의 건설이 정치적 목표이다. 넷째, 이에 반발하는 모든 무슬림 또는 비무슬림은 신의 적이다.

이러한 전 · 근대 이슬람 부흥운동이 20세기에 현대의 이슬람 원리주의 운동으로 새롭게 등장할 때까지 이슬람 세계는 두 세기에 걸친 정치적 · 사회적 격동기를 보낸다. 18세기 말부터 본격화된 서구열강의 동진 이래 이슬람세계의 분열과 사회변화를 일으킨 주범은 서구 식민 제국주의였다. 이 시기에는 크게 두 개의 상반되는 조류가 있다. 하나는 이슬람의 근본원리와 신앙에 입각해 사회와 종교를 정화하고 지키려는 수구적인 이슬람 보수주의이고, 다른 하나는 서구문명의 수용을 과감하게 요구하는 혁신주의이다. 전자는 서구에 대한 거부와 회피로 특징되는데, 식민주의 세력과의 협력은 항복이나 반역으로 간주하였다. 현대식 서구교육은 이슬람 종교에 대한 위협이었고, 이들 무슬림들의 반발과 비난의 대상이었다.[2] 이것은 이슬람 전통주의와 원리주의의 원형이 된다. 이에 비해 후자는 근대 개

2 William Wilson Hunter, *Indian Musulmans*, London, 1971, p.184.

혁주의의 산물이다. 그러나 이러한 혁신주의는 지나친 세속화와 서구화 현상으로 세속적 민족주의 · 사회주의 운동 등을 낳고 후일 이슬람 원리주의의 공격대상이 된다. 이러한 보수와 혁신 이슬람 부흥사상들은 19세기 말, 이란-아프가니스탄의 자말 앗 딘 알 아프가니(1839~1897년)와 이집트의 무함마드 압두(1849~1905년), 인도의 싸이드 아흐마드 칸(1817~1898년), 인도-파키스탄의 무함마드 이끄발(1877~1938년) 등의 등장으로 소위 이슬람 근대주의라는 큰 사상과 이념의 틀을 짜게 되고, 대체로 많은 것들이 그 안에서 용해된다.

실제로 서구 식민주의에 대한 무슬림들의 반응은 다양하게 나타났다. 일부 무슬림들은 거부와 저항을 부르짖었던 반면, 또 다른 무슬림들은 이슬람사회를 근대화시키기 위해 유럽의 기술과 힘을 배우고 모방하려 했다. 인도대륙의 무슬림 반응에 대한 어느 한 학자의 다음과 같은 말은 그러한 다양성을 잘 대변해 준다. "영국식 서구교육에 대한 무슬림의 반응은 결코 동일하지 않았다.… 영국의 근대화 교육정책에 대한 맹목적인 추종을 거부하는 적대감에서부터 그 반대인 합리적인 협력에 이르기까지 다양한 형태로 나타났다."[3] 그러나 실제로 많은 무슬림들에게 서구의 발전상과 선진화는 선망의 대상이었고, 서구식 교육이 현대 무슬림의 생존과 발전을 위한 필요수단이라는 인식이 점차 널리 퍼져 나갔다.

오스만 터키와 이집트, 이란의 무슬림 통치자들은 서구를 군사적 · 경제적 · 정치적 현대화의 모델로 삼았다. 이는 서구 교육과 기술의 우월성에 근거한 것이었다. 그들은 서구의 행정체계와 제도를 모방하려 했으며, 현대식으로 훈련받고 장비를 갖춘 군대와 관료조직을 만들고 발전시켰다.

---

3 Hafeez Malik, *Sir Sayyid Ahmad Khan and Muslim Modernization in India and Pakistan*, New York: Columbia University Press, 1980, p.172.

무슬림 교육단을 유럽으로 파견하여 그곳에서 언어와 과학, 기술을 배워 왔고, 서구의 서적들을 번역하고 출판하는 번역기관과 출판사들을 설립하였다. 그 결과 현대식으로 교육받고 서구화를 지향하는 새로운 엘리트 계층이 탄생하였다. 그러나 서구를 모방해간 이러한 변화는 어디까지나 서구의 팽창주의라는 외부위협에 대처하기 위한 통치자의 하향식 강요에 의한 변화였으며, 이슬람사회 내부에서 자발적으로 생겨난 대중적인 대응이나 변화가 아니었다.

또 무슬림 통치자들이 시작한 이러한 서구식 근대화 작업은 주로 자신들의 통치권을 강화하고 중앙집권화하기 위해 추진된 것이었다. 무슬림 대중의 정치적 참여는 기존정권이 바라는 바가 아니었다. 통치자들의 주요 관심사는 근본적인 정치적 · 사회적 변화가 아니라 군사 · 행정 · 기술 개혁을 통한 강력한 통치권력의 장악이었다. 비록 오스만 터키의 술탄인 압둘 하미드 2세가 1876년에 최초의 오스만 투르크 헌법을 공표하였고, 이란의 샤가 대중의 압력에 조건부로 항복하면서 1906년에 민족평의회를 설립하였지만, 이러한 조치들은 통치자들의 절대권력을 제한하고 분산시킬 수 있는 수준의 진정한 헌법개혁이 결코 아니었다.

오히려 무슬림사회의 근대화로 야기된 중요한 현상은 새로운 엘리트 계층의 등장과 교육제도 내부에 나타난 무슬림사회의 양분화 현상이었다. 무슬림사회에는 전통적인 종교학교와 근대화된 세속적 학교가 공존하게 되었으며, 각기 독자적인 교과 과정과 교사, 학생을 갖게 되었다. 그 결과 이슬람사회에는 서로 다른 세계관을 지닌 두 계층이 생겨나게 된다. 현대식으로 서구화된 소수 엘리트 계층과 전통적이고 이슬람적인 다수 계층이다. 이러한 근대화와 현대화 과정에서 종교 지도자들이 가졌던 전통적인 권위와 영향력은 새로운 엘리트 계층에 의해 잠식되어 점차 약화되었다.

이는 현대식으로 훈련받은 새로운 엘리트 계층이 지금까지 울라마들의 전문영역이었던 정부기관, 교육기관, 법률기관 등에서 중요한 위치에 등용되었기 때문이다.

무슬림 전통 보수주의자들과 세속적 혁신주의자들 사이의 견해 차이를 좁히기 위해 등장한 것이 이슬람 근대 개혁주의 운동이다. 무슬림 근대주의자들은 18세기 이슬람 부흥주의자들이 꾀했던 공동체 내부의 종교 순화 운동과 정신을 유럽 식민주의의 위협에 대응하고, 무슬림사회를 현대화할 필요와 요구에 접목시켰다. 이들의 기본정신은 교리와 경전의 현대적 해석, 이슬람법 샤리아의 재해석, 종교교육과 현대과학교육의 병행, 서구의 선진 과학기술의 도입 등 전통 이슬람문화와 현대 서구문명의 조화 · 절충을 시도하는 것이었다. 세속주의 개혁가들과 마찬가지로 이들은 유럽 식민주의에 대응하면서도 서구사회의 진보와 과학발전의 우월성을 인정하였다. 따라서 이들은 서구의 기술과 과학을 무슬림사회가 배워야 한다고 믿었다. 그러나 이러한 입장은 20세기 후반에 무슬림 행동주의자들의 강력한 반발에 부딪치게 된다. 이들은 세칭 원리주의자였다. 원리주의자들은 근대 개혁주의자들 중에서 세속적 실용주의자들을 강대국에 빌붙은 신식민주의자들로 비난하면서 이러한 서구 추종세력의 실패와 실정을 민중 앞에 부각시키고자 했으며, 반면에 이슬람의 자치능력과 자족능력을 강조하였던 것이다.[4]

이슬람 원리주의는 18세기, 잘못된 무슬림들의 신앙생활에 개혁을 요구하며 아라비아반도 중심부에서 일어난 와하비야Wahhābiyyah 운동을 그 효시로 보는 것이 정설이다. 이 운동은 초기 이슬람 시대의 변질되지 않은

4 Richard T. Antoun and Mary Elaine Hegland, *Religious Resurgence*, Syracuse: Syracuse University Press, 1987, 제6장 참조.

이슬람 원형으로의 복귀를 부르짖으며 이단과 사론邪論의 배격을 주장하고 무슬림사회에 종교적 각성을 불러일으켰다. 특히 수피사상의 만연으로 발생한 성인숭배 관행과 범신론적 관념에 정면으로 반격을 가한 청교도적인 정통 신앙부흥운동으로, 원시 이슬람의 순수한 유일신 사상으로 돌아가자는 데 목표를 두었다. 그 뒤 19세기 초부터 20세기 초까지 발생한 대표적인 원리주의 운동으로는 앞장에서 보았듯이 리비아의 사누시야Sanusiyyah 운동과 수단의 마흐디야Mahdiyyah 운동을 꼽는다. 둘 다 와하비야 운동과 같이 초기 이슬람의 원리와 정신을 복원하고 이슬람사회의 정화를 주장하고 나선 종교·사회 부흥운동이다.

1차 세계대전 후 오스만제국의 붕괴로 1924년 이슬람 칼리프제가 폐기되자 이를 계기로 이슬람 부흥운동이 다시 거세게 일어났다. 칼리파제 부활운동이 전개되어 1926년 카이로에서 이슬람 회의를 개최하였으나 성공하지 못하였다.[5] 그러나 이슬람의 정신과 제도의 부활을 외치는 이러한 이슬람 부흥주의 운동은 이집트에서 하산 알 반나의 무슬림 형제단 운동으로 이어진다. 이 운동은 이슬람 현대사에서 가장 중요한 이슬람 부흥운동의 큰 줄기로 간주된다. 세속적 민족주의 정권과 대립하면서 줄기차게 이슬람의 부활을 주장했고, 결국에는 급진 이슬람 원리주의 운동을 낳는 모태가 되었기 때문이다. 이슬람 원리주의 운동은 조직의 목적과 운동방향 때문에 후일, 다양한 여러 분파로 갈라졌다. 하지만 이 운동의 기본적·공통적 특징은 이슬람의 근본원리와 율법을 토대로 하는 정교일치의 국가체제를 수립하고, 정통적인 이슬람의 생활규범을 복원하자는 것이었다. 이것을 이념으로 구체화하여 사회조직으로 나타난 것이 바로 무슬림 형제

5 이 회의에 대한 자세한 것은 손주영, 『이슬람 칼리파制史』, 민음사, 1997, 555~589쪽(제15장 「카이로 이슬람 칼리파제 부활회의」)을 참조할 것.

단al-Ikhwān al-Muslimīn이다.

따라서 현대 이슬람 원리주의의 이념과 조직의 진원지는 이집트 무슬림 형제단이라고 말할 수 있다. 이 조직은 오늘날까지 약 75년 동안 반복된 정치적 탄압과 내부 분쟁에도 불구하고 모든 아랍 국가와 이슬람국가들에 정신적·정치적 영향을 끼치면서 여전히 생명력을 유지하고 있고, 여러 이슬람국가에 지부 또는 같은 이름의 단체가 형성되어 있다. 이 장의 목적은 이슬람 부흥운동과 원리주의를 이집트 원리주의 운동을 통해 고찰하려는 데 있다. 먼저 이슬람 근대 개혁주의 운동의 등장과 이 운동을 주도한 주요 인물들의 사상과 주장을 개괄한 후, 무슬림 형제단의 활동을 나세르 통치시대와 사다트 통치시대로 나누어 살펴볼 것이다. 실제로 무슬림 형제단의 기원과 발전에 대한 지식 없이는 현대 순니 무슬림세계의 이슬람 원리주의를 정확히 이해할 수 없다. 과격한 무장테러행위로 최근 물의를 빚고 있는 급진 무슬림 무장조직들은 사회적 다원성, 호전적 성향, 이념적 갈등과 이견, 종교적 배타성 때문에 일찍부터 여러 분파로 갈라졌다. 또 각 분파는 계속 새로운 세포조직을 만들고 있으며, 각 세포조직은 자파의 대의와 명분만을 위해 투쟁하고 있다. 여기서는 그 원류가 되는 가장 대표적인 이집트 급진 무슬림 원리주의 조직의 투쟁 역사와 호전적 활동을 소개하여 이들의 기본이념과 활동상을 파악하려 한다. 이 장의 또 다른 목적 중의 하나는 이슬람 부흥운동이라는 큰 틀 안에서 이슬람 개혁주의 운동과 원리주의 운동 양자의 상관관계를 이해하고, 나아가 이슬람 원리주의자와 과격 급진 무슬림 원리주의자(극단주의자)를 구별할 수 있는 시각을 제공하는 데 있다. 이슬람 근대주의자들의 사상과 주장 속에서 이슬람 개혁정신과 부흥주의의 구체적인 의미를 찾아볼 수 있고, 세속 정권과의 대립과 갈등 구조 아래서 정치투쟁 또는 공조관계를 만들어가는 무슬림 형제단의 정치활동을 보면 이슬람 원리주의와 부흥운동의 실체를 이해할 수 있을 것이다.

2. 근대주의와 세속적 민족주의

(1) 개혁사상과 근대주의

20세기 초 대부분의 무슬림 선각자들이 서구 통치와 문물에 대해 불안한 시각을 가지고 있었듯이 그 이전의 근대 무슬림 개혁주의자들도 서구에 대해 동경과 혐오 감정을 동시에 가지고 있었다. 그러면서도 근대 이슬람사회의 대표적 개혁주의자들인 자말 앗 딘 알 아프가니와 이집트의 무함마드 압두, 모로코의 알랄 알 파시Allal al-Fasi, 튀니지의 압드 알 아지즈 알 사알라비Abd al-Azīz al-Tha'labi, 알제리의 압드 알 하미드 이븐 바디스Abd al-Ḥamīd Ibn Bādis, 그리고 인도의 싸이드 아흐마드 칸Sayyid Aḥmad Khān과 무함마드 이끄발Muḥammad Iqbal 등은 이슬람과 현대 과학, 그리고 서구 사상 사이의 조화를 강조하였다. 이들은 이슬람과 현대 서구 사상의 선별적인 융화의 가능성과 필요성을 설파하였다. 아울러 이들은 과거 전통과 관습에 대한 무조건적인 모방taqlīd을 비난했으며, 현대적 상황에 의거한 이슬람의 재해석ijtihād을 강조하였고, 무기력해진 무슬림 공동체를 부활시키고 교육적 · 법적 · 사회적 개혁을 추진하는 데 필요한 이슬람적 근거들을 제시하는 작업에 헌신하였다. 이들은 원시적인 과거를 일방적으로 선호하지 않았으며, 대신에 서구의 정치적 · 과학적 · 문화적인 도전에 대응하기 위해 이슬람의 과거 유산을 활용하고 재구성하는 작업을 추진하였던 것이다. 그 결과 이슬람 근대주의는 서구의 과학적 · 기술적 · 정치적

이론과 제도를 수용하는 데 필요한 이슬람적 근거를 제공할 수 있었다. 이들 근대 개혁주의자들은 무슬림 공동체의 르네상스만이 무슬림의 권위를 회복하고 서구 식민주의의 속박으로부터 민족적 해방과 독립을 쟁취하는 선결과제임을 깨닫고 있었다. 이들은 무슬림들이 힘과 단합의 근원인 이슬람에 의지해야 하지만, 외국의 통치를 종식시키고 주체성과 자치권을 회복하기 위해서는 서구의 힘과 선진과학도 배워야 한다고 믿었다.

이슬람 근대 개혁주의에서 가장 중요한 인물은 자말 앗 딘 알 아프가니(1839~1897년)이다. 아프가니스탄에서 태어나 영국령 인도에서 수학했던 그는 무슬림들에게 무기력에서 벗어나 신이 부여한 소임을 다할 것을 설파하며 인도에서 이집트, 터키까지 무슬림세계 전역을 돌아다녔다. 교육자 겸 정치적 행동주의자로서 그는 이집트에서 제자들을 길러냈고, 이란에서는 샤의 고문으로 활동하였으며, 유럽을 여행하면서 범이슬람주의 운동의 메시지를 전파하였다.[6] 그는 유럽 침략의 위험성과 이에 대항하기 위한 민족적 단합의 필요성, 이슬람을 믿는 무슬림세계의 광범위한 단결의 필요성, 통치자의 권한을 제한하기 위한 헌법 제정의 필요성 등을 강조하였다.[7] 반식민주의, 아랍의 단결, 범이슬람주의(무슬림의 단결) 그리고 헌법주의는 그가 제시한 중요한 개혁적 유산들이다.

알 아프가니와 그의 제자들은 1882년 이집트에 대한 영국의 영향력 행사에 대항한 오라비 'Urabī 민족주의 혁명에 개입하였다. 그 후 알 아프가니는 오스만 터키의 술탄 압둘 하미드가 그를 이스탄불로 초청하자 그의

---

6 그의 활동에 대한 상세한 것은 'Abdul al-Bāsiṭ Muḥammad Ḥasan, *Jamāl ad-Dīn al-Afghānī fī al-'Āllam al-Islāmī al-Ḥadīth*, al-Qāhira: Matkabah Wahba, 1982, pp.22~28 참조.

7 Albert Hourani, *Arabic Thought in The Liberal Age, 1789~1939*, London: Oxford University Press, 1970, pp.120~121.

범이슬람주의 운동을 오스만 칼리파제 아래에서 꽃 피울 기회를 맞았다. 그러나 1896년 이란의 나씨르 앗 딘 샤Nāṣir ad-Dīn Shāh가 알 아프가니의 추종자에게 피살되자 그는 모든 활동에 제약을 받고 이스탄불에서 사실상 가택연금 상태에 놓이게 되었다.[8]

알 아프가니는 무슬림세계의 정치적 쇠퇴와 정체가 전제적 통치자들과 종교기관의 타락에서 비롯되는 것이라고 비난하였다. 울라마와 이들의 이슬람에 대한 틀에 박힌 해석을 비난하고 부흥과 변화를 주장하였다. 유럽의 도전과 팽창주의에 대응하기 위해 구체화된 알 아프가니의 개혁은 '청교도적 이슬람'으로 불렸다. 실제로 알 아프가니는 이슬람세계에도 기독교의 마르틴 루터와 같은 종교개혁가가 필요하다고 믿었다. 알 아프가니는 이슬람의 과거 문화를 바탕으로 이성과 철학 그리고 과학의 이슬람 기원설을 주장했으며, 이러한 분야들의 발전이 결코 서구만의 독자적 영역이 아님을 주장하였다. 또 이슬람은 찬란한 문명과 거대한 이슬람제국을 이룩했던 무슬림 공동체의 사회적 결속력을 갖고 있으므로 이를 바탕으로 그는 반식민주의 운동을 이끌려 했고, 이러한 무슬림의 대동단결이야말로 정치적 · 문화적 독립을 쟁취하기 위한 선결요건임을 강조했다.[9]

알 아프가니는 지금까지 서구에 정치적 · 문화적으로 종속된 이슬람 공동체의 부활이 서구에 대한 거부나 멸시를 통해서는 이루어질 수 없고 오히려 적극적인 대결과 화합을 통해 이루어진다고 보았다. 그에게 있어서 서구는 문제인 동시에 해답이었다. 한편으로 유럽은 무슬림 공동체의 주체성과 자치권을 빼앗고 억압하였지만, 다른 한편으로 유럽은 이슬람 공동체가 내부적으로나 외부적으로 궁극적인 발전을 위해 배우고 참고해야

8 손주영, 앞의 책, 488~489쪽 참조.
9 Hourani, 앞의 책, p.122.

할 고려의 대상이었다. 이에 따라 알 아프가니는 과학과 기술뿐만 아니라 헌법주의, 의회제도 같은 서구 정치사상과 제도를 무슬림 공동체에 적용시키려 했다. 이와 같은 진보적 개혁사상을 통해 그는 무슬림의 단결력을 고취시켰으며, 이는 서구로부터 독립하고 무슬림의 문화유산을 지키기 위해 그가 추진한 범이슬람주의 운동의 핵심이 되었다.

알 아프가니가 정치적 행동주의자였다면, 그의 제자인 무함마드 압두(1849~1905년)는 이성적 실천주의자로, 이슬람 근대주의를 지적 · 사회적 개혁 차원에서 또 한 단계 발전시킨 인물이었다. 압두의 살라피야salafiya 개혁주의 운동은 근대주의자의 개혁운동을 예언자의 관례를 추종했던 초기 무슬림 공동체 원로들salafiyūn의 운동과 동일시함으로써 종교적 합법성을 확보하였다. 압두는 알 아즈하르가 낳은 뛰어난 종교학자 중 한 사람으로, 근대 이슬람 개혁주의 운동의 선봉이 되었다. 알 아프가니의 초기 제자들 중 가장 열성적이었던 그는 알 아프가니의 사회 · 정치 개혁활동에 공동 참여했고, 프랑스에서는 비밀조직을 결성하여 반식민주의와 이슬람 개혁을 추진하기 위한 범이슬람주의 사상을 전파하고, 이를 위해 신문도 발행하였다.[10]

압두는 지적 · 종교적 · 교육적 · 사회적 변화와 개혁에 치중하였다. 그의 글은 『꾸란』 해설과 신학을 주제로 한 것들이었다. 그는 이성과 계시의 양립을 설교했으며, 전통에 대한 맹목적 추종taqlīd을 비난하고, 현대 생활의 요구에 부응할 수 있는 이슬람의 재해석, 즉 이즈티하드Ijtihād의 필요성과 합법성을 주장하였다. 압두는 울라마층의 개혁에 심혈을 기울이고, 특히 알 아즈하르 대학의 교과 과목과 종교재판소의 개혁에 헌신하였다. 그

---

10 알 우르와 알 우스까 'Urwa al-Uthqa 비밀조직과 신문에 대해서는 'Abdul al-Bāsiṭ, 앞의 책, pp.46~49 참조.

는 신에 대한 숭배행위와 믿음에 관련된 율법인 샤리아의 불변성을 강조하면서도 무슬림들의 사회생활과 이에 관련된 법 적용이 상황에 따라 변화되어야 한다고 주장하였다. 이집트의 무프티로서 압두의 공식적 법 견해는 유럽식 복장의 허용에서부터 은행 이자와 결혼 그리고 이혼에 이르기까지 광범위한 개혁조치들을 포함하는 것이었다.

무함마드 압두는 무슬림 여성의 지위를 향상시키기 위한 법적 · 교육적 개혁에서도 괄목할 만한 업적을 남겼다. 일부다처제를 비난하고 이것이 무슬림 가정에 미치는 부정적 영향을 지적하면서 압두는 이 제도가 예언자 시대 때 메디나 움마Ummah 내의 어려워진 사회적 상황을 극복하기 위한 한 방편으로 용인되었다고 주장했다. 앞장에서도 보았듯이 압두는 『꾸란』의 결혼관이 실제로 일부일처제였다(『꾸란』 4 : 3, 4 : 129에 근거)는 근대주의적 해석을 내놓았다. 왜냐하면 『꾸란』의 일부다처제는 동등한 정의와 공평의 원칙을 실행할 능력이 있는 경우에만 허용되었는데, 오늘날 실생활에서 이러한 원칙을 준수하는 것은 거의 불가능한 일이기 때문이다. 압두의 『꾸란』 해석방식은 대부분의 이슬람 개혁론자들에게 채택되었으며, 일부다처제를 규제하고 무슬림 가족법을 개혁하려는 여러 정부에 법이론적 근거를 제시해주었다.[11]

이슬람 근대주의 노선에서 여성 해방론을 한 차원 더 발전시킨 인물은 압두의 동료이자 법관인 까심 아민Qāsim Amīn(1863～1908년)이었다. 그는 논란을 불러일으켰던 두 권의 저서(『여성의 해방』, 『신여성』)에서 무슬림 여성이 비이슬람적으로 탄압을 받고 가정과 사회에서 타락의 주요 요인으로 간주되는 사실에 크게 이의를 제기하였다. 아민은 여성의 해방을 민족주의적 대의명분과 연계시켰다. 그는 여성에 대한 불평등과 구속이 민족적

11 Hourani, 앞의 책, pp.123～124.

발전을 저해하고 지체시키는 한 요인이라고 주장했다. 그는 무슬림사회에서의 성차별은 있을 수 없는 일이라고 비난하고 성의 동등성을 주장했다. 여성의 베일과 사회적 격리를 비이슬람적이라고 비난하고, 개인의 의지와는 상관없이 강요된 결혼의 병폐와 남성에게만 자유롭게 허용되는 이혼선언의 권리 등에 대해서도 강력하게 비난하였다. 아민은 보수주의 울라마들과 민족주의자들로부터 서구의 원숭이라는 비난과 공격을 받았지만, 다음 세대에서 등장하는 후다 샤아라위Hudā Sha'arawī 같은 이집트 여성 해방론자들에게 큰 영향을 끼쳤다.[12]

아랍 민족주의 운동이 한층 더 세속주의적인 경향을 띠게 되었을 때, 근대주의 이슬람 개혁운동을 대표한 다음 세대의 인물은 인도의 무함마드 이끄발(1875~1938년)과 이집트의 따하 후세인Ṭaha Ḥusayn(1889~1973년)이었다. 이 두 사람은 이슬람 개혁과 변화에 대한 주제에서 두 가지 큰 흐름을 대변한다. 그 하나는 이슬람 부흥운동의 맥을 잇는 이슬람 근대 개혁주의이고, 다른 하나는 세속적 민족주의이다. 이끄발은 전통적인 이슬람 교육을 서구의 학문과 결합시켰다. 그는 영국에서 법학을 공부했으며, 독일에서 철학박사 학위를 취득하였다. 그는 변호사라는 직업을 가지고 있었지만 남부아시아에서는 위대한 시인 겸 철학자로 더 명성을 얻었다. 그는 이슬람에 대한 재해석과 동서양의 지식의 합성을 위해 이슬람 유산과 서구의 철학을 결합시키는 데 주력하였다. 이끄발의 개혁주의적 사상과 서구사상에 대한 개방은 그의 저서 『이슬람에서 종교사상의 재건*The Reconstruction of Religious Thought in Islam*』에 잘 기술되어 있다.[13]

12 같은 책, p.125.

13 Muḥammad Iqbāl, *The Reconstruction of Religious Thought in Islam*, Lahore: Muḥammad Ashraf, 1968, p.8.

알 아프가니와 마찬가지로 이끄발은 기독교식의 이슬람 개혁과 그 필요성을 주장하기도 하였다.[14] 그러나 그는 특히 서구의 제국주의와 식민주의에 대해서는 신랄한 비난을 퍼부었다. 이슬람을 '성전聖戰의 종교'로 풍자한 서구 학자들에 대항하여 이끄발은 아흐마드 칸처럼 이슬람을 '평화의 종교'로 묘사하고 항변하였다.[15] 또한 이끄발은 알 아프가니와 마찬가지로 정치적 독립과 이슬람 공동체의 부흥과 부활을 강력히 주장하였다. 그는 민주주의와 의회주의 같은 서구적 개념의 사상과 제도를 이슬람식으로 전환시키기 위해 이와 관련된 이슬람의 원리원칙과 가치의 재발견을 시도하였다.

이끄발은 원래의 민족주의 개념이 탈민족적이어야 하는 이슬람의 보편적 개념이나 범이슬람주의 정신에 배치된다는 것을 잘 알고 있었지만, 그럼에도 불구하고 민족주의의 실질적 유용성과 필요성을 인정하였다. 그는 무슬림들이 우선 서구로부터 독립을 쟁취해야 하고, 지역적 · 지방적 공동체라도 재건해야만 한다고 생각하였다. 그래서 싸이드 아흐마드 칸의 충성주의와는 대조적으로, 이끄발은 영국으로부터의 독립과 인도대륙에서의 무슬림 민족주의를 부르짖었던 것이다. 처음에 이끄발은 인도의 민족주의자였지만, 힌두교가 지배하고 있는 국가에서 소수 무슬림들의 주권과 복지를 쟁취하는 것이 얼마나 어려운 일인가를 깨닫게 된 그는 통일 인도의 꿈을 버리고 무슬림 연맹에 가담했으며, 결국 독립된 무슬림 국가(파키스탄)의 설립을 주장하게 된 것이다.

이끄발의 개혁주의와는 달리, 무함마드 압두의 제자였던 따하 후세인은

14 같은 책, p.163.

15 Muḥammad Iqbāl, "Islam as a Social and Political Ideal," S. A. Vahid, ed., *Thoughts and Reflections of Iqbal*, Lahore: Muḥammad As͟hraf, 1964, p.35.

이집트의 젊은 신세대에게 서구의 세속주의를 모델로 제시하였다. 그의 생애와 교육은 이집트 사회의 분열된 주체의식과 교육의 양립화 현상을 대변해주었다. 비록 그는 어려서부터 눈이 멀었지만 시골 종교학교에서 『꾸란』을 공부하였으며, 카이로에서는 이슬람 교육의 중심지인 알 아즈하르 대학과 새로운 현대식 민족대학인 이집트 대학(현 카이로 대학)에서 수학하였다. 그리고 그는 프랑스에서 4년간(1915~1919년) 유학하여 소르본 Sorbonne 대학에서 박사학위를 취득하였다. 그 후 후세인은 세계적으로 유명한 작가 겸 교육자가 되었으며, 교육부 장관(1950~1952년)을 역임하기도 했다.

따하 후세인은 이집트에서 정치와 지적 생활의 주도적인 역할을 담당해 온 압두의 제자 그룹의 대표적 인물 중 한 사람인데, 그 중에서도 그는 이집트 사회가 당면한 현대적 욕구는 정치와 종교의 분리를 통해서만 해결이 가능하다고 믿은 적극적인 서양문물의 추종자였다. 20세기 초, 무슬림들이 직면했던 문화적 혼돈기에 새로 등장하는 무슬림 엘리트들의 서구적 경향을 대변했던 그의 대표적 작품은 『이집트에서의 문화의 미래*Future of Culture in Egypt*』였다. 그는 이집트의 미래가 이슬람 과거 전통으로의 회귀나 이슬람 근대주의 방식이 아니라 서구식 자유주의와 세속주의 개혁을 통해 발전적으로 열릴 수 있다고 믿었다.

따하 후세인 역시 서구로부터의 정치적 독립을 위해 투쟁했지만, 그러나 그는 이집트의 근본과 이슬람의 근본은 서구와 필연적으로 뒤엉켜 있다는 사실을 강조하고 싶어했다. 실제로 그는 이집트가 동양에 속하는 것이 아니라 서구에 속한다고 주장했다. 이에 대한 근거로 그는 종교적 · 지리적 기원의 공통성—유일신 사상과 지중해—을 제시하였다. 후세인은 이슬람의 근본과 근원이 기독교의 근본과 근원과 동일하며, 지중해 주변에서 성장하거나 지중해의 영향을 받은 사람들은 어떤 지적 · 문화적 차이점도 가지고 있지 않다고 주장하였다.[16] 또한 후세인은 세속주의, 즉 탈종교주의가 이집트의 오랜 전통의 한 부분이었다고 말했다.[17]

무슬림 근대 개혁주의자들은 서구식 개혁을 추진하기 위해 이슬람 원리에 기초한 여러 논리적 근거를 제시하였다. 이들은 종교 지도자들 중 상당수를 차지하고 있는 전통주의 울라마들을 끌어들이고, 또 지나친세속주의자들의 무비판적 서구 동화주의 경향에 대처하는 여러 의견을 개진하였다. 이러한 이슬람 근대 개혁주의 사상과 가치는 개혁주의자들의 저술, 출판, 교육을 통해서, 그리고 교육 및 사회기관의 설립을 통해서 현대 무슬림 담론의 일부분이 되었고, 시간이 지나면서 현대 무슬림사상의 주류를 형성하게 되었다. 알 아프가니와 압두의 사상은 아랍 국가들뿐만 아니라 북아프리카 지역과 인도네시아에까지 영향을 끼쳤다. 아흐마드 칸과 이끄발의 사상은 남아시아 지역의 중요한 지적 · 문화적 힘이 되었다. 그러나 이슬람 근대 개혁주의 지도자들은 자신들의 사상을 체계적으로 발전시키고 실행할 조직을 결성하지는 못하였다. 이러한 현상은 이들의 제자들이 보다 세속적인 경향으로 방향을 선회한 때문이었다. 따하 후세인은 이러한 추세의 대표적 인물이었다. 또한 이집트의 대표적인 민족주의자였던 사아드 자글룰Sa'ad Zaghlūl도 마찬가지였다.

이슬람 근대 개혁주의 운동은 원래 지적 운동으로 출발하였다. 비록 이 운동이 통일되거나 지속적인 조직으로 발전되지는 못했지만, 무슬림 공동체의 발전과 서구에 대한 무슬림들이 과거의 영광과 힘을 인지할 수 있는

16 Taha Husayin, "The Future of Culture in Islam," J. J. Donohue and J. L. Esposito, eds., *Islam in Transition*, New York: Oxford University Press, 1982, pp.74~75.

17 같은 책, p.74.

자존의식을 불러일으켰으며, 이슬람을 새로운 현대적 이념으로 재해석하고, 이슬람과 현대 서구식 사회정치적 개혁이 양립할 수 있는 가능성을 대변해주었다. 대부분의 개혁주의자들은 서구의 사상과 기술을 채택하는 것과 서구의 제국주의와 식민주의를 반대하는 것을 엄격히 구분하였다. 실제로 이들은 반식민주의와 무슬림의 단결을 위한 운동에 참여했으며, 무슬림 국가의 자치권과 독립쟁취 운동을 적극 지원하였다.

(2) 세속적 민족주의와 이슬람

두 차례의 세계대전을 겪는 동안 아랍 · 이슬람 세계에는 두 가지 중요한 문제가 현안으로 대두되었다. 하나는 민족적 정체성(민족주의)에 관한 문제이고, 다른 하나는 독립을 쟁취하는 문제였다. 앞에서 보았듯이 아이러니컬하게도 무슬림 개혁주의자와 세속주의자들은 서구를 긍정적이며 동시에 부정적인 존재로 간주했다. 한편으로 민족주의가 서구 제국주의와 식민지 지배에 대항한 반발이지만, 다른 한편으로 민족주의는 1세기에 걸친 서구화 개혁의 산물이기도 했다. 민족주의와 독립운동을 이끈 대부분의 무슬림 지도자들은 서구에서 훈련을 받았고, 프랑스 혁명의 자유 민주주의 사상(자유, 평등, 우애)의 영향을 받았다. 좀더 정확히 말하면, 이들은 민주주의, 입헌주의 정부, 의회제도, 개인의 권리, 민족주의 등 현대의 서구 정치제도와 사상, 가치관의 영향을 받았던 것이다. 이슬람이라는 공통된 신앙을 바탕으로 범민족적 이슬람 공동체 안에서 정치적 충성과 결속을 이룩하는 것을 이상으로 간주했던 전통적 이슬람 사상과는 달리, 현대 민족주의는 종교에 기초하기보다는 공통 언어, 영토, 인종적 결속, 역사에 기초하는 민족적 공동체의 개념을 강조하였다.

이슬람은 반식민주의 독립운동과 현대 민족주의 운동의 발전에 중요한 역할을 수행하였다. 이슬람은 아라비아 반도, 이집트, 알제리, 튀니지, 모로코, 이란, 파키스탄, 말레이시아, 인도네시아 등 다양한 국가 또는 지역 민족주의의 발전에서 가장 중요한 요인이었다. 그러나 이슬람이 유일한 요인은 아니었다. 이슬람에 대한 호소력은 지역에 따라 다양한 형태로 나타났다. 어떤 지역에서는 이슬람이 민족주의의 가장 중요한 요소였던 반면, 다른 지역에서는 그렇지 못하였다. 무슬림세계의 여러 지역에서 이슬람 개혁주의 운동(근대주의 운동)과 민족주의 운동은 세력을 결집시키기 위해 서로 결속하였다. 이슬람 개혁주의 운동의 주요 주장은 민족주의자들의 관심과 부합하였다. 여기에는 무슬림 정체성의 준수, 정치적 · 문화적 동화 위협에 대항한 이슬람 공동체의 부활, 자치권과 독립을 쟁취하기 위한 무슬림의 단결과 결속 등이 있었다. 북아프리카와 이란 그리고 남아시아에서 이슬람은 공통의 주체의식, 종교적 충성, 이념, 지도력을 북돋웠으며, 그리고 모스크 중심의 조직과 통신망을 제공해주었다. 이슬람이 위기에 처했을 때 이슬람을 방어하기 위한 전통적 구호였던 "알라후 아크바르 Allāhu Akbar(알라는 위대하시다)"는 무슬림들의 공통 구호가 되었다.

서구의 식민 제국주의로부터 독립을 쟁취하기 위한 아랍인들의 투쟁에서 민족주의는 제1차 세계대전 이후까지도 그렇게 효율적인 수단이 되지 못했다. 서구 제국주의의 지속적인 위협과 이에 대한 무슬림들의 저항운동에는 두 가지 중요한 역사적 사실이 개입되어 있다. 그 하나는 오스만 터키가 제1차 세계대전 때 독일과 동맹한 것이고, 다른 하나는 종전 후 연합국이 1920년 이후 오스만 터키 제국을 해체하고 이를 다수의 새로운 현대식 국가체제로 분할한 것이었다. 영국과 프랑스 사이에 체결된 세브르 Sevres 조약을 근거로, 팔레스타인(현재의 요르단 포함)과 이라크 지역은 영국이, 시리아(현재의 레바논 포함) 지역은 프랑스가 위임통치하게 되었고,

히자즈(현 사우디아라비아 남부) 지역만이 독립지역으로 남게 되었다. 이로써 서구의 제국주의에 대항한 투쟁에서 문화적 · 역사적 정체성은 분산되었으며, 종교적 정체성인 이슬람만이 민족주의 독립운동의 중요한 변수로 남게 되었다.

아랍 민족주의자들과 이슬람 지역의 민족주의자들은 이슬람적 유산의 중요성을 인정하였지만, 이때까지만 해도 이슬람은 공통의 언어와 역사, 전통, 영토 등 민족주의의 세속적인 요인들에 종속되어 있었을 뿐이었다. 예를 들면, 이집트에서는 알 아프가니와 무함마드 압두의 제자인 따하 후세인과 사아드 자글룰이 좀더 세속적인 이집트식 민족주의를 추구했다. 그러나 알 아프가니와 압두의 제자들에 의한 이러한 세속주의적 경향은 무함마드 압두의 개혁주의를 행동주의로 실행한 라쉬드 리다Rashīd Riḍā(1935년)의 도전에 직면하였다.

제1차 세계대전 이후의 정치적 현실 때문에 리다는 좀더 보수적인 반서구적 입장을 취하게 되었다. 그는 탈민족적 · 범민족적 이슬람 사상과 무슬림의 정체성 확립을 주장하였다. 그는 현대 무슬림 국가들을 광범위한 이슬람 공동체의 일원으로 종속시키려 하였다. 이집트 근대주의자들, 특히 알 아프가니와 압두의 제자들의 세속주의적 노선에 반대했던 리다는 사우디아라비아의 자발적인 이슬람국가 선언에 점차 매력을 느끼기 시작했으며, 지금까지 비난했던 보수주의적 종교 지도자들과의 제휴와 연대도 모색하였다. 이로 인해 리다의 후반부 인생은 무슬림사회의 세속화와 서구화에 반발하는 주장과 행동으로 점철되었다. 그는 세속화와 서구화를 현대 서구 이성주의가 낳은 산물로 간주하였다. 그는 이슬람 근대 개혁주의의 개방과 서구화 정책으로부터 이슬람의 정체성과 포괄성과 완벽성을 인정하는 것과 서구의 위협에 대해 비판주의와 행동주의로 대처해가는 쪽으로 방향을 선회하였다. 그가 서구에 대해 공격적이고 논쟁적인 입장을 취한 것은 이슬람 근대 개혁주의의 패배와 행동주의 이슬람 조직의 등장을 예고한 것이었다. 이슬람 근대 개혁주의는 서구에 대한 반발과 문화적 동화 사이에서 굳건한 지지기반을 확보하는 데 실패하였다. 그 결과 이슬람 세계에는 더욱 반서구적인 이념과 노선이 등장했으며, 이는 자체적으로 이슬람 이념을 공급할 수 있는 행동주의 이슬람 단체들—이집트의 무슬림 형제단al-Ikhwān al-Muslimūn과 파키스탄의 자마아티 이슬라미 Jama'at-i Islāmi(이슬람사회) 등—이 등장함으로써 실현되었다. 그리고 이것은 통칭 현대 이슬람 원리주의로 불리게 된다.

무슬림 형제단과 자마아티 이슬라미는 모두 이슬람의 이념적 자급자족을 강조했으며, 서구의 이념을 비판하였고, 서구와 이슬람의 융화와 화해도 반대하였다. 이슬람 근대주의는 서구의 성공을 모방하고 이로부터 교훈을 얻고자 한 반면, 무슬림 형제단과 자마아티 이슬라미는 서구 자본주의와 동구 마르크스주의의 실패를 강조하였다. 이들은 무슬림사회의 서구화와 세속화를 비난했으며, 민족주의의 분열 조장, 자본주의의 과도함 그리고 마르크스주의의 무신론과 물질주의를 비난하였다. 이들 무슬림들은 외국의 모델과 체제에 대한 대체수단이자 방어수단으로서 제3의 방식인 원리주의 이슬람을 채택하였다.

나세르의 아랍 민족주의가 원래 세속주의적인 경향을 띠고 있었다고는 하지만, 아랍 민족의 정체성과 역사에 내재되어 있던 이슬람적 요소는 결코 간과될 수 없는 것이었다. 아랍 민족주의는 이슬람과 언어적 · 역사적 · 종교적 동질성과 유사성을 가지고 있었다. 아랍어는 이슬람에서 계시의 언어요 예배 때의 공식 언어였다. 아랍과 이슬람 역사는 초기의 팽창사와 정복사 그리고 문화적 업적 등에서 서로 뒤엉켜 있었다. 이슬람 문화와 정치의 초기 중심지는 모두 아랍세계에 위치하고 있다. 더욱이 아랍 민족주의와 무슬림 형제단의 이슬람 부흥주의는 반제국주의, 아랍의 단결과 결속 그리고 팔레스타인 해방이라는 공통의 관심사를 가지고 있었다. 무슬림 형제단은 초기에 나세르와 자유장교단을 지지했지만, 나세르에게 이슬람 정부를 수립할 의향이 없다는 점을 감지한 후 반대 입장으로 선회하였다.

국내에서 나세르는 이슬람을 이용한 정권반대운동을 허용하지 않았다. 반면에 이집트 무슬림들 일각에서는 그가 아랍 사회주의를 합법화하고 대중적 인기를 확산시키기 위해 이슬람을 악용했다고 비난하였다. 무슬림 단체들의 반대에 대처하고, 또한 사우디아라비아의 점증되는 범민족적 이슬람 지도력에 대항하기 위해 나세르는 그의 대외정책에 이슬람을 조심스럽게 활용하였다. 사우디아라비아는 나세르의 공격적이고 팽창주의적인 범아랍 민족주의에 적극적으로 대처하였다. 사우디아라비아는 아랍 사회주의자들이 보수적인 아랍 군주들의 봉건주의를 공공연하게 비난하고 봉건체제의 전복을 지원했으므로 위협을 받고 있었다. 사우디아라비아는 아랍 민족주의의 위협을 범이슬람주의 이념으로 대응하였다. 아울러 사우디아라비아는 나세르 사상이 더 이상 이슬람적 사회주의가 아니라고 비난하였다. 사우디아라비아는 메카와 메디나 두 성도에 대한 수호자이자 순례객들의 보호자라는 이슬람적 책무를 주장하면서, 자신들을 이슬람의 진정한 후원자로 승화시키고, 무슬림들의 단결과 결속을 진작시키고 고무시키기 위해 석유자원의 수입을 적극 활용하였다. 이들은 이슬람 국제기구인 세계무슬림연맹al-Rābiṭa al-Alāmiyya al-Islāmiyya(1966년)과 이슬람회의기구Organization of the Islamic Conference(1969년)의 창설을 주도했으며, 이를 통해 이슬람 발전을 위한 지원(마스지드 건설, 학교 건설, 병원 건설, 종교서적

의 인쇄와 배포 등)활동을 하고, 다른 무슬림 국가들과의 협력과 지원을 확대해갔다.[18]

이에 맞서 나세르는 아랍 사회주의 이념과 정책에 대한 민중의 지지를 확보하고, 이를 합법화하기 위해 종교기관과 울라마 그리고 여러 단체를 활용하였다. 이집트 정부는 종교단체를 선별하여 통제하기 시작하였다. 그 일환으로 이슬람 교육과 종교적 권위의 상징인 알 아즈하르 대학을 국유화했으며, 많은 마스지드와 종교 지도자들의 봉급과 기금을 통제하였다. 나세르는 아랍 사회주의와 종교기관의 국유화 조치에 대한 합법성을 얻기 위해 알 아즈하르 대학과 울라마들을 활용하고 회유하였다. 그는 이슬람을 아랍 사회주의 이념과 그 원리원칙인 반제국주의, 사회 정의 그리고 평등의 개념과 동일시하였다.[19]

그러나 본질적으로 나세르의 아랍 민족주의는 바아스 민족주의와 마찬가지로 원래의 세속적인 경향을 유지하였을 뿐이다. 이러한 사실은 1967년 아랍-이스라엘 전쟁을 통해 더욱 분명해진다. 그는 아랍 민족주의와 사회주의의 기치와 구호로 이 전쟁을 수행하였다. 그러나 아랍 군대의 처참한 패배는 아랍 민족주의의 이념을 뿌리째 뒤흔들어 놓았으며, 아랍과 무슬림들의 이스라엘과 특히 미국의 신제국주의에 대한 반감을 더욱 자극시키는 계기가 되었다. 1967년 전쟁은 아랍 민족주의의 쇠퇴와 이슬람 부활의 중요한 기점이자 촉매제가 된 것이다.

---

18 Donohue and Esposito, 앞의 책, p.74.

19 Alī E. Hillāl Dessouki, "The Limits of Instrumentalism: Islam in Egypt's Foreign Policy," Adeed Dawisha, ed., *Islam in Foreign Policy*, Cambridge: Cambridge University Press, 1984, p.87.

3. 무슬림 형제단의 원리주의 운동

(1) 무슬림 형제단의 창설

제1차 세계대전이 끝날 무렵 이집트인들은 영국이 이집트를 독립시켜 줄 것으로 믿었다. 1918년 11월 세속적 민족주의자인 사아드 자글룰은 파리평화회담에 와프드Wafd 대표단을 파견하여 이집트의 독립을 위한 탄원서를 제출하였다. 1919년 영국은 자글룰과 다른 두 명의 민족주의 지도자를 체포하여 이들을 몰타로 추방한다. 자글룰의 추방은 1919년 혁명을 불러일으켰으며, 데모, 파업, 폭동의 극심한 소요사태가 계속되었다. 여기에는 무슬림들뿐만 아니라 콥트교도들도 참여하였다. 이 일련의 민족주의 봉기로 영국은 1922년 드디어 이집트의 명목상 독립을 인정하였다. 그러나 실제 통치권력은 여전히 영국의 손아귀에 있었다.

1919년 소요에 참여했던 학생들 중에는 무슬림 형제단의 창설자인 하산 알 반나Ḥasan al-Banna(1906~1949년)도 있었다. 그는 격동기에 살면서 급변하는 이슬람사회의 세속화를 목도하였다. 터키의 무쓰따파 캐말 아타투르크Muṣṭafa Kemal Ataturk와 세속적 민족주의자들은 1924년, 이슬람 칼리파제를 폐지하였고, 자유주의 서구사상이 이슬람 세계 곳곳에 파고들어 지식인층에 비이슬람적 신사고를 고취시키며 이슬람 전통을 위협하였다. 칼리파제 폐기선언의 여파로 무슬림세계는 서구 사상과 제도 앞에서 위기의식을 느꼈다. 이집트 종교계의 울라마들은 칼리파제 복원을 위한 이슬람 부흥운동에 앞장 섰지만 정치인들 사이에는 세속주의 경향이 팽배해 있었을 뿐이었다. 1925년 알 아즈하르가 주동이 되어 카이로에서 개최된 이슬람 칼리파제 부활회의는 수포로 돌아가고 말았다. 알 반나는 이집트의 전통적인 이슬람적 사회여건에 서유럽식 자유 민주주의 정치 이론이나 제도, 관행은 적합하지 못한 것이라고 생각하고, 와하비야 운동에서와 같이 순수 이슬람으로의 복귀만이 이슬람사회의 정화와 발전을 보장해주는 길임을 확신하였다. 그는 도덕적이고 교훈적인 설교로 사람들을 모으고 이슬람의 부흥을 토론하였다. 그리고 계몽운동을 통해 이슬람사회와 이집트 정치의 개혁을 촉구할 대중적 장소의 필요성을 느낀 그는 1928년, 무슬림 형제단을 창설하였다. 그가 살았던 양차 세계대전 전후기前後期 동안 이집트는 사회적 · 경제적 · 정치적 · 이념적 갈등과 분쟁의 소용돌이 속에 있었다. 이러한 상황은 무슬림 형제단의 등장과 초기 활동에 적절한 환경과 토양을 제공하였다.

사실 19세기 후반의 이집트는 영국의 침략과 간섭으로 정치적 · 경제적 · 문화적 위기상황에 처해 있었다. 이러한 위기상황에 대처한 주요 반응은 다음 두 가지 큰 흐름으로 나누어볼 수 있다. 하나는 아흐마드 오라비Aḥmad 'Urabī의 혁명과 무쓰따파 카밀, 무함마드 파리드, 사아드 자글룰 등이 영국에 대항하여 전개했던 이집트 민족주의 운동이고, 다른 하나는 쉐이크 무함마드 압두와 그의 제자들이 진행했던 이슬람 개혁운동Salafiyya이다.[20] 상호 연관성이 깊은 이 두 운동은 세 주체세력들—이집트 군주인 케디브Khediv와 영국 그리고 민족주의 정치가들이 이끌던 와프드Wafd 당—이 주도권 다툼을 한창 하고 있을 때인 제1차 세계대전 때 특히 이집트에서 활발히 전개되었다. 그러나 지적이고 사회 · 정치적인 이 운동들은 영국의 속박과 서구의 타락한 문화적 · 경제적 영향력, 왕궁과 정치인들의 실정으로부터 이집트를 해방시키는 데 실패하였다. 더욱이 이집트의 핵심 지도부는 민족국가를 건설하고 사회적 · 경제적 발전을 이룩하기

---

20 R. Hrair Dekmejian, *Islam in Revolution*, New York: Syracuse University Press, 1985, p.80.

위한 어떤 이념적 골격을 세우거나 합성해낼 수 있는 능력이 부족하였다. 이러한 위기상황에서 알 반나가 이슬람 원리원칙으로의 회귀를 주창하고 나선 것이다. 앞선 아라비아에서의 와하비야 운동이나 수단의 마흐디야 운동과 마찬가지로 세속화한 사회의 부조리와 타락을 일소하고 이슬람을 부흥시키고자 일어선 것이었다. 그의 주장의 궁극적 목적은 바로 이슬람 원리원칙으로의 회귀와 부흥이었다. 다시 말해, 초기 이슬람 부흥운동을 직접 이어받은 것이었다.

그렇기 때문에 하산 알 반나는 20세기 이슬람 원리주의 운동의 새로운 주창자로 간주된다. 그는 복잡한 이슬람의 교리를 간명한 사회적 행동원리로 해석하여 대중적 지지를 얻어냈다. 비록 그의 원리주의 운동이 무함마드 압두나 라쉬드 리다의 살라피야 운동처럼 철학적 · 이념적 깊이를 지니고 있지는 않지만, 무엇보다도 대중적인 추종세력을 조직하고 규합하는데 성공하였다. 알 반나는 이슬람 공동체의 부활에만 전념하였기 때문에 이념적으로 복잡한 문제에는 거의 관심을 기울이지 않았다. 알 반나는 무슬림 형제단의 행동강령을 세우고 공표하면서 오직 『꾸란』과 하디스에만 의존하였다. 또한 이븐 한발(855년 사망), 이븐 하즘(1064년 사망), 안 나와위(1277년 사망), 이븐 타이미야(1328년 사망), 이븐 까씨르(1373년 사망), 이븐 압둘 와합(1792년 사망) 등 주로 이슬람 원리주의 주창자들이 정립한 사상과 행동을 교본으로 삼았다.[21] 초기 무슬림 형제단의 이념을 그는 다음과 같이 설명했다. "이슬람은 포괄적인 가르침을 지니고 있다. 그것은 종교이자 국가이고, 예배이자 지하드이며, 복종이자 통치이고, 책muṣḥaf이자 칼sayf이다.[22] 이슬람은 삶의 궁극적인 목표이자 방법이고 길이다. 따라서

---

21 Muḥammad Abū Zahra, *Ta'rīkh al-Madhāhib al-Islāmiyyah*, al-Qāhira, n.d., pp.353~392.

이슬람 공동체는 초기 이슬람의 가르침을 회복해야 한다." 1938년 무슬림 형제단 제5차 회의에서 하산 알 반나는 다음과 같이 선언했다. "우리는 원래의 근원들(『꾸란』과 순나)로부터 이슬람 법과 규율을 채택해야 하고 예언자의 교우들이 믿고 이해했던 방식으로 이슬람을 믿고 이해해야 한다."[23] 그는 또한 칼리파제도가 복원되어 이슬람공동체에서 시행되어야 한다고 말했다. "무슬림 형제단은 칼리파제도를 무슬림의 단합과 통합의 상징으로 믿는다." 그리고 무슬림 형제단 창설의 대의를 간명하게 다음과 같이 표명했다. "이슬람 정부의 수립은 무슬림 형제단의 의무이다. 그리고 그것은 무슬림 형제단의 기본 목표이다."

이집트에서 알 반나의 등장은 사회적 · 정신적 구제의 메시지를 가지고 등장했던 베버Weber의 카리스마적인 등장과 비유되었다.[24] 이집트의 복잡한 정치 · 사회상황에서 무슬림 개개인이 겪는 역경은 개개인 스스로 헤쳐나가기 어려운 것이었다. 알 반나는 개인적 문제를 사회적 수준의 문제로 승화시켜 그 해결책을 제시하였다. 알 반나는 개인적 구제가 사회를 정도正道로 회복시키는 과정 속에서 구현된다고 주장했다. 그는 이슬람이 모든 시대와 장소에 적합하고 적용될 수 있는 이데올로기라고 굳게 믿었다.[25]

알 반나는 자말 앗 딘 알 아프가니(1897년 사망), 무함마드 압두(1905년 사망), 라쉬드 리다(1935년 사망) 등 살라피야 개혁론자들과 기본사상이 똑같았다. 울라마들의 이슬람 전통에 대한 무조건적인 맹종, 즉 타끌리드taqlīd에 반대하고, 현대 세계에서 이슬람이 직면한 다양한 문제에 적절히

---

22 Ḥasan al-Banna, *Mudhakarāt ad-Da'wa wa ad-Daiya*, al-Qāhira: Dār al-Shabāb, 1966, p.145.

23 같은 책, p.146.

24 Dekmejian, 앞의 책, p.81.

25 Zakariyya Sulaiman Bayyumi, *The Muslim Brothers*, al-Qāhira: Wahba Library, 1979, p.90.

조화를 이룰 수 있게 하는 이즈티하드ijtihād(독자적 법판단 행위)의 창출을 주장했다. 그러나 그의 창의성은 이론에서가 아니라 행동에 있었다. 앞선 개혁론자들의 주장 내용을 쇄신하기보다는 개혁운동의 실천과 활성화에 있었던 것이다. 그는 현대식 정당과 같은 조직을 만들고 기본 행동지침을 포괄적으로 구체화해 실행에 옮겼던 것이다. 다시 말해 그가 종래의 개혁론자들과 두드러지게 달랐던 점은 이슬람국가를 세우기 위해 행동으로 노력한 그의 방법이었다. 그는 이슬람국가 재건을 목표로 민중이 주도하는 이슬람 정당조직을 만들어냈던 것이었다. 그리고 이집트 정권이 해야 할 일은 샤리아를 국가 구성법의 완전한 근원으로 받아들이고 이슬람의 질서와 근본을 해친 유럽 법전을 폐기하는 일이라고 주장하였던 것이다.[26]

(2) 나세르 통치하의 무슬림 형제단

무슬림 형제단은 1930년대 후반 이집트에서 가장 큰 단체로 발전하였다. 전문직업인, 학생, 노동자, 소상인, 농부 등 다양한 계층의 사람들이 여기에 참여하였다. 1933년 카이로에 본부를 설치한 이후 조직은 급속히 팽창하여 1940년에 이르러서는 형제단 소속의 센터, 사원, 학교, 클럽을 비롯하여 500개의 지부가 설립되었다. 학교들에서는 종교교육이 특별히 진행되고 젊은 회원들은 지하드에 대비하기 위한 체육교육(후에는 군사훈련으로 바뀜)도 받았다. 전쟁 기간 동안 알 반나는 영국 정부와 이집트 정부 모두에 대항하였다. 그는 반영국 감정을 선동하고 지하행동조직인 안 니

26 이러한 것은 무슬림 형제단의 이론가였던 무함마드 가잘리Muḥammad Ghazālī가 1948년에 쓴 책에서도 무슬림 형제단의 이념으로 설명된다. 샤리아는 삶의 모든 측면—사회, 정치, 경제—에서 법의 근원이어야 한다는 것이다. Delip Hiro, *Islamic Fundamentalism*, ed. Justin Wintle, London: Paladin, 1988, pp.64~65. 또한 Muḥammad al-Ghazālī, *Our Beginning in Wisdom*, Washington, D.C.: American Council of Learned Societies, 1953, pp.30~31.

잠 알 캇사an-Nizām al-Khaṣṣa와 알 지하즈 알 시르리al-Jihāz al-Sirrī를 조직 · 운영했다는 이유로 여러 차례 투옥되었다. 알 반나는 무슬림 형제단 단원들의 행동강령을 다음과 같이 공표하였다.

"나의 형제들이여, 여러분의 형제단은 단순한 사교모임이 아니며, 정치 정당도 아니고, 또한 어떤 제한적인 목적을 갖고 만들어진 지방조직도 아닙니다. 여러분은 『꾸란』을 통해 생명력을 불어넣을 수 있는 이 민족의 새로운 영혼입니다. 여러분은 신에 대한 믿음을 통해 물질주의의 어두운 그림자를 파괴시킬 수 있는 새로운 불빛입니다. 여러분은 예언자의 메시지를 회복시킬 수 있는 강력한 목소리입니다. 여러분은 모든 사람들이 거부했던 무거운 짐을 스스로 짊어지고 있다는 사실을 잊지 말아야 합니다. 여러분은 이 길이 무엇을 위한 길이냐 하는 질문을 받았을 때, 그것은 이슬람과 예언자 무함마드의 메시지, 그리고 이슬람 정부를 위한 길이라고 대답할 수 있어야 합니다. 만약 여러분이 너무 정치적이라는 말을 듣는다면, 이슬람은 정치와 종교를 구분하고 있지 않다고 말해야 합니다. 만약 여러분이 너무 혁명적이라는 말을 듣는다면, 우리는 믿음과 긍지를 바탕으로 정의와 평화를 위한 목소리를 대변한다고 말해야 합니다. 만약 여러분이 불의에 항거해 일어나 우리의 이 메시지에 동참한다면, 신은 사회적 · 정치적 불의에 대항하는 우리를 보호해주실 것입니다."[27]

알 반나는 무슬림 형제단이 정치 정당이 아니라고 강조했지만, 그와 추종자들은 강력히 반정부 데모를 주도했으며 선거에 참여하였다. 제2차 세계대전 말에 형제단은 이집트 왕정체제와 와프드 당, 영국에 대항하는 투쟁의 정점에 도달해 있었다. 특히 군장교들이 그들 조직으로 대거 들어옴

27 Richard P. Mitchell, *The Society of Muslim Brothers*, Oxford and New York: Oxford University Press, 1969, p.30.

으로써 형제단 조직은 더욱 강화되었다. 조직에는 5,000개 지부가 있었다. 당시 알 반나는 모든 사회계층 사람들로 구성된 백만 명 규모의 조직을 이끌고 있었다. 그는 이집트 내에 진정한 이슬람 움마(공동체)를 건설하기 위해 노력하였다. 이때 만들어진 표어는 다음과 같은 것이었다. "『꾸란』은 우리의 헌법이요, 예언자는 우리의 안내자다. 신의 영광을 위한 죽음은 우리의 가장 큰 야망이다."[28]

1948년 후반, 무슬림 형제단은 이집트 왕정체제의 가장 위협적인 존재가 되었다. 형제단은 1948년 아랍-이스라엘 전쟁에서 이집트가 패전한 요인이 정치 지도자들의 무능 때문이라고 주장했다. 전쟁에서의 패배와 이스라엘의 건국은 이집트인뿐만 아니라 아랍인 모두에게 큰 실망과 좌절을 안겨주었다. 같은 해 12월, 이집트 정부는 무슬림 형제단이 폭력 시위를 주도하고 여러 정부요인을 암살하자 혁명이 일어날 것을 우려하여 이 단체의 해산을 명령하였다. 마흐무드 파흐미 누끄라쉬 파샤Maḥmūd Fahmī Nuqrashi Pāsha 정부와 협상을 시도했던 알 반나의 개인적 노력은 누끄라쉬 수상이 무슬림 형제단을 진압하기 위해 군대를 동원함으로써 실패로 끝나고 말았다. 1948년 12월 28일, 누끄라쉬는 무슬림 형제단에게 암살되고, 이로 인한 정부의 강압조치로 알 반나도 정부 보안요원에게 1949년 2월 12일 암살되었다.

무슬림 형제단에 대한 탄압은 1950년 와프드 당이 정권을 잡으면서 끝나고, 형제단은 합법적 지위를 회복하였다. 그리고 1951년 10월에는 하산 알 후다이비Ḥasan al-Hudaybī 판사가 최고 지도자로 선출되었다. 동시에 형제단은 수에즈 운하 지역에서 영국에 대항한 게릴라 투쟁을 개시하였다. 다시 정치투쟁을 시작한 것이다. 형제단은 영국 점령군에 대한 지하드

28 Hiro, 앞의 책, p.63.

를 선포하여 1952년 1월 26일 카이로 중심부에 있는 셰퍼드 호텔을 포함한 서구인 소유의 건물을 파괴하였다. 또 대규모 반영국 시위도 발생하였다. 무슬림 형제단은 이 시위를 주동한 것으로 의심받았으나 구체적인 증거가 없었다. 그리고 1952년 7월 23일 파루끄Farūq 왕정체제는 무함마드 나깁Muḥammad Naghīb 장군과 자말 압둔 나세르Gamāl Abd an-Nassir 중령이 이끄는 군사혁명위원회에 의해 전복된다. 이 혁명에서 무슬림 형제단은 나세르와 사전 교감을 가졌으나 실제로 혁명에 참여하지는 않았다.

무슬림 형제단은 나세르와 자유장교단의 혁명이 그들의 과업과 난제들을 해소시켜 줄 것으로 기대하며 군사혁명을 환영하였다. 군사혁명위원회는 이집트의 모든 정당을 해체하였는데, 무슬림 형제단은 공식 정당이 아니라 종교단체라는 이유로 제외되었다. 초기의 군사혁명위원회와 무슬림 형제단은 공조관계였다. 독실한 무슬림들이었던 자유장교단과 무슬림 형제단은 똑같이 영국의 지배로부터 이집트의 해방이라는 공동의 목표를 가지고 있었다. 그렇지만 이슬람국가 건설이라는 이념적 목표는 별개의 사안이었다. 나세르와 대부분의 장교단 위원들은 이슬람국가 수립 문제에 무관심하였다. 나세르 주도의 군사혁명위원회Revolutionary Command Council: RCC는 이슬람국가보다는 세속적 민족국가 형태를 선호하였다.[29] 정부형태를 둘러싼 나세르-나깁 간의 정치투쟁에서 형제단은 시민정권을 요구하며 나깁을 지지하였다. 이로 인해 양측의 갈등이 가시화되었다. 그런데 1953년 말, 나세르 세력이 나깁을 축출하자 RCC와 무슬림 형제단의 관계는 소원해졌다. 더욱이 RCC가 토지개혁에 착수하자 형제단과는 적대관계로 돌아서게 되었다. 농민계급과 도시의 저소득층은 무슬림 형제단의

29 R. Hrair Dekmejian, *Egypt Under Nasir: A Study in Political Dynamics*, Albany: SUNY Press, 1971, p.25.

지지세력이었다. 형제단은 혁명위 지도자들이 샤리아적 삶보다는 세속적 교육제도와 토지개혁에 관심을 쏟는 근대화 최우선의 실용주의자들임을 깨닫게 되었다. 1954년 4월 나세르는 RCC와 군대 내부에 자신의 세력을 확고히 구축하였다. RCC와 무슬림 형제단 사이의 갈등은 1954년 7월 19일 나세르가 영국과 수에즈 운하에서 영국의 국가이익을 인정하는 조건하에서 영국군 철수에 관한 협약을 체결하면서 더욱 증폭되었다. 형제단은 나세르에 대항한 이집트인과 아랍인들의 반대를 유도하기 위해 이 협정을 '반역행위'라고 비난하였다. 양측의 어색한 공존관계는 1954년 10월 26일 나세르에 대한 암살 기도가 실패로 끝나면서 무슬림 형제단에 대한 탄압으로 끝나게 되었다. 압둘 무님 압둘 라우프Abdul Munīm Abdul Rauf라는 열혈단원이 알렉산드리아의 한 공공집회에서 나세르 암살을 기도한 것이다. 이 암살미수사건으로 무슬림 형제단에 대한 대대적인 탄압이 가해진다. 형제단 지도부를 포함한 약 4천여 명의 단원들이 체포되었다. RCC 소속 장교들(자말 살림, 후세인 알 샤피이 그리고 안와르 알 사다트 등)로 구성된 군사재판에 회부된 압둘 라우프와 다섯 명의 핵심 지도단원은 모두 처형되었으며, 알 후다이비는 종신형에 처해졌다. 수천 명의 형제단원들이 시리아, 사우디아라비아, 요르단, 레바논으로 망명을 떠났다.

1954년 말 형제단의 조직을 철저히 파괴하는 데 성공한 나세르 정권은 나세르의 카리스마적 이미지로 이집트와 아랍 대중들의 충성심을 끌어모을 수 있었다. 동시에 나세르의 범아랍주의와 사회주의 정책은 무슬림 형제단의 주장들 중 상당 부분을 수용하였다. 나세르는 민족의 단결, 민족의 자긍심 고취, 대중의 정치 참여, 서구에 대한 도전, 사회적 · 경제적 정의 실현 등 무슬림 형제단이 내걸었던 약속사항들을 이집트 민중들에게 그대로 약속하였다. 수에즈 운하를 국유화하고, 1956년 영국, 프랑스, 이스라엘과 전쟁을 벌이는 동안 나세르는 아랍 민족주의의 상징적 존재로 부상하였다. 이제 더 이상 무슬림 형제단은 그를 위협할 수 있는 위치에 있지 못했다. 나세르의 명성은 하늘을 찌르고 형제단은 기반을 잃은 지하조직으로 전락했을 뿐이었다. 나세르 정권은 정부를 지지하는 종교세력으로 알 아즈하르를 이용하였다. 통치권자를 지지해온 오랜 전통대로 알 아즈하르의 울라마들은 나세르 정권이 요구하는 것이라면—토지 재분배에 관한 것이든 정치적 망명자의 재산을 압류하는 것이든—어떤 파트와fatwa(법판단)라도 내놓았다.[30] 나세르 정권도 영국 치하의 이집트 왕들처럼 국민의 지지를 유도하는 데에 무슬림 형제단보다 알 아즈하르의 전통주의 울라마들에게 의존했던 것이다. 이러한 상황은 1964년 나세르가 싸이드 꾸틉을 비롯한 무슬림 형제단 지도자들을 석방할 때까지 지속되었다.

나세르의 아랍민족주의와 통합운동이 시리아의 분리와 예멘 전쟁, 경제적 문제 등으로 곤란을 겪고 있던 1960년대 초, 무슬림 형제단은 재기할 수 있는 새 터전을 마련하였다. 1964년 나세르는 일반 대사면의 일환으로 싸이드 꾸틉을 비롯한 많은 형제단원들을 석방하였는데, 이는 무슬림형제단과 이슬람 원리주의 운동의 새로운 출발점이 되었다. 싸이드 꾸틉은 무슬림 형제단의 과거의 어떤 지도자보다 훨씬 급진적인 사상과 호전적인 성향을 갖고 있었다. 그는 "사상과 신앙으로 무장한 형제들의 결속은 지역에 바탕을 둔 애국심보다 강한 것"이라고 가르쳤다.[31] 그러나 1965년 꾸틉과 또 다른 형제단 지도자들은 정부전복음모에 가담했다는 이유로 다시 체포되었다. 이 음모는 1965년 중반 보안대에 의해 적발되었는데, 싸이드

30 Hiro, 앞의 책, p.67.

31 Fouad Ajami, "In the pharah's shadow: Religion and Authority in Egypt," James P. Piscatori, ed., *Islam in the Political Process*, Cambridge and New York: Cambridge University Press, 1983, p.25.

꾸틉을 비롯한 1,000여 명의 형제단원들이 체포되었고 365명이 재판에 회부되었다. 꾸틉을 비롯한 세 명의 지도자는 무슬림세계의 호소에도 불구하고 1966년 처형되었다.[32]

주목할 사항은 이때 체포된 형제단원들이 사회의 중간계층—기술자, 과학자, 의사, 학생들—에 속하는 비교적 젊은이들이었다는 사실이다.[33] 전문직종에 종사하는 이러한 젊은이들이 주축이 된 이슬람 부흥운동은 그 후 1970년대에 들어서면서부터 원리주의 운동을 급진적인 형태로 변모시킨다. 감옥생활은 오히려 이들에게는 이집트 이슬람 원리주의 운동의 미래를 구상하게 하는 훈련기간이 되었다. 감옥에서는 향후 이슬람 부흥운동의 노선을 둘러싼 광범위한 논쟁이 전개되었으며, 그 결과 급진 원리주의의 호전적 투쟁노선과 분파가 형성되었다. 형제단의 젊은 단원들은 용기와 불굴의 정신이 부족하고 논쟁만 일삼는 원로 지도자들에게 깊은 실망과 좌절만을 느꼈던 것이다.

무슬림 형제단은 1967년 6일 전쟁의 패배로 새로운 도약의 기회를 맞게 되었다. 이 전쟁에서 굴욕적으로 패하기 전까지, 나세르는 수에즈의 영웅이었으며, 서구의 골리앗에 대항한 제3세계의 다윗이었다. 북예멘과의 무익하기만 했던 오랜 소모전, 사회주의적 경제계획의 실패, 모든 반대 정파를 무자비하게 탄압한 전제정치에도 불구하고, 나세르는 여전히 아랍인의 희망을 실현시켜 줄 인물로 추앙받고 있었다. 그러나 이스라엘과의 6일 전쟁으로 말미암아 아랍인과 이집트인들은 나세르가 더 이상 그들의 목표를 실현시켜 줄 수 있는 인물이 아니라는 사실을 깨닫게 되었다. 이러한

32 Herry Munson, *Islam and Revolution in the Middle East*, New Haven: Yale University Press, 1988, p.78.

33 Dekmejian, *Egypt Under Nasir*, p.257.

인식은 많은 이집트인들을 자기반성하게 했으며 이슬람으로 되돌아오게 하였다. 이들은 나세르의 이념과 해결방식이 아랍 사회가 안고 있는 여러 문제점들을 치유하기에 더 이상 적합하지 않다고 믿게 되었다. 이집트인들은 의식의 변화taghīr aqliyyah를 부르짖었다.[34] 전쟁의 패배와 주체성 상실의 위기에 직면한 이집트인들은 범아랍주의, 사회주의, 서구지향주의, 마르크스 혁명주의 노선에 더 이상 관심을 기울이려 하지 않았다. 이들은 이슬람의 원리원칙과 율법 내에서 근본 해결책을 찾으려 했다. 왜냐하면 많은 무슬림들은 이스라엘의 승리가 아랍인들이 신의 율법을 저버린 결과로 해석했기 때문이다. 그러나 1967년 전쟁 이후 이집트를 휩쓸기 시작한 이러한 종교적 열정이 무슬림 형제단의 활동을 즉각 부활시키지는 못했다. 왜냐하면 1971년과 1975년, 새 대통령 안와르 사다트가 수천 명의 무슬림 형제단원들을 석방할 때까지 이들은 대부분 감옥에 있거나 국외에 추방되어 있었기 때문이다.

한 가지 언급할 만한 것은 나세르 대통령이 6일 전쟁의 패배 이틀 후, 예언자의 탄생 예배를 위해 모스크를 방문하여 전쟁 패배의 책임을 이슬람의 정명론으로 해석하였다는 점이다. 그는 이집트의 패배가 이미 신에 의해 예정되어 있었으며, 이는 이집트인의 신앙심이 약화되었기 때문이라고 말했다. "유대인들은 그들의 종교에 충실했기 때문에 승리할 수 있었고, 우리는 신앙심이 강하지 못했기 때문에 패했다."[35] 무슬림 형제단은 이슬람 정신을 회복할 필요성을 강조하고 새롭게 신앙심을 고취시키려 하였지만, 정부의 이러한 태도에는 비난을 퍼부었다. 이들은 나세르 정권이 무슬림 조직사회를 탄압했기 때문에 이에 대한 신의 보복으로 전쟁에서 패배

34 같은 책, p.258.

35 Dekmejian, *Islam in Revolutiom*, p.85.

한 것이라고 주장하였다. 어쨌든 이집트인들은 패배의 충격에서 벗어나는 길을 신앙에서 찾으려 했다. 1968년 4월, 나세르는 지난 3년 동안 감금했던 1,000여 명의 형제단원 중 5~6백 명을 석방하였다.[36] 무슬림 형제단은 6일 전쟁 이후 초래된 정치적 · 이념적 공백상태에서 비록 완전한 형태는 아니지만 어느 정도 조직을 복구시킬 수 있었다. 그렇지만 또 다른 한편 이 시기에 새로운 급진적 행동주의 조직들이 결성되었는데, 거의 모두가 주로 성난 젊은 세대들에 의해서였다.

(3) 사다트 통치하의 무슬림 형제단

1970년 9월 28일 나세르의 사망으로 무슬림 형제단은 이슬람 원리주의 운동의 새로운 전환기를 또 맞게 되었다. 대통령에 오른 사다트는 탈 나세르화 정책을 펴면서 알 후다이비를 비롯한 무슬림 형제단원들을 대거 석방한 것이다. 형제단은 과거와 같이 활동할 수 있는 중요한 기회를 얻게 되었다. 사다트는 '신앙인 대통령'으로서의 이미지를 갖고 싶어했다. 국영 TV와 라디오에 하루 다섯 차례 예배방송을 내보내게 하였고 '신앙과 과학Faith and Science의 실천'이라는 국정운영의 슬로건을 내걸었다.[37]

사다트는 두 가지 중요한 문제에 직면해 있었다. 하나는 내부권력의 강화였고, 다른 하나는 시나이 반도를 점령하고 있는 이스라엘과의 대결이었다. 그는 나세르 같은 카리스마가 부족하였고 정부 내에 포진하고 있는 나세르주의자들 때문에 권력구조에서도 아직 안전한 발판을 구축하고 있지 못했다. 소련의 사회주의 노선과 정치적 영향력에 의존해온 나세르 추종자들을 제거하기 위해 사다트는 무슬림 형제단원들을 점진적으로 석방

36 Hiro, 앞의 책, p.69.
37 같은 책, p.70.

했으며, 대학교의 학생연맹과 사회조직들을 이용하여 나세르주의자들의 기존 조직을 파괴하였다.[38] 사다트는 무슬림 형제단과 나세르주의자들 사이의 대결을 조장하고, 이들의 역사적 적대감을 성공적으로 이용하였던 것이다. 탈나세르화 정책은 1971년 5월 사다트가 알리 사브리Alī Sabrī를 위시한 좌파의 정적들을 숙청하면서 본격화하였다. 그는 압둘 무님 아민 Abdul Munim Amīn 장군으로 하여금 무신론적인 마르크시즘에 대항하는 1,000여 개의 이슬람 협회를 대학과 공장 내에 세우게 했으며, 이집트의 젊은이들이 마르크시즘보다 이슬람사상에 몰입하는 분위기를 조성하고자 했다. 이즈음 무슬림 형제단원들이 사우디아라비아를 비롯한 각지에서 이집트로 돌아오기 시작하여 이슬람세력은 크게 강화되었다.

1973년 10월 전쟁은 사다트의 대중적 입지를 크게 향상시키고 그를 전쟁영웅으로 만들었다. 사다트는 이 전투에서 오직 이슬람에 호소하고 이슬람적 요소들을 강조하였다. 이 전쟁은 예언자 무함마드가 메카인들에 대항하여 승리를 거둔 전투지의 이름을 따 '바드르Badr'라는 암호명으로 라마단 달에 시작되었다. 이 전쟁에서 이스라엘의 방어선을 뚫고 전진한 이집트 군대의 초반 승리는 이집트인들에게 큰 자긍심을 불러일으켰고, 사다트에게는 '바딸 알 우부르Baṭal al-'Ubūr(돌파의 영웅)'라는 칭호가 붙게 되었다. 이집트인들은 13세기 전의 바드르 전투에서와 마찬가지로 천사들이 자신들을 도와 전쟁에서 승리했다고 믿었다. 사다트는 그 후 첫째, 이집트 사회의 탈나세르화 정책, 둘째, 외국, 특히 미국의 투자와 경제적 원조를 통한 '인피타흐al-Infitāḥ(경제개방)' 정책, 셋째, 미국과의 화친정책을 추진하고 소련과는 정치적 · 군사적 · 경제적 관계를 점차 감소시켜가는 친미외교정책을 폈다. 이러한 사다트 정권의 합법성 강화정책에는 나세르

38 같은 책, p.86.

주의의 몰락으로 야기된 이념적 공백에 이슬람주의를 대체시키는 작업도 포함되어 있었다. 1971년 헌법은 이슬람을 이집트의 공식적인 국교로 선언했으며, 샤리아를 법의 근원으로 표명하였다. 사다트의 이같은 친이슬람정책과 1973년 10월 전쟁의 결과를 바탕으로 정권의 합법성을 이끌어내기 위한 부단한 노력에도 불구하고, 이집트 정부는 1974년 4월 급진적 원리주의 조직인 이슬람해방기구ILO가 감행한 '군사기술학교Technical Military Academy' 공격으로 크게 흔들린다. 이들은 정권 전복과 이슬람 혁명정부의 수립이라는 거창한 목표를 내걸고, 기술군사학교의 병기고를 탈취하려는 무장공격을 시도했지만 결국 실패하였다. 군인 30명의 목숨을 앗아간 이 사건으로 무슬림 형제단 외에 급진주의 과격 무장 무슬림세력이 자라나 비밀리에 활동하고 있다는 사실이 확인되었고, 정부는 이러한 호전적 조직에 대해 촉각을 곤두세웠다.

1970년대 중반 사다트는 다음과 같은 세 가지 이슬람 정책을 추진하였다.

① 알 아즈하르 대학교와 정부가 지원하는 모스크를 중심으로 이집트 울라마들을 회유하고 이슬람을 국교로 인정하는 정책
② 나세르주의자들의 척결을 위해 사회조직력을 가진 무슬림 형제단과의 유화정책
③ 폭력적 행동주의로 정권의 안정을 위협하는 급진 원리주의 무장조직들에 대한 억압정책

한편 이 시기에 정부와 무슬림 형제단 사이의 협력관계에 관한 여러 징후들도 목격되었다. 1976년, 사다트는 무슬림 형제단의 견해를 대변하는 두 월간지 『앗 다으와*ad-Da'wah*』와 『알 이으티쌈*al-I'tiṣām*』의 발행을 허용

하였다.[39] 1976년 선거에서 무슬림 형제단은 정부와 여당에 공조하여 의회에 진출할 수 있었다. 살리흐 아부 로카이트Sālih Abu Rokait를 포함한 형제단원 6명이 여당 후보로 당선되어 정부의 호의적인 대우를 받았다. 싸이드 라마단Sayyd Ramadān을 비롯한 형제단원 3명이 무소속으로 출마하여 당선되었다.

『앗 다으와』지의 발행자는 무슬림 형제단의 지도자인 변호사 오마르 알 탈마사니 'Umar al-Talmāsanī였다. 『앗 다으와』지는 사다트의 반공사상이나 반나세르주의에는 동조하였으나, 지나친 친미정책이나 미국에 의존한 중동평화정책에는 반대하였다. 무소속 출신 형제단원들은 여당 출신 그룹보다 더 원리적이고 급진적이었다. 따라서 이슬람적인 정책일 때에만 정부에 협조하려 하였다.[40] 이러한 정부와의 공조관계로 형제단은 1977년 나세르 사회주의자들이 주도한 대중시위에서는 모호한 입장을 취하기도 하였다. 그러나 일부 무슬림 과격 행동주의 단체들은 늘어나는 나이트클럽, 술집, 사창가에 대한 시위와 방화, 파괴행위에 동참하였다. 형제단에 대한 사다트 대통령의 계속된 지원으로 형제단은 오히려 점차 대중적 지지를 상실하게 되었다. 그러나 1977년 사다트가 이스라엘과 화해정책을 추진하자 양 진영은 다시 대립관계로 돌아서게 되었다. 사다트는 1977년에 예루살렘을 방문하였고, 1978년에는 캠프 데이비드Camp David 협정을 체결하였으며, 1979년에는 이집트-이스라엘 평화조약에 서명하였다. 무슬림 형제단과 좌익세력들은 사다트가 팔레스타인 사람들을 배반했다고 비난하였다. 무슬림 학생들은 알렉산드리아와 아시유뜨Asyūt 대학에서 반

39 Gilles Kepel, *Muslim Extrimism in Egypt*, Berkeley: University of California Press, 1986, p.103.

40 Hiro, 앞의 책, pp.71~72.

정부시위에 앞장을 섰다. 이들이 내건 슬로건은 '이스라엘과의 평화조약 반대', '부유층에 대한 특권 금지', '종교와 국가의 분리 금지' 등으로, 이란에서 일어난 호메이니의 이슬람혁명의 구호와 맥을 같이하는 것들이었다. 형제단은 사다트가 추진하고 있던 이집트-이스라엘 평화협정 체결, 개방경제 정책, 친서구적 문화의식의 고양정책 등에 정면으로 맞섰다. 한 달에 8만부를 발행하던 『앗 다으와』지는 이집트-이스라엘 평화조약에 대한 대학생들의 반대시위를 상세히 보도하고, '유대인과 평화스럽게 사는 것은 불가능하다'라는 제하의 글을 실었는데, 논술의 근거가 전부 예언자의 전승과 『꾸란』, 이슬람역사에서 찾은 것들이었다. 이와는 대조적으로 알 아즈하르의 관변적 울라마들은 1979년 5월, 이 조약은 이슬람법에 부합된다는 파트와 fatwa(법판단)를 내놓고 사다트의 정책과 행동을 지지하였다. 알 아즈하르의 성명서에서는 예언자 무함마드가 628년 메카의 꾸라이쉬 부족과 체결한 후다이비야Hydaibyya 조약을 전거로 삼았다.[41] 이때부터 『앗 다으와』로 대표되던 온건파 무슬림 형제단은 다른 중요 국사에 대해서도 사다트의 정책에 반대하기 시작한다. 형제단은 과거에 나세르가 소련에 머리를 조아렸던 것을 그들이 공격했던 것과 마찬가지로 사다트가 미국에 지나치게 의존하는 것을 신랄히 비판하였다. 게다가 이들은 무슬림과 콥트교인 사이의 분쟁에서 콥트교 소수파를 지원한 사다트를 격렬하게 비난하였다. 더욱이 1979년 이란의 이슬람혁명이 성공하자, 무슬림 형제단은 이집트에서도 이슬람국가를 설립할 수 있다는 큰 기대에 부풀게 되었다.

1977년 1월의 식량폭동은 사다트가 직면했던 정치적 위기의 서곡이었다. 사다트는 경제 · 외교정책에 쏟아지는 비난과 반대를 극복하기 위해

41 *Al-Ahrām*, 10 May 1979.

자신의 이슬람적 이미지를 제고시키고 친이슬람정책을 탄력 있게 추진하려 했다. 정부는 고리대금, 이교적 행위, 도둑질, 간음, 음주 등에 대해 이슬람식 형벌제도를 도입하였다. 그러나 이러한 법들은 콥트교인들과 자유주의 무슬림들의 반발에 직면하여 곧 철회되었다.[42] 1980년 3월 샤리아는 국민투표를 통해 법의 중요한 근원으로 인정되었다. 대외적으로 사다트는 이집트와 이스라엘의 평화협정을 체결한 세계적 정치인으로 자신을 부각시키고, 대내적으로는 자신의 이슬람적 생활방식을 공공연하게 과시함으로써 자신과 정권의 이슬람적 합법성을 확보하려 노력하였다. 이런 면에서 볼 때 그는 전형적인 무슬림 실용주의자였다. 그러나 사다트의 이러한 고도의 정치술에도 불구하고, 그는 이중적인 모습과 역할로 국민들 감정을 상하게 했을 뿐이다. 진정한 무슬림 같은 모습과 서구식 사고로 외교정책을 수행해 가고 있는 태도는 결코 양립할 수 없는 이중적 모습으로 비쳐졌기 때문이다.

이집트의 관제언론들이 사다트의 이슬람식 생활과 신앙심을 계속 보도하였음에도 불구하고, 1970년대 후반 사다트와 국민들 사이는 점점 벌어져만 갔다. 이스라엘과의 화해정책과 이란에서 망명온 샤에 대한 우호정책으로 서구 지도자나 서구 언론에게서는 세계적인 정치가, 평화의 중재자로 찬사를 받았지만, 국내에서는 부정 · 부패가 만연하고, 사다트는 국민들의 지탄과 비난의 대상이 되었을 뿐이다. 사다트 정권은 사회주의자, 나세르주의자, 그리고 호전적 급진 원리주의 무장세력들에 대한 선별적인 탄압정책을 추진하였다. 또한 동시에 사다트의 이슬람적 이미지를 제고하기 위해 이만Imān(믿음), 강인함sulb, 개혁iṣlāḥ, 인내ṣubr, 사랑muḥibbah, 희망amal, 신이 부여한 성공tawfīq과 인도hidāyah 등의 종교용어를 그의 이미

42 *Ad-Da'wah*, February 1977, pp.2~16.

지와 어울리게 자주 사용하였다. 그것은 국민들이 자신들의 운명을 받아들이고 대통령과 함께 좀더 나은 미래에 대한 희망을 신앙으로 받아들이도록 하기 위함이었다. 그러나 사회적 · 경제적 고통을 겪고 있는 상황에서 그러한 주문은 터무니없는 것이었다. 탈나세르화 정책으로 야기된 이념적 공백은 부분적으로 이슬람주의로 대체되었다. 그러나 그것이 매우 상징적인 것이어서 이집트 무슬림사회는 사다트 정권에 이슬람적 합법성을 부여해주지 않았다. 이러한 상황에서 이집트국민회의가 사다트를 제5대 정통 칼리파로 선언한 것은 신성모독에 해당하는 부적절한 행위였다.[43]

사다트가 경제 · 종교 · 정치 관련 국내외 정책에서 국민들의 신뢰를 상실한 반면, 무슬림 형제단과 다른 급진 원리주의 조직들은 대학과 정부, 군대 내에서 그들의 위치를 공고히 다져갔다. 대학 캠퍼스에서 급진 원리주의자들은 아무런 제약 없이 콥트교 학생들이나 세속주의적 교수들을 공격하였다.[44]

사다트가 점점 과격해져가는 급진 원리주의자들의 잠재적 위험성을 새롭게 인식하게 된 것은 1981년 중반에 접어들어서였다. 라마단 축제일 'Id al-Fiṭr인 1981년 8월 1일, 10만 명에 가까운 무슬림들이 카이로의 대통령궁 앞 아비딘Abidīn 광장에 모여 반사다트 구호를 외친 것이다.[45] 이집트 정부는 원리주의 운동의 확산을 사전에 차단하기 위해 1981년 9월 무슬림 형제단의 최고 지도자인 오마르 알 탈마사니를 비롯한 약 3천 명의 무슬림들을 체포했으며, 『앗 다으와』지를 폐간했다. 카이로의 유명한 이맘인 압

43 무함마드를 계승한 이슬람 초기의 아부 바크르, 오마르, 오스만, 알리 4명의 정통 칼리파는 오늘날까지 무슬림들로부터 가장 존경받는 모범적인 통치자이다. Dekmejian, *Islam in Revolution*, p.88.

44 Nāziḥ N. M. Ayūbī, "The Political Revical of Islam: The Case of Egypt," *International Journal of Middle East Studies* 12, No.4, December 1980, p.492.

45 Hiro, 앞의 책, p.77.

드 알 하미드 키쉬르, 형제단의 대변인 쌀리흐 아쉬마위Ṣālih Ashmawī와 무함마드 압드 알 꾸드스Muḥammad Abd al-Qudūs가 체포되었다. 이맘 키쉬르의 모스크에서는 대규모 항의시위가 있었으나 경찰에 의해 강제해산되었고, 형제단 산하의 자선단체도 모두 해산되었다. 또 친형제단 성향의 군장교 200명을 숙청하고 모스크에 대한 통제를 강화하였다. 모든 종교단체와 성직자들은 종교성에 등록하는 것이 의무화되었다. 이것은 국가가 모든 모스크와 성직자들에게 완전한 통제권을 행사한다는 것을 의미하였다. 대부분의 투옥자들은 원리주의 성향의 급진행동주의자들이었으나, 정부는 구색을 맞추기 위해 나세르주의자, 사회주의자 그리고 쉐누다Shenouda 3세를 비롯한 콥트교인들도 투옥시켰다.

사다트는 만약 반정부운동을 자제하지 않으면 추가로 5천 명을 더 투옥시키겠다고 경고하면서 탄압정책을 더욱 강화시켜 나갔다. 그것은 1954년 나세르가 행했던 대대적인 체포와 탄압과 다를 바 없었다. 당시 무슬림 형제단이 정부를 비판한 이유 중에는 이스라엘과의 평화협정 체결뿐만 아니라 서구식으로 여성들에게 이혼, 별거수당, 자식 양육 등에 관한 권한을 확대한 것도 포함되었다.[46] 그리고 10월 6일, 사다트 대통령은 급진 원리주의 무장조직인 알 지하드의 단원들에게 암살당하고 만다.

사다트 대통령과의 갈등과 반목에도 불구하고, 1970년대와 1980년대의 무슬림 형제단은 결코 혁명주의적 운동을 전개하지 않았다. 무슬림 형제단을 지원했던 상당수의 사람들은 이란과 같은 이슬람 혁명을 결코 원하지 않는 중산층 혹은 부유층 사업가와 전문직종 종사자들이었다. 1981년 발행이 금지될 때까지 『앗 다으와』 같은 무슬림 형제단이 발간했던 잡지

46 Emmanuel Sivan, *Radical Islam*, New Haven: Yale University Press, 1985, pp.144~145.

들은 주로 엄격한 이슬람적 법제도의 실행과 부도덕한 행위를 금지할 필요성을 강조하고 있었을 뿐이다. 이집트 사회와 정치제도의 급격한 변화나 그러한 목표를 달성하기 위해 폭력을 사용하는 것에는 결코 동의하지 않았던 것이다. 이러한 무슬림 형제단의 소극적 자세에 반발한 호전적 과격 무장조직들은 형제단의 온건노선에 동의하지 않았다. 사다트는 바로 이들 과격 급진세력에 의해 살해된 것이다.

사다트 서거 후 아시유뜨 지방에서는 과격 급진 무장조직원들과 정부 보안군 사이에 간헐적인 충돌사건이 발생하였다. 정부에 대한 도전과 이에 대한 정부의 진압은 후스니 무바라크 대통령 통치 때에도 반복되었다. 무바라크 대통령은 오랜 군사재판 후 1982년, 사다트 대통령 암살에 가담한 칼리드 알 이슬람불리Khālid Aḥmad Shawki al-Islāmbūlī 소령과 4명의 군인을 비밀리에 처형했으며, 300여 명의 알 지하드 단원들을 군사재판에 회부하였다.[47]

4. 급진 원리주의 무장조직과 활동

1960년대 말과 1970년대 초 이집트에 원리주의 이슬람국가를 수립하고자 원했던 일부 젊은 무슬림들은 무슬림 형제단이 싸이드 꾸틉 때 불타올랐던 혁명적 열정을 이미 상실했다고 보았다. 그래서 이들은 각기 자신들의 목적에 부합하는 급진 이슬람 원리주의 단체를 조직하였다. 여기에는

47 알 지하드의 지도자 무함마드 압드 앗 살람 파라즈는 이때 처형되었으나 사다트 암살에 대한 파트와를 내놓았던 쉐이크 오마르 압드 알 라흐만은 1984년 석방되었다. 'Umar Abd al-Samī, "I want a party," *al-Musawwar*, 2 May 1986, p.1.

'이슬람해방기구Munazzamat al-Taḥrīr al-Islāmī; Islamic Liberation Organization', '무슬림사회Jāmā'at al-Muslimī; The Society of Muslims' 그리고 '알 지하드al-Jihād; Holy War' 등이 있다. 무슬림사회는 '알 타크피르 와 알 히즈라al-Takfīr wa al-Hijrāh; Denouncement and holy Flight'로 알려져 있고, 이슬람해방기구는 '무함마드 청년회Shabāb Muḥammad; Muhammad's Youth'로 알려져 있는데, 이와 유사한 명칭을 가진 조직들은 상당수에 이른다. 또 알 지하드 조직은 가끔 '신 알 지하드'로 불리기도 하였다. 이 세 단체들은 1967년 전쟁 이후 이집트의 정치적 위기상황에서 탄생했으며, 이념적 · 조직적 관점에서 이 세 단체는—과격 급진 원리주의이지만—모두 무슬림 형제단의 직계 후예로 간주된다.

무슬림 형제단과 이슬람해방기구, 알 타크피르 와 알 히즈라, 알 지하드 사이의 필연적 관계에서 가장 중요한 인물은 싸이드 꾸틉이다. 급진주의 선동가이자 사상가였던 꾸틉은 무슬림 형제단의 성격을 위축된 온건 원리주의로부터 1970년대 젊은 세대 중심의 과격 급진주의로 교체시키는 데 중요한 역할을 수행하였다. 호전적 급진 이슬람 원리주의의 등장에 이론가로서, 행동주의자로서, 무슬림 형제단의 한 원로로서 꾸틉은 무슬림 형제단과 호전적인 원리주의 후예들 사이에 조직적인 연계가 이루어지게 하는 연결 축이 된 것이다.

꾸틉은 1960년대 초, 무슬림 형제단이 재건하고 부활하는 데 결정적인 역할을 하였다. 이집트 내부와 외부의 급진주의 무슬림 형제단원들의 지지를 받으며 꾸틉은 나세르 정권의 타도를 제1의 목표로 설정하였다. 그의 급진적 성향과 지하드 주장은 당시의 무슬림 형제단의 리더이자 비폭력의 이슬람 원리주의자였던 하산 알 후다이비와는 상반된 노선의 것이었다. 특히 1965~1966년 무슬림 형제단의 급진 원리주의자들에 대한 정부의 탄압은 이집트 이슬람 원리주의 운동에 대대적인 변화를 가져다주었다. 지하운동을 계속하고 있는 조직원 간의 결속이 강화되고 점조직화되었다. 그리고 감옥에 있었던 꾸틉의 사상은 이념적으로 막강한 영향을 끼치며, 그 후 1970년대 내내 급진 원리주의 운동의 주류를 형성하게 된다. 그러나 높은 지명도에도 불구하고 그는 감옥 내부에서 발생했던 무슬림 형제단 조직원 사이의 의견차이나 투쟁노선 간의 갈등관계를 중재하고 조정하는 데에는 실패하였다. 그들은 과격한 만큼 비타협적이고 분리적 성향을 보였기 때문이다. 그의 사상은 주로 저술을 통해 전달되었다. 꾸틉은 사회적 현실을 이슬람과 자힐리야Jāhiliyyah(무지의 상태) 사이의 끊임없는 변증적 발전으로 해석하였다.

그는 현대 이슬람국가 또는 비이슬람국가를 지배하고 있는 일반적인 기본개념은 자힐리야 시대의 것으로, 진정한 무슬림의 의무는 지하드를 통해 이러한 자힐리야 사회를 일소하고 이슬람사회를 부활시키는 것이라고 말하였다. 무슬림의 궁극적인 목표는 이 땅에서 알라의 주권이 지배하는 하키미야ḥākimiyya(통치)를 구체화시키는 것으로, 그러한 변화는 행동ḥarakah과 원리주의 혁명으로 일어나며, 지하드를 통해 오직 이슬람만이 전파되도록 전세계를 지속적으로 해방시켜 나아가야 한다는 것이다.

요컨대 꾸틉의 주장은 사회를 이슬람 질서의 사회와 타락하고 무지한 자힐리야 질서의 사회로 나누고, 이슬람의 통치가 이루어지기 위해 자힐리야 사회는 지하드로 타도되어야 한다는 것이었다. '하키미야트 알라ḥakimiyyat Allāh(신의 통치)'와 자힐리야 사회에 대한 그의 지하드 이론은 혁명적 개념을 포함하는 것이었다. 왜냐하면 모든 인간 사회를 불신자들로 구성되어 있는 자힐리야 사회로 규정하고 그것의 타도를 주장하고 있기 때문이다. 자힐리야 사회와 투쟁하고 힘으로 맞서는 것은 모든 무슬림의 의무사항이다.

그러나 꾸틉의 사상 체계와 이념은 직계 제자들 사이에 논쟁을 불러일으켰다. 그의 가르침에 대한 다양한 해석이 나타나게 된 것이다. 그리고 이러한 의견 차이는 결국 과격 급진 원리주의자들 사이에 또다시 분열을 야기했고, 1970년대 초에 이르자 급진 원리주의 조직은 여러 파로 갈라져 파벌주의 상태에 빠지게 된다. 많은 수의 투쟁적인 형제단원들이 온건적 노선의 형제단 조직을 떠나 비밀리에 급진주의 무장행동 소조직들을 결성하거나 이미 조직된 과격 급진 원리주의 단체에 가세하면서 이들 젊은 호전주의자들은 모두가 세속정권에 대항하는 무력 지하드를 선언하고 나선 것이다. 그 중에서도 대표적인 급진 무장조직은 'ILO'와 '알 타크피르 와 알 히즈라', '알 지하드', '알 자마아 알 이슬라미야'이다.

(1) 이슬람해방기구ILO와 알 타크피르 와 알 히즈라

공통의 사회 · 정치적 환경과 이념적 배경을 갖고 등장한 두 급진 원리주의 조직은 똑같이 이집트 정권의 탄압을 당하였다. 이 두 조직은 행동강령과 지도부의 견해 차이로 경쟁관계에 있었다. 두 조직 모두 이집트 정권을 세속주의, 우상숭배주의 또는 전제주의 정권으로 간주했지만, 반대투쟁에서 이들은 단일전선을 형성하지 못했다. 무엇보다 알 타크피르 와 알 히즈라의 배타주의적 성향과 슈크리 무쓰따파의 지나친 비타협적 태도 때문에 알 타크피르 와 알 히즈라와 ILO 사이뿐만 아니라, 알 지하드 및 기타 소규모 급진 원리주의 무장조직들 사이에서도 협력관계를 조성하지 못하고, 공동전선을 구축하지 못한 것으로 알려져 있다.

ILO는 1971년 요르단 무슬림 형제단의 한 분원인 이집트 '이슬람 해방당Islamic Liberation Party' 소속의 팔레스타인 출신 교육학 박사 쌀리흐 씨리야Ṣaliḥ Siriyya가 설립하였다. 1967년 전쟁 이후 씨리야는 여러 팔레스타인 단체와 접촉하며 1970년 9월 요르단 내전 때까지 암만에서 살았는데, 여러 차례 투옥된 전력을 가지고 있었다. 그 후 PLO 세력이 암만에서 추방되자 1971년 그는 아랍연맹을 위한 봉사요원으로 이집트에 정착했으며, 카이로와 알렉산드리아에 지하 세포조직을 만들기 시작했다. 많은 대학생과 졸업생들이 그의 조직에 가담하였다. 1974년 이집트 정부는 씨리야와 그의 추종자들이 쿠데타 음모를 꾸몄다는 혐의로 대대적인 검거에 나서자 이후 ILO는 활동을 중단할 수밖에 없었다.

알 타크피르 와 알 히즈라의 원래 명칭인 '무슬림사회'는 무슬림 형제단의 일원이던 슈크리 무쓰따파가 설립하였다. 그는 1965년 아시유뜨 대학에서 무슬림 형제단의 유인물을 배포하다 체포되었는데, 감옥에 있을 때 무슬림 형제단 선배들의 내부 투쟁 방식에 환멸을 느끼고 자신의 새로운 운동을 전개하기로 결심한다. 1971년 석방된 무쓰따파는 수백 명의 대학생과 졸업생들을 모집하여 '무슬림사회' 운동을 확대하기 시작했다. 이 당시 이집트 언론은 무쓰따파의 조직을 '알 타크피르 와 알 히즈라(종교적 파문과 이주)'로 불렀는데, 이는 이 단체가 자신들의 견해에 동조하지 않는 모든 무슬림을 자힐리야 사회의 불신자로 간주하고 진정한 무슬림은 그 불신자 사회로부터 이주해 나와야 한다고 믿었기 때문이다. 한 마디로 무쓰따파는 이집트를 자힐리야 사회이자 불신자 사회로 간주한 것이다. 그의 조직의 일원은 여기서 이주해 나온 자로, 마치 초기 이슬람시대에 메카에서 메디나로 이주한 무리들이 예언자의 통치노선에 따라 메디나 공동체를 만들었듯이 순수한 무슬림 공동체를 형성할 의무가 있다는 것이다.[48] 실제

48 Ghali Shoukri, *Egypt: Portrait of a President, 1971~1981*, London: Zed Press, 1981, p.296.

로 많은 무쓰따파의 추종자들은 상이집트의 미니아 산과 동굴에 살면서 군사훈련을 받았다. 이 단체가 처음으로 관심을 끌게 된 것은 1977년 1월 식량폭동과 동년 12월 사다트의 이스라엘 방문 반대시위운동 때였다. 또 같은 해 7월 알 타크피르 와 알 히즈라 조직원들은 전 아우까프Awqāf 성(종교재무성) 장관인 무함마드 후세인 알 다하비Muḥammad Ḥusayn al-Dhahabī를 납치하고 50만 달러의 몸값과 감옥에 있는 형제단원들의 석방을 요구하였다. 1977년 1월 폭동 때 60명의 형제단원들이 체포되어 투옥되었는데, 그 석방을 요구한 것이다. 정부가 이 요구를 거절하자, 이들은 인질을 살해하였다. 이로 인해 알 타크피르 와 알 히즈라의 핵심 지도부 5명과 약 600여 명에 달하는 조직원들이 체포되었다. 공식보도에 따르면 당시 이 조직에는 3,000~5,000명의 조직원이 있었는데, 이들은 사회 전 계층의 사람들이었으며 전국에 흩어져 있었다. 슈크리 무쓰따파와 5명의 지도자들은 1978년 3월에 처형되었으며, 무쓰따파의 사망으로 이 조직의 운동은 급격히 약화되었다.

씨리야와 무쓰따파는 대학에서 고등교육을 받았고, 카리스마와 종교 지식, 돈독한 신앙심을 갖고 있었다. 하지만 씨리야는 추종자들로부터 리더로서 존중을 받은 반면, 무쓰따파는 날카로운 눈매 때문에 추종자들에게 두려움을 안겨주었다고 한다. 이 두 사람의 서로 다른 지도방식은 조직의 성격에서 분명히 드러난다. 씨리야는 자유로운 토론을 통해 합의ijmā' 를 이끌어내는 12명의 집행위원회를 운영하였다. 씨리야는 1973년 10월 전쟁 후 사다트 정권에 대한 무장투쟁에 원래 반대했으나, 위원회의 결정에 따라 자신의 주장을 번복하였다고 전해진다. 1974년 6월, 군사기술학교 the Military Technical Academy에 대한 ILO의 공격은 성공을 거두지 못했고, 결국 씨리야는 1976년 11월에 처형되었다. 반대로 무쓰따파는 모든 문제에서 최종적인 결정권을 스스로 쥐고 있던 신자들의 총통amīr al-mu'minīn 이었다. 그는 마흐디로 간주되었으며, 그의 추종자들은 충성의 맹세bay'a 를 통해 그에게 복종하였다. 이같이 '알 타크피르와 알 히즈라' 는 ILO와는 달리 메시아적 종교운동의 속성도 지니고 있었다.

무슬림 형제단의 분파로서 '알 타크피르 와 알 히즈라' 와 ILO는 알 반나와 꾸틉의 원리주의 사상을 급진주의 형태로 이어받았다. 이들 조직은 무슬림 자격의 최소한의 조건으로 이슬람 신앙의 다섯 기둥에 대한 엄격한 준수를 요구하였다. 이에 덧붙여 이들은 진정한 무슬림은 『꾸란』과 순나에 명시되어 있는 것처럼 다른 사람을 올바른 이슬람 공동체로 이끌어야 한다고 주장했다. 이들의 결론은 이집트 정권이 서구와 이스라엘, 소련에 의해 타락 · 부패되었다는 것이었다.

ILO는 주요 공격대상을 세속적 정부로 한정시킨 데 비해, 알 타크피르와 알 히즈라는 한 걸음 더 나아가 이집트 정권과 이집트 사회 모두를 자힐리야 상태로 비난하고 공격하였다. 경제영역에서는 공산주의와 자본주의 둘 다 비종교적이고 비인간적이라는 이유로 거부하였다. 두 단체는 모두 정권의 합법성이 "정의는 통치의 근본이다al-'adl asās al-ḥukm" 라는 이슬람 원칙에 따른 사회정의를 구현할 능력에 기초해야 한다고 믿었다. 이들이 주장한 또 다른 정권의 합법성 중에는 신자들의 선거, 신앙심, 그리고 샤리아에 대한 복종 등에 기초해야 한다는 것도 포함되어 있다. 이들의 견해에 의하면 선출된 의회shūra(협의회)는 이슬람 공동체와 알라에 대한 책임과 의무를 다하지 못한 실패한 통치자를 제거하고 축출할 권한이 주어져 있다는 것이었다. 두 단체는 친정부 성향의 관료화된 소위 관변적 울라마 계층을 적대시하였다. 알 타크피르 와 알 히즈라는 이들에 대해 극도의 적대감을 갖고 있었는데, 마스지드에서는 추종자들에게 그러한 울라마 뒤에서 예배를 행하지 말도록 충고할 정도였다. 더 심한 경우에는 그들 내부에서만 결혼이 이루어졌고, 자녀들을 국공립학교에 보내지 않으며, 군대에 징병되는 것을 거부하였다.[49] 알 타크피르 와 알 히즈라는 예언자 시대의 이슬람 공동체에서와 같은 이슬람의 완전한 부흥을 주장한 반면, ILO는 목표의 달성을 위해 현대적인 합리적 관행을 차용할 수도 있다는 순응주의적 입장을 취했다. 교리와 정책, 노선설정 면에서 알 타크피르 와 알 히즈라가 ILO보다 훨씬 진보적이었다.

슈크리 무쓰따파는 기존의 사악한 사회로부터 자의식적인 이탈을 하지 않고 무슬림이 구원을 얻을 수 있는 경우는 없다고 주장하였다. 자힐리야 사회로부터의 분리주의 이론을 주장한 대표적인 인물로는 알 아즈하르 대학 출신의 쉐이크 알리 압두 이스마일Alī Abduh Ismā'īl이 있다. 그는 메카 시대 초기, 예언자가 겪었던 신앙생활을 토대로 알 타크피르 와 알 히즈라의 믿음과 행동방침을 구체화하였다. 이에 따르면, 신앙 공동체가 매우 약체였을 때, 예언자는 메카의 거대한 이교도 사회로부터 정신적으로 육체적으로 이미 이탈하였으나 자신의 공동체를 강화시키기 위한 지하드의 수행은 자제했다. 쉐이크 이스마일은 당시와 같은 이슬람 공동체의 무기력 상태의 시대ahd al-istaḍ'af에서도 무슬림들이 알 타크피르 와 알 히즈라 기구를 통해 이슬람에 대한 충성심walā' ī을 강화하고, 자힐리야 사회로부터의 정신적 이탈munfaṣilah as-<u>shu</u>'ūiyyah를 실천해야 한다고 주장했다. 또 그는 무슬림들이 충분한 힘을 비축할 때까지 지하드의 수행을 자제해야 한다고 말했다. 진정한 이슬람적 생활이 오직 알 타크피르 와 알 히즈라 집단 내에서만 가능하다는 것이기 때문에, 이러한 그의 이론은 조직과 지도력에 대한 충성심을 이끌어내는 데에는 필수적인 것이었다. 실제로 이

---

49 Hiro, 앞의 책, p.73.

조직의 일원들은 예언자 시대와 정통 칼리파 시대 이후의 이슬람 공동체는 결국 모두 불신자들로 구성된 공동체였다고 생각하고 있었다.

ILO의 정치적 전략은 무슬림 형제단이나 알 타크피르 와 알 히즈라와 전혀 달랐다. 무슬림 형제단이 이슬람국가의 수립문제에 점진적 전략을 주장했다면, ILO는 이슬람국가의 수립을 최우선의 급진적 당면 목표로 설정했다. 그렇기 때문에 ILO는 정권 타도를 위한 구체적 계획을 수립하는 데 주력하였다. ILO는 경찰과 군대에 침투하였으며, 신중했던 씨리야를 제외한 대부분의 단원들은 나세르가 이끌었던 쿠테타 혁명을 동경하였다.

반면에 무쓰따파는 예언자의 공동체를 본받아 신자들의 강력한 핵심조직을 결성한 후 이슬람국가를 수립한다는 장기전략을 추구하였다. 알 타크피르 와 알 히즈라는 세포조직의 단원들이 정권에 강력히 도전할 수 있을 정도로 수적인 우위를 점했을 때 지하드를 수행한다는 전략을 구상하였던 것이다. 그러나 이러한 당초의 계획은 정부 보안군이 ILO의 군사기술학교 공격 이후 ILO와 알 타크피르 와 알 히즈라에 대한 탄압정책을 지속적으로 실시함으로써 실현되지 못하였다. 정부는 알 타크피르 와 알 히즈라가 저지른 후세인 알 다하비 납치와 처형 사건을 강력히 응징할 것을 표명하였고, 알 타크피르 소속 전사와 정부군 사이에는 전투가 발생하였다. 이 사건 이후 이집트 정부는 언론을 통해 알 타크피르 와 알 히즈라를 '20세기의 카와리지Khawārij' 로 낙인찍었다. 정부의 탄압에도 불구하고 알 타크피르 와 알 히즈라와 ILO는 지하조직을 통한 활동을 지속하였는데, 1979년 이란 이슬람혁명의 성공으로 지하에서도 재기의 희망을 가지게 되었다. 그리고 다른 이집트의 급진 원리주의 조직들은 이란의 이슬람혁명을 모방의 대상으로 삼아 대학교 교정 혹은 거리에서 대중적인 소요를 일으킬 방안과 전략을 연구하였다.

(2) 알 지하드

알 지하드는 반콥트교 운동에 개입한 1978년 처음으로 모습을 드러냈다. 그러나 알 지하드의 실체가 완전히 드러난 것은 1981년 사다트 대통령 암살사건 때였다. 알 지하드 조직의 중심세력은 아시유뜨와 상이집트 Upper Egypt 지역에 있었는데, 이들은 사다트 암살 수일 전부터 정부군과 격렬한 교전을 벌이고 있었다. ILO나 무슬림사회(알 타크피르 와 알 히즈라)와 마찬가지로 알 지하드도 주로 대학생들이나 고등학교 · 기술학교를 막 졸업한 젊은 계층의 지원을 받았다. 군부 내에도 일부 지지세력을 가지고 있었다. 알 지하드 소속의 소령 칼리드 알 이슬람불리는 사다트를 암살한 후 "나는 파라오를 죽였을 뿐이다"라고 외쳤다.[50]

1981년 10월 6일 사다트 암살사건이 터진 이틀 후 알 지하드 전사와 동조자들은 아시유뜨시를 장악하였다. 그러나 정부군이 투입되어 54명의 보안군을 포함한 188명의 사망자를 내고 소요사태는 이틀 만에 진정되었다. 시위자들은 파라오 같이 독재자였던 사다트의 암살사건이 이슬람혁명으로 발전되기를 원했지만 그 꿈은 실현되지 않았다. 알 지하드는 그들이 기대했던 대중적 지지를 이끌어내지 못했다. 1974년 군사기술학교를 공격한 후 ILO가 맞은 운명이나 1977년 후세인 알 다하비를 납치한 후 알 타크피르 와 알 히즈라가 맞았던 운명과 같이 알 지하드도 정부의 수사와 탄압에 직면하게 되었고, 지도부를 포함한 수백 명의 단원들이 체포되었다. 또한 암살사건이 발생한 후 수개월 동안 알 지하드와 알 타크피르 와 알 히즈라 등 급진 원리주의 조직에 소속된 3천여 명의 무슬림들이 체포되었다.

이슬람 원리주의의 급진 무장세력들은 결코 대중의 지지를 얻지 못했다. 진정한 이슬람사회의 수립이라는 대의와 신념에 동정적이었던 대학생

---

50 *al-Ahrām*, 9 May 1982, pp.6~7.

들조차도 알 지하드와 같은 호전적 무장세력의 광신성과 폭력성을 비난하였다. 또한 무슬림 형제단이나 전통 보수주의 이집트 울라마들도 이들의 호전적 행위를 비난하였다. 그렇지만 관변적인 울라마 계층은 원리주의 무슬림들로부터 자힐리야 정권의 아첨꾼이라는 비난을 받고 있었다.

'알 타크피르 와 알 히즈라' 와는 달리 알 지하드는 기존 이슬람사회에서 자신들을 이탈시키기보다는 오히려 군대, 보안기관, 정부기구에 단원들을 침투시켰다. 이러한 측면에서 볼 때 알 지하드는 알 타크피르 와 알 히즈라보다 훨씬 위험한 존재였다. 더욱이 알 지하드는 씨리야나 무쓰따파와 같이 카리스마적인 한 개인의 역량에 의해서 움직이는 것이 아니라 집단 지도체제로 운영되었다. 이러한 지도체제 때문에 알 지하드는 의사결정과 행동수립에서 비교적 융통성과 유연성을 가질 수 있었다. 구조적인 면에서 알 지하드 조직tanẓīm은 지도부jihāz al-qiyāda와 통제부jihāz al-taqyīm로 구성되어 있었다. 지도부는 전체적인 행정, 기획, 정책 개발의 책임을 맡고 있었다. 여기에는 쉐이크 오마르 압드 알 라흐만Shaykh 'Umar Abd al-Raḥmān이 이끄는 10명의 마즐리스 앗 슈라majlis as-shūrā(자문회의)가 포함되어 있었다. 압드 알 라흐만은 이슬람학을 가르치던 아시유뜨 대학의 맹인교수였는데, 알 지하드의 정책과 행동들을 합법화하기 위해 이슬람 법과 역사적 선례를 바탕으로 하는 파트와들을 발표하였다.[51] 지도부는 마즐리스로부터 법적 정당성과 허가를 받은 후에만 행동의 구체적 목표물을 결정하였다. 조직의 실제 작전과 행동은 통제부의 일이었다. 여기에는 3

51 알 지하드 조직의 정신적 지도자의 한 사람이었던 그는 1938년 이집트의 다까흐리야 Daqahliyyah에서 태어났다. 그는 알 지하드의 법률고문으로 일하였다. 그리고 사다트를 불신자로 선언하는 파트와를 내놓는다. 1970년대 말 "사다트는 알라가 명한 바를 수행하는 통치자가 아니다"라고 선언하면서 사다트 암살의 합법성을 주는 파트와를 발표한 것으로 유명하다.

개의 별도 소조직이 있다. 첫 번째 조직은 선전, 동원, 조사, 종교법의 강화 업무를 담당했으며, 두 번째 조직은 행동지원 업무—기술, 무기조달, 첩보, 선전물 전달 · 배포, 인쇄, 정부서류의 위조, 수송, 폭발물 처리 등—를 담당하였다. 세 번째 조직은 전술 훈련, 사격술, 의료 지원, 병참 등을 맡고 지원하는 전투조직이었다. 전투조직은 해외에 거주하는 조직원들의 재정 지원이나 원조를 받기 위해 사절단을 파견하기도 하였다. 알 지하드의 조직원들은 사회 곳곳에 점조직으로 구성되어 있는 모임majmū'ah이나 세포조직anqūd(포도송이의 뜻)의 일원으로 작전에 임하였다. 각 세포조직은 독립적이었으며 준자치적이었다. 따라서 만약 한 세포조직이 발각되더라도 다른 세포조직들은 쉽게 발각되지 않았다.

알 지하드의 조직체계는 미니야Minya, 아시유뜨Asyūṭ, 수하그Suhag, 끼나Qinā 지방에서도 모방되었다. 알 지하드의 모든 지방조직들을 통제하는 최고의 기구는 마즐리스 앗 슈라였다. 이론상으로 알 지하드 조직은 레닌주의 원칙인 '민주적 중앙집권주의'를 반영한 것이었지만, 실제상으로 이 조직의 운영은 지방분권주의적이었으며 유동적이었다. 사다트를 암살한 조직에서는 이론가인 무함마드 압드 앗 살람 파라즈Muḥammad Abd as-Salām Faraj와 군대 책임자 압부드 압드 알 라띠프 하산 알 주무르Abbud Abd al-Laṭīf Ḥasan al-Zumūr 중령이 작전명령을 결정하였다. 이념적 · 군사적 책임자였던 파라즈와 주무르는 자신들이 속한 마즐리스 알 슈라의 결정을 이끌어낼 책임을 지고 있었다.

사다트의 불신kufr행위와 죄악에 대한 쉐이크 압드 알 라흐만의 파트와가 우여곡절 끝에 확정된 후, 마즐리스 알 슈라에서의 사다트 암살에 대한 최종적 법판단(파트와)이 설득력을 얻게 되었다. 1981년 1월과 2월, 세포조직인 안꾸드의 모임에서, 파라즈와 주무르는 칼리드 알 이슬람불리 소령의 사다트 대통령 암살계획을 실행에 옮기기 시작했다. 파라즈와 주무르는 여러 가지 암살 시나리오를 마련했으나 전략적 측면과 병참지원의 어려움으로 포기하였다. 10월의 군사행진에 알 이슬람불리 소령의 참가가 결정되자 세포조직의 지도자들은 이를 암살계획 실행의 적기로 판단하였다. 알 이슬람불리 소령이 혁명적 의지를 가지게 되었던 근원은 그의 형인 무함마드가 선물한 주하이만 알 우타이비Juhaymān al-Utaybī의 『사바 라사일*Sabā Rasā'il*』이었다. 그는 주하이만이 이끈 사우디아라비아의 원리주의 단체 이크완Ikhwān이 메카의 하람 모스크를 무력으로 장악한(1978. 11. 20) 상세한 과정을 알게 되었다. 알 이슬람불리는 이븐 타이미야와 이븐 카시르의 서적도 탐독하였다.[52]

알 지하드의 목표와 이념은 알 이슬람불리의 재판과정에서 알려지게 되었다. 그는 사다트를 암살하게 된 세 가지 동기를 밝혔다.

첫째, 이집트의 기존 법률은 이슬람 법과 일치하지 않는다. 둘째, 사다트는 이스라엘과 협정을 체결함으로써 무슬림과 아랍인들의 정서를 무시하였다. 셋째, 1981년 9월 사다트는 무슬림 원리주의자들을 무자비하게 체포·구금·고문하였다.

알 지하드의 암살자들은 이집트 사회에 널리 퍼져 있던 사회·경제적인 침체 분위기, 캠프 데이비드 협정에 대한 불만, 국가의 정치적 억압과 탄압으로 인한 공포감 등을 사실상 대변하였다. 그들 행위의 동기는 파라즈가 신앙과 실천의 여섯 번째 기둥인 지하드에 대해 기술한 『잊혀진 이슬람 기둥*The Forgotten Pillar*』에 상세하게 묘사되어 있다. 이를 요약하면 다음과 같다.

---

52 Dekmejian, 앞의 책, p.99.

① 모든 무슬림은 이슬람 공동체를 위해 싸워야 할 의무가 있다. 이는 샤리아에 의해 부여된 의무이다. 현재 무슬림 국가의 법은 불신자들의 법률이다. 진정한 무슬림은 유럽에서 기독교인, 공산주의자, 시온주의자들에게 훈련받은 정부지도자들에 대항하는 지하드를 선언해야 한다.

② 이슬람법을 거부하는 무슬림 지도자나 단체들은 아무리 자신들이 무슬림이라고 자처해도 배교자murtadd로 간주되어야 한다. 배교는 최고의 죄이다.

③ 무슬림이라고 주장하는 이단자 통치자에게 협동하는 것은 죄악이다. 그러한 통치자에 내려질 처벌은 죽음이다. 진정한 무슬림은 이러한 통치자의 정부나 군대에서 봉사하는 것을 삼가야 한다.

④ 이단적 국가에 대항하는 지속적인 지하드는 무슬림 최고의 의무이며, 자힐리야 사회를 붕괴시키고 이슬람사회를 수립하고자 하는 진정한 모든 무슬림의 길이다.

⑤ 무장투쟁은 지하드에서의 유일한 해결방식이다.

⑥ 수사적 방법이나 평화적 방식을 통해 추구되는 지하드는 어리석고 비겁한 방식이다. 이슬람의 부활은 초기 이슬람 역사의 정복사업에서와 마찬가지로 무력의 사용을 통해서만 성공할 수 있다. 따라서 진정한 무슬림들은 비록 그 숫자가 소수이더라도 지하드에 종사해야 한다.

⑦ 지하드의 방식은 우선 내부(이집트)의 불신자들과 투쟁하고, 그 후 외부(다른 이슬람국가들)의 불신자들과 투쟁하는 것이다.

⑧ 지하드는 교육을 받지 못하고 지식이 없는 무슬림들도 이행할 수 있다. 따라서 배움이나 지식이 없다는 핑계로 지하드를 기피하는 것은

있을 수 없다.

⑨ 이슬람의 지도력은 신에 대한 경외심을 가지고 있는 가장 강한 믿음의 소유자에게 부여되어야 한다. 그는 집단에서 선출되어야 하며, 일단 선출되면 무슬림은 복종해야 한다. 자만심이 강하고 오만한 자는 결코 지도자가 될 자격이 없다.

⑩ 지하드를 기피하는 주된 요인은 오늘날 무슬림사회에 팽배한 굴욕감, 좌절감, 내부분열 등 불안하고 부정적인 감정과 상황 때문이다.

⑪ 알라는 이슬람 역사를 다음과 같은 다섯 시기로 지정해주셨다.

a. 예언자 시대의 움마ummah(공동체)

b. 정통 칼리파 시대의 움마

c. 왕정체제의 움마

d. 독재정권체제의 움마

e. 독재·전제정권이 전복되는 우리 시대의 이슬람 움마. 이 움마는 예언자 시대의 공동체와 똑같은 체제로 통치될 것이며, 평화가 지배할 것이다.

파라즈의 이론 가운데 두 가지 개념이 돋보인다. 하나는 지하드가 무슬림 신앙의 여섯 번째 기둥이 되는 의무라는 것이고,[53] 다른 하나는 지하드가 비무슬림세계를 이슬람 움마로 이끌기 위한 영속적인 운동이라는 것이다. 이러한 개념들 때문에 그는 당시까지의 원리주의자들 중에서도 가장 급진적인 원리주의 사상가로 평가된다. 그는 『꾸란』과 역사적 전통 그리고 이븐 하즘, 이븐 타이미야, 까디 이야드, 이븐 알 까이임, 이븐 카시르,

53 이슬람 신앙과 실천의 다섯 기둥에 대해서는 제4장 「신앙과 실천의 6신과 5주」를 참조할 것. 일부 무슬림들만이 지하드를 여섯 번째 기둥으로 말하고 있다.

안 나와위, 꾸툽 등의 저술들을 근거로 이러한 이론을 전개하였다. 알 타크피르 와 알 히즈라와는 달리, 알 지하드는 슈크리 무쓰따파와 같은 표상이 되는 지도자를 갖지 못했다. 이 때문에 알 지하드의 이념은 알 타크피르 와 알 히즈라가 가지고 있는 것과 같은 메시아적 요소 같은 것이 포함되어 있지 않다. 알 지하드는 비록 마흐디의 궁극적인 출현을 부정하지는 않았지만, 마흐디에 의해 이끌어지는 체제는 아니었던 것이다. 더욱이 알 지하드는 적절한 시기까지 성전의 연기나 사회로부터의 이탈과 같은 알 타크피르 와 알 히즈라의 이론 같은 것도 없었다. 대신에 알 지하드는 진정한 무슬림의 길은 영원한 지하드(성전)를 통해서만 성취될 수 있다는 새로운 급진이론을 제시하였다. 알 지하드는 이슬람의 의무를 수행하지 못한 지도자나 무슬림을 불신자로 간주하였고 그들 존재의 합법성을 인정하지 않았다. 파라즈는 이러한 경우에 해당하는 전형적인 인물로 안와르 알 사다트 대통령을 들었다.

(3) 알 자마아 알 이슬라미야al-Jamā'a al-Islāmiyya

알 자마아 알 이슬라미야는 사다트 집권시대에 이집트에 있는 모든 대학에서 막강한 영향력을 행사한 이슬람 원리주의 학생조직이었다. 이들은 순수한 학생운동으로 원리주의 운동을 시작하여 대중운동으로 이를 확산시켜 나갔다. 원래 이 조직은 1967년 전쟁이 패배로 끝난 직후 나세르주의와 마르크스주의가 지배하던 이집트 학생운동 중에 소수파로 출발했으나, 1973년 10월 전쟁 후 대학 캠퍼스에서 나세르주의에 대한 비교적 냉정하고 기피적인 분위기가 조성되자 도약의 새 돌파구를 마련하기 시작했다. 1972년 이전까지만 해도 알 자마아 알 이슬라미야 소속 학생들은 나세르주의자들에 비해 숫자나 조직면에서 훨씬 열세였다. 그러나 이슬람 원리를 바탕으로 하는 이들의 주장이 차츰 설득력을 갖게 되자, 이들은 종교적 가치의 추구와 이집트 사회 내에서의 서구 문화유산의 철폐를 주장하면서 급성장하였다.

처음에 알 자마아 알 이슬라미야는 대학 내의 한 특별클럽이었다. 여기에는 문학, 회화, 레크리에이션, 『꾸란』 연구 모임 등이 포함되어 있었고 소규모였기 때문에, 좌파 학생조직 같이 반정부 구호를 주장할 수 없었다. 그러나 1972년 12월부터 알 자마아 학생조직은 사다트 정권의 도움으로 대학 내에 중흥의 교두보를 확보할 수 있게 된다. 12월 중순, 카이로 대학교 의과대학 소속 세 학생이 반정부 벽보 부착혐의로 징계위원회에 회부되었다. 이들을 지지하는 좌파학생들은 대학 내 자유를 주장하면서 시위를 벌였는데, 알 자마아 소속 학생들이 "알라후 아크바르"를 외치며 오히려 이들과 대항하였다. 이후 대학 내에서 좌파 행동주의 세력과 이에 반대하는 우파세력이 계속 투쟁을 벌이게 되었다. 이 과정에서 사다트의 친구이자 전직 변호사인 무함마드 오스만 이스마일Muḥammad 'Uthmān Ismā'īl이 알 자마아 알 이슬라미야의 대부로 출현하게 된다. 1973년 아시유뜨의 주지사로 임명된 그는 무바라크 대통령이 1982년 직위해임할 때까지 9년 동안 주지사로 있었다. 이 기간 동안 그는 공산주의 좌파세력과 대항하기 위해 카이로와 중부이집트 지역의 알 자마아 알 이슬라미야 조직에 많은 물질적 · 정신적 도움을 제공하였다.

1970년대 이집트 대학들은 과대한 학생수, 빈약한 재정, 열악한 학생복지, 낙후된 시설 등 여러 문제점을 안고 있었다. 알 자마아 학생들은 대학 발전과 학사행정의 효율화, 학내문제 등에 눈을 돌려 여학생 복지 문제, 통학 문제, 기숙사 문제 등 학내문제 해결에 각별한 관심과 해결의지를 보여 일반 학생들의 지지를 받게 되었고, 이후 4년 만에 알 자마아는 이집트

전 대학의 학생운동을 장악하고, 좌파학생조직을 지하로 몰아넣는 데 성공한다.[54]

1976년과 1977년 알 자마아 알 이슬라미야는 이집트 학생연맹과 대부분의 단과대학 학생회를 사실상 장악하였다. 알 자마아는 그들의 승리가 이슬람 월간지인 『앗 다으와*ad-Da'wa*』를 통해 학생들의 문제를 제기하고 이를 해결해간 능력 때문이라고 주장했다.[55] 1977년 학생회장 선거에서 알 자마아는 압도적인 승리를 거두었다. 처음에 사회주의와 공산주의 좌파세력을 척결하기 위해 알 자마아에 호의를 보였던 사다트 정부는 이제 이들의 세력확장에 두려움을 갖기 시작했다. 더욱이 사다트가 추진했던 이스라엘과의 평화협상과 경제개방정책 때문에 더 이상 알 자마아와의 관계가 원만한 공조관계를 유지할 수 없게 되었다.

1977년부터 사다트 정권과 알 자마아 알 이슬라미야 사이에는 본격적으로 틈이 벌어지기 시작했다. 그 직접적 계기는 알 타크피르 와 알 히즈라 소속 무슬림들에 대한 재판과 같은 해 12월 사다트의 예루살렘 방문이었다. 슈크리 무쓰따파와 그의 추종자들이 1월 식량폭동 때문에 체포되고, 급진 원리주의자 소탕전의 일환으로 알 자마아에 대한 정부의 수사압력이 높아지자, 알 자마아는 무쓰따파에게 동조할 것인가 아니면 무쓰따파와 차별을 둘 것인가의 선택에 직면하였다. 그러나 1977년 7월 12일 이집트 최대 일간지 『알 아흐람』 신문이 알 자마아 알 이슬라미야가 알 타크피르와 알 히즈라와 연계되어 있다는 내용을 머릿기사로 실었다. 이 시기가 정부와 알 자마아 알 이슬라미야가 오랜 공조관계를 청산하고 마침내 결별을 하게 되는 때였다. 다시 말하면 이때가 이집트 통치정권과 알 자마아

54 Kepel, 앞의 책, p.129.
55 같은 책, p.144.

알 이슬라미야 간의 기나긴 투쟁의 시발점이었던 것이다. 이들은 사다트가 자신의 정치적 생명을 걸고 도박을 벌였던 이스라엘 방문에 정면으로 반대하고 나섰다. 물론, 캠프 데이비드 평화협정(1979년)에도 반대하였다. 1979년 4월 알 자마아 알 이슬라미야의 주요 활동무대 중 하나였던 아시유뜨에서는 반정부 시위가 크게 발생하였다.[56]

아시유뜨와 미니야에서 시위가 발생한 후 알 자마아 알 이슬라미야 소속 학생들이 대거 체포되고, 알 자마아는 반정부 세력으로 인식되기 시작했다. 이들의 회원수는 날로 증가하였다. 사다트 정권은 1981년 6월 카이로 교외 빈민지역인 알 자위야 알 하므라al-Zawiyyah al-Ḥamrā에서 콥틱교도들과 무슬림 간 대규모 충돌사건이 발생한 것을 계기로 이들에 대한 직접적인 탄압에 나섰다. 그리고 1981년 9월, 알 자마아는 해산되었다.

그러나 원래 이 조직은 법적으로 등록된 적이 없었다. 이들의 하부조직은 와해되고 많은 지도자들이 체포되었다. 이때 알 자마아 알 이슬라미야는 알 지하드 조직과의 통합을 선언하고 쉐이크 오마르 압드 알 라흐만 'Umar Abd al-Raḥman을 공동의 정신적 지도자로 인정하였다. 그리고 한 달 후 사다트는 알 지하드 소속 이슬람 전사 칼리드 알 이슬람불리에 의해 살해된다. 그의 형은 아스유뜨 대학 알 자마아 알 이슬라미야의 지도자였는데, 1981년 9월 이 조직의 지도자들에 대한 검거령이 내려졌던 당시 구금되어 엄청난 고문을 당했다. 이렇게 알 지하드 단원들에게 사다트가 암살당한 직후 정부의 급진 이슬람 원리주의 조직에 대한 탄압이 강화되자 양 조직은 암살에 대한 책임문제와 노선갈등으로 다시 분열되었다.

이와 같이 알 자마아 알 이슬라미야는 사다트 집권시기의 이집트 정치사에서 다른 급진 원리주의 조직들과 함께 매우 중요한 부분을 차지하고

56 같은 책, p.150.

있다. 비록 학생조직의 운동이었지만, 이들의 행동은 대학교 교정을 뛰어 넘어 영향력을 발휘했으며, 국가의 정치문제에 직접 간여하기도 했다. 주목해야 할 것은 그 후 1980년대 이들의 활동이 이슬람 급진 원리주의자들의 정치적 결단과 바람을 대변하는 것이 되고, 온건과 극단, 혹은 중도를 표방하는 많은 정치적 · 사회적 행동이 이들과 연계되어 전개되었다는 점이다. 알 자마아의 행동주의자들은 지도자의 명령에 절대 복종하였다. 이들의 활동은 무바라크 정권에서도 계속 지속되고 있다. 실제로 무바라크 정권하에서 발생한 반정부 운동이나 테러활동은 거의 대부분 알 자마아 조직이나 알 지하드 조직에 연관되어 있다.

알 자마아 알 이슬라미야의 이론가였던 이삼 앗 딘Isām ad-Dīn은 대학 내 이슬람운동의 전개과정을 이슬람의 타락과 쇠퇴단계, 불신세력과 자힐리야 세력의 지배단계, 그리고 이슬람의 각성과 부흥단계로 구분하였다. 그러고 나서 알 자마아 조직이 일궈낼 최대의 성과는 세 번째 단계의 실현에 있다고 말하였다. 그는 대학 내 이슬람 부흥운동의 평가기준으로 다음 네 가지를 제시하고 있다. 즉 1) 여성들의 베일 착용, 2) 순나를 상징하는 수염 기르기와 갈라비야(무슬림들의 전통의상) 착용, 3) (가능하다면) 조기 결혼, 4) 이슬람 종교의식과 예배의 참석이다. 이 네 가지 현상이 대학 내에 존재한다는 것은 이슬람 부흥운동이 존재한다는 것을 의미하며, 이는 알 자마아 알 이슬라미야의 업적이라는 것이다.[57]

알 자마아 알 이슬라미야는 정통 칼리파 시대의 알 움마 알 이슬라미야 al-Umma al-Islāmiyya(이슬람 공동체)를 추구하였다. 이들의 목표는 이슬람 황금시기에 존재했던 칼리파제도의 회복을 통한 진정한 무슬림 공동체의 재실현이었다. 이러한 목표를 달성하기 위해 이들은 무슬림들의 밝은 미

57 같은 책, p.153.

래를 제시하면서 이집트 사회의 그릇된 상황에 대한 적극적인 돌파를 시도하고자 했던 것이다.

5. 무바라크 통치하의 원리주의 운동

(1) 80년대의 원리주의 운동

1981년 사다트를 계승한 후스니 무바라크 대통령은 국내의 반정부단체들과 관계개선을 도모하였다. 그는 무슬림 형제단의 지도자들과 중도적 성향의 무슬림 원리주의자들을 석방하였다. 야당 지도자들과 회합하여 이들에게 무슬림 급진주의자들에 대해서는 강경진압을 하겠다는 뜻을 밝히면서 국가의 경제적 · 사회적 안정을 위한 지지를 호소했다. 무바라크 정권은 일반 국민대중과 호전적 급진 원리주의자들 사이를 엄격히 분리하는 정책을 추진했다.[58]

무바라크의 통치 첫해는 사회적으로 비교적 안정되고 평화로운 시기였다. 사다트의 암살은 아랍사회뿐만 아니라 국제적으로도 충격적 사건이 아닐 수 없었다. 암살범들에 대한 처형은 사고 없이 마무리되었고, 캠프 데이비드 협정이나 이스라엘, 미국과 관련된 비난은 모두 서거한 사다트의 몫이 되었다. 사다트의 암살에 고무된 급진 원리주의자들은 이란의 이슬람 공화국 수립 때와 같은 혁명적 기운과 국민의 지지를 기대했다. 그러나 암살사건은 오히려 이집트 국민들을 전통적인 정적주의로 이끌었으며, 이는 이집트 이슬람 원리주의 운동의 향후 방향이 부정적인 것으로 비쳐

---

58 Bary Rubin, *Islamic Fundamentalism in Egyptian Politics*, London: Macmillan, 1990, p.23.

지는 전환점이 되었다.

무슬림 형제단은 해산했으면서도 여전히 강력한 사회세력으로 존재했다. 무바라크 정권은 특정종교에 근거한 정치 정당의 설립을 계속 금지했지만, 1984년 5월 의회선거에서 무슬림 형제단원들이 보수주의 성향의 신와프드New Wafd 당 소속 후보자로 간접 참여하는 것을 허용하였다.[59] 예전과 같이 선거결과는 조작되었지만 그래도 와프드 당은 총 의석 560석(450석이 선거) 중 58석을 차지했고 그 중에서 8명의 무슬림 형제단 후보가 당선되었다. 이와 같이 무슬림 형제단은 다른 정당과 제휴하여 간접적으로 선거에 참여했으나, 급진주의 무슬림 조직은 선거를 거부하였다. 이들은 대학을 중심으로 세력을 키워가며 일부 무력행위에 가담하기도 하였다. 그러나 이들의 행위가 국가의 안정과 안보를 위협할 수준은 아니었다.

한편 무슬림 형제단이 주도한 비폭력주의와 평화주의를 표방하는 이슬람 부흥운동은 많은 이집트 국민들의 호응을 얻었다. 마스지드(모스크) 예배에 참석하는 무슬림들의 숫자가 크게 늘고, 이슬람 고유의 전통적인 복장을 입고 다니는 여성들의 숫자도 점차 늘어났다. 이러한 복고적인 이슬람 부흥주의 조류는 1985년 이슬람 구호를 인쇄한 스티커를 차량에 부착하고 다니는 시민운동으로 상징화되었다. 일부 사람들은 이러한 현상을 이슬람 종교 사회의 여론의 한 표현인 것으로 간주한 반면, 비록 소수이지만 일부 다른 사람들은 그것을 단지 스티커 미부착 차량에 대한 급진 원리주의 무장세력의 공격을 피하기 위한 안전행위로 간주하기도 했다. 아무튼 이 시기의 이집트 사회는 이 같은 비정치적인 이슬람 부흥운동이 확산되어 새로운 사회발전의 분위기를 조성하고 있었다.

무슬림 형제단이나 급진 원리주의 무슬림 조직들이 똑같이 중요시한 문

59 같은 책, pp.241~250.

제는 샤리아의 적용과 이를 바탕으로 하는 이슬람국가의 수립이었다. 하지만 무슬림 형제단은 제도권 정치(예컨대 의회) 안에서 샤리아의 적용을 위한 투쟁을 전개하려 했던 반면, 급진 원리주의 단체들은 테러와 폭력의 사용도 마다하지 않았다. 1985년 5월 4일, 이집트 의회는 야당과 원리주의 세력의 끈질긴 요구에도 불구하고 샤리아법의 실행에 반대하였다. 오랫동안 미루어 오던 샤리아법의 즉각 시행에 관한 안건을 기각한 것이다. 찬반 논쟁 끝에 안건은 기각되고, 다만 "이집트법은 90%가 이슬람적인 것이고 샤리아는 곧 이집트 헌법의 근간"이라는 국회의장 리파트 알 마우꾸브Rifāt al-Mauqūb의 선언으로 회의가 종결되었다. 그러나 이로 인한 반정부 시위나 폭력은 발생하지 않았다. 이것은 확실히 예년과 달라진 분위기였다. 이슬람 부흥운동은 이제 서로 다른 상황의 사람들과 융화하고 화해하는 단계로 승화하는 것 같았다. 무바라크 정권은 모스크를 비롯한 무슬림 종교기관을 거의 통제하였다고 자신하면서 이슬람 부흥운동에 대해 자신감을 보이기도 했다. 그러나 실제로는 무슬림 형제단이나 온건한 이슬람 부흥운동가들조차 설득할 수 있는 수준은 아니었다.

샤리아법의 완전 적용이 무바라크 정부로서는 난제가 아닐 수 없었다. 수단과 이란에서 실행되는 사례를 볼 때 그것은 국가발전에 불이익을 가져다줄 뿐이었다. 콥트교 소수파와의 불화나 서구 투자자본의 유치문제 같은 것 때문에도 그것은 받아들일 수 없는 일이었다. 이슬람 원리주의 운동에 대한 무바라크 정권의 정책은 한 마디로 '당근과 채찍'의 정책이었다. 이집트 정부는 마스지드의 이맘과 설교사들을 완전히 통제하에 두고 친정부 인사로 만드는 회유책을 썼으며, 다른 한편으로 호전적 급진 원리주의자들에 대해서는 강력한 탄압정책으로 일관하였다.[60]

60 같은 책, p.25.

당시에 의회의 결정에 항의했던 대표적 인물은 쉐이크 하피즈 살라마 Shaykh Ḥāfiẓ Salāma였다. 그는 1940년 이래 줄곧 이집트 이슬람 원리주의 운동에 적극적으로 참여해온 대표적인 울라마 중의 한 사람이었다. 젊었을 때 그는 알 반나가 정부와 화해했다는 이유로 1939년 무슬림 형제단으로부터 이탈한 '샤바브 무함마드Shabāb Muḥammad(무함마드 청년단)'에 속해 있었다. 1950년대 나세르가 이 조직의 활동을 금지시키자, 살라마는 '이슬람적 인도를 위한 사회the Society for Islamic Guidance'를 설립하였다. 그는 수에즈의 순교자 마스지드와 카이로의 누르al-Nūr(불빛) 마스지드 등 여러 마스지드를 건립하였다. 1985년 1월 말 살라마는 누르 사원에서 알 지하드 조직의 맹인 무프티인 쉐이크 오마르 압드 알 라흐만과 토론을 벌이기도 하였다.[61] 이 당시 압드 알 라흐만은 이집트 중부지역에서 알 지하드 전사에게 살해된 콥트교 금 세공인 나즈 함마디Nāj Ḥammādī의 죽음을 합법적인 것으로 인정하는 파트와를 발표했다. 카이로 압바시야 지역에 있는 누르 사원과 쉐이크 압드 알 하미드 키쉬크Shaykh Abd al-Ḥāmid Kishk가 설교하던 아인 알 하야트Ayn al-Ḥayāt(생명의 근원) 사원은 1970년대 이집트 이슬람 원리주의 운동가들의 활동 중심지였다.

압드 알 하미드 키쉬크는 1933년 알렉산드리아에서 멀지 않은 나일 델타의 서부지역인 부하이라Buḥayra주의 작은 마을 샤브라카이트 Shabrakhayt에서 태어났다. 12살 때 『꾸란』을 모두 암송하는 총기를 보였으나, 드라코마로 완전히 실명하였다. 나세르가 알 아즈하르 대학을 개혁하기 이전에 그는 이 대학의 우술 알 딘(종교의 원리, 신학) 학과를 졸업하였다. 1961년 그는 28살의 나이에 이맘이 되었고 1964년부터 아인 알 하야트 모스크에서 설교하였으나, 1966년 나세르가 무슬림 형제단에 대한 대

61 Munson, 앞의 책, p.82.

대적인 체포령을 내렸을 때 투옥되었다. 처음에 씨타델 감옥에 있던 그는 투라 감옥으로 이송되었다가 1968년 석방되었다. 그는 다시 아인 알 하야트 모스크에서 설교를 할 수 있게 되었다. 그의 설교는 유명해져 1972년부터 녹음되어 전파되기 시작했으며, 종교성宗教省은 몰려드는 인파 때문에 부설 모스크를 건설해야 했다. 1981년경에는 약 1만 명의 무슬림들이 금요일 합동예배에 참석하기도 하였다. 1976년 7월 키쉬크는 무슬림 형제단의 정기 간행물인 『앗 다으와』지에 정부를 비난하는 글을 싣기 시작했으며, 이로 인해 그는 1981년 9월 초 사다트 정부에 의해 체포되었다. 그리고 그의 녹음테이프는 판매금지되었다. 1982년 그는 다시 석방되어 이슬람 주간지 『이슬람 깃발*al-Liwā' al-Islāmī*』에 정기적으로 기고하였는데, 감옥에서 석방된 후부터 그는 여러 차례의 인터뷰를 통해 호전적인 무슬림 과격극단주의를 비난하였다.[62]

한편 1973년 이스라엘과의 전쟁 때 살라마는 이스라엘이 수에즈를 포위 공격하자 이에 대항하는 레지스탕스를 조직하여 이 도시를 방어했다. 이러한 공로로 그는 사다트로부터 훈장을 수여받기도 하였다. 그러나 1979년 그는 이스라엘과의 협정이 평화salām협정이 아니라 항복istislām협정이라고 비난하였다. 살라마는 무바라크가 대통령이 된 이후에도 정부에 대한 공격을 계속하였다. 그리고 이제 의회가 이슬람법 적용안의 통과를 거부하자, 그는 라마단 달의 가장 성스러운 날인 6월 14일까지 이슬람법이 실행되지 않으면 카이로의 대통령궁으로 대규모 항의행진을 벌이겠다고 공표했다. 그러나 정부는 이 행진을 허용하지 않았고 원천 봉쇄하였다.

1985년 7월 3일, 이집트 정부는 이슬람 운동을 통제하기 위해 모든 개인 소유의 마스지드를 종교성 산하로 편입시키고 금요일 설교도 허가를 받도

62 Kepel, 앞의 책, pp.172~176.

록 하는 칙령을 발표하였다. 살라마는 정부의 조치에 항의하는 대규모 집회를 다시 계획하였으나, 마지막 순간에 이를 철회하였다. 보안경찰대와의 극단적인 대결을 피하기 위해 집회를 취소한 것이다. 이즈음 이집트에는 두 형태의 마스지드가 있었다. 하나는 정부 소유의 마스지드ḥukūmī로 종교성의 통제를 받았다. 이맘과 설교사는 공무원 신분이었고, 거의 대부분 알 아즈하르 대학 출신들이었다. 다른 하나는 개인 소유의 마스지드ahlī인데, 이 마스지드는 정부의 간섭과 통제에서 벗어나 있어 이슬람 원리주의 운동과 발전에 중요한 역할을 하였다. 금요일인 7월 5일 살라마는 설교를 하지 않았다. 정부의 조치에 항의하기 위해 7월 12일 알 자마아 알 이슬라미야가 주최한 대집회에서 정부를 비난하는 설교를 행하였다. 살라마는 14일 누르 사원에서 체포되었으며, 19일 누르 사원은 폐쇄된다.[63] 그러나 한 달 후 석방되어 메카로의 순례가 허용되었는데, 순례에서 돌아온 그는 계속 즉각적인 이슬람법의 실현을 주장하였다. 그러나 그는 자신의 이러한 주장과 목적을 관철시키기 위한 수단으로 폭력을 사용하는 것은 결사 반대하였다. 특히 정부의 전복을 꾀하기 위해 그가 이슬람 운동을 하고 있다는 보도를 낭설이라고 강력하게 부인하고, 단지 그는 이슬람법의 실현을 위해 이슬람 운동을 한다고 분명히 밝혔다.[64]

1980년 이후 이슬람 원리주의 운동은 크게 두 범주로 구분된다. 급진주의(알 지하드와 알 자마아 알 이슬라미야)와 온건주의(무슬림 형제단과 폭력에 반대하는 무슬림 온건단체들)이다. 그러나 대부분의 정치운동에서와 마찬가

63 사설 마스지드들은 과격 급진 이슬람 원리주의자들의 모임 장소나 본거지로 사용되었다. 1970년대 이집트 내의 사설 마스지드 숫자는 4만에 달했다. 당시 이집트 내에는 약 4만 6천 개의 모스크가 있었는데, 이 중 약 6천 개만이 종교성이 관리하는 마스지드로 등록되어 있었다. 사설 마스지드들은 정부로부터 지원받는 마스지드들과는 달리 경제적으로나 정치적으로 훨씬 자유로운 활동을 할 수 있었다.

64 Kepel, 앞의 책, p.256.

지로 이슬람 운동 내에서도 다양성과 유동성이 항상 존재하였다. 알 자마아알 이슬라미야 같은 단체는 점차 과격 급진주의로 급성장했지만, 앞에서 보았듯이 처음에는 학생조직으로서 온건하게 정부와 협력하는 중도적인 입장을 취하고 있었다. 또한 비록 형제단 지도부는 오랜 경험을 통해 일찍부터 온건주의 노선을 걸어왔지만, 그러나 무슬림 형제단의 일부 단원들이 급진적인 이슬람운동에 일종의 동정심 같은 공감대를 가지고 있었던 것도 사실이다. 알 지하드는 급진주의였다. 따라서 이들은 정부와 비대결의 정책을 펼치며 폭력의 사용을 반대했던 무슬림 형제단을 강도 높게 비난하였다.[65]

급진 원리주의자 주동세력은 주로 대학 내에 존재했다. 1985년 11월 카이로 대학교 학생대표 선거에서 알 자마아 알 이슬람미야의 후보자들은 법과대학과 문과대학을 비롯한 각 대학에서 속속 당선되었다. 그러나 이러한 승리가 그들의 정치적 목표인 이슬람국가의 수립에 대한 학생 대중의 지지를 의미하는 것은 결코 아니었다.[66] 1980년대 중반과 후반에도 급진 원리주의 학생운동은 상이집트의 대학들에서 간헐적인 반정부 시위로 계속 이어졌다. 그러나 대중적 지지나 관심을 이끌어 낼 정도의 것은 아니었다. 하피즈 살라마와 무슬림 형제단으로 대변되는 중도적인 이슬람 원리주의자들이 급진적 호전세력들보다 훨씬 광범위한 호소력을 지니고 있었다. 무슬림 형제단은 개혁주의와 온건주의 노선을 유지하였다. 이들은 기존 조직의 재건과 정치세력화를 새 목표로 설정해놓고, 평화적이고 법을 준수하는 집단으로 인식되기를 원했다. 나세르나 사다트 체제에서는

65 Abdel Salam Sidahmed and Anoushiravan Ehteshami, *Islamic Fundamentalism*, Boulder, Col.: Westview Press, 1996, p.109.

66 Dekmejian, 앞의 책, p.83.

혁명주의 노선을 취하기도 했지만, 무바라크 체제에서는 철저하게 폭력과 테러행위를 멀리하였다. 샤리아의 적용문제 같은 중대한 그들의 목표가 좌절되었을 때조차도 시위나 폭력행위를 자제하고 삼갔다. 호전적 급진세력들의 간헐적인 폭력과 테러행위가 있기는 했으나, 무슬림 형제단의 비폭력주의와 정적주의 덕택으로 무바라크 정권은 1980년대와 1990년대 초의 경제위기와 사회불안 속에서도 정치적 위기를 맞지 않았다. 무바라크 정권하에서 무슬림 형제단이 비폭력 온건주의 노선을 택할 수 있었던 것은 지도자인 오마르 알 탈마사니의 노력 때문이었다. 그는 공개적으로 무슬림 형제단의 온건주의와 평화주의를 표방하였다. 1986년 그의 장례식에는 수많은 시민이 참석했는데, 이것은 그가 소위 "정치에 종교가 없고, 종교에 정치가 없다No religion in politics and no politics in religion"라는 말에 끝까지 동의하지 않았고, 형제단에 대한 정부의 공식적인 인정을 지속적으로 촉구하였기 때문이었다. 표현의 자유, 고문의 금지, 부패의 척결 같은 것도 정부에 끊임없이 요구했다. 다른 한편 그는 무바라크 대통령을 비교적 자유를 부여해 준 지도자로 찬양했는데, 이 때문에 급진 원리주의 단체들은 알 탈마사니를 정권과 내통한 자로 비난하였다.

알 탈마사니의 사망으로 무슬림 형제단의 최고 지도자가 된 무함마드 아부 알 나쓰르Muḥammad Abū al-Naṣr는 1987년 한 인터뷰에서 다음과 같이 말했다. "지난 30년 동안 자유장교단 운동(나세르주의자들)은 무슬림 형제단을 살인자로 중상 · 모략해 왔다. 이제 국민들은 지금까지의 그들 주장이 얼마나 잘못되고 허황된 것인가를 알 수 있을 것이다. 상황은 전혀 달라졌다. 이제 유일한 해결책은 이슬람이다."[67]

---

67 Ṣalāḥ Abd al-Maqṣīd, "Interview with Muḥammad Abū al-Naṣr," *al-I'tiṣām*, October-November, 1986.

1987년 4월 의회 선거는 무슬림 형제단에 대한 대중적 지지를 확인시켜 주었다. 이 선거에서 무슬림 형제단은 군소정당인 사회주의노동당 및 자유당과 새로운 동맹을 형성하였다. 이 이슬람동맹al-Taḥlūf al-Islām은 간결한 슬로건을 내걸었다. "이슬람, 그것이 해결책이다." 이때에도 선거는 관제적이었지만 이슬람동맹은 17%의 득표를 하고 의석 60석(그 중 무슬림형제단 38석)을 차지하였다. 이로써 무슬림 형제단은 이슬람동맹을 이끌면서 샤리아의 즉각 적용, 경제개혁, 농업개혁, 민주화, 고리대금 금지, 부패추방 등의 주요 정강을 내세우고, 339석을 획득한 집권당인 민족민주당 National Democratic Party: NDP에 도전하였다. 무슬림 형제단의 마으문 알 후다이비Ma'mūn al-Hudaybī는 "무슬림 형제단의 이념을 신봉하는 수많은 국민들의 존재를 정부가 부인하는 것은 현명한 처사가 아니다. 현실을 인정하지 않는 것은 정부에 아무런 도움이 되지 않는다"[68]고 말하면서 무슬림 형제단의 합법적인 정당 인정을 촉구하였다.

무슬림 형제단의 소망은 합법적인 정당을 갖고 정치제도권 안으로 들어가는 것이었다. 무바라크 정권은 이를 허락하지 않았다. 무슬림 형제단의 세력을 약화시키고, 정부의 지침에 따르게 하며, 이슬람을 어느 한 정당이 독점하지 못하도록 무슬림 형제단의 정당 설립을 반대하였다. 무슬림 형제단을 정당으로 받아들인다면 민심과 민중의 표가 쏠릴 곳은 뻔하였다. 그것은 집권정당 NDP로서는 위험천만한 일이었다. 그래도 무슬림 형제단은 현실정치에 참여하는 것이 참여하지 않는 것보다 훨씬 바람직하다고 판단했다. 그렇지만 이와는 반대로 알 지하드와 알 자마아 알 이슬라미야는 무바라크 정권을 비합법적인 정권으로 간주하였으며, 이들과의 화해나 정치참여를 완강하게 거부하였다. 이들이 무슬림 형제단과 다르다고 주장

68 Rubin, 앞의 책, p.26.

하는 중심사상은 "하키미야 리 알라ḥakimiyya li Allah(통치권은 알라에게 있다)" 라는 주권재신사상과 독특한 '지하드' 관觀이었다. 어쨌든 무슬림 형제단의 가장 큰 바람은 샤리아법의 실행과 정치정당으로서의 인정으로 요약될 수 있다. 하지만 무바라크 정권으로서는 무슬림 형제단의 이 요구 중 어느 것도 받아들일 수 없는 것이어서 정부와 이슬람 원리주의자들의 사이는 더 가까워질 조짐이 보이지 않았다. 오히려 급진주의 비밀조직은 지방에서 날로 가입자의 수가 늘어나 1980년대 말, 대략 그 수가 7만 명에서 10만 명에 이르는 것으로 추정되었다.[69]

1990년대에도 무슬림 형제단은 비록 정치세력으로 확고한 위치를 점하지는 못했지만, 사회적으로는 강력한 새 조직을 구축하였다. 사회의 각종 전문 직능단체의 구석구석을 이들이 장악한 것이다. 이같은 사회적 기반을 재구축할 수 있었던 배경에는 비폭력 온건주의, 평화적으로 법적 정당성을 확보하려는 노력 등이 깔려 있었다. 그러나 무슬림 형제단이 사회적으로 재조직되고 이집트 사회에서 나름대로 중요한 목소리를 내고는 있지만, 정치적 조직화를 이루지 못해 이들의 영향력은 결코 이전과 같지 않았다. 한편 호전적 급진 원리주의 세력들은 이같이 약화된 반정부 목소리의 대체세력으로 나서 테러행위를 자행하게 된다. 이슬람국가 수립이라는 원대한 목표를 달성하기 위해 폭력과 무장투쟁을 공공연히 선포하고, 이집트 대중의 사회경제적 불만을 정부에 전달하는 유일한 무장세력임을 자임하고 나선 것이다.

(2) 90년대의 급진 원리주의 운동

이집트에서는 1992년 이후 급진주의 무장세력들과 정부 간의 투쟁으로

69 *International Herald Tribune*, 27–28 June 1987.

약 1,100명 이상이 사망하였다. 이러한 급진주의 무장조직들이 행한 폭력 사태는 무바라크 정권의 반급진주의 선전에 중요한 빌미를 제공하였다. 정부는 급진적 이슬람주의자들을 범법자로 간주했고, 이들의 이념을 진정한 이슬람 교의에 대한 오역으로 선전하였다. 이슬람 원리주의자들의 이념은 원래 청교도적이고 살라피야적인 것으로 종교를 재해석하여 이슬람 국가를 수립하자는 것이었다. 이집트 정부는 이러한 온건 이슬람 원리주의자들의 순수한 노력까지 매도하였다. 이들의 행동을 이란의 성공적인 혁명노선이나 수단의 극단적인 이슬람 형법의 시행 같은 것과 일치시킴으로써 국민들에게 급진 원리주의 운동에 대한 두려움과 불안감을 조성하였다. 이러한 정부의 의도는 정부 주도의 언론매체를 통해 대대적으로 선전되었다. 이집트 정부는 급진 과격 원리주의자라는 용어 대신 '테러리스트'라는 용어를 전파시키는 데 성공하였다. 하지만 테러행위에 대한 정부 주도의 무차별 공격과 강경진압은 무고한 인명의 살상과 관광수입의 감소만을 가져왔다.

급진주의 세력들은 진정한 이슬람국가의 수립을 정부에 요구하며, 그 촉구수단의 하나로 이집트의 가장 중요한 국가 수입원 중의 하나인 관광산업을 테러의 공격대상으로 택했다. 1990년대 초 이래 알 자마아 알 이슬라미야를 비롯한 급진 원리주의 무장조직들의 공격은 주로 이집트 중부 지역인 상이집트Upper Egypt에서 발생하였다. 알 자마아 알 이슬라미야는 자신들의 투쟁이 결코 외국인을 대상으로 한 투쟁이 아니라 이집트 정부와의 투쟁임을 분명히 천명하면서, 투쟁과정에서 희생될 수도 있는 외국인들의 이집트 방문을 자제하도록 촉구했다. 그러나 당시 이러한 공격과 테러행위가 이집트 고대문명의 발생지이자 이집트 최대 관광명소인 룩소르Luxor까지 확산되어 일어나리라고는 누구도 생각하지 않았다.

외국인 60명의 사망을 초래한 1997년 11월 룩소르의 테러사건은 급진 원리주의 무장조직인 알 자마아 알 이슬라미야의 전략이 수정되었음을 의미하였다. 1997년 7월 미국에 투옥 중인 알 지하드와 알 자마아 알 이슬라미야의 정신적 지도자 오마르 압드 알 라흐만과 또 다른 지하드의 지도자들은 조직 내부에서 충분한 논의를 거치지 않은 채 반정부 투쟁의 중지와 휴전을 일방적으로 선언하였다. 그러나 일부 호전적 세포조직과 해외에 도피 중인 급진 원리주의 지도자들이 이에 강력히 반발하고 나섰다. 그 대표적인 인물로는 당시 영국에 망명 중인 알 자마아 알 이슬라미야의 지도자 야시르 타우피끄 알 씨르리Yasser Tawfīq al-Sirrī와 아프가니스탄에 망명 중인 무쓰따파 함자Muṣṭafa Ḥamza를 꼽을 수 있다. 이 두 사람은 무바라크 정권이 룩소르 사건의 배후인물로 지목한 자들이다. 알 지하드 조직의 아이만 알 자와하리Aymān al-Zawahari도 스위스에서 대정부 휴전제의에 반대하였다.

반정부 무력투쟁의 중지와 휴전선언이 처음 나온 것은 1997년 7월 5일 알 자마아 알 이슬라미야 소속 급진주의자 98명에 대한 군사재판에서였다. 피고인 중 한 명이, 1981년 사다트 대통령의 암살사건에 연루되어 종신형을 살고 있는 지도자들이 이집트 국내외에서 활동하고 있는 모든 반정부 세력들에게 조건 없는 휴전을 촉구했다고 밝힌 것이다. 이때 이집트 내무장관 하산 알 알피Ḥasan al-Alfī는 이러한 휴전 제의를 일축하면서, 이는 정부가 무슬림 급진주의 세력들과의 전쟁을 승리로 이끌고 있는 상황에서 급진주의자들이 제기한 일종의 속임수일 뿐이라고 말했다.

한편 이집트에서 추방당하였거나 도피하여 아프가니스탄, 파키스탄, 유럽 국가에 거주하고 있는 알 자마아 알 이슬라미야 지도자들도 반정부 폭력을 조건 없이 중지하자는 이 제의에 반대하고 나섰다. 또 이에 대한 반발로 일부 알 자마아 알 이슬라미야 세력은 아시유뜨의 만팔루트Manfalūt 에서 반정부 무장공격을 감행하였다. 7월 5일 이후 발표된 3개의 성명서 (만팔루트 사건에 대한 성명서 포함)에서 해외의 알 자마아 알 이슬라미야 지도자들은 이 조직에 소속되어 있는 수천 명의 수감자들이 석방될 때까지 자신들의 반정부 투쟁을 계속할 것이라고 밝혔다. 또한 이들은 정부가 군사재판을 통해 알 자마아 알 이슬라미야 전사들에게 테러혐의를 뒤집어씌우고 있다고 주장하면서 이러한 정치공작의 중지를 촉구했다. 그리고 엄격한 이슬람법의 실현을 다시 한 번 촉구하였다.

그러나 알 자마아 알 이슬라미야와 알 지하드 소속의 또 다른 투옥되어 있는 지도자들이 휴전선언에 지지를 표명했다. 이는 쉐이크 압드 알 라흐만의 동의로 극대화되었다. 쉐이크 압드 알 라흐만은 1993년 미국 뉴욕의 세계무역센터에서 발생한 폭발사고를 배후에서 지령했다는 혐의로 종신형을 선고받은 상태이다. 그는 감옥에서 반정부 폭력행위의 중지에 동의한다는 성명서를 발표했다. 쉐이크 압드 알 라흐만의 성명서가 발표되자 이집트 정부의 태도에 변화가 생겼다. 내무장관 알 알피는 이집트 사회의 안정과 외국인투자 확대를 위해 이러한 평화선언을 환영한다고 말하면서, 동시에 정치적 목적을 가진 어떤 폭력에도 단호히 대처하겠다는 정부측 의지를 분명히하였다.

휴전제의에 반대하는 세력도 만만치 않았다. 예컨대 좌익노선을 지향하던 타감무으Tagammu' 같은 단체는 휴전제의를 통한 이집트 정부와의 화해 시도에 강력하게 반대하였다. 알 자마아 알 이슬라미야와 알 지하드의 지도부가 정부와의 휴전을 제의하자, 이집트 내에서는 여러 반응들이 나타났다. 가장 큰 반응은 이제 수십 년 동안 지속되어 온 유혈투쟁이 과연 종식될 것인가 하는 기대였다. 그러나 일부는 이러한 휴전제의가 이들 조직의 성격에 근본적인 변화가 온 것인지, 전략노선의 변경 때문인지, 아니면 미래의 발전을 모색하기 위한 제스처인지 여전히 의구심을 가지고 있었다.[70]

이집트의 이슬람 원리주의 운동은 앞에서 보았듯이 크게 두 갈래의 것으로 구분할 수 있다. 첫 번째는 급진주의, 극단주의, 테러리스트로 알려져 있는 과격 급진 행동주의자들의 운동이다. 이들은 그들 나름대로의 독특한 종교사상 체계와 개인적 해석에 집착하면서, 개인 · 집단 · 국가에 대한 종교적 해석권과 이교도에 대한 파문권을 인정하고 이를 근거로 폭력행사를 합법화하였다. 두 번째는 정교일치의 이데올로기를 포용한 정치적 · 사회적 성향의 운동이다. 이들은 대부분 정치적 이슬람을 지향하며 중도적 성향을 띠고 있었다. 물론 1997년 7월 5일 이전까지 알 자마아 알 이슬라미야와 알 지하드는 전자에 속하는 대표적인 급진 원리주의 단체였다.

그러나 이제 알 자마아 알 이슬라미야와 알 지하드가 반정부 폭력을 금지한다는 성명서를 발표한 것은 이들이 내적으로 질적 변화를 추진하겠다는 뜻으로 받아들여질 수 있었다. 이러한 상황인식은 이들이 취하고 있던 일련의 조치와 이들 단체의 원래의 이념과 행동원리를 비교하여 내린 판단이었다. 지금까지 급진 원리주의 단체로 활동해 왔던 이들은 이집트 정부를 무지(자힐리야)와 이교의 집단으로 간주했으며, 이를 이슬람 정부로 대치시키려는 노력을 기울여 왔다. 그런데 이들이 국내외에서 폭력행사를 금지하겠다는 결정은 이집트 정부의 합법성을 인정하겠다는 새로운 입장으로 받아들일 수 있는 것이었다. 이러한 인식에 따르면, 이집트 정부는 더 이상 폭력의 대상이 되지 않을 것이다. 이러한 의외의 결정이 내려진 실제배경은 밝혀지지 않았지만, 각 조직의 지도부가 발표한 성명서에는

70 *Al-Ahrām Weekly*, 4-10 September 1997.

조직들 내부의 질적 변화가 확인되고 있었다.

아마도 이러한 결정의 실질적 이유들 중에는 조직과 핵심요원들에 대한 정부의 무자비한 탄압정책, 특히 지난 수년 동안 국내외에서 이집트 보안 당국이 펼친 가혹한 수사도 포함되었다. 그렇지만 이념적 행동원리의 수정이라는 전례 없는 결정을 내리는 데 그런 이유는 지엽적인 것에 지나지 않았다. 투쟁노선 변경의 구체적인 이유는 광의적인 데에 있었다. 예컨대 아랍 국가와 이스라엘 사이의 점증되는 갈등구조 같은 것이다. 당시 이스라엘은 점령지 내의 유대인 정착촌 건설 문제로 중동평화를 위협하며 팔레스타인 자치정부를 끊임없이 공격하고 있었다. 또한 이스라엘은 남부 레바논의 히즈볼라와 계속 투쟁을 벌이고 있었고, 골란 고원에 댐을 건설하기 위해 시리아측의 주권을 무자비하게 짓밟고 있었다. 게다가 미국은 의회의 결정을 통해 미대사관을 텔아비브에서 예루살렘으로 옮기려 했다. 이러한 상황에서 이들은 더 이상 이집트 국내문제에만 집착할 수 없었을 것이다. 아랍에 대한 이스라엘의 점증하는 적대행위는 급진 원리주의 단체들로 하여금 행동의 우선순위 변경을 가져오게 했던 것이다. 이들 단체가 이스라엘과 미국에 대항한 투쟁을 우선순위로 설정하는 데에는 레바논 남부나 팔레스타인 지역의 급진주의 무슬림 조직들부터 큰 자극과 영향을 받은 것 같다. 다시 말해 그들의 반정부 투쟁노선은 국제적 문제로 바뀌고 반미투쟁으로 전환된 것이다.

사실 이집트 내의 급진 원리주의 조직들이 이스라엘과 미국에 대항하는 투쟁을 우선순위로 설정하고 있다는 가설은 1995년 그리스 관광객들에 대한 오인공격에서 이미 입증되었다. 사건발생 후 알 자마아 알 이슬라미야가 발표한 성명서에 의하면, 이들은 그리스 관광객이 아니라 이스라엘 관광객을 공격할 계획이었다는 것이다. 또한 알 자마아 알 이슬라미야의 성명서 중 가장 주목할 것은 미국에 투옥 중인 쉐이크 오마르 압드 알 라흐만의 메시지이다. 그는 다음과 같이 선언했다. "무슬림들의 가장 큰 적은 모든 무슬림들에게 잘 알려져 있다. 이제 우리는 이들을 제거하고 파괴하기 위해 힘을 합쳐야 한다. 신은 선택한 자에게 승리를 내려 주신다." 이 메시지에는 이집트 정부에 대항하는 폭력행사를 금지하는 대신 보다 광범위한 의미의 적을 대상으로 투쟁을 벌이겠다는 의지가 내포되어 있다.

1997년 11월 발생한 룩소르 테러사건은 이미 1996년부터 발생한 일련의 무모한 무장테러사건의 연장선상에 있다고 말할 수 있다. 1996년 급진호전주의(극단주의) 세력들은 바흐구라Bahgūra의 이즈비트 카밀Izbit Kāmil 지역을 공격하여 무차별 사격을 퍼부었으며, 이로 인해 14명이 사망했다. 1997년 9월에는 일단의 무장세력들이 타흐리르 광장의 카이로 박물관 앞에서 관광버스를 공격하여 9명이 사망하는 사건이 터졌다. 또 1997년 10월에는 미니야Minya에서 일단의 무장괴한들이 경찰차량에 무차별 사격을 가했으며, 이로 인해 11명이 사망하였다. 이즈비트 카밀 사건은 알 파르투쉬al-Fartūshī라는 조직에 의해 자행되었는데, 이는 알 자마아 알 이슬라미야의 세포조직임이 드러났다. 타흐리르 사건과 미니야 사건은 주동세력과 배후가 정확히 밝혀지지 않았다. 룩소르 테러사건도 알 파르투쉬의 소행으로 알려졌다. 이 조직은 미니야에서 관광열차를 공격하는 계획을 수립했다가 실행단계에서 취소했으며, 대신 룩소르 지역을 공격장소로 선택했다. 공격 중 사살된 한 명은 나가으 함디Naga' Ḥamdī 출신으로 밝혀졌는데, 이곳은 알 자마아 알 이슬라미야 활동의 온상 중의 하나이다.

1997년 말까지 룩소르, 아스완Aswan, 후르가다Hurghada, 샤름 알 쉐이크Sharm al-Shaykh는 비교적 안전한 지역이었다. 왜냐하면 이곳들은 다른 어느 지역보다 중요한 관광명소였고, 아직 급진 원리주의 조직이 존재하지 않았기 때문이었다. 대부분 이들 급진 무장세력(극단주의자)들은 미니야, 아시유뜨Asiyūt 그리고 베니 수에프Beni Suwief 출신들이었다.

알 자마아 알 이슬라미야 소속의 극단주의 세력들이 룩소르 테러사건을 자행한 후 발표한 성명서에는 1997년 7월 선언된 일방적 휴전조치에 대한 반대, 1993년 미국 세계무역센터에 대한 테러로 수감 중인 쉐이크 오마르 압드 알 라흐만과 알 자마아 알 이슬라미야 소속 수감자들의 석방, 샤리아에 근거한 이슬람국가의 건설, 이스라엘과의 관계 단절, 미국과의 종속관계 탈피 등에 관한 내용들이 포함되어 있었다. 이러한 요구사항들의 일부는 급진주의 조직들뿐만 아니라 온건주의 이슬람 단체들도 주장하던 내용이었다. 그러나 방법론상에서 무슬림 형제단을 비롯한 온건 이슬람주의자들은 제도정치권 내에서의 비폭력 투쟁을 택하였고, 극단주의 세력들은 폭력과 테러를 통한 강경한 지하드(성전) 노선을 택하였던 것이다.

이집트의 대표적인 일간지 『알 아흐람』은 룩소르 테러사건을 저지른 호전적 무장조직들은 이집트 보안당국뿐만 아니라 일방적 휴전을 선언한 알 자마아 알 이슬라미야의 지도부로부터도 압박과 소외감을 느끼고 있었고, 이러한 상황에서 이들은 최대의 효과를 얻기 위해 충격요법인 초강경 테러의 길을 택했을 것이라고 논평하였다. 그러나 이는 분명히 과격 무장세력의 행동전략의 수정을 의미하였으며, 향후 행동 반경에 대한 방향을 알게 하였다.[71]

이집트 내의 급진 원리주의 무장조직들은 철저히 세포조직으로 결성되어 있고, 대부분 각 세포조직의 대표가 독자적인 결정권을 가지고 있다. 1997년말 이집트에는 알 자마아 알 이슬라미야와 알 지하드 소속의 세포조직들이 숫자를 파악할 수 없을 정도로 많이 퍼져 있었는데, 이들에 대한

---

71 *Al-Ahrām Weekly*, 20-26 November 1997, p.2.

지도부의 통제력은 거의 상실된 상태였다. 이집트 정부는 당시에 지난 10년 동안 알 자마아 알 이슬라미야와 알 지하드의 지도부를 철저히 파괴하고 활동을 봉쇄하였다. 이로 인해 이 두 조직의 지도부는 거의 와해된 상태였다. 이러한 지도부 역할의 공백을 틈타 오히려 새로운 호전적 젊은 세력들이 새로운 세포조직을 결성하여 극단주의의 급진조직이 되었다. 룩소르 테러사건은 이러한 세포조직이 저지른 한 예다. 1997년 9월, 타흐리르 광장에서 발생한 테러사건도 두 단체의 지도부와는 상관없이 자행된 새로운 극단주의 소조직에 의한 도발사건이었다. 하부조직으로 갈수록 대담하고 공격적이며 폐쇄적이고 독자적 노선을 걸었다. 급진주의radicalism 경향에서 극단주의extremism 경향으로 치달은 모습이다.

이러한 극단주의 무장세력들은 외국 관광객을 대상으로 하는 테러까지도 자신들의 주장에 대한 정당한 입장 표현의 한 방법이라고 말하고, 자신들을 순교자가 되는 길을 걷고 있는 전사라고 주장하였다. 룩소르에서 발견된 이들의 전단에는 "이집트에서는 관광객을 사절합니다No tourists in Egypt"라고 적혀 있었는데, 이러한 급진 세포조직들은 관광산업의 호황마저도 이집트 세속정부에 대한 외국인들의 지원으로 간주하였다. 또 다른 이슬람 극단주의 세포조직인 '정복의 선봉대Talā'iḥ al-Fatḥ; Vanguards of the Conquest'도 외국 관광객들이 이집트 방문을 자제해 줄 것을 촉구하였는데, 이들은 외국 관광객들 자체가 자신들의 공격목표는 아니지만, 이집트 정부에 돈을 바치는 관광객들의 행위에 분노한다고 했다. 이 세포조직은 1981년 사다트 대통령을 암살했던 알 지하드 조직의 한 갈래이다.[72] 이 조직의 지도자인 아이만 알 자와하리Aymān al-Zawahari는 사다트 대통령 암살사건과 연루되어 1981년부터 1984년까지 오마르 압드 알 라흐만과

72 *Middle East Times*, 21-27 November 1997, p.4.

함께 리만 투라Liman Tura 형무소에서 복역한 후 석방되어 룩소르 사건 때에는 스위스에서 거주하고 있었고, 현재는 오사마 빈 라덴과 함께 알 카에다를 이끌고 있다. 어쨌든 이들은 자신들의 활동력과 조직력을 과시하기 위해 상징적인 공격을 자행하고 있는데, 이러한 현상은 지속될 가능성이 높다.

이집트 이슬람 원리주의 운동에 영향을 끼친 요인은 외부적 요인과 내부적 요인으로 구분해 볼 수 있다. 외부적 요인으로는 이집트나 중동에 대한 미국의 정책, 이스라엘과 미국의 관계, 이스라엘과 팔레스타인 및 아랍국가들과의 관계 그리고 러시아 및 서구국가들과 이집트의 관계 등이 있고, 내부적 요인으로는 이집트의 민족적 정체성, 정권의 종교적 합법성, 사회정의의 실현 의지, 부의 재분배, 계급간 격차의 해소, 경제발전 정도 그리고 정치적 안정 등을 들 수 있다. 만약 이러한 외부적 · 내부적 요인들 중 상당 부분이 위기상황에 처하게 되면, 이집트의 이슬람 원리주의 운동은 그만큼 정치에 더 많은 간섭을 하려 들고, 그 행동양태도 다양해지며 때로는 그 일부가 폭력성을 띠게 되었다.

20세기 말 이집트 이슬람 원리주의의 발전에 영향을 끼친 외부적 요인들 중 첫 번째는 이란의 이슬람혁명이다. 이집트뿐만 아니라 아랍 국가들의 이슬람 원리주의 운동은 1979년 이란의 이슬람혁명으로부터 정치적 · 종교적으로 영향을 받았다. 하지만 역사적으로 볼 때 아랍 및 중동국가들의 이슬람 원리주의는 사실상 이집트의 원리주의로부터 더 많은 영향을 받았다고 말해야 옳을 것이다. 특히 이란의 쉬아 혁명은 이라크나 걸프 지역에서 기대한 만큼의 영향력을 발휘하지 못했고, 실제로 아랍 국가들의 순니 무슬림 원리주의 운동은 이집트의 원리주의와 무슬림 형제단 운동과 더 깊은 관계를 맺고 있다.

두 번째 외부적 요인은 아랍과 이스라엘의 관계, 특히 팔레스타인과 이스라엘의 관계이다. 동예루살렘의 유대인 정착촌 건설(1997년)과 오슬로 협정에 따른 점령지 내의 이스라엘 군대 철수가 이행되지 않자 점차 증폭되고 있던 이스라엘과 팔레스타인 간의 대립관계는 두 당사자들뿐만 아니라 전체 아랍 국가들 사이에도 긴장을 야기시켰다. 미국이 주도했던 제4차 MENA 경제회담(1997년)의 실패는 팔레스타인과 이스라엘의 평화협정 체결이 이집트뿐만 아니라 전체 아랍 국가들에게 얼마나 중요한 관심사인가를 대변해주었다. 특히 이집트 내의 급진 원리주의 단체들(알 지하드와 알 자마아 알 이슬라미야)이 이집트 정부와 조건 없는 휴전을 일방적으로 제의한 배경에는 앞에서 언급하였듯이 국내문제보다는 팔레스타인 문제의 해결에 우선권을 두겠다는 의미가 담겨 있었다. 그러나 조직 지도부의 이러한 휴전제의에 대한 합법성 논쟁이 있은 후 이집트 박물관 앞 테러사건(1997. 9)과 룩소르 테러사건(1997. 11)[73]이 일어났다. 이집트 급진 원리주의 조직들의 활동이 주로 세포조직을 통해 독자적으로 행해져 왔다는 사실에 비추어 볼 때, 이집트 급진 원리주의 운동(특히 극단주의 노선의 활동)의 미래를 점치기에는 너무나 많은 가변요인들이 존재하고 있음을 알 수 있다.

세 번째 외부적 요인은 미국의 중동정책이다. 아랍민족주의가 반제국주의와 반식민주의를 표방했던 것과 마찬가지로 그 뒤를 이어 등장한 이슬람 원리주의도 여전히 미국이나 서방 국가들과 심각한 대립관계에 있었다. 20세기말 이집트의 이슬람 원리주의자들은 미국의 대중동정책의 특징

73 Al-Wafd, 18 November 1997, 1997년 11월 룩소르 테러사건의 배후라고 주장한 알 자마아 알 이슬라미야는 미국에 구금 중인 오마르 압드 알 라흐만과 이집트에 투옥 중인 이슬람 원리주의자들의 석방을 촉구하기 위해 테러를 자행했다고 주장했다.

을 다음과 같이 말했다.[74]

① 친미적 입장을 취하고 있는 세속주의 정권 지원
② 이스라엘에 대한 일방적 지지와 아랍 국가들의 열등한 군사력의 고착화와 친미 아랍 국가들에 대한 군사 지원과 군대 주둔
③ 아랍 국가들 간의 수입 불균형과 불공정 분배를 야기한 경제정책
④ 이슬람 윤리 · 문화와는 전혀 동떨어진 미국식 · 서구식 가치관과 문화의 전파와 주입

원리주의자들이 말하는 이러한 인식들은 아랍 민중들 사이에 이미 고정관념화되어 있기 때문에 이들의 반미감정과 미국의 대중동정책 사이에는 항상 평행관계가 지속되고 있다. 이론적으로 이 둘 간의 화해나 절충이 불가능한 것은 아니지만, 이는 상당 부분 미국의 대중동정책의 수정이나 균형유지의 의지에 달려 있다. 미국이 중동지역에서 실질적인 이득을 보장받고 이집트를 비롯한 아랍 국가들의 원리주의 단체들과 공존하기 위해서는 다음과 같은 정책의 변화가 요구된다.

① 팔레스타인의 정체성 인정을 통한 아랍과 이스라엘 간의 분쟁 해결
② 팔레스타인과 이스라엘 간의 완전한 평화협정 체결을 통한 중동지역의 경제블록 형성
③ 친미적 아랍 정권들에 대한 정치적 · 사회적 · 경제적 개혁 지원
④ 아랍 국가들에 대한 지나친 경제적 · 군사적 · 문화적 침투와 간섭의 자제

74 Dekmejian, 앞의 책, p.173.

이러한 정책의 변화가 이루어진다면, 친미적 입장을 취하고 있는 아랍 정권들은 급진 원리주의자들의 보다 광범위한 이해 속에 정치적 합법성을 담보받고, 또 보다 적극적으로 이들과 대화를 할 수 있을 것이다.

이집트 이슬람 원리주의의 발전에 영향을 끼친 내부적 요인들 중 첫 번째는 사회경제적 위기이다. 사다트의 경제개방정책infitāḥ과 무바라크의 의욕적인 경제발전계획에도 불구하고, 부의 공정한 분배와 사회정의의 실현은 아직도 요원한 듯하며, 급진 원리주의 세력은 이러한 사회경제적 위기상황을 반정부 운동의 호재로 삼고 있다. 더욱이 미국의 중재로 이스라엘과 평화협정을 맺고 그 대가로 경제적 부를 추구하려 했던 사다트의 정책이 성공을 거두지 못하자, 급진 원리주의 조직은 사다트뿐만 아니라 미국과 이스라엘까지 투쟁의 목표로 삼았다. 한편 이집트 정부 지도자들의 계속적인 경제정책의 실패는 정권에 대한 국민의 불신감을 고조시켰고, 정권의 합법성마저 인정하지 않으려 하는 비판적 풍조를 낳게 했다. 이러한 국민정서는 정권의 개혁적 · 혁신적 경제정책이 수행되지 않는 한 여전히 팽배해 있을 것이다.

두 번째 요인은 한때 지속된 반정부단체인 급진 원리주의 조직들과 나세르주의 단체들의 연계 가능성이다. 이념적인 측면에서 이집트의 이슬람 원리주의는 나세르주의의 대체사상이었다. 1970년대 이슬람 원리주의와 나세르주의가 하나로 수렴되기 시작하여, 반정부 투쟁이라는 공동의 목표를 지니게 되었다. 1977년 1월 폭동은 이의 전형적인 예였다. 이집트에서 정치적 자유화와 사회적 평등, 경제적 정의가 더디게 진행되고, 대중들의 불만이 고조될수록 이 두 조류의 합류와 공생은 시간문제였으며, 이는 정권에 대한 최고의 위협요인이었다. 정치적으로 무슬림 형제단 같은 이슬람 단체의 정당화를 금지하고 있는 이집트에서 두 집단은 정치적으로 공동보조를 취하기도 하였다. 그러나 원리주의 단체들에 대한 정부의 감시와 탄압이 효율적으로 진행되고, 구소련체제가 붕괴되면서 이 두 집단의 단합은 끝나게 되었다.

세 번째 요인은 이슬람 단체들에 대한 이집트 정부의 강압정책의 효율성과 대중 정서를 들 수 있다. 이집트 사회 내부에는 항상 위기를 촉발시킬 수 있는 요소들이 상존해 있다. 그리고 이러한 사회적 불만들은 언제, 어떻게 정권에 대한 투쟁으로 돌변할지 예측하기 어렵다. 급진적 원리주의 단체들의 폭동과 테러는 국내와 국제 정세의 변화에 따른 우연적 요인과, 단체 내부의 결정에 의한 계획적 요인 그리고 대중 정서에 의한 필연적 요인으로 대별될 수 있다. 이 중 마지막 요인은 각 국가와 민족의 독특한 정서 때문에 특정한 기준으로 판단하기는 힘들다. 원래 이집트 민족의 정서는 다른 아랍 민족들과는 대조적으로 인내심이 강하고 일반적으로 과격행동을 혐오하는 것이 특징이다. 그러나 이집트에서 정치와 사회 불안으로 야기된 대중 정서의 폭발력은 사다트 정권에 대항한 식량폭동(1977년) 같은 경우로 충분히 입증되었다.

아직 계속되고 있는 무바라크 통치기간 중 이집트의 대중 정서가 변화할 수 있는 형태는 다음과 같은 몇 가지 유형으로 예측해 볼 수 있다.

① 무바라크 정권이 원리주의 단체들에 대한 탄압정책을 강화시켜 정권과 무슬림 형제단 및 이슬람주의 지지자들 사이의 관계가 악화되는 경우, 이집트 정권에 불만을 가진 세력이 원리주의 세력과 합세하여 새로운 대중 정서를 창출할 수 있다.

② 무바라크 정권과 집권당인 민족민주당NDP이 이집트의 정치개혁을 단행하여 선거에서 표현의 자유를 인정하고 이슬람 단체들을 정당으

로 인정한다면, 이집트의 대중 정서는 또 다른 새로운 방향으로 바뀔 수 있다. 그러나 무바라크와 집권당은 무모하게 이러한 일을 하지 않을 것이다. 왜냐하면 알제리와 요르단의 경우를 보면서 무슬림 원리주의 단체들을 정당으로 인정하는 것이 얼마나 위험한 것인가를 목격했기 때문이다.

③ 대내외적으로 대중들의 정서를 자극할 수 있는 촉매제가 등장하는 경우, 대중 정서는 곧바로 반정부 투쟁이나 폭동으로 돌변할 수 있다. 이러한 촉매제로는 원리주의 단체에 대한 전면적인 탄압과 체포 및 투옥, 이슬람과 콥트교 간의 갈등, 중요 경제정책의 실패, 아랍과 이스라엘 간의 전면 대립, 팔레스타인과 이스라엘 간의 평화협정 결렬, 아랍 국가들에 대한 미국의 지나친 군사 개입, 그리고 식량부족 · 물부족 · 반정부 학생시위 · 정부관리의 부패와 타락 등으로 야기되는 이집트 민중과 경찰 간의 충돌 등을 들 수 있다.

이러한 외부적 · 내부적 요인들을 누구보다 잘 인식하고 있는 무바라크 정권은 원리주의 단체와 무슬림 대중들 간의 관계를 철저히 분리시키기 위해 총력을 기울여왔고, 테러의 국지화 · 최소화 전략과 통신 · 보도의 통제를 통해 상호 협력을 차단하였으며, 일반 대중들에게는 경제발전을 담보로 한 회유책을 실시하고, 급진적 원리주의 조직에 대해서는 철저한 탄압정책을 실시함으로써, 지금까지 이집트 원리주의 운동의 확산을 효율적으로 막아오고 있다.

제14장 | 싸이드 꾸틉의 급진 이슬람 원리주의

무슬림 형제단의 창건자 하산 알 반나(1906~1949년)가 현대 이슬람 원리주의 운동의 효시로서 많은 이슬람 부흥론자들의 존경을 받고 있지만, 그에 못지않게 오늘날 이집트를 비롯한 무슬림세계 전역에서 이슬람 원리주의와 이슬람의 이데올로기화 운동의 가장 영향력 있는 인물로 평가받고 있는 인물이 싸이드 꾸틉Sayyid Qutb이다. 그는 하산 알 반나와, 인도에서 자마아티 이슬라미Jama'at-i Islāmi를 세운 아부 아알라 알 마우두디(1903~1979년)의 원리주의 이론과 행동철학을 다듬고 체계화하여 이슬람 원리주의 운동의 새로운 이정표를 제시한 '이슬람 이데올로기화'와 '이슬람 혁명' 이론의 주창자로 추앙받고 있다.

오늘날 이슬람 부흥운동을 이끄는 주역이 이슬람 원리주의자들이라는 데에는 의심할 여지가 없다. 그런데 앞장에서 보았듯이 현대의 이슬람 원리주의는 온건주의와 급진주의 둘로 갈라져 있는 양상이다. 온건 원리주의는 무슬림 형제단을 비롯한 거의 대부분의 이슬람 부흥운동 조직들의 경향으로, 이들은 폭력에 반대하고 비록 세속적 정권일지라도 이미 세워져 있는 제도권 안에서 현실정치에 참여하면서 이슬람적 개혁을 도모하고 이슬람국가로의 변신을 꾀하려 한다.

반면, 급진 원리주의는 바로 얼마 전 아프가니스탄의 탈레반 정권이나 이집트의 알 자마아 알 이슬라미야, 알 타크피르 와 알 히즈라, 알 지하드와 같이 비록 소수지만 비밀리에 조직원을 훈련시키고 점조직화한 호전적인 무슬림 무장세력들의 경향으로, 이들은 세속화·서구화한 정부와 사회에 무조건 등을 돌리고 그들과 정면으로 맞서 싸우면서 '이슬람만이 해결책' 이라는 슬로건 아래 직선적으로 이슬람국가 건설을 외치고 있다. 이들은 세속정권과 협력하는 타협적·중도적인 입장을 강도 높게 비난한다. 사실은 형제단 내부에서뿐만 아니라 무슬림세계의 많은 일반 무슬림 대중이 이러한 급진적 원리주의자들의 대의와 활동에 종종 공감하고 동정적이기도 하지만, 그러나 그들의 일부가 저지르는 과격 테러행동에는 동조하지 않는다.

온건 원리주의자들과 확연히 구분되는 이러한 급진 원리주의자들의 중심사상은 하키미야 리 알라ḥakimiyya li Allāh(통치권은 알라에 속한다)와 감춰져 있는 의무al-farīda al-ghayba로 묘사되는 독특한 지하드jihād(성전)관이다. 바로 이 두 사상이 그의 명저 『길가의 이정표』에 나타난 그의 중심사상과 같은 것이기 때문에 이 사상들은 꾸틉의 이론에서 비롯된 것으로 간주되고, 싸이드 꾸틉은 급진 원리주의 사상의 태두이자 현대 이슬람 혁명주의 이론의 주창자로 불린다.

이 장에서는 이러한 싸이드 꾸틉의 원리주의 사상과 현대 이슬람 부흥운동에 미친 그의 사상의 영향을 살펴보고자 한다. 꾸틉은 역량 있는 다작의 작가였다. 그리고 그의 삶과 죽음은 한 혁명 이론가가 겪는 드라마틱한 인생역정의 완벽한 모델이었다.[1] 그는 국가 전복과 민중 선동이라는 죄목으로 불공정한 재판을 받고 사형당하였다. 이 사건으로 인해 그는 샤히드shahīd(순교자)로서 원리주의 무슬림들의 눈에 비쳤고, '진정한 이슬람'을 구현하고 '순수한 이슬람'으로 돌아가기 위해 기꺼이 자신을 희생한 독실한 지하드의 실천자로 존경을 받게 된다.[2]

먼저 그의 생애와 저작들에 나타난 그의 사상을 개괄한 뒤에 그의 급진 원리주의 사상의 중심내용과 후대에 미친 영향을 고찰하려 한다. 이를 통해서 온건 원리주의와 급진 원리주의의 분기점에 서 있는 진일보한 싸이

1 Yvonne Haddad, "Sayyid Qutb: Ideologue of Islamic Revival," John Esposito, ed., *Voices of Resurgent Islam*, Oxford: Oxford University Press, 1983, p.67.

2 Malise Ruthven, *Islam in the World*, 2nd ed., Oxford: Oxford University Press, 1984, p.311.

드 꾸틉의 사상을 확인하고, 나아가 이슬람 원리주의와 이슬람 부흥운동의 새로운 흐름을 파악할 수 있을 것이다.

1. 꾸틉의 생애와 주요 저작들

싸이드 꾸틉이 활동하던 20세기 중반의 이집트는 다양한 사상과 이념 논쟁이 난무하며 군주 왕정제에서 카리스마적인 나세리즘Nasserism시대로 옮겨가는 전환기였다. 그의 인격 형성기라고 할 수 있는 어린 시절과 청년기 때에도 이집트 사회는 미래에 대한 열띤 논쟁이 한창이었고, 정치적 갈등 속에서 영국으로부터의 완전한 독립을 위해 민족운동이 다각적으로 전개되던 혼란기였다.

그는 1906년, 상이집트 아시유뜨 근처의 한 중산층 가정에서 태어났으며, 1920년 학업을 위해 카이로로 올라와 서구식 대학인 다르 알 울룸Dār al-'ulūm 대학을 다녔다. 졸업 후 교육 공무원이 되어 공직에서 옷을 벗을 때(1953년)까지 교사로 일했으며 교육부 감사직을 맡기도 했다. 그는 작은 체격에 갈색피부를 가진 세심한 성격의 소유자였다. 한때 문인이 되고자 하여 압바스 알 아까드'Abbās Maḥmud al-'Aqqād와 따하 후세인Ṭāhā Husain 같은 유명한 작가 밑에서 작가 수업을 받았으며, 문학비평가와 작가로서의 명성도 얻었다.[3] 1930년대와 1940년대에는 문학서클활동에 활발히 참여했는데, 이때 이집트 사회에서의 주요 담론은 이집트인의 정체성을 어디서 찾아야 하는가, 한 주권국가로서 이집트는 완전한 정치적 독립을 할

3 싸이드 꾸틉의 생애에 관한 상세한 것은 Majdi Faḍl Allāh, *Ma' Sayyid Qutb fī Fikrihi al-Siyāsi wal-Dīnī*, Bayrūt: Mu'assasat al-Risālah, 1979 참조.

수 있는가라는 문제들이었다. 오라비 혁명이 일어났던 1880년대 초 이래 민족주의자들은 '이집트인을 위한 이집트'라는 슬로건을 내세우며 서구 통치로부터의 완전 독립과 이집트인으로서의 정체성 확립을 위해 총력을 기울여왔는데, 반세기가 지나도록 아무런 성과 없이 같은 고민과 갈등 속에 놓여 있었던 것이다.

그래도 대부분의 지식인들 사이에서는 이집트 역사와 사회에 부합하는 이슬람적 유산을 미래의 이집트에 대한 종합적인 구상에서 우선적으로 고려해야 한다는 생각이 지배적이었다. 1930년대와 1940년대에 꾸틉이 쓴 글 역시 같은 맥락의 선상에 있었다. 비록 이집트의 정치현실은 절망적이지만, 이집트인들이 언젠가 역경을 이겨내고 정치적 상황을 호전시킬 수 있을 것이라고 보았으며, 이집트인의 그러한 능력에 대해서 그는 낙관적이었다. 다만 이를 위해서는 정치적인 혁명이나 변화가 불가피하고, 그러한 변화가 꼭 도모되어야 한다는 생각이었다.[4]

저작을 통해 나타난 1940년대 그의 주장은 대체로 이슬람적 윤리에 바탕을 둔 것이었다. 무슬림 개개인의 행동과 공동체의 개혁에 관심을 기울이면서 올바르게 사는 '정직한 길ṣiāṭ al-mustaqīm'이 오직 이슬람에만 존재한다는 점을 역설하려 했다. 다른 체제와 사상으로는 공동체의 발전과 번영이 이루어지기 어렵다는 자신의 신념을 이미 이때부터 이집트 사회에 퍼뜨리고 있었던 것이다.

그는 영국을 이집트의 적으로 보았다. 1948년에서 1950년까지 그는 교육부 파견관으로 미국에서 생활을 했는데, 워싱턴 DC의 북콜로라도 대학교University of Northern Colorado에서 석사학위를 받았고, 스탠퍼드 대학에

---

4 Sayyid Qutb, "Al-Taṣwīr al-Fannī fī al-Karīm," *Al-Muqtataf* 94/3, 1 March 1939, pp.313~317.

서도 잠시 수학하였다. 이때 그는 서구사회를 직접 체험하면서 서구사상과 서구라는 적의 실체를 포괄적으로 살펴볼 수 있었다. 그리고 영국 식민제국주의가 세속주의 · 물질주의 · 개인주의 · 자본주의 등 서구사상의 모두를 이집트에 이식해놓은 이집트 무슬림사회의 파괴범이라고 생각했다. 그래서인지 미국에서 돌아올 즈음의 그의 글들은 종래의 종교적 · 도덕적 개혁성향의 글에서 공산 · 사회주의적 억양이 담긴 정치성향의 글로 바뀌어져 있었다.

싸이드 꾸틉이 귀국한 1950년 이후, 이집트의 정치적 위기상황은 점점 고조되어 마침내 1952년 군사혁명으로 치달았다. 나세르와 자유장교단의 등장으로 이집트는 새로운 정치질서 아래에 놓이게 되었다. 이즈음 꾸틉의 저서들은 대체로 사회비판과 개혁, 정치논쟁에 초점을 맞춘 것들로서, 기존 이집트 사회의 병폐를 진단하고 나름대로 처방을 내리고자 쓴 것들이었는데, 글의 요지는 이슬람을 통해서만 치유가 가능하다는 것이었다. 그는 진정한 이슬람에 대한 이해와 무슬림이 실행해야만 할 의무에 대한 해설을 『이슬람에서의 사회정의*Al-'Adālah al-Ijtimā'iyyah fī al-Islām*』(1949년), 『이슬람과 자본주의의 투쟁*Ma'rakat al-Islām wa-l-Ra'samaliyyah*』(1951년), 『세계평화와 이슬람*As-Salām al-'Ālamī wa-l-Islām*』(1951년) 등에서 다루었다. 20세기 중반에 펴낸 이 같은 책에서 이미 그는 신세계질서의 가장 적합한 이데올로기로서 이슬람을 내세우고, 적어도 그 가능성을 주장하고 있었던 것이다. 그의 주장은 이슬람만이 무슬림사회에 누적된 정치 · 사회 문제들에 대한 해답을 줄 수 있고, 나아가 이슬람 이데올로기로써 조화롭고 통합된 무슬림 공동체를 건설할 수 있다는 것이었다.

이슬람에 대한 그의 논의와 주장들을 고려해볼 때, 그가 무슬림 형제단의 활동과 무관할 수 없고, 따라서 그가 무슬림 형제단원들과 친교를 맺은 것은 당연한 일이었다. 그는 무슬림 형제단이 이슬람 공동체를 보존하고 재활시킬 수 있는 조직이며, 개혁을 원하는 진정한 신앙인들의 단체라고 생각하였다. 팔레스타인 전쟁에서와 수에즈 운하지역 주둔 영국군에 대한 그들의 투쟁과 저항운동을 보면서 꾸틉은 큰 감명을 받았다. 그리고 후일 그의 저서에서 밝힌 바와 같이 무슬림 형제단은 항시 그가 무슬림들에게 고취하고자 했던 신앙과 실천의 행동주의를 조직의 기본 강령으로 삼은 진정한 신앙인의 단체라고 믿게 된다.[5] 그는 1952년 무슬림 형제단에 정식 가입했고, 즉시 무슬림 형제단 조직의 출판 및 선전부 책임자가 되었다. 무슬림 사회개혁을 위해 헌신해 온 그의 공적과 능력을 고려할 때 그만한 대우는 당연한 것이었다. 무슬림 형제단은 꾸틉과 같은 영향력 있는 인물이 가입함으로써 한층 조직이 튼튼해지고 조직원들 간의 분위기도 크게 고무되었다.

1952년 7월 군사 쿠데타가 일어났을 당시, 자유장교단과 무슬림 형제단의 관계는 우호적이었다. 특히 꾸틉은 처음에 자유장교단 일부 멤버와 매우 친밀했으며, 나세르는 꾸틉에게 새로 구성된 자유시위대의 사무총장 지위를 제의했다고 한다.[6] 나세르를 위시한 혁명주도 세력들이 비록 이슬람 원리에 기초한 정체政體를 구상했던 것은 아니었지만, 혁명 초기에 그들은 무슬림 형제단의 사회정의와 개혁에 관한 기본노선과 견해에 동조하고 있었다. 그러나 자유장교단은 무슬림 형제단의 조직력과 지나치게 비대해진 규모, 정치폭력화할 가능성 등 무슬림 형제단의 잠재력을 두려워했고, 그런 만큼 정권 초기부터 형제단과의 연합을 시도하고 회유하려 했

---

5 Maḥmud ‘Abd al-Ḥalīm, *al-Ikhwan al-Muslimūn; Ahdāth sana‘at at-Tārīkh*, Part Ⅲ, 1952~1971, Alexandria: Dār ad-Da‘wa, 1985, pp.201~202.

6 Faḍl Allāh, 앞의 책, pp.90~91.

다. 따라서 나세르가 처음 형제단의 리더였던 하산 알 후다이비Ḥasan al-Hudaybī나 꾸틉을 협조자로 생각한 것은 놀랄 만한 일이 아니었다.[7] 그러나 알 후다이비는 혁명군의 토지개혁정책을 지지하지 않았고, 얼마 지나지 않아 형제단의 지도부와 꾸틉은 군사정권의 세속화와 일방적인 서구화 정책에 환멸을 느끼게 된다. 그리고 무슬림 형제단은 반정세력으로 돌아서고 만다.

1954년 새해 초 무슬림 형제단의 활동에 대한 금지령이 내려지고 꾸틉을 비롯하여 많은 무슬림 형제단 요인들이 체포되었다. 그러나 곧 2월과 3월에 석방조치가 내려졌다. 나세르의 커져가는 힘을 경계했던 군사혁명지휘위원회의 나기브 장군 일파가 국정의 임시 주도권을 잡았기 때문이었다. 자의든 아니든 무슬림 형제단은 군사정권의 일파와 연합을 해야 했다. 그러나 그 선택이 잘못되었다. 손을 잡은 나기브 장군파가 세력경쟁에서 나세르파에게 허를 찔려 무너지고 나세르 천하가 되자, 이 연합은 안 했던 것보다 못한 꼴이 된 것이다.

같은 해 10월, 무슬림 형제단의 한 과격단원이 나세르를 암살하려는 음모가 발각되면서 사태는 급변했다. 암살음모에 대한 보복으로 나세르는 무슬림 형제단 조직을 직접 파괴하기 시작한 것이다. 나세르와 이집트 정부에 대항하는 반정시위가 벌어졌으며, 암살음모에 가담한 혐의가 있는 모든 무슬림 형제단원들과 정적들을 대대적으로 검거하기 시작했다. 꾸틉은 1954년 11월 체포되어 중진 지도자들과 함께 재판에 회부되었다. 형제단원 7명에게 사형이 선고되었는데, 그 중 알 후다이비는 나이와 건강을 고려하여 감형되었고 꾸틉은 반정부 소요 조장, 팸플릿 제작, 파괴적 행동 등의 죄목으로 15년의 중노동형을 선고받았다.[8]

7 Gilles Kepel, *The Prophet and Pharaoh*, London: Ali Saqi Books, 1985, p.40.

이때 그는 『꾸란』 주석서인 『꾸란의 그늘*Fī Zilal al-Qur'ān*』을 절반쯤 써 놓고 있었다. 검거시의 참혹한 고문으로 꾸틉은 건강이 크게 악화되었다. 그 뒤 계속된 감옥생활로 인해 건강이 더욱 악화되어, 1964년 석방 때까지 그는 형무소 병원에서 지내야 했다. 그렇지만 이 고통의 시기에 그는 자신의 대부분의 저서들을 집필했고, 이로 인해 유명인사가 되었다. 자유장교단의 몇몇 사람들과 맺고 있던 친분 덕택으로 옥중에서 집필과 발간을 할 수 있었다. 그의 저술내용을 검열하기 위해 당국은 특별검사위원회를 구성해놓고 있었다.[9]

그는 혁명의 필요성에 대한 신념을 버리지 않았다. 그것은 단순히 개인의 신앙과 행동에 의한 사회개혁차원의 혁명이 아니라, 국가 구조 자체를 바꾸어놓는 이슬람적 혁명이 필요하다는 것이었다. 꾸틉은 이제 국가의 지배구조와 정체에 대한 혁명적 행동주의를 기본개념으로 가진 독특한 이슬람 정치철학의 소유자가 되었다. 그리고 이러한 사상이 그의 마지막 저서 『길가의 이정표*Ma'ālim fī aṭ-Ṭarīq*』(1964년)에서 구체화된다. 처음에 이 책은 이집트 정부가 출판을 허가하여 제5판까지 발행되었지만, 다음해 곧 금서가 되었다. 이 책은 싸이드 꾸틉의 최종 재판에서 정권 전복을 꾀했다는 혐의의 중요 증거물로 채택되었다.

『길가의 이정표』는 꾸틉이 감옥생활 중에 계속 집필해간 『꾸란의 그늘』(1952~1965년)에서 발췌한 내용을 재구성한 책이다. 『꾸란의 그늘』은 풍부하고 포괄적인 내용의 『꾸란』 주석서로서 아불 아알라 알 마우두디, 아부 알 하산 알리 안 나다위Abu al-Ḥasan Alī an-Nadawi, 압바스 알 아까드

8 Charles Tripp, "Sayyid Qutb: The Political Vision," Alī Rahnema, ed., *Pioneers of Islamic Revival*, ch.7, Malaysia: S. Abdul Majeed & Co., 1995, p.160.

9 Yousuf al-'Azm, *Al-Shahīd Sayyid Qutb: Hayātuh wa Madrasatuh wa Aatharih*, Bayrūt: 1980, p.250.

Abbas al-Aqqād, 압드 알 까디르 아우다Abd al-Qādir Awdā 같은 20세기의 고명한 이슬람 학자들의 작품들을 주요 참고문헌으로 삼았다. 감옥에 있던 10년 동안 이 『꾸란』 주석판은 정기적으로 나왔는데, 이것으로 꾸틉의 이슬람에 대한 이해와 사상이 시간이 지남에 따라 어떻게 변해갔는지를 잘 엿볼 수 있다.[10] 이 『꾸란』 주석서의 집필과정에서 그는 『꾸란』에 담겨져 있는 이슬람 본래의 메시지가 인간생활의 모든 것을 포괄하고, 인류를 행복한 미래로 이끌어갈 수 있는 이데올로기를 제공하고 있으며, 적어도 그러한 이데올로기를 위한 기초라는 것을 발견했던 것이다. 이슬람은 개인에게 세상을 이해하고 올바르게 생활하는 방법을 깨우쳐주는 신앙체계일 뿐만 아니라, 개인과 공동체에게 정치적 행동의 기본 프로그램을 제공하는 정치체계이기도 하다는 것이다.

그는 이슬람이 믿음과 행동, 즉 신앙과 실천의 체계라는 특수성을 지녔으며, 인간 삶의 모든 영역을 포괄하는 하나의 생활양식으로, 이슬람은 인간이 만든 다른 어떤 법이나 체계보다 우월하고, 인간의 요구에 가장 근접한 해답을 준다는 것을 강조했다. 이를 증명하기 위해 그는 저서를 시리즈로 펴냈다. 이런 주제를 다루고 있는 그의 후반기 저서는 『이 종교*Hadhā ad-Dīn*』(1955년), 『이 종교에 달려 있는 미래*Al-Mustaqbal li-hadhā ad-Dīn*』(1956년), 『이슬람과 문명문제*Al-Islām wa-Mushkhilat al-Hadārah*』(1960년)이다. 책의 내용은 호교론적이고 논쟁적이며 자유주의적인 그의 이론과 사상들을 잘 보여주고 있다.

꾸틉의 마지막 저서 『길가의 이정표』는 쇠약해질 대로 쇠약해져 있던 무슬림 형제단의 활동과 정신을 소생시키고 조직의 운동력을 복구시키기 위해 씌어진 작품으로 평가된다. 1950년 중반 이후 형제단원들을 비롯한

10 Sayyid Qutb, *Fī Zilal al-Qur'an*, Part I, Bayrūt: Dār Ihaya' al-'Arabī, 1967, pp.3~10.

수많은 사람들이 투옥되었다. 권력의 정점에 있던 나세르는 나세르주의 통치에 대한 확신을 갖고 있었고, 반정행위는 결코 용납하지 않았다. 사실 그의 애국주의, 아랍민족주의, 사회주의, 중립주의 노선은 한때 이집트 국민들뿐만 아니라 아랍 세계의 많은 사람들로부터 추앙받는 통치이데올로기이었으며, 그의 우상화에도 큰 몫을 했다.

한편 꾸틉의 메시지와 투쟁의 외침 역시 무슬림 형제단원들의 가슴을 시원하게 해주는 청량제였다. 특히 그의 사상을 받아들여 이미 행동주의자로 활동하던 급진적인 무슬림 전사들에게는 큰 자극제가 되었다. 꾸틉의 이 책은 이들 과격노선의 무슬림 모두의 정신적 기둥이자 행동주의의 중추적 기반이 되었다. 생생한 언어로 현시대 상황들을 비판하고, 지배적인 나세르주의와 그 이데올로기에 도전했으며, 이집트에서도 진정한 이슬람 공동체를 구현할 수 있다는 희망을 심어준 것이다.

1964년 5월, 싸이드 꾸틉은 건강이 악화되어 석방되었다. 이 석방조치가 내려진 배경에는 당시 이집트를 방문 중이던 이라크 대통령 압드 앗 살람 아리프Abd as-Salām Arif의 중재가 있었다고 한다. 그의 출옥은 많은 기대와 관심을 불러일으켰다. 곧 그는 그의 저서에 감명을 받은 여러 사람들과 모임을 갖기 시작했다. 그 중에서도 무슬림 형제단의 한 그룹을 이끌고 있던 압드 알 파타 이스마일Abd al-Fattah Ismā'īl의 역할은 돋보이는 것이었다. 꾸틉은 그의 요청에 따라 자신의 독특한 사상에 대한 질의와 토론을 하는 특별모임을 정기적으로 개최했고, 이 모임의 맴버들과 각별한 친분관계를 맺었다.[11]

1965년 여름, 무슬림 형제단과 동조자들에 대한 새로운 체포령이 내려

11 Farīd 'Abd al-Kh̲āliq, *Al-Ikh̲wān al-Muslimūn-fī Mizān al-Ḥaqq*, al-Qāhira: Dār as-Sahwalī-l-Naṣr wa-l-Tawzī', 1987, pp.113~115.

졌다. 그리고 8월 싸이드 꾸틉도 다시 체포되었다. 무슬림 형제단의 한 비밀조직에 의해 시도된 나세르 대통령 암살음모에 그가 연루되어 있고, 이집트 사회에 대한 전체적인 혼돈의 조장 그리고 궁극적으로는 권력쟁취를 기도했다는 죄목이었다. 암살음모는 1965년 중반 무렵 국가보안대에 의해 적발되었는데, 혐의자마다 모두가 꾸틉의 사상에 빠져 있었고, 국가 검찰의 수중에는 그의 저서 『길가의 이정표』에 관한 온갖 불리한 자료들이 모아져 있었다. 1,000여 명의 형제단원들이 체포되어 365명이 재판에 회부되었으며, 꾸틉은 1966년 4월 12일, 특별군부의 재판을 받기 시작했다. 그리고 이집트 정부를 전복하려 했다는 죄목으로 1966년 8월 21일, 압드 알 파타 이스마일과 그의 옛 감방 친구 무함마드 유수프 하우와쉬 Muḥammad Yūsuf Hawwas͟h와 함께 사형이 선고되었다. 사형집행은 8월 29일에 이루어져 그와 두 동료는 교수형에 처해졌다.

2. 꾸틉의 급진 원리주의 사상

그는 하산 알 반나와 마찬가지로 서구사상이 이슬람사회를 망쳐놓았다고 보았다. 서구의 탈종교주의와 물질주의뿐만 아니라, 이집트 사회에 만연된 민족주의와 사회주의의 가치관에 극도로 비판적이었다. 그는 공산주의도 배격했다. 그것은 외향적으로는 서구가 추구해온 물질만능의 사회에 제동을 걸고 부의 분배를 내세우며 사회에 나름대로 이바지할지는 모르지만, 결국 인간을 비도덕적으로 이끌고, 영혼도 뿌리도 없는 공허한 인간사회의 개념을 갖게 한다고 보았다. 그는 자유주의와 공산주의 사상과 제도에 관련하여 사회에 우선권을 두느냐, 개인에 우선권을 두느냐 하는 근원적 문제로 갈등을 겪었다. 결국 그는 사회의 이익형성에 우선권을 두어야 한다는 쪽으로 기울고, 한때 공산사회주의 성향의 길을 추구하기도 했다. 하지만 그렇다고 개인에 대한 관심과 자유에 대한 존중심을 소홀히한 것은 결코 아니었다.

그는 이슬람국가의 통치자의 권위문제에서도 같은 견해, 즉 공동체의 이익을 우선하는 견해를 보였다. 통치자는 공동체 무슬림들의 선택으로 세워지고, 통치자의 권위는 신성한 법의 올바른 집행에서 얻어지는 것이며, 만약 통치자가 이런 면에서 실패한다면 그 통치자는 사임해야 한다는 것이었다. 그는 정치의 목적이 조화의 창조와 불일치의 제거에 있다고 주장했다. 그리고 이것은 오직 신에 대한 완전한 복종에서 나오며, 동시에 모든 인간 활동의 조화에서 나온다는 것이다. 그의 명저 『길가의 이정표』는 바로 이런 내용, 즉 권력을 어떻게 사용할 것인가, 불일치에서 어떻게 조화를 창조할 것인가, 어떻게 그것을 이 세상에 가져올 것인가 하는 내용을 다룬 것이다. 아마도 여기서 체계화한 그의 정치적 비전이 꾸틉의 원리주의 사상을 대표한다고 해도 과언이 아닐 것이다. 잘못된 사회와 잘못된 국가의 지배구조에 대한 혁명은 불가피하고, 그것이 진정한 신앙인의 길임을 분명히 밝혀놓은 것이다. 그 골자를 먼저 살펴보자. 왜냐하면 다른 저서들보다 이 책에는 그의 원리주의 사상이 무엇이고, 그것이 왜 '급진적' 인가 하는 것을 선명하게 보여주는 그의 정치철학의 진수가 담겨 있기 때문이다. 여기서 꾸틉은 사회적 현실을 이슬람과 자힐리야jāhilijah[12] 간의 끊임없는 변증적 발전으로 재해석했다. 『길가의 이정표』에 담겨 있는 그

12 이슬람의 전문용어 자힐리야는 이슬람이 계시되기 이전의 아라비아 사회의 무지한 사회 문화적 규범과 가치들을 말한다. 이슬람의 도래로 광명의 시대가 열렸다. 이슬람 이전 시대는 이슬람이라는 광명이 아직 비쳐지지 않던 무지의 암흑시대이다.

의 이념과 철학은 다음과 같이 요약될 수 있다.

① 현대 이슬람 또는 비이슬람국가의 사회 · 정치체계를 지배하고 있는 기본적 통치개념은 자힐리야 시대의 것이다. 자힐리야는 죄악, 불의, 고통이고, 이슬람의 신성한 가르침에 대한 무지의 세계이다. 이슬람과 자힐리야는 정반대의 개념이다. 이 두 가지 개념은 믿음과 배교, 신의 통치와 인간의 통치, 신과 사탄의 개념이다. 이 두 개념 사이에 절충과 화해는 있을 수 없고, 오직 한 가지 개념을 제거하는 것만 있을 뿐이다. 그때 진정한 이슬람은 전세계에 널리 전파될 것이다.[13]

② 진정한 무슬림의 의무는 이슬람으로의 교화와 전향을 위한 선교와 지하드를 통해 자힐리야사회를 일소하고 이슬람사회를 부활시키는 것이다.

③ 무슬림의 궁극적인 목표는 이 지상에서 모든 악과 고통과 탄압을 제거하고, 알라의 주권이 지배하는 알 하키미야al-ḥakimiya(신의 통치)를 구체화시키는 데 있다.

④ 오직 이슬람만이 진리의 종교이다. 모든 다른 종교들—철학, 이론, 이념들을 포함하여—은 무익하고 오도된 것이다.[14]

⑤ 믿음이란 매일매일 말과 행위로 실현되는 것이기 때문에, 무슬림은 항상 '알라 이외에는 신이 없고, 무함마드는 신의 사자이다'라는 신앙증언을 해야 한다. 이런 신앙과 교리는 이슬람국가에서 실현될 신의 통치를 보장해주는 길이다.

⑥ 변화는 행동과 원리주의 혁명으로 발생한다.

---

13 Sayyd Qutb, *Ma'alim fī at-Ṭarīq*, n.p., 1970, pp.8~10.

14 같은 책, pp.9~10.

⑦ 혁명은 현 사회의 외부로부터 등장하는 (미지의) 한 사람의 신앙을 통해 일어날 것이다. 무슬림들은 새로운 이슬람사회가 통치권력을 장악할 때까지 그를 도울 것이다.

⑧ 이러한 변화는 다른 사람의 속박으로부터 개인이 해방되는 것을 의미한다. 이는 진실한 모든 무슬림의 의무이다. 이러한 변화는 이슬람을 진실로 믿는 집단에 의해서만 수행될 것이다.

⑨ 지하드는 서구 동양학자들이 해석한 것과는 전혀 다른 개념이다. 지하드는 오직 이슬람만이 전파되도록 전세계를 지속적으로 해방시키는 것이다.

⑩ 유대교인과 기독교인은 불신자이다. 이슬람에 대한 그들의 해석과 연구는 순수학문 분야를 제외하고 배제되어야 한다.

간단히 말해 꾸틉은 사회를 두 범주로 나누고 있다. 하나는 이슬람의 질서이고, 다른 하나는 타락하고 무지한 자힐리야의 질서인데, 나세르 정권은 현대판 자힐리야라는 것이다. 이러한 이분법적 이론 때문에 그는 젊은 형제단원으로부터는 열렬한 지지와 존경을 받았지만, 정치 지도자들과 기존 정권에 우호적이던 온건주의 울라마 'ulamā'(이슬람 학자)들, 특히 알 아즈하르의 울라마들로부터는 비난을 받았다.

사실상 이슬람 원리주의의 주창자인 꾸틉의 근본 사상은 초기 이슬람 원리주의 이론가들의 주장을 그대로 답습한 것이었다. 꾸틉이 강조한 이슬람의 가르침에 대한 문자적 해석—철학적 · 이성적 해석의 반대—은 이븐 한발Ibn Ḥanbal(855년 사망), 이븐 하즘Ibn Ḥazm(1064년 사망), 이븐 타이미야Ibn Taimiyah(1328년 사망) 그리고 이들의 제자들이 이미 주장하고 실행한 논리였다.[15] 초기 이슬람 공동체는 '순수한 이슬람', '원리적 이슬람'을 실현했지만 후대로 갈수록 진리에서 벗어난 인위적 · 이성적 · 외래적 요소가 부가되었고, 그것이 후대의 이슬람 신학과 교리, 종교적 관행 속에 그대로 자리잡게 되었으므로, 이와 같이 오염된 이슬람을 제거하고 씻어내어 순수하고 건전한 원리적 이슬람으로 돌아가야 한다는 것이었다. 이러한 원리주의 사상은 18세기 와하비야 운동에서도 그 맥이 이어진다. 이 운동은 이슬람 종교의 부흥과 무슬림사회에 만연된 변혁적 이단, 미신적 교리를 정화하기 위해 아라비아에서 일어났다. 그리고 그 뒤를 이은 북아프리카의 사누시야 운동과 수단의 마흐디야 운동도 이슬람의 부활을 외치며 『꾸란』과 순나로 돌아가야 한다는 원리주의 사상의 근원적 맥을 재현했다.

그리고 20세기에 들어와 이집트의 하산 알 반나(1906~1949년)가 이슬람 원리주의 사상을 새롭게 꽃피우는데, 이제 그 뒤를 싸이드 꾸틉이 이은 것이다. 그러나 그의 원리주의 사상은 앞에서 본 것과 같이 앞선 원리주의 선각자들의 이론과는 궤를 달리하는 것이었다. 근원적 사상의 바탕은 같을지라도 실천방식이 다르고, 진리를 따를 것이냐 아니냐는 이분법적인 논리의 접근이 전혀 다른 것이다. 절충과 화해는 있을 수 없고 단지 믿음이냐 배교냐, 신이냐 사탄이냐, 신의 통치이냐 인간의 통치이냐를 선택하게 한다. 한 마디로 그것은 '이슬람이냐'라는 물음으로 귀결되는데, 만약 누구든지 이슬람의 신성한 가르침에서 무지한 상태(자힐리야)에 있다면 변화를 위한 혁명과 지하드가 필수라는 것이다.

이러한 그의 급진적 이슬람 원리주의 사상은 독창적인 것인가? 그의 원리주의 사상과 이론 형성에 직접적인 영향을 끼친 이론적 배경은 무엇인가? 이 질문에 답을 얻기 위해서는 무슬림 형제단의 창시자 하산 알 반나

---

15 상세한 것은 Muḥammad Abū Zahra, *Ta'rīkh al-Madhāhib al-Islāmiyyah*, al-Qāhira, n.d., pp.353~392 참조.

와 인도의 대표적 이슬람 원리주의자 아불 아 알라 알 마우두디의 사상과 이론을 살펴볼 필요가 있다. 왜냐하면 그의 원리주의 사상의 기저는 하산 알 반나의 원리주의 운동이고 초기 무슬림 형제단의 이념이며, 그의 급진 원리주의 사상의 배경은 알 마우두디의 신정주의 이슬람국가관이라 해도 틀리지 않기 때문이다. 그렇지만 그는 심오한 통찰력과 혜안으로 앞선 이 두 현대 이슬람 원리주의 태두들의 이론을 다듬고 재해석하여 그것을 후대의 급진 원리주의 무슬림들이 교과서로 쓸 만한 자신의 사상과 이론으로 정리해내었던 것이다.

꾸틉의 원리주의 사상의 틀은 하산 알 반나가 표방한 초기 무슬림 형제단의 이념에서 한 치도 벗어남이 없다. 이슬람이 종교만이 아니라 정치, 경제, 사회, 문화 등 인간생활의 모든 면을 아우르는 포괄적 체계이고, 이슬람의 원리적 가르침으로 돌아가야만 하며, 이슬람법에 입각한 이슬람국가를 건설해야 한다는 주장이기 때문이다.

또 꾸틉은 특히 그의 대표작인 『길가의 이정표』를 감옥에서 집필하면서 알 마우두디 이론을 광범위하게 인용하였음을 스스로 밝혔다. 그가 얼마만큼 이슬람의 정치적 관점들에 대한 알 마우두디의 해석에 감명을 받고 그것을 원용하였는가는 알 마우두디의 이론을 살펴봄으로써 가늠해 볼 수 있을 것이다. 사실 알 마우두디의 이슬람 원리주의 이론은 인도대륙에서보다 이집트로 건너와 무슬림 형제단 내에서 더 큰 호응을 얻고 발전하였다. 꾸틉과 그의 추종자들은 이집트에서 새로운 이슬람 이데올로기 사상이 자라나게 하는 밑거름이 되었던 것이다.[16]

알 마우두디의 이슬람 정치이론은 그가 세운 자마아티 이슬라미의 한

---

16 Zohurul Bari, *Re-Emergence of the Muslim Brothers in Egypt*, New Delhi: Lancers Books, 1995, pp.10, 58.

저명한 회원인 마수우드 알리 나드리Masoud Ali Nadrī가 자마아티의 활동상을 이집트와 아랍국가에 아랍어로 소개하기 전까지는 거의 알려지지 않았다. 1952년 이집트에서 군사혁명이 일어나기 전에 그는 처음으로 무슬림 형제단의 기관지 『알 무슬리문*al-Muslimoun*』에 투고하였다. 그리고 그 뒤 그는 다르 알 우르바Dār al-'Urouba 출판사에서 알 마우두디의 글을 번역하여 출간하는 일을 맡게 되었으며, 그 결과 1952년에서 1955년 사이의 사회, 정치, 종교에 관한 알 마우두디의 초기 연구물들이 번역되었다.[17] 이것은 다시 다마스쿠스를 비롯한 다른 아랍국가의 수도에서도 재출판되었다. 그리고 즉각적으로 무슬림세계의 이슬람 부흥운동가들 사이에서 유행처럼 읽히게 되었다. 특히 카이로의 라즈나트 알 샤바브 알 무슬림Lajnat al-Shabāb al-Muslim 출판사는 알 마우두디의 저작에 관심을 쏟아, 1954년 이집트 정부의 단속을 받을 때까지 수차례 알 마우두디의 글을 출판하였다. 그의 책은 감옥으로 밀반입되어 꾸틉을 비롯한 많은 형제단원들 사이에서 읽히고 상당한 관심을 불러일으켰던 것이다. 이데올로기적이나 실제적으로나 불확실한 미래에 직면해 있던 무슬림 형제단원들에게 알 마우두디의 사회와 정치에 관한 이슬람 이데올로기론은 하늘의 선물같이 값진 것이었다.

영국령 인도의 하이데라바드 주州의 아루랑가바드Aurangabad의 한 중류가정 출신인 알 마우두디는 『타르주마눌 꾸란*Tarjumanul-Qur'ān*(『꾸란』의 번역)』 잡지의 편집장이었다. 그는 1941년 5월부터 이듬해 11월까지 이 잡지에 일련의 논설을 실었는데, 그것들을 모아 1945년 『꾸란의 네 가지 기본 용어들*Quran Ki Chan Bunyadi Istilahayn*』이라는 연구서로 출간하였다. 여기에 담긴 이슬람의 정치 이데올로기에 대한 알 마우두디의 이론은 색

17 같은 책, p.55.

다르고 돋보이는 것이었다. 그는 일라ilah, 랍브rabb, 딘dīn, 이바다 'ibādah의 네 아랍어 단어에 대한 재해석을 시도하여, 이 단어들에 정치적인 중요성을 부여해놓았다. 이 단어들은 『꾸란』에서 빈번하게 사용되었는데, 이슬람 신학자들은 일라는 신god, 랍브는—신을 의미하는—주인load, master, 딘은 종교, 이바다는 숭배를 의미하는 순수하게 정신적인 것으로만 해석해 왔다. 그러나 알 마우두디는 일라라는 단어가 파생된 울루히야 ulouhiya의 진정한 의미는 인간이 포함된 전우주(세상 만물)에 대한 절대주권이자 최고권위라고 말하였다. 만물은 하느님의 뜻에 따라 움직이고 "모든 종류의 지배권(주권)은 오직 한 분, 최고주권자에게 속한다." 그는 신이 우주를 창조하고 그의 손에 의해 만물이 보양되고 우주가 관리된다면 그 분만이 통치자요 입법자임을 강조했다. 그는 정치적 의미에서 인간이 지배자로서의 최고권위와 주권을 요구한다면 그것은 스스로 신이 되겠다고 주장하는 것과 같다고 말하였다.[18] 랍브의 의미도 신을 우주만물의 주인으로만 한하여 보아서는 안 되고 정치적 · 문화적 영역으로 확장하여 절대적 주인으로 보아야 옳다고 말한다. 『꾸란』에서도 랍브가 파생된 루부비야 ruboubiya를 주권ḥakemiyat wa ṣultān과 동의어로 사용하고 있음을 밝혀내었다. 그리고 루부비야는 신만이 가지고 있는 분할될 수 없는 속성임을 강조했다.[19]

이바다라는 용어는 어근 아바다 'abada에서 나왔는데, 이것도 기본적 의미가 '자신의 자유와 독립성을 부인하고 타인의 우월성과 지고성을 받아들이는 것' 이므로 이바다는 복종, 순종을 나타낸다고 그는 말한다. 한편

---

18 Abul A'la' al-Maududī, *Quran ki can Bunyadi Istilahayn*, Delhi: Mankazi Maktaba-e Islami, 1984, pp.19~20.

19 같은 책, pp.58~59.

똬구트ṭaghūt(우상)에게 복종(동사 'abada를 사용하여)하는 사람들에게 대항해야 하는데, 오로지 알라께만의 복종을 요구하는 엄한 경고가 내려져 있는 『꾸란』의 성구들을 인용하여 이것을 설명하고 있다.[20] 알 마우두디에 따르면 『꾸란』의 용어 똬구트는 신의 땅에서 신께 대항해 반란을 일으키는 국가, 권위, 지도권을 의미하고 사람들을 강제하여 그에게 복종하게 만든다고 해석한다.[21] 한편 딘Dīn은 삶의 한 완전한 체계를 나타내며, 다음과 같은 네 가지 본질적인 요소, 즉 ① 주권, 최고권위, ② 최고주권자의 의지에 대한 완전한 복종, ③ 최고 주권자의 영향하에 있는 사상과 행동의 체계, ④ 인간이 그 체계에 충성 또는 반란을 일으킴으로써 만나게 되는 보상과 처벌을 갖고 있다고 설명한다. 딘은 하나의 포괄적 용어이다. 『꾸란』에서의 파라오와 모세에 대한 이야기[22]는 딘이 단지 종교가 아니라, 국가요 문화적 체계임을 보여준다고 그는 말한다.

꾸틉의 사상에서는 이 같은 알 마우두디의 이론이 그대로 발견된다. 알 마우두디는 그의 연구 "이슬람과 자힐리야"Islām wa Jāhiliyat에서 복잡한 인간사회를 이슬람사회와 자힐리야사회로 나누었는데, 꾸틉 역시 똑같이 둘로 나누었다. 자힐리야사회는 신으로부터의 계시법이 없으며, 유일신 하나님을 믿지 않는 무지의 사회이고, 이슬람사회는 계시법과 하나님을 믿는 사회이다. 여기서 한 걸음 더 나아가 알 마우두디는 이슬람에서 인식되는 우주는 '유기적으로 조직된 한 국가' 이고 '하나의 조화스러운 전체의 체계' 이며, 그 안에서의 모든 권력은 오직 유일신 알라께 속한다고 주장한다. 그는 자힐리야사회의 한 특징으로 인간 주권 개념을 들고 이를 반

20 『꾸란』 4 : 60, 16 : 36, 39 : 17.
21 Al-Maudoudī, 앞의 책, pp.82~85.
22 『꾸란』 7 : 103~141, 10 : 75~92, 11 : 96~99, 17 : 101~103 등 참조.

박한다. 자힐리야 국가는 인간들이 곧 입법자인 사회이고 이슬람국가는 주권자와 입법자가 하나님인 사회라는 것이다.[23]

이슬람 이데올로기의 급진주의화에 영향을 미치는 알 마우두디의 또 다른 중요한 원리주의 이론은 신정정치론이다. 그는 이것을 '삶의 이슬람적 방식'이 되는 '신의 정부ḥukoumat-e ilahiya'라고 표현하였다. 꾸틉은 이것도 원용했다. 꾸틉은 무슬림의 궁극적 목표가 알 마우두디의 이 신정정치론과 똑같이 지구상에서 악을 몰아내고 알라의 주권이 다스리는 신의 통치(하키미야)를 실현하는 것이라고 했던 것이다. 인도의 불신자 사회로부터 이슬람사회를 보존하고 부흥시키기 위한 알 마우두디의 또 다른 중요한 논지는 지하드론인데, 이것 역시 많은 부분이 대동소이하게 꾸틉의 지하드론에서 거듭 언급된다.

① 모든 인간사회는 자힐리야사회이다.

② 이슬람의 통치가 이루어지기 위해 자힐리야사회는 지하드로 타도되어야 한다.

③ 처음 이슬람사회가 힘이 없는 약한 사회라면, 이슬람국가의 수립이라는 목표를 달성하기 위해 모든 힘을 모아야 한다. 이 사회는 '이스티드아프istiḍa'f(무기력, 나약함)의 사회이며, 이는 메카에서 무함마드가 겪었던 사회와 유사하다.

④ 이슬람사회가 일단 힘을 모으고 나면 지하드를 수행할 수 있는 능력을 갖게 된다. 이 사회는 무함마드가 메카에서 메디나로 히즈라를 행한 후 메디나에서 무슬림세력을 규합한 것과 같은 사회이다.

---

23 Abul A'la' al-Maududī, *Islām and Jāhiliyat*, Delhi: Mankazi Maktaba-e Islami, 1984, pp.9~13.

꾸틉은 그의 책이 전 인류를 위해 쓰인 것이라고 말하였지만, 아마도 저술의 직접적인 동기나 목표는 전 인류를 대상으로 하였다기보다는 이집트 무슬림의 현재와 미래를 한편으로, 이집트 정치체제의 변화를 다른 한편으로 생각하며 쓰여진 것 같다. 이슬람에는 오직 두 종류의 사회, 즉 이슬람사회와 자힐리야사회가 있을 뿐이라고 그는 거듭 강조하면서 두 사회를 알 마우두디가 정의했던 것과 유사하게 설명한다. "이슬람사회는 이슬람이 삶의 모든 측면에서 신앙과 숭배의 대상으로, 법과 제도로서, 윤리와 가치로서 실행되는 사회이고, 자힐리야사회는 이슬람이 삶의 모든 측면에서 실행되지 않는 사회이다."[24] 꾸틉은 오늘날 전세계 사람들이 자힐리야에 살고 있다고 선언하였다. 삶을 영위하는 요소들이 자힐리야적이고 삶을 지배하는 사상과 체계, 제도들도 모두 자힐리야적이라는 것이다. 자힐리야사회는 지상에서의 '알라의 권위' 특히 알라의 가장 특별한 속성인 '알라의 주권'을 침해하는 것을 기초로 하여 세워졌다. "오늘날 자힐리야사회는 이슬람 이전의 첫 자힐리야 시대에 있었던 원시적이고 단순한 형태의 것이 아니라 개념과 가치, 법령과 규칙을 제정하는 권리를 주장하는 그러한 형태의 것으로, 인간에게 주권을 위임하고 있는 그러한 사회이다."[25]

여기서 한 걸음 더 나아가 그는 무슬림 개개인이 과연 어느 사회에 속해 있는가를 스스로 자성하기를 촉구한다. 스스로 무슬림이라고 생각하는 많은 사람들조차도, 실상은 비무슬림사회의 사람과 마찬가지로 자힐리야 상태에 있다는 것이다. 왜냐하면 이들은 삶의 체제 모든 것이 알라에게만 예속된다는 원리적 개념을 고수하지 못하고 여기서 벗어나, 예를 들면 알라의 특별한 속성인 주권을 인간이 행사하는 것을 인정하고 있기 때문이다.

24 Sayyd Qutb, *Ma'alim fī at-Ṭarīq*, p.9.
25 같은 책, p.141.

그는 구체적인 무슬림사회의 자힐리야적 현상을 다음과 같이 표현했다. "일부 무슬림사회는 분명하게 세속주의를 선언하고 종교와 그들의 관계를 부인했다. 일부 또 다른 무슬림사회는 비록 그들이 종교를 존중하고는 있지만, 종교가 그들의 사회생활에 개입해서는 안 된다라고 말한다." "이슬람사회는 비록 스스로 무슬림이라고 말하는 사람들이 하루 다섯 번의 예배ṣalāt를 하고, 메카로의 순례ḥājjī를 행하고, 금식ṣawm월을 지킨다 할지라도 그들이 이슬람법을 무시하고 있는 한 그것은 진정한 이슬람사회가 아니다. 이슬람 움마는 그러한 무슬림들을 기초로 형성되는 것이 아니다." "알라가 세워놓은 것과 신의 예언자가 설명해놓은 것 이외의 것으로 그들 스스로를 위해 그들 자신의 이슬람을 만든 사회, 예컨대 그들 스스로 소위 '진보된 이슬람사회'라고 부르는 그러한 사회는 결코 진정한 이슬람사회가 아니다."[26]

꾸틉의 주요 관심사는 비록 소수일지라도 개개인의 영혼이 진정한 이슬람으로 정화된 무슬림들이 이슬람의 땅dār-Islām에서 새로운 각성을 위해 새로운 일을 준비하고 시작하는 일이었다. 그런데 원리적 이슬람을 각성하게 하는 일에는 굳은 결심으로 이 사명을 지속적으로 수행해 나갈 전위대가 필요하였다. 지도그룹을 형성할 이들 전위 선봉대는 그들 스스로 자힐리야적 요소를 제거하고 자힐리야의 영향에서 벗어나기 위해, 교육hidana과 조직구성takwīn을 하는 일정기간 동안 격리되어 있어야 했다. 자기 정화와 훈련기에 들어가 있어야 한다는 것이다. 이러한 일정 수련기간이 끝난 후에야 그들은 초기 무슬림들의 순수한 이슬람의 원천과 근원으로 돌아간 진정한 이슬람으로의 위대한 작업을 비로소 시작할 수 있다는 것이다.[27]

26 같은 책, 같은 면.

꾸틉은 현대의 무슬림들이 『꾸란』의 메시지를 따라 20세기의 자힐리야 세력(반이슬람적으로 세속화된 정권들)에 대항해 싸워야 하며, 이슬람을 세계의 지배적인 종교로 믿는 완벽한 신의 공동체를 재건해야 한다고 말한다. 이것은 신을 진정한 주권자로서의 올바른 위치로 되돌리고, 신성한 법 샤리아를 공동체의 유일한 법으로 만드는 일이다. 따라서 꾸틉은 인간이 만든 모든 법의 폐기를 주장했다. 이를 위해서 무슬림 개인생활뿐만 아니라, 새로운 사회적 · 정치적 질서를 위한 혁명이 요구된다. 한 마디로 말해 그는 이슬람법이 통치하는 국가를 수립하기 위한 혁명과 『꾸란』적 신세대의 창조를 주장한 것이다.[28]

꾸틉의 이론은 급진적이지만 최종의 목표를 향한 훈련과 실천계획을 결코 서두르지 않았다. 계단을 오르듯 한 단계 한 단계 추진하는 조직적이고 치밀한 것이었다. "우리의 첫 번째 사명은 현존사회의 실체를 변화시키는 일이다. 왜냐하면 현존사회의 실체는 근원부터 이슬람 교의와 개념에 상충된다. 우리의 첫 단계는 이 자힐리야사회에 대해 우월성을 확보하는 것이다. 자힐리야사회와 결코 타협하는 것이 아니다."[29]

여기서 볼 수 있는 바와 같이 정치권력을 장악하는 것은 그의 첫 번째 사명도 직접적 목표도 아니었다. 사실 그것은 당시의 정치 · 종교 · 사회환경에서는 불가능한 일이었다. 먼저 그는 사회 · 정치적 변화를 유도하고 무슬림사회를 뿌리부터 변화시켜야만 한다고 보았다. 그래야만 진정한 이슬람사회로 옮겨갈 수 있고, 이슬람사회가 어느 정도 구축된 뒤에야 비로소 이슬람 원리가 적용되고 이슬람법이 시행되는 이슬람 정부를 세울 수 있

27 같은 책, p.22.
28 Tripp, 앞의 책, p.162.
29 같은 책, p.23.

다고 보았던 것이다.

그래서 꾸틉은 자힐리야와의 큰 싸움을 위해 조직원 개인뿐만 아니라 공동체의 신앙을 강화해야 한다고 역설하였다. 아마도 그의 이슬람 이데올로기화를 위한 실현계획에 13년의 기간이 설정된 것도 이러한 신앙의 강화와 조직의 결속을 염두에 둔 이유에서였을 것이다. '무슬림 간의 올바른 신앙'을 구축하고 기존 정권과의 최종대결을 위해서는 그만한 준비기간이 필요하다고 보았던 것이다. 꾸틉은 항시 예언자들의 예를 모방하려 했다. 그에 따르면 메카시대에 무슬림들이 정진한 신앙의 구축운동과 고난의 시기는 이데올로기 논쟁이나 단순한 정치적 헤게모니를 위한 것이 아니었고, 삶과 연결되어 조직과 공동체의 신앙을 강화하는 기간이었다. 그것은 진정한 이슬람사회를 건설하기 위한 훈련기간이었던 것이다.[30]

형제단의 활력을 재충전시키는 싸이드 꾸틉의 훈련 프로그램은 종래의 무슬림 형제단 운동의 내용이나 방식과 다른 급진성향의 것이면서, 또 다른 한편 그것은 형제단의 신세대를 준비하는 데 목표를 둔 것이었다. 무슬림 형제단의 중요한 여성지도자 중의 한 사람이었던 자이납 알 가잘리 Zaynab al-Ghazālī는 그녀의 자서전에서 이에 관련하여 다음과 같이 말하고 있다. "우리는 오늘날의 세상이 예언자 시대와 정통 칼리파 시대처럼 진정한 이슬람 움마ummah(공동체)의 특성을 가질 기초가 너무 부족하다는 것을 잘 알고 있었다. 그러므로 지하드가 모든 무슬림이 이슬람으로 돌아올 때까지 신의 지배를 원하는 모든 무슬림의 의무라고 생각했다. 그리고 이 프로그램은 기존의 정권체제에 도전하는 싸움을 지금 시작하려는 것이 아니라, 정치권력과 지배권을 궁극적 목표로 두고 그 이전에 사회를 변화시키기 위한 것이었다. 13년은 예언자 무함마드가 메카에서 꾸라이쉬 지

30 같은 책, p.48.

배층으로부터 온갖 박해와 수난을 당하며 이슬람을 전도했던 기간이다. 우리의 최종 목표는 이집트 무슬림의 75%를 형제단에 가입시키는 것인데, 만약 25%도 안 되는 수의 무슬림만이 형제단의 이 신이데올로기에 동조한다면 이 프로그램은 재고되어야 할 것으로 생각하였다."[31]

꾸틉의 『길가의 이정표』는 내용이 때로는 모호하고 쉽게 이해되지 않는 단어와 표현들로 가득 차 있지만, 그러나 그것은 어찌 보면 형제단의 활력을 재충전하기 위한 프로그램의 선언서였다. 꾸틉은 유능한 작가였다. 그리고 탁월한 이념가요 사상가였다. 그의 사상이 여러 면에서 알 마우두디의 이론에 기초하고 있는 것은 사실이지만, 그의 논지는 보다 웅변적이고 적극적이며 급진적 원리주의 이론을 체계적으로 이론화하는 것이었다.

꾸틉의 정치적 이슬람 이데올로기 이론이 급진적이라는 것은 무엇보다 이집트 무슬림사회를 완전히 분극화하는 것 때문이다. 사회의 완전한 이슬람화와 샤리아의 실행을 수행하느냐? 아니면 파멸의 위험에 직면하느냐? 양자택일의 길을 요구하는 이런 식의 분극화는 기존 무슬림사회에서는 존재하지 않았다. 형제단은 일단 꾸틉의 프로그램을 받아들여 그의 사상을 강조하는 데 주력하였다. 나세르 정권은 결국 이집트 국민과 무슬림을 기만하였고, 알 아즈하르 울라마를 비롯한 종교권력체제하의 지도자들은 나세르 정책에 호의적으로 끌려만 다니고 있었다. 그리고 이제 이집트 무슬림사회는 변혁이 절실히 요구되는 시점에 서 있다고 그들은 본 것이다. 그러나 감옥에서 출소한 뒤 정부에 의해 공적 생활 참여가 엄격히 금지되어 있던 형제단원들로서는 비밀조직에서 지하활동을 하는 일 외에는 다른 선택의 여지가 없었다.

---

31 같은 책, 같은 면.

3. 꾸틉의 급진 원리주의 사상의 영향

1964년 꾸틉을 비롯한 대부분의 형제단 지도자들이 감옥에서 석방된 후 꾸틉의 사상은 침체되어 있던 무슬림 형제단의 활동을 부활시키는 원동력이 되었다. 형제단 운동에 활기를 불어넣는 사상적인 중심축이 된 것이다. 형제단을 이끌던 알 후다이비도 지원을 아끼지 않았다.[32] 와해된 형제단의 사회적 기반을 다시 구축해야 할 필요 때문이었다. 이집트 정보국의 감시의 눈을 피해 모임은 주로 회원들의 집에서 개최되었고 꾸틉의 가르침은 젊은이들에게 감동을 주었다.

꾸틉의 사상은 빠른 속도로 퍼져갔다. 자이납 알 가잘리에 따르면, 『길가의 이정표』가 출판되기 이전부터 형제단의 간부들과 평당원들 사이에서는 이미 이 책이 읽혀졌고, 그들 모두가 꾸틉의 사상에 매료되어 있었다고 한다. "싸이드 꾸틉이 수감되어 있는 동안 이 책의 일부가 꾸틉으로부터 우리에게 전달되었고, 우리는 그것을 계속 연구하고 토론하였다. 뿐만 아니라 각 서클에서 보다 폭넓게 논의가 이루어지도록 그 내용을 먼저 청년당원들에게 짧은 전단형식으로 유포시켰는데, 거기에 담겨 있는 사상이나 활동, 목표에 대해 우리들 사이에서는 전혀 의견의 차이가 없었다."

꾸틉의 사상을 전파하는 데 앞장 선 인물로는 꾸틉과 함께 처형을 당한 압드 알 파타 이스마일을 꼽을 수 있다. 그는 1956년 석방된 형제단원 중 한 사람으로, 1954년 검거시 체포되지 않은 동료들과 비밀리에 접촉하면서 이슬람 조직의 부흥과 형제단의 활동에 참여할 많은 지지자들을 규합하였다. 자베르 리즈끄Jaber Rizq는 그를 1965년경 출현한 무슬림 형제단 재활의 발전기發電機로 묘사했다. 그만큼 그는 알렉산드리아에서 상이집

---

32 같은 책, p.38.

트의 먼 지방까지 형제단원들을 대동단결시키는 데 공헌하였고, 그들을 싸이드 꾸틉과 연결시켰으며, 특히 형제단의 후기 지도부가 꾸틉을 받아들이는 데 결정적인 역할을 하였다. 그는 무역상으로 위장하여 이집트 전 지역을 누비고 다녔다. 진짜 그의 비밀임무는 물론 형제단 운동을 각성시키고 단원들의 종교적 열정을 자극시키는 일이었다.[33]

그렇지만 꾸틉이 무슬림 형제단을 세운 하산 알 반나를 비롯한 많은 앞선 형제단의 지도자들과 확연히 다른 것은, 그는 다른 어떤 지도자보다 훨씬 급진적인 사상과 호전적인 행동주의를 표방했다는 사실이다. 그는 "사상과 신앙으로 무장한 형제들의 결속은 지역에 바탕을 둔 애국심보다 훨씬 더 강한 것"이라고 가르쳤다. 실제로 꾸틉의 사상과 이념은 그 뒤 20세기 후반부 내내 이집트의 급진 이슬람 원리주의 운동의 등장과 발전에 결정적인 영향을 끼쳤다. 그가 죽은 뒤인 1960년대 말과 1970년대 초, 이집트에 이슬람 원리주의 국가를 세우기를 원했던 젊은 세대들은 무슬림 형제단이 이미 무너져버린 듯한 자괴감을 맛보았고, 형제단이 싸이드 꾸틉 때 불타올랐던 혁명적 열정을 상실했다고 비탄해했다. 이러한 이유로 이들은 각기 자신들의 혁명적 열기와 목적에 부합하는 급진 원리주의 그룹을 조직했는데, 거의 모두가 꾸틉의 급진 원리주의 사상을 토대로 한 것들이었다. 그 대표적인 것이 '이슬람해방기구', '알 타크피르 와 알 히즈라', '알 지하드'이다. 이들은 이념적 · 조직적 관점에서 무슬림 형제단의 직계후예로 간주되지만, 급진 원리주의를 표방하고 과격 무장세력으로 자라났기 때문에 그들 조직의 모체인 무슬림 형제단의 기본적 온건 원리주의 노선과는 매우 다른 길을 걷는다.

이러한 급진 이슬람 원리주의 조직은 1967년 전쟁 후 이집트의 정치적

33 Jaber Rizq, *Madhabih al-Ikhwān fī Sujoun Nasser*, al-Qāhira, 1965, p.128.

위기에서 생겨났다. 이스라엘과 치렀던 6일 전쟁에서의 패배로 나세르주의가 이집트나 아랍 사회가 안고 있는 문제점들을 치유하는 데 더 이상 적합하지 않은 낡은 이데올로기임을 깨닫게 되었다. 전쟁의 패배와 주체성 상실의 위기에 처한 이집트 민중들은 서구 이데올로기에 회의를 느끼고 돌아섰다. 꾸틉을 비롯한 이슬람 원리주의자들의 오랜 반서구주의의 외침과 반정운동이 무엇을 의미하는지 새롭게 인식하는 계기가 된 것이다. 그리고 그들은 범아랍주의, 사회주의, 서구주의, 마르크스주의 노선에 더 이상 기대와 관심을 기울이려 하지 않았다. 이들은 깊은 자기반성과 더불어 이슬람 종교로 다시 귀의해야 한다는 이슬람 부흥주의에 눈을 돌리고, 이슬람 원리주의 운동에 동참하거나 적어도 동조하는 새로운 전기를 맞게 된 것이다. 이집트인들은 진정한 의식의 변화taghir aqliyyah를 부르짖게 되었다. 이슬람의 원리원칙과 율법 내에서 당면한 문제들의 근본 해결책을 찾고자 했던 것이다.[34]

실제로 많은 이집트 무슬림들이 이스라엘의 승리는 아랍인들이 신의 율법을 저버린 결과로 생각했다. 아랍인들이 신의 뜻에서 멀어졌기 때문에 굴욕적인 패배를 당했다는 것이다. 나세르 정권을 비호하면서 관변적 입장에서 기존 정권에 아부해 온 알 아즈하르의 월간지 『마잘라 알 아즈하르 *Majallah al-Azhar*』조차도 이집트의 패배는 무슬림들이 영광된 과거 역사를 망각하고 덧없는 외래사상과 문물에 현혹되어 그것을 좇았던 결과라고 말하였다.[35]

그러면서도 1967년 전쟁 이후 이집트를 휩쓸기 시작한 이러한 종교적

---

34 R. Hrair Dekmejian, *Egypt Under Nasser: A Study in Political Dynamics*, Albany: Suny Press, 1971, p.25.

35 *Majallah al-Azhar*, February 1968.

열정이 있었지만 무슬림 형제단은 즉각 부활하지는 못했다. 대부분의 무슬림 형제단원들이 나세르의 탄압으로 아직 감옥에 있거나 추방당했기 때문이다. 1968년 4월, 나세르가 지난 3년 동안 감금해 왔던 1,000여 명의 형제단원 중 약 절반의 단원들을 석방한 뒤에야 무슬림 형제단은 어느 정도 조직을 원상복구시킬 수 있었다.[36] 그리고 바로 이 시기에 새로운 급진적 행동주의 무장조직들이 형성되기 시작하였는데, 주로 꾸틉의 급진 원리주의 사상에 흠뻑 빠진 성난 젊은 세대들에 의해서였다. 이같이 꾸틉의 사상은 그가 살아 있을 때뿐만 아니라 죽은 후에도 무슬림 형제단의 신세대 활동에 중심사상이 되어, 위축되고 약화된 온건 원리주의로부터 1970년대 젊은 세대 중심의 급진주의로 무슬림 형제단의 성격을 교체시키고 과격 무장세력들이 자라나게 하는 데 강력한 영향을 미쳤던 것이다.

싸이드 꾸틉은 종래의 무슬림 형제단의 온건 원리주의적 이슬람 부흥운동과 새롭게 등장한 과격 급진 원리주의 조직 간에 다음과 같은 3가지 관점에서 중요한 역할을 하였다. 첫째, 이론가로서 그는 이슬람 이데올로기의 회복과 부흥에 강력한 영향력을 행사했다. 둘째, 무슬림 형제단의 한 원로로서 그는 형제단과 과격 급진 원리주의 후예들 사이에 조직적 연계가 이루어지게 하는 연결축이 되었다. 셋째, 행동주의 선동가로서 정부에 대항에 목숨을 건 그의 투쟁정신과 행동은 젊은 급진 원리주의자들에게 순교자의 한 모델이 되었다.

꾸틉이 처형된 지 35년이 지나는 동안 그의 사상에 특별히 영향을 받은 그룹과 사람들에게는 꾸틉의 추종자라는 의미에서 '꾸트비윤Qutbiyyun'이라는 이름이 붙여졌다.[37] 『길가의 이정표』는 이들에 의해 계속 상당 부

---

36 Delip Hiro, *Islamic Fundamentelism*, ed. Justin Wintle, London: Paladin, 1988, p.69.
37 Tripp, 앞의 책, p.175.

수가 배포되었고, 『꾸란의 그늘』도 수많은 독자층을 만들며, 『꾸란』을 꾸틉식으로 이해하고 접근하려는 사람들에게 많은 감동을 주었다. 꾸틉의 사상과 영향은 대단한 파장을 일으킬 수밖에 없었다. 이집트 정부를 무력으로라도 타도 · 전복하자는 것이 직 · 간접적으로 그의 저서에 밝혀져 있기 때문이다. 교수대에서 맞은 그의 죽음은 한층 그의 영향력을 강하게 했다. 순교의 모습은 날카롭고 의미심장한 그의 저서들의 내용과 일치했다. 의심할 여지없이 그의 신념은 이슬람을 보호하고 자힐리야적인 국가를 붕괴시키기 위해 폭력은 불가피하다는 것이었다.

꾸틉의 추종자들은 그의 역동적이면서도 지적이고, 도덕적이며, 활동적인 면을 본받고자 했다. 이집트의 대학 교정에 새롭게 등장한 이슬람 원리주의 학생조직인 알 자마아 알 이슬라미야Al-Jama'a al-Islāmiyya는 순수한 학생운동 조직에서 시작하여 대중운동의 지하그룹으로 발전했다. 이들은 이집트 사회 내의 서구 문화유산의 철폐를 주장하면서 세속적이고 서구적인 것에 반기를 들고 곧 반정시위의 전위대가 되었다. 그리고 꾸틉의 사상과 가르침을 그들의 행동강령으로 삼아 실천으로 옮겼다. 꾸틉의 이슬람 이데올로기가 알 타크피라 와 알 히즈라, 알 지하드, 알 자마아 알 이슬라미야 등 모든 급진주의 무장조직과 단체에 영향을 미친 것은 자명하다. 누군가 올바른 사회와 정의로운 정치문제에 관심을 가져야 하고, 신 이외의 주권자는 용납할 수 없으며, 자힐리야사회를 격파하기 위해 지하드는 필수라는 논지가 꾸틉의 후기 저서들의 주요 주제였기 때문이다.

21세기에도 이슬람세계 어느 곳에서든지 만약 세속적인 정부가 꾸틉의 추종자들이 주창하는 이슬람 원리주의적 요구에 적대적이면 아마도 그만큼 그의 영향력은 배가될 것이다. 의심할 여지없이 그들의 신념은 지하드 정신으로 강화될 것이기 때문이다. 오늘날까지 그의 사상은 알제리, 팔레스타인, 수단, 아프가니스탄 등 무슬림세계 곳곳의 무슬림 저항세력들에 영향을 주며, 그들의 행동에 대한 정당성을 담보해주고 있다.

4. 꾸틉의 사상과 과격 급진 무장조직

이상에서 본 바와 같이 꾸틉은 무슬림 형제단이 재건되는 데 결정적인 역할을 하였다. 그의 급진적 성향의 행동주의와 독특한 지하드관은 비폭력의 이슬람 부흥론자인 하산 알 후다이비와 같은 온건 이슬람 원리주의자들과는 상반된 노선의 것이었지만, 조직에 새로운 활기를 불어넣어 주었고 형제단 신세대의 결속에 크게 기여하였다. 그가 처형되기 직전인 1965~1966년, 무슬림 형제단의 급진적 원리주의자들에 대한 정부의 탄압으로 이집트 이슬람 원리주의 운동은 대대적으로 변화하게 되었다. 꾸틉의 사상과 더불어 신세대의 과격 급진주의 세력이 자라난 것이다. 그리고 이미 감옥에 있을 때부터 꾸틉의 사상은 이념적으로 막강한 영향력을 보여주었으며, 그 후 1970년 급진 원리주의 운동의 주류를 형성하게 되는 근간이 되었다.

원래 알 마우두디의 원리주의 이론에 담겨 있던 '하키미야트 알라 ḥakimiyyat Allāh(신의 통치)'와 '자힐리야사회', '지하드'에 관한 이론을 꾸틉은 급진 원리주의 이론으로 체계화하였다. 꾸틉의 이론과 사상은 혁명적인 개념을 포함한 것이었다. 모든 인간 사회가 불신자들로 구성되어 있는 자힐리야사회라고 단정하고 있기 때문이다. 또 자힐리야사회와 투쟁하고 힘으로 대항하는 것이 모든 무슬림의 의무라고 말하고 있기 때문이다. 그리고 꾸틉의 목표는 지상에서 신의 주권인 하키미야를 확립하기 위해 이슬람적 양심과 의식을 고조시키는 것이었다. 그리고 이러한 목표의 달성을 위해서는 기존의 불신자 사회에 대항하여 지하드를 수행할 수 있는 헌신적인 무슬림 전위대의 구성이 필연적인 과업이라고 보았다. 그런데 전위대에 속한 무슬림과 조직의 외부에 남아 있는 사람들을 차별화하는 문제로 후일 이집트의 급진 원리주의 운동 단위조직 간에 논쟁이 발생하였다. 논쟁의 초점은 예언자가 메디나로 히즈라를 행한 때에 메카에 있던 무슬림과 메디나로 예언자와 함께 히즈라를 감행한 무슬림 중 누가 더 합법성을 가지는가에 관련된 것이었다. 물론 알 마우두디와 꾸틉의 이론에 나타난 바로는 메디나로 히즈라를 감행한 무슬림들이 더 합법성을 갖는 것처럼 보였다. 이러한 해석은 한 마디로, 아직도 자힐리야사회에 살고 있는 무슬림보다 급진 원리주의의 행동파 전위대에게 더 많은 합법성을 부여하겠다는 것이다. 그렇지만 이슬람사회 외부, 즉 자힐리야 체제 내에 거주하고 있는 모든 무슬림들의 신앙심에 대해 꾸틉이 의구심을 가졌던 것은 아니었다. 단지 그가 강조했던 것은 이 지상에서 이슬람국가의 수립이라는 최종적 목표를 달성하고 이를 위한 강력한 전위대를 구성하기 위해서 무슬림들은 예언자의 히즈라처럼 자힐리야사회로부터 이탈해 나와야 한다는 점이었다.

꾸틉의 사상 체계와 프로그램을 이해하고 해석하는 데에서도 논쟁이 일어났다. 여기서는 전위대의 역할, 전위대 지도력의 특성, 자힐리야사회에서의 이탈이 지니는 성격, 자힐리야 체제 내에 거주하고 있는 진실한 무슬림들과 전위대의 관계 등이 주요 논쟁점이었다. 의견차이 때문에 결국 꾸틉의 추종자들 사이에는 분열이 생겼다. 쉐이크 슈크리 아흐마드 무쓰따파Shukrī Aḥmad Muṣṭafa가 이끄는 젊은 무슬림 형제단원들은 꾸틉의 견해에 대해 경직되고 협의적인 해석을 내리고, 자신들을 자힐리야사회와 엄격히 구분하였다. 앞장에서도 언급하였지만 처음에 '무슬림사회'로 불렸던 이 집단은 후에 '알 타크피르 와 알 히즈라'가 되었다. 여기에는 '무슬림 선교단Jama'at al-Tabligh'의 일부도 동참하였다. 또 다른 소규모 그룹들도 자힐리야사회로부터의 분리 개념에 근거한 단체를 결성하였는데, 여기에는 '무슬림 행동주의 그룹Jama'at al-Harakatiyyah', '무슬림 분리주의 그룹Jama'at al-Uzlah al-Shu'uriyyah' 그리고 '알렉산드리아 타크피르 그룹Jama'at al-Takfīr fī Iskandriyyah' 등이 있다. 한편 또 다른 집단들은 자힐리야사회로부터의 완전 분리를 실현한 예언자의 이슬람 초기 공동체 방식으로 무슬림사회를 건설해야 한다는 무쓰따파의 주장에 반대하였다. '이슬람해방기구ILO'와 '알 지하드'는 이슬람 공동체의 완전 구현은 현대생활의 여러 요구들과 필요성, 정치 · 사회적 여건 등에 비추어 일단은 현실적이지 못하다고 보았던 꾸틉의 인식에 동의하였다. 꾸틉의 견해에 광의적 접근을 한 셈이다.

이와 같이 1970년대 초, 이집트에 등장한 급진 원리주의 조직들은 여러 파로 갈라지는 파벌주의적 경향을 보였다. 사다트 통치시대가 열리자 무슬림 형제단의 원로 지도자들은 출옥한 후 나세르주의자와 좌익세력에 대한 정부측 대응에 일면 협조하고 일면 이용되었다. 사다트의 새로운 정책으로 대다수 무슬림 형제단 지도자들은 정치제도권 안으로 흡수되고 정권과의 공조관계 속에서 이슬람 부흥운동을 전개해 나갔다. 이는 반면에 신세대의 투쟁적인 형제단원들이 조직을 떠나 비밀리에 급진주의 행동조직을 결성하거나, 이미 조직된 과격 급진 원리주의 단체에 가세하는 형국을 초래하였다. 다시 말해 형제단의 젊은 호전주의자들은 무장세력화하여 정권에 대항하는 지하드를 선언하고 나선 것이다. 앞장에서도 보았듯이 1974년 4월 이집트의 군사기술학교에 대한 이슬람해방기구ILO의 성급한 공격은 성공하지 못했다. 11명이 죽고 27명의 부상자가 생겼다. 이로 인해 사다트 정권의 대대적인 탄압이 다시 이루어졌으며, ILO, 알 타크피르 와 알 히즈라, 그리고 다른 호전적인 급진 원리주의 조직의 여러 단원들이 체포되었다. 1977년 1월 식량폭동 때에는 알 타크피르 와 알 히즈라 조직이 카이로 피라미드 거리에 있는 나이트클럽과 술집을 공격하였고, 6개월 후에는 전 수상 무함마드 다하비Muḥammad Dhahabī를 납치하여 살해하였는데, 그 이유는 정부가 그들의 동료 60명에 대한 석방요구를 거절했기 때문이었다. 그 후 410명의 조직원이 체포되고 23명이 처형되었는데, 거기에는 조직을 이끌던 아흐마드 무쓰따파도 포함되어 있었다. 또 다른 극단 무장그룹들은 무카파라티야Mukafaratiya(카피르Kāfir〔불신자〕들의 탄핵자들), 준드 알라Jund Allāh(신의 군대), 자마아 알 지하드Jama'a al-Jihād(지하드 사회) 등이었다. 이들 수는 대략 4,000명이 넘는 것으로 알려졌다. 싸이드 꾸틉이 투옥되어 있을 때와 마찬가지로 악명 높은 아부 자으발Abu Za'bal 감옥에서는 다시 한 번 집단간 논쟁이 벌어졌다. 그들의 논쟁에 나타난 원론적인 급진 원리주의 이론의 뿌리는 물론 싸이드 꾸틉이었다. 이 논쟁으로 각 집단의 이념, 지도력, 조직력, 전술에 관련된 차이점과 유사성이 드러나게 되었다.[38] 그리고 비록 극소수가 되었지만 이러한 과격 무장세력과 조직들은 그 후 더욱 점조직화하고 비밀리에 사상교육과 군사훈련을 실시하면서 조직을 키워갔다. 그리하여 1981년 10월 6일, 1973년 10월전쟁을 기리는 전승기념 군사 퍼레이드 도중 사다트는 칼리드 알 이슬람불리Khālid Islamboulī라는 과격 급진 원리주의자의 손에 암살당하게 된다.

38 제13장 「이집트 이슬람 원리주의 운동」의 '급진 원리주의 무장조직과 활동'을 볼 것.

제15장 | 이슬람 부흥운동과 이슬람의 이데올로기화

19세기에서 20세기 초까지 유럽 열강은 거의 모든 무슬림세계를 장악하고는 식민 제국주의 시대를 열었다. 유럽의 식민통치법이 이슬람법과 전통적 규범들을 대체해 들어왔고, 교육 · 행정 · 사법 · 사회복지에 관련된 제도와 관행이 서구식으로 변경되었다. 무슬림들은 정치적 · 경제적 · 문화적 주권 모두를 유럽인들에게 빼앗겼고, 무슬림 공동체 내에서는 서구사상과 신문물에 심취한 탈종교주의자들과 친서구경향의 신세대가 자라났다. 서구 사상과 제도의 영향으로 무슬림 공동체는 거의 예외 없이 변질된 정치 · 경제 · 사회구조를 갖게 된 것이다. 종교도 이교적 경향과 세속주의의 풍조로 변질되어가는 위기를 맞게 되었다.

이에 대한 반작용으로 무슬림 선각자들은 이슬람의 부활을 외치는 이슬람 부흥운동을 전개하였다. 무슬림 세력의 몰락과 사회의 쇠퇴요인이 진정한 이슬람으로부터 일탈한 때문이라고 믿었던 이들은 '원래의 순수한 이슬람'으로의 회귀만이 무슬림 공동체를 다시 부흥nahdah시킬 수 있는 길이고, 그것은 정치적 · 종교적 · 사회적 갱신tajdīd과 개혁iṣlāh을 통해서만 달성될 수 있다고 주장하였다. 이러한 이슬람 부흥주의Islamic Revivalism는 학술지 또는 대중언론매체에서 일반적으로 이슬람 원리주의Islamic Fundamentalism, 근대 이슬람 개혁주의Modern Islamic Reformism, 이슬람주의Islamism라는 이름으로 불리고, 특히 영어권에서는 이와 관련하여 이슬람의 부활Islamic resurgence, 정치적 이슬람Political Islam, 이슬람의 재주장Islamic reassertion이라는 단어가 용어화하여 쓰여졌으며, 최근에는 이러한 신용어들과 함께 이슬람의 이데올로기화Ideologisation of Islam가 정치적 용어로 등장하게 되었다. 이슬람이 포괄적인 정치적 이데올로기라는 것은 온건 · 보수 · 전통적 성향의 무슬림이든지, 개혁 · 급진성향의 무슬림이든지 '이슬람만이 현대 이슬람 국가와 사회의 병폐를 치유할 수 있는 최선의 해결책' 이라고 말하는, 통칭 '이슬람주의자' 모두의 신념이기 때문에 '이슬람의 이데올로기화' 는 이슬람 부흥주의와 맥을 같이하는 동의어로서 무슬림사회나 비무슬림사회에서 받아들여지게 된 것이다.

이 장은 이 책의 결론 부분으로서, 현대의 이슬람 부흥운동과 이슬람의 이데올로기화 현상을 종합적으로 고찰하는 것을 목적으로 한다. 거의 모든 무슬림국가는 서구열강으로부터 독립한 이후 지난 50여 년 동안 서구지향의 세속적 이데올로기에 물들어 있었다. 그러나 1979년 이란의 이슬람혁명 이후 이슬람 부흥운동이 이슬람세계 전역에서 거세게 전개되면서 이슬람주의자들은 지금까지 정치적 이슬람과 이데올로기화를 부르짖으며 이슬람 이데올로기시대를 주장하고 있다. 이 장에서는 먼저, 이슬람 이데올로기화의 가시적 특징은 무엇이며, 현대의 이슬람 이데올로기화가 과거의 정치적 이슬람운동과 다른 점은 무엇이며, 이슬람의 이데올로기화가 가능한 이론적 근거는 무엇인가 하는 점을 살펴본 후, 현대 이슬람 부흥론자들의 유형을 크게 원리주의, 전통주의, 근대주의, 실용주의 네 범주로 분류하여 그들간의 유사점과 상이점을 비교하고 분석하려 한다. 또한, 이슬람 이데올로기화 운동을 불러온 주요 요인은 무엇이며, 세속적 이데올로기 통치에 실패한 대표적 무슬림국가들의 예와 이슬람 이데올로기화 운동을 가속화시켰던 주요 사건들을 예시하여 이슬람 부흥운동의 실체와 동향, 그리고 그 역사적 흐름을 살펴보고자 한다.

1. 이슬람 부흥운동의 특징

오늘날 무슬림사회 내부에서 우리가 목격할 수 있는 이슬람 부흥주의와 이슬람 이데올로기화의 특징 중에는 다음과 같은 것들이 있다. 이슬람은 가정, 학교madrasah, 직장, 사원masjid 같은 무슬림들의 생활공간뿐만 아니라 국가의 법적 · 경제적 · 정치적 영역에서 전보다 더 주류가 되어 퍼져 있다. 이슬람주의자들은 이슬람 신앙의 5주柱의 의무적 실천을 더욱 강조하고, 어느 무슬림사회에서든지 주무아jumu'ah(금요일) 집단예배의 참여도가 높다. 자카트zakāt(구빈종교세)와 성지순례ḥājjī의 의무를 수행하는 무슬림의 수도 급증하였다. 검소한 복장과 여성의 베일ḥijāb 쓰기를 권장하며, 가능한 한 모든 장소에서 성性의 분리가 이루어진다. 이슬람 부흥론자들과 조직들은 음주, 도박, 나이트클럽, 매춘, 성인 영상물 등 사회를 부패시키고 타락시키는 하람ḥarām(금지)의 것들을 추방시키는 데 앞장선다. 그들은 또한 정부에 이슬람 헌법을 구성할 것과 각종 범죄에 대한 엄격한 처벌을 위해 샤리아sharī'a(이슬람 법)의 적용폭을 넓히고 공식화할 것을 요구한다. 샤리아를 법제도로 채택하기 위해 가능한 한 많은 압력을 정부측에 가하려 한다. 이러한 이슬람 부흥주의자들의 요구에 대응하여 일부 무슬림 국가 정부는—비록 세속주의 정권일지라도—마스지드와 마드라사의 건립을 추진하고 종교기금을 확충하며 각종 종교기구 및 이슬람 교육기관에 대한 지원금을 증액함으로써 그들이 이슬람적 정부임을 과시하려 한다. 그렇게 함으로써 무슬림 대중으로부터 신뢰감을 얻고 통치의 합법성과 정당성을 찾으려 한다.

신문, 방송, TV 등 대중언론매체에는 이슬람 관련 기사와 기획 프로그램들이 대폭 편성되어 있고 '이슬람과 현대생활의 조화'와 같은 주제의 토론과 담론이 유행한다. 이슬람 신학, 법학, 역사, 문화 등 이슬람학과 관련한 정통한 논문들과 학술 및 교양서적들이 엄청나게 쏟아져 나와 있다. 주목해야 할 점은 '정치적 이슬람'과 '이슬람의 이데올로기화'를 주장하는 많은 이슬람 부흥론자들이 현시대 상황에 맞추어서 이슬람을 재해석하고, 이론과 실제에서 이슬람의 개혁을 도모하고 있다는 사실이다. 이즈마아 ijmā'(합의)와 이즈티하드ijtihād(독자적인 법 판단 행위)를 통하여 합리적이고 근대화된 무슬림사회를 만드는 데 공헌하고 있는 것이다.[1]

뿐만 아니라 사회·경제적 평등과 정치적 정의를 부르짖는 목소리도 한층 거세졌다. 아마도 이러한 주장과 요구는 이슬람 부흥주의와 이슬람 이데올로기화의 가장 중요한 특징 중의 하나일 것이다. 대부분 무슬림사회는 아직 부유한 소수 엘리트와 빈곤한 대중 사이에 부의 불균형이 심각하고 정치적 불의가 만연되어 있으므로, 이슬람 이데올로기화에 적극 동참하는 사회일수록 이러한 주장에 놀라울 정도로 대중의 호응을 얻고 있다.

이슬람 부흥주의자들은 현대의 당면문제를 해결하는 데는 이슬람적 방식이 적절하다고 주장한다. 서구 이데올로기로부터 유래한 유물론 사상과 물질주의 가치관이 우세한 현대에서 이슬람 이데올로기의 자기충족성을 선전하고 그 가치관을 새롭게 주장하고 있는 것이다. 그들은 세속주의를 비이슬람적인 것으로 비난한다. 세속주의는 종교가 인간 삶의 내적 영역에 속하는 개인차원의 문제이지 공공의 일이 아니며, 정치·경제·사회·문화적 영역이 신의 영향으로부터 벗어난 독립적인 것이라고 말하는, 소위 탈종교주의이기 때문이다. 오늘날 대다수 이슬람 부흥론자들은 서구의 현대식 과학과 기술들을 기꺼이 받아들이고 있다. 그렇지만 비이슬람적이라고 판단되는 것이나 세속주의와 같이 무슬림 움마에 해로운 것으로 인식되는 것은 단호히 반대하고 강하게 거부한다.

또 이슬람 부흥주의자들은 강력한 반제국주의와 반식민주의자들이다.

---

1 Mir Zohair Husain, *Global Islamic Politics*, New York: Harper Collins College Publishers, 1995, p.12.

이들은 서구에 대한 국제적 의존과 종속관계의 종식을 강력히 외친다. 그 대신에 무슬림 형제애에 입각한 무슬림국가 연합체나 이슬람블록 등의 형성과 기존 이슬람기구의 육성과 발전을 꾀한다. 이들은 이러한 기구들이 이슬람 공동체의 이익뿐만 아니라 국제사회와의 관계 개선 및 증진에 큰 역할을 할 수 있는 세력이 될 것이라고 믿는다.

이슬람세계 전체 사회로 눈을 돌려 볼 때 이슬람 이데올로기화의 가장 두드러진 현상은 첫째, 아마도 '이슬람의 부활'을 외치면서 끊임없이 일어나고 있는 무슬림 민중봉기와 시위들일 것이다. 이슬람 부흥주의와 이슬람 이데올로기화의 물결은 동남아시아의 인도네시아-말레이시아에서부터 북아프리카의 모로코에 이르기까지 거의 모든 무슬림국가에서 거센 파고를 일으키며 지금도 계속되고 있다. 그 중에서도 가장 대표적인 예는 1970년 말 이래 이란과 아프가니스탄에서 일어난 이슬람혁명과 이슬람 부활운동이다. 그 밖에 1990년 초 이래 알제리, 타지키스탄, 인도의 카슈미르 등지에서 일어난 이슬람 이데올로기화의 거대한 물결도 세상을 놀라게 하였다.

둘째, 오늘날 이슬람세계에는 많은 수의 이슬람 운동조직, 그룹, 정당 등이 세워져 있고, 이들에 의해 이슬람의 이데올로기화는 중단 없이 추진되어 가고 있다. 그 중에서도 대표적이라고 할 수 있는 이슬람 부흥주의조직들—급진 원리주의 조직을 포함하여—은 다음과 같다.

이집트의 무슬림 형제단Ikhwān al-Muslimīn, 이슬람해방기구Islamic Liberation Organization, 지하드사회Jama'at al-Jihād, 알 타크피르 와 알 히즈라al-Takfīr wal-Hijra(불신과 이주), 준드 알라Jund Allāh(신의 군대), 알 자마아 알 이슬라미야al-Gama'a al-Islāmiya(이슬람 그룹), 파키스탄의 자마아티 이슬라미Jama'at-i-Islāmi(이슬람 사회), 레바논의 히즈볼라Hizbullāh(신의

당), 아말Amal(희망), 이슬람 아말Islām Amal, 하마스Ḥarakat al-Muqawama al-Islāmiya, HAMAS(이슬람 저항운동), 그리고 가자 지구와 서안지역에 있는 이슬람 지하드Islamic Jihād, 알제리의 이슬람 구국전선Islamic Salvation Front; FIS, 튀니지의 이슬람 경향운동Islamic Tendency Movement; MTI, 엔나흐다Ennahda(부흥당) 등이다.

셋째, 이슬람의 이데올로기화는 이슬람국가임을 자임하는 이슬람 정부들이 적극 추진하여 발전하고 있다. 이들은 각종 이슬람 정책과 프로그램을 개발 · 시행하면서 이슬람 부흥주의 운동의 일선에 서 왔다. 그 대표적인 경우로는 이란 이슬람 공화국 정권, 사우디아라비아의 사우드가家 정권, 리비아의 무암마르 카다피 정권, 아프가니스탄의 부르하눗딘 랍바니 이슬람 정권, 수단의 오마르 핫산 알 바쉬르 장군의 정권, 파키스탄의 무함마드 지아울 학끄 장군의 군사정권(1977~1988년)을 들 수 있다. 이와 달리, 영향력이 큰 자국내 이슬람 운동조직과 정당 또는 그룹들을 달래기 위해 기존 정권이 정략적으로 이슬람의 이데올로기화를 추진한 경우도 있다. 이것은 국민의 신뢰를 회복하기 위한 목적이거나 정부 정책의 합법성을 얻어내기 위해, 또는 분열된 내부사회의 통합을 도모하기 위해, 또는 부유한 무슬림 산유국의 원조와 차관을 얻고자 하는 목적에서였다. 예를 들면, 수단의 자으파르 누메이리 정권(1969~1985년), 파키스탄의 줄피카르 알리 부토 수상의 정권(1971~1977년), 그리고 이집트의 안와르 사다트 정권(1970~1981년) 등이다.

오늘날의 이슬람 이데올로기화는 몇 가지 관점에서 과거 이슬람의 정치화 현상과 다른 면이 있다. 먼저 현대의 이슬람 이데올로기화는 어느 특정 지역에 국한되어 있거나 어느 한 사람에 의해 이루어지는 것이 아니라 범무슬림세계적이라는 점이다. 이러한 보편성은 무슬림국가들 사이에 과거와는 다른 국제적 연대가 이루어지게 하였고 전 무슬림세계의 이슬람 부흥운동 발전에 보이지 않는 동력이 되었다.[2] 게다가 교통과 통신, 컴퓨터 정보의 세계화는 이슬람 이데올로기화와 이슬람 부흥운동의 발전에 괄목할 만한 공헌을 하였다. 국제이슬람국가기구OIC와 무슬림 형제단 같은 비정부적 · 초국가적 이슬람 기구들이 보내는 메시지를 어디에서건 동시에 보고 읽을 수 있게 되었다. 또한 현대 이슬람의 이데올로기화는 과거처럼 획일적이거나 통일된 것이 아니라 매우 다양화되었다. 현대의 이슬람 부흥주의와 이슬람 이데올로기화는 헤아릴 수 없이 많고 다양한 이슬람 운동조직들이 만들어내지만, 넓게 보면 무슬림세계에 현존하는 네 범주의 무슬림들—원리주의자, 전통주의자, 근대주의자, 실용주의자들—이 상호작용 · 반작용하며 일궈내는 것이라고 말할 수 있다.

2. 이슬람 이데올로기화의 이론적 근거

이슬람의 이데올로기화는 왜 가능한 것일가? 그 이론적 근거는 무엇인가? 이에 대한 간명한 답은 이슬람이 단순한 신앙체계만이 아니라는 데에 있다. 무슬림들은 이슬람이 신의 뜻대로 현세를 완벽하게 살고 동시에 내세를 준비하게 하는 신의 가르침으로 '종교만이 아니라 정치 · 경제 · 사회 · 문화 등 인간생활과 인간 존재의 모든 영역을 포괄하는 조화로운 전체'라고 믿는다. 이슬람은 종교와 세속 모두를 모두 포괄하는 신앙과 실천의 체계라는 것이다. 이것은 통상 '이슬람은 정교일치체계'라는 말로 축

2 Malise Ruthven, *Islam in the World*, 2nd ed., Oxford: Oxford University Press, 1984, p.370.

약되어 대변되는데, 개인적 예배영역(종교)과 공동체 정부의 영역(정치) 사이에 구분을 두지 않는 체계라는 의미이다.

예수는 "카이사르의 것은 카이사르에게, 하나님의 것은 하나님에게 바쳐라"(「누가」 20 : 25, 「마태」 22 : 21)고 가르쳤고, 이에 따라 기독교 전통에서는 종교와 정치라는 개념을 별개로 분리하여 인식하였다. 그러나 이슬람은 처음부터 국가와 종교를 구별하지 않았다. 예수는 "내 왕국은 이 세상에 있는 것이 아니다"라고 말하였는 데 비해 무함마드는 공동체를 세우고 스스로 국가원수가 되었다. 그는 예언자이자 공공예배의 인도자였고, 군사지도자였으며, 중재자였고, 행정수반이었다. 그의 뒤를 이은 칼리파 Khalīfah(후계자)들도 움마통치를 위해 무함마드가 행사하던 정치·종교 양방의 대권과 권위를 그대로 계승한 자들이었다. 그들은 움마통치를 위한 정신적·세속적 지도권이 그들에게 있다고 믿었다. 무슬림 신민들 역시 이 둘 사이에 구별을 두지 않았다. 『꾸란』도 정교일치개념을 뒷받침한다. 신에 대한 복종(종교적 복종)과 현세통치자에 대한 복종(정치적 복종)을 동시에 가르친 것이다. "오! 믿는 자들아, 알라께 복종하라. 그리고 신의 사자와 너희 가운데 권위를 가진 자들에게 복종하라"(『꾸란』 4 : 59). 권위를 가진 자는 통치자를 의미한다. 신에 복종하듯이 무함마드와 통치자들에게도 복종해야 하는 것이 그들의 신앙인 것이다. 그러므로 그들은 종교적으로 독실한 자만이 통치자로서 공동체를 위한 선한 정부를 세울 수 있고, 정부의 주요 기능도 『꾸란』에 명시된 대로 신법神法에 사람들을 복종시키는 것이라고 생각한다. 그렇기 때문에 정부가 올바르지 못한 것은 통치자가 독실하지 못하거나 정부가 원리적인 종교로부터 일탈해 있기 때문이라고 본다. 따라서 움마에서는 정치적 반란이 종교적 이유를 내걸고 항시 정당화되었다. 카와리지Khawāriji나 쉬아Shī'a 같은 분파가 생겨나고, 지방의 세속권력이나 군사력이 신장되어 중앙정부에 도전하는 일들이 이슬람의 이름을 내걸고 이슬람 역사 내내 계속 되었던 것이다.

이슬람의 이데올로기화를 주창하게 만드는 또 한 가지 근원적 요인으로는『꾸란』이 정치적 정의와 사회경제적 평등의 구현을 무슬림에게 명령하고, 정치참여를 적극 권하고 있다는 점을 들 수 있다. 정치가 사회와 공동체의 모양을 구체화하기 때문에 정의롭고 올바른 이슬람적 정치체계를 세우기 위해서는 예배만 보면서 수동적 자세로 앉아있을 수만은 없는 일이었다. 이슬람주의자들은 건전한 이슬람 원리에 기초한 정치만이 정직한 정의의 통치를 할 수 있으며 국민에게 진정한 복리를 가져다 줄 수 있다고 믿는다. 무함마드의 다음 하디스는 국가와 사회 혹은 개인 생활의 영역에서 오늘날까지—그것이 정치참여의 행동이든 아니든 간에—무슬림의 올바른 기본 행동지침으로 남아 있다. "너희 가운데 누구든지 악행을 보는 자는 자신의 손으로 그것을 바꿔 놓아야 하고 만약 그렇게 할 수 없다면 혀로라도 시도해야 하고 만약 그렇게도 할 수 없다면 그때에는 신앙의 가장 약한 표현인 마음속에서라도 그것을 행하여야만 한다."[3] 불의를 보고 앉아 있는 것은 바람직하지 못한 행동이고 마음속으로만 정의를 부르짖는 것은 가장 신앙심이 약한 자가 취하는 행동인 것이다.

사회 · 경제적 평등과 정의의 실현은 이슬람 이데올로기화의 본질적인 목표 중의 하나이다.『꾸란』에는 정의와 공정을 강조하는 수많은 구절이 있다. "하나님은 정의와 선행을 명하셨고… 부정과 악행을 금하셨다"(『꾸란』 16 : 90). "믿는 자들이여… 너희는 하나님 앞에 증언자로서 공정을 지키는 자 되라"(『꾸란』 4 : 15). 정의를 행하는 무슬림의 의무는 공사간에 차

---

3 Muslim b. al-Hajjaj, *Al-Jami' as-Ṣaḥīḥ*, Sharḥ *al-Imām an-Nawawī*, Vol.II, al-Qāhira, n.d., pp.22~25.

별이 있을 수 없고, 무력에 의해서라도 실현해야 한다. “내가 분명한 증거와 함께 사자들을 내려보냈고 그리고 사람들이 공평히 행동할 수 있게 하기 위한 성전과 저울을 그들과 함께 내렸도다. 그리고 내가 강력한 힘이 있으며, 인류에게 유용한 쇠al-ḥadīd를 내렸노라”(『꾸란』 57 : 25). 『꾸란』의 가르침에서 벗어나는 무리는 쇠로라도 바로잡아야 한다. 이븐 타이미야는 쇠를 무력으로 해석하였다.[4] 이슬람국가에서는 정의가 무력에 의해서라도 실현되고 강제되어야 하는 으뜸가는 정치원리인 것이다. 그의 제자인 이븐 까임 알 자우지야도 “정의가 바로 『꾸란』이 계시된 목적이고 예언자 사명의 주목적이며, 정의정치는 곧 종교의 일부”라고 말하였다.[5] 불의와 압제를 금하고 이를 경고하는 성구는 헤아릴 수 없이 많다(『꾸란』 22 : 39, 26 : 227, 18 : 59, 42 : 42, 46 : 2). 그뿐만 아니라 무함마드는 만민이 인종, 출신, 피부색, 언어, 신조 그리고 사회적 · 경제적 · 정치적 신분과 지위가 무엇이든지 신 앞에 평등하다고 가르쳤다. 이슬람 부흥주의자들은 무슬림 사회에 만연된 빈익빈 부익부 현상을 초래한 세속적 이데올로기와는 달리 이러한 사회적 · 경제적 평등의 실현을 위해서도 이슬람의 이데올로기화는 마땅한 무슬림의 의무라고 주장한다.

지하드사상과 그 실천은 이슬람 이데올로기화의 가장 중요한 근간이자 바탕이다. 일부 무슬림들은 신의 대의를 위해 분투노력하는 지하드를 이슬람신앙의 여섯 번째 기둥으로 간주하고 있다. 이슬람 부흥운동가들은 지하드 개념에 대한 상이한 견해차이에도 불구하고 모두가 지하드를 통해서만이 이슬람의 이데올로기화가 이룩되고 이슬람의 부활이라는 대명제

4 Ibn Taimiya, *Siyāsa Shar'iya fī iṣlāh ar-ra'i wa al-ra'iyya*, al-Qāhira, 1951, p.26.

5 Ibn Qayim al-Jawziyah, *At-Ṭurūq al-Ḥukmiya fī as-Siyāsat as-Shari'iya*, al-Qāhira, 1953, p.14.

가 성공을 거둘 수 있다고 본다. 그러므로 이슬람 부흥주의자들은 누구든지 강력한 지하드 주창자들인 셈이다.

지하드라는 말은 문어적으로 '최선을 다해 분투 노력함' 혹은 '(신의 길에서) 헌신적으로 투쟁함'을 의미한다.[6] 지하드에는 개인적 지하드, 움마적 지하드, 무용(군사적)의 지하드가 있다. 개인적 지하드는 이기적이고 무가치한 세속의 욕망과 사악한 충동으로부터 자신을 깨끗이 하기 위해 부단히 정진하는 개인신앙 차원의 내적 노력을 말하고, 움마적 지하드는 자유, 인권, 사회정의, 평등 등의 실현을 위해 다르 알 이슬람dār al-Islām(이슬람 영역) 내에서 헌신적으로 분투 노력하는 비폭력 투쟁을 말한다.[7] 그리고 무용의 지하드는 이슬람의 이데올로기화와 관련하여 서구로부터 오해받고 있는 지하드관이다. 이것은 움마의 안전, 보호, 방어를 위해 적대하고 있는 비무슬림과 대항하여 싸우는 무장투쟁이다. 이것은 신의 눈으로 볼 때 가치가 가장 적은 것으로, 『꾸란』에 따르면 무슬림이 마지막으로 선택하는 방법이다. 일반적으로 무슬림들이 말하는 지하드는 움마적 지하드관이다. 사회·경제적 정의와 평등을 실현하고 그 정신을 깨닫기 위해 행동하는 헌신적 노력을 말하는 것이다. 그렇지만 오늘날 지하드는 대개 비무슬림 지역에서 급진 원리주의 무장세력들이 그들의 목표를 달성하기 위한 수단으로 사용하는 무력투쟁으로 오해받고 있다. 특히 서구에서는 무력으로 이교도에게 개종을 강요하거나 종교적 이기주의를 실현하기 위한 정복전쟁의 의미로 잘못 인식되어 있다.[8] 그러나 위에서와 같이 지하드는 단순한

---

6 Rafīq Zakaria, *Muhammad and the Quran*, New York: Penguin Books, 1991, p.97.

7 Arthur Goldschmidt, Jr., *A Concise History of the Middle East*, 4th ed., Boulder, Colorado: Westview Press, 1991, p.400.

8 Gerard Endress, *An Introduction to Islam*, trans. Carole Hillenbrand, New York: Columbia University Press, 1988, p.75.

무력투쟁이 아니라 중요한 무슬림들의 의무사항이며, 덕목이 되는 신앙의 실천행위이다. 이것은 신의 길에서 종교적 과업을 완성하는 과정이자 수단이 되는 것이다. 예를 들면 이슬람을 위한 저술, 연설, 선전, 교육, 선교, 자금 및 물자 제공 등의 여러 행위를 말한다. 무슬림들은 이것을 '큰 지하드'라고 부른다. 한편 최종적 방어행위의 방법으로만 무력투쟁을 허용하고 있는데 이때의 지하드는 '작은 지하드'이다.

한 가지 중시해야 할 것은 무슬림 사이에서 지하드는 신앙의 일부라는 개념이 보편화되어 있다는 점이다. 왜냐하면 그것은 『꾸란』에 명시되어 있는 신의 약속이기 때문이다. "지하드를 위해 싸우고 있는 동안 죽는 무자히드mujāhid(지하드 전사)는 샤히드shahīd(순교자)의 타이틀을 얻을 것이며 알 잔나al-jannah(천국)의 보상이 있을 것"이라고 『꾸란』은 분명히 밝히고 있다.[9] 그런데 불행하게도 과격 급진 무장세력들이 저지르는 군사적 지하드에 잘못 적용됨으로써 이슬람이 호전적 종교, 폭력적 종교라는 오해를 불러일으켰다. 그들이 외치는 독특한 지하드관은 온건 이슬람 원리주의자들마저 정도에서 벗어난 오류인 것으로 배척한다.

3. 이슬람 부흥주의자의 분류

(1) 원리주의자

원리주의자들은 이슬람 부흥론자들 중에서 수적으로 가장 많고 다른 부류의 무슬림들보다 돋보이는 여러 활동을 전개하면서 무슬림세계에 널리

9 지하드에 관계된 『꾸란』 성구는 다음과 같다. 『꾸란』 3 : 169~170, 4 : 76, 9 : 14, 9 : 20, 9 : 111, 47 : 4~6.

펴져 있다. 이들은 성서주의자들, 율법주의자들, 문자주의자들라고도 불린다. 『꾸란』과 순나에 대한 문자적 해석을 강조하고, 거기에 나타나 있는 이슬람 원리들을 가감하거나 수정함이 없이 고수할 것을 주장하기 때문이다. 이들은 샤리아를 엄격히 적용하는 이슬람법에 입각한 이슬람국가의 재건을 위해 전력 투구한다. 무엇보다 이슬람 신앙과 실천의 5주柱와 6신信의 의무를 신자 모두가 성실히 실행할 것을 요구한다.[10]

일부 학자들은 이들을 이슬람의 청교도puritan라고 불렀다. 왜냐하면 그들 중 대다수가 이슬람 초기시대(예언자 무함마드와 그의 동료들의 시대) 이후 신앙의 일부가 되어 상속되어온 부정하고 불순한 자유방임적인 가치관과 관습, 전통, 제도들로부터 그들의 종교를 깨끗이 하기를 원하고 있기 때문이다. 따라서 이들은 열심히 타끌리드taqlīd(중세 이후 발전해온 이슬람 법적 규범들에 무조건 순종하고 따르는 일)에 반대하고 탈종교주의인 세속주의와 무슬림사회의 세속화에 맞서 싸운다. 순니 무슬림 원리주의자들 중 특히 한발리파는 타우히드tawḥīd(신의 유일성) 교리를 엄격히 준수하려 하기 때문에 수피 성자들이나 성스러운 인물로 추앙받는 이맘들의 숭배, 예언자 가족 및 직계손에 대한 존중사상까지 이 모든 것을 쉬르크shirk(다신론)로 간주한다. 실제로 한발리파의 급진 원리주의자들인 와하비야 추종자들은 1802년, 쉬아 무슬림들의 가장 성스러운 도시 나자프와 카르발라를 공격하여 많은 무덤과 성소들을 파괴하였다.[11]

무슬림 원리주의자들은 복고주의자들이라고도 불린다. 부단히 이들은 무함마드와 그의 뒤를 이은 4명의 정통 칼리파들이 메디나에 세웠던 최초

10 Roy C. Macridis, *Contemporary Political Ideologies*, 5th ed., New York: Harper Collins, 1992, pp.231~234.

11 Edward Mortimer, *Faith and Power—The Politics of Islam*, New York: Random House, 1982, p.63.

의 이슬람 공동체(622~661년)로의 회귀와, 그때와 똑같은 이슬람 원리에 기초한 이슬람국가의 수립을 목표로 하고 있기 때문이다.

일부 극단적인 급진 원리주의자들(예를 들면, 1880년 수단의 무함마드 아흐마드 압달라 알 마흐디와 같은)과는 달리 20세기 말의 대부분의 온건 원리주의자들(예를 들면, 이란의 알리 아크바르 하쉬미 라프산자니 대통령 같은)은 이슬람의 원리적 교의에 일치하는 한, 현대생활의 여러 유익한 가치들을 수용할 의지를 가지고 있다. 비록 샤리아를 여전히 따르기를 고수하고 있을지라도 그들은 과거보다 훨씬 더 융통성 있게 넓은 범주에서 샤리아의 문자들을 해석하려는 의지를 보이고 있다. 현대의 많은 원리주의자들은 민주주의적 제도에 대한 서구식 개념을 받아들였다. 예컨대 성인 각자 한 표를 기본으로 하는 정규 선거제, 다당제 정치제도, 비밀투표제, 의회제 등을 받아들이고, 상호존중하며 다른 나라의 내부문제에 불간섭한다는 조건으로 서구국가들과 선린관계를 갖고자 한다.[12]

근대 이슬람 역사에서 두드러진 무슬림 원리주의자들로는 18세기 말, 아라비아반도에서 와하비야 운동을 일으켰던 무함마드 빈 압드 알 와합과 무함마드 빈 사우드, 수단에서 1885년 이슬람국가를 세웠던 무함마드 아흐마드 압달라 알 마흐디, 1928년 무슬림세계 최초로 초국가적인 종교정치기구인 무슬림 형제단을 세운 이집트의 하산 알 반나, 그리고 이란의 이슬람혁명(1978~1979년)을 이끌고 현대에 처음으로 이슬람공화국을 세운 아야톨라 호메이니를 꼽을 수 있다.

12 Mir Zohair Husain, *Global Islamic Politics*, New York: Harper Collins College Publishers, 1995, pp.73~74, 78.

(2) 전통주의자

이슬람 부흥주의자의 두 번째 범주는 전통주의자들이다. 이들은 전통적 이슬람학교인 마드라사madrasah 교육의 산물이다. 신앙심이 돈독하고 학식이 많은 울라마들이 이 부류에 속한다. 이들은 원리주의자들과 마찬가지로 탈종교주의인 세속주의에 직선적으로 반대하는 입장이다. 정치와 사회의 세속화 현상에 민감한 반감을 나타내고 특히 정부 조직이나 정책결정과정에서 이슬람을 구조적으로 분리하는 현상에 반기를 든다.

교육분야에서 이들은 원리주의자들과 함께 마드라사의 증설과 교육과정의 확대를 위한 정부의 투자를 꾸준히 요구한다. 교육과정에 이슬람적 종규宗規들을 내용으로 하는 강좌를 개설할 수 있도록 노력한다. 옷차림에도 정숙하고 검소한 것을 요구하고, 성의 분리를 주장한다. 법적 영역에서는 원리주의자들과 똑같이 『꾸란』 · 순나 · 샤리아에 입각한 이슬람적 헌법의 제정을 요구하고, 까디qāḍī(판사)들이 주재하는 이슬람 법정의 설립을 주장한다. 사회영역에서 전통주의자들은 원리주의자들과 똑같이 한 남자가 4명의 부인까지 취할 수 있는 혼인제도를 허용하고 있으나, 원칙적으로는 일부일처제를 권장한다. 그러나 여인들에게 푸르다purda(베일 쓰기와 여성의 격리)의 적용을 의무화한다. 경제 영역에서는 리바ribā(이자)의 금지와 함께 자카트와 우슈르 같은 종교세를 거두어들이는 아우까프awqāf(이슬람재무관리)성 같은 기구의 창설을 주장한다.

그러나 전통주의자와 원리주의자 사이에는 매우 뚜렷한 차이점이 있다. 전통주의자들은 신앙을 지키기 위해 간단없이 투쟁하고 종종 이슬람의 이데올로기화에 적극적이며 지도적 위치에 서기도 하지만, 대체로 이들은 정치적 행동주의를 경원시하고 정치적인 일에 나서는 것이 무가치한 일이라고 생각한다. 따라서 대개 이들은 비폭력적이고 정치에 무관심한 울라마들이다. 마드라사의 교육자이거나 교회의 설교사와 선교사들이 많다. 전통주의자들은 특별한 경우를 제외하고는 기존의 체제에 도전하려 하지 않는다. 혁신의 자세가 아니라 협력의 자세로 기존 정권의 통치행위를 대하고 기정사실화된 사안에 반대하지 않고 오히려 지지하는 입장을 취하므로 오히려 정부로부터 여러 관료직위에 임명되거나 위원 같은 지위에 뽑히는 사례가 흔하다. 그러나 이슬람 종교가(또는 이슬람 공동체가) 절박한 위험에 처하게 될 때, 전통주의자들이 평소에 취하던 부동의 수동적 자세를 버리고 분연히 일어나 정치무대의 일선에 선봉으로 나선 경우도 발견된다. 원리주의자들과는 달리 이들은 이슬람 초기시대의 관행뿐만 아니라 그 이후 무슬림사회에서 토착화한 관습과 여러 전통을 그대로 보존하려는 보수주의자들이고, 다가오는 시대에서도 마찬가지로 이러한 보수적 전통주의가 유지되어가길 원한다. 이들은 수피주의에 관용적이다. 또한 일반적으로 '민속 이슬람', '통속적 민간 이슬람' 등으로 불리는 여러 지방적 · 지역적 문화관습과 전통에도 관대하다.[13] 전통주의자들은 이슬람이 단순히 형이상학적인 이상적 원리들의 한 종합체계일 뿐만 아니라, 독실한 무슬림들이 역사적 · 윤리적 · 문화적 전통들과 상호작용하면서 터득하고 이해한, 살아 있는 삶의 포괄적인 신앙체계라고 믿고 있다.[14] 그러므로 이러한 전통을 금지하거나 억누르는 것은 무슬림 대다수가 갖고 있는 경건한 신앙심의 대중적 형태를 약화시키는 것이라고 확신한다. 원리주의자들은 '민속 이슬람'에 반대할 뿐만 아니라 그러한 길을 좇는 행위는 근본적으로 비이슬람적인 비드아bid'a(이단적 혁신)로 보고 엄격히 금한다.

---

13 Francis Robinson, "The Veneration of Teachers in Islam by Their Pupils: It's Mordern Significance," *History Today*, Vol.30, March 1980, p.24.

14 같은 책, 같은 면.

대부분의 전통주의자들은 이즈티하드에 반대하고 타끌리드 교리를 지지하는 무깔리둔muqalidūn(타끌리드의 수행자)으로서 행동한다. 그들은 이즈티하드가 전통적 관행과 가치에 대한 도전이고 공격이라고 생각한다. 그것은 근원적인 이슬람의 토대를 침식하는 행위로서 이슬람을 은밀히 해친다고 생각한다.

전통주의자들은 무슬림사회 어느 곳에서든지 대개 존경받는 이슬람 학자들이지만, 현대의 자연과학, 사회과학 분야의 여러 면에서는 일반적으로 순진무구한 편이다. 과학이론이나 새로운 현상을 접하는 경우 그들은 『꾸란』과 순나를 조회해 본 후 이를 받아들이거나 혹은 거부한다.[15] 일반적으로 이들은 국제관계 질서나 국제교류의 결과 등 현대 정부들이 상호작용하며 일구어내는 각종 정책과 제도, 협정, 기구에 관심을 기울이지 않는다. 그들은 이슬람이 완벽한 종교이기 때문에 인간 세상의 모든 일을 계시하고 밝혀놓고 있어 무슬림들이 직면하게 되는 모든 내적 위기와 외적 위협에 대처할 수 있는 해결책을 제공해준다고 믿고 있다.

이슬람은 하나님의 불변의 말씀과 법에 기초하기 때문에 변화할 필요가 없으며, 결코 변화하지도 변화할 수도 없다고 말한다. 이러한 이슬람의 불변성이 무슬림세계의 후진과 쇠퇴의 원인이라고 생각하지 않는다. 문제는 오히려 무슬림사회의 고질적인 불완전성 때문이라고 말한다. 가장 큰 과오는 무슬림들이 이슬람 종교의 기본정신과 계시내용을 문자 그대로 이해하지 못하고 그것을 부동의 자세로 따르지 못하기 때문이라고 주장한다.

현대에서의 두드러진 전통주의자들은 이란의 아야톨라 싸이드 카젠 샤리아트마다리(1986년 사망)를 꼽는다. 또 다른 괄목할 전통주의자들로는

15 S. Alam Khundmiri, "A Critical Examination of Islamic Traditionalism," *Islam and The Modern Age*, Vol.2, No.2, May 1971, p.11.

인도대륙에서 활동한 파랑지 마할리들과 바렐위들, 데오반디 등이 있다. 많은 무프티muftī(결정된 법견해인 파트와fatwa를 내놓는 이슬람 법학자)들과 이집트 알 아즈하르의 쉐이크들도 이 범주에 속한다. 예를 들면 지난 1996년 3월 타계한 쉐이크 알리 가드 알 학끄 같은 인물을 들 수 있는데, 알 아즈하르의 이맘 아크바르(그랜드 쉐이크)였던 그는 정부정책에 적극 협조한 대표적인 관변 전통주의 울라마였다.

(3) 근대 개혁주의자

이슬람 부흥론자의 세 번째 부류는 무슬림 근대 개혁주의자들이다. 이들은 이성적이고 자유주의적인 사고와 매너를 가진 개화된 지식인층 무슬림들이다. 이들은 이슬람을 현대적인 삶에 맞게 재해석하고 재정의하는 것을 자신들의 임무로 생각한다. 이슬람이 가지고 있는 형제애 사상, 관용성, 사회 · 경제적 평등사상, 정치적 정의 같은 가치관과 사상들을 강조하고 현대세계의 지적 · 과학적 발전과 조화를 이루는 이슬람의 역동적인 특성들을 열거하면서 이슬람의 가르침을 재해석할 것을 강조한다.

원리주의자들과 마찬가지로 이들은 이슬람권 세력의 약화와 쇠퇴요인이 이슬람법과 사회문제들에 대하여 독립적이고 창조적인 이즈티하드의 행위를 금지해온 탓으로 돌리고 있다. 이즈티하드의 문을 닫고 변화하는 여러 현실문제들에 폐쇄적으로만 일관해온 자세와 현대문제에 대한 논의의 부족 때문이라고 생각한다. 이슬람이 진취적 · 역동적 · 이성적 종교라고 확신하고 있는 이들은 타끌리드 교리를 배격한다. 현대 사상과 조류에 발맞추어 이슬람 법의 새로운 공식화를 주장한다. 이슬람의 재해석을 위하여 이즈티하드의 문을 활짝 열어 놓아야 할 것을 적극 주장한다.[16] 이들

16 Mir Zohair, 앞의 책, pp.95~96.

은 이슬람이 역동적인 종교이기 때문에 변화가 얼마든지 가능할 뿐만 아니라 오히려 그것은 현대에서 고무적이고 바람직하다고 생각한다. 따라서 대부분의 근대 개혁주의자들에 따르면 이슬람 법은 현대의 정치 · 경제 · 사회 · 문화 및 법적 조건들에 일치 · 조화 · 적응되게 신중하고 융통성 있는 수정이 불가피하다고 말한다.

이슬람에 정통한 독실한 무슬림들인 이들은 근대세계의 비이슬람적 사고와 사상, 가치관에도 익숙한 지식인들이기도 하다. 특히 이들은 국내에서든 해외에서든 서구교육을 받았거나 서구식 제도와 문물에 남다른 지식을 가진 무슬림들이다. 보수적인 전통주의자나 급진적인 원리주의자들과는 달리 일반적으로 근대 개혁주의자들은 이러한 비이슬람적 사상 · 관행 · 제도의 수용을 두려워하거나 꺼려하지 않는다. 오히려 그것들이 무슬림사회에 유익하고 도움이 되는 것이라면 과감히 받아들일 것을 주장한다. 따라서 이들은 무슬림사회의 전통적 종교교의와 비무슬림사회의 세속적 · 과학적 · 이성주의 간의 상이점을 조정하려 하고, 무조건적이고 무질문적인 절대적 신앙과 상식적이고 실제적인 합리적 논리 간의 차이를 조화시키려고 부단히 노력하고 있는 것은 조금도 이상할 것이 없다.

이들은 이슬람적인 것과 서구사상 및 가치관의 합성을 꾀하여 당면한 사회문제와 일상생활과 관련된 이슬람의 재해석을 창출해 내는 주인공들이다. 또한 다문화적이고 세계적인 시각으로 자유주의적인 사고와 행동을 추구하고, 현실에 맞게 적응하는 조화를 잘 만들어내는 경향이 있다. 예를 들면 이들은 마즈하브madhhab(이슬람 법학파)들 간의 분화와 불화에 남다른 화해와 조정을 시도하고 통합과 조화를 위해 꾸준히 노력한다. 이들의 문화적 다양성에 대한 관용정신과 변화하는 환경에 적응하려는 부단한 노력과 의지는 현대 무슬림사회의 개화와 발전에 큰 공헌을 해 왔다.

대표적인 무슬림 근대 개혁주의자로는 범이슬람주의를 주창한 이란의 자말 앗딘 알 아프가니(1838~1897년), 인도 근대개혁의 아버지 싸이드 아흐마드 칸(1817~1898년), 이집트의 그랜드 무프티 무함마드 압두(1849~1905년), 파키스탄국가 창설안의 주인공인 인도의 시인 무함마드 이끄발(1977~1938년), 이란의 개혁적 쉬아주의의 지적 아버지 알리 샤리아티(1933~1977년), 아야톨라 호메이니 아래에서 임시대통령을 지낸 마흐디 바자르간(1905년 출생), 이란 이슬람공화국의 초대 대통령 아불 하싼 바니 사드르(1933년 출생) 등을 들 수 있다.

(4) 실용주의자

앞의 세 부류에 비해 이슬람의 이데올로기화에 기여도가 가장 낮은 그룹이 실용주의자들이다. 이들은 이름과 출생 때문에 무슬림이 되었지만 이슬람 종교에 자유주의적이고 절충적인 시각을 갖고 겉치레만의 명목상의 무슬림들이다. 대체로 이들은 공식적이든 비공식적이든 세속적인 서구교육을 받았거나 서구교육에 크게 영향을 받은 사람들이다. 서구에 유학한 경우가 많다. 따라서 이들은 이슬람 사상과 원리보다 서구의 지성적·합리적 사고에 친숙하고 서구에 대한 많은 지식을 가지고 있다. 이러한 뒷배경 때문에 이들은 이슬람 전통과 관행이 시대착오적이고 비실용적인 것이며, 현시대의 요청과 목적에 부응하지 못하는 후진적인 것으로 간주한다. 그들은 무슬림사회의 활력 있는 현대화를 위해 선진 자본주의와 사회주의 국가의 경험과 제도의 채택을 주장하고, 비종교적이고 실용적인 노선의 개혁을 추진한다. 영광된 과거보다는 실존하는 현실을 중요시하고, 서구식 현대사회의 건설에 진력하고, 또 그런 분야에서 능력을 발휘한다. 이슬람주의의 물결이 거세어졌을 때에도 이들은 세속주의 서구국가를 국가발전의 모델로 삼고, 근대화는 곧 서구화라는 등식의 개념 아래 서구화를 꾀하였다. 심지어는 세속화 과정, 즉 세속주의화는 근대화의 일부라고 말하고, 국가와 사회 발전에 그것은 피할 수 없으며 오히려 소망스러운 현상으로 간주한다.

이들은 비록 어느 무슬림사회에서건 수적으로 가장 적은 소수파이지만, 엄청난 재력과 권력을 지닌 지배계층을 이루고 있다. 그들은 정부기관, 군부, 언론 및 대중매체, 교육기관, 기업 및 각종 사업체의 고위직을 맡고 있고, 대부분의 지주들도 이 그룹에 속한다. 그들은 국내사정뿐만 아니라 국제사회의 질서와 각종 분야의 큰 흐름을 잘 파악하고 이에 대한 현실성 있는 대처를 서두른다.[17]

실용주의자들은 자신들이 특권층을 형성하고 있으면서도, 아이러니컬하게도 위선적으로 이슬람이 표방하는 평등주의를 내세우고 있다. 이슬람은 인간과 인간 사이에 어떠한 차등도 용납하지 않고 어떠한 특권계급의 형성도 반대한다는 점을 강조하고 있는 것이다. 그들에 따르면 울라마는 이슬람종교와 교리에 지식이 있는 전문인들로서 국가의 종교정책 및 종교문제에 귀중한 종교적 안내를 맡아 해줄 역할과 임무를 부여받고 있는 사람들이지만, 그러나 정치 · 경제 · 외교 · 국방 · 기술 등 국가의 통치나 경영 등 비종교적인 문제들에 대해서는 울라마들이 그들의 견해를 피력해야 할 하등의 권리도 의무도 없다는 것이다. 그들은 무슬림 공동체의 통치영역에 어떤 특권적 지위가 울라마에게 주어져 있지 않다는 점을 명백히하려 한다. 그래서 이슬람에는 제도화된 성직자제도가 없다는 것을 되풀이해서 강조한다. 이슬람은 신과 인간 사이에 어떠한 중간자도 두지 않는 직선적 관계임을 말하고, 무슬림들은 저마다 자신의 생각과 행위에 대해 하

17 Mir Zohair, 앞의 책, p.123.

나님 앞에 스스로 책임을 져야 한다는 사실을 강조하고 있는 것이다.

원래 무슬림 실용주의자들은 종교가 신과 인간 사이의 한 개인적 차원의 일이라는 세속적 세계관을 갖고 있음에도 불구하고 무슬림 대중의 지지를 얻기 위해 그들은 수사적으로 이슬람을 자주 표현하고 편의적이고 시의적절하게 이슬람을 상징화하여 이용한다. 물론 이것은 대중으로부터 그들 행위의 합법성을 얻기 위한 제스처이고, 그렇게 함으로써 그들이 무슬림 대중을 정치적으로 선동하고 이끌어갈 수 있기 때문이다. 그러나 대중의 지지를 얻기 위해 혹은 그들의 권력을 강화하기 위해 이슬람을 수사적 또는 상징적으로 써온 그들의 이슬람 정책들은 언젠가는 허상의 것으로 드러나고 그들은 비난의 대상이 된다.

그러면서도 그들은 이슬람의 부활에 그들이 누구보다도 앞장 서 있음을 강조한다. 그리고 그들 스스로가 권력의 핵심이었으므로 여러 무슬림국가에서 그들은 이슬람 정책의 입안자이고 실행자들이었다. 이러한 무슬림 실용주의자들의 대표적 예로는 1940년대 파키스탄의 국가창건의 아버지인 무함마드 알리 진나, 1980년대 수단 대통령 자으파르 누메이리, 1970년대 파키스탄의 수상 줄피카르 알리 부토, 1970년대 10년 동안 집권한 이집트 대통령 안와르 사다트, 사막의 방패와 사막의 폭풍작전(1990년 8월, 1991년 3월)의 대상이었던 이라크 대통령 사담 후세인 등을 들 수 있다.

4. 이슬람의 이데올로기화 과정

(1) 세속적 이데올로기의 실패

서구의 식민주의 통치로부터 독립하면서 무슬림세계의 대부분 국가에서는 실용주의 무슬림들이 권력을 잡았다. 처음에 무슬림 대중은 비현실적인 공약을 내세우며 집권한 이들을 지지했다. 그러나 그들의 서구식 사상과 제도는 전통적인 이슬람의 가치관과의 부조화로 마찰을 빚었고, 서구 사회주의와 자본주의 체제에서 모형을 따거나 합성한 행태의 경제개발 계획과 사회적 · 정치적 발전을 위한 개혁적 근대화 계획들은 제대로 추진되지도 못한 채 실패하고 말았다. 몇몇 무슬림국가들에서 눈에 띌 만한 경제성장률을 달성하기도 했지만, 대체로 그 과실은 특권 엘리트 계층에게만 돌아갔고 빈곤한 대중에게는 아무런 혜택이 없었다.

아랍의 실용주의 무슬림들은 분열된 아랍사회를 통합하기 위해서 민족주의 사상을 통치 이데올로기로 채택하였다. 그리고 그들의 정치적 권력을 강화하는 데에도 이를 이용하였다. 그러나 민족주의al-Qawmiyyah는 아랍 무슬림세계를 전체적으로 더 분열시키는 결과를 초래했다. 각 나라마다 애국주의al-Waṭaniyyah에 빠졌고, 무슬림 움마 또는 아랍 움마의 이익보다 자국민의 이익만을 우선적으로 추구하려 했다. 범아랍주의와 범이슬람주의는 주요 관심에서 멀어지게 되어 2차적 · 3차적 관심사로 밀려나게 되었다.

처음 실용주의 무슬림들이 추진한 범아랍주의 이데올로기 운동은 1950년대와 1960년대에 대중적 인기를 얻었다. 그러나 그것이 단지 아랍 무슬림세계를 지배하기 원했던 실용주의 지도자의 위장된 세속적 민족주의의 확장일 뿐이라는 사실을 아랍 무슬림들이 깨닫게 되었을 때 그 빛을 잃었다. 범아랍주의는 이스라엘과 적대하고 있던 아랍인들을 단결시키지 못했고, 팔레스타인 문제도 해결하지 못했다. 1967년 아랍-이스라엘 전쟁에서 아랍이 무참히 패하자, 범아랍주의는 신망信望을 완전히 상실하였다. 나세르주의는 이집트와 아랍사회가 안고 있는 문제점들을 치유하는 데 더 이상 적합하지 않은 낡은 이데올로기인 것으로 판명났다. 전쟁의 패배와 주체성 상실의 위기에 처한 이집트 민중은 서구 이데올로기에 회의를 느끼고 돌아서게 되었다.[18] 뿐만 아니라 아랍국가들 사이에 무역과 산업을 육성하는 일에도 범아랍주의 이데올로기는 역할과 기능을 다하지 못하였다.

세속적 실용주의자들은 자유주의와 의회 민주주의를 독립 후 시행하겠다고 한 약속도 이행하지 못하였다. 서구 가치관과 이데올로기 중에서도 가장 소중히 여기는 이러한 것을 그들의 현대화 정책의 어디에서도 찾아볼 수 없었다. 무슬림세계의 거의 모든 정권은 권위주의적이고 독재적이며, 그 중 일부는 앞선 서구 식민정부와 별로 다를 바 없이 국민의 여론과 비판 같은 것에는 조금도 관심을 두지 않는 압제적 · 전제적 정권들이었다. 그들은 또한 독립 후 보장했던 진정한 독립과 주권을 확립하는 데에도 실패했다. 서구를 모방하려는 열망 때문에 그들은 서구와의 관계를 깨기는커녕 오히려 더욱 돈독히했고 그들의 근대화 프로그램은 서방과의 종속관계 및 의존도를 더욱 증대시켰을 뿐이다.

근대화라는 이름으로 추진된 개혁 프로그램들은 서구화와 세속화를 추구하는 것으로, 단지 서구의 법과 제도를 무슬림사회에 이식시키는 것뿐이었다. 전통적이던 정교일치적 이슬람에 대한 관념은 서서히 깨져갔다. 교육 · 행정 · 사법체제가 바뀌고 실제로 무슬림사회에는 이데올로기적인 정체성의 위기가 초래되었다. 그런데 한 가지 놀라운 사실은 이 같은 세속적 실용주의자들이 강력하게 세속화를 밀어붙인 나라들에서 '이슬람'이 세속적 기존정권에 반대하는 제1의 정치언어가 되었다는 점이다. 이란의

18 Ali E. Hillal Dessouki, "The Resurgence of Islamic Organization in Egypt: An Interpretation," Alexander S. Cudsi and Ali E. Hillal Dessouki, eds., *Islam and Power in the Contemporary Muslim World*, Baltimore: Johns Hopkins University Press, 1981, p.114.

이슬람혁명이 그러했고 알제리, 튀니지, 이집트, 타지키스탄 등에서 10년 이상 집권해온 세속정권에 대항하는 반정의 물결이 '이슬람'의 깃발을 흔들며 거세게 일어났던 것이다. 다시 말해, 세속주의 또는 실용주의 무슬림들이 서구에서 수입해온 세속적 이데올로기, 정책, 제도 등에 기초한 각종 근대화 프로그램들은 실패로 돌아가고, 이것은 무슬림 민중으로 하여금 그들의 사회적 · 경제적 · 정치적 폐해 등을 치유하기 위한 대안으로 이슬람주의를 택하게 하는 결과를 낳은 것이다. 이러한 이슬람 부흥주의와 이슬람의 이데올로기화의 바람이 자국 안에서뿐만 아니라 무슬림세계 곳곳에서 거세게 불자, 실용주의 노선의 지배자들은 국내외 정책에 이슬람적 수사와 이슬람적 상징주의를 쓰면서 스스로의 보호막을 만들고 그들 스스로 경건한 개혁주의 무슬림으로 행세하였다. 그렇지만 무슬림 원리주의자들의 눈에는 그들이 단지 위선자, 기회주의자로 비쳤을 뿐이다.[19]

그렇다면 이렇게 실패하고 만 세속적 이데올로기의 통치기간 동안 무슬림사회에서 야기된 위기현상은 어떤 것인가? 아마도 가장 먼저 꼽을 수 있는 것은 정체성의 위기일 것이다. 그것은 이슬람 움마와 분화된 민족국가 개념 사이에서 비롯한 것으로 사실은 오늘날까지 많은 경건한 무슬림들이 이러한 정체성의 위기감에서 자유스럽지 못하다. 그리고 이것 때문에 무슬림사회가 더욱 약화되어가고 있는 것도 사실이다. 역사적으로나 전통적으로나 이슬람에서 차지하는 움마의 개념은 대단히 중요한 것이었다. 움마란 전세계 무슬림이 역사, 지역, 문화, 피부색, 언어 또는 사회경제적 · 정치적 위치를 불문하고 같은 형제자매라는 인식을 바탕으로 한다.

19 Fouad Ajami, *The Arab Predicament: Arab Political Thought and Pratice since 1967*, Cambridge: Cambridge University Press, 1981, p.171.

하지만 영토적 민족주의 국가의 개념 역시 '우리는 하나'라는 문화적·사회적 일체감을 강조하는 민족의식people-hood을 갖는다. 또 그러한 그룹 정체성을 바탕으로 집단 연대감정과 충성심을 요구한다. 민족주의와 움마의 형제애 정신 모두가 구성원의 제1의 충성심을 요구하고 있는 것이다. 민족주의는 무슬림국가 영토 안에 살고 있는 다양한 국민들 중 특정한 민족의 단결을 촉구하고 그 통합을 시도하기도 한다. 어쨌든 애국주의 또는 민족국가주의는 국가적·민족적 이익을 위해 싸우고 국가와 민족을 위해 충성할 것을 강조하고 있는 데 반해, 이슬람 공동체는 민족적 이익을 떠나 세계 무슬림 간의 단결과 결속의 감정을 부추기고 무슬림들의 이해관계의 증진과 전세계 무슬림들의 복지개선을 우선으로 한다. 많은 사람들이 이러한 범이슬람주의적 관점을 현시대에서는 성취할 수 없는 이상적인 것으로 간주한다. 그럼에도 불구하고 이슬람주의자들의 세계관에는 아직 그것이 제1순위의 희망으로 남아 있고 가능한 한 성취해야 할 목표이다. 전통주의자, 원리주의자, 급진원리주의자들의 순서로 옮겨갈수록 이것은 꼭 실현시켜야 할 의무가 된다.

오늘날 아랍국가를 비롯한 이슬람세계 여러 국가의 국경선은 자의적이 아니라 서구 식민주의 세력이 인위적으로 그은 것이다. 주거민의 동의나 합의를 거친 것이 아니므로 잘못 그어진 국경선은 많은 무슬림 선각자들 사이에서 합법적인 것으로 받아들여지지 않았다. 이러한 불만과 거부감은 그 후 민족국가의 이득만을 추구해온 강압적이거나 무능하기만 했던 세속적 민족국가 지도자들의 리더십 때문에 더욱 격화되었다. 이슬람주의자들은 이슬람의 깃발 아래 무슬림이 하나가 되는 통일 움마를 원한다. 그들의 궁극적인 목표는 샤리아에 의해 통치되는 이슬람국가의 건설인 것이다.

통치권을 쥔 세속주의자들과 실용주의자들은 교육받고 서구화된 사람들인 데 반해, 무슬림 대중은 미개하고 아직도 이슬람적 전통과 문화적 가치관 속에서 살고 있는 사람들이다. 무슬림 대중은 서구식 과학문명의 이기利器들을 편리하게 사용하며 살고 있지만, 교육과 법제도의 지나친 서구화, 사회의 지나친 세속화에 갈등을 겪고 있다. 집권세력은 자신들의 정책을 밀고나가면서 이슬람의 대내외 문제에 관한 민중의 다양한 의사들을 통합시키지 못하고 그들의 통치를 합법화시키지도 못하고 있다. 지배층과 피지배층의 이러한 갭은 심각한 합법성의 위기를 고착화시킨다. 민중 다수의 지지가 없으므로 정권이 전복될 위험도 잠재해 있다. 따라서 권력층은 권좌에 머물러 있기 위해 더 많은 세속적 사상과 제도의 주입, 관변 무슬림 울라마의 육성, 온건 무슬림 지도자에 대한 회유, 탄압정치 등 당근과 채찍의 통치를 관행처럼 되풀이해오고 있다. 그러나 압제는 피지배민과 권력자 지식인층을 더욱 분극화시키고,[20] 한층 더 '합법성의 위기'를 더욱 조성할 뿐이다.

그뿐만 아니라 대부분 무슬림사회에는 부익부 빈익빈 현상이 심화되어 있고 공평한 분배에 대한 불만이 쌓여 부에 대한 '분배위기'도 만만치 않다. 세속적 이데올로기 통치가 낳은 또 다른 위기인 것이다. 그 밖의 위기로는 무슬림 정치인들의 정치참여를 제한해 온 '정치참여의 위기'가 있다. 많은 국가들에서 원리주의 무슬림들은 반정운동을 하다가 체포·구금·추방되거나 정치활동을 금지당하였다. 그리고 아직까지 대부분의 국가에서 이슬람 운동조직을 합법적인 정당으로 인정하지 않는다. 만약 정치개혁을 단행하여 선거에서 표현의 자유를 인정하고 이슬람 단체를 정당으로 허가한다면 민중의 정치적 정서는 새로운 정치질서를 만들 수도 있기 때문이다. 세속적 집권당은 그러한 무모함을 저지르지 않으려 한다. 왜

20 Mir Zohair, 앞의 책, p.167.

냐하면 알제리와 요르단의 경우를 통해 이슬람 원리주의 단체를 정당으로 인정하는 것이 얼마나 위험한가를 경험했기 때문이다. 무슬림국가에서의 이러한 정치참여의 박탈감은 다른 제3세계 비이슬람국가들이 나름대로 민주주의의 발전을 이룩한 것과는 달리, 알제리에서의 선거 이후 지난 10년간 특히 더 심화되어 있다.

이러한 무슬림사회의 여러 위기들이 현 정부에 대한 불만족을 가중시키고 새로운 대안으로 이슬람의 이데올로기화에 대한 신앙을 싹트게 하였다. 실망한 무슬림 대중이 세속주의자와 실용주의자의 서구 이데올로기로부터 돌아서서 이슬람의 이데올로기화를 주창하고 나선 것이다.

무슬림국가들에서 세속적 이데올로기가 실패한 대표적인 경우를 살펴보자.

1) 이란

친서방 개발도상국이던 이란은 1978~1979년 무슬림 민중이 이슬람혁명을 일으킨, 세속적 이데올로기 실패의 표본적 국가이다. 이란의 레자 샤 팔레비는 전통적인 이슬람 삶의 방식과 상반되는 서구식 근대화를 추진한 대표적 인물이다. 정체성의 위기와 합법성의 위기가 팽배해 있었고, 그의 군주제에서는 민중의 정치참여도 허용되지 않았다. 샤의 정치 경제 개혁 프로그램은 정의의 구현과 공평한 부의 분배를 하는 데에도 실패하였다. 급속히 추진된 근대화 계획은 주거지 이동의 대혼란만을 불러왔고, 농촌에서는 이농현상이, 도시에서는 인구과잉집중현상이 빚어졌다.[21] 사회의 혼란은 이란인을 분노하게 했다. 부패한 샤 정권은 무너졌다. 아야톨라 호

21 Akbar Husain, *The Revolution in Iran*, East Sussex, England: Wayland Publishers, Ltd., 1986, pp.41, 42 ,45, 47.

메이니는 이슬람 이데올로기화의 실현과 진정한 이슬람국가 건설을 약속하며 권력을 이양받았다.

2) 수단

수단에도 여러 위기들이 팽배해 있었지만 그 중에서도 정체성 위기는 구조적으로 심각했다. 남부수단은 기독교도와 우상숭배자들이 많은 지역으로, 수단을 통치하고 있는 무슬림 북부지역으로부터 분리와 자치를 원하며 20년 넘게 무장투쟁을 전개해 왔다. 부패한 독재정권의 대명사였던 수단의 무슬림 실용주의자 자으파르 누메이리가 1983년 9월 갑자기 이슬람법의 시행을 선포하였을 때 상황은 오히려 급속히 악화되었다. 그의 공격적인 이슬람화 계획은 수단 무슬림 형제단 세력을 제압하기 위한 것이었다. 1985년 3월, 무슬림 형제단 지도자들에 대한 대규모 검거가 시작되자 민중운동 인티파다intifada와 쿠데타(1985년 5월)가 일어났고 누메이리는 실각하고 말았다. 그 뒤 1989년 6월, 세 번째 쿠데타로 정권을 장악한 오마르 핫산 알 바쉬리는 무슬림 형제단이 이끄는 민족이슬람전선 소속의 지도자들과 이슬람 정책을 수립하고 이슬람화 계획을 계속 추진하고 있다. 지난 20년 동안 수단에서는 두 번의 군사정권과 한 차례의 민주정권이 통치하였는데, 어느 정부든 이슬람의 이름을 빌려야만 합법적인 정권으로 인정되었다.

3) 레바논

레바논에서의 긴 17년 전쟁 역시 세속적 이데올로기 통치가 남긴 위기들이 심화된 가운데에서 일어났다고 말할 수 있다. 프랑스 식민주의로부터 독립한 이래 수적으로 우세한 무슬림국가 레바논은 소수 기독교인의 지배를 받았다. 무슬림 인구는 기독교인 인구보다 빠른 속도의 비율로 증가했지만, 대통령직과 중요 직책이 기독교인 수중에 있어 레바논 사회는 심한 정체성과 합법성의 위기를 겪어야 했다. 빈부격차도 심하였는데 가난한 자는 주로 무슬림들이었다. 다수를 점하고 있던 쉬아 무슬림들은 그들을 통치하고 있는 기독교인 지배 엘리트에게 상대적 박탈감을 느끼지 않을 수 없었다. 요르단에서 활동했던 팔레스타인해방기구PLO는 1970년 9월 이후 레바논으로 피신해 왔다. 그 후 레바논에서 세력을 신장하여 1970년대 말에 이르러서는 레바논 내의 한 국가로 인식될 정도가 되었다. 이러한 레바논에서의 정체성 위기는 1982년 이스라엘이 레바논을 침공한 이후 더욱 악화일로의 길을 걸었다. PLO 게릴라를 소탕한다는 명분으로 남부레바논에 침입한 이스라엘도 PLO처럼 물러가지 않고 남았으며, 시리아군은 또한 수차례 전투를 치르면서 레바논 북부에 주둔하였다. 복합적인 모자이크 사회의 특성을 가진 레바논은 17년간의 내전을 경험하면서 피폐화되었다. 쉬아 무슬림들은 이란에서 성공한 이슬람혁명에 크게 고무되어 아말Amal 민병대, 이슬람 아말, 히즈볼라를 조직하였고 점차 정치·군사세력으로 부상하기 시작하였다.[22]

이스라엘의 레바논 침공과 1982~1985년 이스라엘의 레바논 남부 점령, 이스라엘과 공모한 기독교 민병대들의 팔레스타인 피난민 대학살사건 등은 레바논의 급진 이슬람 원리주의 조직들을 더욱 과격화하게 만들었다. 레바논 내정체제 또한 미국·프랑스 같은 서구 강대국과 시리아·이스라엘·이란·PLO 같은 주변 이해당사국들의 간섭을 받았다. 그리고 이 외부세력들은 레바논을 희생시켜서라도 자국의 이득을 꾀하기 위해 그들의 명령을 수행할 대행자들을 조종했다. 이러한 외부세력의 침투로 말미암아 평화스럽고 번영을 구가했던 레바논은 크게 약화되고, 그 결과 조각

22 Clinton Bailey, "Lebanon's Shi'is After the 1982 War," Martin Kramer, ed., *Shi'ism, Resistance and Revolution*, Boulder, Col.: Westview Press, 1987, p.220.

조각 나라가 찢어져 시리아군, 이스라엘군, UN평화유지군, 다국적평화유지군이 주둔하는 분극화를 경험해야 했다.

4) 알제리

알제리는 1980년대 말 이래 세속적 정권하에서 조성된 여러 위기들로 사회가 심각하게 흔들렸다. 1988년 10월에 일어난 대규모 식량폭동을 시작으로 600명 이상이 죽고 1,000명 이상이 부상당하였다. 샤들리 벤자디드 대통령 군사정권은 1989년 2월, 대중불만을 누그러뜨리기 위해 대대적인 민주화를 약속하고 정치개혁 속에 국민투표와 다당제를 채택하겠다는 정부의 결정을 발표하였다. 이로써 1962년, 프랑스 지배로부터 알제리가 독립한 이래 처음으로 이슬람 단체가 정치정당을 조직할 수 있게 되었다.

이슬람 구국전선Islamic Salvation Front; FIS은 즉시 "이슬람만이 유일한 해결책"이라는 슬로건을 내걸고 이슬람국가 건설을 목표로 하는 당의 계획을 발표하였다. FIS는 1989년 6월 실시된 지방선거에서 55%의 득표율을 얻는 데 성공했고, 1991년 12월 26일의 국회의원 선거 1차 투표에서는 놀랍게도 49%의 득표율로 1차 총의석 430석 중 118석을 얻는 데 성공하였다. 이것은 1992년 1월 16일에 있을 결선투표(2차 투표)에서 총 119의석 중 단지 28석만을 추가로 필요로 하는 것이었다. 한편 집권당이던 세속적 사회주의 정당 민족해방전선National Liberation Front; FLN은 1차 투표 결과 단지 15석만을 획득했을 뿐이었다. 독립 이래 단일정당으로 알제리를 통치해온 FLN의 참패는 무슬림 대중으로부터 독재주의 정당으로 낙인찍혔고, 부정부패, 정실인사, 프랑스와의 과도한 유착, 100%의 인플레이션, 25%의 실업률 등 고통받는 사회와 경제정책의 실패 때문이었다.

프랑스를 비롯한 서방의 지도자들과 무슬림세계의 실용주의자들은 40개 이상의 정당들이 경쟁했음에도 불구하고 이슬람주의자들이 상상을 초월하는 압승을 거둔 것에 대해 큰 충격을 받았다. 알제리 군부의 세속주의 엘리트들은 FIS의 승리가 자신들의 지위와 이권을 앗아가는 결과를 가져올 것으로 판단하여, 국가의 안보와 안정을 유지해야 한다는 명분하에 1992년 2월 9일 긴급사태를 선포하고 서둘러 대통령 벤자디드를 강제사임시켰다. 그리고 국가최고안보위원회를 가동시켜 1991년 12월 선거 결과를 무효화하고 제2차 국회의원 선거의 취소, 선거의 무기한 연기를 선언하였다. 몇 가지 자료에 의하면 1992년 1월 중반 이후 터진 시민전쟁에서 무려 40,000명 이상이 목숨을 잃은 것으로 알려졌다.[23] 그리고 군부정권의 FIS에 대한 강경탄압은 제도권 안에서 온건하게 이슬람 부흥운동을 전개해 온 FIS를 강경 혁명투쟁노선의 급진세력으로 선회하게 하였다. 오늘날 알제리는 지난 2003년 12월 초, 한국을 방문한 압델 아지즈 부테플리카 Abdel Aziz Bouteflika 대통령 치하에 있는데, 그의 정부는 지속적인 국내안정과 국가의 번영을 위해 총력을 기울이고 있다.

(2) 이슬람 이데올로기화의 촉진요인들

현대 이슬람의 이데올로기화를 촉발시킨 가장 큰 원인은 아랍-이스라엘 간의 갈등관계일 것이다. 아랍국가들과 세속적 팔레스타인해방기구 PLO 모두가 이스라엘을 물리치는 데 실패함으로써 아랍 무슬림들은 심한 자괴감을 느꼈고, 실용주의자들이 이끌고 있는 세속적 아랍 정권을 불신하게 되었다. 서구의 신식민주의가 이스라엘이라는 '대행자'를 통해 아랍 땅에서 계속되고 있는 것을 깨닫게 된 아랍 무슬림들은 이슬람의 깃발을 앞세우고 새로운 이슬람적 대응을 시작하게 된다. 갈등의 역사가 시작된

23 Alfred Hermida, "Algeria: Fundamentalists Sweep to Near Victory," *Middle East International*, 10 January 1992, pp.7~9.

지 50년이 지난 지금까지 아직 미해결로 남아 있는 이 문제가 이슬람 이데올로기화를 부채질하는 가장 큰 요인으로 작용하게 된 것이다.

1967년 6월 전쟁에서 단지 6일 만에 거둔 아랍에 대한 이스라엘의 승리는 '정치적 이슬람'을 외치는 이슬람 부흥주의 운동이 세계화하는 분수령이 되었다. 나세르의 세속적 이데올로기인 '나세리즘Nasserism'은 허장성세로 판명이 났다. 온 무슬림세계의 이슬람 운동그룹은 아랍의 치욕적 패배가 아랍 무슬림국가의 정치·경제 엘리트들이 세속적 이데올로기만을 좇은 탓으로 돌렸다. 그 뒤 증폭된 '정치적 이슬람'에 대한 민중의 요구와 '이슬람의 부활' 정신은 사다트의 이슬람 정책—비록 그것이 이슬람적 상징주의에 그친 것일지라도—에 반영되어 나타났고, 드디어 1973년 10월 전쟁에서 승리를 거두게 하는 정신적 밑바탕이 되었다.

아랍-이스라엘 간 분쟁의 긴 역사와 이집트-이스라엘 간에 체결된 평화협정 모두가 이슬람의 이데올로기화를 촉진시켰다는 것은 어찌 보면 아이러니컬하다. 일부 사람들은 이집트-이스라엘 간 평화협정이 번져가던 '정치적 이슬람'의 기세를 꺾을 것이라고 생각했다. 그러나 그 예측은 반대방향으로 작용했다. 사다트가 이스라엘 수상 베긴과 맺은 1979년 캠프 데이비드 평화협정은 넓게는 이슬람 움마로부터, 좁게는 아랍 무슬림 움마로부터 아랍과 무슬림의 대의를 팔아먹은 배신행위로 비난을 받았다. 그리고 이스라엘과의 평화를 원했던 사다트의 노력은 정치적 이슬람의 재주장과 이슬람의 이데올로기화 운동의 또 다른 촉진제가 되었을 뿐이다. 사다트는 아랍세계에 대한 자신의 리더십을 잃었고, 자신의 생명도 잃었다.

급진적 무슬림 원리주의자들에게는 아라파트가 가자지구와 서안지역 일부에서 제한적이나마 팔레스타인 자치를 위해 쌓은 노력도 마찬가지였다. 그 결과 지금 그도 과격 무슬림 무장세력의 표적이 되어 있다. 이스라엘 점령지에 있는 팔레스타인 사람이든 디아스포라의 팔레스타인 사람이든 팔레스타인 민중에게는 아라파트와 라빈이 1993년 9월, 백악관에서 악수를 한 것 역시 '부당하고 가치 없는 거래'로밖에 보이지 않았다. 아라파트와 라빈의 '평화조약을 위한 땅'은 하마스Hamas와 이슬람 지하드 같은 급진 팔레스타인 무슬림 원리주의 조직들을 크게 실망시켰던 것이다.

OPEC의 등장과 이 기구 회원국들이 이슬람을 위해 쏟은 노력들도 이슬람 부흥주의 운동에 한몫하였다. 이 기구는 1973년 아랍-이스라엘 전쟁 직후, 오일가 폭등을 계기로 경제적 힘을 과시하기 시작했다. 이 기구는 두 가지 관점에서 정치적 이슬람의 불길에 기름을 부었다. 첫째, 서구에 의존하던 속박의 벽을 깨뜨림으로써 무슬림사회에 자존의식을 고취시켰다. 둘째, OPEC의 무슬림 회원국 정부(특히 사우디아라비아, 리비아, 쿠웨이트, 아랍에미리트, 이란)들은 가난한 무슬림국가에 재정원조를 하고 무슬림 세계의 이슬람 부흥운동 조직과 이슬람 정당의 자금원이 되었다. 각국에 사원과 마드라사를 지어주고, 『꾸란』의 보급, 이슬람 관련 서적의 출판, 각종 학술세미나 활동 지원, 선교사의 파견 등 이슬람 부흥운동에 활력을 불어넣어 주는 중대한 역할을 하였다.[24] 그러나 다른 한편, 오일가 상승은 제3세계에 살고 있는 무슬림국가들이 높은 이자율, 불경기, 통화팽창현상 등으로 오일쇼크 이전보다 더 악화된 경제상황 아래에 놓이게 했고, OPEC 내 회원국 간에도 오일공급과잉으로 인한 가격하락 문제, 이란-이라크 전쟁, 쿠웨이트 전쟁, 친서구 · 반서구 회원국 간의 불협화음 등 여러 요인들로 말미암아 분열이 심화되어, OPEC는 이슬람 움마를 위해 기능을 제대로 발휘하지 못하고 있는 실정이다.

예루살렘에 위치한 알 아크사Al-Aqsa 사원에서 일어난 1969년 8월 화재

24 Mir Zohair, 앞의 책, p.208.

는 전세계 무슬림들을 격앙시켰다. 그리고 같은 해 이슬람국가들의 연대 및 협력을 목적으로 하는 이슬람국가회의기구Organization of the Islamic Conference; OIC가 설립되었다. 그러나 OPEC와 마찬가지로 OIC 역시 움마의 권익을 옹호하고 지키는 데 실패했다는 것이 일반적 인식이다. 이스라엘을 아랍 점령지로부터 철수시키는 문제, 팔레스타인의 합법적인 권리를 회복시키는 일, 레바논에 대한 주기적인 이스라엘의 침공을 중지시키는 일, 서안지구에 이스라엘이 급속하게 정착하는 것을 막는 일, 파괴적이기만 했던 걸프 전쟁을 조속히 끝내는 일 등 이 기구의 기본 설립목표가 되는 이러한 어느 사업도 달성한 것이 없고, 게다가 소말리아의 무슬림 기아 문제, 보스니아-헤르체고비나, 체첸, 알제리, 이스라엘 등지에서의 무슬림 대학살사건에도 속수무책이었기 때문이다. 그럼에도 불구하고 무슬림들은 앞으로 OIC가 이슬람 부흥주의의 세계화에 기여할 것을 기대하고 있다. 산하기구인 이슬람개발은행Islamic Development Bank도 그렇겠지만, 이 기구가 이슬람 블록의 형성과 범이슬람주의적인 것의 제도화에 기여할 잠재력을 인정하기 때문이다.

1979년 이란의 이슬람혁명은 이슬람 부흥주의 운동의 또 다른 분수령이었다. 새로운 이슬람공화국의 탄생은 서구와 무슬림세계 양편에 똑같이 큰 충격을 주었다. 거의 반서구화되었던 한 세속주의 정권을 '이슬람적 정화'라는 명분으로 무너뜨린 이 혁명은 이슬람주의자와 이슬람 운동조직이 따르고 본받아야 할 전형적 모델이 되었다. 특히 서구의 자본주의와 공산주의 양대 진영의 이데올로기를 모두 버리고 이슬람 이데올로기를 택하여 이슬람공화국을 성공적으로 세운 놀라운 사실에 고무되어, 이슬람주의자들은 자국에서도 이슬람혁명을 일으킬 수 있는 가능성을 찾고자 했다. 다른 한편, 무슬림세계의 세속주의자와 실용주의자들은 이란의 이슬람혁명

성공에 크게 위축되었다. 서구에서는 서방의 헤게모니에 대한 새로운 위협이 파시즘이나 공산주의의 유령이 아니라 혁명적인 이슬람 이데올로기라고 말하기 시작하였다.

1979년 11월, 병 치료를 위한 샤의 미국 입국을 미정부가 허가하고 이를 저지하기 위해 이란인들이 벌인 테헤란 미대사관 인질사건 또한 이슬람의 이데올로기화에 강한 정신적 불씨가 되었다. 52명의 미국인이 대사관에 갇혀 444일을 보내야 했던 이 인질위기는 미국인을 격분하게 했다. 1980년 4월 카터 행정부가 인질구출을 위해 결행한 군사작전이 실패하자 세계인 모두 놀라워했다. 미국인의 자존심이 무너진 것과는 반대로 이 사건은 이슬람 원리주의 운동을 크게 고무시켰다. 초강대국 미국에 도전하는 호메이니 정권의 무모하면서도 용감한 행동을 경이롭게 바라보면서, 신은 이슬람의 편에 서 있다는 신념을 더욱 굳혔다.[25]

1970년대 말, 소련의 아프가니스탄 침공사건 역시 이슬람 이데올로기화에 크게 공헌했다. 소련은 자국에 있는 4천만 명 이상의 무슬림들이 점차 확산되어가는 이란 이슬람혁명의 여파에 영향을 받을 것이 불안했다. 또한 1978년 4월 아프가니스탄 역사에서 처음 권력을 잡게 된 공산주의 정권이 과격 급진주의 이슬람운동으로 위태로워질 것을 우려한 소련은 1979년 12월, 약 8만 명의 군대로 아프가니스탄을 공격하였다. 이에 대항한 아프가니스탄 무자히딘Mujāhidīn(성전사)의 무장항쟁은 무슬림세계에서뿐만 아니라 서구언론에서도 그들을 정복하려고 침입한 무자비하고 무신론의 초강대국 군에 용감히 저항하는 경건한 무슬림 전사들로 비쳤다. 이때만 해도 서구언론은 소련의 정교한 현대무기에 대항하여 낡은 재래식 무기로

25 Richard H. Foster and Robert V. Edington, *Viewing International Relations and World Politics*, Englewood Cliffs, N.J.: Prentice-Hall, 1985, p.18.

용감히 싸우는 모습을 진정한 성전으로 다루었다. 그리고 그들의 이 성전으로 말미암아 무슬림세계는 1980년대 내내 소련연방과 그들의 마르크시즘-레닌이즘Marxism-Leninism 이데올로기 모두를 불신하게 되었고, 결국에는 아프가니스탄에 이슬람 정권이 들어서고 '이슬람 부활'의 새로운 바람이 일어나게 했다.

1988년 살만 루시디의 소설 『사탄의 시*The Satanic Verses*』의 출판과 저자에 대한 아야톨라 호메이니의 사형선고도 이슬람 이데올로기화에 일조한 사건이다. 무슬림세계는 루시디의 소설에 격앙했고 대단한 모멸감을 느꼈다. 무엇보다도 작가는 예언자 무함마드에게 모욕의 경멸적 단어인 머훈드Mahound(악마)라는 이름을 사용하였고, 이슬람의 핵심신앙을 모독했으며, 『꾸란』이 마치 위작된 것처럼 표현했기 때문이다.[26] 서구언론은 루시디에 반대하여 데모하고 그의 책을 불사르는 무슬림들을—무슬림들의 검열은 언어와 표현의 자유에 대한 모욕적 행위로 간주하고—반민주적인 광신도로 묘사한 반면, 이슬람주의자들은 루시디를 두둔하는 서구인들의 태도를 이슬람에 대항해 온 오랜 문화적 십자군의 태도로 간주하였다. 이슬람주의자들은 서구가 자신들의 공동체의 가치와 규범을 적용하려 하는 10억 신도들의 권리는 부인하면서, 루시디에게는 이슬람을 모독하고 10억 신도들을 중상하는 권리를 그 책에 부여한 것에 격분하였다. 루시디 논쟁 후 서구에서는 다시 한 번 '이슬람 부활'에 대한 경각심이 커지고, 무슬림세계에서는 이슬람을 비하하고 적대시하려는 서구세계에 대한 새로운 반감의식이 증폭되어갔다.[27]

---

26 Russell Watson, "A Satanic Fury," *Newsweek*, Vol.113, No.9, Februrary 27, 1989. 그리고 Mahmood Monshipouri, "The Islamic World's Reaction to the Satanic Verses: Cultural Relativism Revisited," *Journal of Third World Studies*, Vol.3, No.1, Spring 1991 참조.

한편, 이슬람 사회에서의 마스지드Masjid(사원) 또한 이슬람 부흥주의와 이슬람의 이데올로기화 운동을 추진하는 데 중요한 역할을 한다. 마스지드는 신께 예배하는 성스러운 신앙의 공간일 뿐만 아니라 신도들을 계몽하고 그들을 정치적 행동에 동원하는 일종의 정치적 광장으로도 기능한다. 일부 성직의 울라마들은 설교 중에 정부정책, 발전계획, 리더십의 결여 같은 정치적인 일에 신랄한 비판을 가한다. 그러니까 이맘Imām(예배 인도자)을 위시한 이들 성직의 울라마들은 독재적 세속주의자 정권, 부패한 실용주의자 정권, 대표성 없는 정치제도에 반기를 드는 지도자 위치에 있는 셈이다. 이러한 이맘들이나 성직 울라마들은 서구식 사고방식을 받아들이지 않고, 대개 해외여행을 한 적이 없으며, 서구언어를 말할 줄도 모른다. 그러나 그들이 이슬람적 용어로 신도들과 교통할 때 실용주의자들의 미사여구와는 달리 신도들 사이에 매우 큰 감명을 불러일으킨다.

금요일 정오 집단예배의 중요성을 강조하고 실행한 예언자 무함마드의 가르침에 따라, 무슬림들은 금요집단예배를 그들의 의무적 관행으로 여기고 있다. 만약 금요집단예배를 못 보게 한다면, 신도들 사이에서 가장 격렬한 저항이 일어날 것이다. 이슬람주의자들은 마스지드가 정부의 허가 없이 운영될 수 있어야 한다고 끊임없이 주장하고 있다. 그리고 아무리 심한 독재정부일지라도 마스지드 문을 닫는 일이나 마스지드 내의 유혈사태만큼은 피하려 한다. 아직까지 마스지드는 정부압력에서 어느 정도 면제부를 받은 곳으로 인식되고 있고, 실제로 많은 무슬림국가에서 마스지드는 반정부 견해를 표출하는 중심공간으로 자리매김해 왔다.

주로 원리주의나 전통주의 성향의 울라마들인 마스지드의 이맘들은 이와 같이 직접적인 정부통제에서 벗어나 있는 마스지드 안에서 효과적으로

27 Ruthven, 앞의 책, p.376.

쿠루즈Khurooj(불의 · 부정한 통치자에 대항하여 봉기할 권리)에 대한 이슬람적 개념을 설득력 있게 가르친다. 지하드 정신에서도 샤하다트Shahādat(성전하며 순교에 도달함)의 개념 같은 것을 설교해 온 것이다. 이슬람 역사에서는 무슬림 민중을 반정운동에 끌어들이기 위해 이러한 개념들을 가르치고 주창해 온 수많은 사례들이 있다.

정부의 실용주의자들은 역사의 교훈을 잘 알고 있으므로 마스지드가 선동하는 이러한 반정부 활동에 대처하는 방안을 마련해 놓고 있다. 집단예배에 뒤따라 이어지는 반정부 시위의 가능성 때문에 마스지드 정문 맞은편에 경찰병력이나 정부군을 대기시켜 놓곤 한다. 또 몇몇 무슬림 정권은 더 강한 전략을 채택해 쓰기도 한다. 쿠뜨바Khuṭbah(설교)를 할 이맘을 지명하거나 마스지드를 직접 통제하기 위해 대도시 마스지드를 등록제로 만들어 신고하도록 강제하기도 한다. 그러나 이러한 여러 노력에도 불구하고 정치적 이슬람의 역동성은 그 힘을 잃지 않는다. 정부는 울라마들의 선동을 막아내지 못하였고, 저지하더라도 일시적이었다. 마스지드는 아직도 반정부 운동의 요람이고 반정부 운동가들의 피난처로 남아 있다.

5. 정치적 이슬람과 서구

어느 무슬림 공동체든지 그 사회 내부에는 이슬람 부흥운동을 추진하는 개인이나 조직이 존재하게 마련이다. 권력을 쥔 일부 실용주의 무슬림들은 권세유지와 이권을 지키기 위한 방편으로 이슬람을 이용하였고, 반대편에 선 무슬림들은 집권층이 이슬람을 겉모양만으로 상징화하면서 불의와 부정의 통치를 하는 데 저항하며 반정투쟁을 벌였다. 그리고 서구에서 수입된 세속적 이데올로기에 기초한 실용주의자들의 근대화 프로그램이 실패하자 그 대안으로 이슬람의 이데올로기화 운동이 등장하게 되었다.

현대의 이슬람 부흥주의와 이슬람의 이데올로기화 운동의 주역은 서구 언론에서 흔히 말하는 이슬람 원리주의자들만이 아니다. 급진론자나 극단주의자들은 더더욱 아니다. 그것은 오늘날 무슬림사회에 널리 퍼져 있는 원리주의자, 전통주의자, 근대 개혁주의자, 실용주의자의 네 그룹 사상과 이념, 행동 등이 시너지 효과를 내며 만들어낸 복합적 영향의 결과이다. 이 네 부류의 이슬람 부흥주의자들은 각기 '진정한 이슬람'에 대한 나름대로의 신념을 갖고 그것을 선전하고 설교하면서 무슬림 대중의 마음과 동지를 얻기 위해 노력하고 있는데, 그 네 가지 주장의 혼합이 바로 '정치적 이슬람의 재주장'이고 '이슬람의 이데올로기화'에 이바지하는 요체인 것이다.

또한 이슬람의 이데올로기화는 어떤 무슬림 공동체나 혹은 공동체 연합에서 단독으로 만들거나 주장하는 것이 아니고, 어느 특정의 공식화된 프로그램이 존재하는 것도 아니다. 특히 그것은 대외적인 것이 아니다. 무슬림사회 내부의 정치적 · 경제적 · 사회적 개혁과 이슬람 공동체의 발전적 미래를 목표로 하는 것이다. 그러므로 이슬람의 이데올로기화는 서구언론에서 과장하여 말하는 녹색위험Green Peril도 아니고, 후냉전시대의 위협적 망령도 아니다. 오히려 무슬림세계의 거의 모든 국가는 서구의 정치적 · 경제적 · 기술적 · 군사적 영향을 받고 세계적인 서구언론의 독점적 지배하에 있으므로 서구의 위협을 더 많이 느끼는 제3세계의 발전도상국일 뿐이다.

그러나 우리가 주목해야 할 것은 현대 이슬람 부흥주의와 이슬람의 이데올로기화가 과거 어느 때보다 광역화 · 다양화하였을 뿐만 아니라, 활기와 생명력이 넘치며, 무슬림세계 어느 곳에서든지 지속적으로 발전해가고 있다는 점이다. 그 결과 이슬람의 이데올로기화 운동은 어느 특정의 무슬림 조직이나 단체에서의 활동목표나 운동이 아니라 대중화·보편화한 대중적 통용어로 인식되고 있다. 사실상 독실한 무슬림이면 누구나 『꾸란』과 이슬람원리를 좇으려 하고 '순수한 이슬람'으로의 회귀를 원하기 때문에 무슬림은 모두가 원리주의자들이고 이슬람주의자들이라 해도 과언이 아닐 것이다.

문제는 근대 개혁주의와 실용주의가 낳은 세속주의 무슬림들, 그리고 원리주의와 전통주의가 낳은 급진 원리주의 무장세력들이다. 세속화된 무슬림 정권에 대항하며 벌인 이슬람주의자들의 수많은 무장투쟁들과, 반면에 이슬람주의자들을 타도하기 위해 비무슬림 정부가 행한 수차의 전쟁들, 이 두 양상의 전투행위 때문에 일부 이슬람 운동조직과 기구들이 과격급진성향(극단주의)으로 선회하게 된 것이다.

'정치적 이슬람', '이슬람의 이데올로기화'는 폭력적이거나 혁명적이어야 할 하등의 이유가 없다. 종교와 폭력은 병존하거나 공존할 수 없다. 극단주의 무장세력들의 테러행위는 어떤 경우에서라도 이슬람적인 것이라고 말할 수 없다. 무슬림주류와 이슬람법은 계속하여 테러리즘(비전투원에 대한 폭력 및 살해행위)을 비난해 왔다. 정치적 이슬람은 현대 무슬림사회의 근대화된 민주적 배경 안에서 잘 적용해온 사례들이 많으며, 지금도 몇몇 무슬림사회에서는 온건 이슬람주의자들이 제도권 안에서 선거와 정치에 참여하면서 이슬람의 부흥을 꾀하는 데 큰 역할을 하고 있다. 그리고 어느 무슬림사회에서든지 이러한 온건 이슬람주의자들의 정서가 주류를 이루고 있다.

어떤 종교, 어떤 사건에서도 급진 원리주의는 대체로 단명했다. 세력화의 극점에서 곧 사라졌던 것이다. 혁명의 열정을 그대로 유지한다는 것은 불가능한 일일 것이다. 그렇지만 내·외부의 세력이 위협을 가한다면—이라크가 1980년대에 이란을 위협했을 때와 같이—혁명정신은 오래 지속될 수 있다. 무슬림세계에서의 이슬람 이데올로기화 운동을 외세가 국제적으로 정치문제화하여 다루고 그 운동세력을 강압적으로 누르려 한다면 이슬람 원리주의나 이데올로기화 운동은 더 대중화하고, 급진과격화되어 극단주의화할 가능성이 있다. 종교적·민족주의적 감정은 쉽게 격화된다. 역사에서도 식민제국주의 세력이 무슬림사회에 간섭을 강화했을 때 그러한 감정이 격렬해진 여러 사례들이 있다. 이란 이슬람혁명도 마찬가지였다. 이라크가 시작한 전쟁으로—더욱이 미국의 지원을 받음으로써—그 혁명정신은 뜨겁게 타올랐다. 과격화하고 비타협적이 되었으며 반미감정은 더욱 고조되어 갔다. 다시 말해 이슬람의 이데올로기화를 억제하기 위해 세속적 정권이나 무슬림 독재군주 혹은 비무슬림 세력이 취하는 군사행동은 이슬람 이데올로기화 운동을 가속화시키고 급진주의화시키는 촉매제가 될 것이다.

미국과 서구인들은 이슬람주의라고 하면 으레 격랑의 이란 이슬람혁명을 떠올리거나 혹은 17년간 전화 속에 묻혀 있던 레바논 사태를 연상할 뿐, 그들이 이슬람주의자와—무슬림 원리주의자를 포함하여—맺었던 선린의 관계사를 간과하곤 한다. 예컨대 파키스탄의 지아울 학끄 원리주의 정권과의 우호관계, 아프가니스탄에서 1980년대 내내 소련 식민주의자들과 투쟁하던 소수 원리주의 무장그룹 무자히딘에 대한 지원, 수단의 온건 중도적 원리주의자 사디끄 알 마흐디 정권과의 제휴, 사우디아라비아와 카타르의 온건 와하비Wahhābī 원리주의자들과의 선린관계 등을 잊고 있는 것이다. 이란 역시 온건 원리주의자인 쉬아 성직자인 하쉬미 라프산자니 대통령의 영도 아래 서구와의 관계개선을 위한 여러 긍정적인 단계—걸프전 동안 중립을 지키는 등—를 밟아가고 있다.

이슬람원리주의 운동과 이슬람의 이데올로기화에 서구인들이 적대해야 할 이유는 없을 것이다. 원리주의 운동은 기독교 전통에서도 찾아볼 수 있는 종교적 현상일 뿐이다. 서구인들이 이러한 종교운동의 확산에 민감한 반응을 보이는 것은 지나친 자기방어의식이라는 것이 현대 무슬림세계 이슬람 학자들의 일반적 견해이다. 따라서 서구인들과 비이슬람세계에 살고 있는 우리로서는 무슬림세계의 어떤 특정이념의 추종자들이나 테러리스트의 행위를 이러한 종교운동과 구별해 볼 수 있는 안목이 필요하다.

참고문헌

김능우, 「수피주의(ṣūfism: 이슬람 신비주의)에 관한 연구」, 한국외국어대학교 대학원 석사학위논문, 1985.

김용선, 『아랍문화사』, 한국외국어대학교 출판부, 1986.

김정위, 「이슬람 원리주의」, 『한국이슬람학회 논총』, 제3집, 한국이슬람학회, 1993.

김창주, 「수피사상의 발전과 영적 도정에 관한 연구」, 한국외국어대학교 대학원 석사학위논문, 1987.

니콜슨, R. A., 사희만 옮김, 『아랍문학사』, 민음사, 1995.

로빈슨, 프랜시스 외 지음, 손주영 외 옮김, 『사진과 그림으로 보는 케임브리지 이슬람사』, 시공사, 2002.

선우남 외, 『기독교 개론』, 형설출판사, 1981.

손주영, 『이슬람 칼리파制史』, 민음사, 1997.

———, 「이집트 이슬람 원리주의 운동」, 『중동연구』, 제16권 제2호, 한국외대 중동연구소, 1997.

손주영 · 김상태 편, 『중동의 새로운 이해』, 도서출판 오름, 1999.

쉼멜, 안네마리, 김영경 역, 『이슬람의 이해』, 분도출판사, 1999.

신양섭, 「이슬람의 신비주의 종단 벡타쉬야와 그 제설혼합주의적 특성」, 『종교연구』, 한국종교학회 논총 제12집, 1996.

이희수, 「마우두디의 사상과 20세기 파키스탄의 이슬람화 운동」, 『한국이슬람학회 논총』, 제5집, 한국이슬람학회, 1995.

토카레프, 세르게이, 한국종교연구회 옮김, 『세계의 종교』, 서울사상사, 1991.

'Abbūd, Abd al-Ghanī, *al-Masīḥ wa al-Masīhīyyah wa al-Islām*, al-Qāhira: Dār al-Fikr al-'Arabī, 1984.

Abdalāti, Ḥammudah, *Islam in Focus*, American Trust Publications, 1975.

'Abd al-Ḥalīm, Maḥmud, *al-Ikhwan al-Muslimūn: Ahdāth sana'at at-Tārīkh*, Part III, 1952~1971, Alexandria: Dār ad-Da'wa, 1985.

'Abd al-Khāliq, Farīd, *Al-Ikhwān al-Muslimūn-fī Mizān al-Ḥaqq*, al-Qāhira: Dār as-Sahwalī-l-Naṣr wa-l-Tawzī', 1987.

Abd al-Maqṣīd, Ṣalāḥ, "Interview with Muḥammad Abū al-Naṣr," *al-I'tiṣām*, October-November 1986.

Abd al-Samī, 'Umar, "I want a party," *al-Musawwar*, 2 May 1986.

Abū Yūsuf, *Kitāb al-Kharāj,* al-Qāhira, 1934.

Abū Zahra, Muḥammad, *Ta'rīkh al-Madhāhib al-Islāmiyyah*, al-Qāhira, n.d.

Al-Afghanī, Jamal ad-Dīn, "An Islamic Response to Imperialism" in *Islam in Transition: Muslim Perspectives*, edited by John J. Donohne and John L. Esposito, New York: Oxford University Press, 1982.

———, "Islamic Solidarty" in *Islam in Transition: Muslim Perspectives*, edited by John J. Donohne and John L. Esposito, New York: Oxford University Press, 1982.

Ahmad, Ishtiaq, *The Concept of on Islamic State: An Analysis of the Ideoiogical Controversy in Pakistan*, Stockholm: University of Stockholm Press, 1985.

Ajami, Fouad, "In the Pharah's Shadow: Religion and Authority in Egypt," James P. Piscatori, ed., *Islam in the Political Process*, Cambridge and New York: Cambridge University Press, 1983.

———, *The Arab Predicament: Arab Political Thought and Pratice since 1967*, Cambridge: Cambridge University Press, 1981.

Alī, Maulana Muḥammad, *A Manual of Hadith*, Lahore, Pakistan: Ahmadiyya Anjuman, 1951.

———, *The Religion of Islam*, Cairo: National Publication and Printing, 1985.

Alī, Shaukat, *Masters of Muslim Thought*, Vol.I, Pakistan: Aziz Publishers, 1983.

'Ammāra, Muḥammad, *Tayyārāt al-Fikr al-Islāmi*, Bayrūt: Dār al-Shrurāq, 1991.

Amīn, Aḥmad, *Fajr al-Islam, Beirut*(10th ed.), 1969 & al-Qāhira(12th ed.), 1978.

Anawati, Georges C., "Philosophy, Theology, and Mysticism," in *The Legacy of Islam*, 2nd ed., edited by Joseph Schacht & C. E. Bosworth, Oxford: Clarendon Press, 1974.

Antoun, Richard T., and Mary Elaine Hegland, *Religious Resurgence*, Syracuse: Syracuse University Press, 1987.

Arberry, A. J., *Religion in the Middle East*, Cambridge: Cambridge University Press, 1976.

———, *Ṣūfism: An Account of the Mystics of Islam*, London: George Allen & Unwin, Ltd., 1950.

Armajani, Yaḥya, *Middle East: Past and Present*, Englewood Cliffs, New Jersey: Prentice-Hall, Inc., 1970.

Arnold, Thomas W., *The Caliphate*, London: Routledge & Kegan Paul, Ltd., 1967.

Ayūbī, Nāziḥ N. M., "The Political Revical of Islam: The Case of Egypt," *International Journal of Middle East Studies* 12, No.4, December 1980.

Azami, Muḥammad Muṣṭafa, *Studies in Ḥadīth Methodology and Literature*, Indianapolis: American Trust Publications, 1977.

Al-'Azm, Yousuf, *Al-Shahīd Sayyid Qutb: Hayātuh wa Madrasatuh wa Aatharih*, Beirūt, 1980.

'Azzām, R. A., *The Eternal Message of Muḥammad*, translated by Caesar E. Farah, Cambridge, 1993.

Al-Baghawi, *Mishkāt al-Masābīh*, vol.I, translated by James Robson, Lahore, Pakistan: sh. Muḥammad Ashraf, 1965~1966.

Baghdādi, Abū Mansūr 'Abd al-Qādir, *al-Farq Bayn al-Firaq*, al-Qāhira, 1910.

Al-Bahīly, Muḥammad, *al-Fikr al-Islāmi al-Ḥādīth wa Ṣilatuha bil Ista'mār al-Gharbī*, al-Qāhira: Maktaba Wahaba, 1981.

Bailey, Clinton, "Lebanon's Shi'is after the 1982 War," Martin Kramer, ed., *Shi'ism, Resistance and Revolution*, Boulder, Col.: Westview Press, 1987.

Al-Balādhuri, Aḥmad b. Yahya b. Jabr, *Futuḥ al-Buldān*, al-Qāhira, 1318A.H.

Al-Banna, Hasan, *Mudhakarāt ad-Da'wa wa ad-Daiya*, al-Qāhira: Dār al-Shabāb, 1966.

———, "The New Renaissance," John J. Donohue and John L. Esposito, eds., *Islam in Transition*, New York: Oxford University Press, 1982.

Bari, Zohurul, *Re-Emergence of the Muslim Brothers in Egypt*, New Delhi: Lancers Books, 1995.

Bayyumi, Zakariyya Sulaiman, *The Muslim Brothers*, al-Qāhira: Wahba Library, 1979.

Binder, L., *Al-Ghazālī's Theory of Islamic Goverment's in the Muslim World*, Vol.XLV, 1955.

Bosworth, C. E., *The Islamic Dynasties*, Edinburgh: Edinburgh University Press, 1967.

Browne, E., *Literary History of Persia*, Cambridge: Cambridge University Press,

1930.
Al-Bukhāri, *Kitāb al-Jāmi' al-Ṣaḥīḥ*, edited by Krehl and Juynboll, Leyden, 1868~1908.
Chittick, William C., *The Sufi Path of Knowledge, Ibn al-'Arabi's Metaphysics of Imagination*, Albany: State University of New York Press, 1989.
Christopher, John B., *The Islamic Tradition*, New York: Harper & Row, 1972.
Crone, Patricia, and Martin Hindes, *God's Caliph, Reilgious Authority in the First Centuries of Islam*, Cambridge: Cambridge University Press, 1986.
Dabbus, Salah ad-Dīn, *al-Khalifah Tawiliyatah wa 'Azluhu*, 1972.
Al-Dajjāni, Aḥmad Ṣidqī, *al-Ḥaraka al-Sanūsiyya*, Bairūt, 1967.
Deedat, Aḥmed, *Christ in Islam*, Karachi: Begum Aisha Bawany Waqf, 1986.
Dekmejian, R. Hrair, *Egypt Under Nasir: A Study in Political Dynamics*, Albany: Suny Press, 1971.
———, *Islam in Revolution*, New York: Syracuse University Press, 1985.
Denny, Frederick Mathewson, *An Introduction of Islam,* New York: Macmillan Publishing Company, 1985.
Dessouki, Alī E. Hillāl, "The Limits of Instrumentalism: Islam in Egypt's Foreign Policy," Adeed Dawisha, ed., *Islam in Foreign Policy*, Cambridge: Cambridge University Press, 1984.
———, "The Resurgence of Islamic Organization in Egypt: An Interpretation," Alexander S. Cudsi and Ali E. Hillal Dessouki, eds., *Islam and Power in the Contemporary Muslim World*, Baltimore: Johns Hopkins University Press, 1981.
Emerick, Yahiya, *The Complete Idiot's Guide to Understanding Islam*, New York: Alpha Books, 2002.
Endress, Gerard, *An Introduction to Islam*, translated by Carole Hillenbrand, New York: Columbia University Press, 1988.
Esposito, John L., *Islam—The Straight Path*, Oxford: Oxford University Press, 1994.
Faḍl Allāh, Majdi, *Ma' Sayyid Qutb fī Fikrihi as-Siyāsi wal-Dīnī*, Beirut: Mu'assasat al-Risālah, 1979.
Farah, Caesar E., *Islam: Beliefs and Observances*, New York: Barron's Educational Series, 2000.
Al-Faruqi, Ismā 'il R., *Islam and Human Rights*, The Islamic Quarterly, Vol.XXII, London: The Islamic Cultural Centre, 1983.
Fisher, Sydney Nettleton, *The Middle East, a History*, New York: Knopf, 1967.
Foster, Richard H., and Robert V. Edington, *Viewing International Relations and*

World Politics, Englewood Cliffs, N.J.: Prentice-Hall, 1985.

Gauhar, Altaf, *The Challenge of Islam*, Islamic Council of Europe, 1978.

Al-Ghazālī, Abu Ḥāmid Muḥammad, *al-Iqtiṣād fil-'Itiqād*, al-Qāhira, 1909~1910.

———, *al-Munqidh min al-Ḍalāl*, translated by W. Montgomery Watt, *The Faith and Practice of al-Ghazālī,* 3rd impression, London: George Allen & Unwin, Ltd., 1967.

———, *Iḥyā' 'ulūm ad-dīn*, vol. II, al-Qāhira, 1928.

———, *Our Beginning in Wisdom*, Washington, D.C.: American Council of Learned Societies, 1953.

Gibb, H. A. R., *Islam—An Historical Survey*, Oxford: Oxford University Press, 1984.

———, *Mohammedanism—An Historical Survey*, Oxford: Oxford University Press, 1953.

———, *Studies on Civilization of Islam*, Boston: Beacon Press, 1968.

———, "The Structure of Religious Thought in Islam," *Studies on the Civilization of Islam,* Boston: Beacon Press, 1962.

Gibb, H. A. R., and Others, *Encyclopedia of Islam*, Leiden: E. J. Brill, 1960.

Gibb, H. A. R., and J. H. Kramers, *Shorter Encyclopedia of Islam*, Leiden: E. J. Brill, 1974.

Goldschmidt, Arthur, Jr., *A Concise History of the Middle East*, 4th ed., Boulder, Colorado: Westview Press, 1983, 1991.

Goldziher, Ignaz, *Vorlesungen über den Islam*, translated by Andras and Ruth Hamor, New Jersey: Princeton University Press, 1981.

Graham, William A., *Divine Word and Prophetic Word in Early Islam*, The Hague and Paris: Mouton, 1977.

Guillaume, A., *Islam*, Aylesbury: Hunt Barnard Printing, Ltd., 1982 and Pelican, 1961.

Haddad, Yvonne, "Sayyid Qutb: Ideologue of Islamic Revival," John Esposito, ed., *Voices of Resurgent Islam*, Oxford: Oxford University Press, 1983.

Al-Hajjaj, Muslim b., *Al-Jami' as-Ṣaḥīḥ, Sharḥ al-Imām an-Nawawī*, Vol.II, al-Qāhira, n.d.

Al-Hamed, Muḥammad, *Naẓrat fi al-Kitāb*, Damascus: Ishtirakiya al-Islam, 1963.

Hamidullāh, Muḥammad, *Introduction to Islam*, New Enlarged Edition, Paris, 1969.

Ḥasan, 'Abdul al-Bāsiṭ Muḥammad, *Jamāl ad-Dīn al-'Afghāni fī al-'Āllam al-*

Islāmī al-Ḥadīth, al-Qāhira: Maktabah Wahba, 1982.
Ḥasan, Alī Ibrāhīm, *al-Tārīkh al-Islāmi al-ʻĀmmī, al-Jāhiliyya, ad-Dawla al-Arabiyya, ad-Dawla al-ʻAbbasiyya,* al-Qāhira: Maktaba an-Nahaḍa al-Miṣriya, n.d.
———, *Miṣr fi al-Uṣūr al-Wusṭā*, al-Qāhira, 1951.
Ḥasan, Ḥasan Ibrāhīm, *Islam—A Religious, Political, Social and Economic Study*, The Times Printing & Publishing, 1967.
———, *Islamic History and Culture*(from 632 to 1968), Cairo, n.d. & Saudi Arabia: Kamal Adham, 1968.
———, *Tarikh al-Islam al-Siyāsī wa'l-Dinī Wa'l-Thaqāfī wa'l-Ijtimāʻī*, Vol. I, II, III, IV, al-Qāhira: Maktabah al-Nahdah al-Misriyah, 1955, 1979.
Ḥassan, Farooq, *The Concept of State and Law in Islam*, American University Press, 1982.
Hassan, Riffat, "On Human Rights and the Quranic Perspective," Arlene Swidler, ed., *Human Rights in Religion Traditions*, N.Y.: The Pilgrim Press, 1982.
Hermida, Alfred, "Algeria: Fundamentalists Sweep to Near Victory," *Middle East International*, 10 January 1992.
Hiro, Delip, *Islamic Fundamentalism*, edited by Justin Wintle, London: Paladin, 1988.
Hitti, Philip K., *History of the Arabs*, Hong Kong: Macmillan, 1984.
———, *Islam, a Way of Life*, Minneapolis: University of Minnesota Press, 1970.
———, *Makers of Arab History*, New York and London, 1968.
Hourani, Albert, *A History of the Arab Peoples*, Cambridge, Massachusetts: The Belknap Press, 1991.
———, *Arabic Thought in The Liberal Age, 1798~1939*, London: Oxford University Press, 1962, 1963, 1970.
Al-Hujwīrī, ʻAlī b. ʻUthmān al-Jullabī, *The Kashf al-Maḥjūb: The Oldest Persian Treatise on Sufism,* edited by Reynold A. Nicholson, London: Luzac, 1936.
Hunter, William Wilson, *Indian Musulmans*, London, 1971.
Hurgronje, C. Snouck, *Mohammedanism*, New York: G.P. Putnan's Sons, 1916.
Husain, Akbar, *The Revolution in Iran*, East Sussex, England: Wayland Publishers Ltd., 1986.
Husain, Mir Zohair, *Global Islamic Politics*, New York: Harper Collins College Publishers, 1995.
Husaini, Ishak Musa, *The Moslem Brethen*, Beirut: Khayat's, 1956.
Husayin, Taha, "The Future of Culture in Islam," John J. Donohue and John L. Esposito, eds., *Islam in Transition*, New York: Oxford University Press,

1982.
Ibn Abd al-Wahāb, *Majmū'at at-tawḥīd*, al-Qāhira: Tabi'at al-Maktaba al-Salafiyya, n.d.
Ibn al-Athīr, *Usd al-Ghāba fi Ma'rifat al-Sahāba*, Vol.V, al-Qāhira, 1280A.H.
———, *al-Kamel fī at-Tārikh*, Vol. II, IX, al-Qāhira, 1274, 1290, 1303, 1305A.H.
Ibn al-Muqaffa, *Al-Adāb aṣ-Ṣaghīr wa al-Adāb al-Kabīr*, Beirut, 1910.
Ibn Iyas, *Tārīkh Miṣr*, Vol.Ⅲ, al-Qāhira, n.d.
Ibn Khaldūn, Abd al-Rahman, *Muqadimah*, al-Qāhira: al-Maktabah at-Tijāriyah al-Kubrā, n.d. & Kitāb as-Sha'b, n.d.
Ibn Hishām, Abd al-Malik, *Sīrat Rasūl Allāh (The Life of Muḥammad)*, translated by Alfred Guillaume, London: Oxford University Press, 1956.
Ibn Ishāq Muḥammad, *Sīrat Rasul Allāh (Life of Muḥammad)*, translated by Alfred Guillaume, London: Oxford University Press, 1967.
Ibn Ishāq Muḥammad, and Ibn an-Nadīm, *Kitāb al-Fihrist*, al-Qāhira, n.d.
Ibn Jamā'a, *Taḥrīr al-Aḥkām fī tadbīr ahl-Islām*, edited & translated by Hans Kofler, Islamica, vol.VI. al-Qāhira, 1934.
Ibn Taimiya, *al-Jawab as-Saḥīḥ—liman yadullu dīn al-masīḥ-qaddama lah wa ashraf 'alā ṭab'ihi: 'alā al-sayyid ṣubḥ al-mudunī*, part 1, Jeddah: Maktabāh al-Mudunī wa Maṭba'atha.
———, *Siyāsa Shar'iya fī iṣlāh ar-ra'i wa al-ra'iyya*, al-Qāhira, 1951.
Iqbāl, Muḥammad, "Islam as a Social and Political Ideal," S. A. Vahid, ed., *Thoughts and Reflections of Iqbal*, Lahore: Muḥammad Ashraf, 1964.
———, *The Reconstruction of Religious Thought in Islam*, Lahore: Muḥammad Ashraf, 1968.
Islamic Council of Europe(ICE), *Universal Islamic Declaration of Human Rights*, September 1981.
Al-Jawziyya, Ibn Qayyim, *A'lam al-Muwaqq'in*, Vol.I, Bayrūt, 1973.
———, *At-Ṭurūq al-Ḥukmiya fī as-Siyāsat as-Shari'iya*, al-Qāhira, 1953.
Jeffery, Arthar, *Islam: Muhammad and his Religion*, New York: Liberal Arts Press, 1958.
Al-Johani, Maneh Hammad, *The Truth about Jesus*, Riyadh: WAMY, 1989.
Kamal, Aḥmad, *The Sacred Journey*, Allen & Unwin, 1964.
Keddie, Nikki, trans. and ed., *An Islamic Response to Imperialism: Political and Religious Writings of Sayyd Jamāl ad-Dīn Afghanī*, Berkley: University of California Press, 1968.
Kepel, Gilles, *Muslim Extrimism in Egypt*, Berkeley: University of California Press, 1986.

Kepel, Gilles, *The Prophet and Pharaoh*, London: Ali Saqi Books, 1985.
Kerr, Malcolm H., *Islamic Reform: The Political and Legal Theories of Muḥammad 'Abduh and Rashīd Riḍā*, California, 1966.
Khan, M. Mohsin, ed., *Ṣaḥīḥ al-Bukari*, English tr., Chicago, 1977.
Al-Khāṭib, Abd al-Karīm, *al-Da'wa al-Wahābiyya*, al-Qāhira: Dār al-Ma'ārif, 1974.
Khundmiri, S. Alam, "A Critical Examination of Islamic Traditionalism," *Islam and The Modern Age*, Vol.2, No.2, May 1971.
Lambton, Ann K. S., *State and Government in Medieval Islam*, Oxford: Oxford University Press, 1981.
Lapidus, Ira M., *A History of Islamic Societies*, Cambridge: Cambridge University Press, 1989.
Lewis, Bernard, *Islam & The West*, Oxford: Oxford University Press, 1993.
Macridis, Roy C., *Contemporary Political Ideologies*, 5th ed., New York: Harper Collins, 1992.
Malik, Hafeez, *Sir Sayyid Ahmad Khan and Muslim Modernization in India and Pakistan*, New York: Columbia University Press, 1980.
Mansfield, Peter, *A History of the Middle East*, London: Penguin Books, 1991.
Mansī, Maḥmud Ṣālih, *Ḥarakat al-Yaqza al-Arabiyya fī as-Sharq al-Asiyawiy*, al-Qāhira: Dār fikr al-Arabiy, 1987.
Al-Maqrīzī, as-Sulūk, *Deals with the Mamlūk dynasty in Egypt(1250~1517)*, edited by M. M. Ziada, Vol.I, al-Qāhira, 1934.
Massiqnon, L., "Karmatians," *Encyclopedia of Islam*, Vol. II, Leyden and London, 1927.
Al-Mas'ūdī, Abū Ḥassan 'Alī, *Murūj al-Dhaḥab wa Ma'ādin al-Jawahiri*, Vol. II, al-Qāhira, 1023, 1303 & 1346A.H.
Al-Maududī, Abul A'la', *Human Rights in Islam*, Aligarh, 1978.
———, *Islām and Jāhiliyat*, Delhi: Mankazi Maktaba-e Islami, 1984.
———, *Quran ki can Bunyadi Istilahayn*, Delhi: Mankazi Maktaba-e Islami, 1984.
———, *Tafhim al-Quran*, Vol.5, Delhi, n.d.
———, *The Meaning of the Quran*, vol.III, Lahore: Islamic Publication, Ltd., 1975.
———, *The Islamic Law and Constitution,* Lahore: Islamic Publications, 1967.
Al-Māwardī, Abu al-Hasan 'Alī b. al-Ḥusayn, *al-Aḥkām as-Ṣulṭaniyya wa al-Wilayat ad-Dīniya*, 2nd ed., al-Qāhira, 1966.
Mitchell, Richard P., *The Society of Muslim Brothers*, Oxford and New York:

Oxford University Press, 1969.
Momen, Noozan, *An Introduction to Shia Islam*, New Haven & London: Yale University Press, 1985.
Monshipouri, Mahmood, "The Islamic World's Reaction to the Satanic Verses: Cultural Relativism Revisited," *Journal of Third World Studies*, Vol.3, No.1, Spring 1991.
Mortimer, Edward, *Faith and Power—The Politics of Islam*, New York: Random House, 1982.
Mufaṣṣir, Sulaiman, *Jesus in the Quran*, Indianapolis: American Trust Publications, 1978.
Munson, Henry, *Islam and Revolution in the Middle East*, New Haven: Yale University Press, 1988.
An-Najār, Muḥammad Muṣṭafā, *Futuḥāt al-Islām(Fī Ifrīqīyah wa al-'Andalus)*, al-Qāhira, 1972.
Nasr, Seyyed Hossein, *Ideals and Realities of Islam*, London: George Allen & Unwin Ltd., 1966 & 1972.
———, *Sufi Essays*, N.Y.: George Allen & Unwin, Ltd., 1972.
Nasr, Seyyed Vali Reza, "Mawdudi and the Jama'at-i Islami: The Orgins, Theory, and Practice of Islamic Revivalism," Alī Raḥmema, ed., *Pioneers of Islamic Revival*, Kuala Lumpur, 1995.
Nicholson, Reynold A., *A Literary History of the Arabs*, Cambridge: Cambridge University Press, 1930, 1966, 1985.
———, *The Mystics of Islam*, London: Routledge & Kegan Paul, 1963.
Qadir, C. A., *Philosophy and Science in the Islamic World*, London & New York: Routledge, 1990.
Qutb, Sayyid, "Al-Taṣwīr al-Fannī fī al-Karīm," *Al-Muqtataf* 94/3, 1 March 1939.
———, *Fī Zilal al-Qur'an,* Part I, Bayrūt: Dār Ihaya' al-'Arabī, 1967.
———, *Ma'alim fī at-Ṭarīq*, n.p., 1970.
Ar-Ra'iys, Muḥammad Ḍiyā ad-Dīn, *an-Naẓariyāt as-Siyāsiya al-Islāmiya*, al-Qāhira: Dār al-Turāth, 1979.
Rahīm, Abdul, *Principles of Muhammadan Jurisprudence*, Lahore, 1958.
Ar-Raḥīm, Muḥammad Ata, *Jesus: A Prophet of Islam*, Karachi: Begum Aisha Bawany Waqf, 1986.
Rahman, Fazlur, *Islam*, Chicago: University of Chicago Press, 1966, 1979.
———, *Islam and Modernity*, Chicago: University of Chicago Press, 1982.
Rippin, Andrew, *Muslims, Their Religious Beliefs and Practices*, 2nd ed.,

London and New York: Routledge, 2001.
Rizq, Jaber, *Madhabih al-Ikhwān fī Sujoun Nasser*, al-Qāhira, 1965.
Robinson, Francis, "The Veneration of Teachers in Islam by Their Pupils: It's Modern Significance," *History Today*, Vol.30, March 1980.
Robinson, Neal, *Islam, A Concise Introduction*, Washington, D.C.: Georgetown University Press, 1999.
Rosenthal, Erwin Isak Jakob, *Political Thought in Medieval Islam*, Cambridge: Cambridge University Press, 1969.
———, *Thought in Medieval Islam, An Introductory Outline*, Cambridge: Cambridge University Press, 1968.
Rubin, Bary, *Islamic Fundamentalism in Egyptian Politics*, London: Macmillan, 1990.
Rūmī, *Poet and Mystic(1207~1273): Selections from His Writings*, translated and edited by Reynold A. Nicholson, London: Allen & Unwin, 1950.
Ruthven, Malise, *Islam in the World*, 2nd ed., Oxford: Oxford University Press, 1984.
Al-Sahlajī, Abū al-Faḍl, *Kitāb an-Nūr fī Shaṭaḥāt Abī Yazīd*, in Shaṭaḥāt al-Ṣūfiya I, edited by 'Abd al-Raḥmān Badawi, Cairo, 1949.
Sa'id, Amin, *ad-Dawla al-Arabiyya al-Mutahida*, Vol. I , *Tārikh al-Istimar al-Ingliziy fī Bilād al-Arab*, al-Qāhira, 1936.
As-Sa'īdy, Ḥāzim 'Abd al-Mit'āl, *al-Islām wa al-Khilāfah fī al-Asr al-Ḥadīth*, al-Qāhira, 1984.
———, *Limādha Ana Muslim*, Maktabah al-Adab wa Maṭba'atha bil-Jamāmiz, 1976.
Sale, George, tr., *The Koran*, London: Fredrick Warne.
Salīm, Muḥammad Ibrāhim, *Man-Shūrāt al-Mahadiyya*, Bayrūt: Manshūrāt Dār al-Ḥayāt, 1969.
Schacht, J., "Law and Justice," in *The Cambrige History of Islam*, edited by P. M. Holt, Ann Lambton, B. Lewis, Vol.II, Cambridge: Cambridge University Press, 1970.
Schimmel, Annemarie, *Mystical Dimensions of Islam*, Chapel Hill: University of North Carolina Press, 1975.
Sedgwick, Mark J., *Sufism, the Essentials*, Cairo & New York: The American University Press, 2003.
As-Shahrastānī, Abū al-Fatāh Muḥammad b. 'Abd al-Kalīm, *al-Milal wa al-Nahal*, Vol. II, London, 1847.
———, *Muslim Sects and Division: The Section Muslim Sects in Kitāb al-Milal*

wa'l-Niḥal, translated by A. K. Kazi and J. G. Flynn, London: Kegan Paul, 1984.

Shalabī, Aḥmad, *al-Maṣiḥiya*, 7th ed., al-Qāhira: Maktaba al-Nahdah al-Miṣriya, 1983.

As-Shannāwi, Aḥmad, and Ibrahīm Zakī Khushid, 'Abd al-Ḥamīd Yunis(al-mutarjimah bil-lugha al-'arabiyya), *Dā'irah al-Maārif al-Islāmiyya*, part 1, al-Qāhira: Dār al-Fikr, 1933.

Shoukri, Ghali, *Egypt: Portrait of a President, 1971～1981*, London: Zed Press, 1981.

Showkat, Sheikh Ḥussain, *Islam and Human Rights*, Kuala Lumpur, 1991.

Shukrī, Muḥammad Fu'ād, *Miṣr wa as-Sūdān*, al-Qāhira: Dār al-Shurūq, 1963.

Sidahmed, Abdel Salam, and Anoushiravan Ehteshami, *Islamic Fundamentalism*, Boulder, Col.: Westview Press, 1996.

Siddiqi, Abdul Hamīd ed., *Ḥadīth Ṣḥīḥ Muslim*, English tr., Lahore, 1972.

Siddiqi, Nayeem, *Mohsin-e-Insaniyat*, Lahore, 1972.

Sivan, Emmanuel, *Radical Islam*, New Haven: Yale University Press, 1985.

Smith, Margaret, *Rābī'a the Mystic and Her Fellow—Saints in Islam*, Cambridge: Cambridge University Press, 1928.

Studard, Luthrub, *Ḥāḍir al-Ālam al-Islāmi*, Vol. II, Bayrūt, 1971.

As-Suyūtī, Jalāl ad-Dīn 'abd al-Raḥman b. Abī Bakr, *Tafsīr al-Jālalīn lil 'Amāmī m al-Jalīlīn*, 5th ed., Baghdad: Maktabah an-Naḥda, 5th ed., 1988.

At-Ṭabarī, Abū Ja'far Muḥammad b. Jarīr, *Tārikh al-Umam wa'l-Mulūk*, Vol.IX, al-Qāhira, 1326 A.H.

———, *Tārikh ar-Rasūl wa al-Mulūk*, Vol. II, edited by M. A. F. Ibrāhīm, Cairo, 1960～1969.

Ṭantāwī, *'Umar bin Khaṭṭāb*, Lahore, 1971.

Trevor, Mostyn, and Albert Hourani, eds., *The Cambridge Encyclopedia of The Middle East and North Africa*, Cambridge: Cambridge University Press, 1982.

Tripp, Charles, "Sayyid Qutb: The Political Vision," Alī Rahnema, ed., *Pioneers of Islamic Revival*, ch.7, Malaysia: S. Abdul Majeed & Co., 1995.

'Uthman, Fathi, *at-Tārikh al-Islāmi wa al-Madhhab al-Maddi fi at-Tafsir*, Kuwait, 1969.

'Uthmān, Ḥassan, *Manhaj al-Baḥth at-Tārīkhi*, al-Qāhira: Dār al-Ma'arīf, 1980.

Vahid, S. A., ed., *Thoughts and Reflections of Iqbal*, Lahore, Paskitan: sh. Muḥammad Ashraf, 1964.

Voll, John O., *Islam: Continuity and Change in the Modern World*, Boulder,

Colo.: Westview Press, 1982.
Voll, John O., "Renewal and Reform in Islāmic History: Tajdīd and Iṣlāḥ" in *Voices of Resurgent Islam*, edited by John L. Esposito, New York: Oxford University Press, 1983.
Volten, G. Van, *Recherches Sur la Domination Arabe*, Amsterdam, 1884.
Waines, David, *An Introduction to Islam*, Cambridge: Cambridge University Press, 1995.
Wajdi, Muḥammad Farīd, *al-Maṣḥaf al-Mufaṣṣir*, part 1, al-Qāhira: Maṭabi' as-Sha'b, 1377A.H.
Waqf Ikhlas Publications, *Islam and Christianity*, No.12, Istanbul: Hakikat Kitabevi, 1989.
Watson, Russell, "A Satanic Fury," *Newsweek*, Vol.113, No.9, 27 Februrary 1989.
Watt, W. Montgomery, *Islam and Christianity Today—A Contribution to Dialogue*, London, Boston, Melbourne and Henley: Routledge & Kegan Paul, 1983.
———, *Islamic Philosophy*, Edinburgh: Edinburgh University Press, 1992.
———, *Islamic Political Thought*, Edinburgh: Edinburgh University Press, 1968.
———, "Muḥammad," in *The Cambridge History of Islam*, edited by P. M. Holt, Ann S. Lamton, Bernard Lewis, Cambridge: Cambridge University Press, 1970.
———, *Muslim Intellectual: A Study of al-Ghazali*, Edinburgh: Edinburgh University Press, 1953.
———, *The Formative Period of Islamic Thought*, Edinburgh: Edinburgh University Press, 1993.
Weil, G., *Mohammed der Prophet, sein Leben und seine Lehre*, Stuttgart, 1843.
Williams, John Alden, *The Word of Islam*, Austin: University of Texas Press, 1994.
Yusuf Ali, A., *The Holy Quran, Translation and Commentary*, Jeddah: Dār al-Qiblah for Islamic Literature, 1403A.H.
Az-Zahirī, Ibn Hazam, *Al-Fisal fī al-Milal wa al-Ahwa an-Niḥal*, vol.V, al-Qāhira, 1969.
Zakaria, Rafīq, *Muhammad and the Quran*, New York: Penguin Books, 1991.
Zepp, Ira G., *An Muslim Primer: Beginner's Guide to Islam*, Christian Classics, 1992.

Al-Ahrām, 10 May 1979; 9 May 1982.
Al-Ahrām Weekly, 4-10 September 1997; 20-26 November 1997.
Ad-Da'wah, February 1977.
History Today, Vol.30, March 1980.
International Herald Tribune, 27-28 June 1987.
Islam and The Modern Age, Vol.2, No.2, May 1971.
Al-I'tiṣām, October-November 1986.
Journal of Third World Studies, Vol.3, No.1, Spring 1991.
Majallah al-Azhar, February 1968.
Middle East International, 10 January 1992.
Middle East Times, 21-27 November 1997.
Al-Muqtataf 94/3, 1 March 1939.
Al-Musawwar, 2 May 1986.
Newsweek, Vol.113, No.9, Februrary 27, 1989.
Shorter Encyclopedia of Islam, El(S), Leiden, 1974, Murdjia.
Al-Wafd, 18 November 1997.

용어풀이

ㄱ

가지<u>gh</u>āzī: 성전사

구슬<u>gh</u>usl: 큰 세정

까디qāḍī: 판사, 법관

까리qāri' : 독경사

끼블라qibla: 예배방향

끼야스qiyās: 유추

ㄴ

니야niyya' : 예배자가 조용히 자신에게 예배의도를 밝히는 것

ㄷ

다르 알 이슬람dār al-Islām: 이슬람 영역

다르 알 하르브dār al-ḥarb: 비이슬람 영토

다으와da'wa: 선교활동

다이da'i: 선교사

두아du'ā: 기도

디크르<u>dh</u>ikr: 염송, 염신

딘dīn: 종교

따비운ṭabi'ūn: 싸하바 다음 세대

ㄹ

라깝raqab: 칭호

라이ra'y: 개인적 견해, 이성

라크아rak'a: 한 번의 예배행위

루흐ruh: 영

리바ribā: 이자

ㅁ

마깜maqām: 영적 성취의 상승단계

마드라사madrasah: 전통 이슬람학교

마스지드masjid: 성원

마왈리mawālī: 비아랍 무슬림들

마즈하브ma<u>dh</u>hab: 이슬람 법학파

마튼matn: 하디스의 몸말

마합바maḥabbah: 사랑

맘루크mamlūk: 군노軍奴, 아랍어로 소유된 자의 뜻

머훈드Mahound: 악마

무깔리둔muqalidūn: 타끌리드를 좇는 자, 모방자의 뜻
무나피꾼munāfiqūn: 위선자
무슈리쿤mushrikun: 다신교도, 우상숭배자
무아말라트mu'āmalāt: 형사적 · 상업적 · 가족법상의 사회적 행위
무앗진mu'adhdhin: 아잔을 부르는 사람
무와히둔muwaḥḥidūn: 유일신 교도
무으미닌mu'minīn: 믿는 자들
무으민mu'min: 신자
무자히드mujāhid: 지하드 전사
무자히딘Mujāhidīn: 성전사들
무잣디드mujaddid: 갱신자
무즈타히드mujtahid: 이즈티하드를 행하는 사람
무타싸우위프mutaṣawwif: 수피주의 수행자
무타칼림mutakalim: 신학자
무트아mut'ah: 일시적 결혼
무프티muftī: 결정된 법견해인 파트와 fatwa를 내놓는 이슬람 법학자
미나렛minaret: 이슬람 사원의 뾰족탑
민바르minbār: 설교단
밀레트millet: 자치공동체

ㅂ

바까baqā' : 영존, 영속
바띠니야Batiniyya: 쉬아 이스마일파에 대한 별칭
바라카barakah: 은총
바이아bay'ah: 충성의 맹서
비드아bid'a: 종교적 이단, 이단적 혁신 (문어적 의미로는 혁신)

ㅅ

살라프salaf: 선조, 조상
살라프 앗 쌀리흐salaf as-ṣāliḥ: 올바른 선조들
살라피윤Salafiyūn: 살라피야 사상의 추종자들
샤리아sharī'a: 이슬람 법
샤하다shahāda: 신앙증언
샤하다트Shahādat: 성전하며 순교에 도달함
샤히드shahīd: 순교자
수브하subhah: 염주
순나sunnah: 법적 관행
쉬르크shirk: 알라께 어깨를 나란히 하여 견줄 자
쉬아 알리shi'a 'Alī: 알리의 추종자
슈라Shūra: 협의
슈우비야Shuwubiyyah: 페르시아인들의 민족자존의식
싸다까ṣadaqa: 자선금, 헌금
싸이드sayyid: 알리 가계 혈통의 후손들에게 붙이는 경칭
싸움ṣaum: 단식
싸하바ṣahābah: 예언자 무함마드의 동시대 동료들
씨라트 알 무스타낌ṣirāṭ al-mustaqīm: 올바른 길, 이슬람의 길
씰씰라silsilah: 체인, 연결고리

ㅇ

아미르 알 무으미닌amīr al-mu'minīn: 신도들의 총통
아울리야'auliyā' : 보호자, 후견인
아흘 알 순나ahl al-sunnah: 순나의 사람들

안 나르an-nār: 불지옥
알 까이딘al-qā'idīn: 앉아서 방관하는 자들
알 마흐디al-mahdi: 구세주, 올바르게 인도된 자의 뜻
알 마흐디 알 문타지르al-mahdi al-muntaẓar: 기다리는 마흐디(구세주)
알 아싸비야al-aṣabiyyah: 부족주의적 집단의식
알 잔나al-jannah: 천국
알 쿨라피아 알 라쉬둔al-khulāfa' ar-Rāshidun: 정통칼리파
암사르amṣār: 아랍 병영 도시
오리엔탈리스트Orientalist: 이슬람 연구에 헌신해온 서구의 동양학자들
와끄프waqf: 이슬람 재무성
왈리 알라walī allāh : 신의 친구
우두wuḍū' : 예배 보기 전에 몸을 씻는 세정행위
울라마 'ulamā': 이슬람 학자, 무슬림 법학자와 신학자
움마ummah: 공동체
이드 알 아드하 'Īd al-adḥā: 봉헌의 축제, 희생제
이드 알 피뜨르 'Īd al-fiṭr: 파제절
이만imān: 신앙
이맘imām: 예배를 인도하는 사람
이바다트 'ibādāt: 예배, 단식, 순례 등 신에 대한 숭배행위
이스나드isnād: 하디스 연결고리
이슬라흐iṣlāh: 개혁, 개선
이쓰마iṣmah: 무오류의 성질
이즈마아ijmā': 합의
이즈티하드ijtihād: 독자적인 법 판단 행위
이흐람iḥrām: 정화상태
인질Injil: 예수의 복음서

ㅈ

자브르Zabur: 다윗의 시편
자위야zāwiya: 수피 수도원
자카트zakāt: 구빈종교세
자힐리야jāhiliya: 이슬람의 광명이 비치기 이전의 무지의 상태
주흐드zuhd: 금욕
지즈야jizyah: 인두세
지하드jihād: 성전, 문어적으로 최선을 다해 분투 노력함을 의미

ㅋ

카띱khaṭib: 설교자
카라마karamāt: 은혜의 선물
카피르kāfir: 비신자
칼람kalām: 이슬람 신학
칼리파khalīfah: 후계자, 대리인
칼리파트 알라Khalīfat Allāh: 신의 대리인
쿠뜨바Khuṭbah: 설교
쿠루즈Khurooj: 불의 · 부정한 통치자에 대항하여 봉기할 권리
키르까khirqa: 성복

ㅌ

타끌리드taqlīd: 중세 이후 발전해온 이슬람 법적 규범에 무조건 순종하고 따르는 일
타끼야taqiyyah: 쉬아가 자신의 신앙을 숨기고 순니인 척하는 행위
타얌뭄ṭayammum: 마른 세정
타와쿨tawakul: 신탁

타우바tawbah: 회개, 참회
타우히드tawḥīd: 신의 유일성, 유일 신관
타으윌ta' wīl: 은유적 해석
타즈디드tajdīd: 쇄신, 갱신
타크비르takbīr: 알라께서는 위대하시다라고 외침
타프씨르tafsīr: 명료한 해석, 『꾸란』 주석학
토라Torah: 모세의 오경

ㅍ

파끼르faqīr: 가난한 자
파끼흐faqih: 법학자
파나fanā' : 자기소멸
파트와fatwa: 법 결정
푸르다purda: 베일 쓰기와 여성의 격리
피끄fiqh : 법학

ㅎ

하니프ḥanīf: 성실한 일신교도
하디스ḥadīth: 예언자 언행
하람ḥarām: 금지
하캄ḥakam: 중재자
하피즈Hāfiz: 『꾸란』 암송자
한까khanqāh: 수피 수도원
할ḥāl: 수피주의에서 영적 심리상태

찾아보기

이슬람

교리, 사상, 역사

1판 1쇄 펴낸날 2005년 2월 28일
1판 2쇄 펴낸날 2007년 9월 10일

지은이 | 손주영

펴낸이 | 김시연

펴낸곳 | (주)일조각

등록 | 1953년 9월 3일 제300-1953-1호(구 : 제1-298호)

주소 | 110-062 서울시 종로구 신문로 2가 1-335

전화 | 734-3545 / 733-8811(편집부)
733-5430 / 733-5431(영업부)

팩스 | 735-9994(편집부) / 738-5857(영업부)

이메일 | ilchokak@hanmail.net

홈페이지 | www.ilchokak.co.kr

ISBN 978-89-337-0469-1 93280

값 40,000원

* 이 도서의 국립중앙도서관 출판시도서목록(CIP)은 e-CIP 홈페이지
(http://www.nl.go.kr/cip.php)에서 이용하실 수 있습니다.
(CIP제어번호 : CIP2005000459)